4차산업혁명시대의

경영정보시스템

김세중 | 송철호 | 정태영

BIG DATA

IoT, Cloud, AI, Mobile

ICT 시대의 정보기술 인프라
디지털경영을 위한 정보기술 응용

무역경영사

4차산업혁명시대의 **경영정보시스템**

5판 1쇄 발행 2018년 2월 15일
5판 3쇄 발행 2022년 8월 30일

지은이 김세중, 송철호, 정태영 / **펴낸이** 전태호
펴낸곳 무역경영사 / **주소** 서울시 서대문구 연희로2길 62 한빛아카데미(주) 2층
전화 02-336-7112 / **팩스** 02-336-7199
등록 2021년 6월 28일 제2021-000062호 / **ISBN** 978-89-468-0670-2 93320

책임편집 김현용 / **편집** 권오상 / **제작** 박성우, 김정우
영업 김태진, 김성삼, 이정훈, 임현기, 이성훈, 김주성 / **마케팅** 길진철, 김호철, 주희

※ 2021년 7월 1일부로 한빛아카데미(주)가 무역경영사의 영업권을 인수하였습니다.

이 책에 대한 의견이나 오탈자 및 잘못된 내용에 대한 수정 정보는 아래 이메일로 알려주십시오.
잘못된 책은 구입하신 서점에서 교환해 드립니다. 책값은 뒤표지에 표시되어 있습니다.
홈페이지 www.hanbit.co.kr / **이메일** question@hanbit.co.kr

지은이 **김세중**

- 대전보건대학교 산학협력처장/종합인력개발센터장 역임
- 대전보건대학교 대외협력처장/평생교육원장 역임
- 대한경영정보학회(DAMIS) 1, 2대 회장 역임, 고문(현)
- 한국전산회계학회(KAOCA) 부회장/감사 역임
- 사단법인 대한경영학회 이사 역임
- 국민건강보험공단 정책자문위원(현)
- 더존컨설팅 M.C.A(NEO+) & 더존다스 M.C.E(핵심 ERP)
- 경영정보관리사(KPC) & 경영 Consultant
- 현, 대전보건대학교 경영정보과 교수

[주요저서]
- 최신사무관리실무(도서출판 光明, 1996.09)
- 경영정보시스템(도서출판 光明, 1998.02)
- MIS개발 · 운영(도서출판 光明, 1999.02)
- 경영정보학개론(무역경영사, 2000.01)
- 경영학원론(무역경영사, 2001.12)
- NEO 전산세무회계(도서출판 大經, 2002.08)
- 디지털경영시대의 경영학이해(무역경영사, 2012.01)
- 사무관리실무(도서출판 大經, 20012.08)
- 회계정보처리(도서출판 大經, 20016. 10)

▸ 연락처 : 042-670-9291(연구실) sjkim@hit.ac.kr

지은이 **송철호**

- IPCT, PCT 전문위원 역임
- 공무원 교육원 강사역임(지역혁신 및 지역경제발전전략과정)
- 한국 농어촌공사 농산업 전문컨설턴트 역임
- 국제정보능력평가원 이사역임
- 국제 e-비즈니스학회 이사
- 현, 동국대학교 전자계산원 경영학 전공 교수

[주요 저서]
- 알기쉽게 풀이한 컴퓨터 그래픽스(2001)
- 인터넷 별거 아니네(2005)
- 현대 경영학원론(2008)
- 쇼핑몰 플래너 1급필기 & 실기 대비서(2011)

지은이 **정태영**

- 경영학박사
- 성덕대학 교수
- 한일장신대학교 겸임교수
- 현, 서정대학교 경영과 교수

[주요 저서 및 논문]
- 생산운영관리(문영사)
- e-비지니스 시대의 경영학(공저, 무역경영사)
- 대형할인점의 육류판매 및 재고관리 프로세스 개선에 관한 연구 외

머 리 말

2016년을 시작하며 세계경제포럼(World Economic Forum)은 향후 세계가 직면할 화두로 '4차산업혁명'을 던졌다. 그 이후 4차산업혁명이 유행어처럼 회자되었고 많은 논의가 이루어지기 시작했다. 더욱이 2016년 3월 인공지능 알파고(AlphaGo)와 이세돌 간의 세기의 바둑 대결은 4차산업혁명의 한 단면을 보여 주는 사건으로 다가왔다. 인공지능과 로봇, 사물인터넷, 빅데이터 등을 통한 새로운 융합과 혁신이 빠르게 진행되고 있음을 보여 주는 사건이었다.

증기기관의 보급 이후 기계화, 산업화, 정보화로 이어지는 인류역사의 발전을 돌아보면 항상 기술의 발전이 각 시대의 경제 · 사회 패러다임의 전환과 사회의 구조적 변화를 이끌어 온 것을 알 수 있다. 세계는 또다시 제4차산업혁명이라는 거대한 변화 앞에 놓여 있다. 이러한 변화 이후 다가올 새로운 세상은 인공지능과 사물인터넷, 빅데이터, 클라우드, 모바일 등 융합기술이 한 국가의 산업은 물론 복지, 고용, 교육, 국방 등 다양한 분야와 결합하여 사회 전반의 '지능화'가 실현되는 '지능정보사회'일 것이라는 데 모든 전문가들이 의견을 같이하고 있다. 필연 그것은 지금까지 우리가 한 번도 경험해보지 못한 사회의 모습일 것이다.

미국의 다국적 컨설팅 전문회사인 맥킨지(McKinsey) 분석에 따르면 지능정보사회의 경제효과는 2030년 기준으로 최대 460조 원에 달할 것으로 전망된다. 그리고 사람이 하는 단순작업의 많은 부분이 자동화되어 상당수의 일자리가 사라질 것으로 예상되며, '소프트웨어 엔지니어'나 '데이터분석 전문가' 등 새로운 사회가 요구하는 신규 일자리도 생겨날 것으로 보인다. 4차산업혁명은 거스를 수 없는 시대적 흐름이지만 아직 선진국들조차도 출발선에 있어 앞으로 어느 나라가 앞서 나가게 될 지는 누구도 알 수 없다.

이 순간에도 세계의 경제와 기술은 정신없이 변하고 있다. 21C 신 경영패러다임은 '네트워크화와 지능정보화' 라고 할 수 있으며, 이 새 패러다임의 핵심은 말할 것도 없이 '인터넷과 IT 기술'이다. 우리가 앞으로 새 천년의 환경 변화에 대응하고 경쟁력을 유지하려면 IT 융합기술을 더욱 발전시켜야 할 것이다. 특히, 국내 · 외적으로 극심한 환경 변화와 기업 간 경쟁의 가속화, IT 기술의 급변화, 정보요구사항의 폭발적인 증가 등으로 인하여 정보기술을 전략적 · 혁신적으로 활용하기 위한 경영정보시스템(MIS)의 구축과 운영이 그 어느 때보다도 중요시되고 있다.

한편, 학계 역시 MIS 이론을 본격적으로 도입하여 연구하고 강의한 역사가 일천(日淺)하여, 30여년 전 필자가 MIS 강의를 시작하였을 당시만 하여도 불과 몇 개 대학에 경영정보학과 과정이 설치되어 있었고, 강의교재와 전문서적도 그리 많지 않아 연구와 강의 준비에 상당한 어려움이 따랐다. 서문(序文)을 쓰는 시점에서 돌이켜보건대 지금은 고전(古典)이 된, 1980년대 쌍용그룹 노중호 이사님의 저서 「종합경영정보시스템(1981)」과, 서울대학교 강석호 교수님의 「경영정보론(1982)」, 고려대학교 서남원 교수님의 「경영정보론(1983)」 등 보석 같은 저서가 새삼 떠오른다. 그리고 국민대학교 김은홍 교수님의 「사용자 중심의 경영정보학개론(1989)」, 고려대학교 한재민 교수님의 「경영정보시스템(1995)」, 서울대학교 안중호 교수님의 「경영정보론(1998)」 등의 훌륭한 연구저서들은 우리나라 정보산업발전에 지대한 공헌을 하였음은 물론 필자의 강의와 연구에도 큰 도움을 주었다.

시간의 흐름은 멈출 수 없다지만 이에 더하여 변화의 속도 또한 경이적이다. 저자가 MIS의 기초이론을 쉽게 이해하고 접근할 수 있도록 경영정보학 입문서로 2000년 1월 초판을 내놓은 지 어느덧 17년이란 세월이 흘렀다. 독자들의 관심과 애정에 힘입어 2003년 8월 제2판, 2007년 8월 제3판, 2013년 9월 제4판을 출간하였으며, 이제 2018년 정초에는 제5판을 출간하게 되었다. 판을 거듭 할 때마다 책의 내용은 보완되고 다듬어졌지만 책의 구성과 특성에 있어서는 일관성을 유지해 왔다. 그러나 IT 기술환경 변화와 학계의 연구동향에 따라 중요성이 떨어지는 주제는 삭제하거나 내용을 축소하였으며, 반면 새롭게 부각되는 주제와 내용들을 추가하였다. 특히 4차산업혁명과 IT 융합기술 관련 주제들을 대폭 추가하였다.

경영정보학 입문서로서의 역할을 다하기 위해 처음 경영정보학을 공부하는 학생들의 기초지식 함양을 위해 경영정보시스템(MIS) 이론을 간결하고 쉽게 설명하고자 하였으며, 기업체의 경영관리자 및 현장실무자들에게 MIS를 보다 포괄적으로 이해할 수 있도록 최신의 IT 융합이론을 소개하는 데 역점을 두어 집필하였다. 그러나 본서는 필자의 연구 · 노력보다는 앞서 언급한 훌륭한 선학들의 저서와 연구결과를 기반으로 이루어졌음을 밝히며, 지면을 통해 선학제위(先學諸位)에 경의(敬意)와 감사를 표하는 바이다.

본서는 경영정보학 입문에서 다루어야 할 핵심주제와 이론들을 엄선하고 이를 모듈화 하여 4개부 12개장으로 기술하였다. [1부] 경영정보시스템의 개관(1~3장), [2부] 정보기술 인프라(4~6장), [3부] 디지털경영을 위한 정보기술 응용(7~10장), [제4부] 정보시스템 조직 · 개발 · 운영(11~12장)에 대해 기술하였다. 본서를 대학 강의용 교재로 사용할 경우 분량상 한 학기 강의로는 다소 무리가 될 수도 있는 바, 학과특성이나 교육 과정을 참작하여 중복되거나 관심도가 낮은 주제는 강의 담당자가 판단하여 제외시켜도 무방하리라 생각된다.

좋은 교재를 내놓기 위해 집필에 열성을 다하였으나 부족하고 미비한 점이 많음을 자책하지 않을 수 없다. 이점에 대해서는 앞으로 독자 여러분의 아낌없는 비판과 충고를 겸허히 받아들여 보다 충실한 경영정보학 입문서가 되도록 수정 · 보완할 것임을 약속드리는 바이다.

끝으로, 본서가 발간되기까지 많은 분들의 성원과 협조가 있었음을 밝히고 지면을 통해 감사의 말씀을 올린다. 아울러, 본서를 흔쾌히 출간해주신 무역경영사 채규호 사장님 그리고 편집에 성심을 다해주신 임직원 여러분의 후의와 노고에 깊은 감사를 올린다.

무술년 정초에 비봉산 연구실에서

저자 씀

차 례

2부 정보기술 인프라

3부 디지털경영을 위한 정보기술 응용

Management Information System

경영정보시스템의 개관

01

1장 디지털경영과 정보시스템

2장 경영정보시스템의 개요

3장 경영정보시스템의 구조와 유형

1장
디지털경영과 정보시스템

1절 디지털경영시대의 도래

오늘날을 흔히 정보화시대라 일컫는다. 정보가 그만큼 우리 삶에 있어 중요한 의의를 가진다는 것을 의미한다. 정보기술(Information Technology)은 오늘날 기업이 경영을 하는 방식이라든지 성장하고 경쟁하는 방식을 바꾸고 있으며, 특히 기업 근로자들의 일하는 방식을 바꾸어 가고 있다. 세계 초일류기업들은 인터넷 및 컴퓨터기술을 창의적으로 활용함으로써 제품개발주기를 획기적으로 단축할 뿐 아니라 고객 니즈에 보다 신속하게 대응함으로써 고객만족도를 크게 개선하고자 노력하고 있다.

이 절에서는 디지털경영시대의 도래에 따른 '정보기술의 발전 트렌드'와 '디지털 세계로의 전환 문제'를 살펴본 후, 1990년대 이후 등장한 '디지털기업'에 대해 살펴보기로 한다.

1. 정보기술의 발전 트렌드

1) 트렌드의 발전방향

1980년대 초 인텔과 마이크로소프트사가 주도해온 소위 PC 혁명은 전통적인 산업사회에서 정보화사회로의 전환을 크게 가속화시킨 것으로 평가되고 있다. 특히, 1990년대 들어 전 세계를 하나로 잇는 인터넷 및 월드와이드웹기술이 개인은 물론 조직에도 급속하게 확산됨에 따라, '손바닥 안에 모든 정보를(information at your finger tips)!'이라는 캐치프레이즈는 이제 흔히 들을 수 있는 문구가 되었다. 이러한 컴퓨터 및 통신기술의 급속한 변화에 힘입어, 최근의 정보화 트렌드는 다음의 세 가지 방향으로 진전되어 왔다(홍일유, 2012).

첫째는, 컴퓨터 하드웨어의 눈부신 발전으로 성능이 크게 향상된 반면, 컴퓨터의 가격은 매우 낮은 수준으로 떨어져 컴퓨터의 구입이 훨씬 용이해졌다는 점이다. PC의 급속한 가격하락으로 누구나 큰 경제적 부담 없이 컴퓨터를 구입할 수 있게 된 것이다. 그러나 컴퓨터의 보급이 늘어남에도 불구하고, 정보기술 혜택을 누리는 계층과 누리지 못하는 계층 간에 존재하는 정보격차(digital-divide) 현상은 점차 심각한 사회적 이슈로 부상하고 있는 추세이다. 우리나라에서도 소득격차 또는 지리적 격리 등으로 인해 존재하는 정보격차의 해소를 위해 정부 및 민간 차원에서 대응을 하고 있다.

둘째, 광대역(broad-band)통신 인프라의 구축으로 컴퓨터 간의 상호접속이 원활해지고 세계 어느 곳의 정보든지 자유자재로 접근할 수 있게 되었다. 컴퓨터가 정보의 처리와 저장을 담당하는 주요 수단이라고 한다면, 통신망은 컴퓨터에 저장된 정보처리 결과를 지리적으로 떨어져 있는 이용자에게 전달하기 위한 주요 수단이 된다. 따라서 컴퓨터가 아무리 성능이 좋아진다 해도 컴퓨터와 컴퓨터 간을 연결하는 정보고속도로가 없다면 컴퓨터의 잠재력은 제한을 받을 수밖에 없다. 우리나라는 최근 들어 초고속통신망을 위시한 정보고속도로(information super-highway)가 구축됨에 따라, 컴퓨터만 있으면 국내는 물론이고 세계 어느 곳에 있는 정보라도 바로 연결하여 이용할 수 있게 되었다.

셋째, 누구나 컴퓨터를 쉽게 배울 수 있는 툴(tool)의 등장으로 컴퓨터를 배우기가 쉬워졌다. 초기의 컴퓨터가 컴퓨터 전문가들의 전유물이었다면 요즈음의 컴퓨터는 누구나 쉽게 사용할 수 있는 사용자 친화적(user-friendly) 컴퓨터의 성격을 띠고 있다. 이 같은 컴퓨팅환경의 대표적인 예로는 그래픽중심의 운영환경(graphical user interface), 마우스, 월드와이드웹 등이 있다. 특히 최근에 와서는 웹사이트의 범세계적 기준으로서 접근성이 중요하게 요구되고 있기 때문에, 시각장애자나 청각장애자도 인터넷을 즐길 수 있는 시대가 열리고 있다.

2) 정보시스템 분야의 새로운 변화

경영정보시스템이 경영 분야에서 가장 흥미로운 주제인 이유는 기술의 끊임없는 변화와 기술을 경영에 접목할 수 있고, 비즈니스 성공에 미치는 영향 때문일 것이다. 새로운 비즈니스와 산업이 등장하고, 오래된 것은 쇠퇴하며, 성공적인 기업은 새로운 기술을 어떻게 활용할 것인지를 잘 아는 기업들이다.

경영정보시스템에서 새로운 변화는 기술 부문에서 세 가지 상호 연관된 변화가 있다. 첫째 스마트폰과 태블릿기기로 구성되는 '모바일 디지털플랫폼', 둘째 수십억 개의 센서에 의해 작동되는 사물인터넷(IoT)과 빅데이터의 경영에의 활용, 셋째 점점 더 많은 비즈니스 소프트웨어가 인터넷에서 실행되는 '클라우드 컴퓨팅'의 성장 등이다.

오늘날의 스마트폰과 고화질의 태블릿컴퓨터는 최신의 하드웨어 및 소프트웨어 기술로 이루어진 새로 부상하는 컴퓨팅과 미디어 플랫폼(platform)이다. 더욱 많은 기업 컴퓨팅이 이러한 기기들을 이용하여 작업을 조정하고, 구성원들과 소통하며, 의사결정을 위한 정보를 제공하는 용도로 사용량이 증가하고 있다. 점점 더 많은 인터넷 사용자가 모바일 기기를 이용하여 웹에 접근하고 있으며, 이 같은 모바일 기기는 기업 컴퓨팅 성격을 광범위하게 바꿔나가고 있다.

경영자들은 더 훌륭하고 신속한 의사결정을 하기 위하여 온라인 협업 및 소셜테크놀로지를 일상적으로 활용한다. 더불어 경영자의 행동양식이 변하면서 작업의 조직화와 조정 및 성과측정 방법도 변화하고 있다. 팀이나 프로젝트로 작업하는 종업원들을 연결하는 소셜네트워크는 작업이 이루어지고, 계획이 실행되며, 경영자가 관리하는 공간이 되었다. 협업공간은 구성원들이 서로 다른 대륙이나 시간대에 있더라도 서로 만날 수 있는 곳이 되었다.

한편, 클라우드 컴퓨팅의 장점과 모바일 디지털 플랫폼의 성장은 조직이 원격근무(telework), 원격작업, 분산의사결정에 더욱 의존할 수 있게 됨을 의미한다. 이러한 플랫폼은 기업이 더욱 많은 작업을 아웃소싱 할 수 있으며, 가치창출을 내부 직원보다는 시장에 의존할 수 있게 됨을 의미한다. 또한 기업이 신제품을 개발하거나 제품의 효율성을 높이고자 할 때 공급자와 고객이 협업할 수 있다는 것을 의미한다.

다음 표 1-1은 경영활동에 적용하는 정보시스템의 새로운 주요 주제를 요약한 것이다.

2. 디지털세계로의 전환

1995년 MIT 미디어랩소장인 니콜라스 네그로폰테 박사는 자신의 저서 '디지털경영(Being Digital)'에서 디지털기술시대의 도래는 평범한 현상이 아니라는 점을 강조했다. 그는 '디지털세계는 어떤 대단한 발명품으로 시작되는 것이 아니라 이미 우리 생활에 존재 하며, 다가오는 세대마다 이전 세대보다 디지털화 정도가 더 진행된다는 점에서 디지털세상은 거의 유전적이기도 하다'라고 말했다.

실로 그의 저서가 발행된 후 해마다 세상은 더욱 더 디지털화 되었다. 변화의 속도는 매우 빨랐고 기존의 산업들은 새로운 디지털환경으로 바뀌었다. 오늘날 디지털기술은 현대사회를 사는 인간의 삶 속에 깊숙이 스며들고 있다. 음악, 사진, 출판, 언론, 방송, 은행, 금융, 제조, 의료, 교육, 엔터테인먼트 등 전 산업 분야에 영향을 미치게 되었다. 디지털기술의 첫 법칙

표 1-1 MIS에서 새로운 변화

구분	변화 요인	비즈니스에 미치는 영향
기술	모바일 디지털플랫폼	• 애플아이폰과 안드로이드 모바일 기기는 협업, 위치기반서비스, 의사소통 등을 위한 수십만 종류의 앱을 다운로드 할 수 있다. • 아이패드, 삼성갤럭시, 킨들파이어 등과 같은 소형 태블릿컴퓨터는 과거 노트북이 지녔던 개인과 기업 컴퓨팅 플랫폼을 위협하고 있다.
	사물인터넷과 빅데이터	기업은 웹데이터, 이메일, 소셜미디어 콘텐츠, 인터넷으로 연계된 각종 기계와 센서에서 획득되는 대규모의 데이터로부터 통찰력을 얻고자 한다.
	클라우드 컴퓨팅플랫폼	컴퓨터 인프라 비용을 낮추기 위해, 과거에는 기업 내부 컴퓨터가 처리하던 작업을 인터넷상에서 유연하게 연계된 컴퓨터들이 수행한다.
관리	경영자는 의사결정 향상도구로 온라인 협업과 소셜네트워킹 소프트웨어 채택	전 세계 1억 명이 넘는 비즈니스전문가들이 구글 앱스, 구글 드라이브, 마이크로소프트 셰어포인트, IBM의 커넥션 등을 이용하여, 블로그, 프로젝트관리, 온라인회의, 개인프로파일 작성, 온라인 커뮤니티를 지원한다.
	비즈니스 인텔리전스 응용프로그램 사용의 가속화	더욱 강력한 데이터분석 및 대화형 대시보드는 관리자에게 실시간 성과정보를 제공하여 의사결정을 향상시킨다.
	가상회의의 확산	경영자는 원격 화상회의와 웹회의 기술을 도입하여 협업과 의사결정을 향상시키면서 출장시간과 비용을 절감한다.
조직	소셜비즈니스	• 기업은 페이스북, 트웨터, 인스타그램, 기업 내부 소셜도구 등과 같은 소셜네트워킹 플랫폼을 사용하여 직원, 고객, 공급자들과 긴밀한 관계를 유지하고 있다. • 직원들은 온라인상에서 서로 소통하기 위하여 블로그 위키, 이메일, 문자메시지 전송서비스 등을 사용한다.
	원거리근무 (telework) 채택	• 인터넷, 무선노트북, 스마트폰, 태블릿 기기는 점점 더 많은 사람이 사무실 밖에서도 업무수행이 가능하도록 하고 있다. • 미국기업의 55%는 다양한 형태의 근무프로그램을 가지고 있다.
	비즈니스 가치의 공동개발	• 비즈니스가치의 원천은 제품으로부터 솔루션과 경험으로, 내부자원으로부터 공급자 네트워크와 고객의 협업으로 이동하였다. • 공급사슬과 제품개발은 더욱 글로벌화 되고 협업화되었다. • 고객과의 상호작용은 기업의 새로운 제품과 서비스개발에 도움이 된다.

자료: 백동현 외, 경영정보시스템의 이해, 2017, 8쪽.

이 있다면, 이는 무엇이든 디지털신호로 변환될 수 있으며, 또 반드시 변환될 것이라는 점이다. 이러한 디지털세계로의 전환 과정에서 경영관리자들은 디지털화로 향한 끊임없는 물결 속에서 기회 및 난제들을 발견할 수 있어야 한다.

디지털혁명의 핵심에는 사이버스페이스를 통해 흐르는 디지털정보의 순환시스템 역할을 하는 인터넷이 있다. 사용자 간에 놀라운 상호작용을 가능하게 하는 힘을 제공하는 인터넷은 세계 수많은 컴퓨터들을 상호 연동하는 네트워크들의 네트워크이다. 인터넷은 곧 디지털세상을 함께 엮어주는 접착제인 것이다.

세계의 수많은 사람들은 매일같이 인터넷을 이용하여 디지털세상과 접속해 온갖 일을 수행하고 있다. 이들을 인터넷으로 끌어들이는 마법적 요소는 무엇일까? 편리한 의사소통은 분명 그 주요 요소들 중 하나일 것이다. 네트워크에 접속할 수 있는 이용자라면 누구에게나 큰 비용을 들이지 않고 이메일이나 SNS를 통해 쉽게 의사소통을 할 수 있기 때문이다. 기본적인 커뮤니케이션 외에도, 관심 있는 주제에 대해 무슨 정보든 검색을 통해 찾아낼 수가 있다. 뿐만 아니라, 제품이나 서비스를 사고팔고 대금을 결재하기도 하는 등 거래수단으로서도 인터넷의 이용은 날로 증가하고 있다.

디지털혁명은 이제 그 모습을 드러내며 우리의 삶속에 영향을 미치기 시작했고, 미래에도 디지털기술에 의한 사회 변화는 계속될 것이다. 다음 세대에서 우리를 이끌어 줄 사람들은 디지털기술을 잘 이해하고, 그것이 어떤 방향으로 진화해 갈 것인지를 예측해 나갈 수 있어야 한다. 디지털화는 우리 사회에 기여할 점이 많기는 하지만, 악영향이 적지 않은 것도 현실이다. 그 역기능을 피해가기 위해서는 지혜롭게 대응방안을 준비하는 것이 중요할 것이다(홍일유, 2012).

3. 디지털기업의 등장

1) 디지털기업의 의의

1990년대 이후 활발한 정보기술 이용과 더불어 조직혁신 바람이 강하게 불면서, 산업화사회에 유래 없던 '디지털기업(Digital Enterprise)'이라고 하는 새로운 현상이 나타나기 시작했다. 디지털기업은 조직의 고객, 공급사, 직원과의 주된 비즈니스 관계를 거의 전적으로 디지털 방식으로 관리하는 기업을 의미한다. 핵심 비즈니스 프로세스가 전사적 규모의 네트워크나 혹은 조직들을 상호 잇는 조직 간 네트워크를 통해 수행되는 것이 특징이다. 신규제품의 개발, 주문의 접수 및 처리, 종업원의 채용과 같은 비즈니스 프로세스들을 정보기술을 통해 보다 효율적으로 처리할 수 있는 것이다.

디지털기업에서는 지적재산권, 핵심역량, 재무 · 인적자원과 같은 회사의 주요 자산들을 디지털 수단을 이용해 관리하며, 주요 비즈니스 의사결정을 지원하는데 필요한 정보가 기업 내에서 언제 어디서든 존재한다. 또, 디지털기업은 전통적 기업보다 훨씬 더 신속하게 환경변화에 대응할 수 있기 때문에 기업이 생존하는데 필요한 유연성이 높으며, 글로벌경영을 할 수 있는 기회 및 환경을 풍부하게 제공한다. 결국 비즈니스 업무를 디지털 방식으로 효율화함으로 인해, 기업의 채산성 및 경쟁력을 높이는데 크게 기여할 수 있는 잠재력이 존재하는 것이다(홍일유 외, 2012).

2) 전통적 경영과 디지털경영

여러 세기 동안 기업의 경영원칙을 지배하여 왔던 전통적 경영 패러다임은 이제 막을 내리고 대신 디지털경영 패러다임이 새로운 기업경영 모델로 들어서고 있다. 즉, 전통적 경영시대에는 비즈니스 활동이 오프라인을 기반으로 수행됨에 따라 시간과 공간의 장벽으로 인해 커뮤니케이션과 업무프로세스가 느리고, 또 고객과 기업 간에 그리고 기업 내 부서 간에 존재하는 장벽으로 말미암아 정보가 자유로이 흐르지 못하는 문제가 존재했다. 그러다 보니 기업의 규모가 클수록 기업의 활동이 신속하거나 유연하지 못하고 비효율적인 관료주의시스템이 기업경영에 부정적인 영향을 미치는 결과를 초래하게 되었다.

이에 반해, 디지털경영을 하는 기업에서는 컴퓨터 및 통신기술을 기반으로 시간과 공간의 장벽이 허물어져 기업 내부는 물론 외부의 공급사, 협력사, 고객들과도 정보가 신속하게 흐르기 때문에 초고속경영의 실행이 가능해졌다.

디지털경영시대에서 대부분 기업들에게 가장 큰 관심대상이 되는 이슈는 오프라인기업의 온라인화이다. 일부 기업들은 단순히 기존의 오프라인 인프라에 웹사이트 및 ERP 등 정보기술 요소를 추가함으로써 비즈니스 온라인화가 실현된다고 믿고 있다. 그러나 중요한 것은 기술 그 자체가 아니라, 정보기술 도입으로 기존의 비즈니스 프로세스, 인력, 조직구조들이 어떻게 변화할 것인가의 문제이다. 즉, 오프라인 기반의 생산, 물류, 마케팅, 인력관리, 고객서비스, 기술지원 등의 영역에 e비즈니스를 과감하게 도입하여 시간과 비용을 절감하고 나아가 고객만족도를 높임으로써 경쟁에서 앞서나간다는 뚜렷한 목적의식을 가지고 온라인화를 추진하는 것이 성공을 위한 필수 요소이다.

3) 디지털기업의 핵심 인프라

디지털기업은 기업경영을 위해 몇몇 핵심 정보기술에 전적으로 의존하는 점이 전통적 기업과 다르다. 디지털기업의 경영관리자들에게, 정보기술은 유용한 하나의 도구에 불과한 것이 아니라 비즈니스의 중심이자 주요 경영관리 툴의 역할을 담당한다. 디지털기업을 정의하는 데 중요한 비중을 차지하는 시스템이 네 가지가 있다(홍일유 외, 2012).

첫째, 전사적 자원관리시스템(enterprise resource systems)으로서, 기업의 주요 내부 프로세스를 조정 · 관리하고 제조, 물류, 판매, 재무, 인적자원 부문의 데이터를 통합하는 데 초점을 두는 기업 전체 차원의 정보시스템이다.

둘째, 공급망관리시스템(supple chain management systems)은 공급사들과 기업 간의 관계를 자동으로 관리함으로써 제품 및 서비스의 기획, 제조 및 공급을 최적화하는 데 목적을 두는 응용시스템이다.

셋째, 고객관계관리시스템(customer relationship management systems)은 기업이 유지하는 모든 고객들과의 관계를 통합적으로 관리하는 데 주안점을 두는 시스템이다.

넷째, 지식관리시스템(knowledge management systems)은 기업의 전문지식을 창출하고, 수집하고 저장하고 또 전파하는 데 목적을 두는 응용시스템이다.

이들 시스템은 기업의 정보흐름을 디지털 방식으로 통합하기 위한 주된 수단이며, 또 정보시스템 투자에서 가장 중점을 두고 있는 분야이기도 하다. 전사적 자원관리시스템(enterprise resource systems) 및 공급망관리시스템(supple chain management systems), 고객관계관리시스템(customer relationship management systems)은 제8장에서, 그리고 지식관리시스템(knowledge management systems)은 제10장에서 상세히 살펴보기로 한다.

델컴퓨터, 삼성전자 등 세계적 글로벌기업들은 완전한 디지털기업으로 변신하기 위해 노력하고 있는 대표적인 기업에 속한다. 그러나 디지털기업 현상은 전 세계적으로 일고 있는 대세인 반면, 오늘날 대부분 기업들에게 있어 디지털기업은 아직 하나의 이상에 불과할 뿐이다. 단순히 정보기술만 도입한다고 해서 디지털기업이 되는 것은 아니며, 정보기술과 기업전략, 업무프로세스와 조직이 디지털기업이라는 우산 아래 통합이 되는 것이 중요한데, 이를 위해서는 상당한 비전과 이를 실현하기 위한 노력이 필요하기 때문이다.

그림 1-1 디지털기업의 개념도

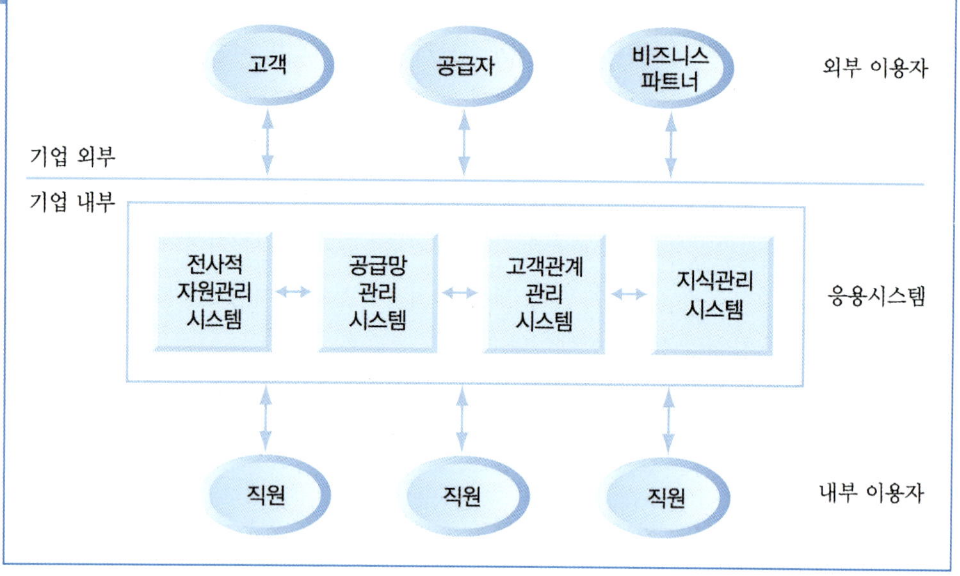

2절 기업경영과 정보시스템

조직은 왜 정보를 필요로 하고 이를 필요에 따라 처리하는 것일까? 대프트와 렌겔(R. Daft & Lengel)은 조직의 불확실성을 감소시키고, 다의성(多義性)을 해결하기 위하여 정보를 필요로 하고 이를 목적에 따라 처리하여 사용한다고 설명하고 있다.

기업마다 서로 다른 내부환경(과업환경)과 외부환경(산업환경)에 직면해 있고, 불확실성과 다의성의 정도도 다를 뿐만 아니라, 또한 기업 나름의 장점과 단점을 갖고 있기 때문에 각 기업이 필요로 하는 정보 또한 다르다고 할 수 있다. 그러나 기업경영에 공통적으로 필요한 정보는 내·외부 환경정보, 기업실체정보, 기업활동정보로 크게 구분할 수 있다.

이 절에서는 경영관리와 정보의 유용성, 조직기능과 정보의 유용성, 경영계층과 정보의 유용성에 대하여 살펴보기로 한다.

1. 경영관리와 정보

기업은 일정한 목표를 달성하기 위해 존재하는 조직체이다. 기업조직은 이러한 목표를 달성하기 위해 계획을 수립하고, 이를 실행에 옮기며, 실행 과정이 계획대로 실천되도록 통제를 한다. 또 기업조직의 목표, 업종, 규모 등에 따라 수행하는 업무내용은 차이가 있을 수 있으나 기업을 경영하고 관리하는 기본기능은 유사하다고 할 수 있다.

경영관리활동은 다음 그림과 같이 계획(plan), 실행(do), 통제(see)를 포함하는 피드백 과정을 통해 수행된다. 이러한 관리 과정은 업무가 계획대로 수행될 수 있도록 기본적인 시스템을 제공하며, 이들 활동 사이의 정보흐름을 나타낸다. 즉, 경영을 통해 달성하고자 하는 목표가 설정되면, 계획 과정은 일의 표준과 언제 무슨 일을 누가 할 것인지를 정하고 이를 위해서는 어떠한 자원들이 필요한지를 결정한다. 계획이 설정되면, 계획에 맞게 실행을 하고, 통제는 경영목표 혹은 경영계획에 의하여 설정된 기업활동들이 목표 혹은 계획대로 수행되는지를 감독하고, 계획과 실행의 결과에 차이가 나는 경우 그 원인과 문제점을 분석하여 기업활동을 개선해 나간다.

경영관리활동별 각 단계가 원활히 수행되기 위해서는 각 단계별로 그에 적절한 정보를 필요로 한다. 즉, 최적의 목표를 설정하고 이를 효과적으로 달성하기 위한 계획을 수립하기 위해서는 과거의 업적이나 성과, 현재의 상황과 능력, 그리고 시장 및 경쟁환경 등에 대한 정보가 필요하다. 그리고 통제 과정에서는 실행이 계획된 대로 진행되고 있는지를 비교하고 평가

그림 1-2 Management Cycle과 정보

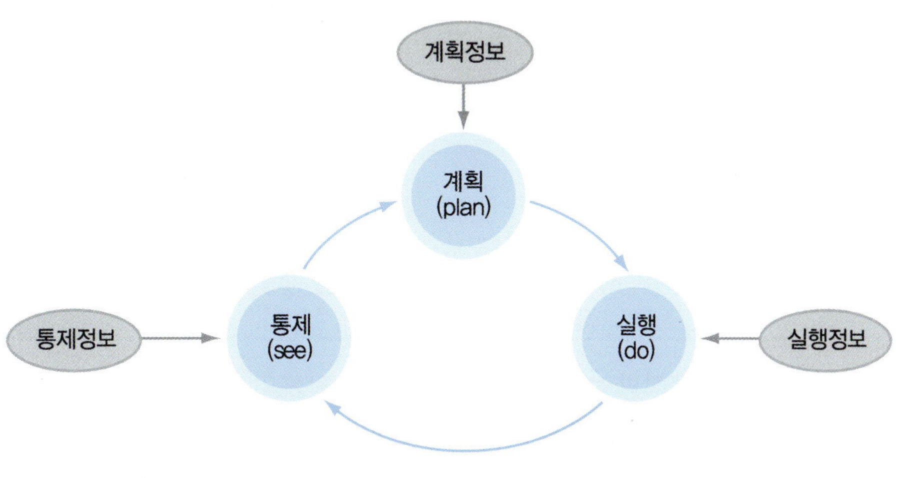

할 수 있는 정보가 필요하고, 만일 계획과 실행 간에 차이가 발생한다면 그 원인과 문제점에 대한 정보가 필요한 것이다.

2. 조직기능과 정보

기업의 경영활동을 기능적 측면에서 보면 생산관리기능, 마케팅관리기능, 인사관리기능, 재무관리기능, 회계관리기능 등으로 구성되며, 이 같은 조직기능을 효율적으로 수행하기 위해서는 분야별로 유용한 정보의 지원이 필수적이다.

1) 생산기능과 정보

생산관리(production management)란 고객이 요구하는 좋은 제품을 필요로 하는 때에 필요한 양을 적절한 가격으로 생산 · 공급하기 위하여, 재화나 용역을 창출하는 생산시스템을 설계하고 계획하며, 운영 · 통제하는 활동이다.

생산관리는 기업의 가장 주된 활동으로서 소비자나 고객에게 가치 있는 제품이나 서비스를 제공하기 위하여 생산계획 및 통제, 공정관리, 구매관리, 재고관리, 품질관리, 작업관리, 원가관리, 설비관리, 원료공급 등에 관한 기능을 수행하게 된다. 이러한 활동과 관련된 정보는 생산기능 자체만의 정보도 있지만 다른 기능의 수행결과 만들어지는 정보도 포함된다.

예를 들어, 생산계획을 수립하기 위해서는 생산능력, 가동률 등과 같은 생산기능 내부의 정보뿐만 아니라 기업목표, 경영전략, 판매계획 등과 같이 조직의 다른 기능으로부터 만들어진 정보도 요구된다. 그리고 생산활동을 효율적으로 수행하기 위해서 생산성, 품질, 재고, 설비가동률, 생산원가 등과 관련된 각종 정보를 수집하고 분석하여야 한다.

2) 마케팅기능과 정보

오늘날의 기업은 제품이나 서비스를 먼저 생산한 후 이를 판매하는 방식을 취하지 않는다. 우선 마케팅조사를 통해 소비자의 욕구가 무엇인지를 파악하고, 이를 토대로 제품계획을 세워 앞으로 어떠한 제품과 서비스를 생산할지를 결정하고, 다시 이에 대한 판매예측을 수행한다. 또, 제품이나 서비스가 생산되면 판촉활동을 통해 이를 소비자에게 판매한다. 이와 같이 마케팅기능은 기업을 중심으로 한 사고가 아니라 소비자를 중심으로 한 사고에 기반을 두고 있기 때문에, 무엇보다도 소비자의 욕구가 무엇인지를 파악하는 것이 중요하다.

마케팅정보는 제품, 가격, 유통경로, 판매촉진 등에 관한 모든 정보를 포함하여야 한다. 이를 위해서는 자사 및 경쟁사의 제품과 상표, 그리고 이미지 등과 같은 각종 시장정보, 소비자에 대한 정보, 판매원에 대한 정보, 기술적인 측면과 설비능력 측면에서의 생산능력에 대한 정보 등이 요구된다.

3) 인사기능과 정보

기업을 구성하고 있는 자원 중에서 기업을 실제로 움직이는 근본적인 힘은 사람으로부터 나온다. 기업은 그 목적을 달성하기 위하여 기업의 업무를 잘 수행할 수 있는 인력을 모집하고, 적절한 직무에 배치하며, 이들이 열심히 일할 수 있도록 동기부여를 하고, 이들의 실제업적을 평가하여 적절한 보상을 해주고, 조직의 발전이나 개인의 발전을 위하여 이들의 잠재력을 개발해 주어야 한다.

적재적소에 적합한 사원모집을 위해서는 각 직무에 대한 정확한 내용뿐만 아니라 직무수행에 필요한 능력, 입사예정자들의 신상 등과 같은 정보가 필요하다. 그리고 입사 후에는 인사기록, 인사평가, 급여기록, 교육 및 복지 등에 대한 정보가 관리되며, 기업의 성과를 측정할 수 있는 노동생산성과 같은 정보들이 관리되어야 한다.

4) 재무기능과 정보

기업이 추구하는 목표를 달성하기 위해서는 인력, 원재료, 설비 등을 필요로 한다. 이러한 요소들은 모두 비용을 수반하는데 기업은 이를 충당할 수 있는 자금을 마련하여야 한다.

재무관리는 기본적으로 기업의 자본조달과 운용, 현금의 흐름, 자본시장, 운전자금의 관리, 배당결정, 재무분석 등에 대하여 계획, 집행, 통제하고 재무적 의사결정을 하는 기능을 말한다.

또한, 재무관리의 목표가 기업가치의 극대화 또는 주주(株主) 부(이익배당 등)의 극대화라고 할 때 경영자는 투자결정기능, 자금조달기능, 배당결정기능, 재무분석기능 등을 적절히 수행함으로써 이러한 목표를 달성할 수 있다.

이러한 활동을 위해서는 기업의 자금운용에 관한 정보뿐만 아니라 이자율, 주가 등과 같은 금융정보, 그리고 물가, 부동산, 경제성장률 등과 같은 경제정보 등이 요구된다.

5) 회계기능과 정보

기업활동의 성과는 실제적인 거래에 의하여 나타나며, 효과적인 의사결정을 위해서는 기업활동을 화폐라는 계량적인 형태로 평가하여야 할 필요가 있다. 이러한 측면에서 회계기능은 경영자, 주주, 채권자, 정부 및 노동조합 등의 이해관계자에게 기업의 재무상태나 경영 성과에 관한 화폐적 정보를 제공한다.

다시 말해, 회계기능은 기업이 보유하고 있는 재산과 그 재산에 대한 권리에 관한 정보를 제공하고, 기업활동이 수행됨에 따라 이러한 재산과 재산에 대한 권리가 어떻게 변동되었는지를 알려준다. 그리고 한정된 자원을 효율적으로 운용하고 배분하기 위한 의사결정에 필요한 정보를 제공할 뿐만 아니라, 특정 조직이 갖고 있는 인적 · 물적자원을 효율적으로 통제하고, 자원의 보전과 수탁에 관한 정보도 제공한다.

그림 1-3 조직기능과 정보시스템

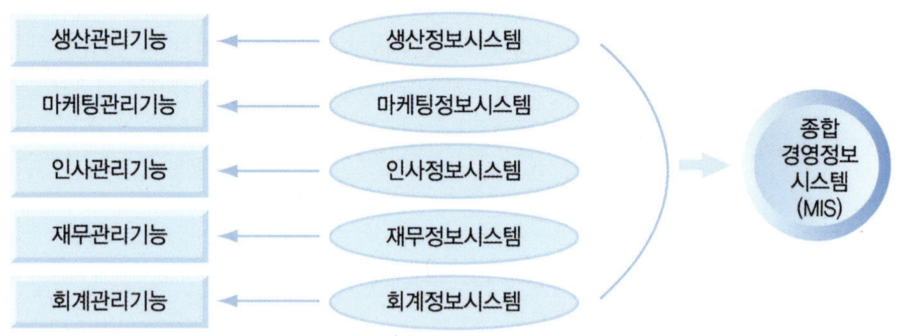

이를 위해 회계기능은 기업의 각종 거래에 관한 정보, 고객의 신용도나 거래실적 등의 정보, 조직구성원의 급여에 관한 정보, 그리고 외상매입금, 외상매출금, 재고, 기타 보유하고 있는 자산과 부채 등에 관한 정보를 처리한다.

3. 경영계층과 정보

대규모 조직을 효과적으로 운영하기 위해서는 수평적 분화뿐만 아니라 수직적 분화도 필요하다. 이러한 관점에서 기업에서 수행되는 다양한 경영활동은 일련의 계층적 활동으로 파악해 볼 수 있다.

경영관리기능은 경영계층에 따라 대상과 폭이 달라질 수밖에 없는데, 조직 특성과 규모에 따라 차이는 있지만 일반적으로 최고경영층(top management zone), 중간관리층(middle management zone), 하위감독층(lower management zone)으로 나누어 볼 수 있다. 앤소니(R. Anthony, 1965)는 조직에서 수행되는 다양한 경영활동을 일련의 계층적 활동으로 파악할 수 있음을 주장하였다. 즉, 그의 주장에 의하면 각 계층별 경영활동을 전략적 활동(전략계획), 전술적 활동(관리통제), 그리고 운영적 활동(운영통제)으로 나눌 수 있다는 것이다.

그림 1-4 경영계층과 정보시스템

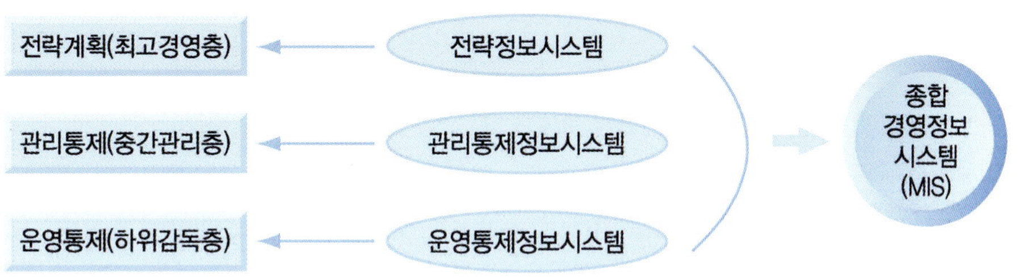

1) 전략계획과 정보

전략계획(strategic planning) 및 통제업무는 최고경영층이 수행하는 경영활동으로서 사업방향 설정, 시장전략, 제품믹스 등과 같은 문제에 대하여 장기적 전략계획을 통하여 전략적 성과 및 방향을 통제하는 활동을 수행한다. 즉, 공장은 어디에 건설할 것이며, 자본은 어떻게 조달하고, 어떠한 제품을 생산할 것인가 등은 전략계획에서 행해지는 의사결정이다.

전략계획에서는 일반적으로 보다 요약되고 사전에 예상하여 준비하기 어려운 정보가 필요하다. 또, 조직의 내·외부를 막론하고 매우 광범위한 정보를 필요로 하며 최고경영층의 전략적 활동을 지원하는 시스템을 '전략계획시스템'이라 한다.

2) 관리통제와 정보

관리통제(management control) 또는 경영통제란 중간관리자가 수행하는 경영활동으로서 전략계획에서 세워진 목적을 달성하기 위한 실행계획을 수립하고 이러한 계획을 실행하고 통제하는 활동을 말한다. 이는 전략계획에서 설정된 목적달성에 필요한 자원을 어떠한 방식으로 획득하고 조직할 것인지를 결정하고, 이에 필요한 예산을 설정할 뿐만 아니라 예산의 실행을 감독한다.

관리통제에서는 일반적으로 기업의 운영과 관련된 과거와 현재에 대한 정기적인 내부관리정보를 필요로 하며, 중간관리층의 관리통제활동(전술적 활동)을 지원하는 시스템을 '관리통제시스템'이라 한다.

표 1-2 경영계층별 경영활동 내용

경영계층	경영활동 (지원시스템)	내 용
최고경영층	전략적 활동 (전략계획시스템)	조직의 나아갈 방향, 목표 및 비전설정, 경영전략 및 지침제시, 자원배분, 방향결정 등
중간관리층	전술적 활동 (관리통제시스템)	자원획득, 신제품 개발, 예산수립 및 평가, 공장입지결정, 인력배분, 경영개선활동 등
하위감독층	운영적 활동 (운영통제시스템)	정해진 전략과 전술적 지침 하에 자원 및 기존 설비의 효과적이고 효율적인 이용

3) 운영통제와 정보

운영통제(operational control)는 하위감독자들이 수행하는 경영활동으로서 구체적인 조직의 기본업무 또는 거래활동들이 효과적이고 효율적으로 완수되도록 통제하는 것이다. 이

표 1-3 경영계층과 정보의 특성

정보의 특성	하위감독층	중간관리층	최고경영층
제공주기	일정함	↔	일정치 않음
정보범위	한정된 범위	↔	넓은 범위
출 처	주로 조직의 내부	↔	상당 부분은 조직 외부
제공형태	구체적이고 세밀함	↔	요약되고 간결함
대상기간	과거지향적	↔	미래지향적
제공시기	예정되어 있음	↔	예정되지 않음
제공빈도	매우 빈번함	↔	가끔

는 주로 미리 정하여진 표준에 맞게 과업이 실행될 수 있도록 통제한다.

예를 들어, 특정 고객에게 외상판매를 할 것인가, 재고는 얼마나 유지할 것인가, 원료는 언제, 얼마나 주문하여야 하는가, 개인에게 작업을 어떻게 할당할 것인가 등은 운영통제수준에서 처리해야 할 과업이다.

이러한 운영통제를 위해서는 과업수준에서의 정형화되어 있는 내부 정보를 필요로 하며, 하위감독층의 운영통제활동을 지원하는 시스템을 '운영통제시스템'이라 한다.

3절 의사결정과 정보시스템

의사결정(decision making)은 흔히 경영활동의 핵심으로 간주되고 있다. 사실 우리들의 인생 자체가 수 없이 많은 의사결정의 연속으로 이루어진다 해도 과언이 아니며, 기업경영 또한 그러하다. 경영에 있어서 의사결정이란 주어진 문제를 해결할 수 있는 여러 대안들 가운데 가장 적절한 대안을 찾아내고 선택하는 과정이라고 할 수 있다. 특히, 기업환경이 복잡해지고 경쟁이 심화될수록 경영관리자들은 더욱 정확·신속하고 합리적인 의사결정을 수행해야하므로 의사결정과정에 있어서 정보시스템의 중요성은 더욱 강조될 수밖에 없다.

이 절에서는 의사결정이란 무엇이고 의사결정의 유형에는 어떤 것이 있는지 알아보고, 사이몬(H. A. Simon)의 '의사결정모형'과 정보시스템의 역할에 대하여 살펴보고자 한다.

1. 의사결정의 의의

조직 내에서 경영자는 물론 종업원들도 무수히 많은 의사결정을 하고 있다. 새로운 공장의 설립, 해외진출, 상여금의 결정, 종업원의 채용, 노조에 대한 자세 등 무수히 많은 의사결정이 조직 내에서 이루어지는데 그 결과가 때로는 조직의 흥망을 좌우하게 된다.

경영관리는 의사결정의 연속(decision making process)이며, 관리자의 모든 활동은 의사결정을 통해서 이루어진다고 볼 수 있다. 즉, 경영활동은 모두 의사결정을 통하여 행해지기 때문에 조직에서의 문제해결과 의사결정은 특히 중요시되는데 이것은 조직에 큰 영향을 미칠 뿐만 아니라 조직이나 개인의 행위를 결정해주기 때문이다. 특히, 기업의 중 · 장기계획과 같은 의사결정은 그 조직의 사활(死活)과 직접 관련이 있는 매우 중요한 문제이다.

의사결정(decision making)이란 "일정한 목적을 효과적으로 달성하기 위한 몇 가지 대체안(代替案) 중에서 가장 유리하고 실행 가능한 최적대안을 선택하는 인간행동"이다. 따라서 의사결정은 인간의 개인적 행동과 조직행동의 모든 측면에 관련되며, 관리기능도 항상 의사결정에 의해서 수행되고 이들에 영향을 미친다. 그러므로 의사결정은 경영자의 직무 중 가장 중요한 사항이라 할 수 있다.

표 1-4 구조화 정도에 따른 의사결정의 예

의사결정 유형	운영통제 (운영적 수준)	관리통제 (전술적 수준)	전략계획 (전략적 수준)
비구조적	소프트웨어 구매 대출승인	중역채용 작업집단 재조직	신규사업 계획 연구개발 계획 사회적 책임
반구조적	현금관리 재고통제 생산일정관리 일일 작업할당	예산편성 작업집단 성과분석 종업원 성과평가 프로젝트 일정관리	기업조직 재구축 신상품 기획 기업 M&A 공장신축
구조적	재고관리 외상매출금관리 주문 입력	예산분석 단기예측 프로그램관리	투자관리 공장입지선정 유통채널기획

2. 의사결정의 유형

1) 의사결정 주체에 의한 분류

(1) 개인의사결정

오직 자신의 이해관계만을 중심으로 하는, 즉 개인의 인격에 근거한 의사결정을 말하며, 이는 집단적 · 조직적 의사결정보다 덜 질서정연하고 덜 시스템적인 과정을 밟는다. 따라서 전형적으로 완전히 합리적이지도 못하고 풍부한 정보에 기반한 의사결정을 할 수도 없다. 비정형적인 개인의사결정을 지원하는 의사결정지원시스템(DSS), 중역정보시스템(EIS), 전문가시스템(ES) 등의 정보시스템을 활용할 수 있다.

(2) 집단의사결정

기업규모의 확대와 업무의 전문화로 종업원 개인적 지식만으로는 기업이 요구하는 의사결정을 효율적으로 내릴 수가 없다. 따라서 집단의사결정(group decision making)이 개인의사결정보다 우월하다는 가정 하에 그 중요성은 점증되고 있다. 조직체의 보다 중요한 의사결정은 경영자 개인에 의해서보다는 각종 위원회, 연구팀, 태스크포스(task force) 및 심의회 등의 집단에 의해 이루어지고 있다. 경영자의 업무시간 중 80% 내외를 회의에 소비하고 있다는 주장이 이를 대변해주고 있다. 그룹의사결정지원시스템(GDSS)은 집단커뮤니케이션과 집단의사결정을 효과적으로 지원해주기 위해 구축된 시스템이다.

2) 프로그램화 정도에 의한 분류

사이몬(H. A. Simon)은 의사결정의 패턴을 정형적 의사결정과 비정형적 의사결정의 두 가지 유형으로 대별하고 있다. 즉, 정형적 의사결정이란 '프로그램화된 의사결정'이고, 비정형적 의사결정이란 '프로그램화되지 않은 의사결정'이라고 한다. 따라서 정형적 의사결정을 해야 하는 영역은 계량적 접근이 가능한 반면, 비정형적 의사결정의 영역은 조직행동적 접근이 가능하다고 할 수 있다.

(1) 정형적(구조적) 의사결정

정형적 의사결정(programmed decisions)은 일상적이고 반복적으로 일어나며, 구조화(structured)된 문제에 관한 의사결정을 말한다. 따라서 관습적으로 처리하거나 대부분의 경우 의사결정을 위한 표준절차나 방침이 조직의 내규 또는 규정 등에 문서로 기록되어 있다.

최근에 있어서 정형적 의사결정은 OR(operations research)기법과 컴퓨터를 이용해서 매우 능률적으로 이루어지고 있으며, 대체로 거래처리시스템(TPS)이나 정보보고시스템(IRS) 등이 주로 구조적 의사결정과 많은 관련이 있다.

(2) 비정형적(비구조적) 의사결정

비정형적 의사결정(non-programmed decisions)은 정형적 의사결정과는 달리 비반복적(일회적)이며, 구조화되지 않은 예외적 의사결정을 말한다. 따라서 비정형적 의사결정은 프로그램화할 여지가 적어 주로 개인의 직관, 판단력, 창의력 등에 의존하게 된다.

최근에는 비정형적인 상황에서도 의사결정자의 문제해결능력을 제고시키거나 문제해결자를 지원하는 탐색적(heuristic) 컴퓨터 프로그램을 활용하는 방법을 추구하기도 한다. 즉,

최고경영층을 포함한 모든 경영층의 의사결정자를 지원하는 의사결정지원시스템(DSS), 고위층 경영진을 지원하는 중역정보시스템(EIS), 특정 분야 전문가의 축적된 경험과 지식을 활용하는 전문가시스템(ES)은 비정형적 의사결정문제를 지원하는 정보시스템이다.

표 1-5 정형적 의사결정과 비정형적 의사결정의 비교

구분	의사결정 유형	
	정형적 의사결정	비정형적 의사결정
과업의 유형	단순 · 일상적	복잡 · 창조적
조직방침에의 의존도	과거의 결정으로부터 상당한 지침을 얻음.	과거의 결정으로부터 지침을 얻지 못함.
전형적인 의사결정자	하위층의 종업원	상위층의 경영관리자

3) 조직계층별 분류

앤소프(H. I. Ansoff)는 의사결정 유형을 전략적 의사결정, 관리적 의사결정, 업무적 의사결정의 세 가지로 분류하여 설명하였다. 전략적 의사결정과 관리적 의사결정은 대체로 비구조적 문제를 다루며, 업무적 의사결정은 구조적 문제를 다룬다. 오늘날 컴퓨터의 발달과 의사결정기술의 발전으로 비구조적인 문제가 점차로 구조화 · 정형화로 나가는 추세에 있다.

(1) 전략적 의사결정

전략적 의사결정(strategic decisions)은 주로 기업의 외부문제, 즉 외부환경과의 관계에 관한 비정형적 문제를 다루는 의사결정이다. 즉, 그 기업이 생산하려는 제품믹스와 판매하려는 시장의 선택 등 기업의 구조에 관련된 의사결정으로서, 이는 기업의 성격을 기본적으로 좌우하는 중요한 의사결정이다.

전략적 의사결정은 주로 최고경영층의 임무로서, 예를 들면, 기업목표의 설정과 변경, 기업의 성장 방식에 관한 결정, 다각화에 관한 결정, 신제품개발에 관한 결정 등이 이에 속한다. 이와 같은 최고경영층의 전략적 의사결정을 지원하기 위한 정보시스템을 '전략계획시스템'이라 한다.

(2) 관리적 의사결정

관리적 의사결정(administrative decisions) 또는 '통합적 의사결정'은 전략적 의사결정을 구체화하기 위하여 기업의 제자원을 활용함에 있어서 그 성과가 극대화될 수 있는 방향으로 조직화하는 '전술적 의사결정'이다.

중간관리층의 임무로서 조직편성 및 변경, 권한 및 책임한계의 정립, 작업 및 정보의 흐름, 유통경로 선정, 입지결정 등을 조직화하는 일, 자재 및 설비의 조달, 종업원의 훈련과 개발, 자금조달 등에 관한 의사결정들이 이에 속한다. 이와 같은 중간경영층의 관리적 의사결정을 지원하기 위한 정보시스템을 '관리통제시스템'이라 한다.

(3) 업무적 의사결정

업무적 의사결정(operating decisions)은 전략적 및 관리적 의사결정을 구체화하고 동시에 일상적으로 수행되는 정형적 업무에 관한 의사결정 형태로서 주로 일선감독층이나 실무계층에 의해 이루어진다. 이는 인적·물적자원을 조달하고 이를 결합하거나 또는 기존의 결합방식을 변경하여 능률 또는 수익성을 최대화하는 것과 관련된 의사결정이다.

주로 생산, 판매, 인사, 재무 등과 관련된 하위 부문에서 이루어지는 각종 의사결정이 이에 해당된다. 예를 들면, 자원배분(예산화), 업무일정계획, 업무의 감독 및 통제활동, 가격결정, 재고수준, 연구개발, 비용지출수준 결정 등이 이에 속한다. 이와 같은 의사결정문제는 '거래처리시스템'이나 '운영통제정보시스템'의 지원을 받아 효율적으로 처리할 수 있다.

그림 1-5 경영계층구조와 의사결정 범위

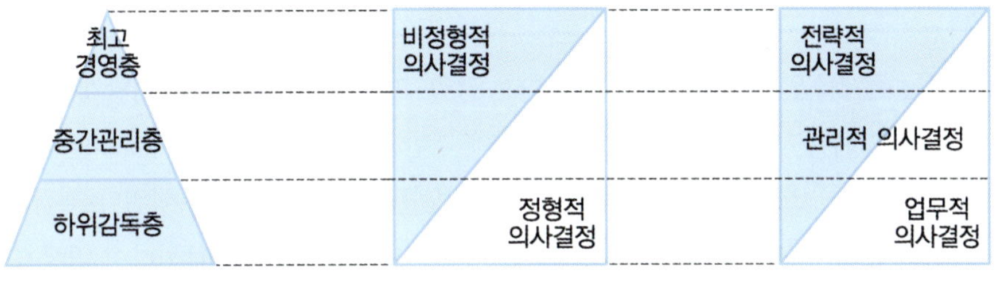

3. 의사결정단계와 정보시스템

사이몬(H. A. Simon, 1960)이 개발한 모형에 의하면 의사결정 과정은 인지 및 탐색활동(intelligence activities), 대안설계활동(design activities) 및 선택활동(choice activities)으로 구

분되고 있다. 그러나 관리적 의사결정은 정형적인 문제해결 과정으로 볼 수 있으므로 의사결정 대안의 실행활동도 중요한 단계로 인식되어야 한다고 주장하는 학자들도 많다. 그러므로 사이몬의 의사결정 3단계모형과 실행통제활동이 통합된 4단계 의사결정모형은 다음 그림 1-6과 같다.

그림 1-6 인간의 의사결정과정 모형

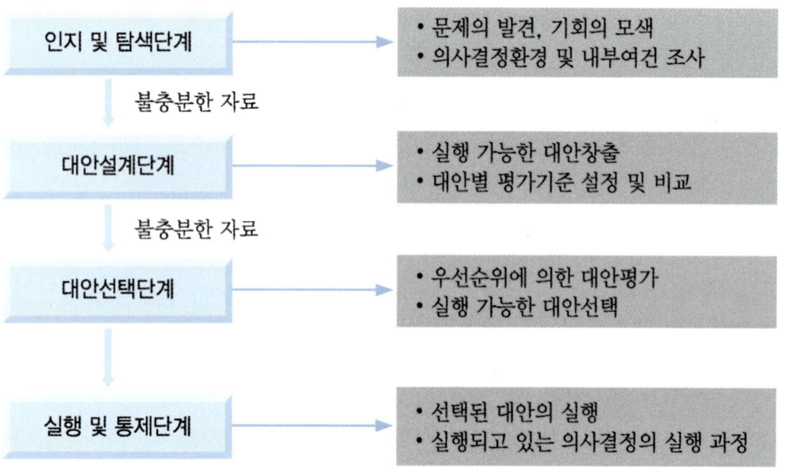

1) 인지 및 탐색단계와 정보시스템

이 단계는 문제를 인식하고 자료를 수집하는 단계이다. 인지(認知) 및 탐색단계(探索段階)에서의 정보시스템은 의사결정이 필요한 상황에 대한 정보와 문제해결을 위해 필요한 대내외적 환경에 대한 정보를 제공하여야 한다. 즉, 기업환경에서 발생하는 행위나 조직업무를 탐색하는 데 정보시스템이 효과적으로 활용되어야 하며, 외부환경을 탐색하여 의사결정 상황을 가능한 구체화하여야 한다.

2) 대안설계단계와 정보시스템

설계단계는 문제해결을 위한 여러 가지 대안을 계획하는 단계로서 대안설계단계는 의사결정대안을 개발하고 평가하는 것까지 포함된다. 다른 단계에서도 비슷하지만 대안설계단계에서 특히 고려해야 할 점은, 의사결정 상황이 정형적인가 비정형적인가 또는 구조적인가 비구조적인가를 파악하는 것이다. 대부분 기업에서 직면하고 있는 재주문점 및 주문량결정 등과 같은 재고 관련 의사결정은 계량화 및 자동화되어 있어서 정형적이라고 볼 수 있다. 따라서 재고관리 소프트웨어는 의사결정 알고리즘에 따라서 실행되어서 경제적 주문(EOP) 및 경제적 주문량(EOQ)을 자동적으로 계산한다.

그러나 새로운 생산라인의 설치, 종업원능력의 조직에 대한 공헌 정도, 신규사업 투자분석 등과 같이 정형화하기 어려운 비구조적 내지 반구조적 의사결정에 대하여 정보시스템은 의사결정지원시스템(DSS)과 전문가시스템(ES)을 활용하여 의사결정을 도울 수도 있다. 따라서 정형화하기 어려운 의사결정의 경우에 정보시스템은 데이터를 분석하여 의사결정에 필요한 형태로 정보를 제공하는 목적으로 활용될 수 있다.

3) 대안선택단계와 정보시스템

대안선택단계에서 정보시스템을 활용하면 검토 중에 있는 여러 대안 중에서 적절한 대안을 선택하는 데 도움을 받을 수 있다. 인지 및 탐색단계에서 정보가 충분히 수집되고 대안설계단계에서 대안이 충분히 개발 및 평가되었다고 판단되는 경우에도 물론 그렇다. 그렇지 않다면 더 많은 정보수집과 대안개발을 위해 앞 단계로 되돌아가야 한다.

그러나 실질적으로는 시간 및 자원제약으로 인하여 대부분의 의사결정자들은 의사결정시 최적수준보다 만족할 만한 수준을 선택하는 경향이 있다. 즉, 그들은 관련된 모든 정보를 수집하고 합리적인 모든 대안을 고려하여 최적안을 선택하는 이상적인 방법을 추구하기보다는 최종 의사결정이 이상적인 수준에는 조금 못 미치지만, 노력투입 측면에서 상당한 이점이 있는 제한된 합리성에 바탕을 둔 적정한 수준에서 의사결정을 내리는 경향이 있다.

어느 경우이든 선택단계에서 효과적인 의사결정을 내리기 위해서는 정보시스템은 요약 및 조직화된 정보를 제공할 수 있어야 한다. 대안에 따른 다양한 재무비율, 시장점유율 및 기타 지표를 활용하면 대안을 선택하는 데 도움을 얻을 수 있다.

4) 실행 및 통제단계와 정보시스템

실행 및 통제단계에는 선택단계에서 선정된 의사결정대안을 현실에 구체화시키는 활동을 수행하게 되고 수행 후의 의사결정 성공 여부도 추적하게 된다. 이 단계에서 정보시스템을 활용하면 결정대안의 성공적 실행 여부를 판단하는 데 도움을 받을 수 있다. 피드백기능 제공뿐만 아니라 의사결정의 성패를 평가하고 추후 필요한 의사결정이 무엇인가를 결정하는 데 도움을 받을 수도 있다.

예를 들면, 마케팅 부문의 촉진비용을 삭감하고자 한다면 판매관리자는 매출활동에 대한 의사결정(촉진비용 삭감)의 효과를 측정할 수 있으며, 측정결과 매출이 큰 폭으로 낮아진다면 어떤 조치를 어떤 방법으로 취할 것인가를 결정하는 데 정보시스템을 활용할 수 있다.

연구문제

설명형 문제

1. 디지털경영시대의 도래와 정보기술의 발전 트렌드에 관해 설명하시오.
2. 디지털기업(Digital Enterprise)에 대해 설명하시오
3. 디지털기업의 핵심 인프라에 대해 기술하시오.
4. 조직기능과 정보시스템에 관해 설명하시오.
5. 경영계층과 정보시스템에 대해 설명하시오.
6. 시이몬의 의사결정모형과 정보시스템의 역할에 대해 설명하시오.
7. 정보시스템 분야 중 기술 부문의 세 가지 변화에 대해 기술하시오.
8. 의사결정단계와 정보시스템에 대해 기술하시오.

약술/열거형 문제

1. 비정형적 의사결정에 대해 약술하시오.
2. 전략계획과 정보에 대해 기술하시오.
3. 지식수명주기(knowledge life cycle)에 대해 약술하시오.
4. 전통적 경영과 디지털경영에 대해 기술하시오
5. 정보기술의 발전 트렌드에 관해 간략히 기술하시오.
6. 디지털기업의 핵심 인프라를 열거하시오.
7. 경영계층과 정보의 특성에 대해 기술하시오.

용어/시사문제

1. 지식관리시스템(KMS)
2. Digital Enterprise
3. Enterprise Resource Planning
4. Customer Relationship Management
5. 전략적의사결정

2장

경영정보시스템의 개요

1절 경영정보시스템의 개념

오늘날 기업은 물론, 공공기관, 의료기관, 학교 등 각종 조직체에서는 정보기술을 이용한 경영정보시스템(MIS)을 기반으로 획기적인 업무능률 향상과 경영혁신을 추진하고 있을 뿐만 아니라, 정보기술 및 MIS를 경쟁전략의 주요 수단으로 활용하고자 하는 활발한 노력을 경주하고 있다. 그러나 이처럼 흔히 사용되고 있는 MIS의 구체적인 개념에 대해서는 산업현장의 실무자는 물론 학자들 간에도 명확하고 통일된 견해가 정립되지 못하고 있다. 이는 MIS 관련 학문적 역사가 일천하고 정보기술의 급속한 발전과 함께 MIS 개념의 포괄범위가 계속적으로 변화·확장되어 왔다는 점 등을 들 수가 있다.

이와 같은 개념상의 혼란은 경영정보학이 아직 독립된 학문 분야로서의 체계를 갖추지 못하고 있음을 반증하는 것이기도 하다. 이 절에서는 이러한 문제의식을 바탕으로 MIS 개념을 명확히 정의하고, 역사적으로 무수히 생성된 MIS 관련 유사 개념 들을 살펴보기로 한다.

1. 경영정보시스템의 정의

오늘날 경영정보시스템(MIS)이라는 용어가 흔히 사용되고 있지만 막상 이에 대한 인식의 정도와 내용이 사람마다 다르기 때문에 이로부터 오는 혼란과 오해의 소지가 적지 않은 것이 사실이다.

구체적으로 경영정보시스템을 어떻게 정의할 것인가? 이 문제에 관해서는 개념의 포괄성으로 말미암아 수많은 학자들이 여러 의견을 주장해 왔다. 대체로 경영정보시스템에 대한 기존의 정의를 살펴보면 경영정보시스템 구조나 설계특성에 주안점을 두는 '설계 지향적

(design-oriented)' 정의와 활용 측면을 보다 강조하는 '이용 지향적(user-oriented)' 정의로 대별할 수 있다. 그러나 보다 명확한 개념 이해를 위해서는 이 두 관점의 접근과 적절한 통합적 이해가 요구된다.

경영정보시스템 이론을 구체화한 데이비스와 올슨(Davis & Olson, 1985)교수는 경영정보시스템을 "조직의 운영, 관리, 의사결정 등의 기능을 지원하기 위한 정보를 제공하는 통합적 인간-기계시스템으로써 컴퓨터 하드웨어, 소프트웨어, 처리절차, 의사결정모형, 데이터베이스 등을 활용하는 시스템"이라고 정의하였다.

한편, 경영정보시스템을 기업조직이라는 경영시스템의 관점에서 본다면 경영하위시스템 중의 하나로 볼 수 있다. 즉, 경영시스템의 목표인 생산, 판매, 이익창출, 고객만족 등을 위해 인적자원, 물적자원, 금전적자원 등이 상호 효율적으로 작용할 수 있도록 정보자원을 지원하는 하위시스템이다.

이런 관점에서 좀 더 구체적이고 현대적 의미의 포괄적인 정의를 한다면, 경영정보시스템(Management Information Systems: MIS)은 "조직체의 경영활동 전반을 지원하기 위한 정보를 적절한 시기에 적절한 구성원에게 제공해 줌으로써 조직의 목표를 보다 효율적 · 효과적으로 달성할 수 있도록 조직화된 사용자-기계시스템"으로 정의할 수 있다.

이상의 정의를 좀 더 구체적으로 이해하기 위하여 이 정의에 포함된 중요한 의미를 몇 가지 정리해보면 다음과 같다.

첫째, MIS는 경영활동 전반(계획, 운영, 통제)과 의사결정을 포괄적으로 지원한다. MIS는 다양한 하위시스템(sub-sub system)을 통하여 경영조직 전반의 경영활동과 각계각층의 의사결정활동을 포괄적으로 지원하는 시스템이다. 따라서 광의의 MIS 개념 하에 다양한 유형의 정보시스템을 서브시스템으로 규정하여야 한다.

둘째, 정보의 유용성(有用性)이 중시된다. 즉, 정보시스템에서 출력된 정보가 유용하게 활용되기 위해서는 그것을 필요로 하는 구성원에게 적시에 제공되어야 함은 물론, 정보의 형태나 제공 방법의 적절성 등이 함께 고려되어야 한다.

셋째, MIS의 목표는 조직 전체의 목표와 일치해야 한다. MIS는 경영조직을 구성하고 있는 여러 하위시스템 중 하나로서 조직목표달성을 위한 지원기능을 수행한다. 따라서 전체 경영목표달성을 위한 큰 틀 속에서 조직의 목표를 보다 효과적이고 효율적으로 달성할 수 있도록 정보시스템의 계획이나 목표를 일치시켜야 한다.

넷째, MIS는 통합시스템을 추구한다. MIS는 정보를 적절한 시기에 적절한 구성원에게 제공해 주기 위하여 여러 하위시스템으로 구성되어 있으므로, 이들 간의 일관성(一貫性)이나 호환성(互換性)을 확보하여 이의 결여로 인한 비능률과 혼란을 방지하고 시너지효과를 거둘 수 있도록 설계하고 관리되어야 한다는 것이다.

다섯째, MIS는 사용자－기계시스템이다. 이는 인간과 컴퓨터시스템이 상호 보완적으로 결합되어 과업을 보다 효과적으로 수행해 나가는 시스템을 의미한다. 즉, 어떤 과업은 기계에 의해서, 어떤 과업은 사용자에 의해서 더 잘 수행될 수 있다는 사실에 기초한 것이다.

이러한 관점에서 볼 때, MIS는 기계와 기술뿐만 아니라 이를 사용하는 인간의 행동, 사고방식, 조직체 요소로 구성되어 있고, 이들 구성 요소는 모두 MIS 성과에 중요한 역할을 하고 있다. 따라서 효율적인 MIS를 설계하려면 정보처리에 필요한 컴퓨터 하드웨어, 소프트웨어, 정보처리기술은 물론 이에 맞는 조직체 구조와 방침, 조직구성원의 행동 등 상호 일관성 있는 조직체를 형성해야 한다.

지금까지 MIS를 비교적 폭넓은 개념으로 정의한바, MIS의 정의와 관련하여 보다 실제적인 의문이 생긴다. 과연 MIS라는 것이 어떤 일정한 틀과 기준이 있어서 '이것은 MIS이고', '저것은 MIS가 아니다'라고 분류할 수 있는 것일까? 결론적으로 그것은 '정도의 문제'이며, MIS가 없는 조직도, MIS가 완벽히 갖추어진 조직도 있을 수 없다. 즉, 컴퓨터를 도입하지 않은 조직이라 할지라도 어떤 형태로든 정보를 수집 · 저장 · 검색 · 처리하는 체계를 갖추고 있고, 또한 아무리 오랜 역사를 가진 조직이라도 완벽한 형태의 MIS를 구축할 수 없다. 따라서 모든 조직은 나름대로의 방법으로 보다 이상형에 가까운 MIS를 구축하기 위해 노력하는 과정에 있는 것이다(김은홍 외, 2011).

2. 경영정보시스템의 유사 개념

컴퓨터를 조직의 경영활동에 활용하기 시작한 1950년대 중반 이후, 컴퓨터나 컴퓨터를 이용한 시스템을 주로 EDPS(Electronic Data Processing Systems)라 불려졌다. 그러나 1960년대 이후 점차 EDPS라는 용어 대신, 정보시스템(Information Systems: IS)이라는 용어가 등장하기도 했으나, 정보기술과 관련 학문의 발전과 함께 최근에 이르기까지 수많은 관련 용어들이 생성 또는 소멸되었다.

그 중에서도 MIS와 관련성이 높은 용어로는 거래처리시스템(Transaction Processing Systems: TPS), 정보보고시스템(Information Reporting Systems: IRS), 의사결정지원시스템(Decision Support Systems: DSS), 사무자동화시스템(Office Automation Systems: OAS), 지능정보시스템(Intelligent Information Systems: IIS), 경영자정보시스템(Executive Information

Systems: EIS), 전략정보시스템(Strategic Information Systems: SIS) 등을 들 수 있다. 그러나 비교적 짧은 기간 동안에 수많은 유사 개념들의 생성과 소멸은 MIS 개념상의 혼란을 초래하기도 하였다.

MIS 개념과 이들 관련 용어들과의 관계는 대체로 광의의 MIS 관점과 협의의 MIS 관점 두 견해가 있다. 이 중 광의의 MIS 관점은 MIS를 TPS, IRS, OAS, DSS를 포괄하는 개념으로 보는 견해(Mcleod, 1986)이다. 반면에 협의의 MIS 관점을 지향하는 논자들의 경우는 OIS(Organizational Information Systems)라든지 CBIS(Computer Based Information Systems) 또는 IS(Information Systems)라는 용어를 주로 쓰며, 그 밖에도 IPS(Information Processing Systems), IDS(Information Decision Systems)라는 용어가 MIS의 유사 개념으로 쓰이고 있다.

이상에서 살펴본 바와 같이 MIS와 유사한 개념은 그때그때 시대상황에 따라 생성·소멸되어 왔다. 그러나 현재 우리 사회에서는 용어가 갖는 의미의 포괄성과 함축성 때문에 MIS가 가장 널리 알려져 있으며, 관련 학문 분야를 경영정보학이나 경영정보시스템이라고 지칭하고 있다.

또한, 그동안 MIS 개념이 그 실천적 한계성으로 인해 여러 형태의 보완적 또는 추가적인 용어들이 제시되어왔으나, 본질적으로 MIS는 조직의 경영을 위해 구축된 다양한 유형의 정보시스템(IS)을 통합적으로 지칭하고, 조직 내의 정보시스템이 앞으로 발전해 나가야 할 방향과 일치하므로 MIS라는 용어가 합당한 것으로 여겨진다.

3. e비즈니스와 MIS

정보기술의 급속한 발전과 함께 끊임없이 새로운 개념이 등장하여 아직 그 개념이 명확히 정립되지도 않은 기존 개념과 충돌하는 경우가 허다한데, 최근 'e비즈니스'라는 용어가 사회 전반에 흔히 사용되고 있어 MIS 개념 이해에 또 다른 혼란을 야기하고 있는 듯하다.

e비즈니스(electronic business)란 용어는 IBM의 루 거스트너(Lou Gerstner, 1993년부터 10년간 CEO로 재직)가 처음 사용한 신조어로 알려져 있다. e비즈니스는 '기업의 조직커뮤니케이션, 조정 및 관리를 위하여 인터넷과 기타 디지털기술을 활용한 것', 또는 '정보시스템의 지원을 받아 수행되는 모든 비즈니스 프로세스' 등으로 정의되고 있다.

그런데 이와 같은 e비즈니스 개념이 과연 앞에서 정의한 광의의 MIS 개념과 특별히 다른 새로운 개념을 포함하고 있는지 의문을 가지지 않을 수 없다. 즉, e비즈니스란 MIS를 도구로

운영되는 비즈니스를 지칭하는 것으로, IBM과 같이 끊임없이 새로운 시장의 창출을 희망하는 정보기술 공급업체의 마케팅전략의 일환으로 보급된 신조어에 불과한 것으로 보는 것이 타당하다(김은홍 외, 2011).

한편, 최근 학계에서 기업이 MIS 구축을 통하여 e비즈니스화 되어가는 과정을 'e변환(e-Transformation)' 이라는 개념으로 설명하기도 한다. e변환이란 정보기술의 도입과 함께 조직의 전반적인 프로세스가 전자화됨으로써 거래 방식, 조직구조, 조직문화, 의사결정구조 등 조직의 전 영역에서 포괄적인 변화가 일어나는 과정을 의미한다(최승은 외, 2005). 결국 e변환의 개념은 지난 수십 년 동안 사용되어 온 '전산화', '정보화'의 개념을 보다 확대 해석한 것으로 볼 수 있다.

2절 MIS 개념의 발전 과정

MIS의 역사가 언제부터 시작되었느냐 하는 문제는 MIS의 개념규정을 어떻게 규정하느냐에 따라 달라질 수 있다. 앞서 살펴본 바와 같이 MIS에 있어 컴퓨터를 이용한 정보처리기능을 필수적 요건으로 보는 견해를 따른다면 그 출발은 대체로 1950년대 초반으로 보는 것이 타당할 것이다. 그러나 MIS에 대한 본격적인 인식의 출발은 사업조직에 상용화된 컴퓨터가 보급되기 시작하면서부터라고 할 수 있다.

사업영역에서 최초의 컴퓨터 응용사례는 1954년 미국 제너럴일렉트릭사(GE)의 루이스빌 공장에 범용, 전자식, 계수형의 컴퓨터로서 제1세대에 속하는 'UNIVAC- I '이 설치된 것이 효시였다는 견해가 있다. 따라서 현대적 의미에 있어서의 MIS의 시발점은 대체로 60여 년 정도의 짧은 역사로 볼 수 있으며, 이점 아직도 MIS가 학문적으로나 실무적 차원에서 체계화가 부족한 하나의 이유가 될 수 있을 것이다.

이미 언급한 바와 같이 처음에는 EDPS라는 개념에서 시작된 MIS는 그 후 컴퓨터기술의 발전과 함께 많은 변화를 거치면서 오늘에 이르렀다. 여기서는 그 동안 MIS 개념이 어떤 과정을 거쳐 생성·발전되어 왔으며, 또 현재의 상황과 미래의 추세를 주로 기술적인 환경과 그에 따른 시스템 특성을 중심으로 해서 연대별로 구분하여 살펴보기로 한다.

1. 1950년대 중반(단순 자료처리에 중점)

컴퓨터 도입 초기인 1950년대의 컴퓨터 응용 영역은 매우 제한되어서 주로 회계자료 등의 단순한 자료처리에 중점을 두었다. 특히 가격과 처리비용이 높아서 경제적 측면에서의 타당성 확보가 어려운 상태였다. 이는 당시의 컴퓨터가 갖고 있는 능력의 한계에도 이유가 있었지만, 막대한 컴퓨터 비용을 정당화시키기 위해서는 무엇보다 고용인력의 감소를 통한 운영비용의 절감이 시급하였기 때문이다.

이같이 단순한 회계자료처리 등에 중점을 둔 시스템을 주로 EDPS라 하였으나, 후일 거래처리시스템(TPS), 자료처리시스템(DPS) 등과 같은 용어로 대체되어 왔다.

2. 1960년대 중반(경영정보 제공의 중요성 인식)

1960년대 중반부터는 컴퓨터가 단순자료처리수준을 넘어서 조직관리와 의사결정을 지원해 줄 수 있는 정보제공수단으로 활용될 수 있다는 인식이 확산되었다. 이후 다양한 컴퓨터 응용시스템이 활발히 개발되어 경영활동에 이용되기 시작하였는데, 이 같은 목적으로 구축된 시스템을 기존의 EDPS와 구분하여 경영정보시스템(MIS)이라 칭하게 되었다.

MIS는 의사결정지원을 위해 사전에 규정된 정보보고를 목적으로 경영정보의 생성에 중점을 두었다. 이와 같이 응용시스템개발에 의한 경영정보의 생성이 가능했던 이유는 1960년대 중반 집적회로(Integrated Circuits)를 채택한 제3세대 컴퓨터 등장으로 인해 대용량의 기억장치와 연산능력, 통신설비 등을 비교적 저렴한 비용으로 이용할 수 있게 되었기 때문이다. 컴퓨터 제조사들은 새로운 컴퓨터 판매전략의 일환으로 MIS 개념의 유용성과 실현가능성을 입증하고자 노력하였고, 이것이 경영정보의 필요성을 인식한 경영자들의 요구와 부합됨으로써 MIS 개념은 비약적으로 발전하게 되었다.

그러나 처음 기대했던 것과는 달리 막대한 비용과 시간을 투입하여 개발한 정보시스템이 제구실을 못하는 사태가 속출하는 등, MIS는 곧 실천적 한계성을 드러내게 되었다. 이에 따라 MIS에 대한 부정적 견해가 대두되기도 하였으며, 심지어 일부 기업에서는 과거의 EDPS체계로 회귀하려는 경향을 보이기도 하였다.

이 같은 사태의 가장 큰 이유는 MIS 개척자들이 추구한 '토털 MIS'의 실현이었다. 즉, 당시 MIS에 대한 추구경향은 조직의 모든 계층과 사업기능을 컴퓨터를 이용한 '단일-통합시스템'으로 구축한다는 것이었다. 그러나 이는 기업시스템의 본질적 특성인 복잡성과 시간에 따라 시스템이 변화한다는 동태성(動態性)을 간과한 것이었으며, 당시의 정보기술수준으로 이런 시스템을 구현한다는 것은 시기상조이고 불가능한 일이었을 것이다.

3. 1970년대 초반(의사결정지원의 필요성 부각)

복잡하고 거대한 단일시스템으로서의 MIS에 대한 회의론과 함께 한편에서는 정보 및 정보시스템에 대한 약간의 새로운 접근 방식이 대두되었다. 즉, 1970년대 초 미국의 MIT(Massachusetts Institute of Technology)를 중심으로 몇몇 학자들은 경영자에 대한 정보의 지원은 그가 처하게 되는 문제와 관련된 의사결정에 중점을 두어야 하며, 정보시스템 또한 각각의 문제상황에 맞도록 개별적으로 설계되어야 한다는 주장을 하였다(Gorry & Scott Morton, 1971). 그들은 이 같은 시스템을 의사결정지원시스템(Decision Support Systems: DSS)이라 하여 기존의 MIS와 구분하고자 하였다.

다음 그림은 처음 DSS 개념을 주장한 학자들이 DSS가 기존의 MIS와 어떻게 다른지를 요약해 놓은 것이다. 이 견해에 따르면 MIS가 조직의 일상적 운영업무의 수행을 지원하는 데 비해 DSS는 예측과 통제 등 보다 상위수준의 경영층에 의해 이루어지는 업무 및 의사결정을 지원하는 등 상호 근본적인 차이가 있는 것으로 비교되고 있다. 그러나 광의의 MIS 관점을 따른다면 이 그림에 제시된 DSS의 모든 특성은 MIS 개념에 충분히 포함될 수 있게 된다. 따라서 DSS는 MIS를 구성하는 다양한 정보시스템 유형 중 한 가지로 인식해도 무방하다고 할 수 있다.

그림 2-1 협의의 MIS와 DSS의 특성비교

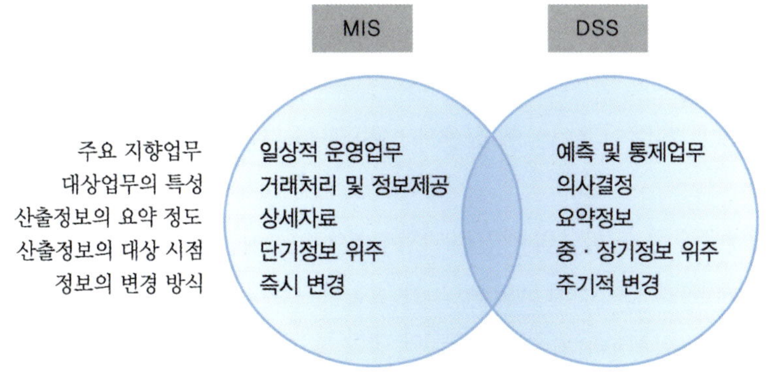

자료: 김은홍 · 최병구, 경영정보학개론, 다산출판사, 2011, 11쪽.

4. 1980년대

1) 1980년대 초반(사무자동화 및 정보통신기술의 보급)

1970년대 후반을 지나 1980년대에 접어들면서 발달된 통신기술과 컴퓨터가 하나로 통합되는 현상이 가시화되면서 보다 저가(低價)의 소형 또는 마이크로컴퓨터(1981년 IBM PC 출시)의 생산과 보급이 폭발적으로 증가하였다. 또, 제2의 컴퓨터 혁명 혹은 마이크로컴퓨터 혁명이라 불리우는 기술혁신의 결과는 조직의 컴퓨터 활용 분야에 사무자동화(Office Automation), 최종사용자컴퓨팅(End User Computing) 등의 개념이 등장하고 이에 대한 관심이 고조되기 시작하였다. 처음 문서편집에서 시작한 OA 개념은 전자 및 광파일시스템, 전자일정관리 등의 기술에 의해 많은 발전을 보게 되었다. 특히 사무관리에 팩시밀리, 전자우편, 화상 · 원격회의와 같은 정보통신기술을 활용함으로써 사무업무 분야의 생산성이 획기적으로 향상하게 되었다.

당시 IBM이 채택한 컴퓨터구조의 개방정책으로 인해 전 세계적으로 동일한 CPU와 운영체제를 사용하는 수많은 IBM PC 호환기종의 생산 · 판매가 가능하게 되었는데, 이는 필연적으로 관련 소프트웨어산업의 비약적인 발전을 유도하여 개인이나 기업 차원에서 활용 가능한 수많은 소프트웨어가 개발되었고, 그로 인해 MIS 개념 역시 많은 발전을 할 수 있게 된 것이다.

또한, 1980년대 초 미국의 통신시장 개방정책을 계기로 통신기술 및 서비스가 비약적인 발전을 이루게 됨으로써, 기업활동을 수행하는 데 있어 통신기술에 기반을 둔 정보시스템이 차지하는 비중이 더욱 커지게 되었다. 특히 이 시기에 EDI(Electronic Date Interchange: 전자문서교환), EFT(Electronic Fund Transfer: 전자자금이체) 등 조직 간 정보시스템이 구축 · 활용되기 시작하면서 조직 내 · 외의 실시간 거래처리가 가능해졌다(김은홍 외, 2011).

2) 1980년대 중반(인공지능의 활용에 대한 관심 고조)

1980년대의 중요한 또 하나의 경향은 기업경영에 인공지능(Artificial Intelligence) 개념을 활용하는 전문가시스템(Expert System) 또는 전문가지원시스템(Expert Support System), 모델관리시스템(Model Management System)에 대한 관심증가와 아울러 이에 대한 이론적 · 실천적 차원에서 개발노력이 활성화 되었다는 점이다. 즉, 미국 스탠포드대학에서 의사가 병을 진단하는 과정(MYCIN: 혈액감염 진단 및 처방, 1976)을 컴퓨터가 대신해주는 전문가시스템

(Expert System)이 개발된 이후, 이를 조직의 정보시스템에 활용할 수 있는 방안에 대한 연구가 활발히 진행되기 시작하였다. 최근에는 이와 같은 인공지능기술을 활용하여 구축된 다양한 유형의 정보시스템을 포괄적으로 지능정보시스템(Intelligence Information System)이라는 용어로 지칭하는 것이 일반적이다.

또한, 특정 분야에서의 전문가적 기능을 수행할 수 있도록 설계된 이들 시스템은 용도의 독특함 외에도 자료 및 논리표현의 용이성, 문서화 및 프로그램 유지관리의 용이성 등 여러 측면에서 전통적인 전산시스템에 비해 다양한 이점을 제공할 수 있는 시스템으로 평가되고 컴퓨터 이용의 새로운 특징을 제시해 줄 수 있는 분야로 기대되고 있다.

3) 1980년대 후반(정보기술의 전략적 가치에 대한 인식확대)

정보기술은 단순히 기업운영의 효율성 증대를 위해 활용하는 데 만족하지 않고 시장에서의 경쟁우위확보를 위한 기업의 전략적 수단으로 인식해야 한다는 견해가 1980년대 초부터 제기되었다. 그 후 1980년대 후반에 들어와서는 정보화사회에서 정보가 지니는 경쟁우위 획득과 유지, 전략경영의 지원 요소로서의 중요성이 한층 강조됨에 따라 전략정보시스템(Strategic Information System), 정보자원관리(Information Resources Management) 등의 개념이 등장하고 활용사례가 알려지기 시작하면서 정보기술의 전략적 가치에 대한 관심이 급격히 고조되었다.

특히, 1990년대에 들어 많은 기업들이 정보기술을 기반으로 하는 비즈니스 리엔지니어링(Business Process Reengineering), 전사적자원관리(Enterprise Resource Planning) 시스템 등의 경영혁신기법들이 도입되면서 정보기술의 전략적 활용가치에 대한 인식이 더욱 확산되었다.

5. 1990년대 중반(인터넷의 보급 확산)

1990년 중반 이후 급속한 인터넷 보급 확산은 기업경영 업무프로세스 전반에 걸쳐 일대 변혁을 가져 왔다. 특히 인터넷과 웹기반기술(web based technology)은 기업과 소비자, 공급자, 금융기관, 정부기관 등 비즈니스 관련 주체들 사이에 시간과 공간을 초월하여 거래와 정보교환이 가능하도록 하였다.

그 결과 기업의 업무프로세스들이 과거와는 전혀 다른 방식으로 수행될 수 있었고, 과거에는 존재하지 않았던 다양한 유형의 인터넷 비즈니스가 등장하여 새로운 시장을 형성하기도 하였다. 이처럼 인터넷의 폭발적인 확산은 기업운영의 근본까지 흔들어 놓고 있으며, 기업 내·외부의 경영환경을 상징적으로 표현한 e비즈니스라는 용어가 등장한 것도 이 무렵의 일이다(김은홍 외, 2011).

오늘날 기업의 입장에서 MIS와 관련된 가장 중요한 이슈는 정보기술에 기반을 둔 기업통합(enterprise integration)을 통하여 기업의 경쟁우위를 확보하기 위한 노력이라고 할 수 있다. 기업통합이란 경영활동주기의 단축이나 새로운 서비스의 창출을 위해 기존에 상호 독립적이던 기업경영의 모든 영역을 연계·통합하고자 하는 경향이다. 이는 기업 내 통합과 기업 간 통합이라는 두 축과 핵심도구인 ERP(Enterprise Resource Planning), SCM(Supply Chain Management), CRM(Customer Relationship Management), SEM(Strategic Enterprise Management) 등 다양한 솔루션들을 통해 이루어진다.

한편, 오늘날 정보기술과 네트워크의 발달은 인터넷시대를 넘어 언제 어디서나 네트워크에 연결해서 원하는 정보를 얻을 수 있는 유비쿼터스 컴퓨팅환경에 기반 한 u비즈니스라는 용어가 새롭게 등장하였다. 즉, 오프라인에 기반을 둔 기존의 비즈니스와 온라인에 기반을 둔 e비즈니스, 온라인에 기반을 두면서 이동성이 추가된 m비즈니스를 거쳐 장차는 온·오프라인을 포함 언제 어디서나 상거래가 가능한 'u비즈니스'로 발전해갈 것으로 예상된다. 향후 u비즈니스는 유비쿼터스 컴퓨팅기술의 발전에 따라 다음 단계의 핵심주제로 부상할 것으로 전망된다.

그림 2-2 MIS 개념의 발전 과정

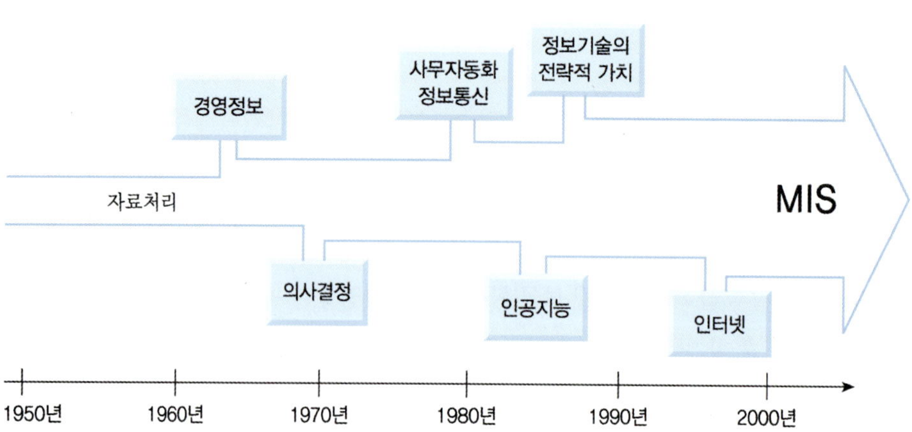

자료: 김은홍, 경영정보학개론, 다산출판사, 2017, 17쪽.

지금까지 광의의 MIS 개념이 발전하면서 시스템의 주안점이 어떻게 변화해 왔는가 하는 과정을 몇 단계로 나누어 살펴보았다. 1950년대 초반 단순자료처리시스템의 개념에서 출발한 MIS 개념이 60여년의 세월을 거치면서, 오늘날에는 정보통신, 인공지능, 전략적 도구의 개념까지도 포괄하는 매우 폭넓은 개념으로 발전해 왔다고 보는 것이 타당하다. 그리고 그와 같은 MIS 개념의 확장은 새로운 기술의 발전과 함께 앞으로 계속 이어질 것으로 보아야 할 것이다(김은홍 외, 2011).

3절 MIS의 이론적 배경

지금까지 MIS 개념을 역사적 관점에서 정리하고 그러한 개념이 현실화 되면서 어떠한 발전 과정을 거쳐 발전해 왔는지를 주로 그 기술적 환경과 그에 따른 시스템 특성을 중심으로 살펴보았다. 이제 여기서는 MIS 개념의 형성과 발전 과정을 보다 학문적인 입장에서 논의하고자 한다.

이 절에서는 어떤 학문 분야가 MIS 배경이 되었는지에 관해 학자들의 견해를 정리한 다음, MIS가 언제 이론적·학문적 체계를 갖추게 되었고, 그 발전 과정이 어떠하였는지에 대해 알아보고자 하며, 끝으로 우리나라의 경영정보학의 발전 과정을 살펴보기로 한다.

1. MIS 배경학문

MIS와 관련한 제반 현상을 다루는 학문 분야를 경영정보학이라 지칭할 때, 이는 하나의 학문 분야로서 종합학문적 또는 학제적 성격을 띠고 있다는 점에 대해서는 이론의 여지가 없다. 그런데 경영정보학 형성에 많은 영향을 끼쳤고 현재도 밀접한 관련을 맺고 있는 인접학문, 즉 배경학문에 대해서는 학자들 간에 약간의 서로 다른 견해를 보이고 있다.

그러나 이들 의견을 비교해 보면, MIS 개념을 보는 기본관점 이라든가 배경학문의 범위나 분류 방식에 있어서 약간의 차이를 보일뿐 근본적으로는 유사함을 알 수 있다. 따라서 그 중 대표적인 학자들의 견해를 중심으로 상호 비교해 봄으로써 보다 일관성 있게 배경학문을 이해하고자 한다.

표 2-1 MIS 배경학문에 대한 견해

Davis	Ahituv & Neumann	Culnan & Swanson
관리회계	정밀과학	전산과학
경영과학	기술	경영과학
경영 및 조직이론	사회 · 행태과학	조직과학
전산과학		

1) Davis의 견해

Davis(1974)는 주요 배경학문으로서 관리회계, 경영과학(MS), 경영 및 조직이론, 전산과학의 네 가지를 들고 있다. 이 견해는 회계정보를 조직관리에 활용하고자 하는 관리회계적 사고로부터 출발해서 그 후 경영과학과 경영 및 조직관이론의 발전에 의해 그 기본골격이 갖추어지고 컴퓨터의 개발로 구체화된 개념으로 보고 있다.

이와 아울러 MIS 개념이 전산과학에서부터 파생되어 발전한 것이 아니라 어디까지나 경영 또는 조직과학 분야로부터 확장되어 형성된 분야임을 강조하고 있다. 이는 전산과학이 단지 MIS 개념을 현실화 시킬 수 있는 도구들을 개발 · 제공해 주었을 뿐임을 강조함으로써, 당시 컴퓨터 중심의 기술적 관점에서만 MIS를 이해하려고 하는 사고방식에 경종을 울리고자 하였다.

2) Ahituv & Neumann의 견해

Ahituv & Neumann(1986)은 MIS의 배경학문을 크게 정밀과학, 기술, 사회 및 행태과학의 세 범주로 나누어 각 범주별로 구체적인 학문 분야의 목록을 제시하였다. 즉, 정밀과학 분야에는 일반시스템이론, 제어이론, 수리경제학, 경영과학, 통계학을 들고 있고, 기술 분야로는 전산과학, 전기 및 전자공학, 정보이론을 포함시켰다. 끝으로 사회 및 행태과학 분야는 사회학, 심리학, 경영이론, 조직이론, 조직행위론, 경제학, 언어학, 철학 등을 들고 있다.

3) Culnan & Swanson의 견해

Culnan & Swanson(1986)은 MIS의 배경학문을 전산과학, 경영과학, 조직과학의 세 분야로 규정하고 있다. 전산과학은 주로 하드웨어, 소프트웨어, 데이터 등과 같은 MIS의 기술적 측면과 깊은 관계가 있는 반면, 경영과학은 문제, 모형, 해법 등의 분석적 측면과 관련이 있다. 그리고 조직과학은 개인, 조직, 제도 등과 같은 행태적 측면에 대한 이론적 배경을 제공하고 있음을 알 수 있다.

이상의 세 가지 견해를 비교해 보면 근본적으로 유사성을 확인할 수 있다. 결론적으로 경영정보학은 경영이나 조직이론을 포함하는 사회과학 또는 행태과학적 배경과, 대체로 경영과학의 범주에 포함시킬 수 있는 정밀과학적 배경, 그리고 컴퓨터의 활용과 직접적인 관련을 갖고 있는 전산과학적 배경의 세 가지 바탕 위에서 성립된 종합학문으로 볼 수 있다. 따라서 경영정보시스템을 올바로 이해하기 위해서는 적어도 이와 같은 세 영역의 배경학문 분야에 대한 이해가 선행되어야 할 것이다(김은홍, 2011).

그림 2-3 MIS의 배경학문

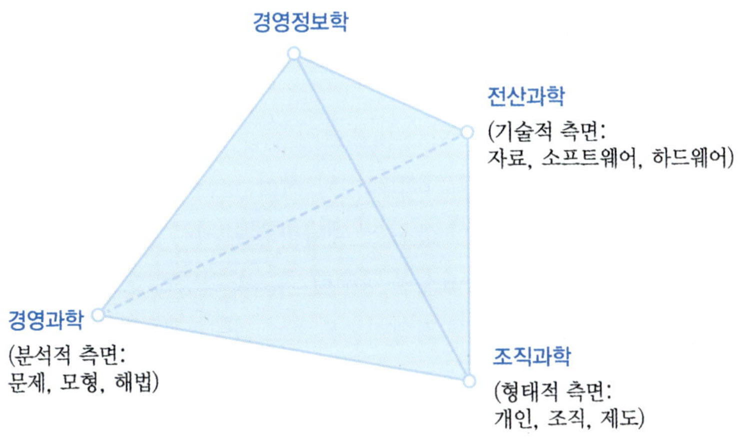

자료: 김은홍 · 최병구, 경영정보학개론, 다산출판사, 2011, 17쪽.

2. MIS의 이론적 발전 과정

어떤 학문 분야가 MIS 배경이 되었는지에 관한 활발한 논의에 비해 구체적으로 MIS가 언제 어떤 학자들에 의해 이론적 및 학문적 체계를 갖추게 되었고 또 그것이 오늘날과 같은 모습으로 발전해 온 과정이 어떠하였는지에 대해서는 그 동안 별로 논의된 바가 없다.

경영정보학의 학문적 발전 과정에 대한 논의가 미흡한 것은 경영정보학의 학문적 역사가 일천(日淺)하고, 그 짧은 기간 동안에도 학문적 연구대상인 MIS의 개념이 끊임없이 변화해 왔기 때문일 것이다. 그리고 이것이 비교적 최근까지도 경영정보학을 하나의 고유한 학문 분야로 인식할 수 있는 지 그 자체가 논란의 대상이 되고 있는 이유가 될 수 있을 것이다(Mingers and Stowell, 1997).

여기서는 이처럼 몇 안 되는 관련 문헌 중 비교적 폭넓은 자료가 정리된 미국의 딕슨(G. W. Dickson, 1981) 교수의 논문을 중심으로 MIS 분야의 이론적 발전 과정을 추적해 볼 수 있다. 그는 1930년대에서 1970년대까지의 MIS의 발전 과정을 크게 생성기(genesis), 도약기(takeoff), 성숙기(maturity)의 세 단계로 구분하고, 각 단계별로 있었던 주요 사건들을 정리한 연구결과를 발표한 바가 있다.

이러한 연구결과를 바탕으로 1980년대 이후까지 그 범위를 확대하여 경영정보학의 발전 과정을 살펴보기로 한다(김은홍 외, 2011).

1) 경영정보학의 생성기(1930년도 후반~1960년대 중반)

경영정보학의 생성기에 대해서는 약간의 논란이 있을 수 있겠으나 MIS 개념의 기원은 아무래도 1938년에 출간된 바나드(C. Barnard)의 저서 「경영자의 기능(Functions of the Executive)」에서부터 찾는 것이 합당한 것 같다. 왜냐하면 이 저서를 통해서 그는 경영학사에 조직의 경영 과정에서 의사결정의 중요성을 강조한 최초의 경영학자로 남게 되었기 때문이다. 그 이후 의사결정이론에 바탕을 둔 경영이론은 주로 경영과 의사결정, 그리고 의사결정과 정보와의 관계에 초점을 맞추어 발전되었는데, 이는 MIS 개념의 형성 과정에 커다란 영향을 미치게 되었다.

한편, 의사결정이론이 체계를 갖추어 가던 1940년대 후반에서 1950년대 초반에 걸친 시대에 정형화되기 시작한 자동화(automation)나 사이버네틱스(cybernetics) 등의 개념들도 MIS 개념의 생성 과정에서 빼놓을 수 없는 중요한 개념들이다. 사이버네틱스란 각종 기계나 조직 등에 있어서의 의사소통 및 통제문제를 생명체의 경우와 유사한 것으로 보아 그 해법을 도출하고자 하는 연구 분야를 일컫는다. 이러한 접근 방법을 통하여 정보에 의한 통제 및 경영 메커니즘(mechanism)의 중요성을 발견하게 되었는데, 이것 역시 MIS 개념의 형성 과정에 있어 중요한 이론적 배경이 되었다.

1950년대 중반 이후 기업에서 상용화된 컴퓨터들을 도입하기 시작하면서 경영자나 컴퓨터요원들을 위한 저서와 논문들이 출판되었다. 그러나 초기 출판물의 대부분은 논의의 초점이 구체적인 컴퓨터기술에 맞춰져 있을 뿐, 조직경영과 컴퓨터를 직접 연관시켜 효과적인 컴퓨터 활용방안 등을 논의한 것은 아니었다. 이렇게 볼 때, 정보기술의 본질을 규명하고 그것이 장차 조직 및 경영에 미치게 될 영향을 예측한 논문(Leavitt and Whisler, 1958) 이야말로 MIS 개념에 대한 학문적 논의를 활성화시킨 최초의 논문이라 할 만하다. 한편 1958년에는 최초로 '경영정보시스템'이라는 용어가 등장하는 저서가 출판되기도 하였다(Stoller and van Horn, 1958). 그러나 이 저서 역시 컴퓨터기술에 관한 논의가 중심이 되고 있어 MIS 분야의 주요 업적으로 평가하기는 어렵다.

1959년 7월에는 미국의 한 민간기업 주최로 '경영정보와 통제시스템에 관한 심포지엄'이 개최되었다. 여기서는 조직경영에 컴퓨터를 활용하는 데 있어 하나의 '토털시스템'의 구현을 지향해야 한다는 주장이 제기되었는데, 이는 앞서도 언급한 바와 같이 초기의 학자들이 토털 MIS에 대한 환상을 가지고 있었음을 보여 주고 있다. 특히, 이 심포지엄에서는 정보기술과 의사결정, 그리고 경영 사이의 관계를 명확히 규명하고, 정보기술의 도입과 함께 조직경영의 양상이 크게 변화할 것으로 예측한 연구결과가 발표되어 많은 주목을 받은 바 있다(Malcomb, 1960).

한편 1961년에는 기술적 관점이 아닌 조직경영적 관점을 바탕으로 저술된 것 중 처음으로 그 제목에 MIS라는 용어를 포함하고 있는 단행본이 출판되기도 하였다(Gallagher, 1961). 그 뒤를 이어 많은 책들이 출판되었으나, 본격적인 MIS 교과서라 할 수 있는 책들이 출간된 것은 1960년대 중반 이후부터였다. 특히 1966년에 출판된 두 권의 교과서(Dearden and McFarlan, 1966; Prince, 1966)는 제목에 MIS가 들어 있는 최초의 교과서라는 점과 함께 MIS라는 용어가 사회적으로 널리 받아들여지는 데 결정적인 공헌을 한 업적으로 평가받고 있다. 이렇게 볼 때 MIS 개념이 기본골격을 갖추고 그 용어가 일반화되기 시작한 것은 대개 1967~68년경으로, 이 무렵까지를 MIS 개념 또는 경영정보학의 생성기로 구분한 것도 바로 이러한 이유이다.

2) 경영정보학의 도약기(1960년도 후반~1980년대 초반)

일단 MIS 개념이 생성되고 어느 정도 경영정보학의 골격이 형성되자 이 분야에 관한 본격적인 저술 및 연구활동이 활발하게 전개되었다. 그중에서도 특히 1960년대 후반부터 1980년대 초반에 이르는 시기에는 새로이 생성된 MIS 및 경영정보학의 성격이나 관련 영역을 규정하기 위한 수많은 연구결과들이 발표되었는데, 이 시기를 경영정보학의 도약기라 할 만 하다. 또한, 이 시기는 2절에서 언급된 바와 같이 '토털 MIS' 개념에 대한 회의론과 함께 새로이

DSS 개념이 등장하면서 그 어느 때보다도 MIS 개념 자체에 대한 논란이 많았던 시기이기도 하였다. 그러나 이와 같은 우여곡절을 거치면서 경영정보학은 점차 하나의 학문 분야로서의 더욱 성숙된 체계를 갖추게 된 것이다.

경영정보학의 도약기를 활짝 열게 한 대표적인 사건으로는 1960년대 말 미국의 'MIS 학회(Society for Management Information System: SMIS)'의 출범과 1972년에 있었던 최초의 MIS 분야 전문학술지, '*Management Informatics*'의 창간을 들 수 있다. 또한, 1970년대 초에는 MIS 분야의 학부와 대학원 과정에 적합한 교과 과정 설계를 위한 학회 차원의 공동연구보고서가 발표되기도 하였다(Ashenhurst, 1972; Couger, 1973). 그 결과 1970년대 초부터 미국의 퍼듀(Purdue)대학과 미네소타(Minnesota)대학을 시작으로 MIS 전공 프로그램을 개설하는 대학이 생기기 시작하였고, 몇몇 대학에서는 MIS 전문 연구센터가 설립되기도 하였다.

특히, 1980년대 전반기는 경영정보학의 학문적 체계를 확립하기 위한 연구가 그 어느 때보다 매우 활발히 수행되었던 시기라고 할 수 있다. MIS 분야의 연구 프레임워크를 제시하기 위한 연구(Ives *et al.*, 1980; Nolan and Wetherbe, 1980)라든가, 기존에 발표된 연구들을 포괄적으로 검토하여 MIS 분야의 연구경향을 분석하기 위한 연구(Ives *et al.*, 1980), MIS의 배경학문을 정의하기 위한 연구(Ahituv and Neumann, 1986; Culnan and Swanson, 1986) 등이 주로 이 시기에 집중적으로 이루어졌다.

그 과정에서 1977년에는 오늘날 경영정보학 분야를 대표하는 *MIS Quarterly*와 *Information and Management*라는 두 종류의 전문학술지가 탄생되었고, 이어서 1984년에는 *Journal of MIS* 창간호가 출판되었다. 곧이어 *Journal of Information Systems*, *Information Systems Research*, *Information Resource Management Journal* 등 많은 학술지가 창간되었으며, 최근까지도 계속해서 특화된 연구 분야를 표방하는 MIS 관련 전문학술지들이 새롭게 등장하고 있어서 경영정보학이 끊임없이 변화 · 발전하고 있는 학문 분야라고 하는 사실을 실감하게 하고 있다.

3) 경영정보학의 성숙기(1980년대 중반 이후)

1980년대 중반 이후부터 경영정보학이 비로소 하나의 체계를 갖추게 되었다. 이때부터 과거에 비해 훨씬 체계적인 연구활동이 수행되었으며, 연구의 양적 측면에서도 매우 풍성하였다. MIS의 계획 · 분석 · 설계 · 개발 · 관리 등 연구 영역이 분화되고, 그에 따라 조직에서 MIS를 활용하는 과정 전반에 걸친 연구가 보다 체계적으로 수행되어 경영정보학의 이론을 형성해 왔다. 특히 1980년대 중반은 과거 메인프레임 중심의 정보시스템 환경이 워크스테이션 또는 데스크톱과 통신기술의 전략적 가치에 대한 인식 확대 등에 따른 MIS 개념의 근본적 변화로 인해서 경영정보학의 외연이 크게 확장되었던 시기이기도 하였다.

그러나 1980년대 중반 이후 경영정보학이 성숙기에 접어들었다고 해서 그것이 곧 학문적 체계의 완성을 의미하는 것은 결코 아니라는 면에서 성숙기보다는 '안정기' 라는 표현이 더 적절한 것으로 생각된다. 앞에서도 여러 차례 언급한 바와 같이, 경영정보학의 주요 이론들을 크게 바꾸어 놓을 수 있을 만큼 엄청난 폭과 속도로 진행되고 있는 정보기술의 발전은 앞으로도 계속될 것이 분명하다. 그에 따라 경영정보학 역시, 과거에도 그랬듯이 앞으로도 정보기술의 변화를 수용하기 위한 노력을 지속해야 할 것이다. 이러한 점에서 볼 때 경영정보학이라는 학문은 정태적(static)이기보다는 동태적(dynamic) 성격이 강하고, 그것이 결국 이 분야의 학문적 및 이론적 체계가 취약하다는 비판을 감수할 수밖에 없는 원인이 되고 있다.

3. 국내 경영정보학의 도입과 발전

우리나라의 컴퓨터 활용 역사는 1967년 당시 경제기획원에서 각종 정부통계의 처리를 위해 IBM 기종의 컴퓨터를 한 대 도입함으로써 비롯되었다. 곧이어 1969년에 민간기업으로는 처음으로 금성사(LG전자의 전신)가 자체적으로 컴퓨터를 도입하여 급여계산 등 기업의 단순 자료처리 목적에 활용하기 시작하였다. 이처럼 국내에서의 컴퓨터 활용은 미국 등 선진국에 비해 15년 이상 늦게 시작되었고, 게다가 그 확산속도 또한 매우 더딘 것이어서 상당기간 동안 경영정보학이 자리 잡을 수 있는 여건이 조성되지 못하였다.

1970년대 초부터 하나둘씩 설립되기 시작한 대학의 전산학과와 사설 전산학원에서 배출되는 인력들이 컴퓨터 조작요원(operator)과 프로그래머로 대표되는 전산인력의 주류를 형성하게 되었다. 이 당시 국내에서는 EDPS가 각종 조직의 컴퓨터 활용을 대변하는 용어로 널리 사용되었던 만큼, 주 관심사는 컴퓨터 자료처리를 통해 인건비를 절감하고자 하는 데 집중되어 있었고, 그에 따라 전산기술적 측면만이 강조되었다. 이러한 상황에서 경영정보학은 물론이고 MIS에 대한 초보적인 개념조차도 보급되지 못한 것은 너무도 당연한 일이었다.

그러다 1980년대에 들어 우리나라에서도 MIS에 대한 인식이 서서히 자리 잡기 시작하였는데, 대학의 경영학과나 산업공학과 등에서는 MIS를 정식 교과목으로 개설하기도 하였다. 몇몇 실무잡지에 MIS 개념을 소개하는 글이 실리고 경영학 관련 학술지에 MIS 분야의 논문이 발표되기 시작하는가 하면, 국내에서 처음으로 MIS 교과서가 출판(노중호, 종합경영정보시스템, 정민사, 1981)된 것도 바로 이 무렵이다. 그러나 무엇보다도 국내 경영정보학 발전의 획기적인 전기가 마련된 것은 1984년 한국외국어대학교(경영정보학과)와 국민대학교(정보관리학과)에 정식으로 경영정보학 전공학과가 개설되면서부터였다. 이후로 MIS에 대한 체계적 연구와 전문인력이 양성되기 시작하였음은 물론 1989년에는 전문대학에도 경영정보과가 신설되기에 이르렀다.

한편, 1987년에는 한국경영과학회 산하에 MIS 연구회가 발족되어 학자들 간에는 물론 학자와 실무자들 간에 토론의 장이 열리게 되었고, 이를 토대도 1989년에 한국경영정보학회가, 1996년에는 대한경영정보학회가 정식으로 출범하기에 이르렀다. 특히 1989년 11월 대한상공회의소에서 개최된 한국경영정보학회 창립기념 세미나는 대성황을 이루어 MIS 분야에 대한 높은 관심을 실감케 하였다. 이와 함께 과거 몇몇 경영학 관련 학술지에 간헐적으로 게재되던 경영정보학 관련 연구논문도 1991년 한국경영정보학회가 「경영정보학연구」라는 전문학술지를 출간하면서 큰 폭으로 증대되었으며, 1997년 대한경영정보학회의 「경영정보연구」 창간호가 출간됨으로써 관련 연구가 한층 활발히 진행되었다.

이처럼 국내의 경영정보학은 꽤 오랫동안 지속되었던 암흑기를 벗어나 급속한 속도로 발전하고 있다. 학문적 차원에서의 발전뿐만 아니라 기업 등 사회 전반의 경영정보학에 대한 수요도 크게 증가하고 있다. 그에 따라 과거 신입사원 채용 시 경영정보학 분야를 독자적인 학문 영역으로 인정하지 않음으로써 관련 학과 졸업생들에게 불이익을 주었던 기업들의 관행은 이미 오래전 이야기가 되어 버렸다. 이제 경영정보학을 전공한 학부 및 대학원 졸업생들은 정보시스템 전문업체인 SI(System Integration) 업체는 물론, 일반기업이나 공공기관 등의 정보시스템부서 혹은 현업부서에서 조직의 정보화를 선도하는 핵심인력으로서 폭넓게 활약하고 있다.

지금까지 살펴본 국내 경영정보학의 발전 과정을 미국을 중심으로 한 선진국의 경우와 비교하면 다음 표 2-2와 같다. 이 표를 보면 우리나라 경영정보학의 발전 과정이 아직까지는 선진국이 거쳐 온 과정을 약 20년 정도 뒤처져서 따라왔음을 한눈에 알 수 있다. 그러나 최근 세계 최고수준을 자랑하는 인터넷 보급률 등 정보통신 인프라의 비약적인 발전에 힘입어 선진국과의 격차가 점차 좁혀져 가고 있을 뿐만 아니라, 특정 산업이나 분야에 있어서는 오히려 우리가 앞서가는 경우도 적지 않은 것이 현실이다.

표 2-2 경영정보학의 발전 과정

구 분	미국 등 선진국	국 내
1930년대	1938: Barnard「경영자의 기능」 출판	
1940년대	의사결정이론 발전 자동화, 사이버네틱스 개념 발전	
1950년대	1951: 최초의 상용 컴퓨터 등장 1954: GE에 컴퓨터 도입(급여 전산화) 1958: Leavitt and Whisler의 연구논문 발표 Stoller and van Horn이 MIS 용어 사용 1959: '경영정보와 통제시스템에 관한 심포지엄' 개최	
1960년대	1961: Gallagher의 MIS에 관한 저서 첫 출판 1966: 최초의 MIS 교과서 출판 1969: 최초로 두 대학에 MIS 전공 과정 개설 MIS학회(SM IS) 창립	1967: 경제기획원에 컴퓨터 도입 1969: 금성사에 컴퓨터 도입
1970년대	1971: Gorry and Scott Morton의 DSS 개념 제시 1972: Management Informatics 창간 1976: 최초의 전문가시스템 개발 1977: 본격적 MIS 학술지인 MIS Quarterly와 Information and Management 창간	
1980년대	1984 : Journal of MIS 창간	1981: 최초의 MIS 교과서 출판 1984: 최초로 대학에 MIS 전공학과 개설 (한국외국어대, 국민대) 1987: 한국경영과학회 산하 MIS 연구회 창립 1989: 한국경영정보학회 창립 1989: 최초로 전문대학에 경영정보과 개설(대전보건대학)
1990년대		1991:「경영정보학연구」 창간 1992: 대한경영정보학회 창립 1997:「경영정보연구」 창간

연구문제

설명형 문제

1. 경영정보시스템의 개념에 대해 설명하시오.
2. MIS 개념의 발전 과정을 설명하시오.
3. e비즈니스와 MIS 관계에 대해 설명하시오.
4. MIS 배경학문에 대해 설명하시오.
5. MIS의 이론적 발전 과정을 설명하시오.
6. MIS 관련 유사 개념에 대해 설명하시오.
7. 국내 경영정보학의 도입과 발전 과정을 설명하시오.

약술/열거형 문제

1. 국내 경영정보학의 발전 과정을 간략히 설명하시오.
2. MIS 관련 유사 개념을 열거하시오.
3. MIS 배경학문(Davis 견해)을 열거하시오
4. 1990년대 MIS의 이론적 발전 과정을 간략히 설명하시오.
5. 우리나라의 경영정보학 도입과 발전 과정을 간략히 설명하시오.

용어/시사문제

1. TPS
2. IRS
3. DSS
4. OAS
5. EIS

3장

경영정보시스템의 구조와 유형

1절 MIS의 하위시스템 구조

일반적으로 모든 시스템은 계층적 구조로 형성되어 있기 때문에 하위시스템(sub system) 또는 여러 하위 하위시스템(sub-sub system)으로 수없이 분할할 수 있다. MIS도 역시 하나의 시스템으로서 그와 같은 계층적 구조로 형성된다고 할 수 있다. 그런데 MIS는 본질적으로 복잡한 구조와 다양한 업무로 구성되는 조직을 반영하고 있는 까닭에 그만큼 복잡하고 다양한 하위시스템 구조를 가지는 것이 보통이다.

MIS의 하위시스템 또는 개별정보시스템을 어떤 기준에 의해 하위시스템으로 분할할 것이냐 하는 것은 분석자의 관점에 따라 크게 달라질 수도 있으나, 대체적으로 '경영활동수준', '조직기능'이라는 2가지 기준을 바탕으로 하여 일종의 행렬구조를 가지고 있는 것으로 이해하는 것이 보통이다(Davis and Olson). 따라서 이 절에서는 경영활동수준과 조직기능에 의한 MIS 구조를 개괄적으로 살펴보기로 한다.

1. 경영활동수준별 정보시스템 구조

경영활동은 조직계층(경영계층)에 따라 서로 다른 특성과 기능으로 체계화된다. 즉, 조직계층에 따라 경영활동수준이 다른데, 이는 각 계층별로 수행하는 기능과 업무가 다르고 따라서 의사결정 유형도 다를 수밖에 없다.

조직계층별 경영활동수준을 구분하면 최고경영층은 대체로 전략적이고 계획적인 업무를, 중간관리층은 관리(경영)통제업무를 수행하고, 하부감독층은 운영통제업무를, 그리고 실무자층은 거래처리업무를 수행한다. 이에 따른 의사결정 유형은 최고경영층으로 올라갈

수록 비계량적이고 불확실성이 높은 의사결정기능을 수행하고, 하위경영층으로 내려갈수록 일상적이고 반복적인 구조적 의사결정기능을 수행한다.

그림 3-1 경영활동수준과 조직기능

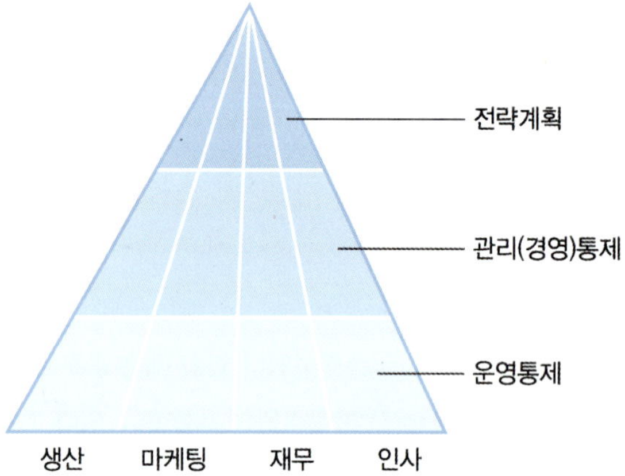

자료: 김은홍 · 최병구, 경영정보학개론, 다산출판사, 2011, 57쪽.

한편 경영활동수준에 따라 요구되는 정보의 특성이 크게 달라진다. 이 점에 관해서는 Gorry and Scott Morton(1971)의 주장이 자주 인용되고 있는데, 이는 다음 표 3-1에 요약되어 있다.

이 표에 의하면 전략계획, 관리(경영)통제, 운영통제 및 거래처리수준 간에 요구되는 정보

표 3-1 경영활동수준에 따른 요구정보의 특성

정보의 특성	거래처리	운영통제	관리(경영)통제	전략계획
출처	조직 내부	←――――――	――――――→	조직 외부
범위	매우 좁음	←――――――	――――――→	매우 넓음
종합정도	매우 상세	←――――――	――――――→	종합적
지향시점	과거	←――――――	――――――→	미래
즉시성	매우 높음	←――――――	――――――→	매우 낮음
정확성	높음	←――――――	――――――→	낮음
이용빈도	자주	←――――――	――――――→	가끔

특성이 크게 차이가 있음을 알 수 있다. 이와 같은 요구정보의 특성차이는 결국 MIS가 경영활동수준을 기준으로 전략계획시스템, 관리(경영)통제시스템, 운영통제시스템, 거래처리시스템의 네 하위시스템으로 분할될 수 있음을 시사한다.

그림 3-2 경영활동수준별 정보시스템 구조

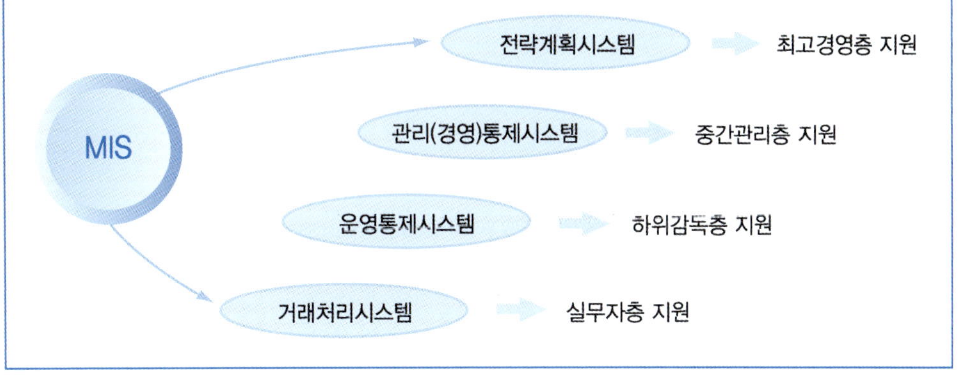

1) 거래처리시스템

거래처리시스템(Transaction Processing System: TPS)은 조직의 기본적인 경영활동에서 발생하는 거래자료를 신속·정확하게 처리하는 정보시스템이다. 그리고 거래처리시스템의 목적은 경영계층의 의사결정지원보다는 실무자층의 일상반복적인 기본업무를 신속·정확하게 처리하는 데 있다고 할 수 있다.

그림 3-3 거래처리시스템 흐름도

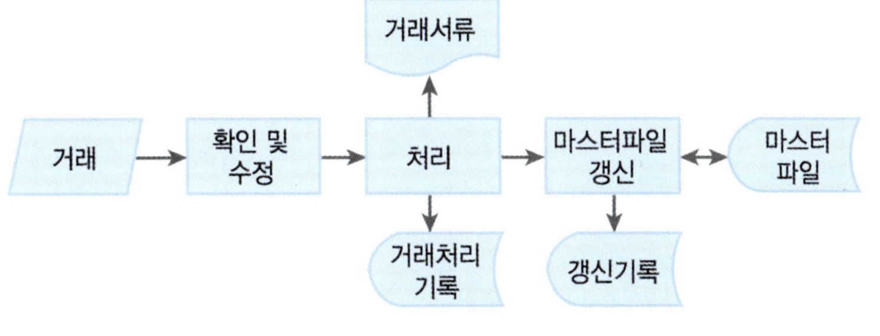

거래처리시스템(TPS)은 MIS의 기본이 되는 정보시스템으로서 효과적으로 TPS의 기반을 구축했을 때 비로소 이보다 상위경영활동인 운영통제나 경영통제 및 전략계획을 지원하기 위한 시스템도 제대로 구축 · 운영될 수 있는 것이다. 거래처리시스템은 구체적인 업무내용과 관계없이 대체로 그림 3-3과 같은 사이클로 구성된다.

2) 운영통제시스템

운영통제활동은 거래처리업무가 효율적 및 효과적으로 수행될 수 있도록 관리 · 통제하는 활동으로 그 대부분의 업무가 정형화(定型化)되어 있고 의사결정 또한 구조적인 특성을 갖는 것이 보통이다.

운영통제시스템(Operation Control System)은 조직체의 경영활동이 효율적으로 수행되도록 하위감독층의 의사결정을 지원해 주는 정보시스템이다. 따라서 이 시스템은 기업활동에서 발생하는 각종 보고자료, 조회자료 등을 입력하여 운영관리보고서, 조회보고서 등의 정보를 제공해줌으로써 일선관리자들의 관리감독기능을 효율적으로 수행하도록 지원한다.

그림 3-4 운영통제시스템

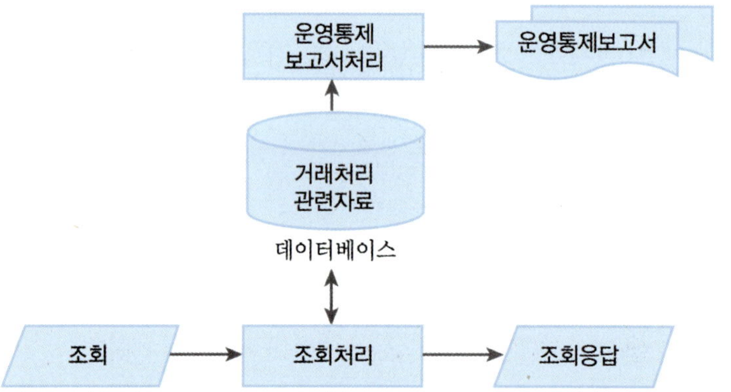

3) 관리(경영)통제시스템

관리(경영)통제시스템(Management Control System)은 조직 내의 부서 및 사업부수준에서 업무활동을 계획하고 관리하는 중간관리층의 의사결정을 지원해주는 시스템을 말한다. 관리통제활동을 위한 정보는 주로 각 부서의 성과측정 및 통제, 부서원의 업무수행규칙의 결정 등과 직접 관련을 맺고 있다.

관리(경영)통제시스템에서는 거래처리 관련 자료 이외에도 예산이라든가 각종 표준, 계획 등과 관계된 자료를 이용해서 실제 성과와 비교함으로써 문제점을 찾아내고, 그 문제점을 분석하여 가능한 통제 방법을 모색하는 데 도움을 줄 수 있어야 한다. 이때, 경우에 따라서는 조직 외부의 자료를 활용하기도 하고 또 여러 가지 의사결정모형이나 분석모형을 도입하기도 한다.

그림 3-5 관리(경영)통제시스템

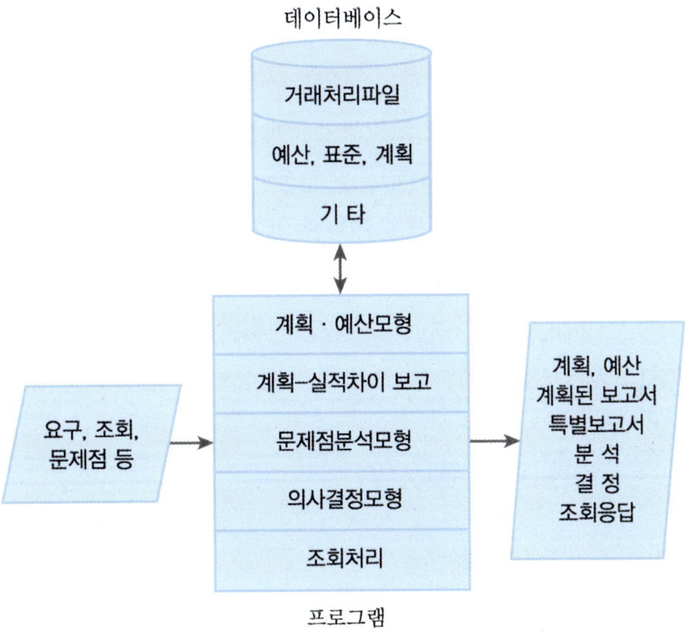

4) 전략계획시스템

전략계획시스템(Strategic Planning System)은 조직의 목표를 달성하고 기업의 전략적 우위를 확보하기 위한 최고경영층의 의사결정을 지원하기 위한 정보시스템이다. 이 시스템은 기업 내부 자료와 경제적 및 정치적 환경, 경쟁기업의 능력 및 시장점유율 등을 입력하여 시뮬레이션모형으로 처리해서 최고경영층이 기업의 방향정립, 시장전략, 생산시설투자와 같은 비구조적 의사결정사항을 효율적으로 수행할 수 있게끔 각종 정보자료를 제공해준다.

한 가지 언급할 것은 소위 전략정보시스템(SIS, 제7장 참조) 개념을 전략계획시스템과 혼동해서는 안 된다는 점이다. 즉, SIS는 경쟁전략의 구사(조직의 경쟁우위확보 등)를 위해 활용되는 정보시스템이지 조직의 전략계획활동 그 자체를 지원하는 시스템은 아니라는 점을 분명히 해야 한다. 이것은 정보기술을 전략적 목적으로 활용할 수 있다는 하나의 관점 또는 사고방식이지 SIS라는 특정 유형의 정보시스템이 별도로 존재하는 것은 아니기 때문이다.

2. 조직기능별 정보시스템 구조

대부분의 조직에서 MIS의 하위시스템을 조직의 기능에 따라 구성하는 것이 보편화되어 있다. 이는 조직기능이 MIS 구조를 파악하는 중요한 근거가 되기 때문이다.

조직기능은 기업이 속한 산업, 환경, 그리고 추구하는 목표에 따라 차이가 있겠지만, 일반적으로 제품과 서비스의 생산 및 판매와 같은 본원적인 기능과 물적자원조달, 인적자원관리, 자금조달 및 운용 그리고 기업 성과분석 및 평가 등의 부수적인 기능으로 구성된다. 즉, 이러한 조직기능을 크게 분류하면 생산관리, 마케팅관리, 인사관리, 재무관리, 그리고 회계관리로 구분된다. 따라서 기업이 수행하여야 할 기능을 지원할 정보시스템 구조도 생산정보시스템, 마케팅정보시스템, 인사정보시스템, 재무 및 회계정보시스템으로 분류할 수 있다.

그림 3-6 조직기능별 하위 정보시스템

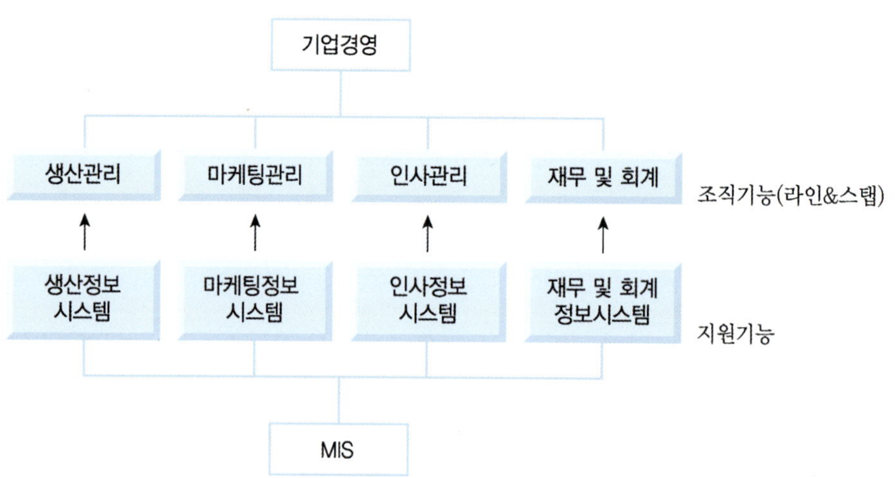

1) 생산정보시스템

생산정보시스템(Manufacturing Information System)이란 조직체의 제품 및 서비스생산과 관련된 정보자료를 입력 · 처리하여 조직의 생산관리자에게 유용한 정보를 제공해주는 시스템을 말한다. 즉, 생산기능을 구성하는 생산계획, 작업관리, 공정의 운영과 통제, 그리고 생산실적관리 등과 관련된 의사결정활동을 지원하는 정보시스템이다.

생산정보시스템은 조직계층적으로는 현장의 작업을 운영하고 통제하는 현장시스템, 생산현장에서 일어난 생산활동들의 내역을 분석하고 평가하는 관리시스템, 그리고 생산활동의 전반적인 계획수립을 담당하는 계획시스템으로 구성된다.

생산정보시스템을 구성하는 하위시스템의 계층구조는 그림 3-7과 같다.

그림 3-7 생산정보시스템의 계층구조

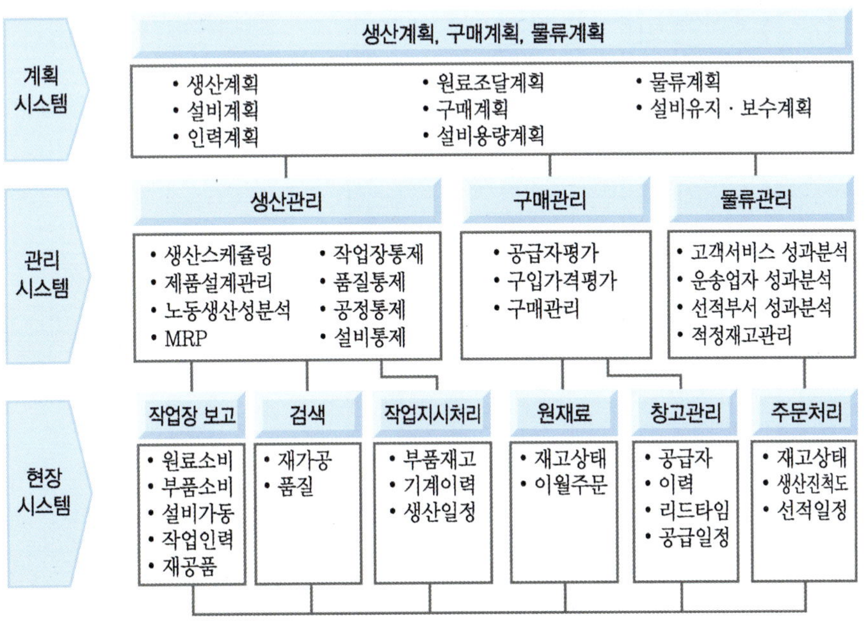

한편, MIS의 하위시스템으로서의 전형적인 생산정보시스템은 보통 엔지니어링, 자재소요계획(MRP), 조업, 제품출하 및 입고, 구매관리, 품질관리 등의 모듈로 구성된다. 즉, 생산정보시스템은 이들 기본 모듈과 데이터베이스, 자재 공급업체, 제품주문 고객 등과 같은 주요 요소들 사이의 정보 및 문서의 흐름으로 구성되어 있다.

여기서 MRP는 1970년대 기업에서 제품생산에서 요구되는 필요한 자재를 필요한 시기에 필요한 양만큼 필요한 장소에 공급하기 위한 자재소요계획(Material Requirement Planning)이다. 그 당시는 특정 제품을 적시에 적량을 최소의 비용으로 생산하는 것이 생산관리자의 가장 중요한 과제로써, 생산일정계획 – 재고관리 – 자재계획을 연결하는 일련의 '생산관리시스템'이라고 할 수 있다.

MRP의 뒤를 이어 1980년도에 출현한 MRP Ⅱ (Manufacturing Resource Planning Ⅱ)는 MRP에서 얻은 제조일정계획이나 부품조달계획이 실시 가능한가를 외주처나 사내의 생산능력을 검토해서 판단하는 생산능력계획, 조달예산계획 등 생산계획의 주변 업무를 다루는 방향

그림 3-8 생산정보시스템 모형

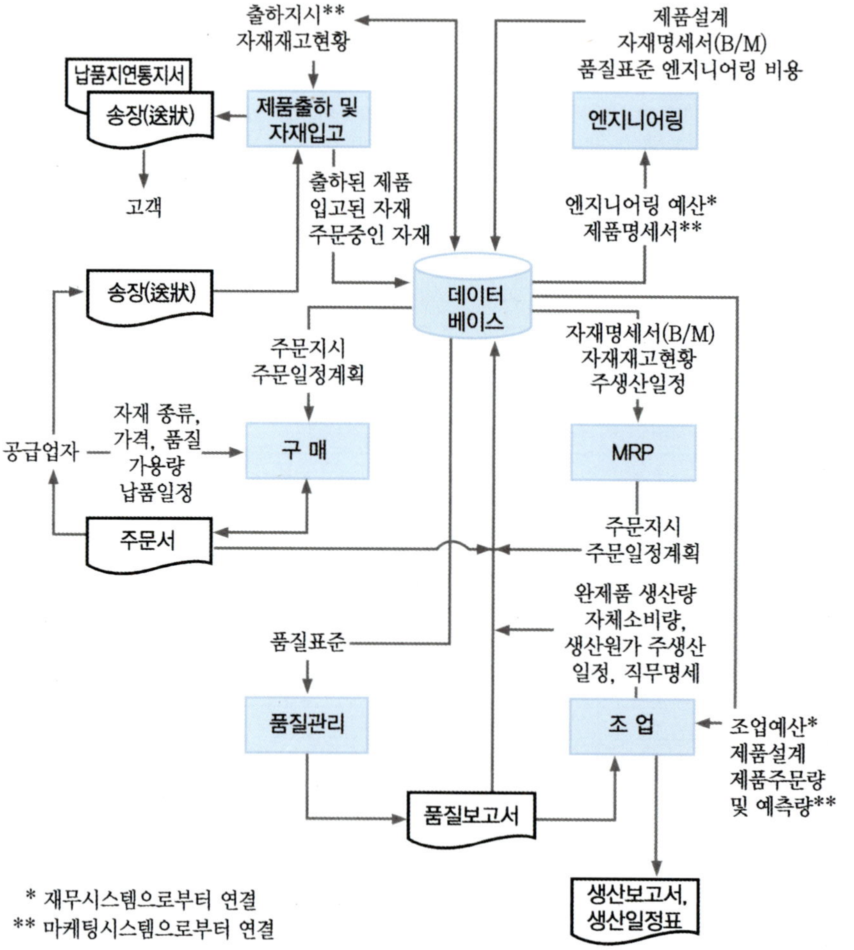

으로 MRP의 확장된 개념이다.

MRP Ⅱ(생산자원계획)를 거쳐 기업 전체의 모든 인적 · 물적 경영자원을 유효하게 활용한다는 관점에서 물류, 구매, 생산, 회계 등의 업무기능 전체의 최적화를 도모하면서 경영의 효율화를 추구한다는 ERP개념으로 발전되었다. 그리고 최근에는 기존의 ERP에 전자상거래를 기반으로 하는 공급망관리기능(Supply Chain Management) 및 고객관리기능(Customer Relationship Management)을 추가한 소위 '확장형 ERP'가 개발되어 기업 내 통합은 물론 기업 간 통합까지도 가능하도록 하고 있다.

2) 마케팅정보시스템

마케팅정보시스템(Marketing Information System)이란 기업 내 · 외의 마케팅활동과 관련된 자료를 수집 · 처리하여 조직의 마케팅관리자에게 유용한 정보를 제공해주는 시스템을 말한다. 즉, 마케팅의 계획, 관리 그리고 거래처리에 관한 데이터를 처리하며, 마케팅과 관련된 의사결정에 필요한 정보를 제공하는 정보시스템이다.

마케팅정보시스템은 조직계층적으로는 제품, 가격, 유통, 광고 등과 관련된 의사결정과

그림 3-9 마케팅정보시스템의 계층구조

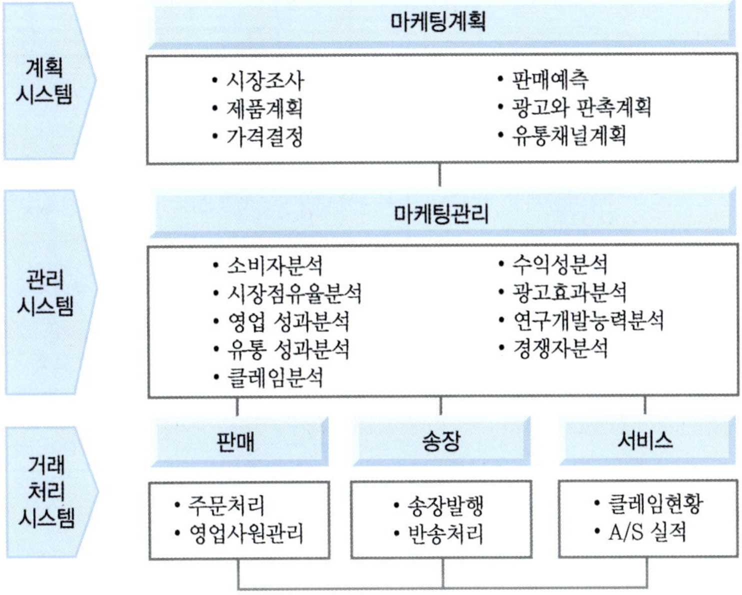

계획수립업무를 지원하는 계획시스템, 마케팅의 성과들을 분석하고 관리하는 관리시스템, 그리고 주문처리로부터 애프터서비스에 이르는 마케팅활동을 구성하는 각종 거래들을 처리하는 거래처리시스템으로 구성된다.

한편, 전형적인 마케팅정보시스템은 시장조사, 제품개발, 가격결정, 판매촉진, 매출관리 등의 모듈로 구성된다. 이와 같은 개념은 전통적 마케팅 개념과 통합적 마케팅 개념의 중간적인 성격으로 규정할 수 있는 것으로 오늘날 많은 기업에 적용되고 있는 개념이다.

그림 3-10 마케팅정보시스템의 모형

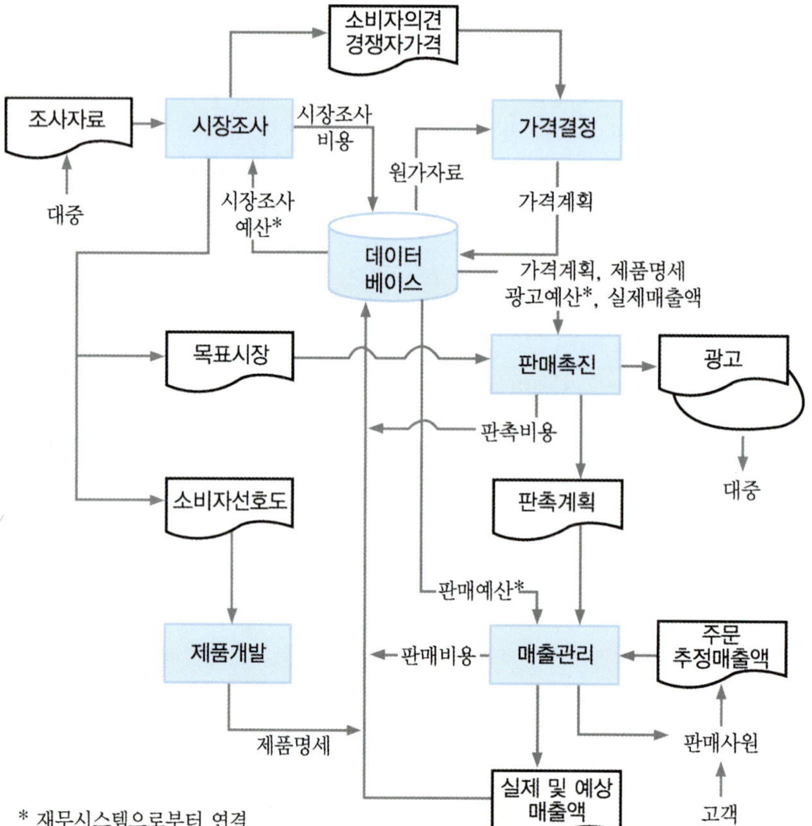

자료: Kroeber and Watson(1984).

3) 인사정보시스템

인사정보시스템(Human Resource Information System)은 조직의 인사문제, 즉 사원의 모집, 선발, 배치, 인사고과, 임금보상, 교육훈련 등과 관련된 정보자료를 수집 · 처리하여 조직의 인사관리자에게 유용한 정보를 제공해주는 시스템을 말한다.

인사정보시스템의 조직계층적 구조는 인원충원, 교육, 업무평가 등의 인력계획을 지원하는 계획시스템과 성과 및 업적분석, 이직률분석, 경력개발 등에 관한 관리업무를 지원하는 관리시스템, 그리고 직무명세서, 인사기록 등의 기본업무를 지원하는 거래처리시스템으로 구성된다.

그림 3-11 인사정보시스템의 계층구조

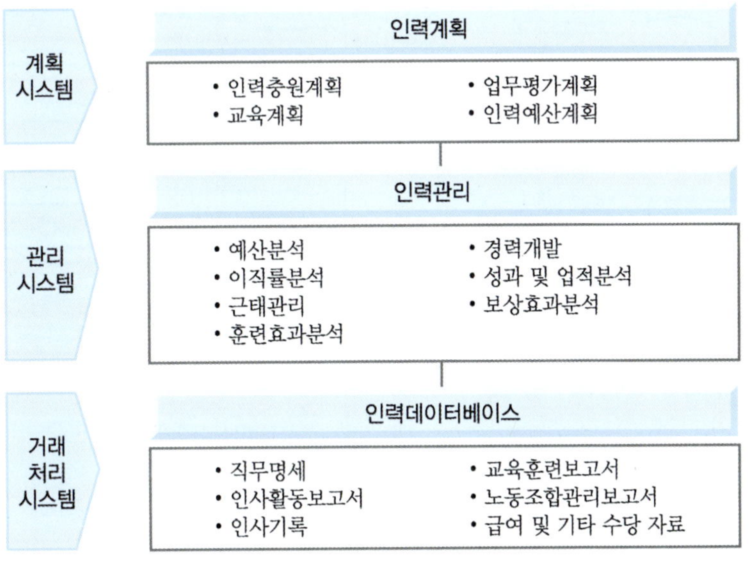

초기의 인사정보시스템은 급여 내역이나 인사기록을 저장 · 관리하는 기본업무를 처리할 목적으로 활용되었으나 최근에는 기업의 가장 중요한 자원 중의 하나인 인적자원의 효과적인 활용과 종합적인 인력관리를 지원하는 정보시스템으로 발전하고 있다.

현대 기업에서 인사정보시스템이 중요하게 대두되는 이유는 다음과 같다.

첫째, 급격한 경영환경의 변화에 능동적으로 대처하기 위해서는 우수한 인력의 확보와 유지가 필수적이며 이를 위해서는 인적자원에 대한 정확하고 풍부한 정보가 필요하기 때문이다.

둘째, 기업의 조직구조가 계속적으로 확대되고 변화하고 있다. 기업의 성장과 환경 변화에 따라 조직은 구조적인 팽창과 변화, 그리고 업무의 복잡화에 대처해야 하는데 이를 위해서도 인력과 조직에 대한 정확한 정보가 필요하다.

한편, 전형적인 인사정보시스템은 다음 그림 3-12와 같이 인사기록, 교육훈련, 인사활동, 급여관리, 노사관계 등의 기본모듈로 구성된다. 여기서 인사활동모듈은 기본적인 인사기능인 인력의 채용, 배치, 승진, 이동, 의료보험(4대보험), 휴가, 휴직, 퇴직 등을 관리하기 위한 모듈로 구성된다.

그림 3-12 인사정보시스템 모형

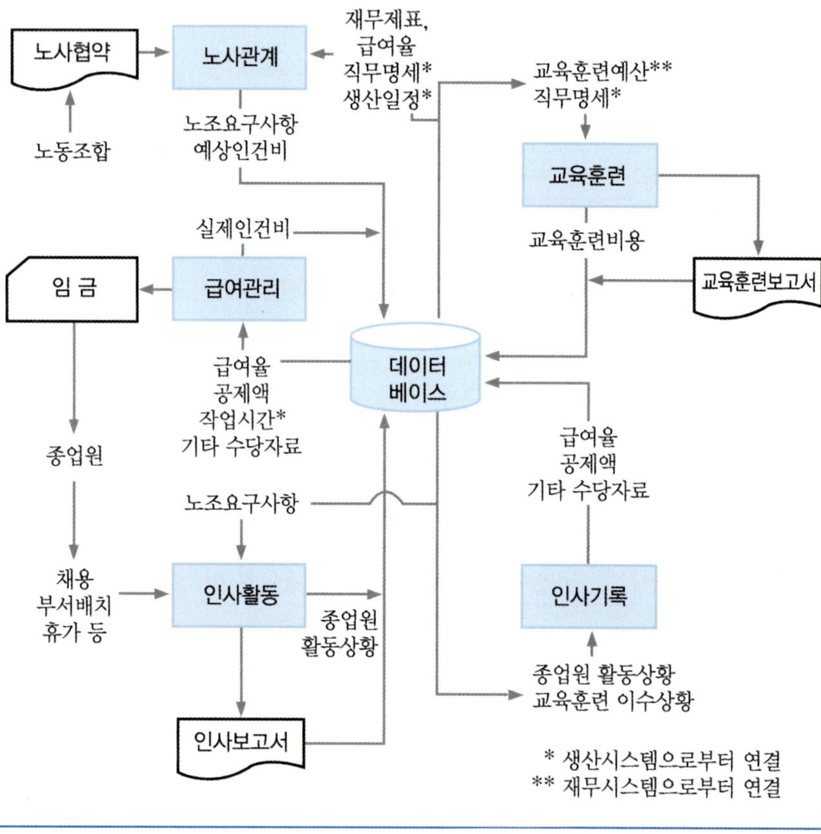

4) 재무 및 회계정보시스템

재무정보시스템(Financial Information System)은 자금조달 및 재무자원의 운용 및 평가에 관한 정보를 제공하여 이와 관련된 의사결정을 지원하는 MIS 하위시스템이다.

재무정보시스템의 주요 기능에는 현금과 유가증권관리, 자본예산 수립, 그리고 재무계획 등이 포함되는데, 일반적으로 재무정보시스템은 회계정보시스템과 연계되어 운용된다.

재무정보시스템의 기본구조 역시 조직계층 개념에 따라 다음 그림과 같이 계획시스템, 관리시스템, 거래처리시스템으로 구성되고 전형적인 재무정보시스템은 예산, 원가회계, 자금관리, 재무회계, 대금청구, 수취 및 지급계정 등의 기본모듈로 구성된다.

그림 3-13 재무정보시스템 계층구조

한편, 재무정보시스템과 연계되어 운용되는 회계정보시스템(Accounting Information System: AIS)은 기업의 회계 관련 자료를 수집, 기록, 정리하여 경영자 및 외부의 이해관계자가 의사결정을 하는 데 유용한 회계정보를 제공하는 시스템이라고 할 수 있다. 이는 기업경영의 기본적인 정보시스템으로 역사적으로도 가장 먼저 기업경영에 도입·운영되었고, 오늘날에도 많은 기업들이 구축에 우선적인 노력을 기울이고 있는 것이다.

이러한 회계정보시스템은 원가주의에 근거하여 자금의 흐름을 기록하고 보고하며, 재무상태표(대차대조표)와 손익계산서와 같은 중요한 재무보고서를 만들어 낸다. 또, 과거와 현재의 자금운용 실태와 사업실적들을 토대로 향후 예상되는 재무제표와 재무예산을 추정해 낸다.

또한, 회계정보시스템은 독자적인 거래처리를 바탕으로 데이터를 처리하기보다는 생산,

그림 3-14 재무정보시스템 모형

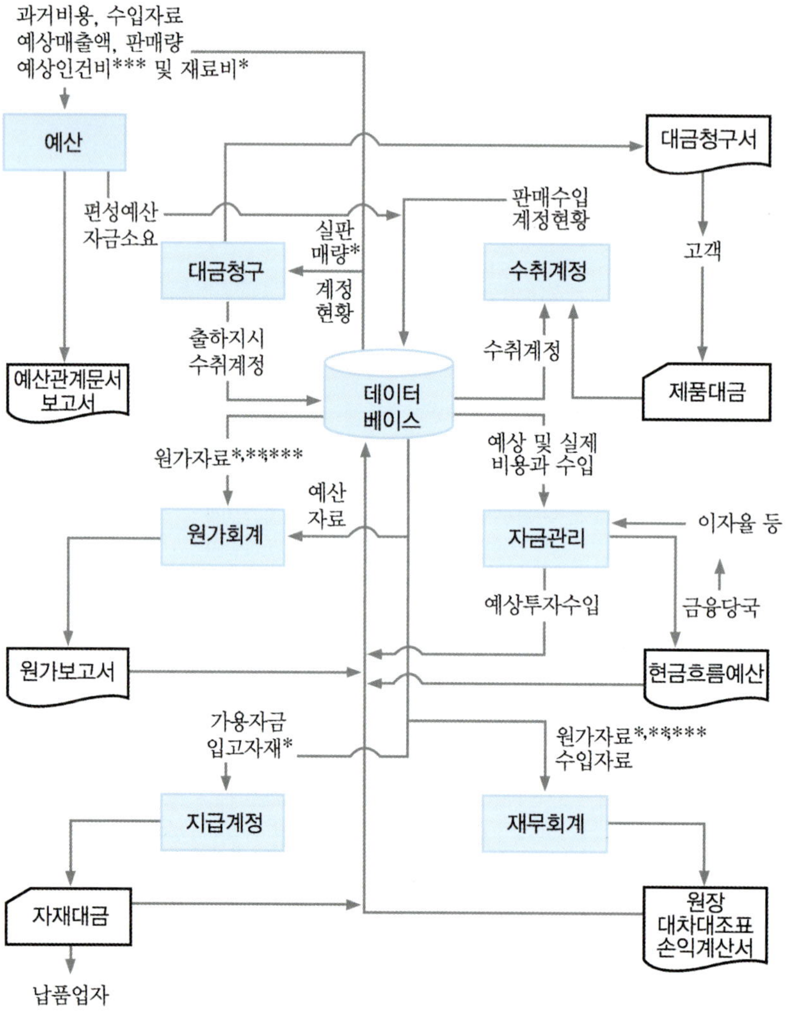

* 생산시스템으로부터 연결, ** 판매시스템으로부터 연결, *** 인사시스템으로부터 연결

자료: Kroeber and Watson(1984).

판매, 인사, 재무와 같은 경영활동을 '자금'의 개념으로 집약하여 처리하는 시스템이므로 조직의 다른 정보시스템과 직접적인 관계를 유지하고 있다.

회계정보시스템은 내부 이해관계자를 위한 관리용 회계정보를 제공하는 관리회계시스템과 외부이해관계자들을 위한 회계정보를 제공하는 재무회계시스템으로 구성되며, 이는 다시 실무적으로 재무회계, 세무회계, 예산통제, 자금관리, 원가관리, 고정자산관리 하위시스템으로 구성된다.

지금까지 생산, 마케팅, 인사, 재무 및 회계기능의 네 가지 조직기능에 의한 MIS 하위시스템의 계층구조와 모형에 대하여 살펴보았다. 그런데 앞에서도 언급한바와 같이 MIS 하위시스템 구조는 하나의 전형적 예일 뿐, 어느 조직이나 보편 · 일률적으로 적용될 수는 없다. 그러나 비록 이것이 하나의 단순한 모형에 불과하더라도 우리가 이와 같은 모형을 통해 MIS의 구조를 보다 전체적 또는 시스템적 관점에서 이해할 수 있다는 점에서 큰 의의가 있다.

한편, 기업 내 통합을 위한 중요한 수단으로서 최근 여러 기업에서 도입하고 있는 전사적 자원관리(Enterprise Resource Planning: ERP)시스템은 이러한 모든 조직기능이 수행하는 기간업무들을 통합적으로 관리하기 위한 대형 소프트웨어패키지를 의미한다.

ERP가 실제로 지원할 수 있는 업무의 범위는 패키지 제품에 따라 다소 차이가 있으나 대체로 생산관리, 물류관리, 인사관리, 회계관리, 구매 및 재고관리, 품질관리, 공정관리, 프로젝트관리 등 기업운영 전반을 망라하는 기능별 모듈을 갖추고 있어 고객의 필요에 따라 적절한 취사선택이 가능하도록 개발되어 있다.

최근에는 기존의 ERP에 전자상거래를 기반으로 하는 공급망관리(Supply Chain Management: SCM)시스템 및 고객관계관리(Customer Relationship Management: CRM) 시스템을 추가한 소위 '확장형 ERP'가 개발되어 기업 내 통합은 물론 기업 간 통합까지도 가능하게 되었다. 즉, ERP는 그 자체로 기업통합을 실현하기 위한 전략적 수단이 되고 있는 것이다.

현재 IBM, AT&T, GE, Kodak 등 세계 초일류기업들은 이미 ERP를 활용하고 있고, 최근 우리나라에서도 대기업은 물론 관심이 높은 중소기업까지도 도입을 완료하였거나 진행 중에 있다.

2절 정보시스템의 유형

우리는 이미 앞장에서 MIS를 여러 가지 유형의 정보시스템을 포괄하는 매우 넓은 개념으로 정의한바 있다. 여기서는 지금까지 MIS 분야에서 발전되어온 각종 유형의 정보시스템들을 간략히 살펴보기로 한다. 여기서 한 가지 언급해둘 것은, 그동안 협의의 MIS 개념으로 이해하였던 사람들은 이들 각 정보시스템을 MIS와는 전혀 다른 차원의 정보시스템으로 생각해 왔으며, 그로 인해 MIS 개념에 대한 혼란을 초래한 원인이 되었다는 점이다.

1. 거래처리시스템

거래처리시스템(Transaction Processing System: TPS)은 컴퓨터를 이용하여 일상 반복적인 기본업무를 능률적으로 신속 · 정확히 처리해주고, 데이터베이스에 필요한 정보를 제공해 주는 시스템이라고 할 수 있다. 즉, "기록의 보존이나 여타 MIS 하위시스템에의 입력을 위하여 거래자료를 수집, 분류, 저장, 유지, 갱신, 검색하는 기능을 수행하는 시스템"이라고 정의할 수 있다(Kroeber & Watson, 1984). 여기서 거래업무(자료)란 제품의 판매 및 구매, 예금의 입 · 출금, 급여계산, 항공예약, 물품선적 등 조직의 기본적 업무나 사건을 다루는 일상 반복적인 업무(자료)를 말한다. 그리고 TPS의 주요 산출물(output)은 각종 거래자료 및 그에 대한 상세보고서 등을 들 수 있다.

앞서 언급한 바와 같이 거래처리시스템은 정보시스템 유형의 하나라기보다는 경영활동수준의 관점에서 본 MIS 하위시스템 중 하나라고 볼 수 있다. 이는 컴퓨터활용의 역사적 관점에서 볼 때 가장 먼저 형성된 시스템 개념으로서, 정보가 아닌 단순한 자료의 처리에 중점을 둔다는 측면에서 정보시스템이라 부르기조차 어렵다. 그래서 TPS를 정보시스템으로보다는 자료처리시스템(DPS)의 한 유형으로 인식하는 학자들이 대부분이다.

거래처리시스템은 컴퓨터에 의한 자료처리 방식 중에서도 가장 오래된 형태에 속하며, 또 조직의 자료처리에 있어서 가장 기초적인 위치를 점하는 정보시스템으로 TPS, DP, EDP 등으로 표현되기도 한다.

2. 정보보고시스템

정보보고시스템(Information Reporting System: IRS)은 "조직의 경영자들이 수행하는 관리 업무나 의사결정을 지원하기 위하여 사전에 정의 된 형태 및 내용의 정보를 제공해주는 시스템"으로 정의할 수 있다(Zmud, 1983). IRS의 대상 영역은 필요한 정보의 형태나 내용이 미리 정해진 구조적인 의사결정을 지원해 주기 위한 시스템으로서 중간경영층이 주된 사용자층이 된다고 할 수 있다.

IRS는 주로 TPS에 의하여 발생된 자료를 처리하여 적절한 정보를 생성시키고 이를 적합한 시기에 경영자나 의사결정자에게 제공하게 된다.

그림 3-15 IRS의 기본모형

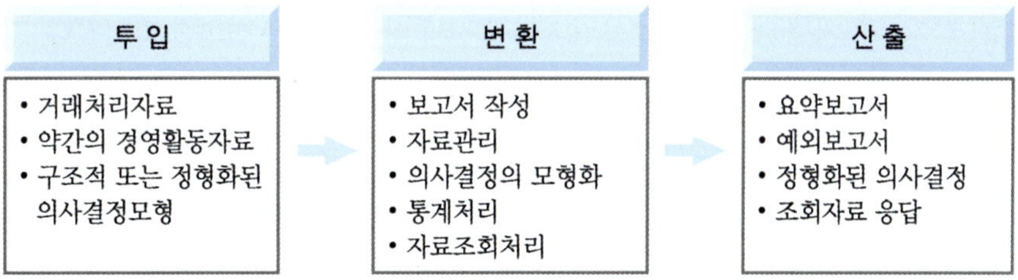

자료: 김은홍 · 최병구, 경영정보학개론, 다산출판사, 2011, 73쪽.

3. 의사결정지원시스템

의사결정지원시스템(Decision Support System: DSS)은 "컴퓨터를 사용하여 대체로 반구조적(semi-structured) 또는 비구조적(unstructured) 의사결정문제를 지원하는 시스템"으로 정의 할 수 있다(Gorry & Scott Morton, 1971). 즉, 기업조직에서 발생하는 단순한 업무의 자동화보다는 경영관리자들이 쉽고 편리한 사용환경을 통하여 비교적 복잡하고 풀기 어려운 문제들에 대한 합리적인 의사결정을 할 수 있도록 설계된 정보시스템으로서 체계적인 분석모형, 데이터베이스, 대화식 인터페이스를 통해 의사결정에 필요한 정보와 방법론 등을 지원하는 시스템이라고 할 수 있다.

DSS에 투입되는 일부 TPS에서 추출되기도 하지만 주로 경영활동과 관련된 조직 내 · 외부의 자료들을 별도로 수집하여 처리하는 것이 보통이다. 그런데 MIS 개념이 지속적으로 변

그림 3-16 DSS의 기본구조

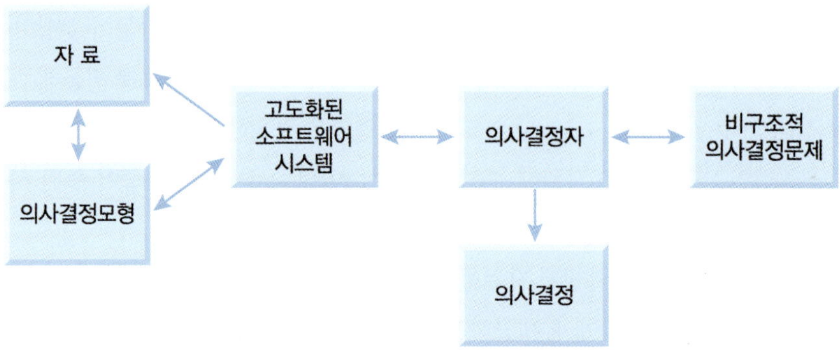

자료: 김은홍 · 최병구, 경영정보학개론, 다산출판사, 2011, 74쪽.

화 · 발전 되어온 것처럼 DSS 역시 정보기술의 발전과 더불어 많은 변화를 겪어왔다. 그 중에서도 특히 DSS와 인공지능의 결합에 의해 지식기반 DSS 또는 지능형 DSS의 개념이 등장하기도 하였다.

4. 사무자동화시스템

1980년대 이후 사무 분야의 생산성향상이라는 문제의 대두와 함께, 급속히 발전된 분야 중 하나가 사무자동화시스템(Office Automation System: OAS)이다. 그동안 정보기술의 비약적인 발전에도 불구하고 상대적으로 낙후되었던 사무 부문에 새로이 눈을 돌리게 되면서부터라고 할 수 있다.

전통적으로 생산성은 생산직 근로자에게나 적용되는 문제라고 생각해왔고, 그에 따라 자동화의 개념도 주로 공장자동화(Factory Automation)의 측면에 중점을 두어 왔음은 주지의 사실이다. 사무자동화시스템은 "사무실에서 일하는 사무직종사자의 생산성을 향상시킬 목적으로 정보기술을 응용한 시스템"으로 정의 할 수 있다.

OAS의 주요 대상이 되는 사무활동은 문서관리, 의사소통, 일정관리의 세 가지 범주로 압축될 수 있다. 그리고 다양한 자료처리활동 중에서 다른 정보시스템에는 포함 시킬 수 없는, 다소 개인적이거나 비공식적인 성격을 갖는 자료의 처리도 OAS의 대상으로 간주하는 것이 보통이다.

한편, 최근에는 이들 기능들을 복합한 소프트웨어 패키지들이 상업화되어 널리 활용되고 있다. 보통 그룹웨어(groupware)라 불리는 이 패키지들은 문서의 편집과 관리는 물론 전자우편, 원격회의, 일정관리 등 대부분의 사무관리 기능을 종합적으로 지원한다. 그룹웨어는 최근 인터넷기반의 패키지들이 개발되면서 점차 활용범위를 확대해 나가고 있다.

1) 문서관리

- **문서편집시스템**: 문서의 생성, 편집, 저장, 출력 등의 기능을 수행하는 시스템이다.
- **탁상출판시스템**: 출판물 수준의 출력을 얻을 수 있도록 다양한 기능을 제공하는 프로그램과 관련 장비로 구성되는 시스템이다.
- **디지털 파일관리시스템**: DVD 등과 같은 대용량기억장치를 기반으로, 스캐너 등의 문서입력장치, 광학문자인식(OCR) 프로그램 등을 활용하여 각종 문서나 파일을 저장하고 필요할 때 즉시 검색할 수 있도록 개발된 시스템이다.

2) 의사소통

- **전자우편시스템**: 네트워크로 연결된 PC나 단말기 등을 통해 메시지 전송, 저장 및 수신할 수 있도록 구성된 시스템이다.
- **원격회의시스템**: 지역적으로 떨어져 있는 사람들끼리 문자, 음성 및 영상자료를 주고 받으며 회의를 할 수 있도록 지원하는 시스템이다.
- **팩시밀리시스템**: PC의 주변장치를 이용해서 서로 떨어져 있는 사람들끼리 모든 형태의 문서를 눈에 보이는 이미지 그대로 송 · 수신할 수 있는 시스템이다.

3) 일정관리

일정관리를 위해서는 '전자일정기록시스템'을 다양하게 개발하여 활용할 수 있다. 이는 보통 컴퓨터에 저장되어 있는 달력 또는 일정표에 자신의 일정을 기록 · 관리하는 기능은 물론, 네트워크를 통해 자신이 만나야 할 다른 사람의 일정표를 점검하여 서로가 편리한 시간에 약속을 정하는 기능을 가진 시스템도 있다.

그림 3-17 OAS의 기본모형

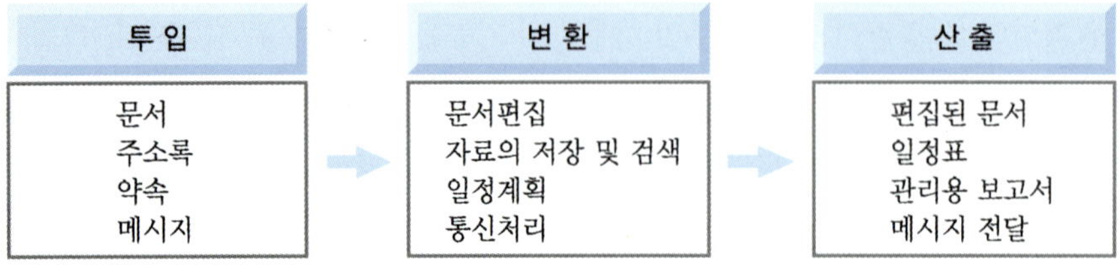

자료: 김은홍 · 최병구, 경영정보학개론, 다산출판사, 2011, 76쪽.

5. 지능정보시스템

최근 대부분의 조직에서는 급격한 환경 변화에 따라 점점 더 복잡하고 다양한 문제가 빈번하게 발생하는 데 비해서 이에 신속히 대처하기 위해 필요한 경험과 지식이 크게 부족하다는 점을 인식하고 있다. 이처럼 불확실한 상황 속에서 복잡한 문제에 대한 신속한 의사결정이 필요한 경우에는 인공지능을 기반으로 구축된 지능정보시스템(Intelligent Information System: IIS)이 매우 유용한 수단으로 활용될 수 있다.

여기서 인공지능(Artificial Intelligence: AI)이란 인간의 지능으로 할 수 있는 사고, 학습, 자기계발 등과 같은 과정을 컴퓨터에 의하여 실현하려는 새로운 과학 분야이다. 즉, 인공지능이란 컴퓨터가 지능을 가질 수 있도록 컴퓨터 프로그램이나 하드웨어를 개발하는 컴퓨터공학 및 정보기술 영역을 말한다. 인공지능의 활용범위는 매우 다양하지만 최근 조직의 지능정보시스템구축과 관련하여 비교적 활발한 연구가 진행되고 있는 분야는 전문가시스템(Expert System), 사례기반 추론(Case-based Reasoning), 지능형 에이전트(Intelligen Agent) , 시맨틱 웹(Semantic Web) 등이다(김은홍 외, 2011).

1) 전문가시스템

전문가시스템(Expert System: ES), 또는 지식기반시스템(Knowledge Based System)이란 특정 전문 분야에서 전문가의 축적된 지식과 경험을 체계화하여 컴퓨터 시스템에 의해 구현함으로써, 전문가가 아닌 많은 사람들이 전문가시스템을 통하여(마치 전문가에게 자문을 구하듯) 전문가의 능력을 활용하여 의사결정을 할 수 있도록 구성된 소프트웨어를 말한다.

이를 위한 핵심 구성 요소로는 전문가로부터 특정한 문제해결과 관련된 전문지식이나 노하우를 모아 놓은 '지시베이스(knowledge base)', 주어진 문제해결을 위해 저장된 지식과 데이터를 이용하여 얻고자 하는 결과를 추론(推論)해 내는 '추론기관(Inference engine)', 결론의 원인과 추론 과정을 설명하는 '설명기관', 전문가의 지식이나 문헌으로부터 지식을 추출하고 체계화하여 컴퓨터에 입력관리 하는 '지식관리모듈' 등으로 이루어져 있다. 여기서 지식관리모듈이란 체계적인 방법으로 지식을 획득하고 규칙으로 표현하는 과정을 지식공학(knowledge engineering)이라고 하며, 이를 수행하는 전문가를 지식관리자(knowledge engineer)라 한다.

2) 사례기반 추론

사례기반 추론(Case-Based Reasoning: CBR)은 과거의 문제해결 과정으로부터 얻은 경험이나 지식을 축적한 사례베이스((Case based)를 구축하고, 어떤 문제가 발생하면 그 문제와 유사성이 가장 높은 과거 사례를 검색하여 차이점 분석을 통해 과거 해법을 현재문제에 알맞게 수정하여 문제를 해결하는 인공지능기법이라고 할 수 있다.

지식베이스구축을 필요로 하는 전문가시스템과 마찬가지로 CBR을 위해서는 먼저 과거

그림 3-18 일반적인 CBR 프로세스

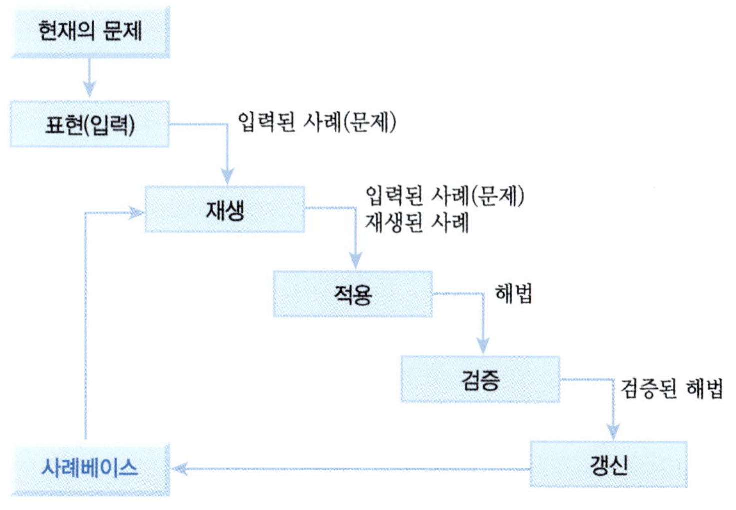

자료: 김은홍 · 최병구, 경영정보학개론, 다산출판사, 2011, 81쪽.

의 문제해결 과정으로부터 얻은 경험이나 지식 등을 사례베이스 형태로 구축해야 한다. CBR은 과거에 축적된 사례만 있으면 어떤 유형의 복잡하거나 비구조적인 문제라도 신속한 해답을 도출하는 데 유리하며, 사례베이스를 지속적으로 업그레이드 할 수 있다는 측면에서 일반적인 ES에 비해 상대적인 강점을 가진다. 또, 전문가의 특정 지식에 의존하는 ES와는 달리 사용자의 경험에 의존하기 때문에 지식의 습득이 용이하고, 지식을 사례로 축적함으로써 비교적 용이하게 사례베이스를 구축할 수 있다.

3) 지능형 에이전트

지능형 에이전트(Intelligent Agent)는 상황에 따라 소프트웨어 에이전트, 소프트봇(softbots), 노우봇(knowbots), 위자드(wizards) 등 다양한 용어로 지칭되는 기술로서, "복잡하고 역동적인 환경속에서 자율적으로 감지하고 행동하면서 설계된 목표나 임무를 수행하는 컴퓨터 프로그램이라고 할 수 있다. 이를 좀 더 사용자 관점에서 보면 "사용자의 행동양식을 관찰하고 학습하여 정보공간에서 사용자를 대표하고, 학습된 사용자의 행동양식을 기반으로 사용자가 해야 할 작업을 자동으로 수행해 주는 소프트웨어"라고 정의할 수 있다(이재규 외 2006). 예를 들어, 지능형 에이전트는 사용자를 대신해서 스스로 불필요한 메일을 삭제하거나 고객과의 면담일정을 잡고, 가장 저렴한 항공요금을 찾아 인터넷사이트를 검색하는 기능을 스스로 수행하는 경우이다.

오늘날 지능형 에이전트는 여러 분야에서 매우 다양하게 활용되고 있으며, 다음과 같은 분야에서 임무와 역할을 수행할 수 있다(임규건 외, 2003).

- **정보검색과 수집대행**: DB를 검색하거나 새로운 웹페이지를 찾아 정보를 검색하고 수집해서 사용자에게 보내는 인터넷검색엔진 등은 가장 널리 활용되는 에이전트 유형임
- **사용자 인터페이스 지원**: 이메일 필터링 에이전트 등과 같이 컴퓨터와 사용자 간의 인터페이스를 담당하는 개인비서역할을 지원함
- **의사결정 지원**: 에이전트를 활용하여 복잡하고 시간이 많이 소요되는 의사결정을 지원 또는 촉진 할 수 있고, 이를 바탕으로 권한 위양도 가능해짐
- **반복적 직무활동 자동화**: 판매나 고객지원 등과 같은 분야에서 사무직원이 반복적으로 수행하는 작업을 자동화함으로써 사무생산성을 향상시키고 인건비를 절감할 수 있음
- **모바일 에이전트**: 사용자가 다른 일을 하는 동안 스스로 여러 인터넷사이트를 이동하면서 사용자들이 필요한 데이터를 보내거나 받을 수 있음

4) 시맨틱 웹

시맨틱 웹(Semantic Web)은 '컴퓨터가 정보를 이해하고 처리할 수 있는 웹'이라고 할 수 있다. 이는 기계가 처리할 수 있는 언어로 표현된 정보의 공간이고, 형식적 및 의미적으로 연결된 웹이다. 여기서 형식적이라고 하는 것은 기계가 읽고 처리함으로써 문서의 내용을 자동으로 처리할 수 있음을 의미한다.

시맨틱 웹의 목적은 웹상의 정보에 잘 정의된 의미를 부여하여 사람뿐만 아니라 컴퓨터도 쉽게 문서의 의미를 해석할 수 있도록 함으로써, 정보의 검색과 해석, 통합 등의 업무를 자동화하는 데 있다(김수경 외, 2005). 즉, 기존의 HTML(Hyper Text Markup Language) 대신에 XML(eXtensible Markup Language)을 기반으로 웹문서를 표현함으로써, 웹이 '사람들을 위한 웹'에서 '데이터의 웹'으로 진화한 것이 시맨틱 웹이다(이재규 외, 2006).

예를 들어, 시맨틱 웹이 구현되면, 해외 여행계획을 짜기 위하여 웹상에 있는 해외여행정보를 일일이 찾아서 비행기와 호텔을 예약하는 대신에, 자동화된 프로그램에 대략적인 휴가일정과 개인의 취향 등을 알려주면 자료의 의미가 포함되어 있는 웹상의 정보를 해독하여 손쉽게 여행의 세부일정과 예약이 이루어질 수 있게 된다.

한편, 시맨틱 웹이 상용화되면 조직 또는 조직의 응용시스템들은 서로 그 경계를 벗어나 정보를 공유할 수 있는 가능성이 대폭 확대될 수 있다. 그 한 예로 우선 현재보다 훨씬 정확한 자료를 찾아내는 웹 검색이 가능해지고, 지능형 에이전트들 간에 신뢰할 수 있는 정보를 교환할 수 있게 된다. 또, 기업 내의 유용한 정보나 지식의 공유 및 재사용이 용이해지고 ERP, SCM, CRM 등 기업 내의 여러 응용시스템의 확장과 재사용을 고려한 시스템통합이 훨씬 쉽게 이루어 질 수 있게 될 것이다(유동희 외, 2005).

6. 경영자(중역)정보시스템

경영자(중역)정보시스템(Executive Information System: EIS) 또는 중역지원시스템(Executive Support System: ESS)란 조직의 고위층 경영자(임원)들이 그들의 경영기능을 수행하고 경영목적을 달성하는 데 필요한 경영의 주요 정보를 정확 · 신속하게 조회할 수 있도록 지원하는 전략적 수준의 정보시스템이다. 즉, EIS는 고위경영층들의 조직 성과 파악, 경쟁업자들의 활동분석, 경영문제 발견, 기회의 확인, 추세 예측을 할 수 있도록 도와준다. 따라서 특별히 최고경영층의 활동만을 지원하기 위해 개발된 시스템이라는 점에서 DSS나 다른 정보시스템과 구별될 수 있다. 이 시스템은 컴퓨터전문가도 아니고 또 전문가가 되기를 원하지도 않으면서 조직의 내·외부 정보를 효과적으로 사용하고, 필요에 따라 정보를 여과·조작하기를 원하는 임원들의 정보 요구사항이 수용된 실질적인 도구인 셈이다.

한편, 이러한 EIS는 사용자가 그들 조직의 내부에서 진행되는 일뿐만 아니라 산업계와 시장 전반 그리고 더 넓게는 경제적 환경에 대한 정보를 획득하고, 이해하는 데 도움을 준다. 즉, EIS는 최신의 조직 내부 운영정보, 증권정보, 외부의 뉴스나 소식, 전자우편 등의 여러 가지 기능을 중역에게 제공한다. 또, 각 부서장들의 성과정보를 제공하여 줌으로써 각 조직의 각 부분에 대한 통제를 용이하게 할 수 있다. 특히, EIS가 제공하는 정보는 기업의 가장 핵심적인 정보에 초점을 맞춘 것으로 요약정보를 한눈에 쉽게 볼 수 있도록 해야 한다.

경영자(중역)정보시스템(Executive Information System: EIS)에 대해서는 제10장의 1절 의사결정지원시스템에서 좀더 상세히 살펴보기로 한다.

그림 3-19 EIS의 기본 구성

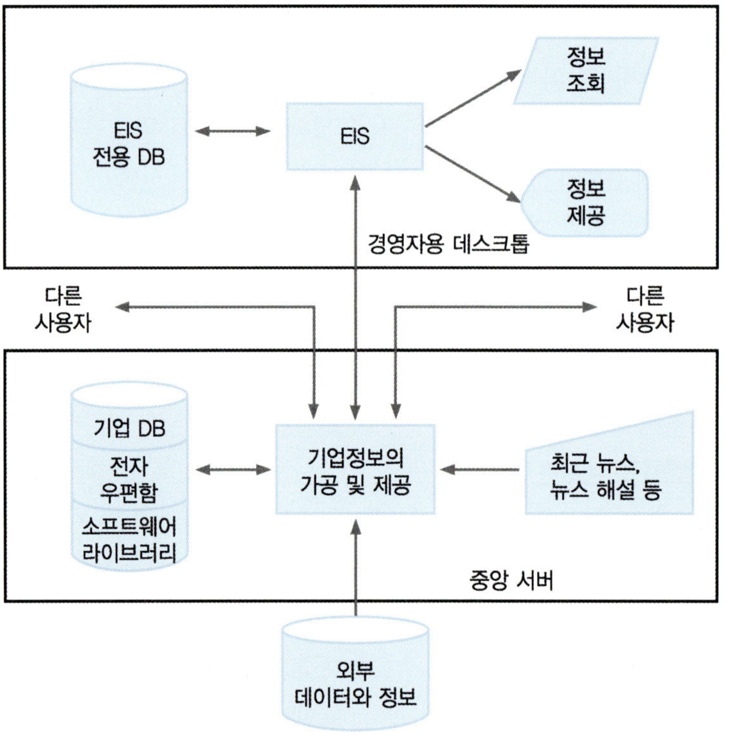

자료: 김은홍, 경영정보학개론, 다산출판사, 2017.

3절 MIS의 통합모형

지금까지 MIS의 하위시스템 구조를 경영활동수준과 조직기능의 2가지 차원에서 살펴보았고, 이어서 하위시스템을 구현하는 수단으로서의 정보시스템 유형에 대해서 살펴보았다. 그런데 그 동안 우리가 따로 나누어서 논의한 각 하위시스템들은 어떤 형태로든 상호 연계 또는 통합 되었을 때 비로소 MIS라는 전체를 구성하게 된다. 따라서 여기서는 전체로서의 MIS 구조에 관해 살펴보기로 한다.

1. 이론적 모형

MIS 하위시스템을 경영활동수준과 조직기능으로 구분하여 구조와 특성을 살펴보았고 정보시스템유형에 대해서도 살펴보았다. 그러나 각 하위시스템들은 어떤 형태로든 상호 연계 또는 통합(integration)되었을 때 비로소 종합 MIS 체계를 구성하게 된다.

앞에서 언급한 내용들을 종합 · 요약하면 다음 그림 3-20과 같이 3차원모형으로 개념화

그림 3-20 MIS의 이론적 구조모형

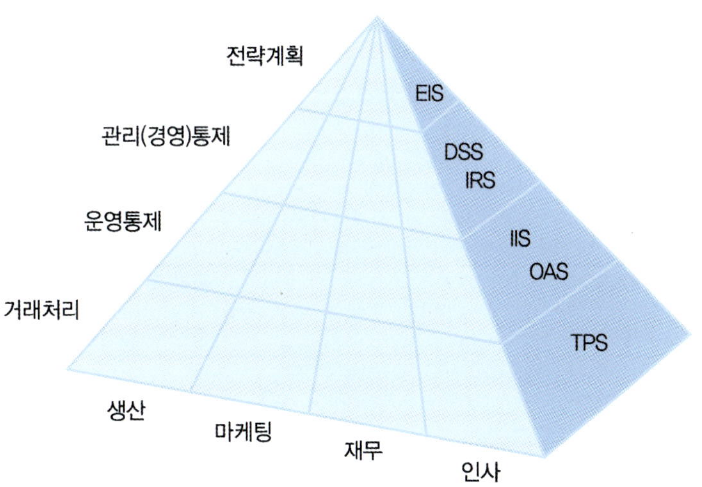

자료: 김은홍 · 최병구, 경영정보학개론, 다산출판사, 2011, 86쪽.

시킬 수 있다. 즉, 전형적인 기업조직의 MIS는 전략계획, 관리(경영)통제, 운영통제, 거래처리 등 네 가지 경영활동수준별 하위시스템을 포함하고 있다. 또, 경영활동별 하위시스템은 생산, 마케팅, 인사, 재무관리의 네 가지 조직기능별 하위시스템으로 구성된다. 그리고 이렇게 구분된 하위시스템은 TPS, IRS, DSS, OAS, EIS 등 다양한 유형의 정보시스템으로 구현될 수 있다.

그런데 학자에 따라서는 각 유형의 정보시스템이 조직 내의 서로 다른 계층 및 집단에 적용된다는 주장을 하기도 한다. 이러한 견해는 그림 3-21에 제시한 바와 같이 EIS는 최고경영층에, DSS는 중간 및 스탭관리층에, IRS는 중간 및 일선감독층에, IIS와 OAS는 전문스탭과 사무원에, 그리고 TPS는 거래처리가 이루어지는 생산이나 영업현장의 근로자에 적용되는 시스템 유형으로 보고 있다.

그러나 이와 같은 주장은 각 경영영층이나 집단의 활동을 지나치게 제한적으로 정의하고 있다는 점에서 비판의 여지가 적지 않다. 즉, 각 경영계층별로 주로 수행하는 활동의 수준이나 의사결정 유형 등에 차이가 있는 것은 사실이나, 그것은 상대적인 차이일 뿐이다. 하위경영층이 전략계획활동이나 비구조적 의사결정에 전혀 관여하지 않는 것이 아니고, 또한 최고경영층이라고 해서 전략경영활동 및 비구조적인 의사결정만을 수행하는 것은 아니다. 이렇게 볼 때 각 유형의 정보시스템이 조직의 특정 계층이나 집단을 지원하는 것으로 이해하는 것은 바람직하지 못하다. 따라서 여기서는 정보시스템 유형의 선택은 경영계층 및 집단에 대한 고려는 물론 하위시스템의 기능이나 특성, 조직의 정보기술수준 등 여러 가지 상황을 종합적으로 고려하여 결정되어야 하는 문제라는 관점을 가지고자 한다(김은홍 외, 2011).

그림 3-21 경영계층과 정보시스템의 유형

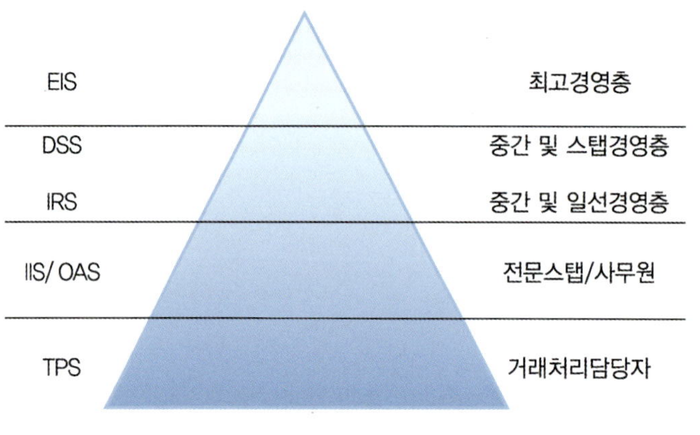

2. 현실적 모형

앞에서 제시한 MIS 구조모형은 이론적으로 도출된 하나의 개념적 모형일 뿐, 실제 조직에서는 이와는 약간 다른 형태를 가지는 경우가 많다. 따라서 실제 많은 조직에서 구축하였거나 구축하고자 하는 MIS 구조를 살펴보는 것은 매우 의미가 있다.

대부분 기업의 MIS는 조직기능(생산, 마케팅, 재무, 인사 등)을 중심으로 구축되고, 각 기능별 하위시스템은 몇 개의 모듈 또는 단위시스템으로 구성된다는 것은 이미 앞에서 설명한 바 있다. 또, 이론적 모형에서 제시한 것처럼 이들 각 하위시스템을 다시 별도의 전략계획, 관리(경영)통제, 운영통제, 거래처리 등의 경영활동별 모듈로 나누어 구성하는 경우는 별로 없다. 그보다는 이 네 가지 수준의 경영활동을 각 조직기능별 모듈에 적절히 분배하는 형태로 구축하는 것이 일반적이다. 단지 최근에는 전사적 차원에서 계획의 수립 및 통제, 조직기능 간 조정 등의 활동을 수행하는 최고경영층을 위해 별도의 경영자정보시스템(Executive Information System : EIS)을 구축하는 조직이 크게 늘고 있다. 이와 같은 점을 고려하여 현실적 MIS구조모형을 도시하면 다음 그림과 같다.

그림 3-22 MIS의 현실적 구조모형

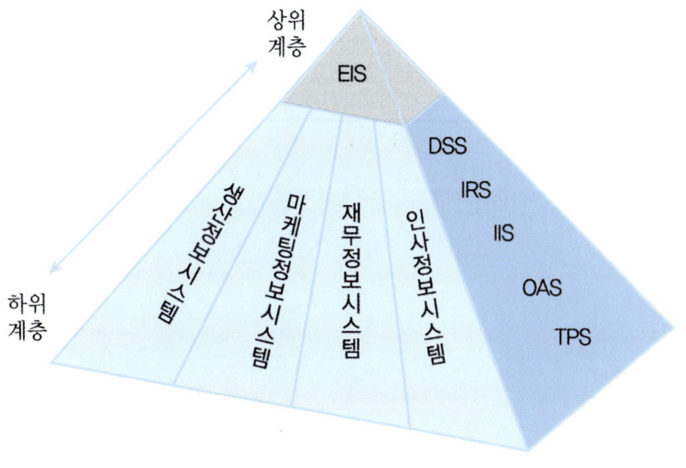

자료: 김은홍 · 최병구, 경영정보학개론, 다산출판사, 2011, 88쪽.

현실적인 MIS 구조를 논의함에 있어 또 한 가지 고려해야 할 것은 하위시스템 간, 또는 각 하위시스템을 구성하는 모듈 간의 통합(integration) 문제이다. 조직특성이나 조직 내 업무흐름 등에 따라 '이론적 모형'이나 '현실적 모형'에 나타나 있는 몇 개의 모듈들이 서로 통합됨으로써 시스템 사이의 구분이 모호해지는 경우가 많다는 것이다. 이러한 경향은 최근의 다양한 경영혁신 노력과 함께 기존 업무의 통합 내지는 재구축이 가속화 되면서 더욱 두드러지게 나타나고 있다.

한편, 실제로 어떤 조직에서 추구해야 하는 MIS의 구조는 그 조직의 여러 가지 특성과 환경의 영향을 받아 다양한 형태로 구조화될 수 있다. 그것은 이미 앞서 언급된 바와 같이 MIS라고 하는 것은 그 모태가 되는 조직을 그대로 반영할 수밖에 없는 성격을 지니고 있기 때문이다. 즉, MIS 구조와 조직구조는 서로 떨어져 존재할 수 없는 동전의 앞뒷면과 같은 관계인 것이다. 이러한 관점에서 하나의 정보시스템을 구축하여 그것이 실제로 조직 내에 도입 · 확산되는 과정을 '조직과 정보기술 간에 지속적인 상호적응이 이루어지는 과정'으로 보는 견해가 매우 설득력이 있다.

연구문제

설명형 문제

1. 경영활동수준별 정보시스템 구조에 대해 설명하시오.
2. 조직기능별 정보시스템 구조에 대해 설명하시오.
3. 거래처리시스템(TPS)을 설명하시오.
4. 운영통제시스템(OCS)에 대해 설명하시오.
5. 생산정보시스템에 대해 설명하시오.
6. 마케팅정보시스템에 대해 설명하시오.
7. 인사정보시스템에 대해 설명하시오.
8. 재무정보시스템을 설명하시오.
9. MIS의 통합모형에 대해 설명하시오.
10. TPS가 MIS의 근간이 되는 이유를 설명하시오.

약술/열거형 문제

1. 정보보고시스템(IRS)에 대해 약술하시오.
2. 시맨틱 웹(Semantic Web)에 대해 약술하시오.
3. 의사결정지원시스템(DSS)에 대해 약술하시오.
4. 경영자정보시스템(EIS)에 대해 약술하시오.
5. 지능형 에이전트(Intelligen Agent)에 대해 약술하시오.
6. 지능정보시스템에 대해 기술하시오.
7. MIS의 현실적 구조모형에 대해 약술하시오.
8. OAS의 핵심 범주에 대해 설명하시오.

용어/시사문제

1. 인공지능(AI)
2. 전문가시스템(ES)
3. 지능형 에이전트
4. Semantic Web
5. Case Based Reasoning

Management Information System

정보기술 인프라

02

4장
IT 기반기술

1절 정보기술의 개념과 발전 과정

오늘날 전 세계기업들은 매년 수조 달러 이상의 천문학적인 예산을 컴퓨팅과 정보시스템에 투자하고 있으며, 그 중 대부분을 정보기술 인프라 구축에 사용하고 있다. 정보기술 인프라에는 컴퓨터 하드웨어, 컴퓨터 소프트웨어, 데이터관리 기술, 네트워킹 및 통신기술, 기술서비스 등의 요소들로 구성되고 각각의 구성 요소들은 통합을 통하여 효율성을 추구해 나가고 있다.

이 절에서는 정보기술의 개념을 명확히 하기 위하여 정보기술의 개념, IT 기반기술의 발전 과정, IT 기반구조의 동향과 미래에 대해 살펴보기로 한다.

1. 정보기술의 개념

1) 정보기술의 정의

정보기술(Information Technology: IT)에 대한 정의는 그것을 보는 관점에 따라 달라질 수 있다. 우선 기술의 구성 요소라는 관점에서 보면 정보기술은 대체로 자료의 인식 및 처리, 정보통신, 사무자동화, 공장자동화 등과 관련된 각종 하드웨어와 소프트웨어를 포괄하는 개념이다. 그런데 최근에 와서 정보기술의 전략적 잠재력이 더욱 커지게 된 것은, 과거에는 어느 정도 독립적인 기술로 인식되어 왔던 이러한 정보기술 요소들이 통합 · 발전되면서 시너지효과를 나타내기 때문이다. 매년 시장규모가 급격히 성장하고 있는 시스템통합(System Integration) 산업이란, 바로 이러한 다양한 정보기술을 효과적으로 통합하여 기업경쟁력을 강화하는 데 따른 기술적 자문 내지는 대행기능을 수행하는 산업을 의미한다.

반면 정보기술을, 그것을 이용하는 목적이라는 관점에서 정의할 수도 있다. 정보기술을 이용하는 근본목적은 결국 사람 또는 조직이 갖는 '제한된 합리성'을 극복하고 그 성과를 향상시키는 데 있다. 이러한 관점에서 보면 정보기술은 조직의 경영과 관련하여 "자료 또는 정보의 저장, 처리 및 의사소통 기능을 지원함으로써 경영자의 업무적 · 전략적 의사소통을 돕는 제반 기술"(Bakos and Treacy, 1986)로 정의될 수 있다.

그런데 정보기술의 이용목적에 따라 구체적인 기술의 구성 요소가 정해질 수 있기 때문에 이 두 가지 관점은 상호 보완적인 성격을 가진다. 따라서 여기서는 조직의 입장에서 본 정보기술을 "조직 내에서 정보의 수집, 저장, 처리 및 의사소통을 지원하기 위한 컴퓨터 및 통신 하드웨어와 소프트웨어, 그리고 데이터 등의 콘텐츠(contents)와 관련된 제반 기술"로 정의한다. 오늘날 흔히 Computer, Communication, Contents 또는 '3C'라는 용어로 정보기술을 표현하는 것도 이와 일맥상통하는 관점이다(김은홍 외, 2011).

2) IT와 ICT

우리나라에서는 정보기술(Information Technology: IT)과 정보통신기술(Information & Communication Technology: ICT)이라는 용어가 혼용되어 지고 있는데, 그로인해 한때는 기관별로 발표되는 각종 통계자료를 해석하는 데 있어 약간의 혼란을 초래하기도 하였다. 앞서 언급한 '3C'로 지칭한 정보기술의 정의에 입각해서 보면 정보통신기술은 컴퓨터와 콘텐츠기술을 제외한 정보기술의 일부로 정의될 수가 있다. 그러나 오늘날 대부분의 통신장비가 컴퓨터기술을 활용하고 있고, 데이터 압축이나 콘텐츠 관련 기술이 통신기술의 중요한 부분을 차지하고 있는 등 통신기술과 컴퓨터기술, 콘텐츠기술의 구분이 점차 모호해지고 있는 게 현실이다(김은홍, 2017).

그간 통신 분야의 발전 과정에서 사용되어온 원격통신, 데이터통신, 컴퓨터통신 등의 용어들은 바로 이처럼 좁은 의미에서 본 정보통신 개념과 관련이 있다.

- **원격통신**(telecommunication): 가장 포괄적인 개념으로 서로 멀리 떨어져 있는 송 · 수신자 간에 전자적 수단을 통하여 음성, 문자, 화상 등의 정보를 주고받는 것
- **데이터통신**(data communication): 원격통신 중 특히 컴퓨터와 통신망을 매개로한 정보의 전달 및 처리 과정을 의미함
- **컴퓨터통신**(computer network): 원격통신의 한 형태로 여러 지역에 분산되어 있는 컴퓨터를 통신회선으로 연결함으로써 컴퓨터 상호간에 데이터 및 자원을 공유할 수 있는 시스템을 의미함

이와는 반대로 정보통신의 개념을 정보 및 통신으로 해석하고 오히려 정보통신기술을 정보기술보다 더 넓은 개념으로 정의하기도 한다. 이 견해에 따르면 음성통신이나 라디오, TV 등 전통적으로 컴퓨터와 무관하게 발전해온 통신기술들은 정보기술에 포함되지 않기 때문에 정보통신기술을 정보기술보다 더 넓은 개념으로 보아야 한다는 것이다.

우리나라 '국가정보화 기본법'에서는 후자의 정보통신 개념을 채택하여 정보통신을 '정보의 수집 · 가공 · 저장 · 검색 · 송신 · 수신 및 활용, 이에 관련되는 기기 · 기술 · 서비스 및 그 밖의 정보화를 촉진하기 위한 일련의 활동과 수단'이라는 넓은 의미로 정의하고 있어 앞에서 살펴본 정보기술의 정의와 크게 다르지 않음을 알 수 있다.

이상과 같은 논의를 종합해 볼 때, 정보기술과 정보통신기술의 개념을 굳이 나누어 생각하는 것이 과연 필요하며, 바람직한 것인가 하는 의문이 생긴다. 따라서 여기서는 이 두 가지 개념을 같은 것으로 간주하되, '정보 및 통신 관련 기술 전체를 포괄적으로 언급할 경우에는 주로 '정보기술(IT)'이라는 용어를 사용하고, 특히 통신 또는 네트워크 관련 기술만을 언급할 때는 '정보통신기술(ICT)'이라는 용어를 사용하기로 한다.

3) 정보기술의 구성 요소

전통적으로 정보기술은 컴퓨터 하드웨어, 컴퓨터 소프트웨어(시스템 소프트웨어 및 응용소프트웨어), 통신 등 세 가지 요소로 구성되는 것으로 간주되어 왔다. 그리고 이미 앞에서도 언급한 바와 같이 오늘날에는 정보기술을 간단히 3C, 즉 컴퓨터, 통신 및 콘텐츠기술의 결합으로 파악함으로써, 정보사용자의 입장에서 컴퓨터 및 통신기술을 통하여 실제로 활용할 수 있는 콘텐츠의 중요성을 더욱 부각시키고 있다. 사실 과거에는 콘텐츠와 관련된 내용은 데이터베이스 관리시스템(Data Base Management Systems) 등 주로 소프트웨어의 측면에서 부분적으로 논의되는 것이 보통이었다.

모든 조직의 전반적인 정보기술체계 또는 인프라(infrastructure)를 구성하는 기술 요소는 크게 컴퓨팅(computing), 통신(communications), 데이터(data), 응용시스템(applications) 등 네 가지로 분류될 수 있다. 이들 요소를 위에서 논의한 구성 요소와 비교해 보면, 컴퓨팅은 컴퓨터 하드웨어 및 시스템 소프트웨어를 포함하는 개념이고, 데이터는 콘텐츠와, 그리고 응용시스템은 응용소프트웨어와 같거나 비슷한 요소로 보면 될 것이다. 다음 그림 4-1은 이 네 가지 요소들의 특성을 요약한 것이다.

한편, 정보기술의 구성 요소를 좀 더 구체적으로 이해하는 데는 정보기술 관련 산업의 분류체계를 살펴보는 것이 매우 큰 도움이 된다. 그 이유는 산업의 분류가 대체로 기술 요소를 중심으로 이루어져 있을 뿐만 아니라, 해당 산업과 관련된 기술의 발전상황에 따라 수시로 갱신되기 때문이다. 가장 최근에 갱신된 'ITC(정보통신기술)통계 분류체계'에 따르면 우리나라에서는 크게 '정보통신방송서비스산업', 정보통신방송기기산업', '소프트웨어 및 디지털콘텐츠' 등 세 부문으로 분류하고 있어서 ITC산업에 방송산업을 포함시키고 있음을 알 수 있다.

그림 4-1 정보기술체계의 구성 요소

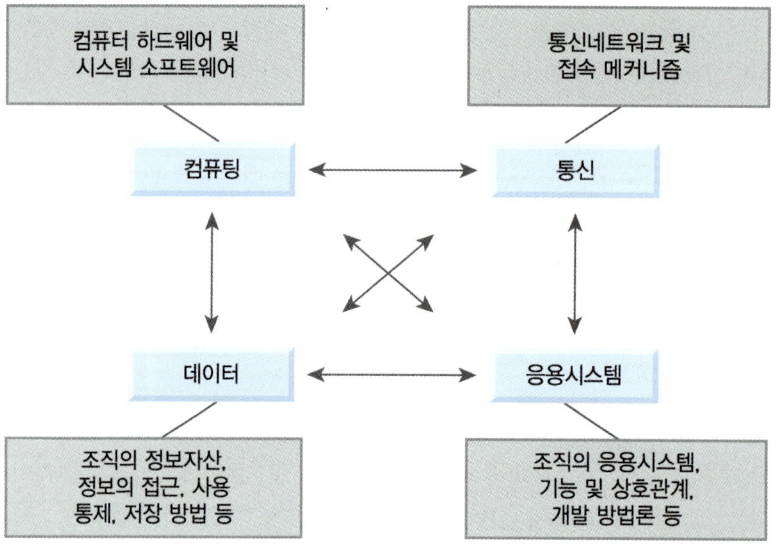

자료: 김은홍 · 최병구, 경영정보학개론, 다산출판사, 2011, 105쪽.

4) 정보기술의 발전 동향

미래의 정보기술을 예측하는 것은 쉬운 일이 아니다. 사실 컴퓨터가 처음 개발된 이래로 지금까지 반세기 동안 이루어진 정보기술의 발전은 그 속도와 범위 면에서 사람들의 예상을 크게 초월하는 것이었다. 그러나 적어도 가까운 장래에 일어나게 될 정보기술의 변화를 미리 예측해 보는 것은 현대 조직의 경영자에게 있어 매우 중요한 일이다. 이는 정보기술이 조직의 사업능력과 경쟁력을 좌우하는 중요한 요소이며, 따라서 미래의 정보기술을 예측한다는 것은 결국 향후 조직이 나아가야 할 방향을 예측하는 것이기도 하기 때문이다.

우선 그동안의 발전추세를 바탕으로 정보기술의 미래를 예측해 보면 크게 지능화, 통합화 및 네트워크화라는 세 단어로 요약할 수 있다.

- **지능화**: 중앙처리장치, 기억장치, 입출력장치, 통신장비 등이 더욱 고성능화, 대용량화, 다양화, 소형화됨으로써 인간의 지능을 더욱 확장시키는 데 기여할 것이라는 점을 의미 한다.
- **통합화**: 다양한 기기나 장치들이 컴퓨터를 중심으로 통합되고 각종 유형의 정보도 멀티미디어 형태로 통합되어 가는 추세를 일컫는 말이다.
- **네트워크화**: 다양한 조직의 다양한 자원이 서로 통신망으로 연결되어 전통적인 조직 및 경영 개념 그 자체부터 흔들리게 될 것이라는 점을 지적한 것이다.

한편 오늘날 정보기술의 핵심을 이루는 요소기술을 누구나 편리하게 정보를 사용할 수 있는 휴먼컴퓨팅기술, 언제 누구와도 정보를 교환할 수 있는 광역컴퓨팅기술, 그리고 보다 더 신속하게 정보를 처리할 수 있는 고성능 컴퓨팅기술 등 세 범주로 나누기도 한다(한국전산원, 1997).

그러나 정보기술의 발전추세를 논의함에 있어 가장 중심에 있는 것은 역시 사물인터넷(Internet of Things: IoT) 또는 만물인터넷(Internet of Everything: IoE) 등으로 표현되는 신기술로의 진화라고 할 수 있다. 그 이유는 앞에서 언급한 정보기술의 지능화, 통합화 및 네트워크화가 급진전되고, 휴먼 컴퓨팅기술, 광역컴퓨팅기술 및 고성능 컴퓨팅기술의 급속한 발전의 결과로 등장한 것이 바로 세상의 모든 사물, 사람, 공간 등을 네트워크로 연결하고자 하는 사물인터넷기술이기 때문이다. 그리고 또 한 가지 확실한 정보기술의 발전추세는 스마트폰을 중심으로 이루어지는 단말기의 통합화라고 할 수 있다. '손안의 컴퓨터'라고 할 수 있는 스마트폰은 이제 서서히 기존의 PC를 대체해 나가고 있다(김은홍 2017).

2. IT 기반기술의 발전 과정

IT 기반구조는 기업전체를 운영하는 데 필요한 컴퓨터 하드웨어, 통신망 등의 물리적 장비와 그 위에서 운영되는 소프트웨어 애플리케이션과 데이터베이스, 그리고 이들을 효과적으로 이용하기 위한 교육이나 훈련 등의 서비스 일체를 의미한다.

예를 들어, 인터넷 쇼핑몰을 운영하는 기업은 고객이 자신들의 쇼핑몰을 접속하기 위한 네트워크로 인터넷, 광케이블, 이동통신을 위한 무선네트워크 등 사회 전반에서 공용되는 기반구조에 의존한다. 그리고 기업 내부에서는 기업운영을 위한 사내 이메일, 워크플로우 관리시스템, ERP, 생산관리시스템 등 다양한 소프트웨어 중심의 기반구조가 필요하게 된다.

이 같은 IT 기반구조는 기업 내에서 수도나 전력시스템과 같이 고객을 위한 제품이나 서비스를 보다 효과적으로 생산하고 판매하기 위한 필수 요소이며 내부직원, 공급자들에게도 다양한 IT 관련 서비스를 제공하기 위한 기초를 제공하게 된다.

지난 수십 년간 IT 기반구조는 컴퓨팅과 네트워크 등 핵심기술과 더불어 발전되어 왔다. 이러한 변화는 '메인프레임 기반구조', '개인컴퓨터 중심의 기반구조', '클라이언트/서버 기반구조', '인터넷 중심의 기반구조'를 거쳐 발전을 거듭하고 있다. 새로운 기반구조가 나타남으로써 이전의 기반구조가 점차 사라져가는 것은 사실이지만 완전히 사라지지는 않는다. 예를 들어, 아직도 일부 기업체에서는 메인프레임을 이용한 래거시(legacy)시스템들이 업무를 처리하는 데 사용된다(홍일유 외, 2012).

1) 메인프레임과 미니컴퓨터 기반구조(1960년대 초반~현재)

1960년대 초반의 IT 기반구조는 주로 메인프레임 중심이었다. 메인프레임은 일반적으로 대형컴퓨터 또는 범용컴퓨터라고도 하고 시스템 전문관리자에 의한 중앙처리 형태의 기반구조였다. 즉, 이 구조는 중앙에 위치한 대형컴퓨터를 기업 내 사설네트워크를 이용하여 수백 대의 원격 터미널에 연결하고 이를 공유하여 사용하는 방식이다. 따라서 이때부터 중앙 메인프레임의 공유를 가능하게 해주는 시분할처리 방식과 다중작업 방식 등이 활발히 개발되었다.

메인프레임은 주로 초창기 중규모 이상의 대기업이나 은행, 항공사 등 조직규모가 크고 거래 건수가 많은 곳에서 전사적 컴퓨팅 용도로 사용되어 왔다. 이 분야의 선두주자인 IBM은 1960년대 이후 메인프레임 시장의 최대 점유율을 보여 주었다. IBM 외에도 UNISYS, NEC, FUJITSU 등이 대표적인 메인프레임 공급업체였다.

메인프레임은 성능은 우수하지만 가격이 비싸고 사용하기가 어려울 뿐 아니라 유지 · 관리하는 데 비용이 많이 들어 중소규모의 조직이 이용하기는 힘들었다. 그러나 1960년대 후반 DEC(Digital Equipment Corporation)사가 미니컴퓨터를 개발함에 따라 컴퓨터 사용이 급속하게 확산되는 전기를 마련하였다. DEC사가 처음 개발한 'PDP-8' 미니컴퓨터의 가격이 5만 달러 정도여서 당시 메인프레임이 20만 달러였던 점을 감안하면 파격적인 가격이었다.

미니컴퓨터는 입 · 출력과 저장장치 등이 메인프레임과 유사하고, 비슷한 업무를 처리하지만 규모에 있어 차이가 있을 뿐이다. 즉, 메인프레임에 비해 속도가 늦고 저장장치가 작으며, 동시사용자 수에 있어서 제한적일 수밖에 없다. 따라서 메인프레임이 중앙집중형 방식으로 모든 작업을 집중적으로 처리하였다면, 미니컴퓨터는 부서별 · 사업단위별로 작업을 처리하는 방식으로 일종의 메인프레임과 개인 PC의 중간수준이라 하겠다.

이와 같은 미니컴퓨터는 메인프레임보다 성능 자체로는 못 미치지만, 가격 대비 성능 측면에서는 메인프레임을 능가하였다. 또, 온 · 습도 등 까다로운 설치환경이 필요치 않고 작동하기가 쉬워, 전문요원이 없어도 일반직원들을 훈련시키면 시동이 가능한 시스템이다. 대표적인 미니컴퓨터로는 DEC사의 VAX계열 제품과 IBM의 AS/400 등을 들 수 있다.

메인프레임과 미니컴퓨터 기반구조는 1980년대 초반까지 주류를 이루었으나 1980년대 이후 개인용 PC의 급신장으로 성장률이 둔화되었으며, 특히 클라이언트/서버 컴퓨팅 추세의 확산에 따라 더욱 위축되었다.

2) 독립적 개인 PC 기반구조(1980년대 초반~현재)

개인용 PC가 대중화되기 시작한 것은 1981년 IBM PC가 출시된 이후이다. IBM은 PC시장의 급속한 성장을 제대로 예견하지 못하고 IBM PC의 호환기종을 허용하였다. 따라서 이런 호환기종은 마이크로소프트사의 DOS를 기본운영 체제로 도입하였고 이후 윈도우(Windows) 운영체제가 표준으로 확립되면서 빠르게 전파되었다.

1980년대부터 1990년대 초까지 크게 확장된 개인 PC 기반구조는 개개의 개인용 컴퓨터에서 독립적으로 운영될 수 있는 워드프로세서, 스프레드시트, 프레젠테이션, 데이터베이스 등 생산성향상 애플리케이션의 발전을 가져왔다. 즉, 중앙집중처리 방식의 메인프레임 방식이 독립적인 개인용 컴퓨터로 분산되기 시작하였다. 이후, PC는 마이크로소프트사의 윈도우와 인텔사의 CPU를 탑재한 '인텔 PC'가 전 세계 PC의 90% 이상(약 10억 대로 추산)을 차지하고 있다고 한다.

PC중심의 업무처리가 수행되기 시작한 1980년대에는 PC 간의 네트워크의 연결은 상대적으로 중요성이 떨어지게 되었으나 1990년대 이후 다시 네트워크를 통한 컴퓨터의 연결이 중요시되며 '클라이언트/서버' 기반의 구조로 발전하기 시작하였다.

3) 클라이언트/서버 기반구조(1980년대 중반~현재)

일정 규모 이상 조직체의 경우 대부분 네트워크로 연결된 컴퓨터로 작업을 하게 된다. 이 경우 통신망에 의해 서로 연결된 컴퓨터들을 사용하여 연산처리 하는 방식을 '분산처리(distributed processing)'라 한다. 반면에 '중앙집중식처리(centralized processing)'는 하나의 중앙 컴퓨터로 모든 처리를 하는 방식을 말하는 데, 이 방식은 분산처리 방식에 비해 잘 사용하지 않는다. 즉, 분산처리 방식의 일반적인 형태 중 하나는 클라이언트/서버컴퓨팅 방식을 취하는 데, 이는 네트워크의 발전과 개인용 PC가 대중화 되면서 나타났다.

클라이언트/서버컴퓨팅(client/server computing)은 클라이언트와 서버로 나누어 처리하는 방식을 말한다. 클라이언트/서버는 모두 네트워크로 연결되어 있으나, 최적의 성능을 발휘하기 위해 각각 수행하는 역할은 다르다. 일반적으로 클라이언트(client)라 불리는 데스크톱이나 랩톱 등은 사용자 입력에 초점을 맞추고 사용자가 직접 데이터를 입력하거나 검색하는 데 활용된다. 그리고 사용자 인터페이스를 위한 화면운용(Presentation Rule), 업무규칙(Business Rule)의 구현, 그리고 자료에 대한 접근규칙(Data Access Rule) 등의 작업을 맡게 되었다. 반면 서버(serve)는 주로 데이터를 관리하는 작업을 맡게 되고, 클라이언트를 위한 서비스를 제공한다. 즉, 서버는 공유된 데이터를 저장 및 처리하고, 또한 프린터, 백업저장소, 원격접속, 사용자인증 및 보안 같은 네트워크 활동 등을 관리하는 기능을 수행한다. 인터넷에서의 컴퓨팅은 클라이언트/서버 모델을 사용하고 있다.

단순한 클라이언트/서버 네트워크는 소기업에 적용되는 반면, 대부분의 기업은 보다 복잡한 다중계층 클라이언트/서버(multitude client/server architecture)를 가지고 있다. 이러한 다중계층(N계층) 구조에서는 요청되는 서비스 종류에 따라 다수의 서로 다른 서버를 활용함으로써, 네트워크상의 작업 부하를 조정할 수 있다.

그림 4-2 다중계층(N계층) 클라이언트/서버 네트워크

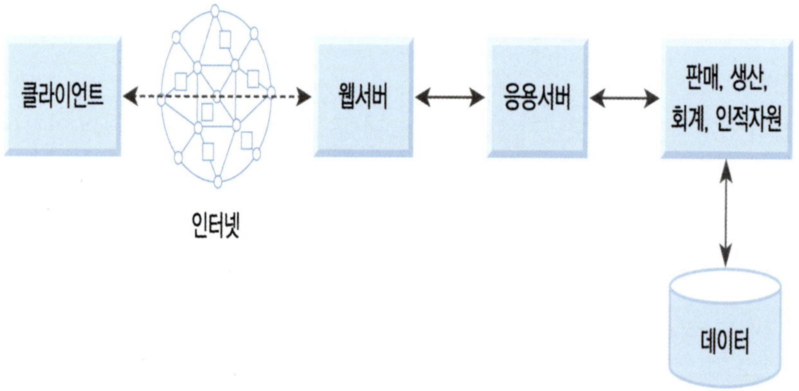

자료: 백동현, 경영정보시스템의 이해, 191쪽.

4) 인터넷 중심의 기반구조(1990년대 초반~현재)

인터넷이 사회 전반적인 네트워크로 자리 잡으며 웹기반의 시스템이 나타나게 되었다. 웹 시스템도 확장된 클라이언트/서버 시스템으로 분류되나, 일반적으로 클라이언트/서버 시스템이라고 하면 웹 시스템이 나오기 이전, 즉 앞서 설명한 바와 같이 사용자 PC에는 클라이언트가 설치되어 화면을 처리하고 서버에서는 자료를 처리하는 시스템을 일컫는다.

인터넷의 발전으로 인하여 사용자들은 웹 브라우저를 통해 서비스를 요구하는 경향이 많아졌고, 서비스 제공자들은 이를 처리하기 위한 클라이언트에게 웹 페이지를 보여주는 '웹 서버', 업무규칙과 처리를 담당하는 '응용서버'로 나누어 처리한다.

최근 들어서는 '클라우드 컴퓨팅'이 새로운 IT 기반구조로 대두되고 있다. 인터넷기술을 활용하여 가상화된 IT 자원을 서비스로 제공하는 방식으로 사용자는 소프트웨어, 스토리지,서버, 네트워크 등 다양한 IT 기반구조에 대한 자원을 필요한 만큼 빌려서 사용하고 사용한 만큼 비용을 지불하게 된다. 마치 전기나 수도를 사용하는 것과 같은 방식이다. 따라서 기업들은 개별 IT 기반구조를 설치 · 관리하기보다는 이를 서비스로 간주하여 서비스업체를 통해서 제공받게 된다.

기술적인 측면에서 클라우드 컴퓨팅이라는 개념은 완전히 새로운 기술이라기보다는 기존의 분산컴퓨팅, 웹 서비스, 서버 및 스토리지의 가상화기술과 공개 소프트웨어 등의 기반기술을 하나로 융합하여 만들어진 컴퓨팅 환경이라고 할 수 있다. 하지만 이런 복잡한 인프라구조는 대부분 구름 뒤에 숨겨지게 되며, 사용자는 기반구조에 대한 전문지식이 없이도 자신이 원하는 기능을 서비스의 형태로 제공받게 된다. 클라우드 컴퓨팅에 대해서는 제11장 5절에서 상세히 살펴보기로 한다.

3. IT 기반구조의 동향과 미래

1) 서비스지향 아키텍쳐

기업이 소프트웨어 시스템을 구축하기 위해 사용하는 모든 웹서비스들은 서비스지향 아키텍쳐에 속한다. 서비스지향 아키텍쳐(Service Oriented Architecture: SOA)는 "비즈니스 프로세스와 그것을 지원하는 IT 기반구조를 안전하고 표준화된 컴포넌트-서비스로 통합하기 위한 프레임워크이며, 이들 서비스는 변화하는 비즈니스 우선순위를 해결하기 위해 재사용하고 결합된다"고 할 수 있다. 이는 기존의 기반구조에서 중심이 되던 클라이언트/서버, 데이터베이스 등 하드웨어적인 IT 구성 요소들을 생각하기 이전에, 기업 비즈니스 프로세스를 일정 단위의 서비스들로 분할하는 서비스지향 아키텍처는 기업의 프로세스를 서비스단위로 재구성함으로써 유연성을 향상시킬 수 있는 이점이 있는데, 어린이들이 가지고 놀던 레고블럭을 상상하면 이해가 쉽다. 각각의 블록은 표준을 따라 만들어 졌기 때문에 서로 끼고 빼기가 쉽고, 빈자리에 새로운 것을 꼽아서 변형을 주기도 쉽다.

다음 그림은 기업 내에서 공통으로 사용되는 전사적자원관리시스템(ERP)을 서비스지향 구조로 구현한 예를 보여준다. 회계, 재무, 인사 등의 서비스를 구현하는 독립적인 모듈들이 표준을 따라서 서로 연동되어 진다. 만약 A사가 기존의 판매서비스를 위한 모듈을 제공하였고, 이보다 나은 B사의 모듈로 대체하고자 한다면, 다른 서비스에 영향을 주지 않고, 쉽게 해당 서비스만 대체가 가능하다. 또, 새로운 서비스를 위한 모듈의 추가도 용이해진다.

그림 4-3 서비스지향 아키텍쳐

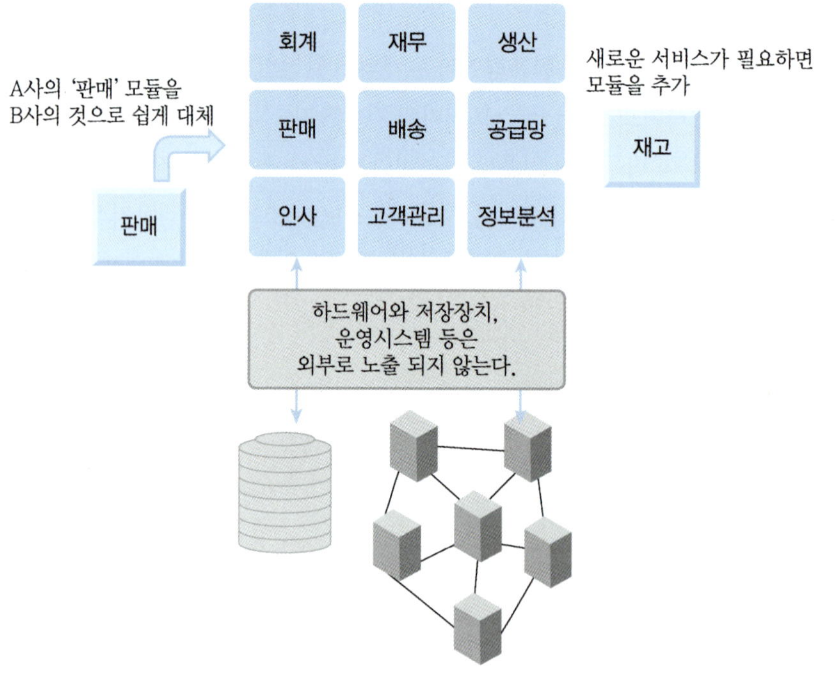

자료: 홍일유 · 차훈상, 경영정보시스템, 법문사, 2012, 125쪽.

그렇다면, 기업들은 지금까지 메인프레임이나, 클라이언트/서버 등의 컴퓨터 하드웨어 중심의 기반구조에서 서비스지향의 새로운 구조로 전환하려는 목적은 무엇일까? 궁극적인 기업의 목적은 경쟁에서 살아남고 최대의 이익을 창출하며 성장을 도모하는 것이다. 그러기 위해서 오늘날 기업환경에서 필요한 IT 기반구조는 급변하는 비즈니스 요구에 대하여 민첩하고 유연하며 효과적으로 대응할 수 있어야 한다.

앞에서 서비스지향구조를 위해서 기업은 여러 부서나 해당 시스템에 분산되어 있던 비즈니스 서비스를 해체하고, 이중 공통된 시스템을 추출하고 이를 통하여 공유가 가능한 공통서비스를 만들어 나가야 한다고 했다. 따라서 기업 전체에 걸친 한 가지 서비스에 대한 정책변화가 필요할 때, 모듈화 되어 있는 공통서비스 하나를 대체함으로써 이를 반영할 수 있게 된다. 또한 새로운 부서나 신설이 필요한 때도, 기존의 서비스 모듈을 이용하여 신속하게 대처할 수 있게 된다.

2) 오픈소스 소프트웨어

요즘 들어 소스코드를 대중에게 공개하여 누구나 제한 없이 공개된 코드를 사용할 수 있는 소프트웨어들이 인기를 끌고 있다. 이런 오픈소스 소프트웨어(Open Source Software)들은 개인수준의 작은 애플리케이션부터 기업에서 응용될 수 있는 대규모에 이르기까지 다양하다. 전 세계 개발자들이 프로젝트에 참여 하여 자유롭게 프로그램을 개발, 수정 유포하게 된다. 보통 웹 사이트에 프로젝트 단위로 관리가 되며, Opensource.org 사이트가 잘 알려져 있다.

가장 대표적인 오픈소스 소프트웨어는 리눅스 오퍼레이팅 시스템일 것이다. 1991년 8월에 인터넷을 통해 소스가 공개되고 수많은 개발자들이 동참하여 지금까지 발전되어 왔으며, 많은 기업체에서 윈도우나 유닉스 시스템을 대체하는 운영시스템으로 사용하고 있다. 이외에도 데이터베이스를 위한 MySQL, 웹사이트 운영을 위한 웹서버인 Apache 서버 등도 모두 오픈소스 소프트웨어이다.

오픈소스 소프트웨어는 비교적 양질의 소프트웨어를 무료로 사용할 수 있다는 장점이 있는 반면, 소프트웨어에 문제가 생길 때 책임 소재가 불분명하고 문제 해결 방식을 찾기가 어렵다는 단점이 따르게 된다.

3) 서버의 가상화

서버의 가상화(Server Virtualization)는 요즘 각광받고 있는 클라우드 컴퓨팅의 핵심기술이기도 하다. 예를 들어, 가상화 전에는 물리적으로 1천대의 서버 자원이 필요했다면 가상화 이후에는 물리적인 서버 80대만 있어도 된다고 한다. 이는 물리적으로 한 대의 시스템에 있는 CPU, 기억장치, 입 · 출력장치 등의 자원을 여러 가상의 서버 인스턴스들로 분할해 사용할 수 있는 기술을 총칭한다.

가령, MS윈도우 기반의 서버와 리눅스 기반 서버가 필요할 때, 예전에는 두 대의 컴퓨터가 필요했지만, 이제는 하나의 컴퓨터를 논리적으로 두 개의 운영시스템으로 분리하여 CPU, 기억장치, 입 · 출력장치를 상호 공유하게 할 수 있다. 이러한 가상화 기술을 기업 전체에 적용할 경우 서버구매비용의 절감 뿐 아니라, 각 서버들의 활용도도 높일 수 있다.

최근, 개발과 테스트분야에서 클라우드 컴퓨팅 서비스를 사용하는 LG CNS의 경우 물리적으로는 60대 가량의 x86 서버를 사용하고 있지만 이 물리적인 서버들의 가상화를 통해 마치 500여대의 가상화된 서버를 활용하고 있다고 한다.

4) IT 융합

IT 융합(Convergence)은 IT 자체 고도화를 바탕으로 다른 분야의 기술개발과 산업발전을 견인하거나 새로운 산업을 창출하는 것으로, 이는 IT가 산업시대의 철과 같은 역할을 수행하면서 새로운 블루오션을 찾기 위한 출발을 시작하였다고 할 수 있다.

오늘날 IT는 내부기술의 진화에 발맞추어 다양한 시장의 요구사항을 받아들여, 방송, 통신, 네트워크, 단말기 등 다른 기술 또는 산업과의 융합이라는 새로운 변화와 혁신의 중심이 되어가고 있다. 즉, IT는 기존 산업을 고도화시키는 기반구조로서의 역할을 수행하게 된다.

쉬운 예로, 스마트폰을 생각할 수 있다. 전화기로서의 역할만하던 핸드폰은 이제 IT 기술과 접목되어 일종의 휴대 컴퓨터 역할을 하고 있다. 그리고 요즘 유행하기 시작한 스마트 TV도 마찬가지다. 공중파나 케이블방송을 보는 기기에서 이제는 TV를 통해 유튜브나 네플릭스(Netflix) 등 인터넷 서비스를 사용할 수 있고, 다양한 콘텐츠들을 인터넷에서 골라보게 되며, 스마트폰과의 완벽한 호환을 추구하면서 스마트 TV를 위한 앱들도 쏟아져 나오게 될 것이다. 이미 삼성과 LG, 애플, 구글이 자신들의 스마트 TV를 대대적으로 광고하고 있다.

2절 컴퓨터 시스템

앞에서 제시한 정보기술의 개념적 정의만으로 정보기술을 제대로 이해하기는 어렵다. 정보기술을 좀 더 구체적으로 이해하기 위해서는 이를 좀 더 세분화 하여 각 요소기술에 대하여 면밀하게 살펴보아야 할 것이다. 정보기술을 바로 앞에서 논의한 몇 가지 유형 구분 방법을 종합하여 컴퓨터 하드웨어, 컴퓨터 소프트웨어, 데이터베이스, 정보통신의 4범주로 나누고, 이절에서는 컴퓨터 하드웨어와 컴퓨터 소프트웨어에 대하여 살펴보기로 한다.

1. 컴퓨터 하드웨어

1) 컴퓨터의 유형

컴퓨터는 초소형 휴대장치에서부터 대형 메인프레임과 슈퍼컴퓨터에 이르기까지 정보처리 성능에 따라 그 크기가 다양하다. 개인이나 혹은 소규모 기업을 운영한다면, 주로 데스크톱이나 랩톱PC를 사용하거나 약간의 컴퓨팅 기능을 탑재한 무선기기(Black Berry)나 스마트폰 또는 기타 고급 이동전화 등을 활용할 수 있을 것이다. 만일 고성능의 그래픽 기능이나 연산처리능력이 요구되는 고급 디자인이나 설계를 해야 한다면, 일반 PC보다 성능이 더 좋고 연산과 그래픽기능을 갖춘 워크스테이션(Workstation)을 사용할 것이다.

만일 기업이 네트워크로 연결된 수많은 컴퓨터와 웹사이트를 보유하고 있다면 서버가 필요할 것이다. 서버(Server)는 사용자들이 파일이나 소프트웨어, 프린터와 같은 주변기기 또는 기타 네트워크 자원을 공유할 수 있도록 컴퓨터 네트워크를 지원하는 최적의 컴퓨터이다. 특히 서버는 전자상거래에 대한 하드웨어 플랫폼을 제공하기 때문에 기업의 매우 중요한 정보기술 인프라 구성 요소가 되었다.

메인프레임 컴퓨터(Mainframe Computer) 컴퓨터는 1960년대 중반에 등장하여 지금도 대형은행, 보험회사, 증권거래소, 항공사, 정부기관 등에서 사용하고 있다. 메인프레임은 대량의 데이터를 신속히 처리할 수 있는 대용량의 고성능컴퓨터로서 항공사의 경우 메인프레임으로 초당 3천 건 이상의 예약거래를 처리하고 있다.

슈퍼컴퓨터(Supercomputer)는 수천만 개의 변수, 수백만 개의 지표와 수천 개의 수식을 가진 복잡한 연산을 초고속으로 수행하기 위해 특별히 제작된 초 고성능의 컴퓨터이다. 슈퍼컴퓨터는 구조설계분석, 과학적 탐색 및 시뮬레이션, 기밀 군사무기 연구, 기상예측 등에 사용되고 있다. 소수의 민간 기업에서도 슈퍼컴퓨터를 사용하는 데, 예를 들어 볼보와 같은 자동차 생산업체에서는 슈퍼컴퓨터를 이용하여 가상 자동차 충돌실험을 분석하고 있다.

그리드 컴퓨팅(Grid Computing)은 그리드상의 모든 관련 컴퓨터의 계산능력을 결합하여 '가상의 슈퍼컴퓨터'를 구축하기 위해 지리적으로 멀리 떨어져 있는 컴퓨터들을 하나의 네트워크로 연결하는 것이다. 그리드는 수천대의 PC 및 기타 컴퓨터들을 네트워크로 연결시킴으로서 슈퍼컴퓨터의 속도를 내면서도 보다 저렴한 가격으로 복잡한 연산을 수행할 수 있다. 그리드 컴퓨팅은 미국에 존재하는 대부분의 컴퓨터 중앙처리장치(CPU)가 평균적으로 25%의 시간밖에 사용되지 못하고 있는 점을 감안하여 나머지 75%를 다른 처리작업에 사용할 수 있다는 사실을 활용한 것이다. 일예로 로열더치셸 그룹은 과학적 모델링 응용프로그램의 정확성과 속도를 향상시켜 최고의 오일 저장장소를 찾는 그리드 컴퓨팅 플랫폼을 사용하고 있으며, 리룩스를 실행하는 1,024개의 IBM 서버를 연결하는 플랫폼은 실제로 세계에서 가장 큰 상업용 리눅스 슈퍼컴퓨터 중 하나를 만든다.

2) 컴퓨터의 발전 과정

1946년에 실질적인 최초의 전자식 디지털 컴퓨터라고 할 수 있는 ENIAC이 개발된 이후로, 최초의 프로그램 내장방식 컴퓨터인 EDSAC(1949), 그리고 EDVAC(1950) 등이 주로 미국과 영국의 대학 실험실에서 개발되었다. 그 후 1951년에는 UNIVAC-1이라고 하는 최초의 상업용 컴퓨터가 등장하였다. 보통 이때를 컴퓨터의 제1세대가 시작되는 출발점으로 삼는다. 그 이후부터 주로 컴퓨터의 회로소자를 기준으로 4개의 세대로 나누어 컴퓨터의 발전 과정을 구분할 수 있다.

처음 컴퓨터 1세대에서는 진공관을 주요 회로소자로 사용하였다. 그러다가 반도체를 활용한 트랜지스터의 개발과 함께 2세대가 시작되었고, 집적회로(Integrated Circuits: IC)를 사용한 3세대를 거쳐서 마침내 대규모집적회로(Large Scale Integrator: LSI)를 채택한 4세대 컴퓨터가 등장하게 되었다. 그 후 오늘날까지 컴퓨터는 반도체 집적기술의 기하급수적 발전과 함께 속도, 용량, 크기 등에 있어 획기적인 발전을 거듭해 왔지만, 근본적 특성 면에서는 여전히 4세대를 벗어나지 못한 것으로 볼 수 있다. 그러나 가까운 장래에 이와는 전혀 다른 개념의 차세대 컴퓨터가 등장할 것으로 기대되고 있는데, 차세대 컴퓨터는 마치 인간과 같이 여러 작업을 동시에 수행하면서 지식과 추론을 바탕으로 결론에 이르는 인공지능형 컴퓨터 시스템이 등장할 것으로 예상된다.

표 4-1 컴퓨터 하드웨어 발전 과정

구 분	1세대	2세대	3세대	4세대
연 대	1951~1958	1959~1964	1965~1970	1971~현재
회로소자	진공관	트랜지스터	IC	LSI
주기억장치	자기드럼	자기코어	자기코어	반도체기억장치
계산속도단위	ms(10^{-3}초)	μs(10^{-6}초)	ns(10^{-9}초)	ps(10^{-12}초)
특 징	• 주기억 용량 제한 • 전력소모 과다 • 냉각장치 필요 • 잦은 오차, 고장 발생 • 수명이 짧음 • 느린 입·출력 속도(천공카드)	• 주기억 용량 증가 • 전력소모 감소 • 소형 경량화 • 신뢰성 향상 • 입·출력속도 향상 (테이프 위주)	• 주기억 용량 증대 • 소형화 • 신속화 • 정보처리 • 입·출력의 다양화 (디스크 위주) • 미니컴퓨터 등장	• 주기억 용량의 대형화 • 초고속 처리 • 급속한 가격 하락 • 다양한 입·출력 장치 • 미니컴퓨터 사용 증가 • 마이크로프로세서 개발 • 개인용 컴퓨터 등장
응 용	• 저급의 기호언어 사용 • 계산처리 위주	• 고급언어 등장 • 일괄처리 위주	• 운영체제(OS) 등장 • 다양한 고급언어 사용 • 사분할 방식 • 온라인처리	• 특수 분야의 고급 언어 활용 • 다양한 응용소프트웨어 패키지 활용
기 종 예	IBM 650 UNIVAC-1	IBM 1401 CDC 1604	IBM 360 NCR 395 CDC 3000 UNIVAC 9000	IBM 3081 DEC 2010 Apple IBM PC

자료: 김은홍 · 최병구, 경영정보학개론, 다산출판사, 2011, 108쪽.

3) 컴퓨터 하드웨어의 구성 및 기능

컴퓨터는 입력장치, 기억장치, 연산장치, 제어장치, 출력장치 등 서로 다른 기능을 갖는 요소들을 유기적으로 결합한 하나의 시스템으로서 작동한다. 우리는 흔히 이를 컴퓨터 시스템의 5대 장치라고도 하며, 각 장치의 기능과 종류를 요약하면 표 4-2와 같다.

그림 4-4 컴퓨터 하드웨어의 구성 요소

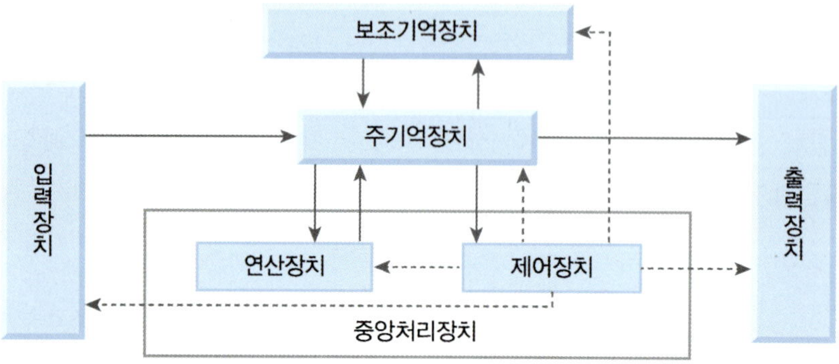

주 ⟶: 자료나 명칭의 흐름, - - -➤: 제어의 흐름

자료: 김은홍 · 최병구, 경영정보학개론, 다산출판사, 2011, 109쪽.

표 4-2 컴퓨터 구성 요소별 기능 및 분류

구분		기능	종류
입력장치		사용자가 처리하고자 하는 데이터나 프로그램을 컴퓨터의 기억장치로 전달	키보드, 마우스, 조이스틱, 스캐너, 디지타이저, 광학펜, 터치스크린, 광학인식장치(OCR), 자기잉크 문자인식(MICR), 펜기반 입력장치, 음성인식장치, 센서 등
기억장치	주기억장치	정보처리에 필요한 운영체제, 프로그램, 자료 등을 저장하여 CPU에 제공하고 CPU 처리결과를 저장(고가, 고속의 기억장치, 전원 차단과 함께 기억내용 소멸)	RAM(Random Access Memory): 반도체 기억장치 • DRAM(Dynamic RAM) : 기억내용을 유지하기 위해 일정시간마다 전원보충이 필요한 RAM • SRAM(Static RAM): 한 번 기억되면 전원이 차단될 때까지 그 내용을 유지하는 RAM
	보조기억장치	주기억장치의 소멸성과 용량의 한계를 보완(저가, 저속, 대용량, 영구기억장치)	자기테이프((Magnetic Tape), 플로피디스크(FDD), 하드디스크드라이버(HDD), 광디스크(CD-ROM, DVD, SSD(solid state drive), SAN(storage area network) 등
연산장치		프로그램 명령에 따라 산술연산 및 논리연산을 수행함으로써 입력자료를 처리 또는 변화	연산장치와 제어장치를 합쳐서 중앙처리장치 또는 CPU(Central Processing Unit)라고도 하며, 오늘날에는 하나의 반도체 칩 또는 마이크로프로세서(microprocessor)가 연산장치와 제어장치의 역할을 수행(예 인텔 i7, AMD 페놈 등)
제어장치		받아들인 실행명령을 해석하여 컴퓨터의 각 장치에 작업을 지시함으로써 컴퓨터의 모든 작동을 제어	
출력장치		컴퓨터의 처리결과를 사용자에게 제공	모니터, 프린터, 음성출력장치 등

이와 같은 컴퓨터 하드웨어의 구성을 인간의 정보처리 메커니즘과 비교하여 이해하는 것도 매우 흥미롭다. 인간은 시각, 청각, 미각, 후각, 촉각 등의 감각기관(입력장치)을 통해 외부 정보를 받아들여 두뇌(주기억장치+연산장치)에 저장하고 처리한 다음, 그 결과를 근육(출력장치)의 움직임을 통해 외부에 전달하고 자신이 처리한 정보를 추후에 참조할 수 있도록 사진이나 수첩 등(보조기억장치)에 기록해 두기도 한다. 그리고 이러한 모든 과정은 신경계통(제어장치)에 의해 통제 되는 이치와 같다.

4) 최신 하드웨어 경향

(1) 모바일 디지털 플랫폼 출현

오늘날 스마트폰 등의 모바일 기기는 데이터 전송, 웹서핑, 이메일과 실시간 문자전송, 디지털콘텐츠 조회, 기업 내부시스템과의 데이터 송 · 수신 등 기존 PC의 많은 기능들을 대체하고 있다. 또 이 새로운 모바일 플랫폼은 무선통신, 인터넷 접속에 최적인 소형 저가, 저중량의 서브노트북인 넷북(netbook), 아이패드와 같은 태블릿 컴퓨터, 그리고 웹 접속기능을 가진 아마존의 킨들(Kindle)과 같은 디지털 전자책 리더기 등을 포함한다.

스마트폰과 태블릿 컴퓨터는 인터넷에 접속하는 주요 수단이 되고 있고, 이 기기들은 소비자 애플리케이션뿐만 아니라 비즈니스 컴퓨팅에도 사용되고 있다. 예를 들어, GM의 최고경영층은 스마트폰 응용프로그램을 사용하여 자동차 판매정보, 금융 성과, 제조 성과 측정치, 프로젝트 관리 현황 등을 드릴다운을 통해 상세히 파악하고 있다.

최근에는 이러한 모바일 디지털 플랫폼에 웨어러블 컴퓨팅 디바이스도 추가되었다. 스마트워치, 스마트안경, 스마트밴드, 활동추적기 등이 있는데, 웨어러블 컴퓨팅 기술은 아직 발전초기단계에 있으나 벌써부터 산업적 용도로 확장성이 기대된다.

(2) 소비자주도의 IT와 BYOD

BYOD(bring your own device)는 이미 우리의 업무환경 깊숙이 들어와 있다고 볼 수 있다. 우리는 스스로 구매한 스마트폰에 업무용 메일이며 전자결재 또는 업무에 활용도가 높은 애플리케이션 등을 설치해 놓고 업무에 활용하고 있다. 이처럼 기업에서는 해당 장비가 기업환경 내에서 접속되어 업무처리가 가능한 환경만을 제공하고 개인들은 자신이 원하는 장비(device)를 직접 구매하여 업무에 활용하는 환경을 BYOD라 한다.

BYOD는 개인 소유의 노트북, 태블릿 PC, 스마트폰 같은 모바일 기기를 업무에 활용하는 것으로, 기업 입장에서는 시간과 공간에 구애받지 않고 자신에게 익숙한 장비로 업무를 할 수 있어 업무 효율화 및 비용절감을 꾀할 수 있다는 이점이 있다. 하지만 개인의 장비로 조직의 정보를 취급한다는 것은 정보보안의 관점에서 최대의 위협 요인(risk)이 될 수 있다. 또한 개인의 선호도에 따른 다양한 장비의 출현은 호환문제 등을 야기 시킬 수 있으며, 이로 인한 업무의 지연이나 장애발생문제도 간과할 수 없다.

이 같은 현상은 처음에는 소비자 마켓에 등장한 새로운 정보기술이 회사 조직으로 퍼지는 소비자주도의 IT의 한 측면이었다. IT의 산업화는 모바일 기기뿐만 아니라 구글과 야후 검색 기능, 지메일, 구글앱, 드롭박스, 페이스북이나 트위터와 같은 소비자 마켓에서 유래한 소프트웨어 서비스의 산업적 사용도 포함한다.

(3) 나노기술과 퀀텀 컴퓨팅

수년 동안 마이크로프로세서 제조업체들은 컴퓨팅 처리능력을 기하급수적으로 증가시켜온 반면, 작은 공간에 더 많은 트랜지스터를 장착시킬 수 있는 방법을 개발함에 따라 반도체 칩의 크기는 더 줄어들었다. 현재 마이크로프로세서 제조업체들은 트랜지스터의 크기를 몇 개의 원자크기까지 줄일 수 있는 나노기술을 적용하고 있다. 나노기술(Nano Technology)은 현재의 기술이 허용하는 것보다 수천배 더 작은 컴퓨터 칩과 기타 다른 기기를 제조하는 데 개별 원자와 분자를 사용한다.

또 다른 컴퓨터 프로세싱 파워를 높이는 방법은 퀀텀 컴퓨팅을 이용하는 것이다. 퀀텀 컴퓨팅(Quantum Computing)은 데이터를 표현하고 데이터를 통해서 운영하기 위해 퀀텀 물리학의 원리를 이용한다. 퀀텀 컴퓨터는 한 번에 여러 상황의 능력을 이용하여 거대한 프로세싱 파워를 얻는 것으로서, 동시에 다양한 수작업을 수행하고 과학과 비즈니스 문제를 수백만 배 빠르게 해결한다. 미국의 IBM, MIT 그리고 로스앨러모스 국립 연구소(Los Alamos National Laboratory)의 연구자들은 퀀텀 컴퓨터에 대해 연구해 왔고, 록히드마틴과 구글은 비즈니스 목적을 위해 퀀텀 컴퓨터를 구매하고 있다(배동현 외, 경영정보시스템의 이해, 2017).

(4) 가상화

가상화(Virtualization)란 컴퓨팅 파워나 데이터 저장소 등의 컴퓨팅 자원들이 물리적 구성이나 위치에 제약을 받지 않는 방법으로 접근될 수 있도록 일련의 컴퓨팅 자원을 표현하는 프로세스라고 할 수 있다. 즉, 가상화는 서버나 저장장치와 같은 물리적 자원을 여러 개의 논리적 자원들로 사용자에게 보일 수 있도록 한다. 예를 들어, 하나의 서버나 메인프레임은 하나의 운영체제가 여러 기계에서 따로 돌아가는 것처럼 작동하도록 설정될 수 있다. 또한 SAN(storage area network)이나 그리드 컴퓨팅의 경우와 같이 여러 개의 물리적 자원들(서버나 저장장치들과 같은)이 하나의 논리적 자원처럼 보이도록 만들 수도 있다. 따라서 하나의 기업이 원거리에 있는 컴퓨팅 자원들을 이용하여 컴퓨터 프로세싱이나 저장활동을 수행할 수 있도록 해준다. 미국 VM웨어((VMware)는 마이크로소프트 윈도 및 리눅스 서버들을 대상으로 한 선도적인 가상화 소프트웨어를 공급하는 대표적인 벤더이다.

가상화 기술은 기업 IT 인프라 관리비 절감, 애플리케이션 배포의 용이성, 기존 서버 활용 및 통합 등 많은 장점을 가지고 있다. 오늘날 모든 IT 관리자들은 효율성, 보안, 호환성 향상이라는 당면 과제에 직면해 있다. 때문에 애플리케이션 가상화는 이러한 과제들을 모두 충족시킬 수 있는 솔루션으로 제안되면서 적용하려는 기업이 늘어나고 있다.

(5) 클라우드 컴퓨팅

클라우드 컴퓨팅(Cloud Computing)은 컴퓨터 프로세싱, 저장소, 소프트웨어, 그리고 여타의 서비스들을 네트워크, 주로 인터넷을 통해 하나의 가상화된 자원들의 공유된 풀(pool)로서 제공되는 컴퓨팅 모델이다. 사용자들의 니즈를 기반으로 그 니즈의 물리적 위치나 사용자 자신의 위치와 상관없이 사용할 수 있다. 현재 클라우드 컴퓨팅은 컴퓨팅 방법 중에 가장 빠르게 성장하고 있으며, 아마존, 구글, IBM, MS 등은 크고 확장 가능한 클라우드 컴퓨팅센터를 운영해 원격으로 자신들의 IT 인프라를 유지하고 싶어 하는 기업들을 대상으로 각종 서비스 제공 사업을 전개하고 있다.

미국 국립표준기술연구소(National Institute of Standards and Technology: NIST)은 클라우드 컴퓨팅을 '온디멘드 셀프서비스(on-demand elf-service)', '유비쿼터스 네트워크서비스', '위치 독립적 자원풀링', '신속한 탄력성', '측정되는 서비스' 같은 필수적인 특성을 따르는 것으로 정의하고 있다.

(6) 그린 컴퓨팅

하드웨어 확산 및 전력소비량을 제어함으로써, 가상화는 그린 컴퓨팅을 홍보하는 주요 기술 중 하나가 되고 있다. 그린 컴퓨팅(Green Computing) 또는 그린 IT는 환경에 미치는 영향을 최소화하기 위한 컴퓨터, 서버 및 모니터, 프린터, 저장장치, 네트워킹, 통신시스템과 같은 관련 장치의 디자인, 제조, 사용, 처분하는 방법과 기술을 의미한다.

그린하우스데이터(Green House Data)에 따르면 전 세계 데이터센터는 원자력발전소 30기의 생산량만큼의 에너지를 사용하며, 이는 전 세계 에너지 사용량의 약 1.5%에 해당된다고 한다. 오늘날 컴퓨터의 전력소모를 줄이는 것은 친환경의 최우선순위가 되었으며, 기업들의 데이터센터는 최첨단 공기냉각기술, 에너지 효율적인 장비, 가상화 및 기타 에너지 절약 관행을 이용하여 에너지 효율성을 염두에 두고 설계되고 있다. 이미 마이크로소프트, 구글, 페이스북, 애플과 같은 기업들은 풍력과 수력 등 깨끗한 에너지로 구성되는 데이터센터로 탄소배출을 줄이기 시작했다(배동현 외, 경영정보시스템의 이해, 2017).

(7) 고성능 절전형 프로세서

요구전력과 하드웨어의 산발성을 줄이기 위한 또 하나의 방법은 더욱 효율적이고 절전이 가능한 프로세스를 이용하는 것이다. 최신 마이크로프로세서들은 이제 여러 개의 프로세서 코어(컴퓨터 명령어들을 읽고 수행하는)들이 하나의 칩에서 작동되는 특성을 갖추게 되었다. 즉, 멀티코어프로세서(Multi-Core Processor)는 2개 이상의 프로세서코어들이 부착된 하나의 집적회로로서 성능을 더욱 높이고, 전력 소모를 더욱 절감하며, 여러 작업들을 동시에 더욱 효율적으로 처리하는 성능을 갖추었다. 이 기술로 인해 절전과 열감소 성능을 갖춘 2개 이상의 프로세서 엔진들은 하나의 프로세싱코어를 가진 빈약한 칩보다 작업을 더욱 빠르게 수행할 수 있게 되었다. 오늘날 PC에서는 듀얼코어(dual-core), 쿼드코어(quad-core), 식스코어(six-core), 에잇코어(eight-core) 등을, 서버에서는 16코어 프로세서들을 찾아볼 수 있다.

2. 컴퓨터 소프트웨어

아무리 우수한 성능을 가진 컴퓨터라 할지라도 그 자체만으로는 아무런 기능을 수행할 수 없으며, 소프트웨어(프로그램)가 있어야만 그 능력을 발휘하게 된다. 즉, 컴퓨터 하드웨어를 사용하기 위해서는 컴퓨터가 작동하도록 구체적으로 명령을 보내는 소프트웨어가 필요하다.

소프트웨어는 컴퓨터를 사용할 때 하드웨어의 작동을 지시하고 제어하는 모든 형태의 프로그램을 말하는 것으로, 크게 시스템 소프트웨어와 응용 소프트웨어로 나눌 수 있다.

그림 4-5 소프트웨어의 분류체계

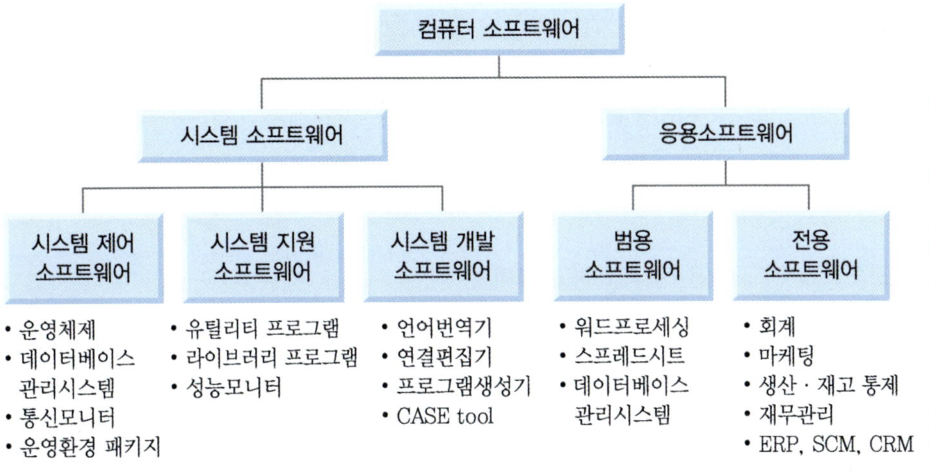

자료: 강석호 외, 경영정보시스템, 박영사, 2006, 104쪽.

1) 시스템 소프트웨어

시스템 소프트웨어는 컴퓨터 시스템의 다양한 부분을 관리하며 응용소프트웨어와 컴퓨터 하드웨어 사이의 연결고리 역할을 담당한다. 컴퓨터 시스템의 작동을 관리함은 물론, 프로그램의 개발, 테스팅과 디버깅을 위한 툴을 제공한다. 시스템 소프트웨어는 일상적인 용도로 사용되고 일부는 자동으로 실행되기 때문에 때로는 이용자가 이의 존재를 잊고 지내기도 한다.

시스템 소프트웨어에는 시스템제어 소프트웨어, 시스템지원 소프트웨어와 시스템개발 소프트웨어의 세 가지 유형이 있다.

(1) 시스템제어 소프트웨어(OS)

컴퓨터의 제반 활동을 관리하고 통제하는 시스템 소프트웨어를 운영체제(Operating System)라고 한다. 즉, 운영체제는 컴퓨터 시스템이 동시에 여러 다른 작업과 사용자의 명령을 수행할 수 있도록 컴퓨터자원 및 업무를 할당하고 이에 대한 사용계획을 세우며, 컴퓨터 시스템 활동을 모니터하는 등 컴퓨터 시스템의 책임자 역할을 수행한다.

PC의 경우 초창기에는 MS-DOS라고 하는 텍스트환경의 운영체제가 주로 사용되었으나,

지금의 PC운영체제와 많은 유형의 애플리케이션 소프트웨어는 '그래픽 유저 인터페이스(Graphical User Interface: GUI)'를 기반으로 하고 있다. GUI는 사용자 작업에 아이콘, 버튼, 바, 박스 등을 활용함으로써 그 기능을 확장시켜 나가고 있다. 이와 함께 최근 조직 내 통신망의 확대와 함께 통신망을 제어하기 위한 운영체제, 즉 '네트워크 운영체제(Network Operating System: NOS)'의 중요성이 매우 커지고 있다. 대표적인 NOS로는 MS-Windows NT, 노벨(Novell)의 넷웨어(Netware) 등을 들 수 있다.

표 4-3 PC와 서버의 대표적 운영체제

운영체제(OS)	특 징
Windows 10	• 최신의 윈도 클라이언트 OS • 전통적 PC뿐만 아니라 멀티터치 인터페이스와 모바일 기기 지원 및 음성 검색능력도 포함
윈도 서버	• 서버를 위한 운영체제
UNIX	• PC, 워크스테이션, 네트워크 서버에 사용되는 OS • 다중작업, 다중사용자에 의한 처리 및 네트워킹지원, 다양한 모델의 컴퓨터 하드웨어에 사용될 수 있음(벨연구소에서 1969년 개발)
Linux	• 무료소스(open source software)의 신뢰성 있는 OS, 유닉스와 윈도 OS의 대안이 될 수 있음 • 서버, 휴대용컴퓨터, 디지털기기 등 여러 유형의 컴퓨터에서 운영이 가능하고, 소프트웨어 개발자에 의해 수정도 가능함
OS X	• 매킨토시 컴퓨터를 위한 OS • 안전성과 신뢰성, 강력한 검색기능, 비디오 및 이미지 지원작업, 세련된 사용자 인터페이스를 제공함 • 가장 최신버전은 'Snow Leopard', 아이폰 OS의 기반

(2) 시스템지원 소프트웨어

시스템을 보다 효율적으로 활용하기 위한 지원 및 보조기능을 수행하는 소프트웨어이다. 여기에는 하드웨어를 보다 편리하게 사용할 수 있도록 지원하는 유틸리티(utility) 프로그램(복사, 정렬, 제곱근 계산 등), 각종 프로그램 및 데이터의 관리를 지원하는 라이브러리언(librarian), 그리고 컴퓨터의 모든 작동상황을 기록하고 이를 통한 감시와 통제가 가능하도록 지원하는 성능모니터 등이 있다.

(3) 시스템개발 소프트웨어

응용프로그램을 개발하고 사용하는 것을 지원하는 역할을 하는데, 대표적인 것으로는 언어번역기(프로그램 언어를 기계어로 전환), 연결편집기, 응용프로그램 발생기 등이 있다.

2) 응용소프트웨어

응용소프트웨어란 이용자의 특정한 업무를 지원할 목적으로 개발된 프로그램을 말하며, 그 응용 범위에 따라 모든 응용 분야에서 활용할 수 있는 범용소프트웨어와 특정 요구에 맞춰 작성된 전용소프트웨어로 나눌 수 있다.

(1) 범용소프트웨어

범용소프트웨어는 컴퓨터의 모든 응용 분야에서 공통적으로 사용할 수 있는 도구적 성격을 갖는 응용프로그램이다. 여기에는 문서편집(한글, MS-Word), 스프레드시트(MS-Excel), 데이터베이스 관리시스템(Oracle DB, MS SQL, MySQL), 프레젠테이션/그래픽 소프트웨어(MS Powerpoint, PhotoShop, Illustrator 등) 등이 있다. 범용의 응용프로그램들은 대부분 패키지 형태로 공급되어 시장에서 쉽게 구입할 수 있다.

(2) 전용소프트웨어

전용소프트웨어는 보통 특정 분야의 업무를 전산화해 놓은 특정 목적의 소프트웨어를 말하는데, 응용 분야에 따라 업무용 소프트웨어, 과학용 소프트웨어, 그리고 기타 소프트웨어 등으로 분류된다. 최근에 기업정보화를 위해 폭넓게 구축되고 있는 ERP라든가, SCM, CRM 등은 주로 외부로부터 전용소프트웨어를 구입하여 사용하는 것이 보통이다.

3) 프로그래밍 언어

시스템 소프트웨어와 응용소프트웨어를 포함한 소프트웨어는 프로그래밍 언어에 의하여 개발된다. 사람 사이에 의사소통이 이루어지려면 서로가 이해할 수 있는 공통의 언어를 사용해야 하듯이 사람과 컴퓨터 사이에도 공통의 언어가 필요한데, 그것이 바로 프로그래밍 언어이다. 비즈니스 애플리케이션에 이용되어온 가장 인기 있는 프로그래밍 언어로는 C, C++, 비주얼 베이직과 코볼 등이 있다.

프로그래밍 언어는 역사적으로 1세대 기계어, 2세대 어셈블리(assembly)언어, 3세대 고급

언어, 4세대 언어(Fourth Generation Language: 4GL) 등 네 개의 세대를 거쳐 발전되어 온 것으로 인식되고 있다. 그러나 최근에는 C++, JAVA 등의 객체지향 프로그래밍 언어와 웹페이지 구축을 위한 HTML(HyperText Markup Language), XML(eXtensible Markup Language) 등의 프로그래밍 언어가 주로 활용되고 있다. 프로그래밍 언어의 세대구분과 특징은 다음 표 4-3과 같다.

표 4-4 프로그래밍 언어의 세대구분

세대	주요 언어	특 성
1세대	기계어	• 명령어가 0과 1로 이루어진 2진수로 이루어져 있어 번역 과정을 거치지 않고도 컴퓨터가 직접 해석할 수 있는 유일한 언어 • 이기종 간 호환성이 없는 기계 의존적 언어, 특정 컴퓨터에서만 사용
2세대	어셈블리어	• 명령어가 간단한 형태의 부호로 이뤄져 있으며, 기계 의존적 언어 • 특정 컴퓨터에서만 사용할 수 있으며 어셈블리어를 기계어로 변환
3세대	고급언어 • FORTRAN • COBOL • BASIC • PASCAL • C	• 명령어가 이해하기 쉬운 상용어/산술적 표현 방법의 형태로 구성 • 기계독립적, 절차형언어(procedure language) • 컴퓨터에 관계없이 약간의 수정만을 가하면 그대로 사용 가능
4세대	4GL • FOCUS • SQL • Power Builder • C++ • JAVA • HTML	• 명령어가 일상적으로 사용하는 영어문장의 형태로 구성 • 기계 독립적, 비절차언어(non-procedural language) • 컴퓨터 하드웨어에 대한 지식이 없어도 비교적 쉽게 사용 가능

자료: 김은홍, 경영정보학개론, 다산출판사, 2017, 114쪽.

3절 데이터베이스

오늘날의 기업들은 경영자들의 효과적인 의사결정을 위한 정보를 제공하는 핵심인 데이터관리 능력이 없이는 경쟁에서 살아남기 어렵다고 해도 과언이 아니다. 조직의 데이터는 지속적으로 변화하기 때문에 어제까지만 해도 최신의 데이터가 하루만 지나도 과거 데이터가 되는 것을 조직에서는 흔히 경험할 수 있다. 조직이 생존하는 한 업무도 지속되어야 하듯이, 데이터의 관리도 지속성을 갖고 꾸준히 이루어져야 한다.

또한, 대부분의 조직에서는 데이터 또는 정보를 자금, 인력, 시설, 원자재 등과 같은 조직의 중요한 자산으로 인식하고 있다. 따라서 데이터자원을 어떻게 체계적으로 저장·관리·검색할 것인가 하는 문제는 오늘날 조직관리상의 중요한 과제가 되고 있다. 이를 위해 기업들은 데이터를 저장하기 위한 물리적 매체뿐만 아니라, 데이터들을 조직해서 기업 사용자들이 유용하게 사용할 수 있는 소프트웨어가 필요하다.

이 절에서는 데이터베이스의 정의, 데이터베이스 시스템의 구성 요소와 유형, 데이터베이스의 구조, 데이터베이스기술의 최근동향 등에 대해 살펴보기로 한다.

1. 데이터베이스의 정의

컴퓨터 시스템을 통하여 정보를 획득하거나 의사결정을 위해서는 필요한 자료가 필요한 시간에 효율적이고 편리하게 검색(檢索)될 수 있어야 하는데, 이를 위해서 모든 자료는 저장매체의 특성에 따라 체계적으로 조직화되어 기록될 필요가 있다. 이같이 체계적으로 저장된 자료의 집합을 파일(file)이라 한다. 파일을 중심으로 데이터를 관리하는 방식은 비교적 단순하고 구현하기 쉽지만, 자료의 중복 존재, 자료의 일관성 부족, 자료와 프로그램의 상호 의존성 등 몇 가지 문제를 드러내고 있다.

데이터베이스는 논리적으로 관계되어 있는 레코드(record)와 파일(file)들을 통합한 것으로 파일처리 방식이 갖는 문제점을 해결하기 위해 개발된 개념이다. 즉, 전통적 파일처리시스템에서는 별개의 독립된 자료파일들에 저장되어 있던 레코드들을 결합하여 하나의 공동 자료집합체(data pool)를 형성한다. 이 같은 자료의 집합체는 수많은 서로 다른 응용프로그램들이 접근, 사용할 수 있도록 되어 있다. 데이터베이스에서는 관련 자료들이 이를 사용하는 프로그램은 물론 이들이 기록되어 있는 저장매체의 형태와는 관계없이 독립적으로 운용된다.

데이터베이스(Data Base: DB)는 광의와 협의로 나누어 정의할 수 있다. 광의의 데이터베이스는 해당 조직 내에 축적되어 있는 모든 자료의 집합체를 의미하며, 협의로는 그 중에서도 컴퓨터에 저장된 자료만을 데이터베이스라고 한다. 일반적으로는 광의의 개념으로 사용되고 있으나 기술적인 측면에서 언급할 때는 협의의 데이터베이스 개념을 사용하는 것이 보통이다. 이와 같이 협의의 데이터베이스는 '자료의 집중화를 통해 중복된 자료를 최소화시키고 동시에 다양한 응용 분야를 지원할 수 있도록 체계적으로 구성된 자료의 집합체'(Laudon and Laudon, 2004)로 정의할 수 있다.

요컨대 데이터베이스는 자료의 중복을 감소시키며, 여러 프로그램과 사용자가 공동으로 사용할 수 있도록 자료의 통합성을 향상시키고 프로그램은 자료의 형태나 저장매체의 유형에 관계없이 편리하게 기능하고, 데이터베이스시스템(DBMS), 데이터베이스관리자(DBA) 등에 의한 통제로 자료의 안전성이 향상되는 등 많은 이점을 제공한다. 그러나 데이터베이스의 사용이 증가함에 따라 자료자원관리에 있어 여러 가지 어려움이 증가하는 점 또한 간과되어서는 안 된다.

데이터베이스의 한계로 볼 수 있는 몇 가지 측면은 다음과 같다.

- 대규모 데이터베이스의 개발과 DBMS의 설치는 어려운 작업인 동시에 비용도 많이 소요된다.
- 조직이 보유한 자료, 이에 대한 전반적인 제어용 자료는 물론 많은 DBMS 프로그램들을 함께 저장하게 되므로, 보다 큰 하드웨어 용량이 필요해진다.
- 응용프로그램과 OS 사이에 DBMS라는 또 다른 소프트웨어가 개입됨으로써 대량자료 처리의 경우 처리시간이 길어진다.
- 조직이 하나의 집중 DB에 의존할 경우 오류나 범죄, 시스템 고장 등에 따른 취약성이 증가하며, 반대로 분석 DB를 채택할 경우엔 데이터베이스 간의 일관성 결여문제가 재발될 수 있다.

따라서, 이 같은 문제들에 대응할 수 있기 위해서는 데이터베이스의 개발에서 이의 설치 및 운영에 이르기까지 DBA, 시스템분석자 및 응용프로그래머, 그리고 최종사용자 간의 긴밀한 협력체제를 구축하는 것과 아울러, 체계적인 계획과 개발 및 운영시스템을 마련할 필요가 있다.

2. 데이터베이스 시스템의 구성

조직에서 데이터베이스를 활용하기 위해서는 그와 관련된 다양한 요소들을 유기적으로 결합하여 일종의 시스템으로서의 기능을 하도록 해야 한다. 조직의 데이터베이스 시스템은 사용자, 데이터베이스, 데이터베이스 관리시스템, 그리고 데이터베이스 관리자에 의해 구성되고, 그들의 상호작용에 의해 운영된다(Hicks, 1986).

그림 4-6 데이터베이스 시스템의 구성 요소

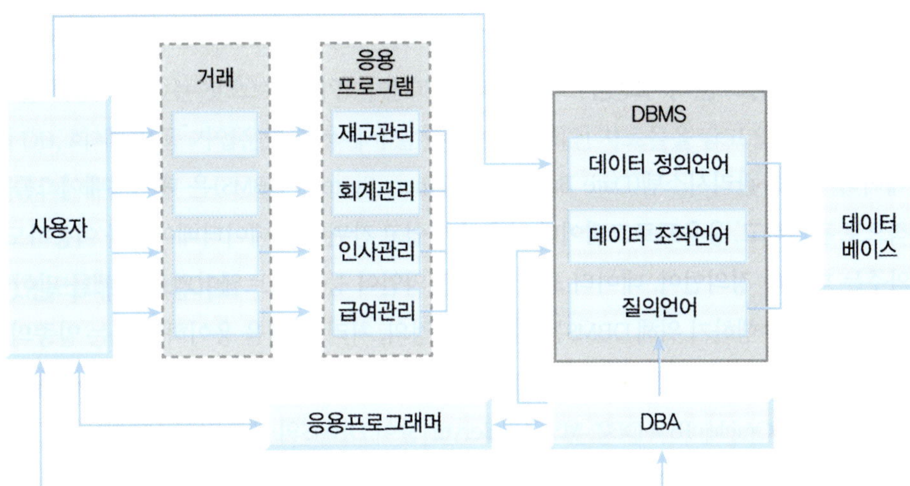

자료: 김은홍 · 최병구, 경영정보학개론, 다산출판사, 2011, 114쪽.

1) 사용자

여기서 사용자는 전통적 의미의 현업 사용자는 물론, 데이터베이스에 저장된 데이터를 이용하여 현업에 적용할 응용프로그램을 작성하는 응용프로그래머를 포함한다. 일반적으로 사용자는 아래에서 언급하게 될 데이터베이스 관리시스템(DBMS)이나 데이터베이스 관리자(DBA)를 매개로 데이터베이스에 접근하게 된다.

스를 통신망으로 연결하여 운영하는 것으로서, 분산처리시스템을 사용하는 조직이 데이터베이스를 개발할 때에 주로 고려해야 할 항목이다. 분산 데이터베이스의 장점은 기존의 여러 지역 데이터베이스 특성을 살리면서도 여러 지역의 통합된 데이터베이스를 구축할 수 있다는 점이다. 그러나 분산 데이터베이스를 구축할 때는 지역별 데이터베이스에 사용되는 기본 모형과 사용언어의 차이로 인해 여러 가지의 기술적 문제가 발생할 가능성이 높다.

5) 최종사용자 데이터베이스

최종사용자 데이터베이스(end user database)는 개인 최종사용자에 의해 개발된 여러 종류의 데이터베이스로서 개인적인 전문활동을 지원한다. 즉, 최종사용자 자신들의 개인적인 전문활동을 지원하기 위하여 개발한 각종 데이터 파일들로 구성되어 있다.

6) 외부 데이터베이스

외부 데이터베이스(external database)는 조직의 외부에 존재하기 때문에 정보가 상업적으로 활용되는 데이터베이스이다. 대체로 정보서비스 통신망을 통해 접속할 때마다 요금을 지불하고 대형 상업용 데이터베이스에 접속하여 필요한 정보를 이용한다. 이러한 데이터 뱅크는 조직의 경영을 돕는 경제적 정보들을 풍부하게 가지고 있다.

4. 데이터베이스의 구조

데이터베이스를 구성하는 각각의 많은 레코드들의 관계는 몇 개의 논리적인 데이터 구조나 모델 중 하나에 기초를 두고 있다. 즉, 데이터의 논리적 관계를 표현하는 데이터베이스의 세 가지 기본적 구조 형태로서는 계층구조, 네트워크구조, 관계구조 등이 있다.

그러나 최근에는 기업의 정보요구가 더욱 다양해지면서 화상, 음성, 영상 등과 같은 다양한 형태의 데이터를 저장 · 관리할 수 있는 새로운 개념의 데이터구조로서 객체지향 데이터 모델이 제시되고 있다.

1) 계층구조

초기의 컴퓨터 데이터베이스 관리시스템 패키지에서는 계층구조가 사용되었으며, 이러한 구조 하에서 레코드들 간의 관계는 계층구조 혹은 나무구조(tree structure)의 형태를 지닌다. 즉, 하나의 루트(root) 레코드와 수많은 하위 레코드들로 이루어진 다양한 계층구조에 속해 있는 모든 레코드들은 종속적으로 배열된다. 그러므로 상위 레코드로부터 하위 레코드로의 1 대 1(one-to-one) 혹은 1 대 다수(one-to-many)관계를 가진다.

계층구조는 데이터의 논리적 관계가 하나의 부모와 여러 개의 자식으로 표현될 수 있는 상황에 적합하다. 데이터의 접근은 부모단계와 자식단계 간에 형성된 가지를 통해서만 가능하며, 어떠한 데이터에의 접근이라도 오직 하나의 경로를 갖는다. 그러나 계층구조는 주어진 기능 내에서의 자료추출은 매우 효율적으로 처리되는 장점을 갖고 있으나 하위계층에서 상위계층으로 찾아 올라가는 자료추출이 힘들고 데이터의 중복성이 발생하게 된다.

2) 네트워크구조

네트워크구조(network structure)는 계층구조를 확장한 형태이다. 네트워크구조에서는 레코드들 간의 관계가 다수 대 다수(many to many) 관계를 유지함으로써 좀 더 복잡한 논리적 관계를 나타낸다. 네트워크구조는 부모와 자식 간의 관계가 아니라 소유주와 구성원(owner-member) 간의 관계로 하나의 소유주는 여러 개의 구성원과 연결될 수 있다. 즉, 몇 개의 경로 중 하나를 선택하여 하나의 데이터원소에 접근할 수 있다. 따라서 네트워크구조에서는 여러 점에서 데이터베이스로 들어갈 수 있는데, 그 이유는 하나의 데이터원소나 레코드는 여러 개의 다른 데이터원소들과도 관계를 맺을 수 있기 때문이다. 그러므로 네트워크구조로 형성된 데이터베이스에서 데이터에의 접근은 여러 개의 경로를 가질 수 있다.

이 구조는 CODASYL 모델이라고도 하는데, 그 이유는 시스템 언어협의회(Conference On Data Systems Language)가 네트워크 데이터베이스구조를 위한 규격과 표준을 개발했던 소위원회를 구성하였기 때문이다.

계층구조나 네트워크구조는 레코드 간의 관계를 데이터로 표현하지 않고 물리적 연결 고리로 구현하기 때문에 물리적 모형이라고 한다. 이 모형에서는 데이터를 추출할 때 레코드간의 관계, 즉 물리적 연결내용을 어느 정도 알아야 가능하고, 데이터추출도 정해진 연결방향으로만 가능하다는 단점이 있다. 또, 계층구조나 네트워크구조에 따른 데이터베이스는 일단 데이터들 사이의 관계가 설정되고 나면, 그것을 수정한다거나 새로운 관계를 생성하는 것이 어렵다는 단점이 있다.

3) 관계구조

관계구조(Relational Structure)는 레코드 간의 관계를 실제 데이터로 표현하는 한편, 계층구조나 네트워크구조와 같이 물리적 연결고리를 사용하지 않고 관계를 논리적으로 표현한다. 이런 점에서 이 구조를 논리적 모형이라고 한다. 따라서, 데이터 내용 수정에 따른 구조변경이 용이해지고 데이터 추출 시 관계를 이용하면 비전산요원도 쉽게 데이터를 추출할 수 있다는 장점도 있다.

관계구조에서는 데이터베이스에 있는 모든 데이터원소들이 단순한 표의 형태로 저장된다. 표들은 공통의 필드를 이용하여 상호 연결된다. 표의 형태로 표현되는 관계형 데이터베이스는 이해하기 쉽고 입 · 출력 및 처리가 용이하여 경영정보를 저장, 관리하는 데이터베이스로 가장 많이 이용되고 있다.

관계구조는 대부분의 마이크로컴퓨터시스템에 쓰이고 있으며, 또한 많은 미니컴퓨터와 메인프레임 컴퓨터에도 쓰이고 있다. Access나 dBase, FoxBase 등이 모두 관계구조를 채택하고 있으며, 사용자가 파악하고 수행해야 할 내용을 DBMS가 처리해 주므로 활용도가 더욱 높아지리라고 예상된다. 관계형 데이터베이스는 매우 유동적이고 임기응변적으로 요구되는 정보를 잘 다룰 수 있지만 일상적인 업무처리에 있어서는 느리고 비효율적인 측면이 있다.

5. 데이터베이스 기술의 최근동향

1) 객체지향 데이터베이스

객체지향 데이터베이스(Object-Oriented Database: OODB)구조를 지니면 하나의 객체는 그 실체의 속성과 연관성들을 설명해 주는 데이터 값들로 이루어져 있을 뿐만 아니라, 그 방법과 진행 과정이 데이터상에서 수행될 수 있는데, 이를 소위 캡슐화라고 한다.

객체지향 모델은 다른 모델에 비해서 더욱 복잡한 형태의 데이터(예를 들어서 그래픽, 그림, 소리)를 다룰 수 있으며, 또한 이를 그대로 상속시킬 수 있으므로 새로운 객체들은 하나 혹은 그 이상의 모 객체(parent object)의 특성을 일부 또는 전부 복제함으로써 저절로 생성될 수 있다.

최근 들어, 자바(Java)와 C++ 등 객체지향 프로그래밍이 일반화 되면서 이에 영향을 받아 객체지향 데이터 모델(object-oriented data model)이 등장하였다. 객체(object)는 실존하는 정보 또는 이를 사용하는 유·무형의 존재(사람, 장소, 사물, 사건 등)를 나타낸다는 점에서 개체(entity)와 유사한 개념이다. 하지만, 객체는 성질, 상태, 수량 등 자신의 '속성'을 나타내주는 정적인 데이터 값(attribute)들과 더불어 객체들이 수행하는 '동작'이나 연산(method)을 같이 포함한다.

객체지향 데이터베이스의 특징 중 하나는, 정형화된 문자나 숫자가 아닌, 사용자가 지정하는 복잡한 데이터 형식을 이용할 수 있게 된다. 이뿐만 아니라, 최근 인터넷과 멀티미디어 데이터의 확산에 따라 그래픽 이미지, 화상, 음성 등과 같은 다양하고 복잡한 형태의 데이터 형식을 효과적으로 관리하는 게 더욱 중요하게 되었고, 이는 객체지향 데이터베이스를 확산시키는 주요 요인이라고 하겠다. 예를 들어, 마스터카드(Master Card)사에서는 객체지향 기술을 이용해 사기 방지의 목적으로 거래데이터를 고객의 지문 이미지와 연계관리하고 있다. 다른 예로, 제너럴모터스(General Motors)는 마케팅분석가가 전자지도와의 연계를 통해 시장데이터를 분석함으로써 시장 동향을 파악하고 있다.

2) 지리정보시스템

지리정보시스템(Geographic Information System: GIS)이란 인구통계, 추적, 급파, 탐색 등을 위해 사용되는 디지털 지리추적기술로서 데이터베이스의 검색을 통해 인구 조밀도, 수입, 대출, 범죄, 배달경로 등의 주제와 관련한 정보를 추출한 다음 이 정보를 디지털지도상에 표시해 줄 수가 있다. 지리적 위치에 관한 데이터베이스를 디지털 지도와 결합시킴으로써 다른 정보기술로는 가능하지 않은 새로운 정보를 추출할 수가 있다.

GIS는 고객 구매패턴이나 인구 조밀도와 같은 인구통계 데이터에 대한 분석을 토대로 지역별 고객그룹 간의 차이를 컴퓨터의 지도상에서 나타낼 수 있기 때문에 마케팅 도구로 매우 유용하게 사용될 수 있다. GIS는 마케팅분석을 통해 가장 적합한 위치를 정하는 목적으로 활용됨은 물론, 자연자원관리, 비상대응시스템, 시설관리 등에 적용되기도 한다.

3) 데이터 웨어하우스

기업 전사적인 관점에서 다양한 데이터베이스들을 통합함으로써 데이터분석을 가능하게 해주는 기술이 곧 데이터 웨어하우스이다. 데이터 웨어하우스(Data Warehouse: DW)는 차원 높은 데이터 분석업무를 통하여 만들어진 고급 분석정보를 의사결정자의 판단 근거자료로 제공하기 위하여, 사용자들의 의사결정에 필요한 정보들을 한 곳에 저장해 놓고, 이를 필요로 하는 사람에게 적시에 적정한 형태로 데이터를 제공하는 정보저장창고이다.

지난 20여 년간 기업데이터를 분석하는 전통적인 도구는 데이터 웨어하우스였다. 데이터 웨어하우스는 필요에 따라 누구나 데이터에 엑세스할 수 있도록 하지만 그 데이터가 변경될 수는 없다. 또한 이 시스템은 특별하고 표준화된 쿼리도구, 분석도구 및 그래픽 보고기능을 제공한다. 데이터 웨어하우스에 대해서는 제10장의 3절 비즈니스 인텔리전스 편에서 상세히 살펴보기로 한다.

4) 데이터 마트

데이터 마트(Data Mart)는 데이터 웨어하우스의 하위 개념으로 이해할 수 있다. 즉, 데이터 웨어하우스가 기업 전사적인 차원에서 구축되는 반면, 데이터 마트는 기업의 부서에 데이터 웨어하우스 개념을 적용시켜 구축하게 된다. 따라서 데이터 마트는 회사 전체의 모든 데이터를 한 데이터베이스에 집결시켜 저장하기보다는 재무, 재고, 인사 등과 같은 특정 분야에 국한시켜 데이터를 통합하는 것이 특징이다.

5) 데이터 마이닝

데이터 웨어하우스가 일단 구축되면 데이터 마이닝 기법을 통해 데이터를 분석하고 또한 그 분석결과에 기초하여 비즈니스 기회를 탐색하는 것이 가능하다. 데이터 마이닝은 사용자가 보다 많은 정보를 발견할 수 있도록 도와준다. 즉, 대형 데이터베이스로부터 숨겨진 패턴이나 관계를 찾아내며, 미래를 예측하기 위한 규칙들을 추론해내기도 한다.

데이터 마이닝(Data Mining)은 데이터 웨어하우스에 저장되어 있는 각 데이터의 상관관계를 인공지능기법을 통해 자동적으로 밝혀준다. 가장 대표적인 분석기법은 올랩(Online Analytical Processing: OLAP)이라고 불리는 온라인 분석처리기법이다.

4절 정보통신

오늘날 매우 급속한 발전과 함께 그 활용범위를 크게 확대하고 있는 것이 바로 정보통신기술이다. 정보통신기술은 1876년 Alexander Graham Bell에 의한 전화의 발명에서부터 실질적 기반이 마련되었지만, 현대에 와서 컴퓨터와 통신의 결합이 이루어지면서 본격적으로 그 능력을 발휘하게 되었다.

컴퓨터와 정보통신의 발전 및 상호결합은 데이터(data), 음성(voice), 화상(image), 영상(video)과 같은 다양한 형태의 정보를 고속, 대용량으로 전달하는 고도의 정보통신으로 이어졌다. 즉, 정보통신은 전달하는 정보의 종류에 있어서 음성이나 데이터와 같은 단순한 정보뿐만 아니라, 소리나 그림을 복합한 멀티미디어(multi-media) 정보까지도 포함하게 된다. 또한 유선과 무선, 그리고 위성통신까지도 결합함으로써 대량의 정보를 신속하게 주고받을 수 있는 첨단의 통신시대가 되래하였다.

이절에서는 정보통신시스템의 구성 요소, 데이터 전송신호와 전송속도, 데이터전송 및 교환방식, 정보통신망의 유형 등에 대해 살펴본다.

1. 정보통신시스템의 구성 요소

앞서 정의된 정보통신은 구체적으로 정보통신망 또는 정보통신시스템의 구축에 의해 실현된다. 서로 떨어져 있는 송 · 수신자를 전자적으로 연결하여 정보를 주고받을 수 있게 하기 위해서 정보통신시스템은 적어도 정보처리기기, 통신처리장치, 전송매체, 통신프로토콜 등 네 가지 기본 요소를 가지고 있어야 한다(김은홍 외, 2011).

1) 정보처리기기

정보처리기기는 정보통신시스템에서 송 · 수신되는 데이터를 처리하는 기기로서 흔히 정보통신시스템의 단말기(terminal)라고도 한다. 초기의 정보통신시스템은 메인 컴퓨터와 원격지에 있는 여러 단말기가 정보통신망으로 연결되어 있는 형태가 일반적이었다. 그러나 최근에는 각종 서버, PC 등 컴퓨터뿐 아니라 PDA, 스마트폰 등과 같은 모바일 컴퓨팅 기기와 하드디스크 등의 저장장치, 프린터 등의 출력장치들을 정보통신망에 연결한 정보통신시스템이 구현되고 있다. 그러나 2007년 출시된 애플(Apple)의 아이폰과 연이은 구글(Google)의 안드로이드운영체제를 적용한 휴대전화의 등장은 단기간 내에 '손안의 컴퓨터', 즉 스마트폰의 시대를 열어버렸다.

2) 통신처리장치

통신처리장치는 전송매체(또는 통신회선)를 통하여 송·수신되는 데이터를 제어하고 관리하는 역할을 담당하는 장비로서, 컴퓨터 등의 정보처리기기들을 컴퓨터 네트워크에 연결하는 기능은 물론, 데이터 흐름 제어, 경로 선정, 손상된 데이터 복구 등의 기능을 수행한다. 통신처리장치 중 대표적인 장치는 모뎀(MODEM), 리피터(repeater), 스위치(switch), 라우터(router), 게이트웨이(gateway), 멀티플렉서(multiplexer) 등이며 주요 기능은 다음과 같다.

표 4-5 통신처리장치와 기능

통신처리장치	기 능
모뎀 (MODEM)	먼 거리로 전송될 때 변형되거나 없어지기 쉬운 디지털 신호를 공공의 통신회선을 통해 전송할 경우에는 아날로그 신호로 바꾸어야 하는데, 이때 디지털 신호를 아날로그 신호로 변조하고, 또 아날로그 신호를 디지털 신호로 복조하는 장치로 변복조장치
리피터 (repeater)	전송매체를 통해 수신된 데이터 신호를 증폭시켜 다음 구간으로 재전송함으로써 데이터의 원거리 전송을 가능하게 해 주는 장치
스위치 (switch)	여러 개의 장비가 같은 전송매체를 통해 동시에 데이터를 보낼 경우에 발생될 수 있는 데이터 간의 충돌을 방지하는 장치
라우터 (router)	수신자의 주소를 바탕으로 데이터가 목적지까지 갈 수 있는 경로를 검사하고, 최적의 경로를 찾아서 그 경로로 데이터를 전송하는 장치
게이트웨이 (gateway)	프로토콜이 서로 다른 둘 이상의 네트워크를 접속시켜 각각의 네트워크에 접속된 정보처리기기들 간에 데이터를 주고받을 수 있게 하는 장치
멀티플렉서 (multiplexer)	다중화장치라고도 하며, 송신 측의 여러 정보처리기기로부터 전송되는 신호를 통합하여 하나의 회선을 통해 전송하고 수신 측에서는 이를 다시 본래의 신호로 나누어 활용할 수 있도록 하는 장치

3) 전송매체

전송매체는 이처럼 각종 정보처리기기들을 물리적으로 연결해 주는 수단을 말한다. 즉, 송신장치와 수신장치 간에 데이터를 전송하는 경로를 의미하는 것으로 통신회선, 채널(chanel), 링크(link), 라인(line) 등 여러 가지로 부르기도 한다.

일반적으로 전송매체는 전송신호가 수신장치까지 직접 인도되는 형태인지, 아니면 이러한 물리적인 유도 없이 송신기에서 보내진 신호를 수신장치가 스스로 포착하는 형태인지에 따라 유선매체와 무선매체로 나뉜다. 그리고 유선매체로는 트위스티드 페어(twisted pair), 동축케이블(coaxial cable), 광케이블(optical fiber) 등이 있으며, 무선매체로는 위성 및 지상 마이크로파와 라디오파, 적외선, 레이저 등이 주로 많이 이용되고 있다.

유선 전송매체의 경우에는 전송매체 그 자체가 전송의 한계를 결정짓는 주요 요인이 되는 반면에 무선매체의 경우에는 전송하는 안테나에 의해 발생되는 신호의 주파수 대역폭이 전송의 특성을 결정짓는 요인이 된다. 즉, 신호의 중심주파수가 높을수록 잠재적 주파수 대역폭이 커지므로 데이터 전송률이 높아진다.

4) 통신프로토콜

통신은 통신매체를 통해 상대방과 의사소통이나 정보를 교환하는 것이기 때문에 정해진 규칙을 지키지 않으면 원활한 통신이 이루어질 수 없다. 즉, 전송매체와 접속된 정보처리기기들 간에 신속하고 정확한 정보를 전송하기 위해서는 통신을 원하는 송신 측과 수신 측 정보처리기기 간에 명확한 규칙이 필요하다. 이처럼 정보통신을 위해 송 · 수신 측 정보처리기기 간에 사용되는 통신규칙 및 규약을 통신프로토콜(communication protocols)이라고 한다.

프로토콜은 통신을 원하는 두 실체(entity) 간에 무엇을, 언제, 어떻게 통신할 것인가에 관한 규약(규정)이다. 여기서 실체라 함은 사용자 응용프로그램, 파일전송 패키지, DBMS, 컴퓨터를 포함한 단말장치 등을 말한다. 프로토콜의 주요 기능은 ① 전송경로에 접속된 다른 장비의 인식, ② 해당 장비와의 접속, ③ 전송된 정보의 정확성 검증, ④ 불량전송 정보의 반환, ⑤ 오류의 수정복구 등을 포함한다. 통신프로토콜의 대표적인 예로는 인터넷의 표준 통신프로토콜인 TCP/IP(Transmission Control Protocol/Internet Protocol)가 있다.

2. 데이터 전송신호와 전송속도

전송신호란 정보가 통신수단에 적합하도록 특별히 구현된 형식으로서, 전자기파의 형에 따라 아날로그(analog)와 디지털(digital)의 두 가지 유형으로 분류된다. 먼저 아날로그 전송은 신호를 다음 그림 4-7(a)와 같이 연속적인 파장으로 전송하게 된다. 이때 전기적 장치를 이용하여 파장의 강도를 표시하는 진폭과 초당 진동 수를 나타내는 주파 수, 그리고 곡선 상에서의 상대적 시작위치를 나타내는 위상을 변조시킴으로써 데이터를 전송할 수 있게 된다. 전화선과 모뎀을 이용한 데이터 통신이 아날로그 전송의 예이다.

반면에 디지털전송은 그림 4-7(b)와 같은 불연속적인 봉우리와 골짜기의 형태로 신호를 전송하는 방법으로 컴퓨터 내부에서 사용되는 전송신호가 여기에 속한다. 디지털전송은 고속전송에 적합하고 잡음이 없는 등의 장점이 많아 점차 아날로그전송을 대체하고 있으며, 최근에는 TV 방송까지도 디지털 방식으로 전환되었다.

한편, 통신망의 데이터 전송속도 또는 전송용량은 데이터전송률 또는 대역폭에 의해 표현하는 것이 일반적이다. 데이터전송률은 흔히 bps(bits per second), 즉 1초당 전달되는 데이터의 비트 수로 나타내는데, 속도에 따라 Kbps(10^3bps), Mbps(10^6bps), Gbps(10^9bps) 등의 단위가 사용된다.

또한, 대역폭(bandwidth)이란 어느 한 전송매체의 단일회선을 통해 전송할 수 있는 최대 주파 수와 최소 주파 수 간의 차이로서 정의되며, 대역폭이 클수록 단위시간당 전송 가능한 데이터의 양(전송용량)이 커진다. 따라서 오늘날은 대역폭과 전송속도 또는 전송용량은 같은 개념으로 사용하는 것이 일반적이다. 전송속도는 보통 전송매체의 유형에 따라 결정되지

그림 4-7 아날로그신호와 디지털신호

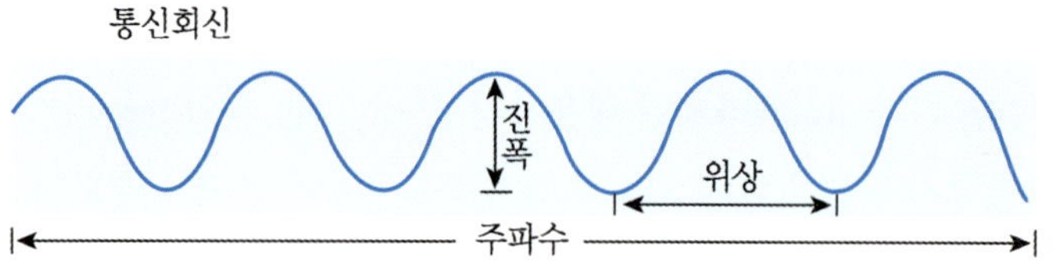

(a) 아날로그신호

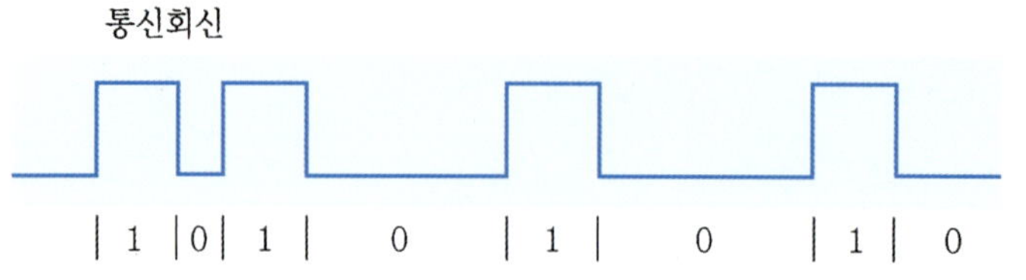

(b) 디지털신호

자료: 홍일유 · 차훈상, 경영정보시스템, 법문사, 2012, 187쪽.

만, 동일한 매체를 사용하더라도 통신시스템 전체의 효율성에 따라서 큰 차이를 보이기도 한다.

3. 데이터전송 및 교환 방식

정보통신에 있어서 송신자가 데이터를 전자적 신호로 변환하여 수신자에게 보내고, 수신자로 하여금 이를 수신하여 활용할 수 있도록 해 주는 데이터전송 및 교환 방식은 다음 표와 같이 전송 방법, 전송 방향, 네트워크 연결 방식, 교환 방식, 다중화 방식 등의 분류기준에 따라서 여러 가지 유형으로 나눌 수 있다.

표 4-6 데이터 전송 및 교환 방식의 유형

분류기준	데이터 전송 및 교환 방식 유형
전송 방법	직렬전송, 병렬전송
전송 방향	단방향전송, 양방향전송(반이중전송, 전이중전송)
네트워크 연결 방식	포인트 투 포인트, 멀티포인트 전송
교환 방식	회선교환, 패킷교환
다중화 방식	시분할 다중화, 주파수분할 다중화, 코드분할 다중화

1) 직렬전송과 병렬전송

직렬전송(serial transmission)은 한 번에 1비트씩 순서대로 데이터를 전송한다. 송신 측과 수신 측에서는 쉬프트 레지스터라고 하는 논리회로를 사용하여 일시적으로 각각 비트를 기억시켜, 송신 측에서는 병렬로 나열되어 있는 비트 열을 직렬로 바꿔서 보내고, 역으로 송신 측에서 보내온 비트를 직렬에서 병렬로 다시 정렬시키는 방식에 의해 행해지고 있다. 병렬전송에 비해 속도가 느리나 하드웨어 설계가 간단하고 기존의 전화회선을 이용할 수 있어서 경제적이라는 점에서 주로 데이터통신의 주된 전송 방식으로 사용하고 있다. 직렬전송은 다시 동기화(synchronization) 방법에 따라서 동기식과 비동기식의 두 가지로 나눈다. 동기식은 송신장치와 수신장치가 같은 속도의 기준으로 연속적으로 비트신호를 보내고 받는 방식이다.

병렬전송(parallel transmission)은 여러 개의 전송로를 이용하여 전송로 갯수만큼의 데이터 비트를 동시에 전송하는 방식이다. 이 방식은 동시에 다수의 비트를 전송하므로 그만큼 전송속도가 빠르고, 직렬데이터와 병렬데이터 간의 변환기능이 불필요하다는 장점이 있으나 전송비용이 비싸기 때문에 단거리전송에 적합하다. 이 방식은 신속한 데이터전송이 필요한 컴퓨터 내부에서 CPU와 주변기기 간의 데이터전송이나, 또는 특수한 경우에 정보처리기기 간의 접속에 사용된다.

2) 단방향통신과 양방향통신

데이터통신 방식은 송 · 수신측 정보처리기기 간에 전송이 이루어지는 방향에 따라 단방향(simplex)전송과 양방향(full duplex)전송으로 나누어지고, 양방향전송은 다시 반이중(half duplex)전송과 전이중(full-duplex)전송으로 구분할 수 있다.

단방향전송은 TV나 라디오처럼 한쪽 방향으로만 데이터의 전송이 이루어지기 때문에 송신자는 송신장치만 있으면 되고 수신자는 수신장치만 있으면 된다. 양방향전송 중 반이중전송은 데이터를 양방향으로 전송할 수는 있으나 어느 한 순간에는 반드시 한쪽 방향으로만 전송이 가능한 방식으로서, 송 · 수신자가 한 번씩 교대로 이야기해야 하는 무전기를 예로 들 수 있다. 끝으로 전이중전송은 전화선의 경우와 같이 동시에 양쪽 방향으로의 데이터전송이 가능한 방식을 말하며, 현재 대부분의 정보통신시스템에서는 이 방식을 이용한다.

3) 포인트 투 포인트 전송과 멀티포인트 전송

전송매체를 이용하여 정보처리기기들을 네트워크로 연결하는 방식에 따라 데이터 전송방식을 포인트 투 포인트 방식과 멀티포인트 방식으로 나누기도 한다.

포인트 투 포인트(point to point) 또는 직통 방식은 두 지점(단말 또는 컴퓨터의 설치 장소) 사이에 전용회선으로 항상 접속되어 있는 회선 형태로서 이 형식은 데이터 양이 많을 때 사용된다.

멀티 포인트(multi-point) 방식은 하나의 주 회선에서 몇 가지로 나누어지도록 해 다수의 단말로 분기해서 접속하는 방식으로 분기 방식이라고도 한다. 이 접속 형태는 데이터 양이 적을 때 효과적이다. 일반적으로 4선식 회선이 사용되고 있지만 분기할 수 있는 수에는 주 회선의 종류에 따라 제한이 있다.

4) 회선교환과 패킷교환

통신망의 모든 사용자를 1 : 1로 연결하면 사용자 수의 증가에 따라 필요한 링크 수가 기하급수적으로 증가하게 된다(n(n-1)/2, n=사용자 수). 따라서 대부분의 통신망에서는 교환기를 설치하여 교환기 사이를 연결하는 링크와, 교환기와 사용자를 연결하는 사용자 수만큼의 링크로 통신망을 구성한다. 이렇게 되면 링크의 수를 크게 줄일 수 있을 뿐만 아니라 전체 전송용량 측면에서도 자원을 보다 효율적으로 활용할 수 있다. 이때 사용자 간의 통신을 위해서는 교환기가 사용자들의 회선을 서로 연결시켜 주는 기능, 즉 교환(switching)기능을 수행해야 함은 물론이다.

교환 방식은 크게 회선교환(circuit switching)과 패킷교환(packet switching)의 두 가지로 나눌 수 있다. 먼저 회선교환이란 송 · 수신자 간에 하나의 통신경로를 확보하고 이를 통신이 완료될 때까지 독점하는 방식으로, 전화망이 이에 속한다. 반면에 패킷교환이란 전송되는 데이터를 교환기가 수신하고 필요하면 저장하였다가, 패킷이라 불리는 일정한 크기의 단위로 분할하여 수신 측 정보처리장치의 주소에 따라 최적의 경로를 찾아 전송하는 교환 방식을 말한다.

5) 다중화 방식의 유형

다중화(multiplexing)란 하나의 전송매체에 여러 개의 전송신호를 함께 전송하는 것을 의미한다. 송신 측의 여러 정보처리기기로부터 전송되는 신호를 통합하여 하나의 회선을 통해 전송하고, 수신 측에서는 이를 다시 본래의 신호로 나누어 활용하는 것이 다중화의 기본 원리이며, 이와 같은 기능을 수행하는 장치를 멀티플렉서(multiplexer) 또는 다중화장치라고 한다.

다중화에는 여러 가지 방식이 있는데, 크게 보면 하나의 회선을 다수의 아주 짧은 시간간격으로 분할하여 다중화 하는 시분할다중화(Time Division Multiplexing: TDM)와 하나의 회선을 다수의 주파수 대역으로 분할하는 주파수분할다중화(Frequency Division Multiplexing: FDM), 같은 주파수 대역을 사용하지만 각 정보처리기기가 서로 다른 코드를 사용하여 송 · 수신할 수 있도록 하는 코드분할다중화(Code Division Multiplexing: CDM) 방식 등이 있다.

4. 정보통신망의 유형

통신망을 형성하는 지리적 범위에 따라서 정보통신망은 흔히 근거리통신망(LAN)과 광역통신망(WAN)으로 나누는 것이 보통이다. 그러나 경우에 따라서는 이 두 가지 유형의 중간적 특성을 갖는 도시권통신망(MAN)을 별도로 구분하기도 한다.

1) 근거리통신망

근거리통신망(Local Area Network: LAN) 또는 구내 네트워크란 비교적 좁은 지역(같은 빌딩, 공장, 단지)내에서 전기통신사업자(한국통신 등)로부터 통신회선을 빌리지 않고 자신이 통신회선을 설치하여 거기에 계산기나 단말을 접속해서 상호 통신하기 위한 구내 네트워크를 근거리통신망이라고 한다. LAN은 사설 네트워크이므로 업무의 효율화 및 생산성 향상을 위해 필요한 최적의 네트워크를 손쉽게 구축할 수 있고, 광역통신망(WAN)에 접속함으로써 조직 외부의 네트워크와 연동하여 다양한 업무를 수행할 수도 있다.

초기의 LAN은 레이저 프린터, 자기 디스크 등이 고가였기 때문에 그러한 장비를 공유해서 사용하는 것이 목적이었다. 공유자원을 제공하는 측은 서버(server: 제공자)라 하고 요구를 내는 측은 클라이언트(client: 고객)라고 하여 서버/클라이언트 모델이 되었다. 그런데 하드웨어 값이 싸지고 워크스테이션의 기능이 향상됨에 따라 종래의 호스트중심의 생각에서 워크스테이션끼리 서로 협조처리를 행하는 클라이언트/서버 모델로 변해가고 있다.

한편, LAN은 전송매체의 유・무선 여부에 따라 유선 LAN과 무선 LAN으로 나눌 수 있다. 동축케이블, 광케이블 등의 유선매체를 이용하여 구축하는 유선 LAN과 달리 무선 LAN은 한정된 공간 내에 무선중계기(Access Point)를 설치하고 무선주파수나 적외선 등의 매체를 통해 정보처리기기간의 통신이 가능하도록 구축된 LAN이다. 무선 LAN은 유선 LAN에 비해 데이터 전송률이 떨어지는 단점을 가지고 있지만 신규배선이 없이도 단말기 증설이 가능하다든가, 단말기의 이동이 용이하고 작업환경이 쾌적해지는 등의 장점을 가지고 있다.

2) 광역통신망

광역통신망(Wide Area Network: WAN)은 전화통신망이나 패킷교환망, 종합정보통신망, 초고속인터넷 가입자망 등의 공중통신망을 통하여 지리적으로 넓은 범위에 분산되어 있는 근거리통신망(LAN), 도시통신망(MAN)들이 서로 연결되어 구축된 대규모 데이터통신망이다.

LAN이 아무리 유용하게 활용되고 있다고 해도, 물리적인 전송거리의 제한으로 인해 사용자에게 보다 다양한 통신서비스를 제공하는 것은 불가능하다. 그러나 라우터나 게이트웨이와 같은 네트워크 접속장비를 통하여 LAN을 공중통신사업자가 제공하는 공중통신망에 접속시키게 되면, LAN 사용자에 대한 통신서비스의 범위는 전 세계로까지 확장될 수 있는 것이다. LAN이 비교적 좁은 범위에서 고속, 고품질의 통신서비스를 제공하는 반면, WAN은 통신속도 및 품질은 다소 떨어지지만 훨씬 광범위한 지역을 서비스할 수 있는 특징이 있다.

3) 도시권통신망

도시권통신망(Metropolitan Area Network: MAN)은 지리적 범위를 기준으로 볼 때 LAN과 WAN의 중간적 성격을 갖는 통신망으로서, 광케이블을 이용하여 LAN의 개념을 도시 전체 또는 일부 지역으로까지 확장시킨 통신망을 말한다. 일반적으로 MAN은 인구밀집지역에 구축되는 것이 보통이며, 국제표준에 따르면 1.544~155Mbps의 전송속도로 반경 50km 이내의 지역을 커버하도록 되어 있다.

5. 공중통신망의 유형

통신망의 구축 · 운영 · 관리 · 활용 등의 공공성이라는 관점에서 본다면 통신망을 사설통신망(private networks)과 공중통신망(public networks)으로 나누어 볼 수도 있다. 특정 개인 및 조직에서 구축 · 운영하는 LAN은 사설통신망의 대표적인 예로서, LAN은 라우터나 게이트웨이 등을 공중통신망에 접속됨으로써 MAN 또는 WAN을 형성하게 된다는 점은 이미 앞에서 언급한 바 있다.

또한, 전화망을 중심으로 발전해 온 공중통신망은 소정의 사용료 또는 임대료만 지급하면 어느 개인이나 조직이라도 자유롭게 접속하여 활용할 수 있는 통신망을 말한다. 오늘날 우리나라에서 구축 · 활용하고 있는 공중통신망의 유형에는 전화통신망, 공중데이터통신망, 종합정보통신망, 초고속가입자망, 부가가치통신망, 가상사설망 등이 있다.

1) 전화통신망

전화통신망(Public Switched Telephone Network: PSTN)은 전화통화를 목적으로 개발된 전통적인 통신망으로서 최근에는 음성통신 이외에도 팩스라든가 모뎀을 이용한 데이터통신이 가능하게 되었고, 그 전송속도 및 품질도 대폭 향상되고 있다.

특히, 전화통신망은 기존에 널리 보급되어 있다는 장점을 가지고 있기 때문에 앞으로 상당기간 동안 음성은 물론 데이터통신에 있어서도 중요한 역할을 수행하게 될 것이 분명하다. 그에 따라 세계 각국에서는 전화망을 이용한 데이터전송의 속도 및 품질향상을 위한 기술개발에 여전히 많은 노력을 기울이고 있다.

2) 공중데이터통신망

공중데이터통신망(Public Switched Data Network: PSDN)은 회선교환 방식을 사용하는 PSTN과는 달리 패킷교환 방식을 통하여 컴퓨터 간의 데이터교환을 용이하게 하기 위하여 구축된 데이터 전용의 공중통신망이다. 우리나라의 경우 1984년부터 본격적으로 기업의 여러 사업장 간 데이터교환에 활용되기 시작한 데이콤의 DNS(Dacom Net Service)와 1991년부터 '01410'이라는 접속번호로 일반인들의 PC통신에도 활용이 가능해진 한국통신의 HINET-P 등이 PSDN의 예다. 그러나 현재는 전송속도문제로 인해 패킷교환 방식에 의한 통신망서비스는 유명무실화되었다.

3) 종합정보통신망

종합정보통신망(Integrated Services Digital Network: ISDN)이란 전화망, 팩시밀리망, 데이터통신망 등의 서비스의 통합을 목표로 인터페이스를 제공하는 국제표준의 디지털 네트워크이다. 즉, 종래의 아날로그 신호로 보내온 음성이나 영상, 컴퓨터통신 등 여러 가지 신호를 모두 동일한 인터페이스상의 디지털신호로 통일해서 여러 가지 서비스를 동일회선 상에서 실현하려고 하는 것이다. 그리고 ISDN은 공중망이기 때문에 전용선에 의한 기업망과는 달리 불특정 다수의 상대방과 필요한 때 필요한 시간만큼 통신이 가능하다는 꿈의 통신망이다.

ISDN은 통신망의 통합에 따른 규모의 경제성을 높일 수 있고 수요가 불확실한 서비스에도 유연하게 대응할 수 있다. 또, 이용자 입장에서도 서비스별로 각기 다른 통신망에 가입할 필요가 없이 하나의 통신망에만 가입하면 모든 서비스를 함께 받을 수 있고, 서비스별로 달리 하던 번호를 하나로 통합하여 쓸 수 있다는 등의 장점이 있다.

ISDN은 다시 기존의 전화선을 그대로 사용하는 협대역(Narrowband) ISDN, 또는 N-ISDN과 광케이블을 기반으로 구축되는 광대역(Broadband) ISDN, 또는 B-ISDN으로 나누어진다. 현재 국내에서 KT와 SK브로드밴드가 N-ISDN 서비스를 제공하고는 있으나, 초고속가입자망의 등장과 함께 유명무실한 서비스가 되고 말았다.

4) 초고속가입자망

우리나라에서는 1995년부터 정부 차원에서 초고속정보통신망 사업을 적극 추진하여 이제는 명실공히 세계 최고수준의 초고속정보통신 인프라를 구축하고 있는 나라로 인정받고 있다. 여기서 '초고속'이라는 단어는 보통 과거에 최대 수십 Kbps 단위에 머물던 데이터 전송속도를 Mbps 단위까지 끌어올린 것을 표현하기 위해 사용된 것으로서, 어떤 절대적인 기준이 있는 것은 아니다. 우리나라를 인터넷 강국으로 급부상시킨 초고속가입자망은 크게 '초고속유선가입자망'과 '초고속무선가입자망', 그리고 유·무선가입자망을 통합한 '광대역 통합망'으로 나눌 수 있다.

- **초고속유선가입자망**: 디지털가입자회선(x Digital Subscriber Line: xDSL), 케이블 모뎀망(Cable TV: CATV), 광통신서비스망 등
- **초고속무선가입자망**: 이동통신망, 공중무선 LAN(WiFi), 광대역무선가입자망(Broadband Wireless Local Loop: BWLL), 휴대인터넷망(Wireless Broadband Internet: WiBro) 등
- **광대역통합망**(Broadband convergence Network: BcN): 네트워크나 단말기에 구애받지 않고 음성·데이터, 유·무선, 통신·방송 융합형 멀티미디어 서비스 환경을 지원함

5) 부가가치통신망

부가가치통신망(Value Added Network: VAN)은 통신회선을 직접 보유하거나 전기통신 사업자로부터 공중통신망의 회선을 임차 또는 이용하여 단순한 데이터전송만이 아니라 정보의 축적·가공·변환·처리 등 새로운 가치를 부가하는 복합적인 서비스통신망을 의미한다. VAN의 부가기능의 예로는 프로토콜 변환, 코드 변환, 포맷 변환, 미디어 변환 같은 것들이 있다. 이 경우 부가가치통신 사업자는 공중통신망 사업자에게 회선임차료를 지불하는 대신에 자신의 가입자들에게 제공하는 다양한 부가서비스의 사용료를 통해 수입을 올릴 수 있

게 된다.

한편, 가입자의 입장에서 보면 자체 통신망 구축에 따른 업무의 상당 부분을 부가가치통신 사업자에게 위탁 또는 아웃소싱한 것과 같은 효과를 얻게 된다. 정보통신망의 발달과 함께 VAN을 활용한 사업의 범위는 점차 확대될 것으로 전망되는데, 참고로 현재 우리나라의 대표적인 부가가치통신 사업자 중 하나인 ㈜한국정보통신은 신용카드 조회, 판매대금 자동이체, 전자전표관리 등과 같은 금융 VAN 사업을 주도하고 있다.

6) 가상사설망

가상사설망(Virtual Private Network: VPN)은 공중통신망을 통하여 마치 사설통신망을 구축한 것과 같이 활용할 수 있게 해 주는 기술 혹은 통신망을 통칭하는 개념이다. 과거에는 어떤 조직에서 지리적으로 떨어져 있는 사무실이나 영업소 등까지 사설통신망을 확대하기 위해서는 공중통신망 사업자로부터 전용회선을 임대하여 직접 연결하는 방식을 사용할 수밖에 없었다. 그러나 이는 각종 통신장비와 소프트웨어에 대한 초기투자비용이 많이 들 뿐만 아니라, 통신회선 요금도 비싸고 통신망의 운영 및 관리에도 많은 인적·물적자원이 필요하다는 등의 문제점을 가지고 있다. 또한 사무실 이전 시 전용회선을 다시 설치해야 하는 등의 불편도 감수해야 한다.

이와 같은 기존 사설통신망의 문제를 해결하기 위한 방법으로 대두된 모델이 VPN이다. VPN은 각종 프로토콜과 보안기법 등을 이용하여 공중통신망의 일부를 개별 기업의 목적에 맞도록 구성한 가상의 통신망이라고 할 수 있다. 초기에는 VPN을 구축하는 데도 적지 않은 비용이 들어서 주로 대기업이나 금융권에서만 활용되었지만, 최근 국내에서는 VPN을 임대해 주는 서비스 모델이 발전함으로써 VPN을 관리할 수 있는 인력이 없는 중소기업도 비교적 적은 비용으로 VPN을 도입할 수 있게 되었다.

연구문제

설명형 문제

1. 정보기술(IT)의 개념에 대해 설명하시오.
2. IT 기반기술의 발전 과정에 대해 기술하시오.
3. 시스템 소프트웨어와 응용소프트웨어에 대해 설명하시오.
4. 정보통신의 개념과 시스템의 구성 요소에 대해 기술하시오.
5. 데이터베이스의 개념과 시스템 구성 요소에 대해 설명하시오.
6. 정보기술의 발전 동향에 대해 기술하시오.
7. IT와 ICT에 대해 설명하시오.
8. 지리적 범위에 따른 정보통신망의 유형을 설명하시오.
9. 데이터 웨어하우스와 데이터 마이닝을 비교 설명하시오.
10. 직렬전송과 병렬전송에 대해 설명하시오.

약술/열거형 문제

1. LAN에 대해 간략히 설명하시오.
2. VAN에 대해 간략히 설명하시오.
3. 데이터 마이닝에 대해 간략히 설명하시오.
4. 데이터베이스의 구조를 열거하시오.
5. 정보기술의 구성 요소를 열거하시오.
6. 데이터베이스의 유형을 열거하시오.
7. 다중화 방식의 유형을 열거하시오.
8. 통신처리장치를 열거하시오.
9. 데이터전송 및 교환 방식을 열거하시오.
10. IT융합에 대해 간략히 설명하시오.

용어/시사문제

1. LAN
2. WAN
3. MAN
4. TCP/IP
5. 통신프로토콜

5장

인터넷과 소셜미디어

1절 인터넷

정보통신기술의 발전과 이에 따른 인터넷의 확산은 21세기 우리 생활의 근본적인 변화를 가져왔다. 1990년 3,100여 명에 불과하였던 국내 인터넷 이용자 수는 2016년 7월 현재 43,636천 명에 이르는 것으로 조사되었다(한국인터넷진흥원, 2016.12). 전체인구 대비 인터넷 이용률도 88.3%로, 그 비율도 꾸준히 증가하는 추세에 있다. 특히 학교교육을 통해 컴퓨터교육조차 받을 기회가 없었던 노년층의 비율을 감안한다면 88%가 넘는 인터넷 이용률 통계는 인터넷이 우리의 일상생활에 얼마나 폭넓게 영향을 미치는지를 잘 보여준다.

인터넷의 발전은 개인생활뿐만 아니라 기업 간 경쟁구조 및 조직의 경영환경에도 중대한 변화를 가져오고 있다. e비즈니스 등과 같은 새로운 상거래의 출현 및 그에 따른 경제·사회적 구조 변화로 인해 더 이상 '위키노믹스(wikinomics)' 또는 '롱테일 경제학(long tail economics)' 등의 용어가 낯설지 않게 되었다. 이러한 변화에 맞춰 기업은 끊임없이 새로운 환경에 적응하고 이를 통해 경쟁우위를 확보해야만 하는 현실에 직면해 있다.

여기서는 인터넷의 개념정의와 발전 과정, 서비스 유형 등에 대해 살펴본 다음, 인터넷기술을 기반으로 구축된 조직 내부의 정보통신망인 '인트라넷'과 인트라넷 개념을 주요 거래처까지 확대시킨 '엑스트라넷'에 대해 살펴보기로 한다.

1. 인터넷의 개념

1) 인터넷의 의의

인터넷의 등장은 인류로 하여금 온갖 정보통신기기의 사양과 공간을 초월한 협업이 가능하도록 함으로써 더욱 빠른 속도로 정보화사회를 넘어 지식기반사회로 나아가게 하고 있으며, 이는 결국 기업의 경영환경에도 커다란 변화를 초래하고 있다.

인터넷은 네트워크들을 상호 연동한다는 의미를 지닌 'Internetwork'의 줄임말로서 우리는 흔히 인터넷을 '네트워크의 네트워크'라고 부른다. 이 책의 제4장에서 살펴본 여러 가지 유형의 통신망이 서로 연결되고 이것이 다시 전 세계 모든 나라의 통신망들과 접속함으로써 인터넷망이 형성되는 것이다.

인터넷(Internet)은 "전 세계에 산재해 있는 개별 네트워크들이 다양한 정보에 대한 필요성으로 인해 서로 접속되어 하나의 가상 네트워크로 연결된 거대한 정보의 집합체"를 의미한다. 아울러 인터넷은 'TCP/IP(Transmission Control Protocol/Internet Protocol) 프로토콜을 사용하는 네트워크들의 집합"으로도 정의할 수 있다(김은홍 외, 2011). 여기서 TCP/IP는 컴퓨터와 네트워크에 접속하기 위해 사용되는 100가지 이상의 프로토콜을 모아 놓은 규약집의 일반적인 이름으로서, TCP는 데이터를 패킷으로 나누는 기능을 하고, IP는 TCP에 의해 나누어진 패킷을 목적지로 전송하는 역할을 한다. 이때 IP는 패킷데이터의 전송을 위해 발신지와 목적지의 주소를 기록한 헤더(header)를 붙여서 전송하게 되는데, 이때 사용되는 주소가 IP 주소이다.

현재 인터넷에서 사용되고 있는 IP주소는 네 번째 버전(IPv4)으로서 8비트씩 네 토막으로 구성된 32비트 주소체계를 사용하여 최대 약 43억(4.3×10^9) 개의 주소를 부여할 수 있다. 그러나 이 정도 갯수의 주소로는 기하급수적으로 늘어나는 사용자 수를 감당할 수가 없다. 사실상 2011년 2월 3일(한국 시간 4일)은 국제 IP 주소관리기관인 IANA(Internet Assigned Numbers Authority)가 IP 주소의 완전 고갈을 선언함으로써, 이 날은 인터넷 역사상 기념비적인 날이 되었다.

더욱이 사물인터넷 컴퓨팅 환경에서는 주변의 모든 사물들까지도 IP 주소를 갖게 되므로, 이러한 주소의 부족문제는 더욱 심각해질 수밖에 없다. 이러한 문제를 해결하기 위해 제시된 것이 IPv6이다. IPv6는 16비트씩 여덟 토막으로 이루어진 128비트의 주소체계를 사용함으로써 최대 340간(3.4×10^{36}) 개의, 우리가 상상하기조차 힘들 정도로 많은 대상에 주소를 부여할 수 있기 때문에 앞으로 IP 주소의 부족으로 인한 문제는 발생하지 않을 것으로 전망된다(김은홍 외, 2011).

2) 인터넷의 발전 과정

인터넷의 탄생은 1970년대 초 미국 국방성에서 군사상 목적으로 데이터의 공유 · 분산을 위하여 네 개의 호스트(host)를 연결했던 '아르파넷(ARPAnet: The Advanced Research Project Agency)'이 시초였다. 후에 ARPAnet의 이용이 활발해지자 이를 군사용 MILnet과 연구목적의 ARPAnet으로 나누었는데, 이 연구용 네트워크가 인터넷의 모태가 되었다. 또 한 가지 중요한 인터넷으로는 1986년 미국과학재단(National Science Foundation: NSF)의 슈퍼컴퓨터 간 통신을 위해 구축된 'NSFnct'이 있다. 이것이 ARPAnet과 연결되면서 슈퍼컴퓨터를 자유로이 사용할 수 있게 되자 인터넷에 접속하고자 하는 수요가 급속히 증가했으며, 전송속도와 네트워크관리 기술이 발전하면서 1990년대 ARPAnet은 NSFnet에 인터넷의 기간망 자리를 넘겨주고 말았다.

그러나 역시 인터넷의 대중화에 결정적인 기여를 한 것은 월드와이드웹(World Wide Web: WWW) 또는 웹과 일반인들도 손쉽게 WWW를 활용할 수 있는 길을 활짝 열어준 웹 브라우저(web browser)의 등장이었다. 1986년 스위스의 CERN(유럽입자물리연구소)에서 개발된 WWW의 가장 큰 특징이자 장점은 하나의 통합적 도구를 이용하여 전자우편, 파일전송, 원거리 접속 등 인터넷에서 제공되는 대부분의 서비스를 이용할 수 있다는 데 있다.

WWW의 또 하나의 장점은 HTTP(Hypertext Transfer Protocol)라는 프로토콜을 이용하여 모든 정보를 하이퍼텍스트(hypertext)로 연결하고 있기 때문에 정보검색과 교환이 매우 쉽다는 것이다. 하이퍼텍스트는 HTML(Hyper Text Markup Language)이라고 하는 언어로 작성된 것으로서, 문서를 구성하는 객체인 단어나 문구를 외부 자료와 연동시키는 연결고리(hyperlink)를 가지는 형태를 말한다. 즉, 현재 문서에서 하이퍼텍스트로 작성된 단어를 마우스로 클릭하면 그 단어와 연결된 새로운 정보나 문서가 나타나는 방식을 의미한다. 그 후 WWW는 관련 문서의 연결뿐만 아니라 음성이나 영상 자료까지도 연결할 수 있게 하는, 소위 하이퍼미디어(hypermedia) 개념을 바탕으로 한 멀티미디어 서비스를 지원하는 방향으로 발전하였고, 그에 따라 전 세계의 인터넷 사용자들은 안방에서 모든 나라의 TV 방송프로그램을 실시간으로 시청할 수 있는 세상이 되었다.

HTML로 작성된 문서를 그래픽사용자인터페이스(Graphic User Interface: GUI) 환경에서 누구나 손쉽게 읽을 수 있게 함으로써 WWW를 보다 효과적으로 활용할 수 있게 해 주는 도구를 웹브라우저 또는 웹검색기라고 한다. 최초의 웹검색기는 1993년 미국 일리노이대학에서 개발된 모자이크(Mosaic)라는 프로그램으로서, 이 프로그램은 인터넷에 전혀 문외한인 사람들도 인터넷을 활용할 수 있게 해 주었을 뿐만 아니라 업계에서 인터넷의 잠재적 가능성을 인식하게 하는 계기를 제공한 것으로 평가되고 있다. 모자이크의 개발자들은 그 이듬해인 1994년 넷스케이프(Netscape)사를 설립하여 네비게이터(Navigator)라고 하는 웹검색기를 상용화하여 선풍적인 인기를 모았다. 그러나 곧이어 마이크로소프트(Microsoft)사가 익스플로러(Explorer)를 개발하여 시장에 진입한데다가, 얼마 후 이를 PC 운영체제(OS)인 윈도우즈(Windows)에 통합시키자 넷스케이프의 시장은 순식간에 무너져 버리고 말았다. 이후 한동안 익스플로러가 시장의 지배적인 역할을 수행했으나 현재는 모질라(Mozila)사의 파이어폭스(Firefox), 구글(Google)사의 크롬(Chrome), 애플(Apple)사의 사파리(Safari), 오페라(Opera)사의 오페라 등 다양한 형태의 웹 검색기들이 시장에서 경쟁 중에 있다.

한편, 우리나라에서의 인터넷은 1982년 서울대학교와 KIET(한국전자기술연구소: 한국전자통신연구원의 전신) 간의 SDN(System Development Network)을 시작으로 구축 한 것을 인터넷의 시초로 본다. 그후 한국통신의 하나넷(HANAnet), 서울대학교의 교육전산망(KERN), KIST(한국과학기술연구원)의 연구전산망(KREOnet) 등을 통하여 점차 발전하였다. 그러나 인터넷의 본격적인 활용은 1990년에 KAIST(한국과학기술원)를 중심으로 몇몇 대학과 연구소가 공동으로 설치한 하나망(HANA/SDN)이 56Kbps급 전용회선으로 인터넷에 연결되면서부터다. 그 후 1994년 한국통신에서 코넷(KORNET)을 개통함으로써 일반인도 전화선을 통해 인터넷 접속이 가능해졌으며, 1999년부터 ADSL과 케이블 모뎀을 기반으로 하는 초고속정보통신망 서비스가 개시되면서 국내 인터넷 이용자는 폭발적으로 증가하게 되었다. 곧이어 2002년에는 VDSL 서비스의 상용화와 함께 진정한 의미의 멀티미디어통신이 가능해지면서 이와 같은 인터넷인구의 확산속도는 더욱 가속화되었다(김은홍, 2017).

3) 인터넷서비스의 유형

지난 수년간 인터넷이 우리 사회 전반에 끼친 영향을 생각해 보면 참으로 격세지감을 느끼게 한다. 우리는 인터넷을 통하여 전 세계 누구와도 대화를 나눌 수 있고 필요한 정보를 찾거나 필요한 상품을 구매할 수도 있다. 이제 상당수의 사람들에게 있어서 인터넷에 접속할 수 없는 환경에서 산다는 것은 생각조차 할 수 없는 일이 되어 가고 있다. 이처럼 인터넷의 등장은 인류로 하여금 더욱 빠른 속도로 정보사회 또는 지식기반사회로 나아가게 하고 있으며, 이는 결국 기업의 경영환경에도 커다란 변화를 초래하였다.

인터넷에서 제공되는 서비스는 매우 다양하다. 전통적으로 인터넷서비스는 다음 표 5-1

에 요약한 바와 같이 전자우편(e-mail), 파일전송(FTP), 원거리접속(telnet) 등의 기본서비스와 뉴스서비스, 정보검색서비스로 나누는 것이 보통이었다. 그러나 이제는 월드와이드웹(WWW) 및 웹브라우저의 발전으로 인해 이들 서비스를 통합적으로 제공하는 것이 가능해졌기 때문에 이와 같은 서비스 구분은 더 이상 의미가 없어졌다. 그에 따라 요즘은 인터넷서비스의 유형을 이용자의 이용목적에 따라 4C, 즉 콘텐츠(Contents), 커뮤니케이션(Communication), 커뮤니티(Community) 및 커머스(Commerce)로 구분하는 것이 일반화되었다(박진영, 2006).

표 5-1 인터넷서비스의 분류

서비스 유형		서비스 내용
기본 서비스	전자우편 (e-mail)	네트워크를 이용하여 사용자 상호간에 문자메시지를 송·수신할 수 있도록 해 주는 서비스
	파일전송 (FTP)	다른 컴퓨터에 접속해서 파일을 전송하거나 그 컴퓨터에 있는 파일을 전송받을 수 있도록 해주는 서비스
	원거리접속 (telnet)	멀리 떨어져 있는 컴퓨터에 접속하여, 이를 마치 현재 사용하는 단말기에 직접 연결된 것과 같이 사용하게 해 주는 서비스
뉴스서비스		인터넷상에서 동일한 관심과 취미를 가진 사용자끼리 동호회를 형성해서 정보를 교환할 수 있는 일종의 전자게시판 서비스
정보검색서비스		월드와이드웹(World Wide Web: WWW)이라고도 하며, 특별히 고안된 소프트웨어를 활용하여 인터넷에 접속된 호스트로부터의 정보검색 및 교환 기능 등을 보다 효과적으로 수행하게 해 주는 서비스

4) 국내 인터넷 이용 현황

1990년 3,100여 명에 불과하던 국내 인터넷 이용자 수는 1999년 460만 명, 2000년 1,900만 명을 넘어 2016년 7월 현재 43,636천 명으로 조사되었다(한국인터넷진흥원, 2016.12). 그림 5-1에서 보는바와 같이 2016년 7월 현재 만 3세 이상 인구의 인터넷 이용률(최근 1개월 이내 1회 이상 인터넷 이용자의 비율)은 88.3%로 전년 대비 3.2%p 증가하였으며, 인터넷 이용자 수는 43,636천 명(전년 대비 1,696천명 증가)으로 나타났다.

이를 인터넷 이용 빈도와 시간으로 보면, 인터넷 이용자 대부분(98.9%)이 적어도 일주일에 1회 이상 인터넷을 이용하는 것으로 나타났다. 하루에 1회 이상 인터넷을 이용하는 인터넷 이용자는 90.2%로 매우 높은 수준이며, 주평균 인터넷 이용시간은 14시간 17분(일평균 약

그림 5-1 인터넷 이용률 및 이용자 수 변화 추이

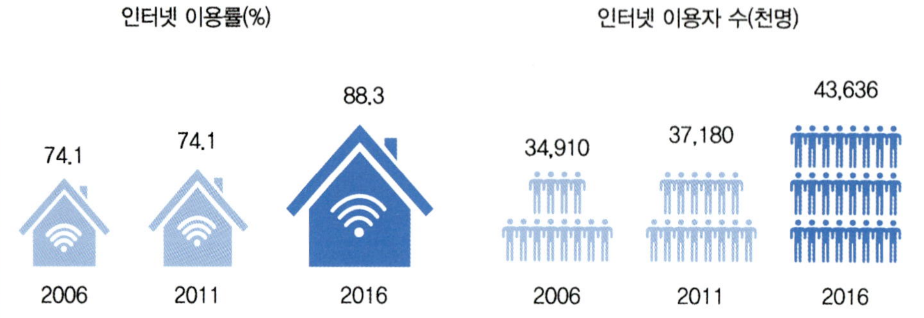

자료: 한국인터넷진흥원(2016.12).

그림 5-2 인터넷 이용빈도 및 시간

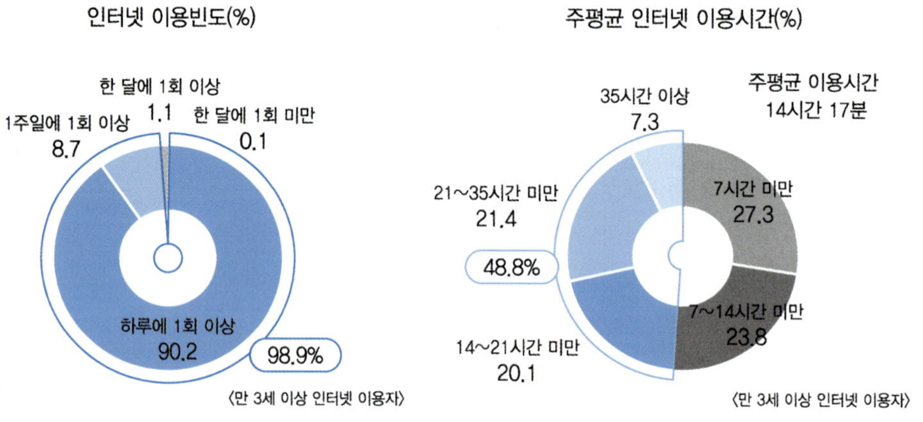

자료: 한국인터넷진흥원(2016.12).

2시간)으로, 인터넷 이용자 중 48.8%가 주평균 14시간 이상 인터넷을 이용하는 것으로 나타났다. 가장 주된 인터넷 이용목적은 커뮤니케이션(91.6%) 이었으며, 다음으로 '여가활동' 및 '자료 및 정보획득'(각각 89.1%), '홈페이지 등 운영'(47.2%) 등의 순이었다.

한편, 가구원이 인터넷을 접속하는 방법으로 유선(76.0%)보다는 무선(97.7%)이 더욱 일반적인 것으로 나타났다. 무선으로 인터넷을 접속하는 세부 방법으로는 '4G/LTE 등 이동전화(스마트폰 포함)를 이용한 무선인터넷 사용'이 97.2%로 가장 높았고, 다음으로 'WiFi 등 특정 범위 내에서 무선인터넷 사용'(74.1%), '와이브로 등 무선인터넷 사용'(4.8%)이 뒤를 이었다.

그림 5-3 모바일 인터넷 이용률(%)

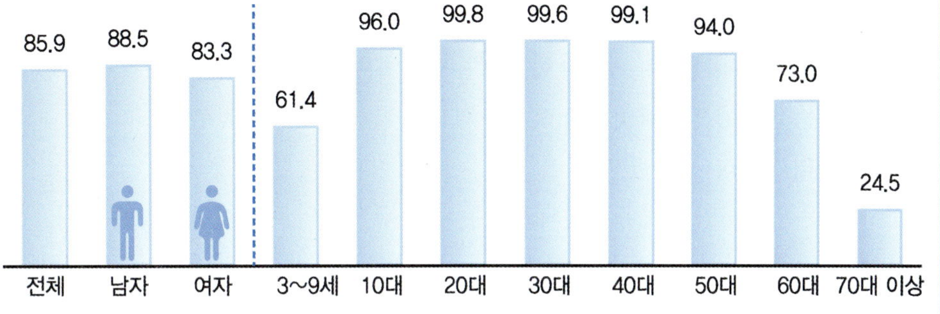

자료: 한국인터넷진흥원(2016.12).

모바일 인터넷 이용률(일반 이동전화, 스마트폰, 스마트패드, 웨어러블기기 등)은 85.9%로 조사되었으며, 남성(88.5%)이 여성(83.3%)에 비해 높았고, 연령대별로는 20대(99.8%), 30대(99.6%), 40대(99.1%)에서 매우 높은 수준을 보이고 있다.

1990년대 말까지만 해도 20위권 밖에 있었던 우리나라의 인터넷 이용자 수가 이처럼 급증한 것은 역시 1999년 하반기부터 ADSL 서비스가 개시되고, 곧이어 2002년 후반에 VDSL의 상용화가 실현됨으로써 비교적 이른 시기에 본격적인 초고속인터넷시대가 열렸기 때문이라고 할 수 있다, 2016년 현재 우리나라의 초고속인터넷(100Mbps 이상) 가입자 수는 전인구대비 14.9%(758만 명)로 세계 1위를 차지하고 있는 것으로 조사되었다(연합뉴스, 2016.11.22.), 우리나라의 뒤를 이어 2위 싱가포르(12.5%, 63만 명), 3위 일본(11.6%, 1,469만 명), 4위 미국(3%, 977만 명)과는 큰 차이를 보여주고 있다.

2. 인트라넷과 엑스트라넷

1) 인트라넷과 엑스트라넷의 의의

어느 조직이나 인터넷을 활용하는 과정에서 가장 신경이 쓰이는 것은 인터넷의 개방성으로 인한 네트워크의 보안문제일 것이다. 이러한 보안문제를 해결하기 위한 방안의 하나가 누구에게나 공개되어 있는 인터넷으로부터 자신의 조직 또는 협력기관을 보호할 목적으로 인트라넷 및 엑스트라넷을 구축하는 것이다.

인트라넷(Intranet: Corporate Wide We)은 전자우편, 파일전송, 월드와이드웹 등과 같은 인터넷기술을 기반으로 구축된 조직 내부의 정보통신망을 의미한다. 따라서 인트라넷은 외부 인터넷과의 연결을 위한 조직 내 네트워크가 아니라, 근본적으로 조직 내부 간의 연결을 목적으로 구축된 인터넷으로 보아야 한다. 즉, 인터넷은 외부와의 의사소통을 위한 기술에 초점을 맞추는 반면에 인트라넷은 조직 내부의 LAN 환경에 초점을 맞추어 인터넷기술을 적용하는 하나의 사례라 할 수 있다.

인트라넷은 인터넷의 한계로 지적되고 있는 다음 두 가지의 문제를 해결할 수 있다. 첫째, 인트라넷은 침입차단시스템 또는 방화벽(firewall) 기술을 이용하여 상대적으로 안전한 조직 내 네트워크상에 구축되므로 보안문제를 해결할 수 있다. 방화벽이란 조직 외부로부터의 침입을 규제하기 위하여 외부 네트워크와의 접속점에 설치하는 소프트웨어 또는 하드웨어를 의미한다. 둘째, 인트라넷은 LAN을 기반으로 구축되기 때문에 고속 대용량의 정보전송이 가능하여, 전송 대역폭의 한계로 인해 당분간은 인터넷상에서 제공받을 수 없는 서비스까지도 제공할 수 있다.

최근에는 인트라넷 개념을 공급업체, 고객업체 등 주요 거래처까지 확대시킨 엑스트라넷도 활발하게 구축하고 있다. 엑스트라넷(Extranet)이란 조직 간 거래 및 의사소통의 효율성과 효과성을 증대시키기 위하여 주요 거래업체와 TCP/IP 프로토콜과 웹기술에 기반을 둔 네트워크를 구축하고 그 경계에 방화벽을 설치하고자 하는 개념이다. 다음 그림 5-4는 이와 같은 인터넷, 인트라넷 및 엑스트라넷 개념 간의 상호관계를 간단히 도식화한 것이다.

그림 5-4 인터넷 · 인트라넷 · 엑스트라넷의 상호관계

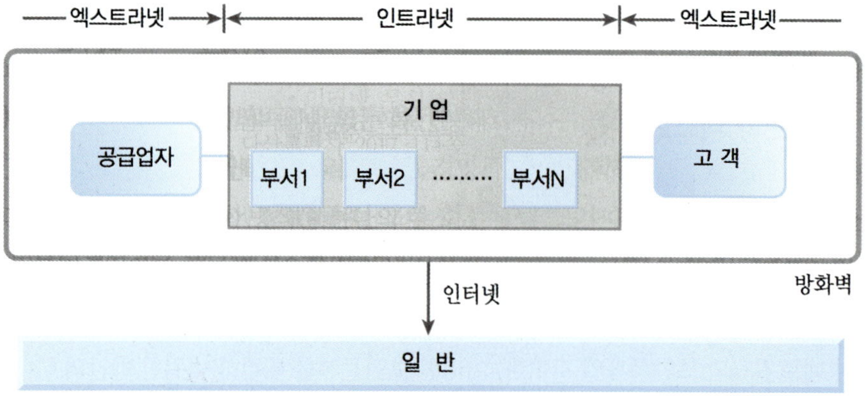

자료: 김은홍 · 최병구, 경영정보학개론, 다산출판사, 2011, 145쪽.

2) 인트라넷과 엑스트라넷의 장점

인터넷 기술을 활용하여 인트라넷 또는 엑스트라넷을 구축하면 별도의 네트워크를 구축하는 것과 비교하여 기업경영에 여러 가지 긍정적 효과를 미치게 된다. 우선 인트라넷을 이용하면 인터넷용 웹서버를 구축하는 것과 유사한 방법을 적용함으로써 비교적 저렴한 비용으로 기업 내에 구성원 간의 실시간 정보공유와 정보교환 및 협업이 가능한 그룹웨어 환경을 구축할 수 있다. 또한 기업의 내부와 외부에 동일한 기술을 적용함으로써 이를 적절히 경영정보시스템의 구축에 활용한다면 기업 내 · 외부의 정보를 하나로 묶는 기업정보 하부구조의 구축도 가능하다. 그 밖에 인트라넷 및 엑스트라넷이 기업경영에 미치는 효과 중 대표적인 것을 살펴보면 다음과 같다.

- 각종 서류의 표준화를 비롯한 조직의 표준화를 이룰 수 있다.
- 웹브라우저에만 익숙하면 별도의 교육을 받지 않고도 그룹웨어를 사용할 수 있다.
- 인터넷을 이용해 넓은 범위의 네트워크를 구축하므로 지역에 관계없이 신속한 업무처리가 가능하다.
- 기업의 홍보나 고객지원을 위해 만들어진 홈페이지를 통해 시장 등에 관한 외부정보의 수집이 가능하다.
- 경영정보의 수집 · 분석, 의사결정에 이르는 경영사이클을 자동화한 온라인 경영정보시스템을 비교적 쉽게 구축할 수 있다.

2절 웹의 진화

닷컴의 붕괴와 함께 웹은 대변혁의 중심에 있다고들 말한다. 이전의 수동적인 웹 사용자들은 적극적인 참여자로서 변모하고, 이에 따라 예전의 홈페이지는 다양한 블로그들로, 정보의 교환은 이 메일보다는 소셜네트워크를 통하여, 웹콘텐츠들은 대기업의 포털에서 제공하는 일방적인 콘텐츠 서비스에서 유튜브 등 일반사용자가 주체가 된 다양한 미디어 중심의 UCC 콘텐츠로 변모하고 있다.

웹의 진화문제는 웹의 변화로 인한 일상생활 및 사회·경제적 변화를 의미한다. 더욱이 이러한 변화가 단발성이 아닌 하나의 흐름으로 인식되기 시작하면서 웹 2.0시대가 한창 진행 중인 것 같은데 벌써 웹 3.0시대에 대한 논의가 활발해지고 있다. 이 절에서는 웹 개념의 진화와 웹 2.0과

3.0을 중심으로 개념과 특성, 실현기술 등에 대해 살펴보기로 한다.

1. 웹의 개념 비교

인터넷과 웹이라는 용어를 일부 혼용하고 있으나 이 둘은 서로 다른 개념이다. 앞서 설명한 바와 같이 인터넷은 전 세계에 산재해 있는 개별 네트워크들이 다양한 정보에 대한 필요성으로 인해 서로 접속되어 하나의 가상 네트워크로 연결된 거대한 정보의 집합체를 의미하는 반면, 웹은 인터넷을 기반으로 한 멀티미디어 중심의 정보, 서비스, 웹사이트 등을 총칭하는 용어이다.

웹 1.0은 1990년대에 인터넷이 처음 대중들에게 알려지면서 등장한 하이퍼텍스트(hypertext) 기반의 웹 환경을 말한다. 전통적인 텍스트의 경우 특정 영역을 읽다가 링크를 통해 다른 영역으로 이동하여 비순차적으로 읽을 수 있는 환경을 제공한다. 그러나 하이퍼텍스트 기반의 웹 1.0 환경에서는 요즘과 같이 동영상, 사진 등을 사용하여 콘텐츠를 구성하기가 매우 어려웠다. 즉, 웹 1.0인 월드와이드웹(WWW)은 사용자가 신문이나 방송처럼 일방적으로 정보를 받는 것이었다. 또한 실제 웹콘텐츠를 생산하는 정보생산자의 수가 극히 드물었으며, 정보사용자(소비자)는 정보생산자가 생산해서 일방적으로 제공하는 정해진 텍스트를 이용하는 것이 주된 웹 활동이었다.

웹 2.0은 이러한 정보생산과 사용자(소비자) 간의 불균형을 깨기 위해 등장한 개념으로서, 누구나 손쉽게 정보를 생산하고 공유할 수 있도록 구축된 인터넷 환경을 의미한다. 즉, 웹 2.0은 개방, 참여, 공유의 플랫폼을 기반으로 정보를 함께 제작하고 공유하는 것이다. 오늘날 SNS, 위키피디아, 각종 블로그 등의 사이트들처럼 사람들이 웹콘텐츠를 공유하고 수정할 수 있는 사용자중심의 웹 환경이 구축된 것이다. 또한 유튜브(YouTube)와 같이 텍스트에 국한하지 않고 음성, 화상, 동영상 등 멀티미디어를 포함하는 웹콘텐츠를 제공할 수도 있게 되었다. 이는 웹 자체에서 플랫폼의 형태로 다양한 애플리케이션을 제공하는 것이 웹 2.0의 핵심 개념 중의 하나이기 때문이다.

웹 3.0은 기존 2.0보다 한 단계 더 진화한 웹 환경이다. 2006년 뉴욕타임즈의 존 마코프(John Markoff)가 처음 이 용어를 사용했을 때만해도 개념이 명확하지도 않았으며, 웹 3.0이라는 이름을 붙일 만큼 웹 2.0과 차별화된 특성을 가지고 있는지에 대한 논란도 있었다. 그러나 그로부터 10여년이 지난 지금은 웹 3.0의 개념을 사용자 맞춤형 콘텐츠를 제공할 수 있는 시맨틱웹(Semantic Web) 기술과 연계하여 정의하고 있다. 웹 3.0의 구현을 위해 반드시 필요한 핵심기술인 시맨틱웹은 월드와이드웹(WWW)의 창시자인 버너스 리(Tim Berners Lee)가 처음 제시한 개념으로, '컴퓨터가 정보를 이해하고 처리할 수 있는 차세대 지능형 웹'이라고 할 수 있다.

표 5-2 웹 개념의 진화

구 분	웹 1.0	웹 2.0	웹 3.0
적용시기	1990~2000	2000~2010	2010~2020
키워드	접속(Access)	개방, 참여, 공유	상황인식(Context)
콘텐츠 이용 형태	생산자가 사용자에게 일방적으로 콘텐츠 제공	사용자는 콘텐츠 생산자인 동시에 소비자 및 유통자	지능화된 웹이 사용자가 원하는 콘텐츠를 개인별 맞춤형으로 제공
검색	검색엔진 내부에서만 가능	여러 사이트에 있는 자료의 개방(Open API)	사용자 맞춤형 검색
정보사용자	인간	인간	인간, 컴퓨터(기계)
기술기반	웹브라우저, 웹 저장	초고속 인터넷, 서버관리	시맨틱웹, 클라우드컴퓨팅, 상황인식
대응단말기	PC	주로 PC+일부 모바일기기	PC+모바일기기+다양한 웨어러블기기

자료: 김은홍, 경영정보학개론, 다산출판사, 2017, 144쪽.

2. 웹 2.0의 개념과 특성

1) 웹 2.0의 정의

웹 2.0이라는 용어는 초기의 웹(웹 1.0) 사용과 구별되는 새로운 형태의 웹 사용을 통틀어서 일컫는 용어로서 어떤 특정 기술이나 서비스, 제품 등을 의미하는 것이 아니라 "인터넷에서 최근 몇 년간 발생한 웹의 환경 변화와 그 방향성(트렌드)을 종합한 것"(권민 역, 2006)이다.

웹 2.0이라는 용어에서 알 수 있듯이 이는 웹 1.0에서 한 단계 업그레이드됐음을 의미하며, 웹 1.0과 웹 2.0의 가장 큰 차이점은 커뮤니케이션의 구조와 깊은 관련이 있다. 웹 1.0은 쌍방향 직접네트워크라는 인터넷의 기본사상에서 출발했지만 실은 단방향적인 정보제공 수단의 역할밖에는 수행하지 못했다(한국정보사회진흥원, 2007.7.). 반면 웹 2.0은 사실 웹 0.0으로 불려야 할 만큼 웹의 초기정신인 '개방'된 순환구조를 가지고 누구나 공평하게 '참여'하고 가치를 '공유'하고자 하는 웹을 만들어 나가는 역할에 집중하고 있다(김국형, 2007).

또한, 웹 1.0에서 웹이 소수의 생산자에 의해 생성된 콘텐츠를 다수의 소비자가 일방적으로 사용하는 미디어로서의 역할을 수행하고 있는 반면, 웹 2.0에서 웹은 다수의 콘텐츠 소비자가 스스로 콘텐츠를 생산하는 프로슈머(prosumer: producer와 consumer를 합성한 신조어)의 역할을 가능하게 하는 플랫폼으로서의 기능을 수행한다는 점에서 가장 큰 차이가 있다. 다음 표 5-3은 웹 1.0과 웹 2.0의 차이를 요약한 것이다.

표 5-3 웹 1.0과 웹 2.0의 차이점 비교

구별	웹 1.0	웹 2.0
특징	• 웹은 미디어(media) • 대표서비스는 포털(portal) • 기술중심 • 폐쇄적, 독점적 문화	• 웹은 플랫폼(platform) • 대표서비스는 블로그, SNS • 사람중심 • 참여와 공유의 문화
콘텐츠 생산자	• 기업 및 소수의 전문가	• 사용자들의 집단성
소비자	• 일반소비자	• 개인화된 시장의 생산소비자(프로슈머)
OS종속성	• ActiveX 사용으로 OS/브라우저 종속적	• OS/브라우저에 상관없이 기능구현 가능
운영 방식	• 중앙집중형	• 분산형
관리 방식	• 하향식(top down)	• 상향식(bottom up)
상호작용	• 수준이 낮고 일방적인 정보전달	• 수준이 높고 정보수정이 용이
정보분류	• 포털에 의한 분류(taxonomy)	• 일반사용자에 의한 분류(folksonomy)
대표적 브라우저	• 웹브라우저를 통해 서버에 대화요청, 단순 뷰어의 역할 • 예 인터넷 익스플로러	• 사용자에 의해서 확장 및 수정, 보완이 가능 • 예 파이어폭스
대표사례	• 하이퍼링크 중시의 기존 웹사이트	• 위키피디아, 유튜브, 네이버, 싸이월드 등
주요 기술	• HTML, ActiveX 등	• XML, Ajax, RSS/Atom, Wiki, Tagging 등
경제원칙	• 파레토 법칙(80 대 20법칙)	• 롱테일 법칙

자료: 김은홍 · 최병구, 경영정보학개론, 다산출판사, 2011, 155쪽.

2) 웹 2.0의 특징

웹 2.0이라는 용어는 미국의 IT 전문 출판서 오라일리미디어(O' Reilly Media)의 부사장인 데일 도허티(Dale Dougherty)가 2001년 한 컨퍼런스의 브레인스토밍 세션 중 "닷컴 붕괴에서 살아남은 인터넷 기업들의 성공 요인에는 어떤 공통점이 있다."고 지적한 데서 시작되었다(O' Reilly, 2005). 이후 오라일리미디어의 CEO인 오라일리는 이 용어의 타당성을 검증받기 위해 2004년 10월 '제1회 웹 2.0 컨퍼런스'와 2005년 10월 '제2회 웹 2.0 컨퍼런스'를 개최함으로써 네트워크 비즈니스 종사자들 사이에서 하나의 일관된 용어로서의 지위를 부여받게 되었다.

웹 2.0을 한마디로 정의한다는 것은 불가능할지도 모른다. 여기서는 오라일리가 제시한 웹 2.0이 가지는 몇 가지 대표적인 특징에 대해서 알아보고자 한다. 이 특징들은 닷컴의 붕괴에서 살아남을 수 있었던 구글, 이베이, 아마존 등 인터넷기업들이 추구하는 공통된 방향이기도 하다. 웹 2.0을 처음 주창한 오라일리는 ① 플랫폼으로서의 웹, ② 집단지성의 활용, ③ 데이터가 차별화의 핵심, ④ 소프트웨어 배포주기의 종언, ⑤ 가벼운 프로그래밍 모델, ⑥ 단일 디바이스를 뛰어넘는 소프트웨어, ⑦ 풍부한 사용자 경험 등 7가지를 웹 2.0의 기본특징으로 제안하였다(O'Reilly, 2005). 이를 요약하면 표 5-4와 같다.

3) 웹 2.0을 위한 핵심 정보기술

(1) RSS

RSS(Really Simple Syndication)는 포털이나 블로그와 같이 콘텐츠가 자주 업데이트 되는 사이트에서 업데이트된 정보를 자동으로 사용자에게 제공하는 기술이다. 이는 웹사이트나 개인블로그(Blog)에 새로 올라온 글을 쉽게 구독할 수 있도록 해준다.

초기의 RSS(1.0)은 미국의 포털사이트 넷스케이프(Netscape)에서 RDF(Resource Description Framework)라는 형식으로 업데이트 정보를 전송한 데서 시작되었고, 이때 RSS 는 RDF Site Summary 또는 Rich Site Summary의 약자이다. 현재 대부분의 포털이나 블로그 등에서 지원하는 것은 RSS 2.0이며, RDF와 무관하게 발전한 초간편 배급기술을 의미한다.

RSS가 등장하기 전에는 원하는 정보를 확인하려면 매번 해당 사이트를 직접 방문해야 했다. 그러나 이제는 사이트가 제공하는 RSS 주소를 소정의 RSS Reader 프로그램에 등록하기만 하면 업데이트된 정보를 자동적으로 확인하고 이용할 수 있다. RSS를 활용함으로써 서비스

표 5-4 웹 2.0의 7가지 특징

원 칙	주요 내용
플랫폼으로서의 웹	• 웹상에 존재하는 대다수의 사용자가 활동할 수 있는 인프라 제공 • 구글의 경우 PC 중심의 컴퓨팅 플랫폼에서 네트워크 컴퓨터 플랫폼으로 전환하고 소프트웨어를 무료로 제공하는 대신 소프트웨어에 광고를 노출시켜 크게 성공함 • 네이버의 경우 '지식 iN'서비스 제공
집단지성의 활용 (대중의 지혜)	• 다수의 개체들이 서로 협력하거나 경쟁하는 과정을 통하여 얻게 된 집단의 지적 능력을 의미하며 이는 개체의 지적 능력을 넘어서는 힘을 발휘함. • 많은 평범한 사람들의 판단이 모이면 한두 사람의 전문가보다 더 나은 가치판단을 할 수 있다는 전제
데이터가 차별화의 핵심	• 웹 2.0시대에서는 보다 많은 양의 데이터를 구축하고 이를 효과적으로 사용자에게 유통시키는 것이 기업의 승패를 결정짓게됨
소프트웨어 배포 주기의 종언	• 소프트웨어가 물건이 아닌 서비스로서 제공 • 패키지 소프트웨어와 달리 서비스의 경우는 서비스를 멈추는 일 없이 지속적으로 개선해 나가는 것이 필요함
가벼운 프로그래밍 모델	• 서비스가 가지고 있는 기능들을 쉽게 다른 용도로 재사용 가능하도록 설계하는 것
단일 디바이스를 뛰어넘는 소프트웨어	• 모바일단말기, PC, 인터넷 서버 등 다양한 디바이스를 포괄하는 시각을 가지고 애플리케이션을 설계 • 다양한 플랫폼을 통해 서비스를 제공함으로써 더 많은 사용자를 확보할 수 있으며 결과적으로 수익모델을 다변화 시킬 수 있음.
풍부한 사용자 경험	• Ajax와 같이 풍부한 사용자 인터페이스를 가능하게 하는 기술의 발전으로 인해 웹에서도 패키지 소프트웨어와 비슷한 수준의 사용자 경험을 제공할 수 있음.

자료: 김은홍, 경영정보학개론, 다산출판사, 2017, 146쪽.

운영자는 신규 또는 추천 정보를 보다 손쉽게 고객에게 제공할 수 있고, 사용자는 해당 사이트에 방문하지 않고도 관심 있는 정보를 쉽고 빠르게 조회할 수 있게 되었다. 이와 같은 이유로 RSS는 특히 블로그의 확산에 결정적인 기여를 한 기술로 간주되고 있다.

(2) 에이잭스(Ajax)

Ajax(Asynchronous JavaScript and XML)란 컴퓨터에 설치된 소프트웨어를 이용하듯이 풍부한 사용자 인터페이스(Rich User Interface)를 갖춘 대화식 웹 애플리케이션의 제작을 위한 기술을 말한다(권민 역, 2006). 전통적인 웹 애플리케이션은 사용자의 요청이 있으면 데이터를 가공하여 새로운 웹페이지를 작성하고 이를 응답으로 되돌려주는데, 그때마다 브라우저 화면 전체를 다시 불러오는 작업을 수행하게 된다. 이는 시간과 비용의 낭비를 야기할 뿐 아니라 사용자에게 풍부한 인터페이스를 제공하는 것을 어렵게 한다. 반면에 Ajax 애플리케이션은 사용자가 필요한 데이터를 웹서버에 요청해서 받은 후 자신의 웹브라우저에서 그 일부를 직접 처리한다. 그 결과 웹브라우저와 웹서버 사이에 교환되는 데이터양과 웹서버의 데이터처리량이 줄어들기 때문에 애플리케이션의 응답성이 현저하게 개선될 수 있다.

그런데 Ajax는 하나의 특정한 기술을 말하는 것은 아니고, 웹 1.0 시대부터 사용되던 관련 기술들의 묶음을 지칭하는 용어로 사용된다. 이러한 Ajax가 급속하게 보급된 원인으로는 페이지 전환에만 의존하던 기존 인터넷 서비스의 불편함, 인터넷기술의 표준화, 컴퓨터성능의 향상에 따른 웹브라우저의 처리능력 향상, 그리고 초고속인터넷의 보급 등을 들 수 있다. 그러나 무엇보다도 구글의 지메일이나 구글맵과 같은 서비스들이 Ajax를 기반으로 해서 성공적으로 구현되었다는 점이 가장 큰 영향을 미쳤다(권민 역, 2006).

(3) 매시업

매시업(Mashup)이란 원래 서로 다른 곡을 조합하여 새로운 곡을 만들어 내는 것을 의미하는 음악용어이지만 정보기술 분야에서는 웹상에서 웹서비스업체들이 제공하는 다양한 콘텐츠와 서비스를 혼합하여 새로운 차원의 콘텐츠와 서비스를 창출하는 것을 말한다. 매시업 서비스의 예로는 구글맵과 부동산정보 사이트인 크레이그리스트(www.craiglist.org)를 결합시킴으로써 지도에서 특정 지역을 선택하면 해당 지역의 부동산 매물정보를 보여주는 서비스를 제공하는 '하우징맵(www.housingmaps.com)'을 들 수 있다.

매시업은 웹서비스업체가 자신의 서비스에 접근할 수 있도록 접근 방법을 공개하는 것으로부터 비롯된다. 웹서비스업체들이 공개한 API(Application Programming Interface)를 기반으로 독자적인 사용자 인터페이스나 콘텐츠를 융합하여 새로운 응용서비스, 즉 메시업을 개발할 수 있게 된 것이다. 구글, 마이크로소프트, 아마존, 네이버, 다음 등 많은 국내외 대형 웹서비스업체들이 자사의 콘텐츠를 외부에서 사용할 수 있게 API를 공개하고 있다.

매시업에는 다양한 형태가 존재하지만 크게 데이터 매시업, 소비자 매시업, 비즈니스 매시업 등 세 가지 유형으로 나눌 수 있다.

- 데이터 매시업: 다양한 소스로부터 추출된 비슷한 유형의 미디어나 정보를 결합하여 하나의 형태로 표현하는 것을 말한다.
- 소비자 매시업: 소비자의 요구에 따라 서로 다른 유형의 미디어 및 정보를 결합하거나

포맷을 변경함으로써 소비자맞춤형 서비스를 제공하는 것을 의미한다.

- **비즈니스 매시업**: 기업이 보유하고 있는 기존 자원, 애플리케이션, 데이터와 외부의 웹 서비스를 결합한 애플리케이션을 말한다.

(4) 폭소노미

폭소노미(Folksonomy)는 대중을 뜻하는 '폭스(folks)'와 분류학을 의미하는 '택소노미(taxonomy)'라는 두 단어를 합성하여 만든 말로 '대중분류법'이라고도 한다. 폭소노미는 웹페이지, 링크, 사진, 동영상 등에 사용자들이 자발적으로 선택한 키워드(태그)를 부여하고, 이를 바탕으로 여러 사람의 정보를 체계적으로 분류하는 쌍방향적 방법론이다.

그에 비해 전통적인 폭소노미는 사용자들이 이미 정해진 분류기준에 따라 분류된 정보를 검색하기만 한다는 면에서 단방향적인 방법론이라 할 수 있다. 폭소노미는 저비용으로 콘텐츠를 분류할 수 있고 매우 개인화되어 있다는 장점이 있으나, 특별한 구조가 없고 개념 간 연관성이 미흡하기 때문에 효율적인 정보탐색에 크게 기여하지 못할 수도 있다는 단점이 있다.

(5) 위키

위키(wiki)는 '웹브라우저에서 협업을 통해 직접 내용과 구조를 수정할 수 있게 해 주는 웹사이트(위키백과)', 또는 '웹브라우저에서 간단한 마크업 언어(markup language)를 이용해서 공동문서를 작성할 수 있고 사용자들이 내용을 추가할 수 있는 웹페이지 모음으로, 네트워크를 통해 산발적으로 의견을 나누는 흥미 있는 방식'(네이버지식백과, IT용어사전)으로 정의 될 수 있다. 'wiki'는 본래 하와이 말로 '빨리'라는 뜻을 가진 단어에서 유래하였지만 웹서비스 측면에서는 '협업'이라는 의미로 해석하는 것이 보통이다.

위키서비스 중 가장 대표적인 사례는 전 세계적으로 서비스되고 있는 개방형 백과사전 위키피디아(Wikipedia)를 들 수 있으며, 최근 국내에서는 '나무위키', '디시위키' 등의 다양한 위키서비스가 제공되고 있다.

3. 웹 3.0의 개념과 특성

개방과 참여, 공유로 상징되는 웹 2.0시대가 한창 진행 중인 것 같은 데 벌써 웹 3.0시대에 대한 논의가 활발하다. 웹 2.0의 개념이 그 이전의 웹 개념과 확연히 구분될 수 있었던 것에 비해 웹 3.0의 개념은 보다 지능화된 웹 환경 구축이라는 기본 방향을 제외하고는 실체가 다소 모호한 면이 없지 않고, 심지어 웹 2.0의 개념과 중복되는 것도 적지 않다(김은홍, 다산출판사, 2017).

웹 3.0과 관련된 키워드 중 가장 중요하게 언급되는 것은 '개인화'와 '지능화' 이며, 좀 더 구체적으로는 시맨틱웹, 인공지능, 상황인식, 개인맞춤형 서비스 등의 키워드를 들 수 있다. 이는 결국 방대한 정보를 통합하는 지능형 웹사이트를 구축하고, 이를 기반으로 개인별 상황에 맞는 정보를 생성, 가공, 제공해 주는 맞춤형 서비스 플랫폼이 웹 3.0이라고 할 수 있다. 따라서 사회적 참여와 공유를 중시하는 웹 2.0과는 달리 웹 3.0은 인공지능기술을 활용하여 사용자에게 가장 적합한 정보나 지식을 제공하는 데 초점을 맞춘다고 할 수 있다.

이처럼 개인화, 지능화된 서비스를 제공하기 위해 필요한 가장 핵심적인 기술이 시맨틱웹이다. 시맨틱웹(Semantic Web)은 사람들이 이해할 수 있도록 자연어 위주로 되어 있는 현재의 웹문서와 달리, 정보자원들 사이에 연결되어 있는 의미를 컴퓨터가 이해할 수 있는 형태의 언어로 바꾸는 것이다. 즉, 컴퓨터와 인간이 동일한 정보를 동일하게 인식할 수 있도록 정해진 기술표준을 적용하게 되면 컴퓨터가 정보의 뜻을 해석하고, 기계들끼리 정보를 주고 받으면서 스스로 알아서 필요한 일을 처리하는 것이 가능해 진다. 따라서 시맨틱웹의 목적은 웹상의 정보에 잘 정의된 의미를 부여하여 사람뿐만 아니라 컴퓨터도 쉽게 문서의 의미를 해석할 수 있도록 함으로써, 정보의 검색과 해석, 통합 등의 업무를 자동화하는 데 있다(김수경 외, 2005).

예를 들어, 시맨틱웹이 구현되면, 해외 여행계획을 짜기 위하여 웹상에 있는 해외여행정보를 일일이 찾아서 비행기와 호텔을 예약하는 대신에, 자동화된 프로그램에 대략적인 휴가일정과 개인의 취향 등을 알려주면 자료의 의미가 포함되어 있는 웹상의 정보를 해독하여 손쉽게 여행의 세부일정과 예약이 이루어질 수 있게 된다. 그러나 시맨틱웹이 구축되어 이와 같은 형태로 활용되기 위해서는 스스로 웹에 산재한 수많은 정보원으로부터 정보를 수집하고 이를 처리한 후, 그 결과를 다른 소프트웨어와 교환하고 공유할 수 있는 프로그램인 '에이전트(agent)' 또는 '지능형에이전트(Intelligent Agent)'의 개발이 필수적이다.

이 책의 3장에서도 이미 소개되었던 지능형에이전트(Intelligent Agent)는 '복잡하고 역동적인 환경속에서 자율적으로 감지하고 행동하면서 설계된 목표나 임무를 수행하는 컴퓨터 프로그램'이라고 할 수 있다. 이를 좀 더 사용자 관점에서 보면 '사용자의 행동양식을 관찰하고 학습하여 정보공간에서 사용자를 대표하고, 학습된 사용자의 행동양식을 기반으로 사용자가 해야 할 작업을 자동으로 수행해 주는 소프트웨어'라고 정의할 수 있다(이재규 외 2006).

한편, 빅데이터 분석 전문업체인 바틀노즈(Bottlenose)의 CEO인 노바 스피백(Nova Spivack)은 웹 3.0을 월드와이드데이터(WWD)로 명명하고 이는 문서가 연결된 웹에서 데이터가 연결된 웹을 향해 나아가고 있는 것이라고 주장하고 있다. 또한 그는 웹 3.0에서는 기존의 하이퍼텍스트 대신 하이퍼데이터(hyperdata)라는 용어를 사용함으로써, 텍스트보다 훨씬 포괄범위가 넓은 데이터 중심의 웹이라는 점을 강조할 것을 제안하기도 하였다.

3절 소셜미디어

삼성경제연구소가 선정한 2010년 10대 히트상품 가운데 하나로 소셜미디어(social media)가 선정되었다. 이처럼 소셜미디어는 더 이상 소수의 사람만이 활용하는 도구가 아니라 이미 개인의 생활뿐 아니라 기업의 경영활동에도 깊은 영향을 미치는 도구 중 하나로 인식되어진지 오래이다.

2016년 조사에 의하면 우리나라 만 6세 이상 인터넷 이용자의 65.2%가 소셜미디어를 이용하는 것으로 나타났다(한국인터넷진흥원, 2016.12). 대표적인 소셜미디어 중 하나인 페이스북의 경우 2016년 9월 기준 월평균 접속자 수가 17억 9천만 명에 이르며 그중 92.7%인 16억 6천만 명이 스마트폰을 통해 접속하는 것으로 나타났다.

이 절에서는 이미 현대인의 필수 도구가 되어버린 소셜미디어에 대한 개념과, 기업의 소셜미디어 활용전략 등을 살펴보고 끝으로 최근 우리나라의 소셜미디어 이용 현황을 살펴보기로 한다.

1. 소셜미디어의 개념

1) 소셜미디어의 정의

흔히 소셜미디어를 SNS와 혼용해서 쓰는 경우가 많은데, 엄밀히 말하면 소셜미디어는 SNS를 포괄하는 상위용어로서 SNS는 소셜미디어의 한 장르라고 할 수 있다.

소셜미디어(Social Media)는 "사람들이 자신의 생각과 의견, 경험, 관점 등을 서로 공유하고 참여하기 위해 사용하는 개방화된 온라인 툴과 미디어 플랫폼(platform)"으로, 2004년 글로벌 시장조사업체인 가이드와이어그룹(Guidewire Group)의 창업자인 크리스 쉬플리(Chris Shipley)가 기존의 미스미디어와 구분하기 위해 처음으로 사용한 용어이다. 소셜미디어는 "웹 2.0의 사상적 및 기술적 기반 위에 구현된 인터넷기반 애플리케이션의 집합으로, 사용자생성콘텐츠의 생성과 교환을 가능하게 하는 것"(Kaplan & Haenlein, 2010) 또는 "우리가 세상과 그 안에서의 우리의 위치를 이해하고, 배우며, 소통하기 위해 우리 스스로를 조직화하는 방법"(Boyd, 2007) 등으로 다양하게 정의되고 있다.

특히 위키백과(2017.8.21.)에는 소셜미디어를 다음과 같이 설명하고 있다. '소셜미디어는 개방, 참여, 공유의 가치로 요약되는 웹 2.0시대의 도래에 따라 소셜네트워크의 기반 위에서 개인의 생각이나 의견, 경험, 정보 등을 서로 공유하고 타인과의 관계를 생성 또는 확장시킬 수 있는 개방화된 온라인 플랫폼을 의미한다. 소셜미디어는 그 자체가 일종의 유기체처럼 성장하기 때문에 소비와 생산의 일반적인 메커니즘(mechanism)이 적용되지 않으며, 양방향성을 활용하여 이용자들이 자발적으로 참여하고 정보를 공유하며 콘텐츠를 만들어 나가는 특성이 있다. 다시 말해, TV, 신문, 잡지, 라디오 등과 같은 전통매체가 일대다(one-to-many)의 일방적 관계형에 기초한 커뮤니케이션의 속성을 가졌다면, 소셜미디어는 다양한 형태의 콘텐츠가 다양한 이용자들에 의해 생성되고 공유되는 다대다(many-to-many)의 쌍방향적 관계성을 토대로 하므로 1인 미디어, 1인 커뮤니티의 특징을 지닌다고 볼 수 있다'.

2) 소셜미디어의 특성

소셜미디어는 다음 표 5-5에 요약한 바와 같이 기존 미디어와 차별화되는 다양한 특성을 가지고 있다(한국정보산업연합회 조사연구팀, 2006; Mayfield 2008).

첫째, 참여(participation)와 공개(openness)가 보장된다. 관심 있는 사람들은 누구나 정보를 생성하고 출판할 수 있으며 자유로운 피드백이 허용되는데, 이는 소셜미디어가 갖는 놀라운 접근성(accessibility) 때문에 가능하다. 대부분의 사람들은 원하기만 하면 소셜미디어를 통해 정보의 생성 및 출판을 지원하는 툴을 거의 무료로 활용할 수 있다. 이는 거대 자본을 투여해야만 참여할 수 있었던 기존 미디어와는 근본적으로 다른 차별성을 제공한다. 누구나 정보의 생성 · 출판이 가능한 또 다른 이유는 사용의 용이성 때문이다.

둘째, 대화 혹은 소통이 가능하다. 기존 미디어가 단방향으로 정보를 전달한다면 소셜미디어는 쌍방향으로 정보를 주고받는 방식을 취한다. 따라서 기존 미디어가 일 대 다수(one-to-many)의 특성을 보이는 반면 소셜미디어는 다수 대 다수(many-to-many)의 특성을 갖는다.

셋째, 소셜미디어의 경우 인터넷을 기반으로 하고 있기 때문에 생성된 정보에 대해 즉각적인 반응을 할 수 있는 반면, 기존 미디어는 정보의 생성과 반응 간에 상당한 시간차가 존재한다.

넷째, 소셜미디어의 경우 일단 생성된 정보라 할지라도 피드백이나 다른 사용자의 피드백

표 5-5 소셜미디어의 특성

구 분	해 설
참여와 공개	• 기존 미디어와는 달리 소셜미디어는 접근성과 사용의 용이성으로 인해 관심 있는 모든 사람들은 누구나 정보를 생성하고 출판할 수 있으며, 자유롭게 피드백을 할 수 있도록 허용함
대화 혹은 소통	• 기존 미디어가 단방향으로 정보를 전달한다면 소셜미디어는 쌍방향으로 정보를 주고 받거나 소통하는 방식을 취함
최신성	• 기존 미디어는 정보의 생성과 반응 간에 시간차가 존재할 수밖에 없는 데 반해, 소셜미디어의 경우 생성된 정보에 대해 즉각적인 반응이 가능함
영구성	• 기존 미디어의 경우 일단 생성된 정보를 변경하는 것은 거의 불가능한 반면, 소셜미디어의 경우 생성된 정보의 수정과 변경이 매우 용이함
관계 형성	• 기존 미디어가 불특정 다수에 초점을 두고 있는 것과 달리, 소셜미디어는 서로 관계를 맺고 싶어 하는 인간의 본능을 반영하여 관계 혹은 친분을 중심으로 정보를 유통시킴
비정형성과 자발성	• 사용자가 자발적으로 특정한 형식 없이 원하는 정보를 얼마든지 생성 · 유통할 수 있음

자료: 김은홍, 경영정보학개론, 다산출판사, 2017, 156쪽.

을 통해 정보를 수정하거나 코멘트를 추가하는 일이 매우 용이하다. 그러나 기존 미디어의 경우 일단 출판이나 방영이 되고 나면 그것을 변경하는 것은 거의 불가능하다.

다섯째, 소셜미디어는 관계 형성 및 개발에 초점을 두고 있다. 기존 미디어가 불특정 다수에 초점을 두고 있는 것과 달리, 소셜미디어는 서로 관계를 맺고 싶어 하는 인간의 본능을 반영하여 관계 혹은 친분을 중심으로 정보를 유통한다.

마지막으로 소셜미디어는 비정형적(informal)이고 자발적(spontaneous)인 특성이 있다. 소셜미디어를 활용해 정보를 생성할 경우 사용자가 지켜야 할 정형적인 형식이나 원리가 존재하지 않고, 나아가 사용자는 자신이 원할 때 원하는 시간에 원하는 내용을 생성할 수 있다.

이와는 약간 다른 관점에서 기존 미디어(신문, 잡지, TV, 라디오 등)와의 차별화되는 소셜미디어의 특성을 '신속성과 즉시성', '다수성과 다양성', '경제성과 효율성', '친근성과 신뢰성' 등 네 가지 범주로 구분하여 정리한 견해도 있다(권혁진, 2011).

3) 소셜미디어의 분류

소셜미디어는 관점에 따라 다양하게 분류할 수 있다. 먼저 위키백과(2017.8.23.)에서는 소셜미디어를 사람과 정보를 연결하고 상호작용할 수 있는 서비스를 제공하는 웹기반의 애플리케이션으로 보고 블로그(Blog), 소셜네트워킹서비스(Social Networking Service: SNS), 위키(Wiki), 사용자제작콘텐츠(User Created Contents: UCC), 마이크로블로그(Microblog) 등 다섯 가지 유형으로 분류하고 있다. 한편, 한국정보산업연합회 조사연구팀(2006)은 소셜미디어를 블로그(Blog), 소셜네트워크(Social Networks), 콘텐츠 커뮤니티, 위키, 팟캐스트(Podcasts)의 다섯 가지 종류로 구분하기도 하였다.

이상의 분류를 바탕으로 여기서는 소셜미디어를 블로그, 소셜네트워크, 위키, 콘텐츠 커뮤니티, 팟캐스트 등 다섯 가지로 구분하고 각각의 유형에 대해 좀더 자세히 알아보기로 한다.

그림 5-5 소셜미디어의 분류

자기표현/자기노출 수준 \ 사회적 실재감/매체풍부성 수준	낮음	중간	높음
높음	블로그	소셜네트워킹사이트 (예 Facebook)	가상사회 (예 SecondLife)
낮음	협업프로젝트 (예 Wikipedia)	콘텐츠 커뮤니티 (예 YouTube)	가상게임세계 (예 World of Warcraft)

자료: 김은홍, 경영정보학개론, 다산출판사, 2017, 157쪽.

(1) 블로그

블로그(Blogs)는 초기 소셜미디어를 대표하는 것으로서 웹을 기반으로 일지나 일기와 같이 날짜 순서에 따라 다양한 주제에 대해 기록하는 온라인 저널이라고 할 수 있다(Singh *et al.*, 2008). 기본적으로 블로그는 한 사람에 의해 관리되지만 다른 사람들이 해당 블로그에 의견이나 느낌을 추가할 수 있도록 허용함으로써 다른 사람과 상호작용을 한다. 블로그의 종류는 매우 다양하다. 어떤 블로그는 마치 개인적인 일기처럼 개인의 일상을 소소하게 기록하는 반면 또 다른 블로그는 특정 주제에 대해 매우 심도 있는 정보를 제공하기도 한다. 후자의 경우 정보의 전문성이나 분석의 신뢰도 측면에서 상당한 공신력을 확보해 전문미디어로서의 역할을 하기에도 충분하다(홍범식 · 심현보, 2009).

(2) 소셜네트워크

소셜네트워크(Social Networks)는 사용자 간의 자유로운 의사소통과 정보공유, 그리고 인맥확장 등을 통해 사회적 관계를 형성하고 강화시켜주는 온라인 플랫폼으로, 흔히 SNS로 불리운다. 이는 각 개인들이 다양한 사회적 친근성을 바탕으로 상호 연결관계를 구축하는 것을 목표로 한다(홍범식 · 심현보, 2009). 개인 프로필을 공개하고 실명을 기반으로 관계를 형성하기 때문에 초기에는 개인수준에서 활용되었지만 이제는 기업 차원에서 담당부서나 담당자를 두어 체계적으로 관리하는 추세로 가고 있다. 널리 알려진 소셜네트워크로는 페이스북(Facebook; Mark Elliot Zuckerberg 창업), 트위터(Twitter; Jack Dorsey 창업), 인스타그램(Instagram; Kevin Systrom 창업), 링크드인(Linkedin; Reid Hoffman 창업), 카카오스토리 등이 있다.

(3) 위키

위키(Wiki)는 정보를 생성함에 있어 다수의 사용자들이 공동으로 창조, 편집, 링크, 조직화하여 정보의 질을 향상시키고 양을 늘리는 것을 목표로 한다. 가장 대표적인 위키로는 온라인 백과사전인 '위키피디아(Wikipedia; Jimmy Wales 설립)'가 있다. 특정한 편집인이 있는 게 아니라 다수의 사용자들이 집단적으로 내용을 추가하거나 수정하여 정보를 생성할 수 있다. 대규모 협업에 의해 창조된 정보가 역동적으로 반영되는 게 가장 큰 특징이다.

(4) 콘텐츠 커뮤니티

콘텐츠 커뮤니티(UCC)사용자 간에 다양한 미디어 콘텐츠를 공유하는 것을 주요 목적으로 한다. 주로 사진을 공유하는 플리커(www.Flickr.com), 동영상을 공유하는 유튜브(www.YouTobe.com), 파워포인트 프레젠테이션을 공유하는 슬라이드쉐어(www.Slideshare.net) 등 공유하는 콘텐츠에 따라 커뮤니티 사이트의 종류는 매우 다양하다.

(5) 팟캐스트

팟캐스트(Podcasts)는 애플의 오디오 재생장치(MP3 플레이어) 상표명인 아이팟(iPod)과 브로드캐스트(Broadcast)의 합성어로 2004년 영국의 기술 칼럼니스트 벤 헤머슬리(Ben Hammersley)가 처음으로 사용한 용어이다. 진행자가 오디오 방송을 MP3 파일로 녹음해서 인터넷에 올리면, 사용자는 이를 내려 받아 청취하는 방식으로 운영된다. 인터넷 오디오 방송이 아이팟과 함께 등장한 것은 아니지만, 초기 사용자들이 주로 애플의 아이튠즈(iTunes)에서 팟캐스트를 검색하고 구독해서 아이팟으로 전송한 뒤 청취하는 경우가 많았기 때문에 이런 용어를 사용하게 되었다.

4) 소셜미디어의 역기능

소셜미디어는 지속적으로 진화 중에 있으며, 향후 그 진화의 방향을 가늠하기 어렵다는 측면에서 예상되는 폐해를 우려하는 지적이 많이 나오고 있다. 즉, 현재에도 소셜미디어의 활용실패로 인한 위기상황에 이르게 되는 경우가 자주 나타나고 있으며, 향후 그 피해의 규모와 범위는 예상을 뛰어넘을 수 있다고 보는 것이 일반적인 지적이다(김은홍, 2017).

그동안 소셜미디어의 역기능 또는 부작용에 관한 연구가 활발히 이루어지지는 않았지만 그중 가장 체계적인 연구결과를 간략히 요약하면 다음과 같다(한국정보화진흥원, 2011.11.22.). 이 연구에서는 소셜미디어의 부작용을 ① 개인정보 유출심화, ② 정보의 맹목적 신뢰, ③ 관계불균형 초래 등 3가지 유형으로 구분하고, 각각의 부작용 유형별로 6개의 핵심 이슈를 제시하였다.

① 개인정보 유출심화

- **프라이버시 침해 만연**(개인 간): 소셜미디어를 통한 개인 신상털기 급증, 사생활 침해에서 번지는 마녀사냥식 여론몰이 성행, 소셜미디어를 매개로 한 사이버 폭력의 진화
- **신 디지털 감시사회 도래**(개인-기업/정부 간): 소셜정보를 소유한 기업의 '오용과 감시' 증가, 소셜정보로 만든 '신 파놉티콘'을 통한 정부검열과 통제 우려

② 정보의 맹목적 신뢰

- **인포데믹스 가열화**(정보-오류/왜곡): 루머확대 창구로 불안사회조성 및 경제적 손실야기, 근거 없는 논쟁으로 인한 사회 불신 초래, 기존 정보전달매체의 공신력 약화
- **디지털 포퓰리즘 선동**(정보의 조작): 대중선동을 통한 대의민주주의 변질 우려, 포퓰리즘의 정책결정 과정 유입에 따른 정부의 정책 리더십의 약화

③ 관계불균형 초래

- **소셜미디어의 중독 증가**(관계 과잉): 소셜미디어 중독에 따른 디지털 피로감의 악화, 중독 증세가 가져오는 2차 부작용(집중력, 생산성 저하) 파급력 확대
- **신 소외문제 발생**(관계부족) : 소사회적 관계 고립에 대한 '실시간 소외감' 가중, 미래의 새로운 사회적 소외계층으로 전이될 가능성 존재

2. 기업의 소셜미디어 활용전략

이미 미국의 「포춘(Fortune)이 선정한 100대 기업의 79%가 기업의 새로운 소통수단으로 활용할 정도로 소셜미디어는 이제 하나의 트렌드를 뛰어넘어 기업들에게 없어서는 안 될 주요 수단으로 자리 잡고 있다. 이제 기업의 입장에서는 새로운 웹 2.0 환경에서 기업경쟁력을 향상시키기 위해 소셜미디어를 어떻게 인식하고 활용해야 하는지에 대한 깊은 고민이 필요한 시점이 되었다.

소셜미디어를 어떻게 기업에서 활용할 것인가에 대해서는 다양한 견해가 존재한다. 그 중 소셜미디어의 활용전략을 '듣기', '말하기', '활성화하기', '지원하기', '참여시키기' 등 다섯 가지 유형으로 분류한 견해에 관해 살펴보기로 한다(Bernoff and Li 2008a, 2008b). 표 5-6에는

표 5-6 소셜미디어 활용전략

구분	소셜미디어 활용전략	소셜미디어 지원 애플리케이션	효과 측정기준	관련기능
듣기	고객에게 통찰력을 얻고 이를 혁신 과정에 투입하는 데 활용	• 브랜드 모니터링 • 연구커뮤니티 • 혁신커뮤니티	• 획득된 통찰력 품질 • 활용 가능한 아이디어 수 • 증가된 제품개발속도	연구
말하기	제품이나 서비스 프로모션을 위한 고객과의 대화에 활용	• 소셜네트워크 사이트 • 블로그 • 커뮤니티 • 비디오	• 인지도 향상 정도 • 온라인 이슈화 정도 • 사이트 내 소비시간 • 판매증가량	마케팅
활성화하기	열정적인 고객을 파악하고 이들을 다른 사람에게 영향력을 행사하도록 활용	• 소셜네트워크 사이트 • 홍보대사 프로그램 • 커뮤니티	• 커뮤니티 멤버십의 양과 질 • 온라인 이슈화 정도 • 판매증가량	판매
지원하기	고객 간에 서로의 문제 해결을 도울 수 있도록 활용	• 기업 블로그 • 지원 포럼 • 위키	• 참여한 멤버의 수 • 온라인에서 해결된 문제 수 • 콜센터 통화량 감소 정도	고객지원
참여시키기	고객이 기업의 제품과 서비스 개선을 위한 작업에 참여하게 하는 데 활용	• 블로그 • 커뮤니티	• 획득된 통찰력 품질 • 활용 가능한 아이디어 수 • 증가된 제품개발속도	개발

자료: 김은홍 · 최병구, 경영정보학개론, 다산출판사, 2011, 173쪽.

이들 다섯 가지 전략과 각 전략별로 지원애플리케이션, 효과측정기준 및 기업 내 관련 기능을 요약하여 제시하였다.

1) 듣기(Listening)

고객들을 더욱 잘 이해하기 위한 조사연구목적으로 소셜미디어를 활용할 수 있다. 듣기 전략은 고객들로부터 마케팅 또는 연구개발에 필요한 통찰력을 얻고자 하는 기업에게 가장 적합한 전략이다. 온라인 고객관계관리(CRM) 애플리케이션을 제작 · 판매하는 소프트웨어 업체인 세일즈포스닷컴(Salesforce.com)은 정기적인 업데이트를 할 때마다 어떤 기능을 포함할 것인지와 관련하여 소비자들과 끊임없는 마찰을 겪어 왔다. 그러나 2006년에 '아이디어익스체인지(IdeaExchange)'라는 애플리케이션을 기반으로 소비자들로 하여금 필요한 기능을 제안하고 이러한 기능에 대해 투표하도록 함으로써 소비자들의 만족도를 극대화하는 데 성공하였다.

2) 말하기(Talking)

자사의 메시지를 전파하기 위해 소셜미디어를 활용할 수 있다. 배너광고, 검색광고, 이메일과 같은 기존의 일방적인 디지털마케팅활동을 고객과 상호작용이 가능한 경로로 확대하고자 하는 기업에게 적합한 전략이다. 2006년 쉐보레(Chevrolet)사는 신차 쉐비 아베오(Chevy Aveo)를 대학생들에게 광고하기 위해 '도전 대학생, 쉐비 아베오에서 살기'라는 홍보 프로그램을 실시한 적이 있었다. 강의실과 화장실 가는 시간을 제외하고 일주일 내내 자동차 내에서 생활해야 했던 참여 학생들이 그들의 경험을 블로그와 유튜브, 마이스페이스, 페이스북 등을 통해 공개함으로써 쉐보레사는 신차에 대한 인식과 관심을 불러일으키는 데 성공을 거두었다.

3) 활성화하기(Energing)

열성적인 고객들을 찾고 그들을 입소문마케팅(world-of-mouth marketing)에 참여시키기 위해 소셜미디어를 활용할 수 있다. 이는 자사 브랜드 홍보에 적극적으로 참여할 만한 열광적인 추종자를 가지고 있는 기업이 활용하기에 적합한 전략이다. 세계적인 장난감회사인 레고(Lego)는 성인고객이 많기로 유명한데, 그들은 스스로 '러그넷(Lego User Group Network)'이라는 글로벌 커뮤니티를 운영하고 있다. 그에 따라 레고는 별도로 자사의 커뮤니티를 만드는 대신 러그넷과 긴밀한 유대관계를 유지하기로 하고, '레고홍보대사' 라는 프로그램을 시행하였다. 레고는 이들로 하여금 신제품 홍보에 참여하도록 유도하는 한편, 그들의 요구를 효과적으로 수렴함으로써 저비용 · 고효율 방식으로 고객참여도를 증진시킬 수 있었다.

4) 지원하기(Supporting)

고객들 간에 도움을 주고받는 일을 지원하기 휘해 소셜미디어를 활용할 수 있다. 이는 충분한 지원비용이 있고 서로에게 자연스러운 친밀감을 형성하고 있는 고객집단을 보유한 기업에게 가장 적합한 전략이다. 델(Dell) 컴퓨터는 고객들의 불만을 해결해 주기 위해 고객지원 포럼을 운영하고 있다. 이 포럼을 통해 델이 배운 가장 가치 있는 결론은 많은 고객들이 다른 고객의 문제를 해결하는 데 기꺼이 자신의 시간과 노력을 내준다는 것이다. 예를 들면, 어떤 고객이 CD를 설치하다가 'Error 39'라는 메시지를 보고 이를 포럼에 올리면 많은 경우 이를 해결한 경험이 있거나 전문적인 지식이 있는 다른 사용자가 해결책을 올린다. 이러한 활동을 통해 델은 고객만족도를 높일 수 있었을 뿐 아니라 그에 소요되는 비용도 획기적으로 절감할 수 있었다.

5) 참여시키기(Embracing)

소셜미디어를 통해 제품설계 과정에서부터 고객들의 도움을 받는 것을 비롯해 고객들을 사업진행 과정에 참여시킬 수 있다. 기업 입장에서는 가장 구현하기 어려운 전략으로서 앞의 네 가지 전략 가운데 하나라도 성공해 본 경험이 있는 기업들이 고려해 볼 수 있는 전략이다. 델몬트(Del Monte)사는 '내 개를 사랑합니다/개들도 사람입니다(I Love My dog/Dogs are People Too)'라는 비공개 커뮤니티 개설을 통해 많은 애완견 주인들이 가지고 있는 애완견 음식의 모양, 성분, 포장용기 등에 관한 취향과 선호도를 파악할 수 있었고, 이를 기반으로 새로운 제품을 생산하여 커다란 성공을 거두었다.

3. 소셜미디어 이용 현황

한국인터넷진흥원은 매년 우리나라 국민들의 인터넷 이용실태를 조사하여 발표하는데 여기에 소셜미디어(이 조사에서는 SNS라는 용어를 소셜미디어와 같은 의미로 사용하고 있음)의 이용실태도 포함되어 있다(한국인터넷진흥원, 2016.12).

이 조사에 따르면 2016년 7월 기준 우리나라 만 6세 이상 인터넷 이용자 10명 중 6명(65.2%)은 최근 1년 이내 SNS를 이용(SNS 이용률)한 것으로 조사되었으며, 컴퓨터(PC)를 통한 이용은 23.4%, 모바일 기기를 통한 이용은 64.7%로 나타나 SNS 역시 모바일 중심의 인터넷 서비스로 풀이된다. 그리고 SNS 이용자는 주평균 19.6회(일평균 약 2.8회) SNS를 이용하는 것으로 조사되었고, 한주 평균 SNS 이용시간은 1시간 3분으로 나타났다.

그림 5-6 자주 이용하는 SNS

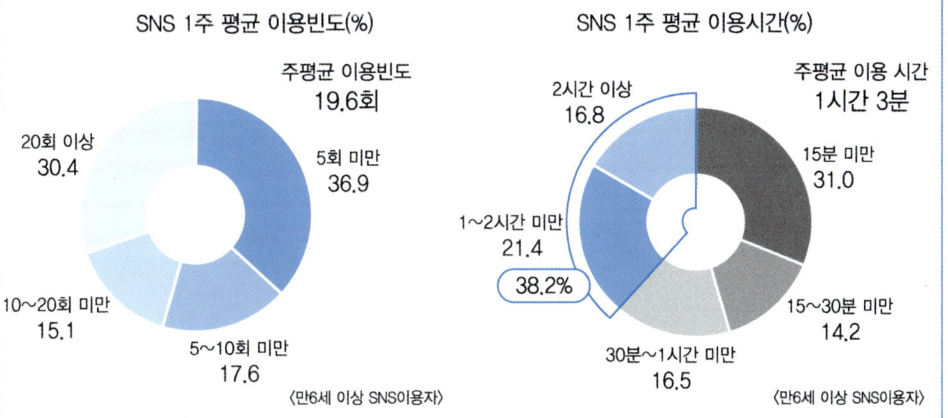

자료: 한국인터넷진흥원(2016.12).

그림 5-7 자주 이용하는 SNS

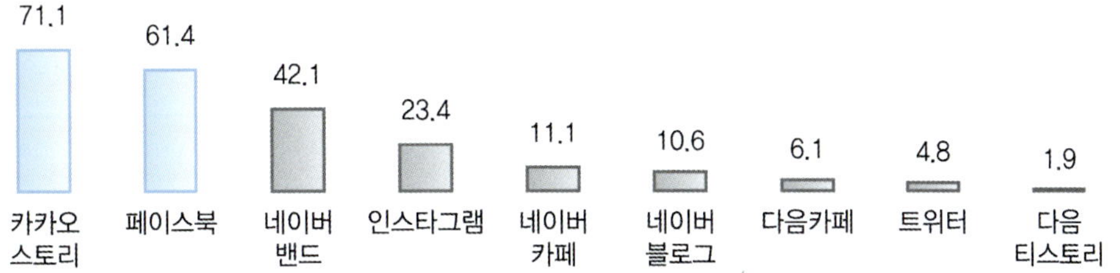

※ 그 외 미니홈피(0.7%), 구글플러스(0.5%), 텀블러(0.2%), 웨이보(0.1%), 링크드인(0.1%)의 순서로 나타남.

자료: 한국인터넷진흥원(2016.12).

SNS 이용자 절반 이상(56.8%)이 SNS가 자신의 삶에 '긍정적'인 영향(매우+대체로)을 미치는 것으로 인식하고 있는 반면, '보통이다'는 의견은 39.7%, '부정적'인 영향(매우+대체로)을 미친다는 의견은 3.5%로 매우 낮게 나타났다. 그리고 가장 많이 이용한 서비스는 카카오스토리(71.1%)였고, 그 다음은 페이스북(61.4%), 네이버밴드(42.1%), 인스타그램(23.4%) 등의 순으로 많이 이용하고 있는 것으로 조사되었다.

한편 이 조사에서는 사람들이 SNS를 이용하는 이유와 이용하지 않는 이유도 함께 조사 하였다. 먼저 SNS 이용자가 꼽은 SNS 이용 이유는 '친교/교제를 위해서'(84.0%)가 가장 높았고, 다음으로 취미/여가활동 등 개인적 관심사 공유를 위해서'(49.1%), '타인이 게시한 콘텐츠를 살펴보기 위해서'(45.1%), '정보나 지식, 사건사고 등을 공유하기 위해서'(41.1%) 등의 순이었다. 반면에 SNS 비이용자가 SNS를 이용하지 않는 이유로는 '필요가 없어서'라는 의견이 76.5%로 가장 높았고, '모르는 사람과 연결되는 것이 불편해서'(27.0%), 사생활 및 개인정보 유출이 우려되어서(15%), 이용할 자신이 없거나 방법을 몰라서(12.9%) 등의 답변이 뒤를 이었다.

그림 5-8 SNS를 이용하는 이유

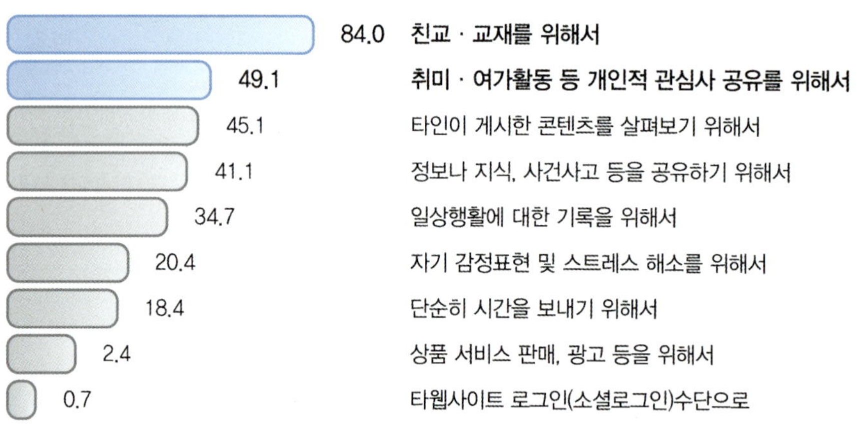

또한 SNS 이용에 대한 인식도 조사에서는 SNS 이용자 10명 중 7명(74.0%)은 'SNS를 통해 최신 정보를 가장 빠르게 얻을 수 있다'는 데 공감하고 있었고, 10명 중 6명(62.9%)은 'SNS를 이용하면서 기존에 알고 있던 사람들과의 관계가 좋아 진다'고 인식하고 있었으나, 'SNS에 게시하기 위해 사진, 동영상 등을 찍으려 노력 한다'는 의견에 대한 동의 정도는 36.7%로 가장 낮게 나타났다.

오늘날 이처럼 전 세계적으로 소셜미디어의 이용자가 급속히 증가하는 이유로는 다음 세 가지를 들 수 있다(장승희, 2010)

첫째, 콘텐츠를 생산하는 사람들의 숫자가 폭발적으로 증가하였다. 자신의 의견을 인터넷 상에 올리고 공유하는 활동에 아주 익숙한 1980년대 이후 세대가 사회활동의 중심무대로 본격 등장한 것이 소셜미디어가 급속히 확산된 가장 큰 원인이라 할 수 있다.

둘째, 소셜미디어는 현대 도시인들 내면 깊숙히 자리 잡고 있는 고독을 표출하는 장으로 각광받고 있다. 현대인들은 자신의 사생활을 일부분 노출하는 희생을 감수 하고서라도 다른 사람을 통해 위안을 받고자 하는 심리를 지니고 있는데, 소셜미디어는 이러한 심리가 행동으로 옮겨지는 것을 용이하게 한다.

셋째, 스마트폰으로 대변되는 모바일 정보통신기기의 발달이다. 스마트폰의 급속한 보급으로 사람들은 시간과 장소에 구애 받지 않고 언제 어디서나 소통할 수 있는 수단으로써 소셜미디어를 적극 활용하게 된 것이다.

연구문제

설명형 문제

1. 인터넷의 의의와 발전 과정에 대해 설명하시오.
2. 인트라넷(Intranet)에 대해 설명하시오.
3. 엑스트라넷(Extranet)에 대해 설명하시오.
4. 소셜미디어의 개념과 특성에 대해 설명하시오.
5. 기업의 소셜미디어 활용전략에 관해 설명하시오.
6. 웹 2.0의 개념과 특성에 대해 설명하시오.
7. 웹 3.0의 개념과 특성에 대해 설명하시오
8. 소셜미디어의 종류(분류)를 각각 설명하시오.

약술/열거형 문제

1. 인터넷서비스의 종류를 열거하시오.
2. 위키노믹스(Wikinomics)에 대해 간략히 설명하시오.
3. 웹 2.0을 위한 핵심 정보기술을 열거하시오
4. 웹 2.0의 7가지 특징을 열거하시오.
5. 소셜미디어의 특성 6가지를 열거하시오.
6. 널리 알려진 소셜네트워크를 열거하시오.
7. 소셜미디어의 종류(분류)를 열거하시오.
8. 소셜미디어의 역기능에 대해 간략히 설명하시오.

용어/시사문제

1. RSS(Really Simply Syndication)
2. 매시업(Mashup)
3. 폭소노미(Folksonomy)
4. 위키(Wiki)
5. 블로그(Blogs)

6장 4차산업혁명과 IT 융합기술

1절 4차산업혁명

증기기관의 보급 이후 기계화, 산업화, 정보화로 이어지는 인류역사의 발전을 돌아보면 항상 기술의 발전이 각 시대의 경제·사회 패러다임의 전환과 사회의 구조적 변화를 이끌어 온 것을 알 수 있다. 세계는 또다시 '제4차산업혁명'이라는 거대한 변화 앞에 놓여 있다. 이러한 변화 이후 다가올 새로운 세상은 인공지능과 사물인터넷, 빅데이터, 클라우드, 모바일 등 융합기술이 한 국가의 산업은 물론 복지, 고용, 교육, 국방 등 다양한 분야와 결합하여 사회 전반의 '지능화'가 실현되는 '지능정보사회'일 것이라는 데 모든 전문가들의 의견이 일치한다. 그것은 지금까지 우리가 한 번도 경험해보지 못한 사회의 모습일 것이다.

미국의 다국적 컨설팅 전문회사인 맥킨지(McKinsey)의 분석에 따르면 지능정보사회의 경제효과는 2030년 기준으로 최대 460조 원에 달할 것으로 전망된다. 그리고 사람이 하는 단순작업의 많은 부분이 자동화되어 상당수의 일자리가 사라질 것으로 예상되며, 소프트웨어 엔지니어나 데이터분석 전문가 등 새로운 사회가 요구하는 신규 일자리도 생겨날 것으로 보인다. 4차산업혁명은 거스를 수 없는 시대적 흐름이지만 아직 선진국들조차도 출발선에 있어 앞으로 어느 나라가 앞서 나가게 될 지는 누구도 알 수 없다.

이 절에서는 4차산업혁명의 기본 개념과 핵심 요소들에 대해 살펴보고자 한다.

1. 4차산업혁명의 개념

1) 4차산업혁명의 의의

2016년을 시작하며 세계경제포럼(World Economic Forum: WEF)은 향후 세계가 직면할 화두로 '4차산업혁명'을 던졌다. 그 이후 4차산업혁명이 유행어처럼 회자되었고 많은 논의가 이루어지기 시작했다. 더욱이 2016년 3월 알파고(AlphaGo)와 이세돌의 바둑 대결은 4차산업혁명의 한 단면을 보여 주는 사건으로 다가왔다. 인공지능과 로봇, 사물인터넷, 빅데이터 등을 통한 새로운 융합과 혁신이 빠르게 진행되고 있음을 보여 주는 사건이었다.

4차산업혁명(The Fourth Industrial Revolution: 4IR)이란 "인공지능, 사물인터넷, 빅데이터, 모바일 등 첨단 정보통신기술이 경제 · 사회 전반에 융합되어 혁신적인 변화가 나타나는 차세대 산업혁명"을 말한다. 즉, 다가올 제4차산업혁명 시대에는 인공지능(AI), 사물인터넷(IoT), 빅데이터, 클라우드 컴퓨팅, 모바일 등 지능정보기술이 기존 산업과 서비스에 융합되거나 3D 프린팅, 로봇공학, 생명공학, 나노기술 등 여러 분야의 신기술과 결합되어 실세계 모든 제품 · 서비스를 네트워크로 연결하고 사물을 지능화한다는 것이다. 그리고 4차산업혁명의 특징은 '초연결(hyper connectivity)'과 '초지능(super intelligence)'이기 때문에 기존 산업혁명에 비해 더 넓은 범위(scope)에 더 빠른 속도(velocity)로 크게 영향(impact)을 끼칠 것으로 예상된다.

사실 4차산업혁명이 무엇인가에 대해서는 확립된 개념도, 이론도, 실체도 아직은 없는 상황이다. 2016년 1월 '4차산업혁명의 이해'라는 주제가 세계경제포럼(WEF)의 주제로 논의되기 전인 2011년에 독일 정부는 이미 '인더스트리(industry) 4.0' 정책을 추진하기 위해 4차산업혁명 개념을 사용한바 있다. 인더스트리 4.0은 제조업의 혁신을 통해 경쟁력을 강화하기 위한 것으로, 사물인터넷(IoT)을 통해 생산기기와 생산품 간의 정보교환이 가능한 제조업의 완전한 자동생산체계를 구축하고 전체 생산 과정을 최적화하는 목표로 추진되었다.

4차산업혁명의 화두를 던진 세계경제포럼(WEF)의 클라우스 슈바프(Klaus Schwab) 회장은 속도, 범위, 체제의 세 가지 측면에서 3차산업혁명과 본질적으로 다르다고 강조했다. 4차산업혁명을 기존의 산업혁명들과 비교했을 때 선형적인 변화가 아니라 완전히 차원이 다른 지각변동수준이라고까지 보았다. 게다가 지난 산업혁명과 달리 새로운 산업혁명은 모든 국가, 모든 산업 분야에서 이루어지며, 결국 경제 · 사회 · 문화에 대한 영향력이 다르다고 강조했다(Schwab, 2016)

한편, 지금까지의 산업혁명은 1차(18세기 말 영국에서 시작된 증기기관 기반의 기계화혁명), 2차(19세기 후반부터 20세기 초반 전기에너지 기반의 대량생산혁명), 3차(20세기 후반 컴퓨터와 인터넷 기반의 정보화/디지털혁명)에 걸쳐 전개 되었다. 뒤를 이을 제4차산업혁명은 세상의 모든 것이 인터넷으로 연결되고 빅데이터, 인공지능 등이 기반이 되는 '만물 초지능혁명' 이라는 새로운 산업혁명을 말한다. 즉, 사람, 사물, 공간이 연결되고 자동화, 지능화되어 디지털 · 물리적 · 생물학적 영역의 경계가 사라지고 다양한 기술이 융합되는 시대를 말한다. 따라서 이전까지의 공장자동화는 미리 입력된 프로그램에 따라 생산시설이 수동적으로 움직이는 것을 의미했지만 4IR에서 생산설비는 제품과 상황에 따라 능동적으로 작업 방식을 결정하게 된다.

또한 지금까지는 생산설비가 중앙집중화된 시스템의 통제를 받았지만 4IR에서는 각 기기가 개별공정에 알맞은 것을 판단해 실행하게 되는 것이다. 또 4IR시대에는 무인(無人)공장의 등장으로 4IR이 몰고 올 미래에 대한 논란도 뜨거워지고 있다. 더 많은 물건을, 더 적은 인력으로, 더 빨리 만들어낼 수 있기 때문에 소비자는 큰 혜택을 볼 수 있지만, 일자리 감소가 우려된다고 한다.

미래창조과학부(현 과학기술정보통신부)는 2016년 말 '4차산업혁명에 대응한 지능정보사회 중장기 종합대책'을 발표하였다. 미래의 고도화된 정보통신기술 인프라(ICBM: IoT + Cloud + BigData + Mobile)를 통해 생성 · 수집 · 축적된 데이터와 인공지능(AI)이 결합한 '지능정보기술'이 초래할 4IR은 경제 · 사회 전반에 혁신적인 변화를 발생할 것으로 예상한다.

그림 6-1 4차산업혁명의 전개

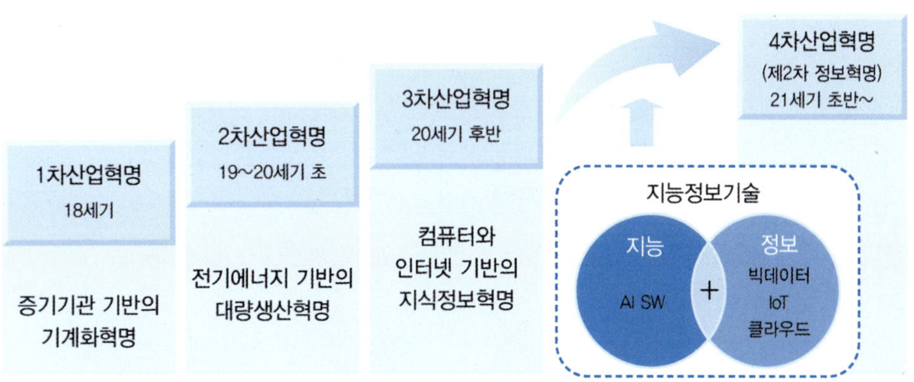

자료: 미래창조과학부 블로그.

2) 4차산업혁명의 도래와 티핑 포인트

산업혁명이라는 말은 새로운 기술이 등장해 새로운 산업 생태계를 만들고, 그것이 인간이 삶을 영위하는 방식을 획기적으로 변화시킬 때 붙일 수 있는 개념이다. 또 산업 분야의 변화에 그치지 않고 정치, 사회, 문화에도 혁명적인 변화를 이끌어 낸다. 인간의 한계(물리적인 힘과 정신적인 능력 포함)를 극복하고 그것이 인간의 삶과 사회에 변화를 준다면, 그런 면에서 1차산업혁명 당시 출현한 증기기관과 기계는 그런 역할을 톡톡히 해냈다고 볼 수 있다. 그리고 2차, 3차산업혁명의 전개 상황도 그러했다. 하지만 작금의 전개상황을 '산업혁명'으로 부를 만하냐는 점이 논란이 되기도 한다. 즉, 지난 1~3차산업혁명과 차별화하는 '거대한 흐름'으로 부르기에는 적합하지 않다는 평가도 있다. 새롭긴 하지만 생산효율성을 급격히 높여 인간 삶의 양상을 크게 바꿔놓은 과거의 산업혁명과 비견할 정도는 아니라는 얘기다.

이 같은 논란에도 불구하고 이제 인간은 또 한 번의 도약을 앞두고 있다. 바로 4차산업혁명의 도래이다. 슈바프(Klaus Schwab) 회장의 말처럼 그것은 인간의 물리적인 한계를 넘어선 지금까지의 과정과는 완전히 다른 맥락에서 진행되고 있다. 바로 인간의 지능까지 대체하려는 것이다. 인간의 지능을 닮은 기계를 만들어 인간이 하던 많은 일을 대신하게 한다는 것이다. 이렇게 되면 인간의 역사와 삶은 또 다른 차원으로 넘어갈 것이다. 기계가 인간을 대

그림 6-2 산업혁명의 주기와 범위

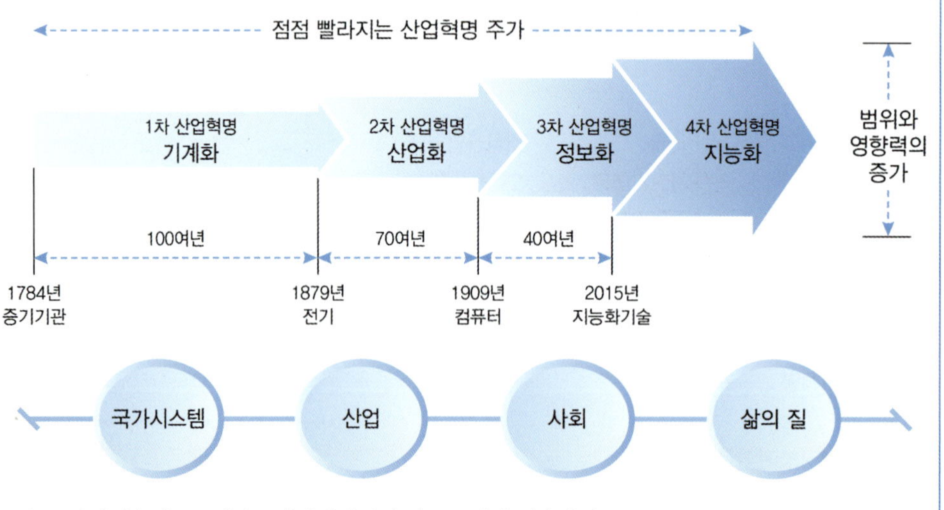

자료: 과학기술정보통신부, 4차산업혁명의 파급효과와 대응방안, 2017.10.11.

신할 정도가 아니라 아예 인간의 지능을 초월하는 세계도 상정(想定)할 수 있다.

그런데 놀라운 것은 1차산업혁명부터 3차산업혁명까지 전개되는 시간의 간격이 급격히 짧아지고 있다는 점이다. 1차산업혁명이 시작된 이후 불과 200여 년 만에 3차산업혁명까지 이루어짐으로써, 이전까지 7만 년 동안 크게 변하지 않은 채 진행되어 온 인간의 역사와 완전히 다른 양상을 보여 주고 있는 것이다.

한편, 인공지능이 인간의 지능을 초월하는 역사적 시점이 언제일까에 대해 그동안 막연한 예상만 있었다. 그런데 레이 커즈와일(Ray Kuzweil)은 2006년 『특이점이 온다(The Singularity is Near)』에서 '기술적 특이점(technological singularity)'에 대해 상세하게 고찰했다. 여기서 특이점이란 미래에 기술 변화의 속도가 빨라지고 그 영향이 매우 깊어서 인간의 생활이 되돌릴 수 없도록 변화되는 시기를 말한다. 그는 특이점의 시대에 이르러서는 인간과 기술 간의 구별이 사라질 것이라고 보았다.

또한, 세계경제포럼은 특이점의 시기가 오기 위한 많은 티핑 포인트(tipping point: 모든 것이 한순간에 변화되는 극적인 순간)가 나타날 것이라고 보았다. 2025년까지 로봇 약사가 등장하고, 3D프린터로 자동차를 생산할 것이며, 미국에서는 자율주행차(self-driving car)가 10%를 넘고, 기업의 30%는 인공지능으로 회계감사를 수행할 것이며, 정부는 블록체인(block chain)으로 세금을 징수하게 된다고 보았다. 이런 상황이 되기 위해서 2027년까지 매년 티핑 포인트가 나타나는데, 2021년에는 로봇 서비스가 일반화되고 2022년에는 3D프린터에 의한 대량생산, 2023년에는 빅데이터에 의한 의사결정이 일반화되며, 2025년에는 인공지능이 화이트칼라 노동을 대체하고, 2026년에는 인공지능이 스스로 자신의 의사를 결정하게 될 것이라고 전망했다(World Economic Forum, 2015).

이렇게 과학자나 미래학자들은 특이점이 언제 올 것인가에 대해 저마다 여러 의견을 내놓았다. 그런데 2016년 7월 소프트뱅크의 손정의 대표는 모바일 반도체 설계회사 ARM을 인수하면서 컴퓨터가 인간의 지성을 초월하는 초지성의 탄생이 특이점이며, 곧 인류 최대의 패러다임 전환이 오고 특이점에 도달할 것이라고 전망했다. 학자가 아니라 기업가, 그것도 혁신적인 기업가의 입에서 특이점이 곧 올 것이라는 말이 나온 것은 의미가 남다르다(이철호, 2016).

2. 4차산업혁명의 요소들

1) 4차산업혁명의 핵심 키워드와 특징

이제 점점 공통점이 나타나기 시작한다. 즉, 이전의 산업혁명과는 다른 차원의 것들이 오기 시작한 것이다. 인간과 사물을 포함한 모든 것들이 연결되며, 기존에는 구별되었던 현실과 사이버가 융합되는 새로운 패러다임으로 변화한다. 사물인터넷 환경에서 빅데이터가 산출되며, 이것을 처리, 활용하는 인공지능이 발전하고 현실세계는 가상현실, 증강현실과 다시 연결된다. 그 결과 소유가 아니라 공유를 기반으로 한 '우버화(Uberization)'가 진행되고, 제조업의 서비스화가 이루어지게 된다. 인공지능과 로봇의 등장으로 무엇보다도 인간의 일자리가 커다란 영향을 받는다.

이런 4차산업혁명이 가져오는 사회는 '지능정보사회'다. 지능정보사회에서의 거버넌스는 종전과 크게 달라져야 한다. 여기에서 4차산업혁명의 10대 키워드를 도출할 수 있다. 연결, 사이버-현실융합, 사물인터넷, 인공지능, 가상현실, 우버화, 인더스트리 4.0, 일자리와 노동, 지능정보사회, 거버넌스가 그것이다.

4차산업혁명의 핵심은 '초연결(hyper connectivity)'과 '초지능(super intelligence)' 이다. 연결과 지능을 중심으로 새로운 산업혁명이 일어나고 그것은 초연결사회를 가져온다. 무엇보다도 '연결(connectivity)'이 핵심이다. 인간의 역사는 연결을 확대해 온 역사로도 설명된다. 테크놀로지의 발전과 융합을 통해서 인간은 연결의 폭과 깊이를 한층 더해 왔다.

사물인터넷(Internet of Things)은 이러한 연결을 가능하게 하는 기반이다. 2025년까지 1조개 이상의 센서가 인터넷에 연결될 것으로 예상된다(World Economic Forum, 2015). 인간은 스마트한 센서를 갖춘 기기와 더욱 연결되고, 이는 우리 주변에 무한대로 도입된다. 가정, 액세서리, 교통, 도시, 에너지 등 모든 분야가 인터넷으로 연결된다. 심지어 센서가 인간의 몸에 주입되어 인터넷과 직접 연결해 소통할 수 있다. 이 경우 인간의 건강 상태를 항상 모니터해 질병을 예방할 수 있고, 실종된 사람을 찾는 데도 큰 도움을 줄 수 있다. 그러나 반면에 프라이버시가 침해되거나 조직 등에서 인간을 감시하는 데 이용될 여지도 커진다.

인공지능(Artificial Intelligence)이 획기적으로 발전한다. 인공지능이 최근 등장한 것은 아니다. 이미 인공지능의 역사는 오래다. 그런데 최근 인공지능 분야에 놀라운 성과가 나타나면서 인공지능은 미래의 일이 아니라 현실이 되고 있다. 그것은 빅데이터의 출현과 기계 스스로가 학습할 수 있는 '딥러닝(deep learning)'이라는 알고리즘의 개발 덕분이다. 인터넷과 모바일은 텍스트, 동영상, 음성 등 엄청난 양의 데이터를 만들고 있는데, 예전에는 이런 데이터들을 분석할 수 있는 도구가 없었다. 그러나 스마트 기기들이 등장하고 딥러닝이 개발되는 등의 조건이 갖추어지면서 인공지능이 현실화되기에 이른 것이다.

가상현실(Virtual Reality)은 인간의 경험의 폭을 크게 확장하는 데 기여할 수 있다. 오히려 현실보다 더 재미를 주고, 현실에서 경험하지 못하는 것을 가능하게 하는 새로운 현실감을 가져다줄 것이다. 시간 · 공간의 제약과 환경의 제약을 극복하는 삶을 가능하게 하는 것이다. 인간은 현실의 모든 대상과 연결되어 상호작용하고, 가상환경의 모든 대상과도 연결되어 상호작용하게 된다. 가상현실은 시뮬레이션 형태로 일부 도입되어 있지만 교육, 미디어, 의료 등의 분야에 커다란 변화를 가져올 수 있는 잠재력을 가지고 있다.

2) 지능정보사회의 도래와 대응

연결이 확대되면서 세상은 플랫폼 기반 사회와 경제로 변화한다. 특히 스마트폰 앱으로 서비스를 원하는 이용자와 그 서비스 제공자를 연결해 주는 새로운 연결의 비즈니스가 발달하게 된다. 그 단초는 우버(Uber)가 제공했다. 우버는 차를 가진 개인과 차가 필요한 이용자를 스마트폰 앱으로 연결해 비즈니스의 혁신을 불러일으킨 장본인이다. 이제는 우버 모델이 모든 서비스로 확대되고 있다. 이것을 '경제의 우버화'라고까지 부르는데 이는 주문형(on-demand) 디지털경제를 일컫는 말이다.

한편 모든 산업도 서로 연결을 증진함으로써 연결된 산업(connected industry)으로 발전한다. ICT(정보통신기술)와 제조업의 융합을 통해 산업 기기와 생산 과정이 연결되고, 상호 소통하면서 최적화, 효율화를 달성할 수 있다는 것이다. 기존의 전통적인 공장도 스마트 공장(smart factory)화로 혁신하는 것을 포함한다. 이를 독일 정부가 2011년 '하이테크 2020 전략'의 하나인 '인더스트리 4.0'으로 부름으로써 일반화되었다. 물론 이것이 단지 산업의 효율화만을 위한 것은 아니다. 결국 인간의 노동과 삶의 질 변화에 대한 문제다(네이버 지식백과, 4차산업혁명, 2016.10.20., 커뮤니케이션북스).

우리는 이렇게 사물인터넷, 인공지능, 가상현실 등으로 연결이 극대화한 사회를 '지능정보사회'라고 부를 수 있다. 기존의 정보사회가 지능이 결합되면서 한층 연결을 증진시키는 것이다. 이런 지능정보사회는 기존의 사회와 다른 특징을 갖는다. 사회적으로는 공동체와 결사체를 넘어 공감사회로 변화한다. 기술은 기계기술, 정보기술을 넘어 지능정보기술로 진화한다. 이에 따라 경제는 물질경제를 넘어서는 '서비스경제화'로 가고, 더 나아가 공유경제와 체험경제로 발전할 것이다. 사회의 지배양식은 예전의 수직적인 위계적 지배 질서를 넘어 수직 · 수평적인 혼계적 지배 질서로 변화하게 된다. 그리고 문화는 다문화를 넘어 '혼성문화'로 변화

한다.

한편으로는 이러한 4차산업혁명사회, 지능정보사회에 걸맞은 거버넌스(governance)를 갖추기 위한 준비도 필요하다. 규제와 문화를 바꾸고, 공공 부문과 민간 부문의 역할도 달라져야 한다. 지금까지 한국의 규제는 포지티브 규제 시스템으로 운영되었다. 이것은 공업과 제조업중심의 성장을 뒷받침하기 위한 제도로 만들어져 운영되었다. 그런데 4차산업혁명 사회는 포지티브 규제 시스템과 충돌한다. 더 이상 효용성을 갖지 못한다. 따라서 규제 시스템을 네거티브 규제로 바꾸지 않으면 안 된다. 4차산업혁명을 준비할 공공 부문의 거버넌스도 다시 짜야 한다(네이버 지식백과, 4차산업혁명, 2016.10.20., 커뮤니케이션북스).

2절 인공지능

2016년 3월 12일, 인간 대 인공지능 '알파고(AlphaGo)'와의 세기의 두뇌전쟁이 벌어졌다. 한국을 대표하는 세계 정상급 프로바둑기사 이세돌 9단과 구글 딥마인드(Google DeepMind)의 인공지능 바둑 프로그램 알파고의 5번 기 중 세 번째 대국에서 알파고가 불계승을 거두면서 1, 2, 3국 세 판을 내리진 이세돌 9단의 패배가 확정됐다.

그리고 2016년 11월 18일, 한국교육방송공사(EBS) 장학퀴즈에서 퀴즈 고수들과 토종 인공지능 '엑소브레인(Exobrain)' 간의 지식 대결은 알파고 대결 이후 초미의 관심사로 세간의 주목을 받았다. 2013년부터 개발하고 있는 AI 프로그램 Exobrain(내 몸 밖에 있는 인공두뇌)은 지식소통이 가능하고, 전문가수준의 의사결정을 지원할 수 있는 인공두뇌를 목표로 개발하고 있는 인공지능 프로그램이다. 백과사전 등 도서 12만권 분량 데이터베이스로 무장하고 인간 퀴즈왕 4명과 대결을 벌인 결과 AI 엑소브레인의 완승으로 끝났다. 이처럼 불과 몇 년 전만해도 인공지능이 인간을 능가할 수 없다는 의견이 팽배했지만, 몇 차례의 '인간 vs 인공지능' 대결 이후 분위기가 완전히 바뀌어서 사람들은 부쩍 다가온 인공지능의 시대를 체감하고 있다.

이 절에서는 인공지능의 개념과 발전 과정, 인공지능의 기술과 적용대상, 인공지능의 현황과 전망 등에 대해 살펴보기로 한다.

1. 인공지능의 개념

최근 4차산업혁명시대가 전개되면서 인공지능 분야가 중요하게 부각되는 이유는 인공지능기술이 학술적 연구단계를 넘어 비즈니스에 직접 적용이 가능한 수준으로 빠르게 발전하고 있으며, 다양한 분야에 적용될 수 있는 범용성이 매우 높은 대표적 융합기술로서, 경제 · 사회 · 문화 분야 전반에 미칠 파급력이 매우 높기 때문이다.

인공지능(Artificial Intelligence: AI)은 "인간의 지능으로 할 수 있는 사고, 학습, 자기계발 등을 컴퓨터가 할 수 있도록 하는 방법을 연구하는 컴퓨터공학 및 정보기술의 한 분야로서, 컴퓨터가 인간의 지적 행동을 모방할 수 있도록 하는 것"(두산백과, 2017.1.25.)으로 정의하고 있다. 그 밖에도 "인간의 지각, 추론, 학습능력 등을 컴퓨터기술을 이용하여 구현함으로써 문제해결을 할 수 있는 기술"(한국과학기술기획평가원, 2016.1.)로 간단히 정의되기도 한다. 한마디로 컴퓨터에 지능을 부여하여 인간이 생각하고 판단하는 것과 같은 과정을 컴퓨터에 의하여 실현하려는 새로운 과학 분야라고 할 수 있다.

오늘날 인공지능의 응용 분야가 인간의 지능보다 훨씬 더 제한적이지만 다음과 같은 이유들 때문에 산업계에서는 인공지능 연구 분야에 큰 관심을 가진다.

- 유능한 전문 인력의 퇴직과 사망 등으로 인하여 사라질 수 있는 전문지식과 능력을 체계적으로 보존하고 활용이 용이한 형태로 저장할 수 있다.
- 매우 복잡 · 방대하여 제한된 시간 내에 풀기 어려운 문제들에 대한 해결책을 제시함으로써 조직의 지식베이스를 향상시킨다.
- 피로, 근심 같은 인간 느낌에 영향 받지 않는 기계장치를 창조하여, 특정 업무가 인간에게 환경적 · 물리적 · 정신적으로 해로울 때 유용하게 활용할 수 있다.

2. 인공지능의 발전 과정

인공지능은 컴퓨터과학, 생물학, 심리학, 언어학, 수학, 공학 등과 같은 여러 학문에 기초하여 지능을 기계시스템으로 구현하고자 하는 연구 분야로서 1956년 여름, 다트머스(Dartmouth)대학 학술회의에서 '기계의 지능화'에 관심을 가졌던 인지과학자 존 맥카시(John McCarthy)에 의해 처음 소개되었다. 당시 그는 인간의 뇌기능을 모방하는 컴퓨터를 설명하기 위하여 인공지능(AI)이란 용어를 처음 사용하였다. 그 후 인간의 지적 능력을 구성하는 지식의 표현과 사고기능을 컴퓨터로 실현하고자 하는 노력이 새로운 연구 분야로 각광받기 시작하였다.

이를 계기로 인공지능 관련 연구가 본격화되기 시작하여 1960년대까지 한동안 붐을 이루었으나, 당시 컴퓨터기술의 한계에 부딪히면서 장기간 침체기로 접어들었다. 그러다가 1980년대 들어 이 책의 10장에서 소개한 전문가시스템(ES)이 업계의 관심을 받으면서 잠시 인공지능 연구의 붐이 재연되기도 하였으나, 이 역시 금세 기술적 한계에 부딪히게 되어 또다시 암흑기에 빠지고 말았다.

하지만 인공지능은 2천 년대 들어 기존의 기술적 한계들을 하나둘 극복할 수 있게 되면서 다시 각광받기 시작했다. 구체적으로 GPU(Graphic Processing Unit)로 대표되는 보다 강력한 컴퓨터처리기술, 현실세계와 거의 맞먹을 정도로 방대한 빅데이터 수집 및 분석기술, 기계가 스스로 학습하는 머신런닝(machine learning)기술 등이 비약적으로 발전함으로써 인공지능은 다시 전 세계적인 화두로 등장한 것이다. 그중에서도 특히 2006년 캐나다 토론토 대학의 제프리 힌튼(Geoffrey Hinton) 교수가 제안한 머신러닝 알고리즘인 'Deep Learning'의 등장으로 인공지능의 수준이 비약적으로 향상되면서 향후 새로운 산업혁명을 이끌어 갈 성장엔진으로 급부상하게 된 것이다(김은홍, 2017).

딥러닝(Deep Learning)은 "수많은 데이터 속에서 패턴을 발견한 뒤 사물을 구분하는 인간의 정보처리 방식을 모방해 컴퓨터로 하여금 사물을 분별하도록 기계를 학습시키는 기술"

그림 6-3 인공지능기술의 발전 과정

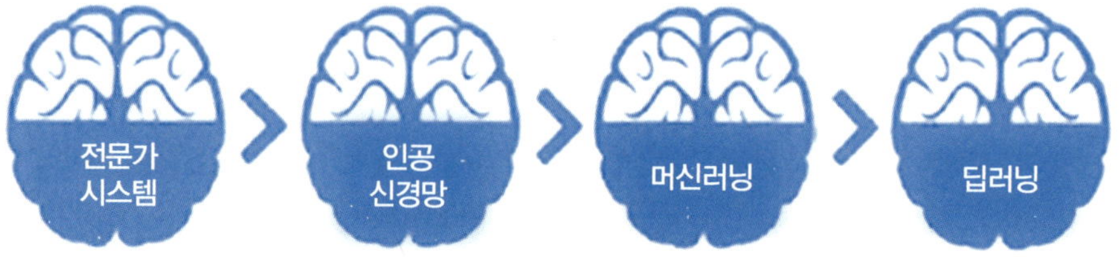

논리/규칙 기반 (1950~80년)	연결 기반 (1980~90년)	통계 기반 (1990~2010년)	딥러닝 기반 (2010년~)
• 현실의 문제는 명확하게 정의되지 않는 경우가 대부분 • 세상의 모든 상황과 지식을 알려줄 수 없다는 점	• 계산이 복잡하고 컴퓨팅 파워가 신경망을 충분히 학습시킬 수준이 안 됨 • 훈련시킬 데이터가 부족	• 자질 설계의 능숙도에 따라 성능이 좌우 • 최적화 방식으로 문제를 해결하기 때문에, 다른 분야에 적용하기 어려움	• 컴퓨터가 스스로 자질을 학습하여 설계 • 학습한 데이터를 다른 문제에 재활용 가능

자료: 정보통신기술진흥센터(2016.3.)

(한경경제용어사전, 2017.1.25.)이라고 정의된다. 즉, 딥러닝은 컴퓨터가 인간처럼 판단하고 학습할 수 있도록 하고 이를 통해 사물이나 데이터를 군집화하거나 분류하는 데 사용하는 기술이다.

예를 들어, 사람은 사진만으로 개와 고양이를 아주 쉽게 구분하지만 컴퓨터에게는 매우 어려운 일이다. 이를 위해 많은 양의 데이터를 컴퓨터에 입력하고 비슷한 것끼리 분류하도록 하는 기술인 딥러닝 방법이 고안되었다. 이미 저장된 개 사진과 비슷한 사진이 입력되면, 컴퓨터가 이를 개 사진으로 분류하도록 한 것이다.

3. 인공지능의 유형 및 주요 기술

1) 인공지능의 유형

한편 일반적으로 인공지능은 인간지능과의 유사성을 기준으로 '약(弱) 인공지능(Weak AI, Narrow AI, ANI(Artificial Narrow Intelligence))'과 '강(强) 인공지능(Strong AI, Full AI, AGI (Artificial General Intelligence))'으로 구분하는 것이 보통이다. 약 인공지능은 자의식이 없이 특정 부문에서 주어진 문제에 대해 탁월한 성과를 보이는 데 비해, 강 인공지능은 스스로 자의식을 가지고 거의 모든 문제에 대해 사람처럼 생각하고 이해하는 수준의 인공지능을 말한다. 현재 인류는 약 인공지능에서 강 인공지능으로 가는 과정의 초기단계에 위치한 것으로 여겨지고 있다.

그런데 스웨덴 철학자이자 영국 옥스퍼드대학 교수인 닉 보스트롬(Nick Bostrom)과 같은 사람은 언젠가는 거의 모든 영역에서 인간을 훨씬 뛰어넘는 초 인공지능(Super-intelligence, ASI(Artificial Super Intelligence))이 탄생할 것이라는 예측을 내놓아서 전문가들 사이에 뜨거운 찬반논쟁을 불러일으키고 있다(Bostrom, 2014). 이는 그가 할리우드 블록버스터 영화 '터미네이터(Terminator)' 시리즈에서 인류를 지배하는 악역으로 나오는 인공지능 스카이넷(Skynet)의 등장을 예고한 셈이기 때문이다. 특히 초 인공지능시대의 전망에 대해서는 인공지능이 인류의 모든 문제를 해결해 줄 것이라는 낙관론과 윤리의식이 결여된 인공지능에 의해 인류가 멸망할지도 모른다는 비관론이 팽팽히 맞서고 있다. 이상 세 가지 인공지능 유형을 표로 정리하면 다음과 같다.

표 6-1 인공지능의 세 가지 유형

종 류	개 념
약 인공지능 (Artificial Narrow Intelligence)	• 자의식이 없는 인공지능 • 주어진 문제의 해결 위주 • 특정 분야에 한해 인간을 능가하는 능력 발휘 • 인간과 같은 종합적 사고, 추론, 판단 불가능
강 인공지능 (Artificial General Intelligence)	• 자의식이 있는 인공지능 • 인간과 유사한 지능 보유 • 대부분의 분야에서 인간처럼 능숙하고 인간과 대립하는 경우도 발생 • 인간과 같은 종합적 사고, 추론, 판단 가능
초 인공지능 (Artificial Super Intelligence)	• 자의식이 있는 인공지능 • 경제, 사회, 과학 등 거의 모든 영역에서 인간을 능가하는 지능보유 • 인류보다 훨씬 강한 존재 • 초 인공지능시대에 대한 낙관론(유토피아)과 비관론(인류 멸망) 대립중

자료: 김은홍, 경영정보학개론, 2017, 173쪽.

2) 인공지능의 주요 기술

인공지능의 구현을 위해서는 다양한 기술의 발전이 뒷받침되어야 한다. 이미 컴퓨터의 정보처리능력 향상과 네트워크 시스템 고도화 등 IT 하드웨어 기술의 발전에 따라 인공지능 개발의 토대가 마련되었다고 할 수 있다. 1980년대 이후 반도체기술의 발전으로 컴퓨터의 소형화, 고속화, 대용량화가 이루어짐에 따라 인공지능의 하드웨어적 기반이 마련되었고, 그와 함께 패턴인식, 머신러닝, 전문가시스템, 인공신경망, 자연어처리 등 다양한 분야와 융합된 소프트웨어 기술이 발전하면서 인공지능이 현실화된 것으로 볼 수 있다.

표 6-2 인공지능의 주요 기술

구 분	내 용
패턴인식 (Pattern Recognition)	컴퓨터로 하여금 도형, 문자, 음성, 등을 식별시키는 기술로 기술발전이 지속적으로 이루어져·왔으며, 이미 일부 실용화되고 있는 중
머신러닝 (Machine Learning)	기 프로그램화된 논리나 정형화된 규칙 등을 바탕으로 발생되는 데이터를 통해 학습하는 기술, 그중 딥러닝(Deep Learning)은 머신러닝과 유사하지만 인간 신경망을 모델화해 새로운 데이터셋을 예측하는 기술

자연어처리(Natural Language Processing)	컴퓨터가 인간의 평상언어를 인식하고 특정 과제를 처리하는 기술로 이미 정보검색, 질의응답시스템, 자동 통·번역시스템 등에 활용 중
자동제어 (Automatic Control)	제어대상에 미리 설정한 목표치와 검출된 피드백 신호를 비교하여 오차를 자동으로 조절하는 기술
인지로봇공학 (Recognition Robotics)	로봇에게 복잡한 환경에서 복잡한 목표를 달성할 수 있도록 인지능력을 부여하는 기술
컴퓨터비전 (Computer Vision)	로봇의 눈을 만드는 기술로 컴퓨터가 실세계의 정보를 취득하는 전 과정과 관련
가상현실 (Virtual Reality)	특정 환경이나 상황을 컴퓨터로 구현하여 그것을 사용하는 사람이 실제 환경 또는 상황과 상호작용을 하는 것처럼 느끼게 해 주는 인터페이스 기술
양자컴퓨터 (Quantum Computer)	양자역학의 원리에 따라 작동되는 컴퓨터로 아직 연구단계지만, 2013년 구글이 NASA와 공동 구입한 D-Wave 2X는 기존 싱글코어 PC보다 1억 배 빠른 것으로 발표
자동추론 (Automatic Reaoning)	계산기과학의 한 분야로 추론의 다양한 측면을 이해함으로써 컴퓨터에 의한 완전한 자동추론을 가능하게 하는 소프트웨어 방출
사이버네틱스 (Cybernetics)	생물과 기계 사이의 제어와 통신문제를 종합적으로 연구하는 분야
데이터 마이닝 (Data Mining)	수많은 데이터 사이에 숨어있는 유용한 상관관계를 발견하여 미래에 실행 가능한 정보를 추출해 내고 이를 의사결정에 활용하는 과정
지능형 에이전트 (Intelligent Agent)	인공지능을 가지고 사용자 대신에 반복된 컴퓨터작업을 처리해 주는 소프트웨어
시맨틱웹 (Semantic Web)	컴퓨터가 웹상에 표현된 정보의 뜻을 이해하고 이를 바탕으로 논리적 추론까지 가능하게 해주는 차세대 지능형 웹기술

자료: 김은홍, 경영정보학개론, 2017, 174쪽.

4. 인공지능의 파급효과

1) 인공지능의 응용 분야

최근 인공지능 분야가 다시 중요하게 부각되는 이유로는 크게 다음 두 가지를 들 수 있다(정보통신기술진흥센터, 2016.3).

첫째, 인공지능기술이 학술적 연구단계를 넘어 비즈니스에 직접 적용이 가능한 수준으로 빠르게 발전하고 있기 때문이다. 과거 인공지능기술은 극복하기 어려운 기술적 한계로 인간

2) 인공지능이 미치는 영향

인공지능은 개인 · 가정 · 기업 · 사회 전반에 걸쳐 광범위한 파급효과를 유발할 것이 예상되는데, 거기에는 긍정적 측면과 부정적 측면이 모두 존재한다. 먼저 세계적인 컨설팅업체 맥킨지(McKinsey)는 향후 2025년까지 인간의 삶과 기업, 세계경제를 변화시킬 12개 파괴적 혁신기술들 중에서 인공지능 관련 기술이 큰 비중을 차지할 것으로 예측하였다(MGI, 2013).

다음 그림 6-5에서 볼 수 있듯이 인공지능(지식노동의 자동화)이 12개 중 두 번째로 영향력이 큰 기술로 선정되었고, 인공지능의 범주에 포함되는 로봇과 자율주행차도 각각 5위, 6위로 선정되었다. 또한 맥킨지는 인공지능을 통한 '지식노동의 자동화'로 인한 경제효과가 2025년까지 연간 최소 5.2조 달러에서 최대 6.7조 달러에 이를 것으로 예측하였다. 그런가하면 로봇과 인공지능기술을 사용함으로써 많은 산업의 생산성이 30% 가량 향상되고, 제조원

그림 6-5 매킨지 선정 파괴적 혁신기술의 2025년 잠재적 경제효과

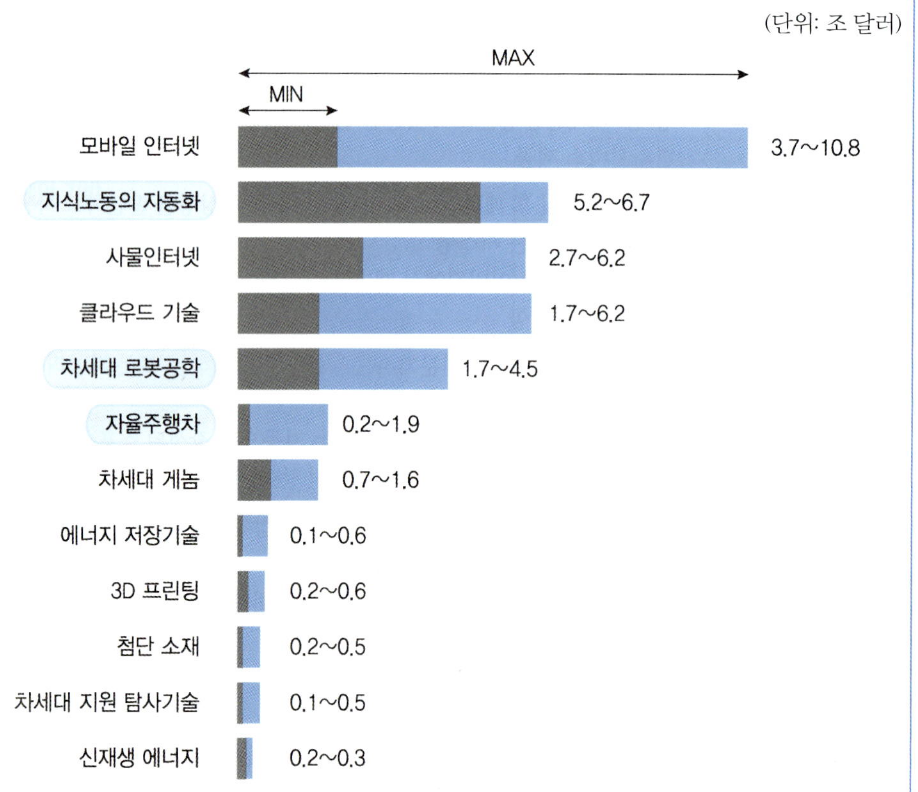

자료: 김은홍, 경영정보학개론, 177쪽.

가 중 노무비의 18~33%는 절감될 것이라는 전망도 있다(Bank of America, 2015).

한편, 한국과학기술기획평가원(2016.1.)은 2015년에 미래창조과학부의 요청에 따라 인공지능기술에 대한 기술영향평가를 실시한 바가 있다. 이 평가에서는 인공지능기술의 영향을 '산업 및 일자리 변화', '사회 · 문화적 변화', '새로운 윤리적 문제' 등 크게 세 개의 대분류로 구분하고, 각 대분류별로 다시 세분화 하여 총 9가지 중분류 및 27개 소분류로 나누어 평가하였다. 그리고 각 소분류 주제별로 '쟁점 관련 기술 특성', '긍정적 영향', '부정적 영향', '정책 제언'의 순서로 인공지능이 우리 경제 · 사회 · 문화 · 생활 전반에 미치는 영향을 구체적으로 제시하고 있다(한국과학기술기획평가원 보고서: '2015년도 기술영향평가 제2권 인공지능기술', 2016.1.).

이처럼 인공지능의 적용범위가 점차 확대되고 '지식노동의 자동화'가 진행됨에 따라 기존의 직업들 중 상당수가 인공지능에 대체될 것이라는 전망이 우세하다. 이 문제는 2016년 스위스 다보스(Davos)에서 열린 세계경제포럼(World Economic Forum: WEF)에서도 중요한 글로벌 경제현안으로 상정된 바가 있다. WEF(2016)에 따르면 세계고용의 65%를 차지하는 주요 15개국에서 2020년까지 200만 개의 일자리가 생겨나지만 710만 개의 일자리가 사라지면서, 결국 510만 개의 일자리가 줄어들 것으로 예상하였다.

또한 2013년에 실시된 영국 옥스퍼드대학(University of Oxford)의 연구에서는 자동화 등 기술발전으로 인해 20년 이내에 현재 미국의 702개 직업군 중 47%가 사라질 가능성이 높다고 예측한 바 있다(Frey and Osborne, 2013). 그 후 옥스퍼드대학은 2016년에 발표한 추가연구에서 향후 20년 동안 인공지능으로 인해 줄어들 일자리 비율이 선진국보다는 개발도상국에서 더 심각하게 발생될 것으로 전망하였다.

최근에는 인공지능이 일자리에 미치는 영향을 보다 다양한 관점에서 구체적으로 제시하고 있는 조사결과들이 많이 보고되고 있다. 우선 다음 표 6-4에는 영국 옥스퍼드대학과 미국의 유력 일간지 워싱턴포스트, 국내 산업 및 과학기술전문 월간지 테크M에서 발표한 미래의 쇠퇴 직종과 유망 직종이 제시되어 있다. 하지만 이들 세 가지 조사가 일부 서로 다른 결과를 보여주고 있는 데서도 알 수 있듯이, 인공지능이 미래 일자리에 미치는 영향에 대해서 확실한 결론을 내리기에는 아직은 좀 이른 것으로 판단된다(김은홍, 2017).

한편, 한국고용정보원(2017.1.)에서는 2025년까지 직종별로 인공지능 · 로봇 등 신기술에 의한 직무 대체 확률을 조사하였는데, 그중 상위 15개와 하위 15개 직업을 살펴보면 다음 표 6-5와 같다. 이 결과를 보면 자동화 대체 확률이 높은 직업은 단순 반복적이고 정교함이 낮은 동작을 하거나 사람들과 소통하는 일이 적다는 특징을 가지고 있는 반면에, 아무래도 인간의 감성에 기초한 예술 관련 직업들의 자동화 대체 확률이 낮은 것으로 평가되었다.

표 6-4 미래의 쇠퇴 직종 및 유망 직종

발표기관	쇠퇴 직종	유망 직종
옥스퍼드대학 (2013) (향후 20년)	텔레마케터, 세무대리인, 재봉사, 자료입력원, 도서관리원, 은행계좌 상담 및 개설직원, 신용분석가, 보험 감정사, 심판 및 기타 스포츠 관계자, 법률비서, 출납원 등	물리치료사, 정비공/수리공/설치공, 사회복지사, 외과의사, 전문의, 영양사, 안무가, 심리학자, 초등학교 교사, 관리자, 상담교사, 컴퓨터시스템 분석가, 큐레이터, 운동 트레이너 등
워싱턴포스트 (2015) (향후 10년)	농업 분야 노동자, 우편서비스 노동자, 재봉틀사업자, 배전반사업자, 자료입력원, 워드프로세서, 타이피스트 등	보안전문가, 빅데이터분석, 인공지능 및 로봇공학 전문가, 모바일장치용 프로그램개발자, 웹개발자, DB관리자, 비즈니스/시스템 분석가, 윤리학자, 엔지니어, 회계사, 변호사, 금융컨설턴트, 프로젝트매니저, 전문의, 간호사, 약사, 물리치료사, 수의사, 심리학자, 교사, 영업담당자, 건설노동자(특히 벽돌공과 목수) 등
테크M (2015) (향후 10년)	콜센터 상담원, 교수, 택시기사, 세무·회계사, 단순조립공, 의사, 약사, 변호사 등	데이터분석가, SW개발자, 헬스케어 종사자, 로봇공학자, 예술가, 보안전문가, 바이오엔지니어 등

표 6-5 2025년 자동화 대체 확률 상·하위 15개 직업군

순위	자동화 대체 확률 낮은 직업	자동화 대체 확률 높은 직업
1위	화가 및 조각가	콘크리트공
2위	사진작가 및 사진사	정육원 및 도축원
3위	작가 및 관련 전문가	고무 및 플라스틱 제품조립원
4위	지휘자·작곡가 및 연주가	청원경찰
5위	애니메이터 및 만화가	조세행정사무원
6위	무용가 및 안무가	물품이동장비조작원
7위	가수 및 성악가	경리사무원
8위	메이크업아티스트 및 분장사	환경미화원 및 재활용품수거원
9위	공예원	세탁 관련 기계조작원
10위	예능 강사	택배원
11위	패션디자이너	과수작물재배원
12위	국악 및 전통 예능인	행정/경영지원 관련 서비스
13위	감독 및 기술감독	주유원

14위	배우 및 모델	부동산 중개인
15위	제품디자이너	건축도장공
	"감성에 기초한 예술 관련 직업은 자동화 대체 확률이 상대적으로 낮은 특징을 보인다."	"단순 반복적이고 정교함이 떨어지는 동작을 하거나 사람들과 소통하는 일이 상대적으로 낮은 특징을 보인다."

자료: 한국고용정보원, 기술변화에 따른 일자리 영향 연구, 2016. 10. 31.

3) 인공지능기술의 개발 현황

향후 인공지능기술은 다양한 분야에 접목됨으로써 세계적으로 관련 시장의 성장속도도 매우 빨라질 것으로 예측됨에 따라 인공지능산업에 대한 투자도 급증하고 있다. 선진국 정부 및 글로벌 IT 선도기업들은 이미 인공지능시장의 초기 주도권 확보를 위해 원천기술을 확보하고 관련 기업 인수에 적극적으로 나서는 등 많은 투자를 해 왔으며, 후발 주자와의 기술격차를 확대하는 데도 주력하고 있다. 다음 표 6-6은 대표적인 글로벌 IT 기업들이 최근 인공지능 기술개발을 위해 어떤 노력을 해 왔는지 간단히 제시하였다.

최근 한국 정부에서도 인공지능산업 육성정책을 수립하고 있으나 착수 시점 및 투자 규모 측면에서 주요국 대비 많이 뒤쳐져 있는 것이 현실이다. 정부는 최근 인공지능의 중요성을 인식하고 AI산업 육성정책을 수립하고는 있으나 한국 정부가 주도적으로 추진하고 있는 인공지능 관련 프로젝트의 투자 규모는 주요 선진국 대비 크게 미흡한 수준이다. 뿐만 아니라 민간 부문에서의 인공지능산업의 기반 또는 시장의 규모, 관련 기업의 수 및 투자 규모 측면에서 선진국에 비해 부족한 수준이어서 선진국 및 선진기업들과의 격차가 점점 더 벌어지지 않을까 우려되는 상황이다.

표 6-6 글로벌 IT 기업들의 인공지능기술 개발 현황

회사명	주력 분야	관련 기업 인수 및 투자내역
알파벳 (구글)	• 인공지능기술을 접목한 채팅봇 개발 • 자율주행자동차 개발 • 차세대 스마트 검색엔진 개발	네스트랩(자동온도 조절장치)/DNN리서치(뉴런네트워크)/딥마인드 테크놀로지(인공지능)/젯팩(사진분석)/다크블루랩스(자연어처리)/비전팩토리(머신버전) 등 다수 인수
애플	• 음성인식서비스 시리(Siri) 업그레이드 • 자율주행자동차 개발	이모션트(표정분석)/페이스시프트(모션캡처)/보컬IQ(음성인식) 등 인수

마이크로소프트	• 대화형 차세대 컴퓨팅 플랫폼(OS) 개발 • 개인비서(코타나) 또는 채팅봇 서비스	인공지능기술 플랫폼 선점을 위해 관련 코타나, 딥러닝 툴킷 등 기술을 오픈소스로 공개
IBM	• 슈퍼컴퓨터 왓슨을 활용한 사업 • 인간의 뇌 구조를 묘사한 뉴로모픽칩 트루노스(True North) 개발	2011년 왓슨의 미국 퀴즈쇼 우승/왓슨의 의료, 금융, 유통, 교육 등 활용(2013년 5월부터 왓슨 API를 외부개발자에게 개방해 2016년 현재 세계 36개국에서 400여 기업·단체의 77,000여 개발자가 왓슨에 접속해 인공지능기술 이용 중)
아마존	• 스마트 물류시스템 구축 • 음성인식 개인비서(알렉사) • 스마트홈 사물인터넷 시장 선점	키바시스템즈(물류로봇)/이노바소프트웨어(TTS변환)/오르비우스(이미지인식)/사파바(텍스트번역) 등 인수
페이스북	• 인공지능으로 메신저 중심의 플랫폼 구축	지비고(번역)/윗에이아이(음성인식)/더파인드(검색엔진) 등 인수/딥페이스(얼굴인식알고리즘)개발
테슬라	• 자율주행자동차 개발	오픈 AI재단 설립 및 10억 달러 투자
바이두	• 구글에 필적하는 음성/영상인식기술 개발 • 차세대 스마트 검색엔진 개발 • 자율주행자동차 개발	2014년 3억 달러를 투자해 미국에 심층학습연구소 설립/ 2014년 자체개발 슈퍼컴퓨터에 딥러닝 알고리즘 기반의 딥이미지(컴퓨터비전시스템)를 구축하여, 이미지 인식률 94.01% 달성(구글의 93.34%를 능가)

자료: 김은홍, 경영정보학개론, 2017, 182쪽.

3절 사물인터넷

전 세계는 지금 사물인터넷을 새로운 성장동력으로 인식하고, 국가 차원이나 민간 부문에서 다양한 목적으로 사물인터넷의 활용범위를 적극 확대해 나가고 있다. 우리나라도 선진 외국에 비해 늦은 감은 있지만, 정부 차원에서 사물인터넷 기술개발 및 활용을 촉진하기 위해 관련 부처들을 중심으로 다양한 계획과 로드맵을 확정하여 적극적으로 추진 중에 있으며, 기업들 역시 융·복합기술의 개발과 신산업 발굴 차원에서 적극적으로 뛰어들고 있다.

사물인터넷 분야에서 한국은 육성단계이지만 미국은 사물인터넷 기반시설을 꾸리고 적극적으로 사물인터넷을 활용하고 있다. 월트디즈니 놀이공원은 미키마우스 인형의 눈과 코, 팔, 배 곳곳에 적외선 센서와 스피커를 탑재해 놀이공원 정보를 수집한다. 이 인형은 실시간으로 디즈니랜드 정보 데이터를 습득해 관람객에게 정보를 알려준다. 어떤 놀이기구 줄이 가장 짧은지, 지금 방문객 위치가 어디인지, 오늘 날씨는 어떤지 같은 정보를 그때그때 상황에 맞춰 알려주는 식이다.

이 절에서는 사물인터넷의 개념 및 시스템의 구성, 사물인터넷 시스템의 응용, 사물인터넷 현황, RFID 무선 인식기술 등에 대해 살펴보고자 한다.

1. 사물인터넷의 개념

1) 사물인터넷의 정의

사물인터넷(Internet of Things: IoT)은 인터넷을 기반으로 모든 사물을 연결하여 사람과 사물, 사물과 사물 간의 정보를 상호 소통하는 지능형 기술 및 서비스를 말한다. 사물인터넷은 기존의 유선통신을 기반으로 한 인터넷이나 모바일 인터넷보다 진화된 단계로 인터넷에 연결된 기기가 사람의 개입 없이 상호간에 알아서 정보를 주고받아 처리한다.

사물이 인간에 의존하지 않고 통신을 주고받는다는 점에서 기존의 '유비쿼터스 컴퓨팅(Ubiquitous computing)'이나 '사물지능통신(Machine to Machine: M2M)'과 비슷하기도 하지만, 통신장비와 사람과의 통신을 주목적으로 하는 M2M의 개념을 인터넷으로 확장하여 사물은 물론이고 현실과 가상세계의 모든 정보와 상호작용하는 개념으로 진화한 단계라고 할 수 있다(두산백과).

사물인터넷은 문자 그대로 '사물들(Things)'이 '서로 연결된(Internet)' 것 혹은 '사물들로 구성된 인터넷'을 말한다. 컴퓨터나 무선인터넷이 가능한 휴대전화 등으로 구성되었던 기존의 인터넷과는 달리, 사물인터넷은 집안의 모든 전기 기구, 책상, 가방, 자동차, 애완견 등 세상에 존재하는 모든 사물들을 연결한 인터넷이라고 할 수 있다.

또한 사물인터넷은 가방이나 자동차와 같은 유형의 사물을 연결하는 데 국한하지 않고 교실, 커피숍, 버스정류장 등의 공간과 상점의 결제프로세스 등 무형의 사물까지도 그 대상에 포함한다. 사물인터넷의 표면적인 정의는 사물, 사람, 장소, 프로세스 등 유 · 무형의 사물들이 연결된 것을 의미하지만, 본질에 있어서는 이러한 사물들이 서로 연결됨으로써 개별적인 사물들이 제공하지 못했던 새로운 기능을 제공하는 것이다.(스마트과학관, 21017.1.28.)

한편 사물인터넷이라는 용어는 1999년 매사추세츠공과대학교(MIT)의 오토아이디센터(Auto-IDCenter) 소장 케빈 애시턴(Kevin Ashton)이 향후 RFID(전자태그)와 기타 센서를 일상생활에 사용하는 사물에 탑재한 사물인터넷이 구축될 것이라고 전망하면서 처음 사용한 것으로 알려져 있으며, 2005년 세계통신연합(ITU)에서 사물인터넷에 관한 보고서를 발간하면서 본격적으로 이슈화되기 시작하였다. 그리고 2008년부터 시스코, 인텔, 퀄컴과 같은 글로벌 기업들이 사물인터넷을 차세대 유망 산업화 대상으로 지목하면서 산업적으로도 큰 관심을 받게 되었다.

사물인터넷을 구현하기 위한 기술 요소로는 유형의 사물과 주위 환경으로부터 정보를 얻는 '센싱 기술', 사물이 인터넷에 연결되도록 지원하는 '유무선 통신 및 네트워크 인프라 기술', 각종 서비스 분야와 형태에 적합하게 정보를 가공하고 처리하거나 각종 기술을 융합하는 '서비스 인터페이스 기술'이 핵심이며, 대량의 데이터 등 사물인터넷 구성 요소에 대한 해킹이나 정보 유출을 방지하기 위한 '보안 기술'도 필수적이다.

키를 가지고 접근하면 자동차 문의 잠금 장치가 자동으로 해제되고 키를 꽂지 않아도 시동을 걸 수 있는 '스마트키', 전기 · 가스 또는 상 · 하수도를 포함한 에너지를 효율적으로 관리하는 '스마트그리드' 등이 이미 일상에서 다양하게 활용되고 있다.

그림 6-6 사물인터넷의 개념도

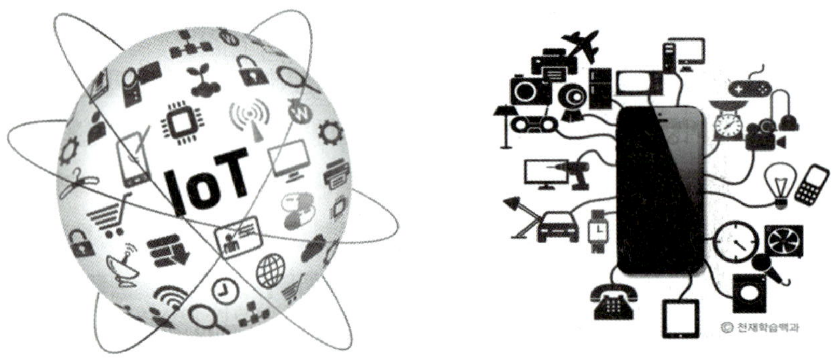

2) 사물인터넷에 영향을 준 유사 개념들

사물인터넷이라는 용어가 탄생한 것은 1999년이지만 이처럼 유 · 무형의 사물들을 인터넷으로 연결하여 새로운 서비스를 창출하고자 하는 개념의 역사는 10년 이상 이전으로 거슬러 올라가야 한다. 그중에서도 불과 얼마 전까지만 해도 국내 · 외적으로 정부 및 민간 차원에서 주목을 받던 대상이었으나 이젠 거의 사용되지 않는 '유비쿼터스 컴퓨팅(Ubiquitous

Computing)' 개념은 사물인터넷의 개념과 유사성이 매우 높다. 사실 사물인터넷 개념이 널리 알려지기 시작하자마자 얼마 안 되는 짧은 시일 내에 유비쿼터스 컴퓨팅이라는 용어가 완전히 사라져 버렸다는 사실이 이 두 개념의 유사성을 반증하고 있다(김은홍, 2017).

유비쿼터스의 개념은 1988년 미국 제록스 팰로엘토 연구소(PARC)의 마크 와이저(Mark Weiser) 소장이 '쉬운 컴퓨터 연구'라는 프로젝트를 추진하면서부터 처음 '유비쿼터스 컴퓨팅(ubiquitous computing)'이라는 용어를 착상한 데서 비롯되었다. 그가 제시하는 유비쿼터스 컴퓨팅의 목표는 컴퓨터가 우리 주변의 생활환경이나 업무활동에 조용하게 스며들도록 하여 '인간중심적인 컴퓨터환경'을 구현하겠다는 것이었고, 향후 21세기 컴퓨팅의 기본방향이자 사상이 될 것으로 예상하였다.

유비쿼터스 컴퓨팅(Ubiquitous Computing)이란 '다양한 종류의 컴퓨터가 사람, 사물, 환경 속으로 스며들고 서로 연결되어, 언제 어디서나 컴퓨팅을 구현할 수 있는 환경'으로 정의되기도 하고, 또는 '사용자가 컴퓨터나 네트워크를 의식하지 않는 상태에서 장소와 수단에 구애 없이 자유롭게 네트워크에 접속할 수 있는 유비쿼터스화 된 정보통신환경' 등으로 정의되고 있다(김은홍 외, 2011).

여기서 유비쿼터스화의 의미는 물리적 공간에 존재하는 컵, 화분, 자동차, 벽, 교실이나 사람들이 지니고 다니는 옷, 안경, 신발, 시계 등의 우리 주위의 모든 사물 하나하나에 다양한 기능의 컴퓨터와 관련 기기들을 탑재하거나 심는 것이다. 더 나아가서는 이들을 보이지 않는 가상의 네트워크로 연결시킴으로써, 기능적 · 공간적으로 사람과 컴퓨터 그리고 사물이 하나로 연결되고 이들 간에 정보가 자유롭게 흐를 수 있도록 해주는 것이다. 이것이 물리적 공간과 가상공간이 연결된 제3의 공간이고 이를 가능케 해주는 기술적 개념이 바로 '유비쿼터스 컴퓨팅'이다.

또한, 유비쿼터스 컴퓨팅의 환경조건은 '장소에 구애받지 않아야 하고', '자연스럽게 존재해야 하며', '스스로 판단할 수 있는 자율성'을 가져야 한다는 것이다. 그리고 유비쿼터스 컴퓨팅의 궁극적인 모습은 컴퓨팅이 수도나 전기와 같이 누구나 손쉽게 이용할 수 있는 일종의 유틸리티(utility)로 인식되는 것이다. 즉, 유비쿼터스 컴퓨팅환경에서는 사용자가 컴퓨터를 이용하여 일을 할 때, 컴퓨터 자체에는 전혀 신경을 쓰지 않고 오직 컴퓨터에 의해 구현되는 '일의 본질'에만 전념할 수 있게 된다. 이때 사용자는 컴퓨터가 있다는 사실조차도 모르는 것이 진정한 유비쿼터스 컴퓨팅환경이라고 할 수 있다.

한편, 유비쿼터스 컴퓨팅환경은 어디에서나 접속수단에 구애받지 않고 네트워크에 접속할 수 있는 특성에 따라 모바일(mobile) 컴퓨팅 및 퍼베이시브(pervasive) 컴퓨팅과 혼동되기도 한다. 그러나 퍼베이시브 컴퓨팅은 사물에 RFID(Radio Frequency Identification)나 지능형 칩을 내재하여 생각하는 사물에 초점을 두고 있다. 반면, 모바일 컴퓨팅은 네트워크 접속에 있어서 자유로운 이동성(mobility)을 강조한다. 따라서 유비쿼터스 컴퓨팅환경은 사물에 지능형 칩의 내재화 정도와, 네트워크 접속에 대한 이동성이 고도로 발전되어 언제 어디서나 사람과 사람, 사람과 사물, 사물과 사물이 자유롭게 상호작용 할 수 있는 환경을 의미한다고 볼 수 있다(이재규 외, 2005).

유비쿼터스 컴퓨팅 외에도 사물인터넷 개념의 발전에 영향을 준 유사 개념들이 많이 있다. 가상공간과 물리공간을 연결하는 다리는 차세대 컴퓨팅기술을 통해 실현된다. 차세대 컴퓨팅기술은 현재 사용되는 퍼스널컴퓨터와 크기나 용도 면에서 크게 다르고 기능 면에서도 차이가 난다. 차세대 컴퓨팅기술이 어느 수준에서 개발되고 실용화 되느냐에 따라 가상공간과 물리공간을 연결하는 다리의 완벽성도 달라진다.

새로운 패러다임으로 부상하고 있는 차세대 컴퓨팅기술은 다음과 같다.

- **입는(wearable) 컴퓨팅**: 컴퓨터를 옷이나 안경처럼 착용할 수 있게 함으로써 컴퓨터를 인간 몸의 일부로 만드는 기술이다. 입는 컴퓨팅기술은 앞으로 체내 이식형 컴퓨팅(implant computing)기술로 발전해 나갈 것이다.
- **노매딕(nomadic) 컴퓨팅**: 네트워크의 이동성을 극대화해 특정 장소가 아니라 어디서든지 컴퓨터를 사용할 수 있게 하는 기술이다.
- **퍼베이시브(pervasive) 컴퓨팅**: 모든 사물에 컴퓨터를 심어 도처에 컴퓨터가 편재될 수 있도록 하는 편재형 컴퓨팅기술이다.
- **조용한(silent) 컴퓨팅**: 사물에 심어진 컴퓨터들이 주인이 의식하지 않아도 마치 하인처럼 정해진 일을 묵묵히 수행하는 것을 실현하는 컴퓨팅기술이다.
- **감지(sentient) 컴퓨팅**: 센서 등을 통해 신선한 정보를 컴퓨터가 미리 감지해 사용자가 필요로 하는 정보를 제공하는 기술이다.
- **1회용(disposable) 컴퓨팅**: 모든 사물에 컴퓨터를 심을 수 있도록 컴퓨터를 1회용 종이만큼이나 저렴하게 만드는 기술이다.
- **임베디드(embedded) 컴퓨팅**: 컴퓨터가 수행해야 할 기능을 미리 프로그래밍 해 심는 기술이다. 임베디드 컴퓨팅기술을 활용하면 빌딩 기둥 속에 건물의 안정성을 스스로 진단하고 문제를 사전에 조치할 수 있는 컴퓨터를 심을 수 있다.
- **이그조틱(exotic) 컴퓨팅**: 그야말로 스스로 생각해 물리공간과 가상공간의 연계를 수행하는 컴퓨팅기술이다. 이 기술을 통해 집에서 일어나는 모든 상황과 해야 할 작업들이 지능적으로 파악되고 실제로 수행되는 것이 가능해진다.

3) 사물인터넷의 발전배경

우리는 흔히 사물인터넷기술이라는 말을 쓰지만 엄밀한 의미에서 보면 사물인터넷은 어떤 특정 기술을 지칭하는 용어가 아니라, 센서기술, 무선통신기술, 데이터처리기술 등 지금까지 개발되어 온 다양한 기반기술들을 함께 이용함으로써 새로운 가치를 만들어 내고자 하는 패러다임의 변화라고 할 수 있다. 다시 말해서 최근 들어 사물인터넷 붐이 일어날 수 있었던 것은 사물인터넷을 구현하는 데 필요한 소자 및 무선통신 등 관련 기술의 '표준화', '소형화 및 저 전력화', 그리고 '저 가격화'가 이미 일정 수준 이상 달성되었기 때문에 가능하였다(스마트과학관, 2017.1.28.).

수많은 기업에서 생산하는 다양한 사물인터넷 디바이스들이 각자 다른 표준을 따른다면 서로 연결하고 통신한다는 것 자체가 불가능하다. 이와 관련하여 세계통신연합(ITU), 미국전기전자공학회(IEEE), IETF(Internet Engineering Task Force) 등과 같은 표준화 단체들이 그동안 관련 기술의 표준화를 추진해 왔다. 특히, 사물인터넷에서 중요한 와이파이(Wi-Fi)나 블루투스(Bluetooth), NFC(Near Field Communication), 지그비(Zigbee) 등과 같은 근거리 무선통신기술들은 이미 오래 전에 표준화가 완료된 상태다.

사물인터넷 관련 기술의 표준화와 함께 주목해야 할 것은 부품의 소형화 및 저 전력화 이다. 지속적인 반도체기술의 발전으로 인해 각종 소자의 소형화와 그에 따른 저 전력화가 이루어져 왔다. 또한 반도체가 소형화되면 같은 크기의 웨이퍼로 더 많은 반도체를 생산할 수 있기 때문에 소자의 저 가격화가 이루어지게 된다. 이와 동시에 무선통신기술의 발전은 같은 가격으로 더 많은 데이터를 전송할 수 있는 데이터 전송비용의 저 가격화를 유도하고 있다(김은홍, 2017).

2. 사물인터넷 시스템의 구성

사물인터넷은 다양한 산업의 생산 또는 서비스 활동들이 센서기술, 무선통신기술, 데이터처리기술 등 지금까지 개발되어 온 다양한 정보통신기술들과 유기적으로 결합함으로써 새로운 편익을 제공할 수 있도록 하자는 개념이다. 따라서 이를 위한 사물인터넷시스템은 다양한 사물인터넷 요소기술 및 서비스영역을 최대한 수용할 수 있도록 개발되어야 한다. 사물인터넷서비스를 제공하기 위한 시스템은 그림 6-7에 제시한 바와 같이 디바이스(Device), 네트워크(Network), 플랫폼(Platform), 서비스(Service)의 영역 및 이 네 가지 영역과 모두 관련

그림 6-7 사물인터넷시스템 아키텍처

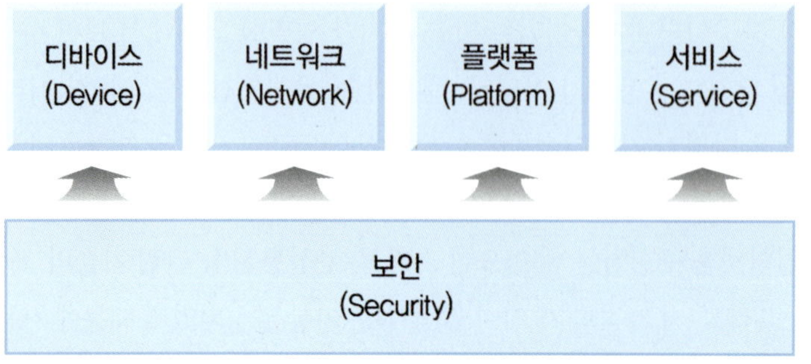

자료: 스마트과학관(2017.1.28.).

성이 있는 보안(Security) 영역을 포함하여 모두 다섯 개 영역으로 구성된다.

첫째, 사물인터넷 디바이스는 사물인터넷 서비스를 위한 데이터가 생성되거나 서비스 요청에 따른 반응이 나타나는 영역이다. 이를 위해 사물들은 주변의 환경정보를 전기적인 신호로 바꿔 주는 센서(sensor)나 전기적인 신호를 물리적인 변화로 바꿔 주는 엑츄에이터(actuator), 그리고 이러한 신호들을 주고받기 위한 통신모듈 등을 포함하게 된다.

둘째, 사물인터넷 네트워크는 스마트 디바이스들이 생성한 데이터를 인터넷상의 어딘가에 존재하는 사물인터넷 서비스 플랫폼으로 전달하는 역할을 담당한다. 네트워크 영역에는 전송속도, 통신거리, 통신방식 등 서로 다른 특성을 갖는 다양한 통신기술들이 포함되며, 이 외에도 서비스 생성을 지원하는 기술, 데이터의 흐름을 제어하는 기술 등이 있다.

셋째, 사물인터넷 플랫폼은 다양한 사물인터넷 서비스를 제공하기 위해 다수의 사용자와 다양한 사물들 사이에 존재하여 중개자 역할을 하는 장치다. 따라서 특정한 응용서비스에 종속되지 않으며 사물의 연결, 데이터의 수집 및 분석, 지능형 서비스의 생성 등 여러 서비스에서 공통으로 필요한 기능들을 수행한다.

넷째, 사물인터넷 서비스는 지금까지 설명한 디바이스와 네트워크, 플랫폼을 기반으로 실제 사용자들에게 편익을 제공하는 영역이다. 사물인터넷기술을 응용한 서비스는 이미 우리 실생활에 적용되기 시작하였으며, 앞으로 가정, 공공·행정, 경제·산업, 사회·문화, 사회 간접자본 등 사회 전 분야에 걸쳐 다양하게 응용될 수 있을 것으로 예상된다. 그에 따라 최근 우리나라를 포함한 선진 각국에서는 현실세계에 사물인터넷기술을 응용하기 위한 연구개발 경쟁에 본격적으로 뛰어들어 지금까지 상당한 성과를 거두고 있다.

다섯째, 다양한 기술의 결합으로 이루어지는 사물인터넷시스템은 그만큼 보안상 취약점도 많은 것으로 우려되고 있다. 사물인터넷은 데이터 위・변조, 인가되지 않은 서비스 및 사용자 접근, 인증 방해, 신호 및 데이터의 기밀성・무결성 침해, 정보유출, 개인 프라이버시 침해 등 대부분의 보안문제에 취약점을 가지고 있기 때문이다. 따라서 사물인터넷이 산업으로 확대되기 위해서는 관련 기술개발과 함께 보안문제의 해결이 선행되어야 한다. 보안문제는 디바이스, 네트워크, 플랫폼, 서비스 등 앞에서 설명한 네 가지 영역 모두에 해당하는 것으로, 보안에 대한 위협은 시장진입의 방해 요소로 작용할 수 있기 때문에 사물 인터넷에 있어 보안기술은 센서나 네트워크 기술만큼 필수적이다.(배상태・김진경, 2016.6.).

3. 사물인터넷의 응용

1) 사물인터넷이 여는 세상

사물인터넷은 사물에 센서를 부착해 실시간으로 데이터를 인터넷으로 주고받는 기술이나 환경을 일컫는다. 지금도 인터넷에 연결된 사물은 주변에서 적잖게 볼 수 있다. 하지만 사물인터넷이 여는 세상은 이와 다르다. 지금까지는 인터넷에 연결된 기기들이 정보를 주고받으려면 인간의 '조작'이 개입돼야 했다. 사물인터넷 시대가 열리면 인터넷에 연결된 기기는 사람의 도움 없이 서로 알아서 정보를 주고받으며 대화를 나눌 수 있다. 블루투스나 근거리무선통신(NFC), 센서 데이터, 네트워크가 이들의 자율적인 소통을 돕는 기술이 될 것이다.

상상을 해보면, 출근 전에 교통사고로 출근길 도로가 심하게 막힌다는 뉴스가 떴다. 소식을 접한 스마트폰이 알아서 알람을 평소보다 30분 일찍 울린다. 스마트폰 주인을 깨우기 위해 집안 전등이 일제히 켜지고, 커피포트가 때맞춰 물을 끓인다. 식사를 마친 스마트폰 주인이 집을 나서며 문을 잠그자, 집안의 모든 전기 기구가 스스로 꺼진다. 물론, 가스도 안전하게 차단된다. 공상과학 영화에서나 보던 일이 현실에서도 곧 이뤄질 전망이다. 앞으로 주변에서 흔히 보고 쓰는 사물 대부분이 인터넷으로 연결돼 서로 정보를 주고받게 되는 사물인터넷(Internet of Things) 시대가 열리는 것이다.

20년 전, 우리는 컴퓨터와 정보를 공유하기 위해 '플로피 디스크'나 '하드 디스크 드라이브(HDD)'라는 물리적인 저장장치를 이용했다. 인터넷이 등장하면서 인터넷망을 이용해 컴퓨터와 비트로 소통했다. 사물인터넷도 그 연장선에 서 있다. 인터넷 발전 과정에서 등장한 또 다른 소통 방식이기 때문이다.

컴퓨터는 네트워크를 이용해 원격으로 다른 컴퓨터와 정보를 주고받는다. 지금도 우리 주변에서 사물끼리 소통하는 모습을 흔하게 볼 수 있다. 최근 구글이 내놓은 스마트 안경 '구글 글래스'나 나이키의 건강관리용 스마트 팔찌 '퓨얼밴드'가 대표 사례다. 이처럼 사물인터넷은 이미 우리 곁에 성큼 다가와 있다.

근거리무선통신(Near Field Communication: NFC)을 활용한 가전제품도 사물인터넷이 구현된 사례로 꼽힌다. NFC칩이 탑재된 세탁기에 스마트폰을 갖다 대면 세탁기 동작상태나 오작동 여부를 확인하고 맞춤형 세탁코스로 세탁을 할 수 있다. 냉장고는 사람이 굳이 확인하지 않아도 실시간으로 온도를 점검하고 제품 진단과 절전 관리도 척척 해낸다. 또 NFC 기술은 스마트폰에 애플리케이션을 설치하면 대중교통(버스, 지하철, 택시 등)과 편의점, 대형마트, 베이커리, 커피, 패스트푸드점 등의 이용 시 결재수단으로 이용하고 있다.

매사추세츠 공과대학(MIT)은 기숙사 화장실과 세탁실에 센서를 설치하고 인터넷에 연결했다. 학생들은 이들이 주고받는 정보를 통해 어떤 화장실이 지금 비어 있는지, 어떤 세탁기와 건조기가 사용 중인지를 실시간 파악할 수 있다. 샌프란시스코는 네트워크 업체 시스코와 손잡고 사물인터넷을 도입해 쓰레기 이동경로를 추적했다. 쓰레기에 센서를 부착해 쓰레기가 어디로 이동하고, 어떻게 사라지는지를 추적 관리하고 있다.

자동차 회사도 빠질 수 없다. 포드는 신형차 '이보스'에 사물인터넷을 적용했다. 이보스는 거의 모든 부품이 인터넷으로 연결돼 있다. 만약 자동차 사고로 에어백이 터지면 센서가 중앙관제센터로 신호를 보낸다. 센터에 연결된 클라우드 시스템에서는 그 동안 발생했던 수 천만 건의 에어백 사고 유형을 분석해 해결책을 전송한다. 범퍼는 어느 정도 파손됐는지, 과거 비슷한 사고가 있었는지, 해당 지역 도로와 날씨는 어떤지, 사고가 날 만한 특이사항은 없었는지 등의 데이터를 분석한다. 사고라고 판단되면 근처 고객센터와 병원에 즉시 사고 수습 차량과 구급차를 보내라는 명령을 전송하고, 보험사에도 자동으로 통보한다.

2) 사물인터넷의 응용 분야

사물인터넷기술은 RFID(Radio Frequency Identification) 기술 등과 같이 우리 실생활에 이미 다양한 방식으로 적용되기 시작하였으며, 앞으로 사회 전 분야에 걸쳐 보다 광범위하게 응용될 수 있을 것으로 예상된다. 미국의 시장조사기관 '마켓앤마켓(Markets and Markets)'에 따르면, 글로벌 사물인터넷 시장은 2015년 약 1,300억 달러 규모에서 2022년에는 8,835억 달러 규모로 확대되며, 연평균성장률 32.4%를 기록할 것으로 전망되었다.

국내 사물인터넷 시장 또한 2015년 3.8조 원에서 2022년 22.9조 원까지 성장할 것이며, 디바이스와 통신 부문을 제외한 순수 서비스 관련 매출의 비중이 전체 매출액의 52.6%(2013년

3%)까지 증가하며 관련 시장의 성장을 주도할 것으로 전망되었다(임정선, 2014.12.).

사물인터넷의 응용 분야는 서비스 대상과 서비스 제공주체에 따라 크게 '개인 사물인터넷 서비스', '공공 사물인터넷 서비스', '산업 사물인터넷 서비스'로 나눌 수 있다. 개인 사물인터넷 서비스는 개인의 삶의 질 향상을 위해 개인이 직접 사물인터넷 디바이스를 구입하여 서비스를 이용하는 형태로 스마트홈, 헬스케어, 스마트카 서비스 등이 대표적이다.

공공 사물인터넷 서비스는 정부가 사회문제 해결 및 대국민 서비스를 제공하기 위해 인프라를 구축하여 제공하는 서비스로 공공 안전, 환경, 에너지 등과 관련된 서비스가 이에 해당한다. 마지막으로 산업 사물인터넷 서비스는 기업이 산업 경쟁력을 강화하고 효율성을 향상시키기 위해 도입하는 서비스에 해당하며 스마트공장, 스마트농장 등이 이에 해당한다(스마트과학관, 2017.1.28).

표 6-7 사물인터넷 접목을 통한 변화 사례

현 재		변화 사례
에너지	블랙아웃 우려, 예비전력의 초과 생산 등 비 효율적 에너지 관리	• 사물인터넷 센서를 활용한 실시간 수요예측으로 적정 에너지 생산 및 효율적 관리시스템 구축 가능 예 Nest: 스마트 온도조절장치를 활용한 에너지 절감 및 항시 쾌적한 실내온도 제공
도시	사고발생 후 대응체계 및 복구중심의 안전관리	• 사전예방 및 실시간 대응체계 구축 예 뉴욕시: CCTV기반 대테러 감지시스템 구축
교통	대도시의 교통 혼잡과 사고로 인한 막대한 사회적 비용 발생	• 교통지체, 흐름개선으로 혼잡비용 및 교통사고 절감 예 미 교통부: 교통사고 방지를 위한 차량 간 통신기술개발 및 대규모 사업 추진
의료	질병치료를 위한 의사와 병원중심의 의료서비스	• 개인 맞춤형 사전 예방관리 예 Fitbit: 웨어러블 밴드로 건강관리를 도와주는 서비스 제공
가정	단순 감지기능, 제품 간 연동미흡으로 인한 사용자 불편	• 개방형 연계체제 및 능동적 자율제어 예 삼성전자: 앱 하나로 조명, 냉장고, 세탁기, 로봇청소기 등 제어관리
농업	노동집약적, 낮은 생산성	• 정밀생산, 지능유통 및 재해 대응 예 OnFarm: 클라우드 기반 사물인터넷 플랫폼을 이용해 다양한 농장정보를 분석
제조업	단순제품 생산 차원의 제조업	• 다품종/소량/유연생산 및 고객맞춤형 생산체제 구축 예 지멘스: 고성능 자동화 설비와 관리시스템의 실시간 연동

자료: 한국정보화진흥원(2015.12.21).

그 밖에도 사물인터넷은 공공, 민간 부문을 가릴 것 없이 거의 전 분야에 걸쳐 가치사슬과 비즈니스 모델의 변화를 통한 파괴적 혁신을 유발할 것으로 예측된다. 한국정보화진흥원에서는 그중에서 특히 우리나라에서 집중투자를 할 필요가 있는 분야로 에너지, 도시, 교통, 의료, 가정, 농업, 제조업 등 7대 전략 분야를 선정하고, 이들 분야에서 이미 사물인터넷과의 접목을 통하여 성공적인 변화를 이끌어 낸 선진 사례들을 분석하였다. 각 분야별로 사물인터넷 기술을 접목함으로써 어떤 변화가 일어났는지 핵심 사례와 함께 요약 · 제시하면 표 6-7과 같다.

마지막으로 사물인터넷의 응용범위가 얼마나 광범위한지에 대한 이해를 돕기 위하여 국내 · 외 문헌 중에서 사물인터넷 서비스 응용 분야를 가장 포괄적 · 구체적으로 제시하고 있는 사례를 하나만 더 소개하기로 한다. 우리나라 과학기술정보통신부에서는 2015년에 처음

표 6-8 사물인터넷 응용서비스 분야

적용서비스분야	용어 설명
환경	수질관리(상수, 하수, 오수, 누수 등), 해양관리, 폐기물관리, 토양관리, 대기관리, 기상정보 수집/제공 등의 서비스
재해/재난	산불 및 화재관리, 유해 화학물관리, 산사태/지진 감지, 홍수관리 등의 서비스
자동화/안전	출입관리 및 제한구역 통제, 작업장/작업자 안전관리, 생산 · 공정관리, 기계진단 및 자산관리 등의 서비스
건설/시설관리	구조물 안전관리, 건물 안전관리, 공공시설물제어(가로등, 상 · 하수도 등) 등의 서비스
자동차/교통	주차관리, 교통 안전관리, 도로 통행요금관리, 지능형 도로(도로상태, 사고, 교통체증 등 상황 모니터링), 대중교통 운영정보관리, 차량 자동 진단 등의 서비스
건강의료	병원 내 의약품 및 의료기기관리, 환자상태 모니터링 및 환자 위치관리, 재택 헬스케어(원격진료) 등의 서비스
사회/문화	관광/문화행사 정보수집/제공, 사회적 약자 안전서비스(노인, 어린이, 장애인), 도서관 및 도서관리 등의 서비스
에너지/검침	원격검침, 에너지 소비량/보유량 모니터링, 에너지 발전량 모니터링(태양광에너지 등) 등의 서비스
물류/유통	상품 위치정보 모니터링, 공급망관리, 매장 재고관리, 선적 품질관리(진동, 컨테이너 상태 등), 물류창고관리, 조달관리 등의 서비스
개인화서비스	스마트카 서비스, 스마트홈 서비스, 헬스케어 서비스(웰니스 포함), 위치정보 서비스(미아방지, 안심서비스 등) 등의 서비스

자료: 정보통신산업진흥원(2016. 2.).

으로 사물인터넷 산업의 실태조사를 실시하였는데, 이 조사에서는 사물인터넷 응용 서비스를 12개 분야로 나누어서 조사를 실시하였다(정보통신산업진흥원, 2016.2.). 이 12개 응용 분야는 다음 표 6-8에서 보는 바와 같이 개인, 공공, 산업 등 전 분야를 포괄하고 있지만, 향후 언젠가는 여기에 포함되지 않는 전혀 새로운 서비스가 창출될 가능성도 얼마든지 있다.

4. 사물인터넷 산업 추진 현황

전 세계는 지금 사물인터넷을 새로운 성장동력으로 인식하고, 국가 및 공공 부문을 효율화 및 민간 부문의 경쟁력 강화 등 다양한 목적으로 사물인터넷의 활용범위를 적극 확대해 나가고 있다. 이와 함께 우리나라도 정부 차원에서 사물인터넷 기술개발 및 활용을 촉진하기 위해 2014년 5월에 '사물인터넷 기본계획'을 수립하고, ① 사물인터넷 정보보호로드맵, ② 연구개발(R&D), ③ K-ICT 전략 등을 수립하여 적극적으로 추진 중에 있다(한국정보화진흥원, 2015.12.).

첫째, 미래창조과학부(현 과학기술정보통신부)에서는 사물인터넷을 미래 신성장동력으로 육성하고, 누구나 안전하게 이용할 수 있으려면 보안이 선결과제라는 원칙을 바탕으로 사물인터넷 정보보호로드맵을 수립하였다. 우리나라는 2014년 10월에 수립된 이 정보보호로드맵에 따라 2018년까지 세계 최고의 스마트 안심국가 실현을 목표로 보안이 내재화된 인프라 조성, 글로벌 융합 보안시장을 선도하는 9대 보안 핵심기술 개발, 사물인터넷 보안산업 경쟁력 강화 등의 사업을 단계적으로 추진하고 있다.

둘째, 미래창조과학부(현 과학기술정보통신부)는 사물인터넷 핵심기술 개발, 글로벌 기술경쟁력 확보 등을 위해 '사물인터넷 R&D 추진계획(2014.12.)'을 수립하였다. 이 계획은 사물인터넷 생태계 전반을 연계한 R&D와 부처 간 협업 등을 통해 사물인터넷 관련 핵심기술을 개발하고 사물인터넷 실증사업과 연계한 토털솔루션 개발 및 개방형 플랫폼 기반 원천기술 확보를 목표로 수립되었다.

셋째, 미래창조과학부(현 과학기술정보통신부)는 창조경제의 핵심성과 창출을 앞당기고 ICT(정보통신기술)가 국가경제 성장의 주역으로 거듭나는 것을 목표로 'K-ICT 전략(2015.3.)'을 수립하였다. 이 전략은 향후 5년간 총 9조 원을 투입하여 ICT 산업 성장률 8%, 2020년 ICT 생산 240조 원, 수출 2,100억 달러 달성을 목표로 한다. 이를 위해 ① ICT 산업 체질의 근본적 개선, ② ICT 융합서비스 확산을 위한 대규모 투자로 신수요 창출, ③ 중국 · 개도국 등 패키지형 기술의 수출시장 개척 및 다변화, ④ SW · 신산업 분야의 9대 전략산업 육성 등의 기본

전략을 추진할 계획이다. 이 중에서 사물인터넷은 SW · 신산업 분야의 9대 전략산업에 포함되어 있으며, 사물인터넷 산업의 성장 지원을 위해 초기 시장수요 창출에 주력하고, 글로벌 기업 및 대기업들과 협력하여 국내 사물인터넷 분야의 스타트업 · 벤처 등을 국제경쟁력을 갖춘 전문기업으로 육성해 나갈 계획이다.

이와 같은 정부 차원의 노력에도 불구하고 우리나라는 미국이나 유럽, 일본, 심지어는 중국에 비해서도 사물인터넷기술 및 산업에 대한 대처가 다소 늦었고, 그나마 투자 규모 등에 있어서 적극성이 다소 미흡한 것으로 평가되고 있다. 2015년 실시된 사물인터넷 산업의 실태조사 결과에서도 나타나듯이 아직 영세한 규모의 업체들이 많고 시장성에 대한 의심, 표준화 미비 등의 문제로 산업 활성화를 가로막고 있다(한국정보통신산업진흥원, 2016.2.).

'2015 사물인터넷 산업 실태조사' 결과 중 주요 내용만을 간략히 살펴보면 다음과 같다.

2015년 10월 현재 우리나라에서 사물인터넷 사업을 영위하는 사업체 수는 1,212개인 것으로 조사되었다. 이를 사물인터넷시스템을 구성하는 네 가지 영역인 디바이스, 네트워크, 플랫폼, 서비스로 나누어 보면, 서비스 영역의 사업체 수가 45.5%로 가장 많았으며, 디바이스(제품기기) 분야 319개(26.3%), 너트워크 분야 174개(14.4%) 등이 뒤를 이었다.

업체 규모 면에서는 영세성을 면치 못하였다. 인력 규모로 볼 때 종사자 50인 미만 사업체가 982개로 전체 사물인터넷 사업체의 81.0%를 차지하였고, 자본금 규모로 볼 때도 자본금 5억 미만의 사업체가 69.9%, 자본금 100억 이상 사업체는 3.1%에 불과한 것으로 조사되었다.

그림 6-8 사물인터넷 사업의 매출액

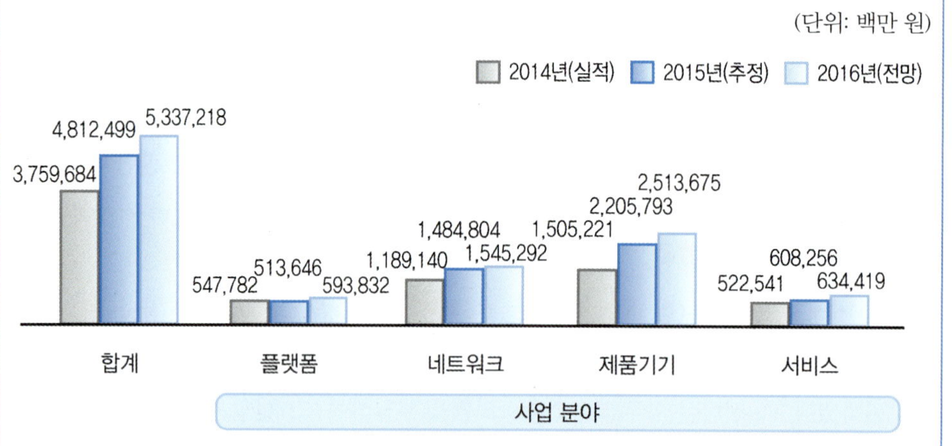

자료: 정보통신산업진흥원(2016.2.5.).

5. RFID

1) RFID 정의와 특징

RFID는 이미 우리들의 일상생활에서 다양하게 활용되고 있다. 매일 이용하는 교통카드는 대표적인 RFID 태그 중의 하나이며, 고속도로의 하이패스도 RFID 기술을 이용하고 있다. 도서관에서 빌려주는 책이나 의류 매장에서 판매되는 옷이나 할인매장에서 판매되는 와인 등에도 RFID 태그가 부착되어 이용되고 있다.

RFID(Radio Frequency Identification)는 무선주파수(Radio Frequency)를 이용하여 물건이나 사람 등과 같은 대상을 식별(IDentification)할 수 있도록 해 주는 기술을 말한다. 즉, 안테나와 초소형 IC칩으로 구성된 RFID 태그에 정보를 저장하여 적용 대상에 부착한 후, RFID 리더를 통하여 정보를 인식하는 방법으로 활용된다. RFID는 '전자태그' 혹은 '스마트 태그' '전자 라벨' '무선식별' 등으로 불리는 차세대 무선 인식기술로서 사물인터넷 기술과 다양한 방식으로 융합되어 광범위하게 활용될 것으로 예상된다.

RFID는 기존의 바코드(Bar code)를 읽는 것과 비슷한 방식으로 이용된다. 그러나 바코드와는 달리 물체에 직접 접촉을 하거나 어떤 조준선을 사용하지 않고도 데이터를 인식할 수 있다. 또한, 여러 개의 정보를 동시에 인식하거나 수정할 수도 있으며, 태그와 리더 사이에 장애물이 있어도 정보를 인식하는 것이 가능하다.

RFID는 바코드에 비해 많은 양의 데이터를 허용한다. 그런데도 데이터를 읽는 속도 또한 매우 빠르며 데이터의 신뢰도 또한 높다. RFID 태그의 종류에 따라 반복적으로 데이터를 기록하는 것도 가능하며, 물리적인 손상이 없는 한 반영구적으로 이용할 수 있다

2) RFID의 구성과 태그의 유형

RFID 시스템은 반도체 칩과 주변에 안테나를 결합한 RFID 태그(tag), 태그와 통신하기 위한 안테나 및 안테나와 연결된 RFID Reader기, 그리고 이러한 시스템을 제어하고 수신된 데이터를 처리하는 호스트로 이루어져 있다. Reader기는 RFID 태그에 읽기와 쓰기가 가능하도록 하는 장치이고, 안테나는 정의된 주파수와 프로토콜로 태그에 저장된 데이터를 교환하도록 구성되는 장치이며, 태그는 데이터를 저장하는 RFID의 핵심기능을 담당한다.

RFID Reader기는 1초에 수백 개까지 RFID 태그가 부착된 제품의 데이터를 읽을 수 있다. 대형 할인점에 적용될 경우 계산대를 통과하자마자 물건가격이 집계되어 시간을 대폭 절약

그림 6-10 RFID 활용 사례

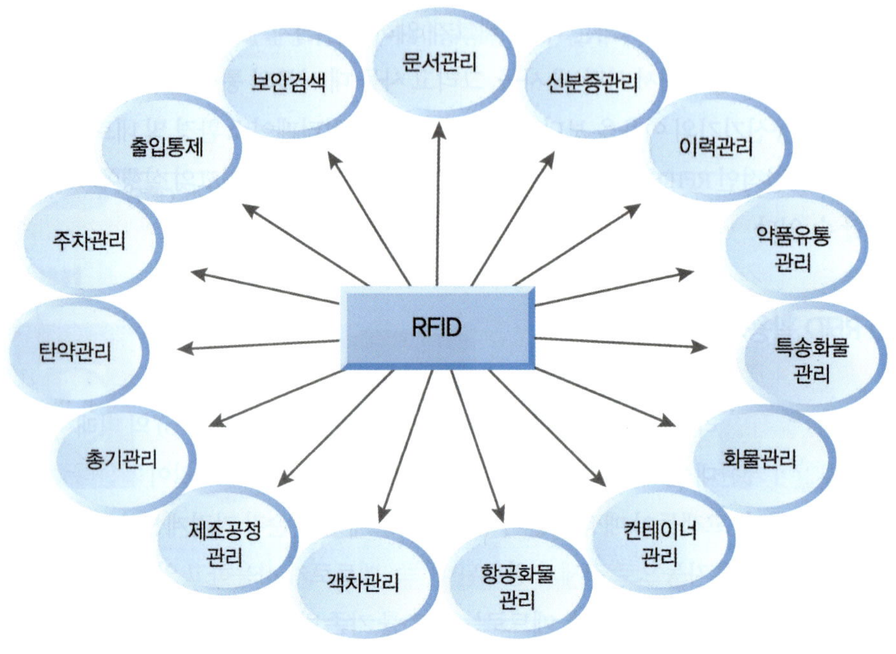

이 외에도 농장의 가축 분류, 공항의 화물 분류, 육상 선수들의 기록 측정, 여권이나 신분증 등의 개인정보 수록, 애완동물관리, 직원들의 근태관리 및 출입통제, 한우나 인삼 등의 농산물 이력관리나 약품관리 등 위 · 변조를 방지하기 위한 목적으로도 이용된다.

한편, 이처럼 RFID가 바코드를 능가하는 거대한 시장을 형성하기 시작하자, 삼성전자 · 필립스 · 삼성전기 등 세계 주요 IT 기업들은 잇따라 RFID 관련 기술개발에 나서고 있다.

현재 국내에서의 RFID 활용은 공공 부문 외에는 기업 비즈니스 적용 사례는 많지 않은 실정이다. RFID에 대한 중요성 인식이 선진국에 비해 늦었다는 점과 국내 RFID 도입 노력 또한 미진하였기 때문이다. 홈플러스가 지난 2005년 부천 상동점에 RFID 기반의 '전자카트' 시스템을 구축하는 등 국내 유통업계에서도 일부 현장과 업무를 중심으로 활발한 시도가 전개되고 있다.

우리나라의 RFID 관련 산업은 핵심칩을 해외에서 수입하여 재가공하거나 주요 부품을 수입하여 단순 조립하는 수준에 머무르고 있다. RFID의 핵심칩은 국내의 반도체회사인 삼성전자와 하이닉스가 공급을 하고 있을 뿐이며, 대부분은 필립스, Mifare(Micron), 인피니온(지멘스) 등 외국 업체에 전량 의존하고 있는 실정이다.

최근에는 RFID를 비즈니스 영역에 확산하려는 노력이 국내에서도 계속 이루어지고 있다. 주로 과학기술정보통신부, 산업통상자원부, 조달청 등 정부기관을 중심으로 RFID 관련 산업을 육성하고, 비즈니스 영역에 접목시키려는 시도가 꾸준히 이어지고 있으며, 민간에서의 특허출원 또한 급속히 증가하고 있다.

4절 빅데이터

2011년 미국의 IT 분야 시장조사기관 가트너(Gartner)는 "데이터는 미래 경쟁력을 좌우하는 21세기 원유"라며 "기업들은 다가오는 데이터 경제시대를 이해하고 이에 대비해야 한다"라고 강조했다. 이는 21세기 기업에게 가장 중요한 자산은 '데이터'이며, 급속하게 증가하는 데이터를 효율적·효과적으로 관리하고 여기서 가치를 이끌어내지 못하면 경쟁에서 살아남을 수 없다는 뜻이다.

세상을 바꿀 4차산업혁명과 많은 유망 기술들은 빅데이터를 기본으로 하고 있다. 빅데이터가 그렇게 중요하게 평가받는 이유는 바로 빅데이터가 단순한 분석기술이 아니라 미래를 예측하는 기술이기 때문이다. 특히 웹의 발전과 IoT 기술은 과거에는 상상도 할 수 없었던 많은 정보들을 데이터화하고 있다. 이제는 현실세계의 모든 일들이 데이터화되어, 할 수만 있다면 얼마든지 분석 가능하게 되었고 가상의 온라인 공간에서 현실을 그대로 재현해 낼 수 있는 기술로 발전하고 있다.

이 절에서는 빅데이터를 이해하는 데 필요한 빅데이터의 개념과 특성, 빅데이터의 발전배경, 빅데이터 활용을 위한 주요 기술, 빅데이터의 현황과 전망 등에 대해 살펴보기로 한다.

1. 빅데이터의 개념

1) 빅데이터의 정의

디지털경제의 확산으로 우리 주변에는 규모를 가늠할 수 없을 정도로 많은 정보와 데이터가 생산되는 '빅데이터(Big Data)' 환경이 도래하고 있다. 오늘날 1880년대 미국에서 나온 빅데이터가 주목받는 이유는 기업이나 정부, 포털 등이 빅데이터를 효과적으로 분석함으로써 미래를 예측해 최적의 대응방안을 찾고, 이를 수익으로 연결하여 새로운 가치를 창출하기 때문이다.

빅데이터(Big Data)의 사전적 의미는 '기존의 관리 방법이나 분석체계로는 처리하기 어려운 엄청난 양의 데이터'를 뜻한다. 이는 디지털환경에서 생성되는 데이터로 그 규모가 방대하고, 생성 주기도 짧고, 형태도 수치 데이터뿐 아니라 문자와 영상 데이터를 포함하는 대규모 데이터를 말한다. 즉, 빅데이터 환경은 과거에 비해 데이터의 양이 폭증했다는 점과 함께 데이터의 종류도 다양해져 사람들의 행동은 물론 위치정보와 SNS를 통해 생각과 의견까지 분석하고 예측할 수 있다는 점이다.

미국 시장조사기관 IDC(International Data Corporation)는 "빅데이터 기술은 다양한 형태로 구성된 방대한 크기의 데이터로부터 경제적으로 필요한 가치를 추출할 수 있도록 디자인된 차세대 기술"로 정의하고 있다. 즉, 빅데이터는 단순히 대용량 데이터 그 자체만을 지칭하는 것이 아니라 그 데이터를 효과적으로 처리하고 분석할 수 있는 기술에 더 초점을 둔 용어라고 할 수 있다. 따라서 기업의 관점에서는 '가치를 생성할 수 있는 데이터'를 빅데이터 라고 해석하기도 한다.

한편, 과거에는 빅데이터분석이 없었는가? 물론 과거에도 슈퍼컴퓨팅을 이용해 거대한 양의 데이터를 분석할 수 있었지만, 이는 비용 대비 효과가 매우 낮았다. 즉, 수십억 원을 들여야만 대용량 데이터를 분석할 수 있는 일이었고 이는 정부 차원에서나 할 수 있는 일이었다. 하지만 현재의 '빅데이터 시대'는 저렴한 비용으로 엄청난 데이터를 효과적으로 처리할 수 있게 됐다. 즉, 비정형 데이터를 분석할 수 있는 자연어처리 기술과 텍스트 분석, 하둡(Hadoop) 등과 같은 기술이 뜨면서 기업은 과거 대용량 데이터 처리에 들었던 비용과는 비교가 안 될 정도의 저렴한 비용으로 복잡한 데이터 안에서 적절하게 정보를 추출하고 이를 기존 정보와 통합해 가치를 전달할 수 있게 됐다. 같은 데이터라고 해도 기업이 많은 비용을 들여 분석해야 하는 데이터라면 빅데이터가 아니다. 그 예로 과거에도 사용자 콜 데이터를 저장하고 분석했지만 이를 빅데이터라고 부르지 않았던 것처럼 말이다.

표 6-9 과거와 현재의 데이터분석의 차이

	과거	오늘
데이터 형태	특정 양식에 맞춰 분류	형식이 없고 다양함
데이터 속도	배치(batch)	근실시간(near real-time)
데이터 처리 목적	과거 분석	최적화 또는 예측
데이터 처리 비용	국가 · 정부 수준	개별 기업 수준

2) 빅데이터의 특성과 플랫폼

빅데이터의 특성은 2001년 메타그룹(가트너의 전신)의 분석가 더그 레이니(Doug Laney)에 의해 처음 제시된 '3V 모델(Laney, 2001.2.)'을 가지고 설명하는 경우가 가장 많다. 3V는 크기(Volume), 속도(Velocity), 다양성(Variety)을 의미한다.

첫째, 크기(Volume)는 데이터의 물리적 크기(규모)를 말하며, 정보통신기술의 발전 및 기술 활용범위 확대에 따라 기업데이터, 웹데이터, 센서데이터 등 그 규모가 기하급수적으로 커지고 있다. 전 세계적으로 축적된 데이터의 규모는 2005년 130EB(엑사바이트: 약 10억 기가바이트)에서 2010년 1.2 ZB(제타바이트: 약 1조 기가바이트)로 처음 제타바이트 시대에 진입하게 되었고, 이어서 2011년 1.8ZB, 2013년 4.4ZB 등과 같이 매년 기하급수적으로 증가하고 있다. 2020년이 되면 그 규모가 무려 44ZB에 이를 것으로 전망되고 있다(IDC).

둘째, 속도(Velocity)는 대용량의 데이터를 빠르게 처리하고 분석할 수 있는 데이터 처리능력을 말한다. 대규모 데이터를 처리하여 실시간 활용이 가능하도록 하려면 데이터를 수집·가공·분석하는 속도가 매우 중요하다. 특히 융·복합환경에서 디지털 데이터는 매우 빠른 속도로 생산되므로 이를 실시간으로 처리가 가능한 성능을 의미한다.

셋째, 다양성(Variety)은 다양한 종류의 데이터 형태를 말한다. 즉, 기존 기업의 정보시스템 환경에서 사용하는 정형화된 데이터는 물론, 웹로그(web log: 웹서버에 남은 사용자 데이터)나 기기 데이터, 비디오, 이미지 등 다양한 유형의 데이터를 다룰 수 있어야 한다.

이와 같은 3V 모델은 그 후 빅데이터 서비스 공급업체에 따라 가치(Value) 또는 진실성(Veracity)을 추가하여 4V 또는 5V 모델로 확장되거나, 경우에 따라서는 복잡성(Complexity)을 더하여 3V1C 모델로 진화하기도 하였다(김은홍, 2017).

그림 6-11 빅데이터의 특성 개념도

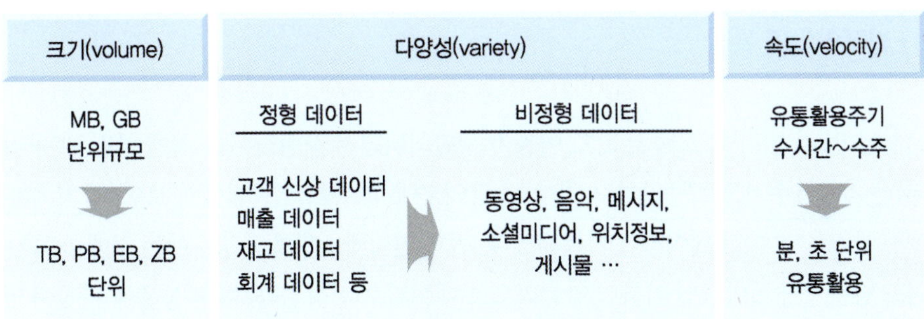

한편, 빅데이터 플랫폼은 빅데이터 기술의 집합체이자 기술을 잘 사용할 수 있도록 준비된 환경을 말한다. 기업들은 빅데이터 플랫폼을 사용하여 빅데이터를 수집, 저장, 처리 및 관리할 수 있다. 즉, 빅데이터 플랫폼은 빅데이터를 분석하거나 활용하는 데 필요한 필수 인프라인 셈이다. 빅데이터 플랫폼은 빅데이터라는 원석을 발굴하고, 보관, 가공하는 일련의 과정을 이음새 없이 통합적으로 제공해야 한다. 이러한 안정적 기반 위에서 처리된 데이터를 분석하고 이를 다시 각종 업무에 맞게 가공하여 활용한다면 사용자가 원하는 가치를 정확하게 얻을 수 있을 것이다.

그림 6-12 빅데이터의 플랫폼의 역할과 기능

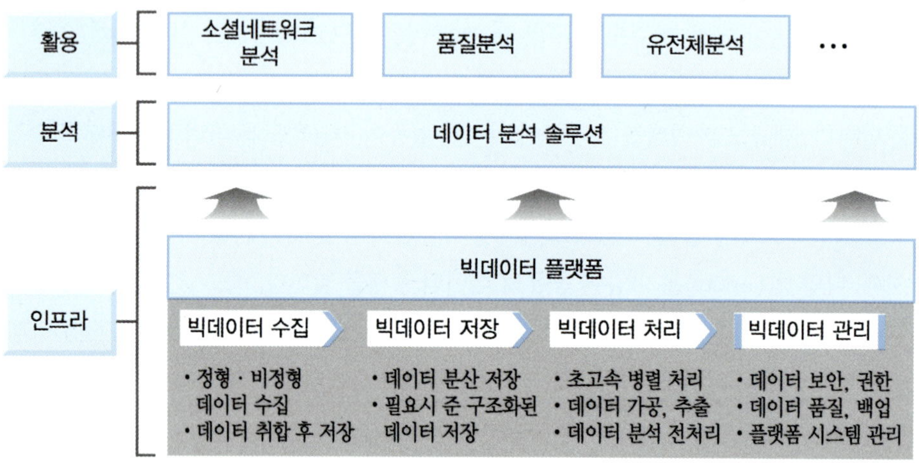

2. 빅데이터의 등장과 발전배경

1) 빅데이터의 등장

오늘날 PC와 인터넷, 모바일 기기 이용이 생활화되면서 사람들이 도처에 남긴 발자국(데이터)은 기하급수적으로 증가하고 있다. 쇼핑의 경우 데이터의 관점에서 보면, 과거에는 상점에서 물건을 살 때만 데이터가 기록되었다. 반면 인터넷쇼핑몰의 경우에는 구매를 하지 않더라도 방문자가 돌아다닌 기록이 자동적으로 데이터로 저장된다. 어떤 상품에 관심이 있는지, 얼마 동안 쇼핑몰에 머물렀는지를 알 수 있다. 쇼핑뿐 아니라 은행, 증권과 같은 금융거래, 교육과 학습, 여가활동, 자료검색과 이메일 등 하루 대부분의 시간을 PC와 인터넷에 할애하고 있다. 또 사람과 기계, 기계와 기계가 서로 정보를 주고받는 사물지능통신(Machine to Machine: M2M)의 확산도 디지털 정보가 폭발적으로 증가하게 되는 이유다.

또한, 사용자가 직접 제작하는 UCC를 비롯한 동영상 콘텐츠, 휴대전화와 SNS에서 생성되는 문자 등은 데이터의 증가 속도뿐 아니라, 형태와 질에서도 기존과 다른 양상을 보이고 있다. 특히 블로그나 SNS에서 유통되는 텍스트 정보는 내용을 통해 글을 쓴 사람의 성향뿐 아니라, 소통하는 상대방의 연결 관계까지도 분석이 가능하다. 게다가 사진이나 동영상 콘텐츠를 PC를 통해 이용하는 것은 이미 일반화되었고 방송 프로그램도 TV수상기를 통하지 않고 PC나 스마트폰으로 보는 세상이다.

주요 도로와 공공건물은 물론 아파트 엘리베이터 안에까지 설치된 CCTV가 촬영하고 있는 영상정보, 그리고 수많은 자동차의 블랙박스에 담겨 있는 영상정보의 양도 상상을 초월할 정도로 엄청나다. 그야말로 일상생활의 행동 하나하나가 빠짐없이 데이터로 저장되고 있는 셈이다.

트위터(twitter)에서만 하루 평균 1억 5,500만 건이 생겨나고 유튜브(YouTube)의 하루 평균 동영상 재생건수는 40억 회에 이른다고 한다. 글로벌 데이터 규모는 2012년 2.7ZB, 2015년 7.9ZB, 2020년이 되면 44ZB에로 증가할 것으로 예측하고 있다(IDC, 2011). 1ZB(zettabyte)는 1,000EB이고, 1EB(exabyte)는 미 의회도서관 인쇄물의 10만 배에 해당하는 정보량이다(Lynman, P. & Varian, H. 2003).

2) 발전배경

컴퓨터가 처음 상용화된 1951년 이래 우리는 정보기술의 급속한 발전과 함께 개인적으로나 국가 · 사회적으로 많은 변화를 겪으며 정보사회가 다가오는 것을 지켜봤다. 특히 1981년 IBM이 개인용 컴퓨터(Personal Computer)를 출시하면서 집집마다, 사무실 책상마다 컴퓨터가 놓이고, 심지어는 컴퓨터를 들고 다니는 시대가 열리면서 그 전과는 또 다른 세상을 경험하게 되었다. PC가 세상에 나온 이후 현재까지의 시기를 IT 패러다임의 변화를 기준으로 PC시대, 인터넷시대, 모바일시대, 스마트시대로 구분하기도 하는데, 이들 시대별로 비전과 주요 이슈, 핵심 서비스, 대표기업 등을 제시하면 다음 표 6-10과 같다(김은홍, 2017).

IT가 어디에나 존재하는 'IT everywhere'의 시대, 스마트시대를 맞아 기존 정보시스템을 통해 장기간 축적된 데이터 이외에 스마트폰 보급과 소셜미디어의 확산으로 인한 모바일 데이터의 폭증, 사물인터넷의 확산으로 인한 센서 데이터의 생성 등 여러 요인으로 인해 데이터가

표 6-10 정보기술의 패러다임 변화

구분	PC시대	인터넷시대	모바일시대	스마트시대
패러다임 변화	전산화, 디지털화	정보화, 온라인화	소셜화, 모바일화	지능화, 개인화, 사물정보화
IT 비전	1인 1PC	클릭 e-Korea	손 안의 PC, 소통	IT everywhere, 신가치창출
IT 이슈	PC, PC통신, 데이터베이스	초고속인터넷, WWW, 웹서버	모바일 인터넷, 스마트폰	빅데이터, 차세대 PC, 사물통신(M2M)
핵심 분야 (서비스)	PC, OS	포탈, 검색엔진, 웹2.0	스마트폰, 앱, SNS	미래전망, 상황인식, 개인 맞춤형 서비스
대표기업	IBM, 마이크로소프트 등	구글, 네이버, 유튜브 등	애플, 페이스북 등	?

자료: 김은홍, 경영정보학개론, 2017.

폭발적으로 증가하였다.

기업의 입장에서 볼 때 기존의 데이터 저장 · 관리 · 분석기법으로는 이처럼 엄청난 규모의 데이터를 감당할 수가 없었기 때문에 빅데이터 활용이 필수적이며, 빅데이터 활용능력수준 그 자체가 기업의 경쟁력과 성패를 좌우할 것으로 예상되고 있다.

특히 빅데이터는 고객에 대한 정보를 바탕으로 차별화된 고객맞춤형 제품 및 서비스를 제공하기 위한 필수 도구로 인식되고 있다. 고객의 일거수일투족에 대한 방대한 양의 데이터를 수집 · 분석하는 기술의 발전으로 인해 고객의 생활양식이나 행동패턴, 심리상태까지 파악하고 적절히 대응하는 상황기반서비스(context-based service)의 제공도 가능해진 것이다.

3) 빅데이터와 클라우드 컴퓨팅

빅데이터와 클라우드는 떼려야 뗄 수 없는 관계다(O'Reilly Radar Team, 2012). 빅데이터를 처리하기 위해서는 다수의 서버를 통한 분산처리가 필수적이다. 그런데 분산처리는 클라우드의 핵심기술이기 때문에 빅데이터와 클라우드 기술은 서로 보완적이다. 클라우드 서비스를 제공하는 대표적인 기업은 아마존, 구글, 마이크로소프트다. 그 중에서 아마존과 구글은 빅데이터 원천기술을 선도적으로 개발한 기업으로 그 과정에서 자연스럽게 클라우드 서비스를 외부에 제공하게 되었다.

구글은 인터넷 검색서비스가 핵심인 기업으로 검색서비스의 성능 개선과 이를 위한 데이터 센터의 설비증강이 가장 중요한 사안이다. 예를 들어, 구글의 개인 클라우드 서비스인 구글 앱스는 이메일 기능과 문서도구, 데이터 연산기능을 제공하고 있다. 이러한 서비스는 저장용량과 처리 성능을 지속적으로 늘려야 하기 때문에 세계 각지에 데이터센터를 계속해서 건설해야 한다. 구글은 빅데이터 분석 소프트웨어인 빅쿼리(BigQuery) 소프트웨어를 제공하고 있다. 빅쿼리는 온라인분석처리(OLAP) 시스템으로 테라바이트(TB)급의 대용량 데이터를 구글 검색엔진 인프라로 실시간 분석하며 구글 클라우드 스토리지와 함께 이용할 수 있다. 구글의 예측 프로그램(Google Prediction API)은 기계학습을 통해 일정한 데이터 패턴을 발견하고 이를 통해 새로운 예측결과를 제공한다. 스팸메일을 판단해 삭제하거나 자동차의 운행 경로를 찾아 주는 등 다양하게 응용할 수 있다.

아마존의 클라우드 서비스는 저장 장치를 빌려주는 S3(Simple Storage Service), 데이터베이스를 빌려주는 심플DB(Simple DB), 서버를 빌려주는 EC2(Elastic Computing Cloud)가 있다. 빅데이터 분석용 프로그램으로는 EMR(Elastic Map Reduce)이 있다.

마이크로소프트는 컴퓨터에 운영체제(OS)를 설치하는 사업모델로 성장해온 기업으로 클라우드 서비스와는 대척점에 서 있었다. 따라서 윈도어주어(WindowAzure) 서비스는 기존의 사업모델을 파괴하는 것이 아니라 윈도 기반과 클라우드 기반을 연계하는 혼합형 서비스 전략을 지향하고 있다.

3. 빅데이터 활용기술

1) 빅데이터 저장기술

이미 수십 년의 역사를 사진 기존의 관계데이터베이스(Relational Data Base: RDB) 기술을 가지고도 대용량의 데이터를 저장하고 처리할 수는 있다. 하지만 반정형, 비정형 등 다양한 형태의 대규모 데이터를 포함하는 빅데이터의 저장 및 관리에는 기존 데이터베이스 기술의 한계를 넘어서는 새로운 기술이 필요하다. 이러한 신기술 중 대표적인 것이 비정형 데이터를 관리하는 데 있어 기존 데이터베이스 기술보다 뛰어나다는 평가를 받고 있는 'Hadoop'과 'NoSQL'이다.

하둡(Hadoop)은 대용량 데이터를 분산 처리할 수 있는 자바(Java) 기반의 오픈소스 프레임워크다. 그리고 하둡은 분산파일시스템인 HDFS(Hadoop Distributed File System)에 데이터를 저장하고, 분산처리시스템인 맵리듀스(MapReduce)를 이용해 데이터를 처리한다. 오픈소스이기 때문에 기존 데이터베이스 시스템보다 비용이 적게 들고, 여러 대의 서버에 데이터를 분산 저장 및 처리하기 때문에 처리속도가 빠르다는 장점이 있다.

NoSQL(Not Only SQL)은 관계데이터모델과 SQL을 사용하지 않는 데이터베이스시스템으로, 기존 관계데이터베이스의 일관성보다는 가용성과 확장성에 중점을 두고 있다. 비정형 데이터의 저장을 위해 유연한 데이터 모델을 지원하고, 관계데이터베이스와 동일한 데이터처리가 가능하면서도 더 저렴한 비용으로 분산처리와 병렬처리가 가능하다. 그리고 기존의 관계데이터베이스나 Hadoop, NoSQL은 각기 장·단점이 있으므로 용도와 환경에 맞게 선택하면 된다.

2) 빅데이터 분석기술

빅데이터 분석을 위해서는 기존 통계학이나 컴퓨터과학 분야에서 데이터분석을 위해 사용해 온 다양한 기술들을 대부분 사용할 수 있다. 그 중에서도 빅데이터 분석을 위해 가장 널리 사용되는 분석기법으로는 '데이터 마이닝', '오피니언 마이닝', '소셜네트워크분석', '군집분석' 등이 있는데, 이들 기법을 간단히 소개하면 다음 표 6-11과 같다.

표 6-11 빅데이터의 분석기법

분석기법	내 용
데이터 마이닝 (data mining)	대용량의 데이터, 데이터베이스 등에서 감춰진 지식, 기대하지 못했던 경향, 새로운 규칙 등의 유용한 정보를 추출하고 가공함.
오피니언 마이닝 (opinion mining)	SNS, 블로그, 게시판 등에 기록된 사용자들의 의견을 수집하고 분석하여, 제품이나 서비스에 대한 긍정, 부정, 중립 등의 선호도를 추출함.
소셜네트워크분석 (social network analysis)	소셜네트워크의 연결구조나 강도 등을 바탕으로 소셜네트워크에서의 영향력, 관심사, 성향, 행동 패턴 등을 추출함.
군집분석 (cluster analysis)	데이터 간의 유사도를 측정한 후 이를 바탕으로 특성이 비슷한 데이터를 합쳐가면서 최종적으로 유사 특성의 데이터 집합을 추출함.

자료: 김은홍, 경영정보학개론, 2017.

3) 빅데이터 표현기술

빅데이터에서는 데이터분석을 통해 추출한 의미와 가치를 시각적으로 표현하기 위해서는 확장성 높은 데이터 프로그래밍 언어인 'R 언어'를 주로 사용한다. R 언어는 각종 통계분석과 다양한 시각화를 위한 프로그래밍 언어이자 오픈소스 소프트웨어로, 무료 프로그램이지만 기본 통계분석기법부터 최신 데이터 마이닝 기법까지 구현이 가능하다.

특히 R 언어는 다양한 프로그래밍 언어와 연동이 가능하고 다양한 운영체제를 지원하며, 하둡 환경에서는 분산처리를 지원하는 라이브러리를 제공하기 때문에 빅데이터의 분석과 시각화를 위해 주로 사용되고 있다.

4. 빅데이터의 현황과 전망

1) 빅데이터의 현황

오늘날 정보통신 분야에서의 화두는 단연 빅데이터이다. 빅데이터는 기존 데이터보다 너무 방대하여 기존의 방법이나 도구로 수집 · 저장 · 분석 등이 어려운 정형 및 비정형 데이터들을 의미한다. 1분 동안 구글에서는 200만 건의 검색, 유튜브(YouTube)에서는 72시간의 비디오, 트위터(twitter)에서는 27만 건의 트윗이 생성된다고 한다. 세계적인 컨설팅 기관인 매킨지(McKinsey)는 빅데이터를 기존 데이터베이스 관리도구의 데이터 수집, 저장, 관리, 분석하는 역량을 넘어서는 규모로서 그 정의는 주관적이며 앞으로도 계속 변화될 것이라고 언급하고 있다. 어떤 그룹에서는 빅데이터를 테라바이트 이상의 데이터라고 정의하기도 하며 대용량 데이터를 처리하는 아키텍처라고 정의하기도 한다.

우리 정부는 2011년 국가정보화전략위원회에서 '빅데이터를 활용한 스마트정부 구현(안)'을 수립하였고, 2013년에는 '빅데이터산업 발전전략'을 발표한 바 있다. '빅데이터산업 발전전략'에서는 '빅데이터 활용 강국으로의 도약'을 비전으로, '시장창출 지원', '핵심 기술 개발', '고급인력 양성', '글로벌 전문기업 육성' 등 네 가지 목표를 설정하였다. 또한 2015년 3월에 발표된 정부의 'K-ICT 전략' 에서도 빅데이터를 9대 전략산업 중 하나로 선정하고 산업분야별로 민간 부문의 수요를 일으키기 위한 여러 사업들을 추진하고 있다.

K-ICT 전략에서는 ① 정부 – 민간 공동으로 제조 · 헬스 · 기상 · 스포츠 · 재난 · 유통 · 금융 등 7대 유망업종에서 빅데이터 선도프로젝트 추진, ② 시민체감형 도시문제(교통, 주차, 에너지 등)의 해결을 위한 빅데이터 실증타운 사업 추진(2017년까지 6곳), ③ 오픈소스 기반의 한국형 빅데이터 분석기술을 개발하고 중소 · 중견 빅데이터 기업에 대해 R&D, 마케팅, 인력 등을 패키지 형태로 지원, ④ 개인정보보호와 빅데이터 산업 활성화가 조화되도록 개인

정보 관련 법 개정을 추진하고, 관련 부처와의 협력을 강화하는 등의 추진목표 및 과제를 제시하였다. 결과로 ① 빅데이터 핵심 기술역량을 확보하여 ICT 인프라 강국에 이어 '빅데이터 3대 강국'으로 도약하고, 2019년까지 국내 시장 성장률을 30%까지 확대, ② 주요 산업 및 사회 시스템에서 빅데이터 활용을 강화함으로써 국가 전반의 생산성 향상과 스마트화(저비용·고효율화)에 기여 등의 기대효과를 목표로 하고 있다.

2015년 우리나라의 빅데이터시장 규모는 다음 그림 6-13과 같이 2,623억 원으로 전년 대비 30% 이상의 성장률을 보였는데, 그중 정부투자가 42.4% 성장한 데 비해 민간투자는 26.4% 성장에 그쳤다. 아직은 민간기업들이 빅데이터 투자에 신중한 모습을 보이고 있지만 향후 시간이 지나면서 증가세가 나타날 것이라는 것이 업계 전문가들의 견해이다. 특히 앞으로 사물인터넷, 클라우드 컴퓨팅과의 연계가 이루어지면서 빅데이터산업이 좀 더 활성화될 수 있을 것으로 전망된다(김은홍, 2017).

그림 6-13 국내 빅데이터시장 규모

(단위: 억원)

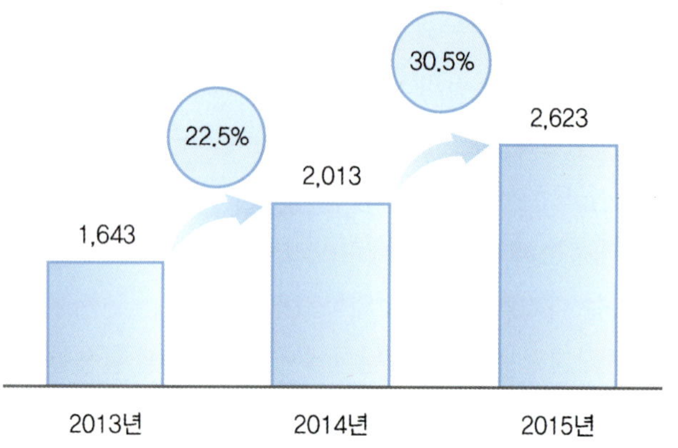

자료: 김은홍, 경영정보학개론, 2017, 202쪽.

2015년 하반기 기준 국내기업의 빅데이터시스템 도입률은 4.3%로 집계되었으며, 이는 2014년 3.9%에서 0.4%p 소폭 상승한 수치이다. 하지만 아직 빅데이터를 도입하지 않은 기업들 중 32.2%가 어떤 형태로든 관심을 가지고 있었고, 앞으로 도입을 고려하겠다는 기업은 전체 미도입 기업 중 30.2%로 2014년 26% 대비 소폭 증가하였다. 한편 당분간 빅데이터를 도입할 계획이 없는 기업들에게 그 이유를 물어본 결과 '빅데이터라고 할 만한 데이터가 없다'는 응답이 가장 많았다. 또한, 상당수의 기업들은 자사의 업무 특성상 빅데이터와 무관하다고 판단하는 등 빅데이터의 도입효과에 대한 불신을 가지고 있는 것으로 나타났다(김은홍, 2017).

빅데이터 인력에 대한 현황조사는 빅데이터기술을 공급하는 공급기업과 빅데이터기술을 실제로 활용하는 수요기업(또는 일반기업)으로 나누어 진행되었다. 표 6-12에서 볼 수 있듯이 전체 공급기업(응답기업 수: 98개)의 인력 2,662명 중 일반 데이터베이스(DB)인력(1,744명)의 비율이 65.5%로 순수 빅데이터인력(918명)의 34.5%보다 거의 두 배 가까이 높았다. 데이터베이스 인력에서는 DB개발자의 비율이 24.9%로 가장 높았고, 빅데이터 인력에서는 빅데이터 분석가 8.7%, 하둡/NoSQL/MapReduce 엔지니어 8.5%, 빅데이터기술 영업/마케터는

표 6-12 2015년 빅데이터 관련 인력 현황

(단위: 명, %)

현재 인력구분		공기업 인력 현황		수요기업 인력 현황	
		인력 수	비율	인력 수	비율
일반 DB 인력	DBA(DB administrator)	101	3.8	1,130	19.9
	DA(Data Analyst)	59	2.2	210	3.7
	DB개발자	664	24.9	2,215	39.1
	DW(Data Warehouse)설계/개발	200	7.5	382	6.7
	DB컨설턴트	216	8.1	87	1.5
	DB엔지니어	158	5.9	245	4.3
	일반 DB분석가	118	4.4	180	3.2
	일반 DB기술영업/마케터	152	5.7	65	1.1
	데이터입력자	29	1.1	320	5.6
	기타 DB인력	47	1.8	405	7.1
	소 계	1,744	65.5	5,239	92.4
빅데이터 인력	하둡/NoSQL/맵리듀스엔지니어	227	8.5	65	1.1
	빅데이터분석가	232	8.7	237	4.2
	빅데이터기술영업/마케터	211	7.9	65	1.1
	빅데이터컨설팅	202	7.6	22	0.4
	기타 빅데이터인력	46	1.7	43	0.8
	소 계	918	34.5	432	7.6
합 계		2,662	100.0	5,672	100.0

자료: 김은홍, 경영정보학개론, 2017, 204쪽.

7.9%의 순으로 높게 나타났다.

수요기업(응답기업 수: 702개)의 경우는 빅데이터 전문인력의 확보가 크게 미흡하여 전체 인력 5,872명 중 7.6%(432명)에 불과하였다. 이는 아직 빅데이터를 도입한 기업의 수가 적을 뿐 아니라 빅데이터를 도입하였다고 해도 아직은 시험단계인 경우가 많아서 전문인력 수요가 많지 않기 때문이다. 공급기업의 경우와 마찬가지로 일반 데이터베이스 인력 중에서는 DB개발자의 비율이 39.1%로 가장 높았고, 빅데이터 인력 중에서는 빅데이터분석가 4.2%, 하둡/NoSQL/MapReduce 엔지니어 1.1%, 빅데이터기술 영업/마케터는 1.1%의 순으로 비중이 나타났다(김은홍, 2017).

2) 빅데이터의 전망

빅데이터는 대규모 데이터를 발생시키는 사물인터넷과 데이터 저장 및 분석 인프라인 클라우드 컴퓨팅 등의 발전에 힘입어 지속적인 발전이 예상된다. 그렇기 때문에 앞으로 우리가 빅데이터를 적절히 활용하기만 한다면 다방면에 걸쳐 새로운 기회를 창출하고 각종 위험을 해결하는 등 미래사회의 발전을 선도하는 핵심도구 역할을 수행할 수 있을 것으로 기대된다.

빅데이터는 사회현상이나 현실세계에 대한 방대한 양의 데이터를 분석함으로써 미래에 대한 통찰력을 얻고 다양한 형태로 발생 가능한 위험 징후나 이상신호를 포착하여 적절한 대응을 할 수 있도록 해준다. 또한 빅데이터 분석을 기반으로 보다 개인화, 지능화된 개인맞춤형 제품 및 서비스 제공이 가능해지고, 서로 다른 분야 간 정보결합을 통해 새로운 가치를 창출하거나 새로운 융합시장을 개척할 수도 있을 것이다. 이상 미래사회의 특성을 불확실성, 리스크, 스마트시대, 융합중심사회 등 네 가지로 나누고 각 특성별로 빅데이터의 역할을 요약하면 그림 6-14와 같다.

3) 빅데이터 활용 사례

글로벌 금융위기로 인해 미국에서는 탈세와 사기 등 금융범죄도 늘어났고 이는 다시 국가의 재정에 위기를 안겼다. 미국의 탈세 금액은 2010년을 기준으로 저소득층의 의료보장 총액을 초과했을 정도다. 결국 미국 국세청은 탈세를 줄여보기 위해 사기 범죄 방지 솔루션, 소셜 네트워크 분석, 데이터 통합과 마이닝 등을 활용해 세금 누락을 막고 불필요한 세금 환급을 줄이는 효과도 얻었다. 어떻게 이런 일이 가능했을까. 답은 대용량 데이터의 활용과 빅데이터 분석에 있다.

그림 6-14 미래사회의 특성과 빅데이터의 역할

미래사회 특성	빅데이터의 역할	
불확실성	통찰력	• 사회현상, 현실세계의 데이터를 기반으로 한 패턴분석과 미래전망 • 여러 가지 가능성에 대한 시나리오 시뮬레이션 • 다각적인 상황이 고려된 통찰력 제시 • 다수의 시나리오로 상황 변화에 유연하게 대처
리스크	대응력	• 환경, 소셜, 모니터링 정보의 패턴분석을 통한 위험 징후, 이상신호 포착 • 이슈를 사전에 인지 · 분석하고, 신속한 의사결정과 실시간 대응 지원 • 기업과 국가 경영의 투명성 제고 및 낭비 요소 절감
스마트시대	경쟁력	• 대규모 데이터분석을 통한 상황인지, 인공기능서비스 등 제공 가능 • 개인화, 지능화, 제품 및 서비스 제공 확대 • 소셜(니즈) 분석 평가, 신용, 평판분석 등을 통한 최적의 선택 지원 • 트랜드 변화 분석을 통한 제품 경쟁력 확보
융합중심사회	창조력	• 타 분야와의 결합을 통한 새로운 가치창출(의료, 자동차, 건물, 환경정보 등) • 인과관계, 상관관계가 복잡한 컨버전스 분야의 데이터분석으로 안전성 향상, 시행착오 최소화 • 방대한 데이터 활용을 통한 새로운 융합시장 창출

자료: 김은홍, 경영정보학개론, 2017, 206쪽.

미국 국세청은 2011년 대용량 데이터와 IT 기술을 결합해 '통합형 탈세 및 사기 범죄 방지 시스템'을 구축했다. 사기 방지 솔루션으로 이상 징후를 미리 찾아냈는데, 예측 모델링을 통해 납세자의 과거 행동 정보를 분석한 다음 사기패턴과 유사한 행동을 검출했다. 그 뒤 페이스북이나 트위터를 통해 범죄자와 관련된 계좌, 주소, 전화번호, 납세자 간 연관관계 등을 분석해 고의 세금 체납자를 찾아냈다. 이 과정에서 미 국세청은 오픈소스 기반의 대용량 데이터 처리 소프트웨어인 하둡(Hadoop) 등을 적용해 저렴한 비용으로 데이터를 분석했고 그 결과 연간 3,450억 달러에 이르는 세금 누락을 막아냈다. 미 국세청의 사례는 빅데이터의 활용 사례 중 일부다. 이제 빅데이터를 적절하게 처리하고 분석하면 미 국세청의 사례처럼 예전에는 생각도 못했던 일들도 가능해졌다.

또 다른 사례는 브라질과 싱가포르의 경우이다. 2014년 월드컵과 2016년 올림픽을 준비하는 브라질 리우데자네이루는 지능형운영센터(IOC)를 통해 도시관리와 긴급대응시스템을 갖추었다. IBM의 분석솔루션이 적용된 지능형운영센터에는 교통, 전력, 홍수, 산사태 등의 자연재해와 수자원 등을 통합관리할 수 있는 체계가 갖추어져 있었다. IBM이 제공한 고해상도 날씨 예측 시스템은 날씨와 관련한 방대한 데이터를 분석해 폭우를 48시간 이전에 예측했다. 그리고 싱가포르는 차량의 기하급수적인 증가로 인한 교통체증을 줄이기 위해 교통량 예측 시스템을 도입하였다. 싱가포르는 이 시스템을 통해 85% 이상의 정확성으로 교통량을 측정하고 있다.

연구문제

설명형 문제

1. 4차산업혁명과 핵심 융합기술에 대해 설명하시오.
2. 인공지능의 개념과 발전 과정에 대해 기술하시오.
3. 인공지능의 유형과 주요 기술에 대해 설명하시오.
4. 인공지능의 파급효과에 대해 기술하시오.
5. 사물인터넷의 개념을 정의해보시오.
6. 사물인터넷의 응용 분야에 대해 설명해 보시오.
7. RFID 기술에 대해 설명하시오.
8. 빅데이터의 개념을 설명하시오.
9. 빅데이터의 활용기술에 관해 설명하시오.
10. 빅데이터와 클라우드 컴퓨팅 간에 관계를 설명하시오.

약술/열거형 문제

1. 4차산업혁명의 핵심 키워드와 특징에 대해 간략히 설명하시오.
2. 인공지능의 응용 분야에 대해 기술하시오.
3. 인공지능이 일자리에 미치는 영향에 대해 간략히 설명하시오.
4. 글로벌 IT기업들의 AI기술 개발 현황에 대해 예를 들어보시오.
5. 사물인터넷을 구성하는 5개 영역에 대해 간략히 설명하시오.
6. 사물인터넷에 영향을 준 유사 개념들에 대해 간략히 설명하시오.
7. RFID의 활용과 국내 동향에 관해 기술하시오.
8. 빅데이터의 분석기법을 열거하고 간략히 설명하시오.
9. 정보통신기술 인프라(ICBM)에 대해 간략히 설명하시오.

용어/시사문제

1. 딥러닝(Deep Learning)
2. 유비쿼터스 컴퓨팅(Ubiquitous Computing)
3. RFID(Radio Frequency Identification)
4. 빅데이터의 특성-3V
5. 하둡(Hadoop)

Management Information System

디지털경영을 위한 정보기술 응용

03

7장 정보기술의 전략적 활용과 경영혁신

1절 경영전략

정보기술의 영향은 정보혁명이라고 불리워질 만큼 기업의 업무구조나 생산 방식을 근본적으로 바꾸어 놓았을 뿐만 아니라 산업 전반에 미친 영향 또한 절대적이다. 더구나 정보기술의 발전은 매우 급속히 전개되고 있다. 이제 정보기술의 활용은 단순히 조직의 업무효율성제고나 단기적 비용절감을 이루고자 하는 데서 벗어나 장기적인 기업 성과를 증진시키기 위해 전사적 또는 전략적 차원에서 고려되고 있다.

정보기술의 전략적 활용 방안에 대한 논의에 앞서 먼저 경영전략의 개념과 유형, 그리고 기업의 경쟁력을 분석하는 데 유용하게 활용될 수 있는 몇 가지 모형에 관해 살펴본다. 본 절에서 다루어지는 경영전략 및 기업경쟁력 모형은 뒤에서 정보기술의 전략적 활용 방안을 모색하기 위한 이론적·논리적 근거로 활용된다.

이 절에서는 먼저 경영전략의 개념정의를 한 후, 경영전략의 유형을 살펴본다.

1. 경영전략의 개념

1) 경영전략의 정의

군사적 용어였던 전략(strategy)의 개념이 경영학에서 중요시되기 시작한 것은 1960년대 이후의 일이었다. 즉, 제2차세계대전 후 경영환경의 급격한 변화와 전쟁수행기술 등을 기업에 이용하고자하는 측면과 과학기술을 경영관리에 활용하고자 하는 시대적 특성이 반영되면서 등장된 개념으로서 학자에 따라 다양하게 정의되고 있다. 앤조프(H.I. Ansoff)는 경영전략이란 '경영목표를 달성하기 위한 의사결정의 룰 내지 지침'이라고 정의하였으며, 챈들러(A.D. Chandler)는 '기업의 장기목표와 목적을 설정하고, 이를 달성하는 데 필요한 행동 방식을 채택하여 제반 자원을 할당(배분)하는 것'으로 정의한바 있다.

경영전략(Business Strategy)이란 "기업의 경영목적을 달성하기 위한 포괄적인 수단으로써 기업에 주어진 제약조건 하에서 만족스러운 성과를 창출하기 위해 자원을 어떻게 이용할 것이며, 어떻게 경쟁할 것인가를 제시해 주는 의사결정"이라 할 수 있다. 여기에서 사용하는 제약조건이란, 조직 범위 내에 속하는 자원, 경쟁력에 영향을 미치는 요소, 그리고 외부환경에서 오는 위협과 기회에 대처하는 모든 요소들의 결합이라고 볼 수 있다. 전략이란 한마디로 '경쟁에서 이기는 방법'을 말하며, 경쟁기업에 비해 우위에 설 수 있는 방법을 찾아내는 것은 모든 조직의 생존과 번영에 필수적이다.

한편, 경영전략은 경영목적을 달성하기 위한 포괄적인 수단으로, 환경적응의 기능(내부전략과 외부전략으로 구분)을 가지며, 기업이 장차 당면할 전략적 문제나 전략적 기회를 발견하는 기능을 가진다. 이 점에서 앤조프(H.I. Ansoff)는 경영전략을 성장전략과 경쟁전략으로 구분하였다. 또한, 경영전략은 각 부문의 경영활동을 전체로 총합하는 기능을 가지며(이런 측면에서 전사적 전략 → 사업부 전략 → 기능별 전략이라는 계층적 구조를 가지게 됨), 정보수집을 효율적으로 하기 위한 결정 룰이 되기도 한다(이때의 결정 룰은 선택 룰이자 탐구 룰이며, 전략의 결정은 각 부문의 정보수집 활동방향을 결정함).

한편, 전략(strategy)과 전술(tactics)이라는 용어는 원래 군사학에서 유래한 것으로, 경영학에서는 1948년 폰노이만(J. von Neumann)과 모겐스턴(O. Morgenstern)에 의해 처음으로 사용되기 시작하였다. 군사적 의미의 전략(strategy)이라 함은 전쟁목적을 달성하기 위해 상대방(敵)의 대응책을 주시 · 고려하여 유리한 대비책의 구축과 전체적인 행동의 방향과 정책을 결정하는 것이다. 그리고 전술(tactics)이란 실시를 위한 방책, 즉 전도(戰道) · 전법(戰法) · 전책(戰策)이라고도 부르며, 전략을 바탕으로 하는 지휘자(실무자)가 취하는 실행 방법이나 방침을 의미하고 있다. 따라서 전략과 전술의 개념은 공간적인 차원과 시간적인 차원 및 단계적 차원의 측면에서 구분하여 이해할 수 있다.

- **전략**(strategy): 장기적, 대국적(global), 상위 개념
- **전술**(tactics): 단기적, 국지적(local), 중간 개념
- **전투**(combat): 일시적, 부분적(section), 하위 개념

2) 경영전략의 중요성

많은 기업들이 장기적인 성장과 경쟁력 유지를 위하여 경영전략이 필요하다고 인식하고 있다. 경영전략에 의해 기업의 사명을 명확히 규정함으로써 경영자들은 기업이 추구해야 할 경영의 방향을 보다 잘 설정할 수 있으며, 그것을 위한 활동에 초점을 맞출 수가 있다. 경영전략의 중요성은 다음의 두 가지 관점에서 집약될 수 있다.

첫째, 기업의 생산성 향상을 위하여 경영전략이 필요하다는 것이다. 경영전략은 기업이 취해야 하는 분명한 노선설정(路線設定)을 가능케 함으로써 기업목표를 성취하는 데 필요한 계획이나 활동을 공식화하는 것이라고 볼 수 있다. 경영전략을 도입함으로써 만성적(慢性的)인 적자나 악화된 경영 상태를 호전시켜 기업의 체질개선은 물론 도약의 기틀을 마련한 사례가 적지 않다.

둘째, 변화하는 경영환경에 유연하게 대처하기 위해 필요하다. 경영환경의 변화 속도가 완만하며 변화의 폭이 크지 않다면 경영자들은 과거의 경험을 바탕으로 미래를 예견하는 경영목표나 기타 계획을 쉽게 수립할 수 있을 것이다. 그러나 오늘날과 같이 불확실성과 복잡성이 증대되는 등, 경영환경이 급변하는 경우에는 단순한 과거의 경험은 믿을만한 지침이 될 수 없다. 따라서 경영자들은 미래의 특유한 문제나 상황에 걸 맞는 새로운 전략을 개발해야만 하는 것이다. 일예로 철강, 조선, 자동차산업 등의 대규모 장치산업들은 미래의 환경 변화와 수요의 예측을 정확히 하여 이를 근거로 시설투자계획을 마련할 필요가 있다.

3) 경영전략의 특성과 목적

경영전략의 정의가 여하튼간에 경영전략은 미래를 다루는 현재의 의사결정으로서 다음과 같은 특성을 갖는다.

첫째, 경영전략은 당해 기업의 가장 본질적인 문제를 다룬다. 즉, 기업이 생산하는 제품의 성격이나 종류, 새로운 사업 분야, 주요 대상고객이나 시장, 그리고 사업의 다각화(多角化) 여부 등이 경영전략과 밀접한 관련을 맺고 있는 개념들이라고 할 수 있다.

둘째, 경영전략은 일반적인 경영활동계획의 기본 골격이 된다. 경영전략은 기업이 갖고 있는 제 자원의 배분 과정에서부터 일상적 경영활동에 이르기까지 경영활동의 다양한 부분을 포괄하고 있다는 것이다. 그러므로 하부경영계층의 각종 전술계획이나 작업계획들은 실천에 있어서 모 계획(母 計劃)인 경영전략에 일치시켜 추진되어야 한다.

셋째, 경영전략은 장기간 소요되는 계획이다. 일반적으로 경영전략은 장기간에 걸쳐 지속적으로 추진되어야 하며 추진결과까지도 함께 평가되어야 하는 장기적 · 지속적 성격을 가진 계획이다.

넷째, 경영전략은 기업의 모든 에너지와 자원이 소요되는 최우선적 과제라는 것이다. 경영전략은 기업이 장래에 있어 보다 높은 성장과 유리한 입지를 확보하기 위하여 추진하는 핵심계획이다. 때문에 기업이 소유한 인적 · 물적 · 재화적 자원이 최우선적으로 조달되어야 하며 적시에 합리적으로 배분되어야 한다.

다섯째, 경영전략은 최고경영자의 적극적 관심과 참여가 요구되는 최고경영층의 경영활동이다. 왜냐하면 최고경영자는 높은 수준의 관점에서 기업의 모든 측면을 관찰할 수 있는 안목이 있기 때문이고 하부계층이 경영전략을 효율적으로 실천하기 위해서는 최고경영층의 개입과 참여, 그리고 꾸준한 지원이 뒷받침 돼야하기 때문이다.

또한, 경영자는 전략수행을 통해 핵심역량을 강화하고 시너지효과를 얻을 수 있으며, 가치를 창조할 수 있다. 첫 번째로 핵심역량은 경쟁기업보다 사업을 특별히 잘 할 수 있는 능력을 말한다. 다시 말해, 경쟁기업이 갖지 못한 전문성을 통해 경쟁적 우위를 차지한 상태를 말한다. 핵심역량은 주로 우월한 R&D, 제조기술, 고객서비스와 같은 전략적 분야에서 나타난다.

두 번째로 시너지효과는 기업의 각 부서가 상호협력 함으로써 개별적으로 행동할 때보다 더 좋은 효과를 얻는 것을 말한다. 기업은 전략경영을 통해 비용절감, 마케팅 향상, 기술개발 촉진, 경영기술 향상과 같은 시너지효과를 얻을 수 있다.

끝으로, 기업은 경영전략을 통해 고객에 대한 가치창조를 이루어야 한다. 이를 위해서는 고객이 지불하는 가격보다 받는 가치가 더 크다고 느껴야 한다. 그러기 위해서는 제품 가격은 낮추고 품질과 서비스를 개선시켜야 한다.

2. 경영전략의 유형

경영전략은 조직계층, 경영기능, 시장활동, 경쟁력 등 다양한 기준에 따라 전략 유형을 구분하고 있으나, 특히 다음 두 가지 차원의 전략 유형이 많이 언급되고 있다.

첫째, 경영전략이 수립되는 단위에는 기업단위 · 사업부단위 · 기능적 단위의 세 가지 단위가 있다. 즉, 조직 계층구조에 따라 기업전략(전사적 전략) · 사업부전략 · 기능별 전략으로 구분할 수 있다.

둘째, 경쟁력확보를 위한 경쟁우위전략으로 원가우위(비용우위), 차별화, 집중화의 세 가지 전략이 있다.

이들 경영전략은 상호 밀접한 관계 하에서 각기 해당 조직 영역과 기능 분야에서의 경영방향을 설정해주는 하나의 시스템이라고 할 수 있으며, 경영전략을 하위시스템으로 분할하는 기준으로 사용되는 것은 사업 분야와 기능(직능)이다.

표 7-1 경영전략의 유형

구 분	전략 유형
조직계층(단위)	기업전략(전사적 전략), 사업부전략, 기능별 전략
경영기능	마케팅전략, 생산전략, R&D전략, 투자전략, 인사전략 등
발전방향/자원 활용	성장전략, 안정전략, 축소전략, 혼합전략 등
시장활동	공격적 전략, 방어적 전략 등
제품/시장	시장침투전략, 시장개발전략, 제품개발전략, 다각화전략 등
경쟁력(경쟁우위)	원가우위(비용우위)전략, 차별화전략, 집중화전략 등

1) 조직계층(단위)별 경영전략

전략을 수립하고 실천에 옮겨 소기의 목적을 달성하려면 회사 전체가 나서서 회사 전반의 전략을 만들어 실행에 옮길 수도 있으며, 특정 사업부나 부서단위로 전략을 수립하여 시행할 수도 있다. 즉, 회사 전체적인가, 부문별인가, 부문별이라도 그 범위를 어떻게 하느냐에 따라 사업부별, 기능별, 제품별 등으로 나눌 수 있다.

표 7-2 조직계층별 경영전략

전략 차원	주요 의사결정사항	주요 의사결정자
기업전략 (전사적 전략)	기업 전체의 입장에서 여러 사업 분야 중 어느 사업에 진출 또는 투자할 것인가 하는 사업포트폴리오 및 사업 간의 자원분배나 전사적 조직구조 등의 결정	최고경영자와 그 스탭, 이사회
사업부전략	여러 사업을 동시에 영위하는 기업에서 각 사업영역별로 변화하는 환경에 대처하고 경쟁에서 우위를 점할 수 있도록 주어진 가용자원을 활용하는 방법의 결정	사업부 책임자와 그 스탭
기능별 전략	상위계층에서 결정된 전략을 효율적·효과적으로 실행하기 위하여 생산, 마케팅, 재무, 인사, 연구개발 등 각 기능 부문의 생산성을 극대화 할 수 있는 방안의 결정	제품별·지역별· 기능 분야별 부문관리자

(1) 기업전략

기업전략(corporate-level strategy) 또는 전사적 전략은 기업단위의 경영전략으로서 각 사업부와 생산라인을 포함하여 사업의 전반적인 차원에 적용되는 전사적 수준의 전략을 말한다. 이와 같은 기업단위의 경영전략은 기업 내부의 자원배분을 통하여 기업 전체의 방향을 설정하게 되고 자원배분에 따라 기업조직에 많은 영향을 받게 된다. 즉, 어떤 사업에 참여할 것이며 또 어떤 사업으로부터 철수해야 하는가? 또 우리 기업은 어떤 고객을 목표로 삼아야 하는가? 어떤 새로운 기술을 사용해야 할 것인가? 경영활동의 범위를 어떻게 규제할 것이며 경영목표를 달성하기 위한 여러 경영활동에 소요되는 인적 · 물적 · 재화적 자원을 여하히 조달하고 배분할 것인가? 이러한 세부적 의문사항에 관한 해결책을 찾는 것이 기업단위의 경영전략이다.

이 전략에는 새로운 사업 진출, 수직적 통합(M&A), 다각화, 사업부 추가 또는 축소, 공장 또는 생산라인 추가, 전략적 제휴 같은 의사결정에 적용된다. 기업전략문제는 최고경영자와 그 스탭 그리고 이사회가 주요 의사결정자가 된다. 그리고 기업단위의 전략계획을 수립할 때 'SWOT분석기법'이나 '포트폴리오전략'을 활용하면 유용하다.

(2) 사업(부)전략

사업부전략(business-level strategy)은 기업전략에 종속된 하위전략으로서 한 기업 내의 특정 사업단위나 생산라인에 적용되는 전략을 말한다. 사업부전략은 자율적인 운영권을 어느 정도 가지고 있는, 즉 우리가 어떻게 경쟁해야 하는가? 와 같은 사업부 차원의 문제에 초점을 둔다. 이는 여러 사업을 동시에 영위하는 기업에서 각 사업부별로 변화하는 환경에 대처하고 경쟁에서 우위를 점할 수 있도록 주어진 가용자원을 활용하는 방법을 결정한다.

이 전략은 제품 및 서비스믹스, 제조기술 도입, 시설 및 장비도입, 제품 변경, 신제품개발, 생산라인 확장과 축소, R&D 범위 확대, 광고 등의 의사결정에 적용된다. 사업전략문제는 사업부책임자와 그 스탭이 주요 의사결정자가 되며, 사업부전략을 수립할 때 가장 유용한 접근법은 포터의 경쟁전략모형(차별화, 원가우위, 집중화)과 메이나드(M. Maynard)의 파트너십 전략이다.

(3) 기능별 전략

기능별 전략(functional-level strategy)은 기업전략과 사업부전략에 종속된 하위전략으로 주요 기능부서(생산 · 마케팅 · 인사 · 재무 · 회계 · R&D 등)에 적용되는 전략을 말한다. 즉, 우리 부서는 사업부전략을 어떻게 뒷받침해야 하는가? 와 같은 기능부서 차원의 문제에 초점을 둔다. 따라서 기능별 전략은 기업전략과 사업전략을 전개하는 과정에서 자금과 인력 등 내부자원의 배분과 기능 분야의 활동을 조정함으로써 기업의 전략적 목표달성에 중요한 역할을 한다.

기능부서별 단위전략은 상위계층에서 결정된 전략을 효율적 · 효과적으로 실행하기 위하여 각 기능 부문의 생산성 극대화 방안에 대한 의사결정문제라고 할 수 있다. 기능별 전략문제는 제품별 · 지역별 · 기능 분야별 부문관리자가 주요 의사결정자가 된다.

그림 7-1 조직계층(단위)과 경영전략

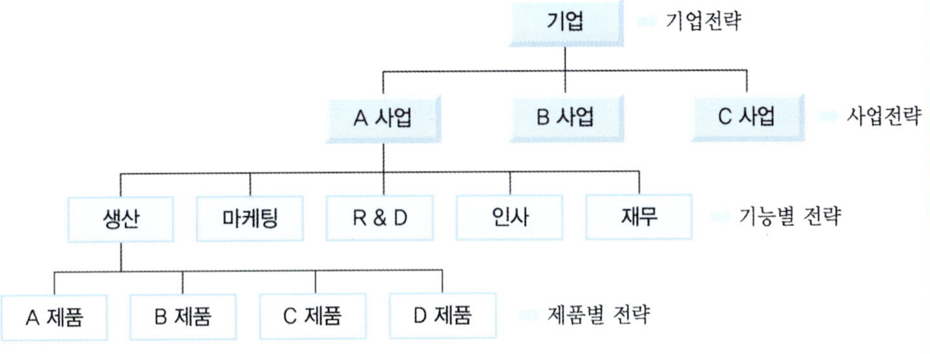

자료: 김세중, 경영학 이해, 무역경영사, 2012, 293쪽.

2) 경쟁우위전략(본원적 경쟁전략)

미국 하바드대학의 마이클 포터(M. Porter) 교수는 수많은 기업을 대상으로 연구한 결과, 사업부의 경쟁력을 결정하는 요인을 '경쟁자의 신규진입 위험', '고객의 협상력', '공급자의 협상력', '대체품의 위협', '기존업체 간의 경쟁'의 5가지 요인으로 보고, 이를 토대로 3가지 경쟁전략을 제시하였다. 경쟁전략은 시장에서 경쟁범위를 넓게 잡느냐 좁게 잡느냐, 그리고 전략적 우위 요소를 원가에 초점을 두느냐 차별화에 초점을 두느냐에 따라 구분된다.

경쟁우위전략 또는 본원적 경쟁전략(generic strategies)은 '원가우위(비용우위)', '차별화', '집중화'의 세 가지 전략으로 경쟁력확보를 위한 전략이다. 이는 대상기업이 제조업, 서비스업, 또는 비영리사업에 관계없이 적용될 수 있기 때문에 본원적 전략 유형이라 한다.

그림 7-2 경쟁우위전략

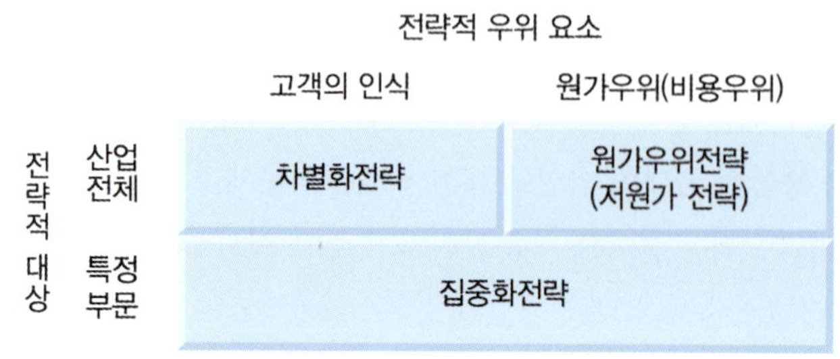

자료: 김세중, 경영학 이해, 무역경영사, 2012, 293쪽.

(1) 차별화전략

차별화전략(differentiation strategy)이란 '고객들로 하여금 자사의 제품이나 서비스를 타사의 것에 비하여 다르다는 인식을 갖게 함으로써 경쟁력을 확보하고자 하는 전략'으로 제품차별화, 시장차별화, 서비스차별화 등이 있다. 차별화 방법으로는 품질이나 디자인, 상표의 이미지, 기술, 독특한 특성, 고객서비스, 견실한 판매장을 이용하는 방법 등이 있다.

차별화전략을 구사하는 기업은 마케팅능력의 강화, 기능부서 간의 협조체제 강화, 창의력과 R&D능력 향상, 품질 및 기술적 명성과 같은 요건을 갖추어야 한다. 그리고 차별화를 위한 투자가 경쟁기업보다 많아야 한다. 나아가, 고객들이 더 높은 가격으로 구매할 욕구가 생겨야 차별화가 성공한다. 그리고 차별화된 제품과 서비스는 모방하기가 어렵고 대체재로 대체하기 어렵게 만들어야 한다. 차별화가 이루어지면, 차별화 특성에 대한 프리미엄 가격을 요구할 수 있기 때문에 더 높은 이윤과 계속적인 수요창출과 같은 경쟁우위를 유지할 수 있게 된다.

(2) 원가우위전략

원가우위전략(cost leadership strategy) 또는 비용우위전략의 목적은 경쟁기업에 비하여 낮은 비용구조를 유지하는 것이다. 즉, 원가절감과 원가통제를 통해 가격을 획기적으로 인하시켜 경쟁상의 우위를 확보하는 전략이다. 이를 위한 구체적인 방법으로는 설비규모의 적정화, 비용절감의 추구, R&D, 그리고 서비스, 판매, 광고 등에 있어서의 비용최소화 등을 생각할 수 있다. 그러나 원가우위가 품질이나 서비스의 저하를 감수하면서 비용만을 절감하는 것을 의미하지는 않는다. 원가우위를 확보하면, 산업 내의 경쟁이 심한 경우에도 산업 전체의 평균보다 높은 수익을 얻을 수 있으며, 구매자나 공급자에 대한 교섭력(交涉力)도 유지할 수 있다.

(3) 집중화전략

집중화전략(focus strategy)은 특정 구매집단(고객)이나 한정된 시장을 집중적으로 공략하는 전략으로 광범위한 경쟁을 벌이기에는 자원이 한정되어 있는 기업에게 적합한 전략이다. 집중화전략은 한정된 목표시장을 상대로 하기 때문에 독특한 욕구를 가진 고객이나 고유한 특성을 지닌 세분시장이 존재해야 가능하다.

예를 들어, Cray사는 슈퍼컴퓨터 분야에서 IBM사를 능가하고 있다. 또 시어즈 로벅사에서는 4,000만 명이 넘는 고객들에 대한 자료를 컴퓨터로 관리하며 이를 분석하여 가전제품구매자, 연장구매자, 유아제품구매자 등의 소비자 그룹을 겨냥한 판촉프로그램을 전개하는데 이용하고 있다.

원가우위전략이나 차별화전략이 산업전체를 대상으로 목표를 추구하고 있음에 반해, 집중화전략은 자신들이 비교적 경쟁우위를 가지고 있는 산업 내 특정시장에 대해서 '원가우위 집중화전략'이나 '차별적 집중화전략'을 구사한다는 차이점을 갖고 있다. 이 경우 특히 기존 제품은 많지만 수요자가 요구하는 특정제품이 없어서 수요가 비어있는 시장, 즉 틈새시장(niche market)을 전략의 대상으로 삼는 경우가 대부분이다.

표 7-3 경쟁우위전략과 기업의 특성

전략 유형	기업의 특성
차별화전략	마케팅능력 강화, 기능부서 간의 협조체제 강화, 창의력과 R&D능력 향상, 품질 및 기술적 명성
원가우위전략	엄격한 원가통제, 생산공정의 기술적 관리, 집중적 노동관리, 생산성향상을 위한 제품설계, 빈번하고 세부적인 보고체계
집중화전략	특정한 전략목표를 달성하기 위한 기업특성의 결합

2절 경쟁세력모형과 정보기술

오늘날 기업은 경쟁자의 존재나 경쟁상황을 조성하고 있는 환경 요인들을 떠나서 독립적으로 운영된다는 것은 불가능하다. 따라서 기업들은 산업구조분석을 통해 기업 간 경쟁이 일어나는 원인과 산업의 매력도를 결정짓는 구조적인 요인들을 파악해 내고 경쟁자분석을 통하여 경쟁자와 비교된 자신의 강·약점을 도출해 내야 한다. 그리고 이를 바탕으로 지속적인 '경쟁우위(competitive advantage)'를 획득할 수 있는 방안을 수립하여야 하는데, 이를 경쟁전략(競爭戰略)이라고 한다. 마이클 포터(M. Porter)는 기업의 경쟁우위를 "경쟁적 시장에서 산업평균 수익률보다 지속적으로 높은 수익률을 올릴 수 있게 하는 힘"이라 정의하고, 경쟁전략을 설명하는 모형으로 경쟁세력모형과 가치사슬모형을 제시하였다.

이 절에서는 경쟁세력모형과 가치사슬모형에 대해 살펴보고, 가치시스템에서의 정보기술 활용과 정보기술이 기업에 미치는 영향에 대해 살펴보기로 한다.

1. 경쟁세력모형

정보시스템을 전략적 무기로 활용하기 위해서는 먼저 기업의 경영전략에 바탕을 둔 경영환경에 대한 파악이 중요하다. 즉, 현재 기업이 가지고 있는 제품과 서비스 그리고 업무처리 기능의 기회와 위험 요인들에 대한 철저한 분석이 먼저 선행돼야 한다.

경쟁전략 분야의 전문가인 마이클 포터교수(M. Porter, 1985)의 경쟁세력모형(competitive forces model)에 의하면 경쟁의 기본구조는 동일산업 내 기존 경쟁자들과의 경쟁, 구매자의 협상력, 공급자의 협상력, 신규진입자의 위협, 대체품이나 대체서비스의 위협 등 5가지 요인(5-Force)에 의해 결정된다고 보고, 이러한 세력들의 총체적인 힘이 그 산업에서 기대할 수 있는 궁극적인 이윤잠재력을 결정짓는다고 보았다.

경기변동이나 단기적 원자재 부족, 파업 등은 산업의 수익성에 단기적인 영향을 주는데 반해, 이와 같은 다섯 가지 경쟁 요소들은 장기적인 경쟁전략 수립에 영향을 미친다. 따라서 효과적인 경쟁전략을 수립하기 위해서는 이와 같은 요소들과 자사의 산업 내에서의 상대적 위치를 분석해야 한다.

최근 들어 정보통신, 그룹웨어, CAD/CAM, OA 등과 같은 정보기술의 급격한 발달로 인하여 많은 기업들은 전략적 기회를 확보하는 방안으로 새로운 정보시스템을 적극 도입하게 되

그림 7-3 경쟁세력모형

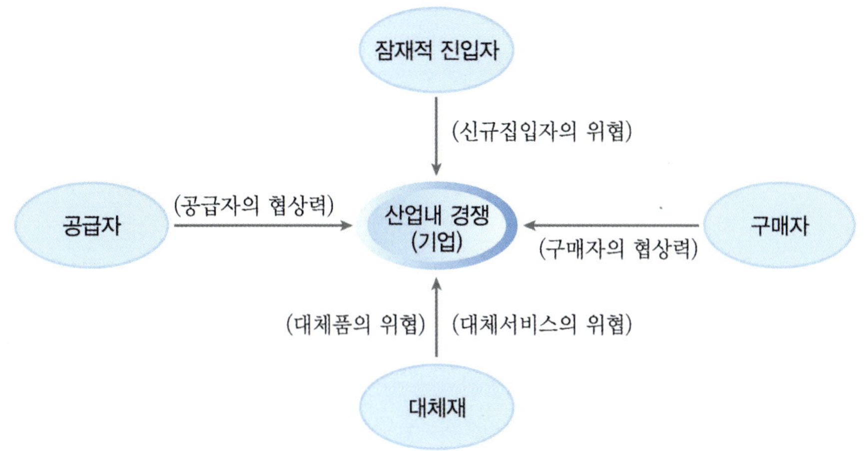

었다.

한편, 파슨(G. Parsons, 1983)은 정보시스템이 경쟁전략에 미치는 영향을 분석하는 데 도움이 되는 세 가지 차원의 모형을 제시하였다. 즉, 산업 차원에서 정보시스템은 제품과 서비스, 생산최적화, 시장구조를 바꿀 수 있고 기업 차원에서는 중요한 경쟁세력들인 고객, 공급자, 대체재, 잠재적 진입자, 경쟁자 등과의 역학 관계에 대하여 정보시스템이 영향을 미치기도 하며, 또 전략적 차원에서는 비용우위전략, 차별화, 집중화전략을 달성하는 데 정보시스템이 활용된다는 주장이다.

위의 세 가지 차원의 모형 중 전략적 차원의 비용우위전략, 차별화, 집중화전략의 개념은 제1절의 경영전략 유형에서 이미 언급하였으므로 여기서는 기업 차원과 산업 차원의 모형에 대해서만 기술하고자 한다.

표 7-4 경쟁전략에 미치는 영향

산업 차원	기업 차원	전략 차원
–	구매자(고객)	–
제품과 서비스	공급자	비용우위
생산 최적화	대체재	차별화
시장구조	잠재적 진입자	집중화
–	산업내 경쟁기업	–

1) 기업 차원

(1) 구매자(구매자의 협상력)

구매자(소비자)의 전략적 목표는 낮은 가격으로 고품질의 제품과 서비스를 구입하는 것이다. 이러한 구매자의 전략은 공급업자 간의 경쟁을 심화시키고 공급업자의 이윤을 감소시킬 수 있다.

구매자의 협상력(協商力)이란 기업과 구매자와의 관계에서 구매자가 갖는 상대적 교섭력을 의미한다. 따라서 구매자의 협상력이 클수록 기업협상력은 낮아지는 것이며, 구매자의 상대적 힘은 대량구매자이거나 단골구매자일 경우 크다고 할 수 있다.

대학캠퍼스가 밀집한 어느 지방도시에서 학교 주변 음식업소들이 음식 값을 인상하자 그 지역 학생들이 일제히 음식 불매운동을 전개하여 식대를 원위치로 환원시킨 사례가 있었다. 이와 같이 소비자와 같은 구매집단은 경우에 따라서는 단체로 협상력을 발휘하여 음식업소들의 이윤을 잠식할 수 있다는 점에서 경쟁세력 중의 하나로 인식된다.

(2) 공급자(공급자의 협상력)

공급업자는 적은 노력과 높은 가격으로 독점적 공급을 수행하려 한다. 이러한 공급업자의 전략목표가 수행될 경우 기업의 이윤은 상대적으로 감소하고 공급업자에게 의존하게 된다. 강력한 공급자들은 가격인상이나 제품 및 서비스의 품질저하 등에 대한 위협을 무기로 협상력을 발휘하여 구매기업의 수익성을 감소시킬 수 있다. 그러므로 안정적으로 자재를 공급받을 수 있는 거래선의 구축은 기업의 이윤 추구에 매우 중요하다.

정보시스템은 공급자시장의 범위와 시장의 특성을 효율적으로 분석하고, 공급자의 제품을 효과적으로 대체할 수 있는 방안을 마련하여 협상력을 높여주는 역할을 한다. 예를 들어, 공급업자로 하여금 자사의 구매정보시스템과 연계된 시스템을 통하여 자재를 공급하도록 유도한다. 이를 위해서는 공급업자의 시스템 구축에 필요한 지원을 하고 공급에 관련된 정보를 공급업자가 항상 활용할 수 있도록 한다. 그리하여 공급업자가 제품을 적시에 공급할 수 있도록 하며, 동시에 공급업자가 쉽게 거래선을 바꾸지 못하도록 한다.

(3) 잠재적 진입자(신규 진입자의 위협)

노동과 금융자본이 이동하는 자유경제에서는 언제든 새로운 기업이 시장에 진입한다. 어떤 산업은 진입이 매우 어려운 반면, 일부 산업에서는 진입장벽이 매우 낮은 경우도 있다. 새로운 기업들이 시장에 진입할 때는 새로운 능력과 시장을 확보하려는 강한 의욕, 그리고 나름대로의 자원을 가지고 뛰어든다. 이 경우 가격이 떨어지거나 부대비용이 상승하게 되며 경쟁의 강도가 높아져 기존 기업의 수익성을 저하시킬 가능성이 커진다. 특정 산업에 신규 기업이 참가할 가능성은 진입장벽(entry barrier) 또는 철수장벽(exit barrier)의 크기와 기존 기업들의 거부반응의 강도 등에 따라 달라진다.

신규진입 기업에 대한 주요한 진입장벽에는 규모의 경제, 제품의 차별화, 소요자본의 양, 교체비용, 선행기업이 가진 원가상의 이점, 정부의 정책 등이 있다. 정보시스템을 활용하여 경쟁자의 진입을 억제하면서 경쟁우위를 획득한 사례 중의 하나는 이름이 백스터(Baxter)로 바뀐 AHSC사의 정보시스템이 있다.

(4) 대체재(대체품/대체서비스의 위협)

기존 주요 제품이나 서비스가 품절되거나 질이 저하될 때, 그리고 가격이 너무 높으면 대체재나 대체서비스의 위협은 높아진다. 모든 산업에서 구매자가 대신 사용할 수 있는 대체재가 있기 마련이고, 신기술은 항상 새로운 대체재를 만들어 낸다. 대체재나 대체서비스의 예로는 자동차 휘발유와 에탄올, 트럭의 디젤유와 바이오 오일, 철강과 알루미늄, 커피와 홍차, 은행신용카드와 백화점카드, 병원과 한의원 등을 들 수 있다. 즉, 철강생산자의 경우 어떤 고객에게 있어서는 알루미늄 생산자나 플라스틱 생산자가 경쟁자가 될 수 있다.

대체품의 압력이 증대되는 요인으로는, 대체품의 가격이 상대적으로 낮은 경우, 혁신기술에 의해 대체품이 개발된 경우, 또는 고객의 선호가 바뀌는 경우에 발생하게 된다. 또, 대체재나 대체용역의 위협이 강할 때에는 경쟁이 심화되고 궁극적으로는 기업의 수익성이 제한된다.

(5) 산업 내 경쟁기업(전통적 경쟁자)

모든 기업은 시장을 다른 경쟁자와 공유한다. 경쟁자들은 신제품과 서비스를 도입하여 계속적으로 새롭고 보다 효율적인 생산방식을 고안하고, 자신의 브랜드를 개발하고, 자신의 고객에게는 전환비용을 부과하여 고객을 유인하려고 한다.

산업 혹은 시장 내 기존 기업들 간의 경쟁은 흔히 유리한 위치를 차지하려는 여러 가지 전술, 즉 가격경쟁이나 광고경쟁, 신제품소개, 대 고객서비스나 제품보증 등의 형태로 전개된다. 여러 가지의 경쟁 형태에서 가격인하경쟁의 경우에는 경쟁기업 모두에게 수익성을 악화시키는 결과를 초래하게 되지만, 광고경쟁은 수요를 증대시키거나 제품차별화의 정도를 제고시켜 모든 경쟁기업들에게 도움이 되기도 한다. 기존 업체 간의 경쟁 정도가 심화되는 경우로는, 경쟁기업이 많거나 비슷한 시장점유율을 갖고 있는 경우, 산업의 성장이 완만한 경우,

또는 철수장벽이 높은 경우 등을 들 수 있다.

택배서비스 전문업체인 미국의 페덱스(FedEx)사는 경쟁기업인 UPS사와 서비스 경쟁을 해왔다. 그런데 페덱스사는 인터넷의 등장과 함께 주문추적시스템(order tracking system)을 통하여 고객에게 우편물의 진행정보 및 부가서비스를 제공함으로써 UPS사와의 경쟁 방법을 근본적으로 전환시켰다. 물론 UPS사도 추후 그런 시스템을 개발하여 경쟁에 다시 동참하였지만 시스템개발 전까지는 페덱스사에 뒤질 수밖에 없었다.

표 7-5 경쟁세력에 대한 정보기술 활용

경쟁세력	경쟁적 의미(경쟁세력의 영향)	정보기술의 활용 방안
산업 내 경쟁자	가격, 제품, 유통경로와 서비스 등에서 경쟁	• 비용절감의 효율화 • 시장진입의 저지 • 제품과 서비스회사의 차별화
구매자의 협상력	• 가격인하 • 제품과 서비스의 품질향상 • 경쟁력 고취	• 고객의 선택, 전환비용 • 차별화, 진입장벽
공급자의 협상력	• 가격상승, • 제품과 서비스의 품질저하	• 전환비용, 후방통합의 위험
진입기업의 위협	• 규모확장 • 많은 자원이 필요 • 가격인하 및 진입비용을 높임	• 진입장벽의 구축, 규모의 경제 • 전환비용, 제품의 차별화 • 유통경로의 진입저지
대체재의 위협	• 상한가격 설정 • 잠재수익 봉쇄	• 제품과 서비스의 재편 • 제품의 가격과 성능향상

2) 산업 차원

(1) 제품과 서비스

정보시스템은 제품의 디자인과 개발 과정을 바꾸거나 또는 제품의 배달 속도를 크게 단축시킴으로써 경쟁적 우위에 영향을 미친다. 일례로 시티뱅크의 현금자동인출, 페덱스(Federal Express)사의 패키지추적시스템은 경쟁력확보에 결정적 역할을 하였으며, 쉐라톤 워커힐 같은 대형호텔 체인들의 원격화상회의시스템은 호텔의 대회의장 임대사업에 지대한 영향을 미치고 있다.

(2) 생산의 최적화

전국에 물류센터를 가지고 있는 식・음료 제조회사들은 전국 영업망을 효율적으로 관리하기 위하여 재고를 적시에 적량을 배치할 수 있어야 한다. 예를 들어, 빙과류 제조사는 고객들의 품목별 욕구를 신속히 파악하여 적절한 물량을 적기에 공급할 수 있어야 하고, 특정 제품의 재고량이 모자라는 경우 다른 지역의 물류센터 재고를 자동으로 체크하여 재고가 충분한 곳에서 신속히 공급받을 수 있는 체제가 되어야 한다. 그러나 이러한 정보시스템이 구축되어 있지 않은 경우에는 적정재고를 유지하는 데 있어서 최적화를 이루기가 매우 어렵고 경쟁에서 뒤질 수밖에 없는 것이다.

(3) 시장구조

오늘날의 기업들은 고객중심의 시장에서 경쟁해야만 한다. 다양한 고객의 요구에 신속히 대응하지 못하면 경쟁적 우위 확보는커녕 생존조차 위협받을 수 있다. 공공장소나 사람이 모이는 곳에 설치된 자동입출금기(ATM), 24시 편의점, 맥도널드, 롯데리아나 쇼핑몰에서 반드시 있어야 하는 POS시스템 등은 고객의 요구를 사전에 파악하고 대응할 수 있는 데이터베이스를 제공함으로써 기업들에게 전략적 기회를 가져다준다.

표 7-6 인터넷이 경쟁세력과 산업구조에 미치는 영향

경쟁세력	인터넷의 영향
구매자 (구매자의 협상력)	전 세계적 가격 및 제품정보에 대한 접근이 가능하여 협상력이 고객으로 이동하게 된다.
공급자 (공급자의 협상력)	제품과 서비스의 획득에서 공급자의 협상능력은 낮아지는 경향이 있으나 공급자는 낮아진 진입장벽과 자신과 자신의 고객 사이에 존재 했던 유통업자나 중간상 등의 제거로 이익을 얻을 수 있다.
잠재적 진입자 (신규 진입자의 위협)	인터넷은 판매원, 유통망, 물리적 자산 등의 구비 필요성과 같은 진입장벽을 낮춘다. 인터넷은 다른 일을 수행하는 것을 보다 쉽게 만드는 비즈니스 프로세스를 추진하는 기술을 제공한다.
대체재 (대체품/대체서비스)	요구만족과 기능수행을 위한 새로운 접근 방법으로 새로운 대체재의 출현을 가능하게 한다.
산업내 경쟁기업 (전통적 경쟁자)	시장의 지역적 범위를 넓히고, 경쟁자의 수를 증가시키고, 경쟁자 간의 차이를 줄인다. 운영의 우위를 유지하기 어렵게 하며, 가격으로 경쟁하도록 압력을 가한다.

자료: 백동현 외, 경영정보시스템의 이해, 2017, 2013쪽.

3) 경쟁우위의 인과모형

지금까지 언급한 본원적 전략 유형 및 경쟁세력모형을 바탕으로 기업의 경쟁우위를 결정하는 제반 요소들 사이의 인과관계를 설정한 모형이 제시되었다(Bakos and Treacy, 1986). 흔히 경쟁우위의 인과모형이라 부르는 이모형에서는 그림 7-4에서 보는 바와 같이 기업이 경쟁적 우위를 갖게 되는 원인을 크게 '협상력'과 '상대적 효율성' 이라는 상호 독립적인 두 가지 요인으로 보고 있다. 여기서 협상력이란 고객 또는 공급자와의 협상에서 유리한 위치를 확보하고 있는 능력을 말하고, 상대적 효율성이란 동일한 제품 혹은 고객들에게 동일하다고 인식되는 제품을 타 경쟁기업에 비해 낮은 원가, 즉 낮은 가격으로 생산, 공급할 수 있는 능력을 말한다(김은홍, 2017, 221쪽).

기업의 협상력의 크기를 결정하는 요인으로는 고객 또는 공급자의 탐색과 관련된 제반 비용, 제품의 독특성, 그리고 고객 및 공급자의 교체비용(switching costs), 즉 거래처를 바꾸는 데 드는 노력과 비용 등 세 가지를 들 수 있다. 고객 및 공급자 탐색비용이 낮을수록, 제품의 독특성이 높을수록, 그리고 고객의 교체비용은 높고 공급자에 대한 교체비용이 낮을수록 협상력이 커진다. 또한, 기업의 상대적 효율성 정도는 기업의 내적 효율성과 조직 간 효율성의 두 가지 요인에 의해 결정된다. 기업 조직의 운영이 보다 효율적으로 이루어질수록, 관련 기

그림 7-4 경쟁우위의 인과모형

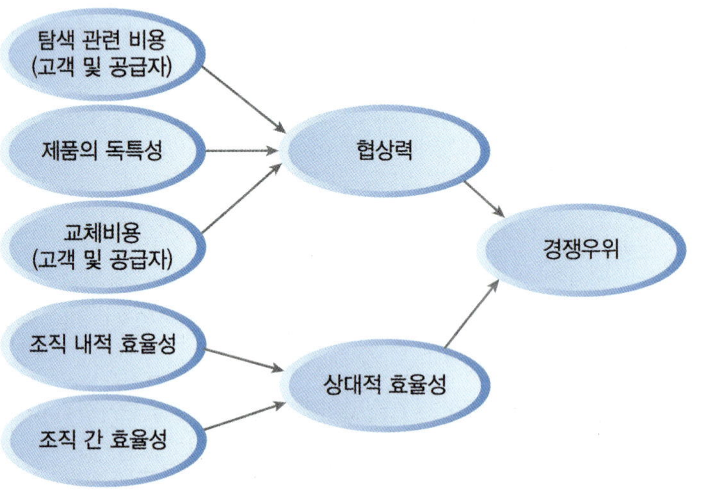

자료: 김은홍 외, 경영정보학개론, 다산출판사, 2011, 228쪽.

관 및 계열기업 간의 의사소통이나 업무협조가 원활하게 이루어질수록 그 기업의 상대적 효율성은 높아지게 된다.

2. 비즈니스 가치사슬모형

기업의 경쟁우위(competitive advantage)를 파악하는 것은 매우 중요한 일이지만, 어떻게 경쟁우위를 파악할 수 있는가 하는 문제는 그리 쉽지가 않다. 기업의 경쟁우위는 기업이 수행하는 제반 활동인 유입물류, 생산, 산출물류, 마케팅 및 판매활동, 서비스활동, 그리고 이들을 지원하는 여러 가지의 지원활동에 의해서 결정되기 때문이다. 포터(M. Porter)는 이러한 시장경쟁구조 하에서 기업들이 경쟁우위의 원천을 찾고 이에 필요한 실행전략과 정보시스템 활용을 모색하기 위한 방안으로 가치사슬모형을 제시하였다.

가치사슬모형(Value Chain Model)은 기업을 제품의 설계(디자인), 생산, 판매, 운송 그리고 지원 등을 포함하는 제반 활동을 수행하는 집합체로 가정하고 이들 활동의 연결 관계를 나타낸 것인데, 경쟁우위를 획득하기 위해서 기업은 경쟁기업에 비해 보다 저렴한 비용으로 이러한 활동들을 수행하여 부가가치를 높이거나, 차별화를 통해 더 높은 부가가치를 창출하여야 한다는 것이다.

또한, 포터(M. Porter)는 기업의 가치활 동을 크게 본원적 활동(primary activities)과 지원활적 활동(support activities)으로 구분하였으며, 본원적 활동(주활동)은 유입물류, 조업, 산

그림 7-5 기업의 가치사슬모형

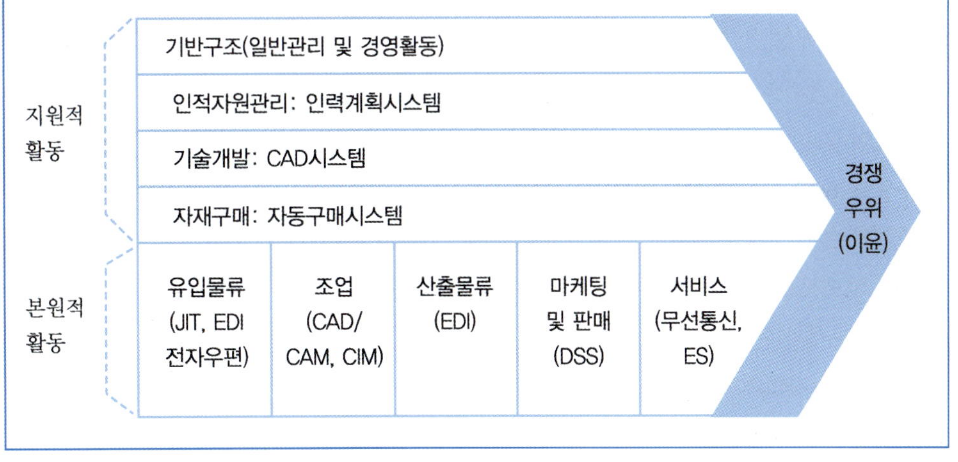

출물류, 마케팅과 판매, 서비스 활동 등으로 구성되어 있고 본원적 활동의 효과적 수행을 보장하기 위한 지원적 활동으로 기업의 기반구조(일반관리 및 경영활동), 인적자원관리, 기술개발, 자재구매(조달활동) 등으로 구분하여 분석할 수 있다.

가치사슬분석의 결과로 얻어지는 가장 일반적인 응용시스템은 기업에 유입되는 자원의 흐름을 조정하는 '공급사슬관리시스템(Supply Chain Management systems)'과 판매 및 지원담당 직원들을 고객과 조정하는 '고객관계관리시스템(Customer Relationship Management systems)' 등이다. 이러한 기업 응용시스템은 8장에서 자세하게 다룬다.

3. 가치시스템에서의 정보기술 활용

가치사슬 개념에 입각하여 정보기술의 전략적 활용기회를 분석 · 파악하고자 하는 연구는 Porter and Millar(1985)에 의해 체계화되었다. 이 연구에서 가치사슬은 원가의 형태와 차별화의 원천을 도출해 내기 위한 개념적 도구로 사용된다. 정보기술의 이용은 경쟁원천으로 인식되는 가치활동의 경쟁력을 향상시켜 궁극적으로 조직 전체의 경쟁력을 향상시키는데 이바지하게 된다. 여기에서는 가치사슬모형에 근거하여 각 가치 활동별 정보기술의 활용 방안을 살펴보기로 하자.

기업이 전략을 수행하는데 있어 정보기술이나 정보시스템을 활용하고자 하는 경우 어떠한 전략을 위해 어떠한 정보시스템을 개발해야 하는지를 먼저 파악하여야 한다. 즉, 원가우위를 통해 경쟁우위를 확보할 것인지, 차별화를 통해 경쟁우위를 확보할 것인지, 집중화를 통해 경쟁우위를 확보할 것인지 등에 따라 기업활동의 어느 부문을 기업이 설정한 전략에 맞게 재구성하고, 이를 정보시스템을 활용해 효과적으로 실행할 것인지를 파악하여야 한다.

만일, 원가우위전략으로 경쟁우위를 유지하기를 원한다면, 좀 더 구체적으로 기업활동의 어느 부문으로부터 원가우위를 달성할 수 있는 경쟁원천을 찾을 것인지를 생각하여야 한다. 예를 들어, 가치사슬을 구성하는 가치활동들 중에서 원가를 절감할 수 있는 여지가 있는 활동은 무엇이며, 이를 정보시스템을 통해 달성할 수 있는지의 여부를 찾아내어야 한다. 만일 제품의 설계에서 개발에 이르는 제품개발주기에서 원가 경쟁력을 확보하기 위해서는 CAD를 이용한 정보시스템을 개발할 수 있다. 또한, 구매나 출하와 관련된 물류비용을 줄임으로써 원가우위를 달성할 수 있다면 물류시스템을 구축해야 한다.

이와 같이, 기업이 경쟁우위를 확보하기 위해 사용 가능한 정보시스템의 활용 예를 가치사슬모형을 이용하여 설명하면 다음 표 7-7과 같다. 여기에서 우리는 정보기술을 이용하여

표 7-7 활동별 내용과 정보시스템 활용

구 분		내 용	정보시스템 형태
중점활동	유입물류	제품 및 서비스에 필요한 원자재를 생산현장으로 전달	자동창고관리시스템
	조업	투입 원자재를 최종제품 및 서비스로 변환	컴퓨터에 의한 유연생산시스템
	산출물류	최종제품 및 서비스를 저장 및 배송	자동선적계획시스템
	마케팅과 판매	제품광고 및 판매	주문정보시스템
	서비스	제품의 가치유지 및 향상을 위한 서비스활동	온라인서비스시스템
지원활동	기업 기반구조	전체 가치사슬지원을 위한 모든 활동(일반관리 및 기획업무, 재무관리, 법률관계, 대정부관계 등)	일정계획정보시스템
	인적자원관리	채용, 교육, 훈련 등과 관련된 인사관리	인력계획정보시스템
	기술 개발	제품과 제조 프로세스 향상을 위한 활동	CAD/CAM시스템
	자재구매	생산에 투입되는 요소와 관련된 구매활동	자동구매시스템

경쟁원천으로 인식되는 가치활동들의 경쟁력을 향상시킬 수 있으며, 궁극적으로는 조직 전체의 경쟁력을 향상시키는 전략을 수행할 수 있게 된다.

정보시스템의 전략적 활용은 가치사슬의 내부적인 가치활동으로만 제한되지는 않는다. 즉, 공급자 가치사슬과 구매자 가치사슬의 집합체인 가치시스템의 관점에서 공급자 가치활동의 경쟁력을 키워 줄 수 있거나 구매자 가치활동의 경쟁력을 키워줌으로써, 공급자나 구매자와의 교섭력을 강화할 수 있고, 이에 따라 자사의 경쟁력을 향상시킬 수 있다.

예를 들어, 다음 그림 7-6과 같이 정보시스템을 통해 구매자의 구매활동을 자사의 주문처리 활동과 연결하여 구매자의 구매활동과 관련된 비용을 줄여 주거나 차별화된 서비스를 제공한다면, 이는 가치시스템 관점에서의 전략정보시스템이 될 수 있다.

이와 같은 정보시스템의 전략적 활용을 종합해 보면, 두 가지 관점에서 분류할 수 있다. 정보시스템은 기업내부활동의 효율성 증진을 통한 경쟁우위 확보를 목적으로 하는 내부지향적 활용과 경쟁시장에서의 경쟁세력에 대한 효과적 대응을 가능케 함으로써 경쟁우위를 확보하게 하는 외부지향적 활용으로 나눌 수 있으며, 경쟁우위전략이 원가주도형인지 혹은 차별화인지에 따라 구분할 수도 있다.

기업이 원가주도전략을 택할 것인가 또는 차별화전략을 택할 것인가는 시장에서의 경쟁세력 간의 역학관계, 산업의 특성, 생산되는 제품수명주기상의 위치, 기업의 사업추진 방향,

그림 7-6 가치시스템에서 정보기술의 역할

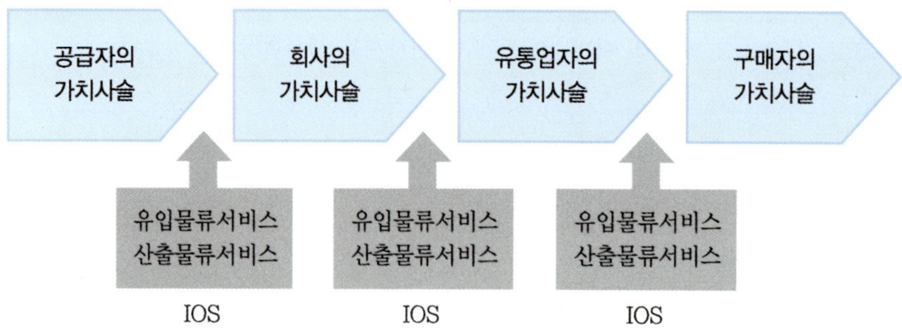

생산설비의 규모 및 자동화 정도 등 다양한 요소에 의해 결정된다. 또한, 원가주도나 차별화 전략을 추구할 때, 그것을 내부지향적으로 할 것인지 외부지향적으로 할 것인지를 결정할 때에도 그 기업의 인적·물적 요소의 결합 특성, 외부 경쟁세력관계 등이 고려되어야 한다.

앞에서 설명한 경쟁전략과 시스템의 활용지향성을 결합해 보면, 다음 그림 7-7과 같이 네 가지 적용 방안이 도출된다.

그림 7-7 전략정보시스템의 적용 방안

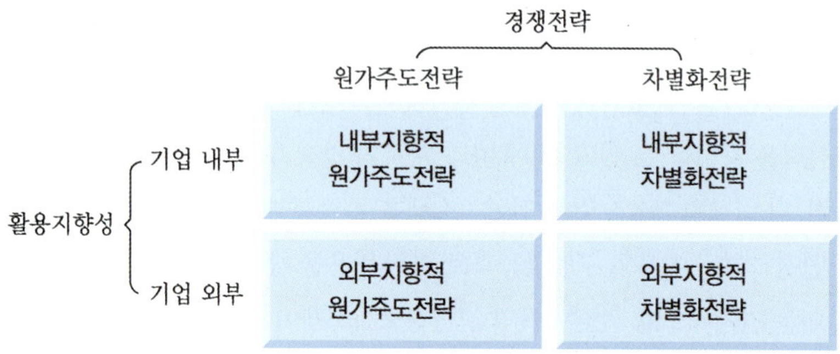

네 가지 적용 방안은 기업이 전략정보시스템 개발을 위한 구상을 할 때, 각 기업이 추구하는 전략이 어떤 방안에 속하는지에 따라 정보기술의 조합과 시스템이 개발되는 대상 및 영역에 있어 차이를 가져올 수 있음을 의미한다.

예를 들어, 기업이 내부지향적인 원가주도전략을 추구하고 있다면 정보시스템은 원가절감이라는 목표에 역점을 두어야 하며, 구체적으로 노동자원의 효율적 활용, 제품설계, 공정

설계 및 생산공정 등에서 비용절감이나 생산성향상을 달성할 수 있어야 한다. 반면에, 기업이 외부지향적 차별화전략을 취하고 있다면 서비스, 유통체계 등을 차별화 하여 외부 경쟁세력과의 교섭력 향상에 기여할 수 있도록 시스템을 구축하여야 한다.

4. 정보기술이 기업에 미치는 영향

정보기술은 제품의 개발에서부터 창고관리에 이르기까지 기업의 모든 가치활동에 영향을 미친다. 그리고 개별적인 활동들의 수행 방법에 영향을 미칠 뿐 아니라 가치사슬상의 각 활동 사이의 연계능력을 증진시켜 통합적인 경영기능을 수행하는 데에까지 활용된다. 또한, 정보기술은 각 활동 간의 새로운 관계를 창출하며, 구매자, 공급자와 보다 밀접한 협력관계를 유지할 수 있도록 지원한다. 기업의 가치활동을 지리적으로 광범위하게 퍼져있는 관련 장소와 연결하고 사업 간의 새로운 상호 관계를 창출함으로써 기업의 경쟁범위에 영향을 미치며 각 활동의 물리적 구성 요소에 변화를 유발시키기도 한다.

Parsons(1983)는 이와 같은 정보기술의 영향을 산업, 기업, 전략의 세 수준으로 나누어 설명하였다. 즉, 정보기술은 산업수준에서는 제품, 시장 및 생산 방식을 바꾸며 기업수준에서는 경쟁세력 간의 관계에 변화를 일으키며, 전략수준에서는 원가우위, 차별화 및 집중화의 기본전략구축과 실행에 영향을 미친다고 하였다.

Porter and Millar(1985)는 이러한 Parsons의 세 가지 수준의 영향을 기초로, 정보기술이 다음과 같은 세 가지 방법을 통하여 경쟁규칙을 변화시킨다고 주장했다.

첫째, 정보기술은 산업 수익성을 총체적으로 결정하는 다섯 가지 경쟁세력에 변화를 가져와 산업의 구조를 변경시킴은 물론 그 산업의 매력을 증대시키거나 감소시킨다.

둘째, 정보기술은 가치사슬상의 가치창출 비용을 절감시키고, 고객지향적인 차별화전략을 구사토록 하며, 가치활동을 지역적 · 전국적 · 세계적으로 연결이 가능하도록 지원하여 경쟁우위에 중대한 영향을 미침은 물론 경쟁의 성격을 변화시킨다.

셋째, 정보기술은 새로운 사업 분야로의 진출을 기술적으로 가능케 하고 새로운 제품에 대한 수요를 기존 사업 영역 내에서 창출케 하여 새로운 산업을 탄생시키기도 한다.

결론적으로 정보기술은 기업 외부적으로 산업 내 경쟁구조를 근본적으로 변화시켜 내부적인 가치활동의 수행 방식에 영향을 미치고, 나아가 신규사업 및 신규산업에 진출하게 하는 기회를 제공하여 기업이 지속적인 경쟁우위를 확보토록 하는 전략무기로서의 역할을 수행하고 있는 것이다.

3절 정보기술의 파급효과

오늘날 정보기술이 기업경영에 있어서 중요한 전략적 자원으로 활용될 수 있음은 이미 앞에서 논의된 바와 같은데, 이를 바꿔 말하면 정보기술이 기업경영 및 그 환경에 지대한 영향을 미친다는 의미로 해석할 수도 있다.

정보기술이 기업경영에 미치는 영향은 산업 차원, 기업 차원 및 전략 차원의 세 차원에서 파악할 수 있다. 정보기술은 기업이 사업을 수행하는 데 있어서 환경여건으로 작용하는 산업특성을 변화시킬 수 있으며, 나아가 기업들이 산업특성을 주어진 조건으로만 인식하는 데서 탈피하여 자신에게 유리한 방향으로 변화시킬 수 있는 기회를 제공하기도 한다(산업 차원). 또한, 정보기술은 산업 내에서 기업들의 경쟁적 지위에 영향을 미치는 여러 경쟁세력들과의 관계를 변화시키며(기업 차원), 개별 기업들이 경쟁적 우위를 확보하기 위해 취할 수 있는 전략의 선택 및 그 실행 과정에도 큰 영향을 미칠 수 있다(전략 차원).

이 절에서는 이러한 관점을 바탕으로 산업, 기업 및 전략의 세 차원에서 정보기술의 파급효과와 전략적 의미에 관해 살펴보고자 한다.

1. 산업 차원에서의 파급효과

정보기술이 산업 차원에서 미치는 영향은 크게 ① 해당 산업에서 제공되는 제품 및 서비스의 특성, ② 산업 내 시장의 특성, ③ 생산에 있어서의 경제성 등 세 가지 측면에서의 변화로 나누어서 살펴볼 수 있다(Cash and Konsynski, 1935).

1) 제품 및 서비스 특성의 변화

정보기술은 산업 내에서 생산되고 있는 제품과 서비스의 성격을 변화시킬 뿐만 아니라, 제품의 생명주기를 단축시키고 제품의 유통속도를 빠르게 하기도 한다. 예를 들어, 정보기술의 발달로 출판업의 제품과 서비스의 성격이 크게 변하였다. 과거 주로 수작업에 의존하던 출판업계에 전자출판시스템이 도입됨으로써 제품의 개발기간뿐만 아니라 유통속도까지도 매우 빨라지게 된 것이다.

특히, 미국의 몇몇 대형출판사는 대학과 제휴하여 주문형 교과서 출판서비스를 제공하고 있다. 이는 출판사의 데이터베이스를 이용하여 짧은 시간 내에서 교수들이 원하는 내용만으로 구성된 교재를 주문제작하는 서비스로 현재 그 잠재적 시장성이 매우 높게 평가되고 있다. 그 밖에도 인터넷 등 통신망을 통해 유통되고, PC나 스마트폰에 설치된 전용 뷰어(viewer)나 아마존의 킨들과 같은 전용 리더(reader)를 통해 읽혀지는 전자책(e-book)의 시장점유율이 급성장하고 있는 것이 출판업계의 최근 추세이다(김은홍, 2017).

2) 시장특성의 변화

정보기술은 산업 내 기존 시장의 영역을 변화시킬 뿐만 아니라 새로운 시장을 창조하기도 한다. 금융업계에서 이미 오래전부터 온라인 현금관리시스템을 구축하여 과거의 지리적인 시장경계를 무너뜨리고 국제적 · 전국적인 시장에서 경쟁을 하게 된 것이 그 사례가 될 수 있다. 게다가 이제는 홈뱅킹이나 자동현금입출금기(ATM)를 이용하여 서로 다른 은행 간에도 계좌이체 등의 서비스를 받을 수 있게 됨은 물론, 케이뱅크(K Bank), 카카오뱅크(Kakao Bank)와 같은 인터넷 전문은행이 출현함으로써 시장 영역에 대한 개념이 더욱 불분명하게 되었다. 정보기술이 새로운 시장을 창출하는 예로는 인터넷을 통해 과거 불모지였던 시장에 손쉽게 접근할 수 있게 된 것이나, 앞에서 예로 든 주문형 교과서의 출현으로 전혀 새로운 유형의 시장이 형성된 것 등을 들 수 있을 것이다.

3) 생산경제성의 변화

정보기술은 생산의 경제성을 제고시킴과 동시에 새로운 경제성 원리를 창출하였다. 과거의 전통적 생산 방식은 소품종 대량생산에 의한 규모의 경제에 기반을 두었다. 그러나 점차 고객들의 욕구가 다양화됨과 함께 정보기술을 이용한 공장자동화, 컴퓨터통합생산(Computer Integrated Manufacturing: CIM) 등의 기술이 진전되면서, 다품종 소량생산에서도 제품 간 생산기술의 공유를 통하여 생산단가를 낮출 수 있는 새로운 형태의 경제성 원리, 즉 범위의 경제를 달성할 수 있게 되었다. 또 이제는 인터넷을 기반으로 하여 관련 기업 간의 재고비용, 결제비용 등의 절감을 기할 수 있는, 연결의 경제적 이점까지도 얻을 수 있는 시대가 되었다.

4) 진입기업에 대한 영향

기업의 입장에서 시장에 신규로 진입하는 기업의 출현은 자신들이 확보하고 있는 고객의 감소와 그에 따른 매출 및 이익 폭의 감소를 의미하게 된다. 특히 산업 전체의 수요가 진입기업의 출현으로 인한 이익감소 폭을 상쇄할 만큼 증가하지 않는 산업의 경우라면 기존 기업의 평균이익률은 감소할 수밖에 없어 더욱 큰 위협이 될 수 있다. 그런데 산업 내에 진입기업의 출현을 막거나 지연시킬 수 있는 진입장벽이 존재한다면 그러한 위협은 크게 감소된다. 진입장벽은 그 형태와 크기는 다르더라도 잠재적 진입기업에 비해 기존 기업들의 경쟁여건을 더 좋게 하는 특성을 가져야 하는데, 그것은 원가, 명성, 서비스, 기술 등 해당 산업 내에서의 성공에 영향을 미치는 여러 요인들에 기반을 두게 된다.

정보기술은 진입기업의 출현에 대해 공격적 혹은 방어적 입장에서 전략적 무기로 활용될 수 있다. 한 예로, 주요 고객들과 온라인 통신망을 연결하여 컴퓨터로 고객들의 주문처리는 물론 매장관리까지도 지원하는 시스템을 구축하고 있는 대형 도매업의 경우를 들 수 있다. 이 경우 새로운 기업이 기존 도매상과 고객들과의 관계를 무너뜨리고 최저수준의 시장점유율만이라도 확보하려면 기존 도매상의 시스템보다 우월하거나 적어도 비슷한 수준의 서비스를 제공할 수 있는 시스템을 구축해야 할 것이다.

5) 경쟁자에 대한 영향

정보기술을 이용하여 직접적 · 적극적으로 경쟁자에 대응하기 위한 가장 좋은 방안은 정보기술을 기반으로 다른 회사보다 경쟁력이 높은 신제품을 개발하는 것이다. 그런데 신제품의 의미를 기존 제품과 같은 가격으로 보다 질 좋은 제품을 공급하거나, 같은 제품을 보다 낮은 가격으로 공급하거나, 혹은 보다 빠른 시간 내에 고객들의 요구에 맞는 제품을 공급해 주는 것 등을 모두 포함하는 것으로 본다면 정보기술은 신제품 창출에 많은 도움을 줄 수 있다. 이런 관점에서 본다면, 본 장에 제시되어 있는 많은 정보기술 활용 사례들의 대부분은 경쟁자에 대한 경쟁우위를 확보하기 위해 정보기술을 활용한 사례라 할 수 있다.

정보기술을 통해 경쟁자 간에 협조체제를 구축하여 산업 전체의 잠재이익을 증대 시킨 예로는 은행들이 자동현금입출금기 또는 ATM을 공동으로 활용하는 경우를 들 수 있다. 지금은 우리나라에서도 가능한 일이지만 미국의 경우에는 일찍부터 여러 은행이 ATM 네트워크를 공유함으로써 사용자로 하여금 어떤 지역의 어떤 단말기를 통해서도 자신이 원하는 은행과 거래를 할 수 있도록 하였다. 이렇게 됨으로써 각 은행들이 ATM 단말기 설치경쟁을 할 필요가 없어졌고, 이는 결국 고객에 대한 서비스수준을 낮추지 않고서도 산업 전체의 잠재이익을 향상시킨 결과를 초래하였다.

3. 전략 차원에서의 파급효과

일반적으로 기업은 산업에 대한 분석과 기업활동에 영향을 주는 경쟁세력에 대한 검토를 바탕으로, 환경 변화에 효과적으로 대처할 수 있는 전략을 설정하는 것이 보통이다. 그런데 정보기술을 기업의 전략과 일치하는 방향으로 활용할 경우에 보다 크고 장기적인 효과를 얻을 수 있다는 것은 이제 하나의 상식이 되었는데, 그 이유는 전략 유형별로 그것을 지원하는 정보시스템의 특성이 서로 달라질 수 있기 때문이다. 예를 들어, 원가우위전략을 취하는 기업에서 사용되는 시스템이 제품생산의 융통성을 높여줄 뿐 원가절감에 도움을 주지 못한다면, 오히려 원가경쟁력을 낮추는 결과를 초래하게 될 것이다. 이것이 우리가 정보기술이 전략 차원에서 미치는 파급효과에 주목하지 않으면 안 되는 이유이다(김은홍, 2017).

1) 차별화전략에 대한 영향

차별화전략에서의 성공은 고객들에게 인식되는 제품의 디자인, 브랜드 이미지, 기술, 제품특성, 서비스, 판매망 등에서 독특한 면이 어느 정도 강조될 수 있는가에 달려 있다. 정보 기술을 차별화전략에 이용할 수 있는 방법으로는 여러 가지가 있다.

예를 들어, 유통도매상의 재고관리시스템과 주문시스템을 소매상 또는 일반고객에게까지 네트워크로 연결하여 고객들이 필요로 하는 제품을 신속하게 제공함으로써 고객서비스에 있어서의 차별화를 달성할 수 있다. 또한, 일본 기성의류 제조업체인 산리트(Sunlit)의 경우는 의류 매장과 공장의 CAD/CAM 시스템을 연결해서 단시간 내에 고객들의 다양한 디자인 및 사이즈에 대한 요구를 충족시킬 수 있는 체제를 갖추게 됨으로써 확고한 차별화를 이룰 수 있었다.

2) 원가우위전략에 대한 영향

기업전략의 초점이 총체적 원가우위에 있다면 정보기술은 원가절감이라는 목표 하에 전략적 기회를 돕거나 창출하는 데 역점을 두어야 하며, 구체적으로는 엔지니어링, 디자인, 생산 공정 등에서 현저하게 원가를 절감시키거나 낭비를 줄이고 생산성 향상을 통해 생산단가를 낮추는 역할을 해야 한다. 복사기산업의 후발업체인 일본 캐논(Canon)사의 경우 초창기에는 주로 원가우위를 토대로 선발업체인 제록스(Xerox)의 시장을 잠식하고자 하는 전략을 구사하였다. 그에 따라 복사기 제조공정에 부품재고관리, 부품선택, 부품공급 통제 등 주요 업무를 자동화하기 위한 자동조립시스템과 부품선정시스템을 개발·활용하게 되었다. 그 결과 불량률이 감소하고 노동생산성이 크게 향상됨으로써 낮은 원가를 통한 시장점유율의 확대라는 그들의 전략은 성공을 거두게 되었다.

3) 집중화전략에 대한 영향

집중화는 특정 시장 부분 또는 틈새시장에서 차별화 또는 원가우위를 통해 경쟁우위를 점하고자 하는 전략이다. 주로 산업 내의 중소업체나 후발업체들이 구사하는 이 전략의 성패는 자사에게 가장 유리한 시장 부분을 선점하는 데 필요한 정보를 확보할 수 있느냐 여부에 의해 좌우된다. 여기서 정보기술은 시장에 관한 정보를 얻는 중요한 수단으로서, 집중화전략의 선택에 큰 기여를 할 수 있게 된다.

특히, 최근에는 개인이나 조직에 대한 다양한 유형의 정보들을 제공하는 전문업체의 수가 늘어나면서 과거에 비해 집중화 대상 시장의 선점에 필요한 정보를 획득하기가 훨씬 용이해졌다. 그러나 이것이 다른 한편으로는 개인의 사생활권 침해라는 새로운 문제를 야기하고 있다.

4절 정보기술을 통한 경영혁신

우리나라의 경우 1980년대 후반부터 대기업을 중심으로 본격적으로 추진되기 시작한 전사적 차원의 '경영혁신'은 그 종류와 내용 면에 있어 매우 다양하고 복잡한 성격을 가지고 있다. 그동안 알려진 경영혁신기법만 해도 리엔지니어링, 벤치마킹, 고객만족경영, 리스트럭처링, 다운사이징, 학습조직, 전략적 제휴 등 일일이 다 열거하기도 힘들 정도로 많다.

그런데 이처럼 다양하고 광범위하게 추진되고 있는 경영혁신에 있어 정보기술이 직·간접적으로 미치는 영향은 매우 크다. 사실상, 정보기술을 도입하여 정보시스템을 구축하는 그 자체가 넓은 의미의 경영혁신활동이라고 할 수도 있다. 그리고 이와 같은 경영혁신은 기업 또는 경영전략과 긴밀한 관계를 가지고 추진되어야 한다는 면에서, 정보기술을 통한 경영혁신은 '정보기술의 전략적 활용'의 한 가지 유형이라고 보는 것이 바람직하다.

이 절에서는 먼저 경영혁신의 개념과 필요성에 관하여 살펴보고, 이어서 경영혁신 과정에서 정보기술이 어떤 역할을 담당하게 되는지 알아본다. 그리고 수많은 경영혁신 방법 중에서 ERP 등 통합정보시스템 구축 시 거의 필수적으로 동반 적용되고 있는 비즈니스 프로세스 리엔지니어링의 개념과 추진체계 등을 간단히 소개하기로 한다.

1. 경영혁신의 개념

과거에는 기업성공의 무게중심이 '운영의 효율성'에 있었지만 언제부터인가 '창의와 혁신'으로 옮겨져 왔다. 그 이유는 변화의 속도가 빨라졌기 때문이다. '모든 것은 변화 한다'라는 말만 제외하고는 모든 것은 변한다고 한다. 왜일까? 인간은 변화의 본능이 있기 때문에 언제나 현재를 떠나서 늘 새롭고 더 좋은 것을 추구한다. 그리고 인간은 무한한 호기심이 있기 때문에 현실에 안주하지 않고 새로운 것에 흥미를 느낀다. 오늘날 이러한 변화의 갈망과 욕구가 훨씬 많아짐에 따라 사회 전반의 변화 속도가 점점 빨라지고 있다는 사실이다.

혁신이란 '새롭게 바꾸는 것'을 의미한다. 슘페터(J.A. Schumpeter)는 '신 결합'이라는 말을 사용했다. 슘페터는 기존 방식에서 출발하여 점진적인 변화를 통해 지속적인 개선에는 큰 가치를 두지 않았다. 이러한 세계는 혁신을 창출하는 경영풍토로는 적합하지 않으며, 혁신적 경영풍토의 조성을 위해서는 다음과 같은 조건이 필요하다고 보았다.

- 새로운 아이디어를 이끌어 낼 수 있는 창조성
- 참가자가 다양하게 행동할 수 있는 자율성
- 정형화된 관성을 파괴할 수 있는 유연성

'체질을 바꾸면 적자기업도 살아날 수 있다'. 거대한 모터제국을 세운 일본전산(日本電算, NIDEC)의 나가모리 시게노부(永守重信) 사장이 1984년 세계적인 종합기계메이커인 미국의 토린(Torin)사를 시작으로, 히타치그룹의 '일본사보' 등 수많은 부실기업들을 M&A하여 일류기업으로 탈바꿈시킨 경영철학이다. 당시 토린의 대표이사 토마스 키넌(T.A. Keenan)은 "고객이 요구하는 기술력과 높은 품질, 저렴한 가격, 높은 수준의 서비스, 유연한 대응능력을 키워 시장 변화에 즉시 대응할 수 있는 체제를 구축합시다." 라는 취임사를 남기기도 하였다.

경영혁신은 경영과 혁신의 개념을 각각 어떠한 관점에서 보느냐에 따라 매우 다양하게 정의될 수 있으나 일반적으로 경영혁신(經營革新, Management or Managerial Innovation)이란 "급격한 환경 변화에 적극적 및 능동적으로 대처하고 경쟁력을 강화하기 위한 목적으로 실행하는 전사적 차원의 체질개선전략"으로 정의할 수 있다.

요컨대 경영혁신은 새로운 제품이나 서비스, 새로운 생산공정기술, 새로운 구조나 관리시스템, 조직구성원을 변화시키는 새로운 계획이나 프로그램을 의도적으로 실행함으로써 기업의 중요한 부분을 본질적으로 변화시키는 것을 의미한다.

오늘날과 같은 변화와 도전의 시대에는 이러한 경영혁신을 위한 기법을 적기에 도입하여 정보화사회의 신경영 패러다임(paradigm)으로서 올바른 혁신전략 방향을 설정하는 것이 무엇보다도 중요하다.

표 7-8 경영혁신기법의 유형

구분	유형	목적/실행 내용
프로세스혁신	리엔지니어링 벤치마킹 고객만족경영	• 목적: 경쟁우위 창출 • 실행: 실제의 경영활동 자체(인사제도, 관리스타일, 생산활동, 마케팅활동 등)를 변화시키기 위해 업무 프로세스를 근본적으로 재설계 하는 혁신전략
조직구조혁신	리스트럭처링 다운사이징 학습조직	• 목적: 경쟁력 강화 • 실행: 경영활동을 수행하는 주체나 경영활동의 기반(구성원, 조직 등)인 조직구조를 근본적인 변화를 추구하는 혁신전략
기술관리혁신	전략적 제휴 아웃소싱	• 목적: 기업역량 보완 • 실행: 제한된 자원과 기술이 부족한 분야를 보완하기 위한 공생의 전략

2. 경영혁신의 필요성

국내 한 전문기관에서 실시한 95개 기업의 경영혁신 실태조사에 따르면, 조직구조의 변화를 위해서는 팀제의 도입, 결재단계의 축소, 프로세스혁신 등의 순으로 많이 시행하였고, 운영 및 관리제도의 변화 수단으로는 경영정보시스템의 구축과 신인사제도의 도입을 많이 활용한 것으로 조사된바 있다.

이러한 기업환경의 변화는 기업의 생존에까지도 치명적인 영향을 미칠 수 있기 때문에 이에 대한 대응력을 향상시키고자 하는 노력이 경영혁신의 추진으로 나타난 것으로 볼 수 있다.

기업이 아무리 변화를 싫어하고 변화에 저항한다 해도 계속적인 내 · 외부의 압력을 감내하며 기존 상태를 유지하기 어려운 이유가 있다. 혁신을 요구하는 요인들은 기업 외부적인 요인과 내부적인 요인이 있을 수 있다.

그림 7-8 경영혁신의 필요성

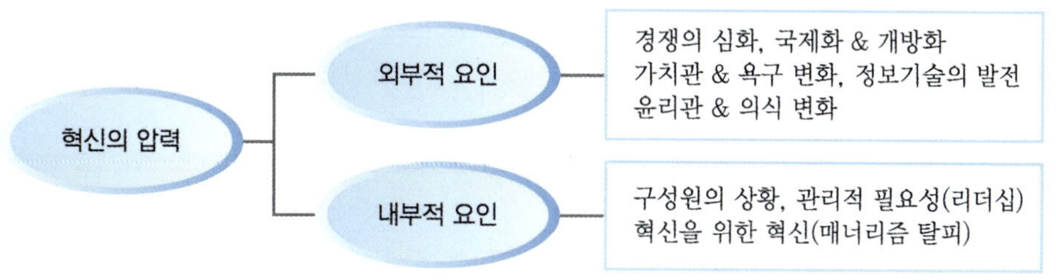

자료: 김세중, 경영학 이해, 무역경영사, 2012, 315쪽.

1) 외부적 요인

오늘날 왜 그처럼 많은 기업들이 경영혁신을 추진하는가? 이에 대한 해답은 기업 외부적인 요인과 기업 내부적인 요인으로 나누어 찾을 수 있다. 먼저 경영혁신을 유도하는 기업 외적 요인으로는 다음과 같은 것들을 들 수 있다.

- **경쟁의 격화**: 세계화, 개방화, 규제완화 등에 의해 날로 경쟁이 격화(激化)되고 변화가 일상화 되고 있으며, 정보유통, 인적 · 물적유통의 발달과 국제정세의 변화로 세계는 지구촌 개념으로 바뀌고 있다
- **소비자의 가치관 · 욕구 변화**: 이제는 신 · 구세대 차이뿐만 아니라 아날로그세대와 디지털세대, 구식 휴대폰세대와 스마트폰세대에 따라 가치관과 소비자의 욕구가 급격하고 다양하게 변화하고 있다.
- **경쟁우위 요소의 변화**: 가격이나 생산량에서 대고객 서비스나 품질 또는 스피드로 경쟁우위 요소가 변화하고 있다.
- **윤리관 · 의식 변화**: 사회 가치관의 변화로 사회적 평등, 소비자보호, 단순노동 회피, 여가선호 등을 감안하여 소비자 편익을 전보다 더 고려하면서 경영체제는 물론 제품과 서비스를 고객 중심으로 바꿔야 할 것이다.

- **정보기술의 발전**: 정보기술은 조직운영뿐만 아니라 이제는 조직 내 인간관계, 권력관계, 시장침투와 전략수행에 이르기까지 항상 필요하며, 이를 활용한 경영혁신을 가능하게 하였다.

2) 내부적 요인

경영혁신의 추진을 유발하는 기업 내부적 요인은 다음과 같으며, 이들 중 일부는 앞에서 언급한 외부적 요인의 영향으로 나타나는 것으로 볼 수도 있다.

- 기업의 생산성이 낮아지고 경쟁력이 약화되고 있다.
- 기업의 간접 부문에서 나타나는 비효율성이 점차 증가하고 있다.
- 최고경영자, 특히 신임 최고경영자들이 경영혁신의 추진을 선호하고 있다.
- 때로는 재무 성과가 우수한 기업이 여유자원을 효과적으로 활용하고 미래를 대비하기 위한 목적으로 경영혁신을 추진하기도 한다.

이와 같은 여러 가지 요인들을 종합하여 햄머와 챔피(M. Hammer & J. Champh) 교수는 오늘날의 기업에서 경영혁신이 필요한 이유를 3C, 즉 고객(customer), 경쟁(competition), 변화(change)라는 세 가지 요인으로 요약할 수 있다. 즉, 고객이 주인이 되었고, 경쟁이 격화되었으며, 변화가 일상화된 오늘날의 경영환경에서 생산자 위주의 대량생산시대에 사용하던 방식을 고집하는 기업은 살아남을 수 없다는 것이 그들의 주장이다.

3. 경영혁신과 정보기술의 역할

1990년대 초 '비즈니스 프로세스 리엔지니어링(BPR)'의 개념이 등장한 이후 경영혁신에 있어 정보기술이 미치는 영향에 대한 관심이 크게 고조되기 시작하였다. 물론, 그보다 훨씬 이전부터 정보기술이 조직전략이나 조직구조, 직무 등에 미치는 영향에 관한 많은 논의가 있었으나 경영혁신이라는 관점에서 정보기술의 영향력을 논의하기 시작한 것은 1990년대 이후의 일이다.

그런데 이처럼 정보기술을 경영혁신의 핵심적 기반기술로 인정하고 있는 데는 다음과 같은 두 가지 근본적인 이유가 있다.

첫째, 기업의 생존이나 성과향상은 정보기술을 포함한 조직의 제반 요소들(목표, 구조, 인력, 기술, 과업 등)을 조정 · 연계 및 통합하는 조직의 능력에 의해 결정되는데, 정보기술이 바로 이러한 요소들을 상호 연계시키는 통합기능을 원활히 수행할 수 있기 때문이다.

둘째, 정보기술은 경영혁신을 통해 추구하고자 하는 여러 차원의 목적들, 예를 들어 환경변화에 대한 적응, 기업 성과의 향상, 종업원의 생활향상 등을 동시에 성취하는 데 기여할 수 있는 거의 유일한 기반기술이기 때문이다.

이 밖에도 정보기술을 활용한 경영혁신은 다음과 같은 점에서 전통적 경영혁신과는 크게 다르다.

- 기술 · 직무 · 조직의 통제 과정을 변화시키는 속도가 매우 빠르다.
- 동시에 여러 기능 및 조직에 걸친 변화를 유발한다.
- 업무수행과 관련된 지식과 권한을 변화시킨다.
- 업무프로세스의 처리주기를 크게 단축시킬 수 있다.
- 업무를 수행하는 방식 그 자체를 쉽게 변화시킬 수 있다.

그림 7-9 경영전략과 경영혁신

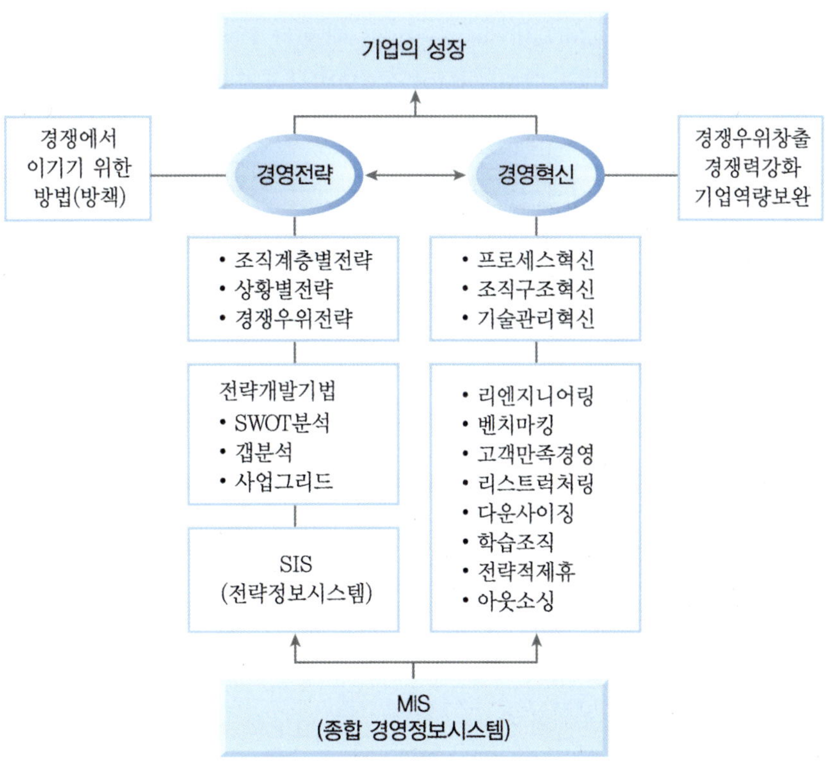

자료: 김세중, 경영학 이해, 무역경영사, 2012, 319쪽.

4. 프로세스혁신

비즈니스 프로세스 리엔지니어링(BPR) 또는 프로세스혁신(PI)은 1990년대 초에 처음 등장한 이래 지금까지도 가장 폭넓게 활용되고 있는 경영혁신도구이다. 기존의 경영혁신기법들이 업무 또는 부서단위로 생산성 및 효율성 개선 방안을 모색하던 것과는 달리, 이 방법론은 비즈니스 프로세스의 관점에서 접근하고 있다는 면에서 경영혁신의 패러다임 전환을 가져왔다고 해도 과언이 아니다. 특히 최근에는 프로세스혁신을 1회성 프로젝트로 생각하지 않고, 전사적 차원에서 전체 업무프로세스를 지속적 · 효율적으로 관리하고 최적화하기 위한 BPM(Business Process Management) 시스템을 도입하는 기업도 점차 늘어나고 있다(김은홍 외, 2011).

1) 프로세스혁신의 의의

BPR(Business Process Reengineering)이란 개념은 1990년 하버드 비즈니스 리뷰(Harvard Business Review 7~8월호)에 MIT 대학교의 마이클 해머(M. Hammer) 교수의 논문(Reengineering Work: Don't Automative, Obliterate)이 소개되면서 등장했다(김병태 · 서도원, 2008).

오늘날 정보기술을 이용한 프로세스혁신을 통해 경영성과의 획기적 향상을 추구하는 경영 혁신기법을 지칭하는 용어로 비즈니스 프로세스 리엔지니어링(Business Process Reengineering: BPR), 비즈니스 리엔지니어링(Business Reengineering: BR), 프로세스 재설계(Process Redesign: PR), 프로세스혁신(Process Innovation: PI) 등 다양한 용어들이 사용되고 있다. 초기에는 이 개념을 처음 소개한 해머(M. Hammer)교수가 명명한 BPR이라는 용어를 주로 많이 사용했으나, 근래 우리나라에서는 프로세스혁신 또는 간단히 PI 라는 약어로 부르는 것이 일반적이다.

비즈니스 프로세스 리엔지니어링(Business Process Reengineering: BPR)이란 주요 프로세스를 전사적인 관점에서 보고 '비용, 품질, 서비스, 속도와 같은 핵심적 성과에서 극적인 향상을 이루기 위해 기업 업무 프로세스를 기본적으로 다시 생각하고 근본적으로 재설계하는 것'이라고 정의하였다(M. Hammer and J. Champy, 1993). 즉, 비즈니스에서 일어나는 모든 처리 과정을 개혁해 업무 성과를 올리자는 이론에 바탕을 둔 혁신 프로그램으로서, 발달된 정보통신기술을 기반으로 기업 전 분야의 전산통일화를 이뤄 업무효율을 극대화하자는 취지로 창안됐다.

이는, 조직 내 모든 업무프로세스의 정확한 파악으로부터 출발하여 기업의 철학, 조직,

문화 등 경영시스템 전체를 재구축하고 정보기술을 이용한 경영혁신을 추진함으로써, 기업 성과의 점진적 향상이 아닌 '극적'인 향상을 추구하자는 새로운 경영혁신기법이라고 할 수 있다.

이와 같은 개념을 바탕으로 프로세스혁신에서는 과거 경영혁신의 대상을 직무, 과업, 부서, 사람중심으로 파악하던 사고로부터 프로세스 지향적 사고로 전환할 것을 요구하고 있다. 한마디로 현재의 프로세스를 '근본적'으로 다시 생각하고 처음부터 새로운 관점에서 재구축하자는 것이므로 종래의 업무개혁과는 크게 다르다. 또한 프로세스의 재설계는 '급진적' 또는 '파격적'으로 이루어져야한다. 이는 기존의 업무 방식에 대한 고정관념을 타파하는 것을 의미한다.

한편, 프로세스혁신의 성과는 비용절감뿐만 아니라 상품개발기간을 대폭 단축할 수 있으며, 소비자의 수요에 신속히 대응할 수도 있다. 이러한 결과는 고객만족으로 연결되어 결국 불황에 빠졌던 기업도 단기간에 재기할 수 있는 여건을 조성 해준다.

리엔지니어링기법은 1990년 MIT의 마이클 햄머(M. Hammer) 교수와 그 동료들에 의해 제기되었으며, 그때까지 전 세계의 업계를 지배해 오던 일본식 전사적 품질경영기법을 능가하는 반향(反響)을 불러일으켰다.

그림 7-10 BPR의 중심 개념

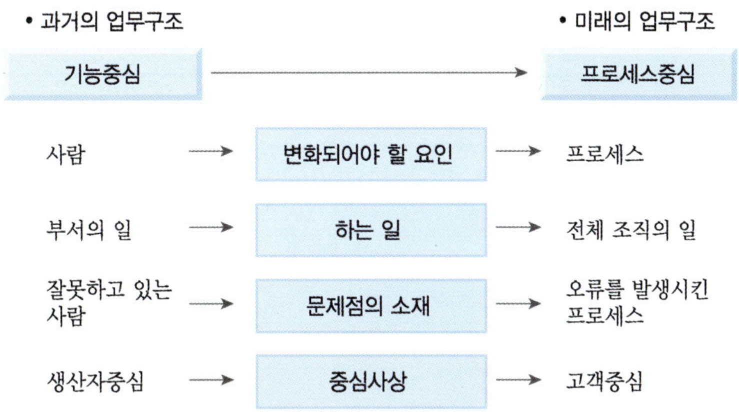

2) 프로세스혁신의 목적

혁명적이라고 할 만한 프로세스혁신의 궁극적인 목적은 고객만족경영(CSM)의 실현이라고 볼 수 있다. 따라서 경영에 있어서 가장 기본적인 발상은 '어떻게 하면 고객이 만족할 수 있을까' 또는 '어떻게 하면 고객이 기뻐할 것인가' 하는 것이다. 모든 기업활동이 이러한 발상을 토대로 전개되고 그 결과 고객만족과 이익이 창출된다면 그 기업은 성장하게 되는 것이다.

BPR의 개혁 프로세스는 그림 7-11과 같으며, 한 번에 끝나는 것이 아니라 끝이 없는 영원한 것이다. 왜냐하면, 고객의 요구는 시시각각 변하고, 그 요구수준도 해마다 높아지기 때문이다. 이러한 요구와 수준에 대처하기 위해서는 요구의 변화를 신속히 파악하여 끊임없이 비즈니스 프로세스를 변혁시켜 나가는 노력이 필요하다.

그림 7-11 BPR 개혁 프로세스

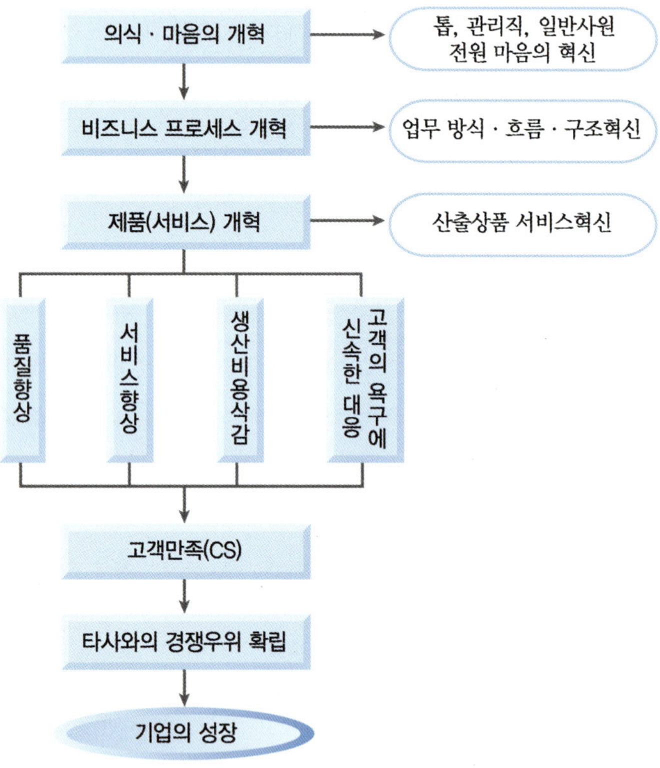

3) 프로세스혁신의 장점

비즈니스 프로세스를 위주로 한 프로세스혁신은 기존의 경영혁신기법과 비교하여 크게 다음과 같은 세 가지 장점을 가지고 있다(이재남, 2005).

첫째, 전체 프로세스의 관점에서 큰 성과를 기대할 수 있다. 과거에는 경영혁신을 통해 어느 한 부문에서 큰 성과를 얻었다고 해도 고객 또는 기업 전체의 입장에서 느끼는 효과는 매우 작은 경우가 많았다. 그 이유는 특정 업무나 부서, 부문 등에 초점을 맞춰서 경영혁신을 추진할 경우, 직원과 직원, 부서와 부서, 또는 부문과 부문 간의 업무연계를 위한 대기시간(idle time)이 실제 업무시간보다 긴데도 불구하고 이를 제외한 순수 업무시간만을 개선의 대상으로 인식하기 때문이다. 그러나 프로세스혁신에서는 대기시간을 포함하는 전체 프로세스의 관점에서 개선을 추진함으로써 전체적인 효과를 극대화할 수 있다.

둘째, 프로세스혁신에서는 고객중심의 평가척도를 정의하기가 쉽다. 과거의 경영혁신 방법에서는 평가척도의 정의가 어려웠는데, 예를 들어 매우 다양한 업무를 수행하는 조달부서에 대한 평가척도를 정의하기란 쉬운 일이 아니다. 반면에 조달프로세스는 고객이 필요한 물품을 요구해서 배달이 완료되기까지의 전 과정으로 정의되기 때문에, 프로세스 관점에서의 평가척도는 최초 요구시점에서 배달받을 때까지 걸린 시간, 배달된 물품의 불량률 등으로 손쉽게 정의될 수 있고 또 이들 항목을 측정하기도 쉽다.

셋째, 프로세스혁신에서는 고객이 확실하게 정의된다. 예를 들어, 프로세스 관점에서 접근하지 않을 경우에는 조달부서의 고객이 회계부서가 될 수도 있고 현장부서 또는 인수부서가 될 수도 있다. 그러나 조달프로세스에서는 프로세스의 마지막 단계를 담당하는 현장담당자가 고객으로 정의되어 그에게 맞춰 서비스를 정의하게 되며, 또한 현장담당자의 피드백을 통해 조달프로세스를 객관적으로 평가한다.

4) 프로세스혁신의 추진절차

기업 내 업무프로세서의 혁신을 가져오는 BPR은 기대하는 성과만큼 위험의 부담도 크기 때문에 체계적인 절차를 통해 세심하게 추진되어야 한다. 또, BPR은 기업환경과 대상 프로세스, 그리고 방법론에 따라 그 실행절차가 약간의 차이가 있지만 기본적으로 BPR을 추진하는 절차는 다음 그림 7-12와 같이 다섯 단계로 요약할 수 있다.

그림 7-12 BPR 추진절차

	단계	내용
1	경영비전과 프로세스 재설계의 목적설정	목적의 우선순위와 BPR의 최종 목표설정
2	경영혁신대상 프로세스의 선정	중요하거나 개선해야 할 프로세스의 선정
3	기존 프로세스의 이해와 분석	현재의 문제점 및 개선기준을 설정
4	필요 정보기술의 파악	BPR에 필요한 정보기술의 파악과 방안모색
5	새로운 프로세스의 원형설계 및 시범운영	조직적 · 기술적인 측면을 고려하여 구현

(1) 경영비전과 프로세스 재설계의 목적설정

BPR을 실행할 때에는 작업의 합리화가 조직 전체적인 경영비전과 목적 하에서 이루어져야 하므로 이 단계에서는 우선 사업의 비전을 명확히 한 다음, 목적(품질향상, 원가절감, 시간절약, 작업환경의질 등)의 우선순위를 정하고 BPR의 최종목표를 선정한다.

(2) 경영혁신 대상 프로세스의 선정

모든 프로세스를 효과적으로 재설계(再設計)하는 것이 기업의 최종 목적이 될 수 있으나, 기업의 가용자원에는 한계가 있으므로 가장 큰 영향을 미칠 수 있는 프로세스를 선정하여야 된다. 일반적으로는 조직 내의 목적달성에 절대적으로 필요하거나 병목현상이 가장 심각하게 발생하는 프로세스가 선정된다.

(3) 기존 프로세스의 이해와 평가

이 단계에서는 현재의 문제를 찾아내고 개선원칙을 정하되, 현 프로세스의 개선에 초점을 두지 말고 기본적인 가정과 원칙들을 완전히 새로 수립한다는 입장을 견지해야 한다.

(4) 필요한 정보기술 파악

과거 정보기술의 활용은 단지 설계된 프로세스를 효율적으로 처리하는 것에만 한정되었고, 정보기술은 프로세스가 재설계된 이후에야 비로소 고려되었다. 그러나 BPR에 있어서의 정보기술은 업무처리를 효율적으로 지원하기 위한 방안으로 뿐만 아니라 새로운 방식의 업무처리의 개발에까지 활용되고 있다. 그러므로 이 단계에서는 BPR에 필요한 정보기술을 파악하고 이의 적용 방안을 찾는다.

(5) 새 프로세스의 원형설계 및 시범 운용

이 단계에서는 조직적 · 기술적 측면을 고려하여 새로운 프로세스의 원형(prototype)을 설계하고 이를 시범적으로 운용해 본다. 이러한 시범운용을 통해 조직과 기술적인 측면에서의 저항과 문제점, 그리고 개선사항들을 발견하고 이를 해결해 나감으로써 성공적인 BPR을 달성하게 된다.

5) 프로세스혁신과 정보기술의 역할

앞에서도 언급한 것과 같이 정보기술은 프로세스혁신 추진을 위한 핵심적 기반기술로 인식되고 있다. '정보기술에 대한 사고 방식을 바꿀 수 없는 기업은 프로세스혁신을 추진할 수 없다.'는 표현은 프로세스혁신에 있어 정보기술의 중요성을 잘 설명해 주고 있다. 적절한 정보기술의 선택은 프로세스혁신의 효율성을 높여줄 뿐만 아니라, 프로세스혁신에 있어서 정보기술이 업무수행 방법을 제한하는 과거의 낡은 규칙들을 깨뜨리고 새로운 업무 방식을 재구축 또는 창조하는 수단으로서의 역할을 수행하기 때문이다.

정보기술의 활용으로 와해시킬 수 있는 낡은 규칙들의 예를 몇 가지 들면 다음 표와 같다.

8장

전사적 통합관리시스템

1절 전사적 자원관리(ERP)시스템

최근 들어서 기업들은 '고객욕구의 다양화', '기업활동의 세계화', '정보기술의 눈부신 발전' 등 급변하는 기업환경 속에서 기업생존 및 경쟁우위확보 전략으로 다양한 경영혁신운동을 전개하여 왔다. 즉 '프로세스혁신', '조직구조혁신', '기술관리혁신' 등 여러 형태의 기법을 동원하여 경영혁신운동을 활발히 전개하였으나, 만족스러운 성과를 가져오지 못하자 경영혁신운동에 대한 회의와 비판이 제기되었다. 이와 같은 경영혁신에 대한 비판적 움직임 속에서 기업의 BPR(업무프로세스 재구축)을 통한 기업 내 분산된 모든 자원을 효율적으로 통합관리 해 줄 수 있는 전사적 자원관리(ERP)시스템이 경영혁신의 새로운 도구로 주목받게 되었다.

이 절에서는 먼저 전사적 자원관리(ERP)시스템의 개념, 발전 과정, 주요 기능, 도입의 성공 요인 등을 살펴보기로 한다.

1. ERP 시스템의 개념

1) ERP 시스템의 정의

전사적 자원관리(Enterprise Resource Planning: ERP) 시스템은 '기업자원 계획' 또는 '전사적 시스템'으로 직역되지만 우리나라에서는 보통 '전사적 자원관리'로 번역하여 사용하고 있으며, 이것이 기업에서 시스템적으로 구현되는 것을 전사적 자원관리시스템이라 한다.

ERP 시스템의 개념은 두 가지 관점에서 접근해볼 수 있다. 이는 모든 경영자원을 효율적으로 활용한다는 관점에서 "경영체의 전반적 경영활동(영업 및 판매관리, 생산 및 자재관리, 품질관리, 인적자원관리, 회계관리 등)을 관리하는 각각의 정보시스템들을 하나로 통합하면서 업무기능 전체의 최적화를 도모하고 경영의 효율화를 추구하자"는 광의의 개념과, 이러한 전략을 실현하기 위한 'ERP 패키지 소프트웨어'를 의미하는 협의의 개념으로 정의 된다. 대부분의 경우 ERP는 후자의 개념으로 사용하고 있다. 이러한 ERP 패키지는 기업의 전 부문에 걸쳐 있는 인적자원, 물적자원, 금전자원, 정보자원 등의 경영자원을 통합적 · 실시간으로 관리함으로써 생산성과 효율성을 향상시키는 것을 목표로 하고 있다.

ERP라는 용어를 최초로 사용한 글로벌 컨설팅회사인 가트너그룹(Gartner Group)은 ERP에 대해서 "기업 내의 업무기능들이 상호 조화롭게 수행될 수 있도록 설계된 차세대 대표적 애플리케이션의 집합"이라고 언급한 바 있으며, The Weekly Economist는 "생산, 자재, 영업, 인사, 회계 등 기업 전 부분에 걸친 인력, 자금 등 각종 경영자원을 단일시스템 체계 하에 통합적으로 구축함으로써 생산성 극대화를 위한 기업 업무프로세스 재구축(BPR)"으로 정의한바 있다.

한편, ERP는 1970년대 개발된 자재소요계획(Material Requirement Planning: MRP)으로부터 제조자원계획(Manufacturing Resource Planning: MRP Ⅱ)을 거쳐 기업 전체의 모든 인적 · 물적 경영자원을 유효하게 활용한다는 관점에서 생산, 물류, 인사, 회계 등의 업무기능 전체의 최적화를 도모하면서 경영의 효율화를 추구한다는 개념으로 발전되었다. 그리고 최근에는 기존의 ERP에 전자상거래를 기반으로 하는 공급망관리(SCM) 및 고객관계관리(CRM) 기능을 추가한 소위 '확장형 ERP'가 개발되어 기업 내 통합은 물론 기업 간 통합까지도 가능하도록 하고 있다.

ERP 시스템은 기업의 모든 자원(전사적 자원)을 효율적으로 관리하여 기업의 가치를 극대화시켜 주는 '통합업무시스템'이라고 할 수 있는데, 이 시스템의 도입 필요성은 다음과 같이 3가지로 요약할 수 있다.

첫째, ERP는 기업 내의 영업, 생산, 구매, 자재, 회계 등 모든 조직의 업무가 IT로 통합되어 실시간으로 모든 정보를 통합처리(통합정보시스템 지향)할 수 있다.

둘째, ERP는 패키지 내에 포함되어 있는 '선진 업무프로세스(best practice)'를 회사 내에 적용시킬 수 있어 BPR(Business Process Reengineering: 업무프로세스 재설계)을 자동적으로 수행하여 경영혁신을 도모할 수 있다

셋째, ERP 시스템을 도입하게 되면 복잡 다양해져가는 시대에 충분한 확장성을 보장받을 수 있어, 중 · 장기적인 관점에서 비용을 절약하는 효과를 가져 온다.

또한, ERP의 모태가 MRP와 MRP II였던 바 과거에는 주로 제조기업에 한정하여 ERP를 규

정하는 경향이 있었으나 최근에는 업종에 관계없이 기업뿐 아니라 병원, 비영리단체, 공공기관 등 광범위한 조직에서 활용하는 경향이 나타나고 있다. 즉, 어떠한 조직이든 그 조직 내의 모든 업무를 유기적으로 통합하여 서로 정보를 실시간으로 공유함으로써 업무의 효율을 극대화시켜 주는 시스템이라면 ERP의 개념을 준용하여 사용할 수 있다는 점이다.

현재 IBM, AT&T, GE 등 세계 초일류기업들은 이미 ERP를 활용하고 있으며 우리나라에서도 1990년대 중반부터 대기업을 중심으로 도입하기 시작한 ERP는 급변하는 경영환경과 무한경쟁시대에서 이제 중견기업은 물론 중소기업들에게도 선택이 아닌 필수적인 과제로 다가오고 있다. 즉, ERP 시스템은 영업에서 생산과 출하에 이르는 기업의 모든 업무 과정을 컴퓨터를 이용해 유기적으로 연결, 실시간으로 관리할 수 있도록 해주는 최신 경영정보시스템이라고 할 수 있다.

그림 8-1 ERP 시스템의 개념적 구성

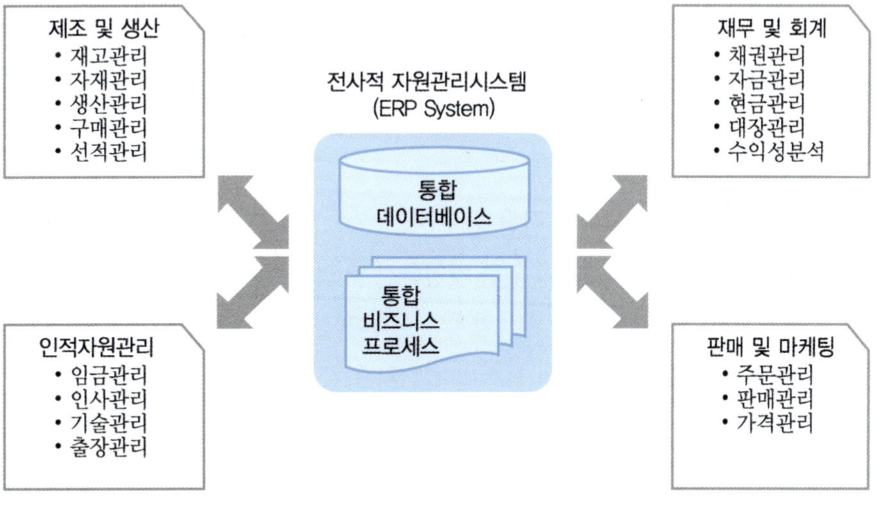

자료: 홍일유 · 차훈상, 경영정보시스템, 법문사, 2012, 241쪽.

2) ERP 시스템의 도입목적

ERP 시스템은 과거 기능 또는 부문별로 개발되었던 정보시스템과는 달리 통합성과 유연성이 최대 강점이라고 할 수 있다. 일반적으로 ERP는 생산, 물류, 인사, 회계 등 각 업무단위가 독립적인 모듈(기능) 단위로 구성되며, 각각의 모듈들은 수십, 수백 개의 하위 모듈로 구성된다. ERP 시스템은 기업이 필요로 하는 정보시스템 기능을 신규 또는 추가로 개발하는 것이 아니라 ERP 패키지 공급자가 제공하는 패키지 기능 중 자신의 기업활동에 적합한 모듈들만 부분적으로 취사선택하여 시스템을 구현할 수 있으며, 경우에 따라서는 자사에 적합하도록 부분적으로 커스터마이즈(customize)하여 사용하는 것이 특징이다. 물론 새로운 기술이 나오면 개발업체들이 업그레이드 제품을 지원해 준다. 따라서 기업에서는 ERP 패키지를 도입·활용함으로써 정보시스템 개발에 소요되는 시간과 비용을 대폭 절감할 수 있고, 기업환경 변화에 따른 업무프로세스 변경에 대한 요구에 신속하게 대응할 수 있게 되었다.

한편, ERP 패키지는 각각의 업체마다 제각기 다른 업무프로세스 및 시스템 특성을 갖고 있기 때문에 자사에 적합한 ERP 패키지를 선정하기 위해서는 신중한 검토가 필요하다. 특히 기업의 규모, 업종, 구축기간, 사용자의 교육수준, 기존 인프라의 활용가능성 등을 종합적으로 고려하여 결정하는 것이 중요하다. 또한 이런 패키지 도입이 성공하기 위해서는 리엔지니어링(BPR)을 통한 완전한 기업업무 프로세스 표준화가 선행되어야 한다는 전제가 따른다. 그렇지 않을 경우 상당 부분 수정작업이 필요하게 되고, 그것이 잦아지면 패키지의 성격을 잃게 돼 자칫하면 패키지의 모듈별 통합성에 심각한 문제가 생길 수도 있다. 이 때문에 ERP 시스템 구축에는 BPR을 포함한 컨설팅 분야가 상당한 비중을 차지한다.

기업에서 ERP 시스템을 도입하려는 목적은 다음과 같다.

(1) 경영 성과의 측면(경영비전 실현형)

- 격변하는 경영환경에 대응하기 위한 경영혁신 및 업무개혁
- 전사적 데이터 일원화에 의한 의사결정의 신속화(경영의 스피드화)
- 기간업무의 통합화에 따른 정보흐름의 일원화와 업무효율화
- 글로벌화에 따른 경쟁력 유지 및 강화
- 계획생산체제의 구축 및 생산실적 관리
- BPR(Business Process Reengineering: 업무프로세스 재설계) 추진
- 조직구성원의 의식변혁
- 고객만족도 향상

(2) 정보환경 구축의 측면(과제 해결형)

- 시스템 표준화를 통한 데이터 일관성 유지
- 개방형 정보시스템 구성으로 자율성, 유연성 극대화
- 웹기반 기술 등을 이용한 사용하기 쉬운 정보환경 제공

- 세계 표준과 최신 정보기술에 의한 정보 인프라의 정비
- 데이타 중복 및 오류배제
- 필요정보의 공유

표 8-1 ERP 시스템의 지향 방향

구분	기존 정보시스템		ERP 시스템
시스템의 구조	폐쇄성	→	개방형, 확장형, 유연성 지향
업무처리/형태	수직적 업무처리/부분 최적화	→	횡적 업무처리/전체 최적화 지향
생산 형태	소품종 대량생산	→	다품종 소량생산 지향
지역	Local 중심	→	Global 지향
업무 범위	기능별 부서단위별	→	통합업무 지향
전산화 형태	중앙집중식 구조	→	분산처리 구조
일의 가치 기준	내부통제(상하관계) 중심	→	외부(고객) 지향
접근 방식	전산화, 자동화	→	경영혁신 수단
의사결정 방식	Bottom-Up	→	Top-Down
정보가공	수치, 문자중심	→	이미지, 음성, 동영상
생산지원	물자, 자본, 인력	→	정보, 지식, 시간

자료: 신철, 알기쉬운 ERP Plus, 미래와 경영, 2002.

2. ERP 시스템의 역사와 동향

1) ERP 시스템의 등장배경

ERP가 미국을 비롯한 구미에서 처음 등장하게 된 배경은 제조업의 생산성이 일본보다 뒤떨어진다는 인식이 그곳의 학자나 경영자들에게 널리 퍼져 있었기 때문이다. 따라서 이것을 극복하기 위해서는 정보흐름의 혁신을 통한 업무의 생산성 향상이 절실하다고 판단되었고, 그것을 가능하게 해 주는 길을 장기간 모색한 결과물이 바로 ERP라고 할 수 있다.

전통적 접근 방식에 의한 기존의 전산시스템은 업무 영역별(회계, 인사, 자재관리 등)로 점진적 · 순차적으로 개발 · 운영되었기 때문에 시스템 간의 통합성이 매우 결어 되어 있었다. 즉, 동일기업 내에서도 단위업무시스템별로 개발주체나 개발도구가 다른 경우가 많아, 시스

템 통합(System Integration) 이나 실시간 정보공유가 이루어질 수 없는 경우가 많았다.

시간이 지나면서 IT의 비약적인 발전에 힘입어 업무용 시스템들도 진화를 거듭하였고 이들 개별시스템들을 통합(integration)하여 실시간(real time)으로 정보를 공유하고 변화에 능동적인 대처가 가능하며, 효율적인 자원배분을 가능하게 할 수 있는 통합형 업무시스템이 출현하게 되었는바, 이것이 바로 ERP 시스템인 것이다.

그림 8-2 ERP의 등장배경

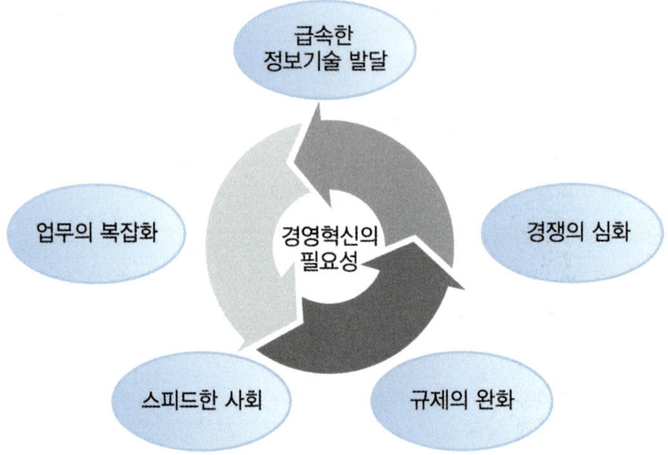

자료: 서승희, 핵심 ERP 정보관리사, 지식과 경영, 2013, 33쪽.

2) ERP 시스템의 발전 과정

(1) 1970년대(MRP)

MRP(Material Requirement Planning) 시스템은 1960년대 기업에서 가장 큰 고민거리 중에 하나인 재고를 줄일 목적으로 1970년대 등장하였다. 당시 제품을 구성하는 모든 요소(원자재, 반 조립품, 완제품 등)에 대한 자재수급계획과 생산관리를 통합시킨 최초의 체계적인 '자재소요계획시스템', 또는 '자제수급관리시스템' 기술이라고 할 수 있다.

MRP는 기준생산계획, 부품표, 재고량 등 3가지 기준정보를 기반으로 구체적인 제조일정과 자재조달계획을 계산·예측함으로써 재고의 최소화를 통하여 생산원가의 절감을 지향하고자하였다. 즉, 제품생산에서 요구되는 필요한 자재를 필요한 시기에 필요한 양만큼 필요한 장소에 공급하기 위한 '자재소요량계획'이었다. 그러나 초기의 ERP 시스템은 확고한 개념의

미 정립, 컴퓨터와 통신기술, 데이터기술 등의 미흡으로 이상적인 시스템을 구현하기는 부족한 점이 많았다.

(2) 1980년대(MRP Ⅱ)

1980년도에 출현한 MRP Ⅱ(Manufacturing Resource Planning Ⅱ)시스템은 자재뿐만 아니라 생산에 필요한 모든 자원을 효율적으로 관리하기 위한 것으로 MRP가 확대된 개념이다. 즉, MRP의 기능을 기본으로 하면서 영업 및 재무계획, 구매 및 수주계획, 원가절감, 공정회계, 마케팅 등의 기능을 추가하여 통합적으로 운용하고자 하였다. 특히, 컴퓨터 시스템의 발전으로 MRP를 운영하는 데 필요한 여러 기술적인 문제가 해결되고, 제조활동과 관련된 데이터의 수집, 수주, 판매, 주문관리 등의 기능이 추가되면서 실현 가능한 생산관리활동을 더 안정적이고 효율적으로 관리할 수 있는 MRP Ⅱ(제조자원계획 또는 생산자원계획) 시스템이 개발되어 생산현장에서 활용되기 시작하였다.

(3) 1990년대(ERP)

1990년대에 들어 컴퓨터기술의 발전이 더욱 가속화되면서, 기업들은 MRP와 MRP Ⅱ의 기능을 넘어서는 요구를 하게 되었다. 즉, 고객회사, 하청회사 등 상·하위 공급체계와 회사 내 연관부서의 업무를 동시에 고려하지 않고서는 올바른 의사결정을 내릴 수 없다는 인식을 하게 된 것이다. 이에 따라, ERP는 MRP Ⅱ의 개념에서 확장되어 생산관리업무는 물론 설계, 재무, 회계, 영업, 인사 등의 순수관리 부문과 경영지원기능을 포함하는 ERP 시스템 개념이 등장하였다. 즉 MRP Ⅱ가 '생산활동을 위한 자원투입의 최적화'를 추구하였다면, ERP는 이를 '기업활동을 위한 경영자원투입의 최적화'를 추구하는 개념으로 확장시킨 것 이라고 할 수 있다. 지금도 차세대 ERP에 대한 논의들이 활발하게 이루어지고 있지만, 무엇보다 기업의 형태가 크게 변화될 것으로 본다. 기업의 형태가 바뀌게 되면 기업활동 지원시스템인 ERP도 당연히 변화하게 된다.

(4) 2000년대(ERP II/e-ERP)

2000년대 들어서면서 ERP는 기술적으로는 기존의 클라이언트/서버환경에서 웹환경 중심으로 재편성 되면서 기업의 내부뿐만 아니라 기업 간, 고객 간의 관계를 고려한 개념의 확장으로 SCM(Supply Chain Management: 공급망관리), CRM(Customer Relationship Management: 고객관계관리)을 접목한 ERP Ⅱ(확장형 ERP)가 활발히 도입 되었다.

한편, 2004년부터 'e-biz Ⅱ' 시대로 전환되면서 초고속인터넷의 발달과 고객중심의 경영환경의 변화와 글로벌경영으로 경영환경의 변화에 따라 ERP도 e-biz 중심의 eERP 시스템으로 변화되고 있다. 또한, 모바일 콘텐츠의 발달에 따라 전 세계 어디서나 시스템에 접근 가능하도록 e-ERP 시스템으로 전환이 이루어지고 있다.

그림 8-3 ERP의 발전 과정

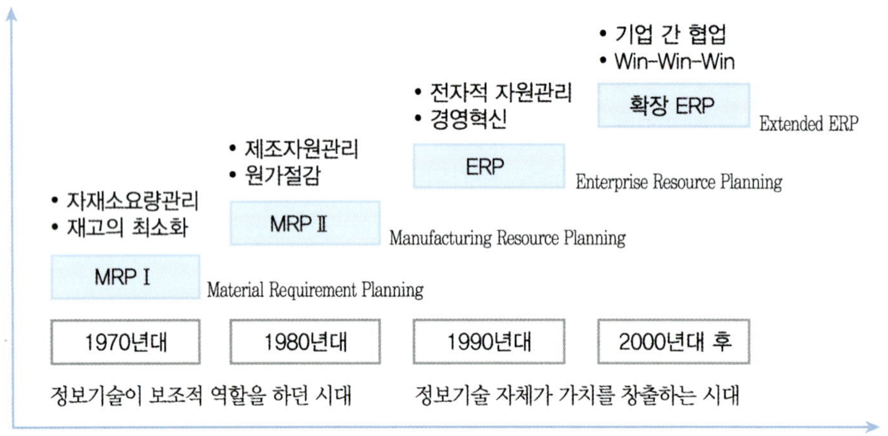

자료: 서승희, 핵심 ERP 정보관리사, 지식과 경영, 2013, 34쪽.

3) ERP의 시장동향

21세기가 어느덧 현실로 다가왔으며 국내·외의 경영환경은 IT 관련 기술의 비약적인 발전에 따라 과거의 어느 때보다 더 빠른 속도로 변화하고 있다. 이러한 무한경쟁의 시대에서 도태되지 않기 위해 기업들은 끊임없는 노력을 전개하고 있으며, 그 일환으로 많은 기업들이 ERP를 도입하였거나 도입을 검토하고 있어 ERP 시장은 당분간 가파른 성장세를 이어갈 것으로 예측된다.

세계의 ERP 시장은 조사기관에 따라 다소 차이는 있으나 SAP, Oracle(Peoplesoft 와 합병), SSA 글로벌(Baan과 합병), 마이크로소프트(Great Plains) 등의 업체가 대략 50% 내외의 시장 점유율을 차지하고 있는 것으로 추정되고 있다.

국내 ERP 시장의 첨병역할을 한 것은 독일의 SAP와 미국의 Oracle을 필두로 한 외국계 ERP 벤더였으며, 이들은 글로벌한 대기업을 중심으로 1990년대 중반부터 국내 ERP 시장을 선점해 나갔다. 1995년 삼성전자에서 최초로 SAP R/3시스템을 구축하면서 대기업을 중심으로 외산 ERP 솔루션구축이 활성화 되었다. 이후 기업 구조조정이 마무리 되던 1998년 하반기 이후 ERP 도입이 본격화되기 시작하여 국내 ERP 시장은 서서히 달아오르기 시작하면서 성장기를 맞게 되었다. 적용산업도 제조업중심에서 공공, 금융, 통신, 유통 등 전 업종으로 확산하는 과정에 있으며, 대기업에서 중견·중소기업 중심으로 ERP가 구축되어 가고 있다.

삼성 SDS는 자체 'uniERP' 제품의 중국, 일본 등 해외진출을 발판으로 'uniERP Ⅱ'와 'uniERP 라이트' 버전을 출시하는 등 국내 중소·중견기업 고객확보에 주력하고 있으며, 더존비즈온(DUZON BIZON)은 표준형 ERP(i CUBE)와 대기업 및 중견기업을 위한 확장형 ERP(i U) 등을 출시하며 중국과 일본시장에도 성공적으로 진출하였다. 그 외 한국하이네트, 소프트파워, 영림원 소프트랩 등도 중견·중소기업 고객을 중심으로 ERP 시장을 확대해 나가고 있다.

한편, 국내 ERP 제품들은 구미의 제품에 비하여 아직 그 기능과 규모에 있어 뒤져 있는 것이 사실이다. 하지만 최근 국산 ERP 밴더들은 외산 ERP 제품이 가격과 규모면에서 대기업에 맞도록 설계되어 내수시장에 적합하지 않은 점을 감안, 국내 기업문화에 맞추어 기능이 대폭 보강된 제품들을 속속 출시하고 있다. 또, 현재 국내 대기업을 대상으로 한 ERP 시장은 점차 포화상태에 이르러 업그레이드 위주의 투자패턴이 나타나고 있는 반면, 중견 및 중소기업의 ERP 시장은 활성화 되어가고 있는 상황이다.

3. ERP 시스템의 특성과 기대효과

1) ERP의 기능적 특성

(1) 글로벌환경에 대응하기 적합(다국적, 다언어, 다통화 지원)

이전의 시스템들은 각국에서 개발된 시스템으로 국가 간 데이터의 호환이 불가능하였으나 ERP는 시스템 로그인 시점에서 원하는 언어를 선택할 수 있어 메뉴 및 데이터 입·출력 시 현지어 활용이 가능하고 상이한 통화(通貨) 간 환율을 계산할 수 있다. 또, 국가별 현지화 과정에서 세금이나 회계기준 등 법규나 상거래 방식, 생산 방식 등을 내장시켜 사용자가 선택하고 설명할 수 있도록 되어 있어 글로벌환경 대응에 적합하다.

(2) 표준을 지향하는 선진화된 프로세스의 내장

ERP 시스템은 첨단 경영기법을 연구하고 세계 초일류 기업의 선진프로세스(best process)

를 벤치마킹하여 개발하였기 때문에, ERP 패키지에 구현된 프로세스 자체가 세계적인 표준 업무프로세스라고 할 수 있다. ERP 시스템을 설치 · 운영할 경우 업무처리 매뉴얼과 표준의 제공은 물론 최적의 사례 및 방법을 제공함으로써, 회사 조직 및 업무프로세스의 선진화 · 표준화를 가져올 뿐만 아니라 조직구성원의 업무수준 향상과 평준화를 가져온다.

(3) 중복업무의 배제 및 실시간 정보처리 체계 구축

ERP 시스템의 가장 큰 특징 중의 하나는 '관계형 데이터베이스관리시스템(Relational Data Base Management System: RDBMS)' 구축으로 모든 단위 업무가 실시간(real time)으로 통합 처리된다는 점이다. 이러한 업무통합을 통해 부분 최적화에서 전체 최적화가 가능하고, 작업 중심적인 업무처리 방식이 고객지향적인 프로세스 중심적으로 전환되어진다. 또, 모든 시스템이 통합되어 있기 때문에 어떠한 정보라도 중복 입력 내지 중복처리 할 필요 없이, 한 번의 입력으로 모든 처리가 끝나게 되는 'One Fact One Place'가 가능하게 된다.

(4) 선진 비즈니스 프로세스 모델에 의한 BPR 구현

ERP 시스템은 어떤 특정 국가에 특정 기업의 업무프로세스를 구현시켜 놓은 것이 아니라 각 사업별 유형에 따라 가장 모범적이고 최적인 선진 비즈니스 프로세스 모델(best practice)을 내장하고 있다. 따라서 기업들은 ERP 도입을 통해 별도의 투자 없이 자동적으로 자사의 기존 업무프로세스를 재구축 하는 BPR(Business Process Reengineering)의 지원을 통해 경영혁신을 실현할 수 있다.

(5) 파라미터 설정에 의한 개발효과

ERP 패키지에 미리 장착된 업무기능을 파라미터(parameter) 설정(프로그램 화면상의 항목에서 제공하는 특정기능) 등을 통해 자사에 맞게 선택하여 설정할 수 있도록 설계되어 있어서 단기간에 시스템 도입을 가능하게 한다. 뿐만 아니라 ERP 시스템 구축 후, 조직변경이나 프로세스 변경 시에도 그 변경사항을 파라미터 설정 등을 통해 수월하게 새로운 정보시스템의 신속한 구현에 반영할 수 있다.

(6) 경영정보제공 및 경영조기경보체계 구축

ERP 시스템은 모든 정보가 실시간으로 처리됨으로, 경영자들은 EIS(경영자정보시스템)를 통하여 수시로 경영상황을 파악하고 분석할 수 있다. 또, 기업의 위험(risk)을 사전에 감지할 수 있도록 시스템화하여 활용이 가능하다.

(7) 투명경영의 수단으로 활용

ERP 도입은 정확한 데이터의 입력 및 관리, 그리고 실시간 업무처리가 그 근간이므로 경영자는 실시간으로 회사의 운영 상태를 확인하여 내부통제를 강화할 수 있다. 뿐만 아니라 정확한 회계관리로 회계부정(분식회계 등)의 사전방지, 정부의 효과적인 세원파악 및 세수증대, 기업의 투명경영 등의 수단으로 활용이 가능하다.

(8) 오픈-멀티벤더 시스템(뛰어난 확장성과 개방형 체제)

기존의 전통적 업무시스템에 비해 어떠한 운영체제나 데이터베이스에서도 잘 운영될 수 있도록 설계되어 있어 시스템의 확장이나 다른 시스템과의 연계가 쉽게 되어 있다. 그리고 대다수의 ERP 시스템은 특정 공급업체의 컴퓨터나 데이터베이스관리시스템(DBMS)에 의존하지 않는 개방형 체제를 갖추고 있어서 기업실정에 맞는 컴퓨터나 DBMS를 선정하여 시스템을 구축할 수 있다. 또 다양한 하드웨어를 조합하여 클라이언트/서버 구조의 시스템을 구축할 수 있고 확장성도 뛰어나다.

2) ERP의 기술적 특징

(1) 4세대 언어로 개발

대부분의 ERP 시스템은 보편화된 4세대 프로그래밍 언어(4Generation Language: Visual Basic, C++, Power Builder, Delphi, Java 등)를 사용하여 개발함으로써 각 나라의 경영환경과 기업의 요구에 따라 유연하게 수정 및 추가 개발이 용이하다. 오늘날에는 ERP 업체들이 인터넷환경에서 구현될 수 있도록 대개 Java로 재개발하여 새로운 버전의 ERP 시스템을 제공해 나가고 있다.

(2) 관계형 데이터베이스관리시스템 채택

ERP 시스템은 일반적으로 관계형 데이터베이스관리시스템(RDBMS) 이라는 소프트웨어를 사용하여 ERP 시스템에서 생성, 저장, 변경되는 모든 데이터를 관리한다. 현재 ERP 시스템에서 돌아가고 있는 RDBMS의 종류로는 Oracle, MS SQL, Sybase, Informix, DB2 등이 있으며, 기존 ERP를 타사 ERP로 바꾸거나 자체개발하는 경우 기존 데이터를 쉽게 전환하여 사용할 수 있다는 장점이 있다.

(3) 객체지향기술 사용

객체지향기술(Object Oriented Technology: OOT)은 공통된 속성과 형태를 가진 데이터와 프로그램을 결합하여 모듈화한 뒤 이를 다시 결합하여 소프트웨어를 개발하는 기술을 말한다. 그러므로 시스템이 업그레이드되거나 기능의 추가 또는 삭제되는 경우에 객체지향적으로 설계된 ERP 시스템은 전체시스템을 변경할 필요 없이 해당 모듈에 대한 변경 혹은 교체만으로 시스템의 변경이 가능하다.

(4) 인터넷환경의 다계층환경 구성

업무의 분산화가 가능한 클라이언트/서버환경을 지원할 뿐만 아니라 인터넷을 통하여 기업 내부 간 혹은 기업 내 · 외부 간에 정보교환이 가능하도록 웹(Web)환경을 지원할 수 있어야 한다. 웹 전용 서버와 DB전용 서버 등을 구분하는 다계층(Multi-Tier)환경으로 H/W를 구성하면 보다 안전하게 시스템을 운영할 수 있다.

(5) CASE 도구 사용

고기능 산업용 소프트웨어를 개발하기 위한 방법론인 CASE(Computer Aided Software Engineering) Tool 이라는 소프트웨어 공학적 개념에 바탕을 둔 소프트웨어 개발용 도구를 이용한다. CASE는 소프트웨어 개발 과정의 일부 또는 전체를 자동화하여 소프트웨어의 품질향상, 개발기간 단축, 유지 · 보수에 필요한 노력과 비용을 절감하는 효과가 있다.

(6) 클라이언트/서버 시스템

ERP 시스템은 규모 면에서 매우 광대하고 업무처리량이 많은 만큼 한 대의 중앙시스템(CPU)에서 모든 데이터를 처리하는 것이 불가능하다. 실제로 네트워크기술의 급속한 발전과 활용기반 확대에 힘입어 기업 전산환경이 클라이언트/서버 방식으로 재편되면서 ERP 시스템의 등장이 가능해진 것이다.

(7) 사용자 인터페이스(GUI 및 Multi-media 지원)

지금까지 기업정보시스템의 주요 문제는 해당 시스템 사용자 이외에는 쉽게 이용하기가 곤란하였다. 그런데 그래픽 유저 인터페이스(Graphic User Interface: GUI) 및 멀티미디어(Multi media) 기술의 등장으로 정보시스템에 쉽게 접근할 수 없었던 관리자나 경영자를 포함한 모든 사용자가 쉽고 편리하게 ERP 시스템에 접근하는 계기를 제공하게 되었다. 윈도우 환경에서 문자, 그래픽, 음성, 화상, 동영상 등의 정보를 쉽게 활용할 수 있으며, 스프레드시

트나 워드프로세스와의 용이한 데이터교환 기능으로 사용자의 대용량 입력이나 관리가 편리하며, 출력에 있어서도 데이터를 다운받아 원하는 형식으로 쉽게 바꾸거나 사용자의 의도에 맞도록 처리할 수 있다

3) ERP 도입의 예상효과

ERP 시스템 도입 시 기대효과를 극대화 시키려면 ERP 도입을 전산기술적 차원이 아닌 경영전략적 차원, 즉 업무개선을 중시하는 경영의 관점에서 추진하여야 한다. 특히 조직구성원들의 저항을 줄이기 위해서는 조직구성원들의 참여 의식을 높이는 문제가 중요하다.

ERP 도입 후 예상효과를 업무관리적 측면과 정보시스템적 측면으로 구분해 볼 수 있다.

첫째, 업무관리적 측면에서는 원재료, 제품, 저장품 등의 재고관리능력이 향상되고, 계획생산체제 구축이 가능해 질 뿐 아니라, 생산실적관리도 편리해진다. 또, 필요 정보의 공유화가 가능해지고 영업에서 자재, 생산, 인사, 원가, 회계에 이르는 정보의 흐름이 일원화될 수 있다.

둘째, 정보시스템적 측면에서 보면 시스템 표준화를 통해 데이터의 일관성을 유지하고, 개방형 정보시스템으로 자율성과 유연성이 극대화되는 것은 물론, 클라이언트-서버 컴퓨팅 구현으로 시스템 성능이 최적화되며, GUI(Graphic User Interface) 등 신기술을 이용하여 사용하기 쉬운 정보환경을 제공할 수 있다.

한편, 국내에서의 ERP 구축 사례들을 살펴보면 재고감소효과가 가장 두드러지며, 그 다음으로 주문처리기간 단축, 이윤 증대 등의 효과가 두드러지게 나타나고 있다.

ERP 시스템 도입의 효과를 구체적으로 살펴보면 다음과 같다.

- 통합업무시스템 구축
- 재고 · 물류비용 감소(재고감소, 장부상 재고와 실재고의 일치)
- 고객서비스 개선
- 수익성 개선(부서별, 사업장별 손익관리)
- 생산성 향상 및 매출 증대
- 비즈니스 프로세스 혁신 및 최신정보기술 도입
- 생산계획의 소요시간 단축
- 리드타임 감소
- 결산작업의 단축
- 원가절감(부품 및 자재조달 비용의 감소)

- 투명경영 및 투명생산관리를 통한 지속적인 비즈니스 프로세스 개선
- 업무 및 자료의 표준화, 단순화, 코드화
- 사이클 타임(cycle time: 제품개발주기, 서비스주기 등) 단축
- 정보가 지연, 왜곡, 단절 없이 관련 부서 혹은 담당자에게 실시간 전달
- 최신정보기술 도입

4. ERP 시스템의 구성 및 기능

ERP 시스템의 구체적인 모듈구성 및 모듈별 기능 등은 제품(패키지) 공급업체에 따라 다소 차이가 있다. 그러나 하나의 통합데이터베이스를 기반으로 고객접점에서부터 구매, 생산, 물류, 회계, 인사 등에 이르는 모든 프로세스를 중단 없이 실시간으로 처리할 수 있도록 시스템을 구성하고 있다는 면에서 모든 ERP 시스템은 공통점을 가지고 있다.

다음 그림 8-4는 국내 한 글로벌 업체가 개발하여 중소 · 중견기업을 대상으로 보급하고 있는 ERP 시스템의 기본모듈과 기능 구성도이다.

5. 확장형 ERP 시스템

1) 확장형 ERP의 의의 및 특성

내부 업무통합에 초점을 맞춘 전통적인 ERP에 대한 수요 감소와 비즈니스 환경 변화(인터넷 등장 등)에 따라 기업 외부 프로세스와의 유연한 통합에 대한 요구와 협업 상거래의 필요성 등의 문제가 중요하게 대두됨에 따라 ERP 공급업체는 SCM, CRM, SEM 등의 기능을 추가한 확장형 ERP가 등장하게 되었다.

확장형 ERP(Extended ERP)는 기존의 ERP 시스템에 기능적 · 기술적 사항이 추가되어 발전된 개념이다. 세계적 IT리서치회사인 AMR 리서치도 확장된 ERP를 공급망관리(SCM), 영업인력자동화(SFA), 고객지원기능(CRM)의 추가로 표현한 바 있다. 그러나 EDI, CALS/EC, 인터넷 등의 지원으로 기업의 국제화기능이 필수적인 점을 고려하면 확장형 ERP는 기업의 회계, 인사, 물류, 생산, 설계업무중심의 기본기능을 지원하는 ERP 기본시스템은 물론, 고유기능의 추가, 경영혁신 지원, 선진 정보화기술 추가, 산업유형 지원확대, 전문화 분야의 확대적용으

그림 8-4 ERP 시스템의 기본모듈과 기능

기본모듈

회계관리	인사·급여관리	영업관리	무역관리(수출·입)	구매/자재관리
전표입력/장부관리	기초환경설정	판매계획(국내)	판매계획(수출)	주계획수립(MPS)
주요 계정증감	인사관리(지원)	견적/주문처리	Offer/Order	소요자재산출
채권연령관리	근태관리(출결)	의뢰/검사	의뢰/검사	청구품의/발주
결산관리(자동)	급여관리	출고/반품처리	출고관리	입고의뢰/검사
신고용 재무제표	사회보험관리	대출공헌도분석	매출정산/선적	입고/반품처리
관리용 재무제표	연말정산관리	납품배송관리	품의/발주처리	임시입고관리
자금/예산관리	퇴직정산관리	임시출고/위탁	선적/입고관리	매입정산/회계
예산 대비 사용분석	세무신고관리	매출정산/전표	수입비용처리	자금/채무관리
고정자산관리	소득별 전표처리	전자세금계산서	미착정산처리	재고관리(lot)
부가세신고관리	일용직관리	수금/채권관리	수입원가배부	자재수불관리
금융계좌관리	사업/기타/이자	채권연령분석	NEGO/전표	재고실사/평가

생산관리	외주관리	서비스관리	경영정보관리	공사현장관리
생산계획	외주생산관리	서비스접수/조치	재무/손익분석	계약관리
자체생산관리(일반/공정경로)	(공정검토별/외주처별)	서비스 자재 입출고/반품관리	관리항목별	현장관리
혼합공정관리	품목별 외주경로관리	기사별 자재 입출고/사용관리	손익/이익분석	도급/기성관리
재공수불관리	외주처/기간별단가관리	제품별 증상/원인/조치분석	주요 자금분석	작업일보
부산물, 해체관리	무상 사급자재관리	기사별 조치분석	물류/생산요약분석	전도금/미지급관리
임가공생산	외주처별 품질관리	해피콜 등록	특성별 매출분석	노무장비관리
투입지시관리	외주처별 재공관리	전자세금계산서/회계처리	계절/분기별생산실적분석	마감정산관리
제조BOM관리	외주비 정산 및 회계 정산	서비스 채권관리	특성별 근태분석	노무신고
BATCH BOM			급여/상여시뮬레이션분석	외주기성관리
				자재재고관리
				원가손익관리

확장모듈

IFRS솔루션	자동회계처리	연말정산자동화	환경유해물질관리
모바일 영업관리	바코드 물류관리	정보분석도구	웹 수발주관리

연동모듈

내부연동		외부연동	
그룹웨어	MES/POP	전자세금계산서	금융 CMS
WMS	POS	FTA 원산지관리	카드사 VAN
SCM	Web	거래자산용관리	
Mobile	PDA		

자료: 주) 더존비즈온, 더존 i CUBE 메뉴구성도.

로 기업이나 단체의 업무시스템을 포괄적으로 지원하는 지능형 시스템으로 그 의미를 확장할 수 있다.

확장형 ERP의 특성을 정리하면 다음과 같다.

- 기업의 외부프로세스까지도 웹 환경을 이용해 지원한다.
- 상거래 지향적인 프로세스로 통합한다.
- 더욱 향상된 의사결정을 지원한다.
- 기업의 운영범위를 확산하여 e비즈니스에 대비할 수 있는 기능을 지원한다.

그림 8-5 확장형 ERP 시스템의 구성

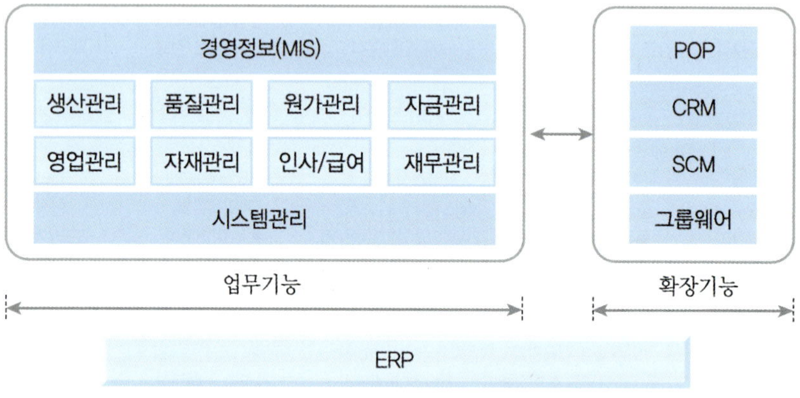

자료: 서승희, 핵심 ERP 정보관리사, 지식과 경영, 2013, 43쪽.

2) 확장형 ERP의 구성 요소

확장된 개념의 ERP를 전체적인 관점에서 보면 크게 기존의 ERP 시스템과 웹을 기반으로 기업 간, 지역 간의 정보교환과 제품 및 서비스의 거래를 가능하게 해주는 'e비즈니스지원시스템', 그리고 '전략적 기업경영시스템(SEM)'으로 구성된다고 볼 수 있다. 이러한 기능들은 기존의 ERP 시스템에 통합 혹은 강화하여 사내외의 자원을 최적화 하여 나가는 것이 확장형 ERP의 기본방향으로 볼 수 있다.

(1) 기본형 ERP 시스템

기업의 핵심기능인 회계, 인사, 물류, 설계 및 생산 분야 등을 지원하는 시스템으로 영업관리시스템, 계획관리시스템, 제조실행시스템, 기준정보관리시스템, 물류관리시스템, 인적자원관리시스템, 회계 및 재무관리시스템, 원가통제시스템 등의 단위시스템으로 구성된다.

표 8-2 확장형 ERP의 구성 요소

구 분	구성 요소
e비즈니스 지원시스템	• 지식경영시스템(KMS: Knowledge Management System), • 의사결정지원시스템(DSS: Decision Support System) • 경영자정보시스템(EIS: Executive Information System) • 고객관계관리(CRM: Customer Relationship Management) • 공급망관리(SCM: Supply Chain Management) • 전자상거래(EC: Electronic Commerce)
전략적 기업경영시스템 (SEM)	• 성과측정관리(BSC: Balanced Scored Card) • 부가가치경영(VBM: Valued-Based Management) • 전략계획 수립 및 시뮬레이션(SFS: Strategy Formulation & Simulation) • 활동기준경영(ABM: Activity-Based Management)

그림 8-6 확장형 ERP와 환경 요소와의 관계

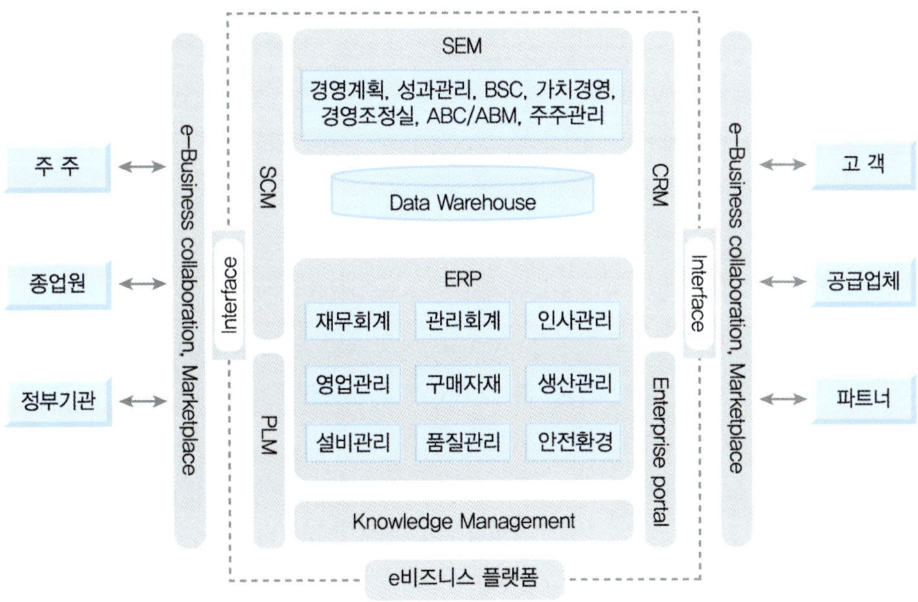

자료: 지경숙, ERP정보관리사, 경영과 회계, 2012. 43쪽.

(2) e비즈니스 지원시스템

디지털시대의 핵심역할을 수행하는 인터넷을 기반으로, 기업 간, 지역 간, 국가 간의 정보교환은 물론, 기술 전수 및 제품거래 역할을 담당하고 있는 e비즈니스 지원시스템에는 지식경영시스템(KMS), 의사결정지원시스템(DSS), 경영자정보시스템(EIS), 고객관계관리(CRM), 공급망관리(SCM), 전자상거래(EC) 등의 단위시스템으로 구성된다.

(3) 전략적 기업경영시스템(SEM)

전략적 기업경영시스템(Strategic Enterprise Management: SEM)은 기업의 경영정보를 보다 정확히 파악하여 임원 및 최고경영진으로 하여금 가치중심경영을 전사적으로 구현할 수 있게 해 주는 일련의 통합된 분석용 애플리케이션 제품 툴과 프로세스이다. 성과측정관리(Balanced Scored Card: BSC), 부가가치경영(Valued-Based Management: VBM), 전략계획 수립 및 시뮬레이션(Strategy Formulation & Simulation: SFS), 활동기준경영(Activity-Based Management: ABM) 등의 단위시스템으로 구성된다.

2절 고객관계관리(CRM)시스템

오늘날 기업의 인터넷 확산과 정보시스템 구축에 따라 고객에 대한 많은 정보들이 기업 내부에 축적되고 고객에 접근할 수 있는 경로를 확보할 수 있게 되었다. 이러한 배경 하에 정보기술을 활용하여 고객정보를 체계적으로 수집·분석·관리함으로써 고객과의 관계를 지속적으로 강화하기 위한 마케팅전략의 일환으로 확장형 ERP의 핵심 요소 중 하나인 고객관계관리(CRM)의 개념이 등장하였고, 이를 정보시스템으로 구현한 CRM 시스템이 폭넓게 확산되고 있다.

이 절에서는 CRM의 개념을 이해하기 위해 CRM의 정의, 등장배경, 특성 등에 대해 논의한 후, CRM의 구성과 기능에 대하여 살펴보기로 한다.

1. CRM 시스템의 개념

1) CRM의 정의

CRM(Customer Relationship Management)은 다양한 관점에서 정의되고 있으나, 일반적으로 "고객정보를 바탕으로 고객을 세분화하여 각 개인에게 차별화 및 개인화된 맞춤식 상품과 서비스를 제공함으로써 장기적인 고객관계를 유지하고 기업의 수익성을 극대화 하는 전략"(Peppers and Rogers, 2004)으로 정의할 수 있다.

또한, CRM을 "고객에 대한 정보를 수집하고 수집된 정보를 효과적으로 활용하여 '신규고객 확보 → 우수고객 유지 → 고객가치 증진 → 잠재고객 활성화 → 평생고객화'와 같은 사이클을 통하여 고객을 적극적으로 관리하고 유지하며, 고객의 가치를 극대화시키기 위한 기업 마케팅전략의 일환"(민승기, 2001)으로 정의되기도 한다. 따라서 CRM은 '모든 기업활동을 고객지향적으로 관리하기 위해 조직의 전략, 구조, 프로세스, 문화, 기술 등을 전환하는 과정 그 자체'라고도 할 수 있으며, 이를 정보기술을 활용하여 정보시스템으로 구현한 것이 바로 'CRM 시스템' 또는 'CRM 솔루션'이다. 이러한 CRM은 고객서비스, 원격서비스, 콜센터관리 같은 고객과 직접적으로 연관되는 모든 업무를 관리하기 위한 소프트웨어를 포함한다.

기업은 CRM 시스템을 통하여 고객에 관한 광범위하면서도 심층적인 정보 또는 지식을 획득하고, 이를 기업 전체로 확산시켜서 다양하게 이루어지는 고객과의 접점에서 활용할 수 있도록 해야 한다. 그렇게 함으로써 기업은 우수고객의 유지비율을 향상시키고 고객의 이탈로 인한 손실을 최소화 할 수 있다. 또한, 잠재고객을 활성화시켜 수익증대효과를 거둘 수 있는 동시에 마케팅활동의 효과성 및 효율성 증대를 통한 비용절감효과까지도 기대할 수 있다(김은홍, 2011).

2) CRM의 도입목적

CRM은 기업과 고객 간에 발생하는 관계를 고객정보를 바탕으로 컴퓨터를 이용해 과학적으로 분석함으로써 고객에게 최상의 서비스와 최적의 만족을 제공하기 위한 것이다. 물론 최대의 목적은 Target화된 고객의 입맛에 맞는 서비스를 개발해 제공함으로써 기존 고객의 이탈을 방지하고, 새로운 소비를 창출해 냄으로써 고객의 기업에 대한 기여도(충성도)를 높이기 위한 것이다. 뿐만 아니라 고객에 대한 서비스의 질을 높임으로써 치열한 경쟁 속에서 살아남기 위한 경쟁우위 확보를 위한 것이다.

일반적인 CRM 도입목적을 정리하면 다음과 같다.

- 고객충성도 강화
- 개별고객에게 맞춤식 서비스 제공
- 수준 높은 고객지식을 축적하여 경쟁사들과 차별화
- 수익성 높은 우량고객을 파악하고 평생고객으로 유도
- 교차판매(cross-selling), 업셀링(up-selling) 등으로 고객당 수익을 극대화
- 고객서비스의 신속성 향상과 비용절감

3) CRM의 특징

CRM은 업무의 효율을 향상시키기 위해 정보기술을 이용하여 업무를 통합하는 것만을 의미하는 것이 아니며, 모든 업무를 고객중심으로 변화시키는 것을 의미한다. 고객정보를 이용하여 마케팅, 영업, 물류, 생산, 서비스 등 모든 업무프로세스가 고객위주로 변화되어야 한다. 이러한 변화를 통하여 업무처리의 효율성을 증대시키고 고객의 관계를 강화시킬 수 있는 것이다. 그리고 고객관계를 강화하기 위해서는 고객정보관리가 무엇보다도 중요한 부분이라고 할 수 있다. 새로운 정보기술을 효과적으로 고객정보관리에 사용하기 위해서는 꾸준한 연구개발이 필요하다.

일반적인 CRM의 특징으로는 다음과 같은 것들이 있다.

- CRM은 시장점유율보다 고객점유율에 비중을 둔다.
- CRM은 제품판매보다 고객관계의 향상에 중점을 둔다.
- CRM은 신규고객의 획득보다 기존고객의 유지에 중점을 둔다.
- CRM은 통합된 고객정보를 실시간으로 접근할 수 있으며 다양한 분석이 가능하게 한다.

2. CRM 시스템의 등장배경

21세기를 맞이하면서 다양한 경영환경의 변화와 고객중심으로의 변화 및 고객가치의 변화 그리고 인터넷 등장과 정보기술 발전 등 기업경영환경의 변화 속에서 CRM의 필요성을 인식하게 되었으며 이는 CRM을 등장시키게 된 주요 원인이 되었다.

경영환경 변화 측면을 살펴보면, 1970년대까지는 빠른 시간 내에 가장 많은 상품을 만들어 내는 기업이 많은 고객을 확보하였고, 고객에 대한 고려보다는 상품생산에만 주력하였다. 그

러나 산업이 점차 발전함에 따라 수요와 공급이 어느 정도 균형을 이루게 되었고, 기업들은 새로운 마케팅에 관심을 갖게 되었다.

이러한 영향으로 새로운 마케팅 방식이 등장하게 되었다. 이와 더불어 글로벌화와 다국적 기업의 국내 진출 등의 환경 변화는 국내 기업들에게 해외로 진출할 수 있는 계기를 제공하였으며 인터넷의 등장으로 시간과 장소의 제약을 뛰어넘게 되었다. 이러한 이유들로 1980년대 이후 기업들은 더 많은 고객을 획득하고자 하는 노력을 시작하였다.

인터넷, 정보기술의 발전 측면을 살펴보면, 인터넷의 등장으로 기업은 다양한 마케팅 채널을 확보하게 되었다. 이는 시간과 장소의 제약에서 벗어나 고객과 실시간으로 커뮤니케이션이 가능할 수 있게 해 주었으며 기존의 고객관리비용도 절감하는 효과를 가져왔다. 이는 함께 정보기술의 발달로 엄청난 양의 고객데이터를 빠른 시간 내에 보다 쉽게 처리할 수 있게 되었으며, 전사적인 차원에서 고객데이터를 운영할 수 있게 되었다. 데이터 마이닝과 같은 정보기술은 고객의 패턴을 파악하고, 고객의 행동을 예측 가능하게 하였다.

3. CRM 시스템의 유형

1) 프론트 오피스 CRM

프론트 오피스(front office) CRM은 전통적인 CRM 시스템을 지칭하며, 이는 콜센터 등의 오프라인 매체를 중심으로 고객관리 또는 CRM 활동을 지원한다. 그동안 프론트 오피스는 여러 산업 분야에서 효과적으로 활용되면서 고객서비스 증대에 많은 기여를 해왔다. 그러나 이러한 방식은 근본적으로 고객의 요구에 대한 신축적 대응이 어렵다든가, 고객과의 접점을 담당하는 인력에 대한 인건비부담이 점차 커지고, 고객서비스를 제공할 수 있는 시간과 장소에 제약을 받는다는 등의 문제점을 가지고 있었다.

2) e-CRM

최근 급속하게 확산된 인터넷을 활용함으로써 기존의 프론트 오피스 CRM의 문제점을 극복하기 위하여 등장한 것이 바로 e-CRM 시스템이다. e-CRM은 인터넷상에서 발생하는 고객의 상세한 정보를 획득 · 분석하고 이를 바탕으로 고객 개인에게 맞춤화된 정보를 제공하며, 그 성과를 검증 · 평가하여 결과를 피드백 해 줌으로써 고객 요구에 대한 신속한 대응과 고객

행동의 예측을 통해 고객 점유율 증대를 도모하는 일련의 활동을 지원한다.

전통적인 CRM과 e-CRM의 근본적인 차이는 고객과의 접점에 있다. 즉, 기존의 CRM은 직원 및 전화, 팩스, 우편 등의 접점을 이용하여 고객관계관리를 지원해 왔던 반면, e-CRM은 인터넷을 고객접점으로 활용함으로써 셀프서비스와 개인 맞춤화라는 특성을 갖게 된다(민승기, 2001). 최근 많은 기업들이 e-CRM으로의 전환을 이미 완료하였거나, 진행 중에 있는 것도 이와 같은 장점들 때문이다.

- e-CRM은 자사의 인터넷 웹사이트를 통해서 세밀한 고객행동패턴을 효과적으로 추출할 수 있다.
- e-CRM은 인터넷상에서 구현되는 고객지원시스템을 통하여 고객지원을 위한 비용과 인력을 혁신적으로 감소시켜 준다.
- e-CRM은 시간과 장소에 구애받지 않고 고객지원서비스를 제공할 수 있다.
- e-CRM은 실시간관리가 가능하기 때문에 고객정보의 통합 및 분석이 용이하다.
- e-CRM은 고객과의 일 대 일 상호작용을 가능하게 하는 양방향 커뮤니케이션을 제공한다.

표 8-3 프론트 오피스 CRM과 e-CRM의 특성 비교

구 분	프론트 오피스 CRM	e-CRM
주요 활동대상	오프라인 기업	전자상거래 또는 e비즈니스 수행기업
고객접점	콜센터(전화), 우편, 팩스 등 오프라인 중심	인터넷 중심
구성 요소	판매+고객서비스+마케팅	e판매+e고객서비스+e마케팅
판매 관련 요소	전화판매+판매자동화	전자상거래(B2B, B2C)
고객서비스 관련 요소	기술지원+현장서비스	온라인 셀프서비스+이메일관리
마케팅 관련 요소	캠페인관리+분석도구	e마케팅+개인별 서비스

자료: 민승기, CRM 기술동향, 전자통신동향분석, 2001.

4. CRM 시스템의 구성과 기능

1) CRM의 구성

CRM 시스템은 '운영 CRM', '분석 CRM', '협업 CRM' 등 크게 3가지 구성 요소로 나눌 수 있다. 운영 CRM은 주로 기업과 고객 간의 관계 형성을 위한 판매와 마케팅, 고객지원 관련 업무를 통합하고 자동화하는 것을 목표로 한다. 그리고 분석 CRM은 다양한 경로를 통해 수집된 고객데이터를 분석하여 경영자들에게 제공함으로써 그들이 보다 나은 의사결정을 할 수 있도록 지원하는 데 목표를 두고 있으며, 이를 위해 데이터 웨어하우스, 데이터 마이닝, 상관관계 분석, 패턴인식 등의 고객 데이터분석기법들을 사용한다. 끝으로 협업 CRM은 고객은 물론, 기업 내부 및 외부의 이해관계자들과의 의사소통능력을 향상시킬 수 있는 다양한 방법과 기술들을 활용하여 고객들과의 관계를 최적화하는 것을 목표로 한다.

특히 e-CRM 시스템이 반드시 갖춰야 할 핵심기능은 '고객정보 통합기능', '고객분석기능',

그림 8-7 CRM 시스템 구성도

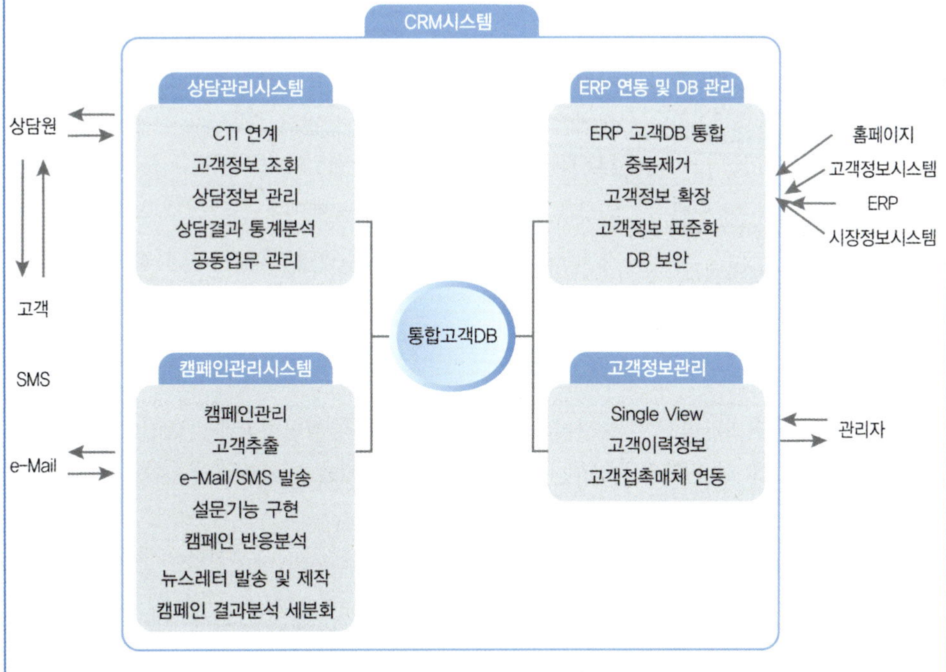

자료: 김은홍, 경영정보학개론, 2017, 다산출판사, 314쪽.

'캠페인 관리기능', '실시간 의사결정기능', '개인화된 메시지 전달기능' 등으로 정의될 수 있으며, 이 같은 다양한 기능들이 통합데이터베이스를 기반으로 ERP 시스템과 통합시스템으로 구축되어야 한다.

2) CRM의 기능

CRM의 정의가 통일되지 못한 것처럼 아직 CRM의 기능에 어디까지가 포함되어야 하는가를 명확하게 열거하기가 쉽지 않다. 이는 무엇보다도 각 기업마다 마케팅환경과 내부적인 업무의 특성에서 오는 차이가 크기 때문이다.

일반적으로 포함되어야 할 CRM의 주요 수행기능은 다음 표 8-4에 정리된 바와 같이 판매, 마케팅, 고객서비스의 3가지 기본기능과 기타 기능으로 나눌 수 있다. 그러나 이것은 CRM에 대하여 이해를 높이기 위한 하나의 지침으로만 이해하는 것이 좋을 것 이다.

표 8-4 CRM 시스템의 주요 모듈 및 수행기능

분 야	모 듈	세부기능
판매	판매자동화	콜센터이용 전화판매지원
	영업지원	주문관리, 견적관리, 계정관리, 제품선정, 예측, 담당자관리, 활동관리, 일정관리, 경쟁사정보관리, 협력업체관리, 계약관리
마케팅	캠페인관리	캠페인 정의, 목표관리, 리스트관리, DM(Direct Mail), TM(Tele-Marketing), e메일, 응답관리 및 분석
	고객데이터관리	인구통계분석, 시장세분화, 구매이력관리, 고객가치산출
	상품관리	제조구매관리, 제품카테고리관리, 보안관리, 가격관리, 제품검색관리
	유통경로관리	채널별 고객관리, 채널성과관리, 보안관리, 신용 및 수수료관리, 주문관리
	판촉관리	촉진계획, 예산관리, 효과관리, 할인내역관리, 촉진대상 제품관리
고객서비스	서비스지원관리	서비스요청관리, 서비스요청배정, 상황관리, 서신관리, 고객서비스센터관리
기타	업무운영	직원관리, 배정관리, 업무흐름관리, 메시지전달, 게시판관리, 자료관리, 보고서작성

자료: 김은홍 · 최병구, 경영정보학개론, 다산출판사, 2011, 193쪽.

5. CRM 시스템 도입의 성공 요인

현장에서 다양한 CRM 시스템의 구축경험을 토대로 멘코프(Mankoff, 2001)는 CRM 시스템의 성공 요인을 ① 측정 가능한 비즈니스목표 설정, ② 비즈니스와 IT 운영기능의 통합, ③ 최고경영층의 지원, ④ 비즈니스 목표에 부합하는 시스템 구현, ⑤ 커스터마이즈의 최소화, ⑥ 경험 있는 컨설턴트활용, ⑦ 최종사용자의 적극적 참여에 의한 시스템설계, ⑧ 최종사용자의 교육, ⑨ 단계적인 시스템 전환, ⑩ 시스템의 효과성 측정 및 모니터링 등 10가지로 제시하였다.

한편, 국내에서 수행된 한 연구에서는 CRM 시스템의 성공에 영향을 미치는 요인을 다음 표 8-5와 같이 세시한 바 있는 데, 이 연구는 성공 요인을 크게 조직특성과 시스템특성의 두 변수로 나누고 여덟 가지의 성공 요인을 도출하였다(고창배 외, 2004)

표 8-5 CRM 시스템의 주요 성공 요인

구분	성공 요인	개요
조직 특성	최고경영층의 지원	최고경영층의 CRM 도입에 대한 성공확신과 지원이 있어야 조직 내 의사소통, 정보공유, 자금 및 인력지원 등이 용이해짐
	고객 및 정보지향적 문화	고객 및 정보지향성이 높을수록 CRM에 대한 수용성이 높고, 기존의 판매 및 시장지향성 조직을 고객 및 고객정보지향성 조직으로 전환하기 위해서는 조직문화를 바꿔야 함
	전문인력 확보	마케팅, 정보시스템 등 관련 부서 인력의 전문성이 높을수록 CRM시스템의 구축 및 활용수준이 높아짐
	부서 간 업무협조	CRM 시스템의 구축 및 활용과 관련된 여러 부서의 참여와 협조는 필수적 요소임
	평가 및 보상체계	인사관리시스템과 직결된 적절한 평가 및 보상체계를 통해 구성원의 업무에서 발생한 각종 지식을 공유할 수 있게 해야 함
시스템 특성	시스템 통합수준	CRM 시스템은 전사적으로 통합된 데이터베이스를 기반으로 통합정보시스템의 형태로 구축되어야 함
	시스템 확장 가능성	향후 기업의 업무확장, 기술발전 등에 대비하여 가급적 확장성이 우수한 솔루션을 선택해야 함
	시스템 사용 용이성	조직 내 · 외부 사용자의 업무능률 향상을 도모할 수 있고, 사용자의 눈높이에 맞춘 시스템을 구축하여 CRM 시스템의 사용 용이성을 높여야 함

3절 공급망관리(SCM)시스템

최근에 와서 제조업체 및 유통업체를 중심으로 큰 관심을 끌고 있는 정보기술은 공급망관리(SCM)시스템이다. 공급망관리는 원자재의 조달로부터 제품의 생산 과정을 거쳐, 유통망을 통해 제품이 고객의 손에 전달되기까지의 모든 과정을 효과적으로 관리하는 확장형 ERP의 핵심 요소 중 하나이다.

기업환경이 글로벌화 됨에 따라 해외에서의 원자재 수입, 아웃소싱을 이용한 생산 등이 보편화되고, 기업의 공급망은 나날이 복잡해지고 있다. 특히, 최근 발생된 글로벌 경제위기, 유가인상, 환율변동 등 외적 비용상승 요인들은 기업으로 하여금 외부로 관리역량을 확장하는 공급망관리의 중요성을 한층 부각시키고 있다. 이 절에서는 이러한 기업의 생존전략으로 떠오른 공급망관리의 전반적인 내용과 중요성을 살펴보기로 한다.

1. SCM 시스템의 개념

1) SCM의 정의

SCM(Supply Chain Management)은 "원재료 공급업체, 제조업체, 유통업체, 최종소비자에 이르는 전체적인 물류의 흐름을 최적화하여 동일 공급망상에 있는 모든 구성원(조직)들에게 최적화의 이익을 공유할 수 있도록 하는 첨단의 전략경영 방식"이라고 정의할 수 있다(김두경 외, 2002). 즉, "기업이 제품생산을 위하여 원재료의 수급에서 고객에게 제품을 전달하기까지의 공급망상에서 일어나는 구매 및 조달, 생산, 영업, 물류, 재고관리 등의 정보흐름을 최적화하여 효율성을 극대화하기 위한 시스템을 의미하는 것"으로서, 일정관리, 고객수요기반 계획수립, 약속 이행능력, 원격 제품설계 등을 위한 응용프로그램들이 포함된다.

SCM을 '공급망관리' 또는 '공급사슬관리', '공급체인'이라고 번역하기도 하나 일반적으로 공급망관리라는 표현을 가장 많이 사용한다. 여기서 공급망(supply chain)이란 원재료에서 중간재, 제품의 생산 그리고 최종소비자까지의 배송 등 일련의 기능을 수행하기 위한 설비와 유통채널상의 네트워크를 의미하며, 때로는 물류네트워크와 같은 개념으로 사용되기도 한다.

다음 그림 8-8은 SCM 환경 하에서의 바람직한 정보와 물류의 흐름을 보여주고 있다.

그림 8-8 SCM의 개념도

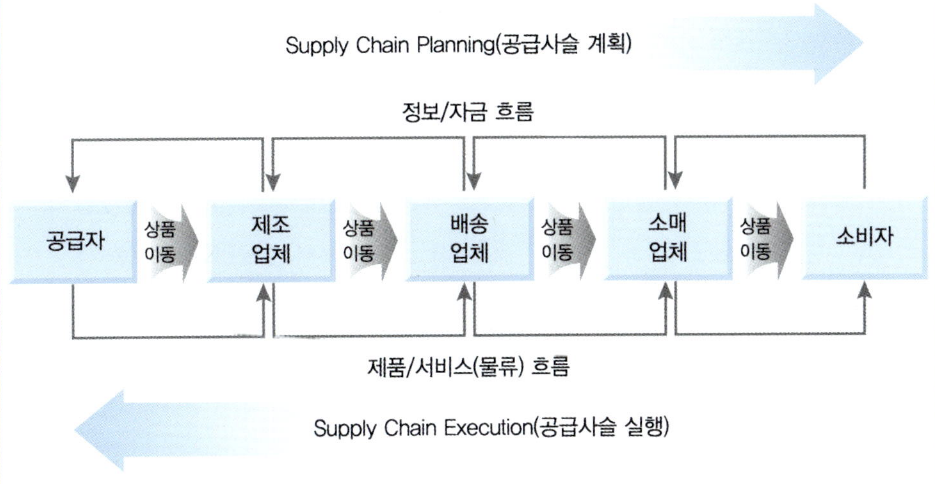

ERP를 기업 내 전사적인 자원의 효율적인 관리와 활용을 위한 최적의 시스템이라고 한다면, SCM은 기업의 내·외부적 자원, 정보, 자금 등을 통합적으로 관리하고 최적화를 도모하는 데 목적이 있다고 할 수 있다. 그리고 ERP가 프로세스혁신 등을 통하여 기업 내 업무의 최적화 구현을 추구한 반면, SCM은 기업 간 정보, 시간, 자원 등 모든 부문이 통합 처리되어 같은 공급체인을 이루고 있는 기업들의 최적화를 기대할 수 있다(김두경 외, 2002).

과거에는 일반적으로 동일 공급망상에 있는 업체들 간의 거래에서는 제조업체의 일방적인 요구를 납품업체가 따라갈 수밖에 없는 입장이 되었으므로 납품업체의 입장에서는 항상 충분한 재고를 안고 가거나 심지어는 제조업체의 사정에 따라 이미 납품된 물품이 반품되어 오는 경우도 있어 많은 문제점이 있었으나 SCM은 이와 같은 불합리한 요소를 극복할 수 있도록 도와준다.

다음 그림 8-9는 기업운영에 있어 중요한 의미를 주는 요소들이 전통적인 ERP 환경과 SCM 환경 하에서 어떻게 다른 양상을 나타내는지 보여주고 있다.

그림 8-9 패러다임의 변화와 SCM 환경

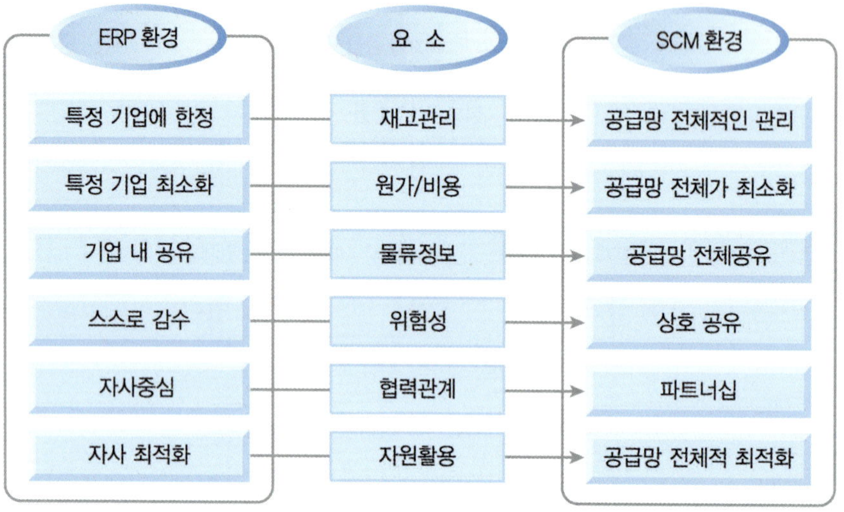

자료: 김두경 외, ERP 시스템의 활용과 CRM의 이해, ㈜사이버출판사, 2002, 53쪽.

한편, SCM은 몇몇 산업 분야에서는 그 물류흐름의 특성을 반영하여 발전하면서 의류산업에서는 QR(Quick Response)로, 식품 관련 산업에서는 ECR(Efficient Customer Response)로, 의약품산업에서는 EHCR(Efficient Healthcare Consumer Response)로, 신선식품산업에서는 EFR(Efficient Foodservice Response) 등으로 별도의 표현을 사용하고 있으나 모두 SCM의 범주에 포함되는 개념으로 이해할 수 있다.

2) SCM의 특성

한편, 공급망(supply chain)이란 원재료에서 중간재, 제품의 생산, 그리고 최종소비자까지 배송 등 일련의 기능을 수행하기 위한 설비와 유통채널상의 네트워크를 의미하는 것이다. 이를 다르게 표현해 보면 기업의 물자, 정보, 자금 등이 가치사슬(value chain)을 따라 이동하면서 부가가치를 발생시키는 프로세스라고도 할 수 있다.

공급망을 효율적으로 구성하기 위해서는 공급망의 일반적인 특성을 고려하여 제품의 흐름과 공급자와 고객 간의 커뮤니케이션을 공급망 내로 자연스럽게 이끌어내는 것이 가장 중요하다. 일반적으로 공급망은 다음과 같은 특성을 가지고 있다.

- 제품과 서비스를 소비자에게 공급하기 위한 활동과 프로세스를 포함한다.
- 복수의 공급자 – 소비자 관계의 성립이 가능하다.
- 일반적으로 제품과 서비스는 공급자에게서 소비자에게로 이동하는 반면 소비자로부터 만들어지는 정보는 공급자에게 이동한다.

3) SCM의 기대효과

기업은 효율적인 SCM 시스템의 구축을 통해 공급망상의 조직들 간의 수요, 재고 및 생산계획에 대한 정보를 공유하여 의사결정의 정확성과 유효성을 높임으로써, 물류 등 공급망 운영비용을 절감할 수 있을 뿐 아니라, 고객에 대한 서비스수준을 높여서 기업의 경쟁력을 향상시킬 수 있다. 여기서 고객에 대한 서비스수준은 고객의 다양한 요구를 잘 충족시키는 것과 고객이 원하는 것을 신속하게 충족시키는 것을 모두 포함한다.

SCM 시스템의 기대효과를 구체적으로 제시하면 다음과 같다(박영태 외, 2003).

- 공급망 전체의 재고 및 재고비용을 감소시킬 수 있다.
- 거래 및 물류비용을 절감할 수 있다.
- 고객서비스향상을 기대할 수 있다.
- 궁극적으로 기업의 경쟁우위를 확보하는 데 기여할 수 있다.

2. SCM의 등장배경

얼마 전까지만 하더라도 기업들은 기업 내의 생산성 향상과 리드타임 단축, 원가절감, 정보통합화 등에 기업역량을 집중하고 개선하려 노력하였다. 하지만 최근 들어서는 이러한 경향보다 가치사슬이나 공급체인관리를 더 우선시하는 기업들이 점차 많아지고 있다. 그러나 이와 같은 기업 내부의 노력만으로는 한계가 있다는 사실을 깨달은 기업들이 공급망 전체로 눈을 돌리게 됨으로써 SCM 개념이 등장하게 되었다.

SCM의 등장배경을 보다 구체적으로 살펴보면 다음과 같다(이신규, 2006).

첫째, 공급망은 부가가치의 원천이라는 인식이 확대되었다. 보통 부가가치의 60~70%가 제조 과정 외부의 공급망에서 발생하고, 고객의 주문에서 납품까지의 시간 중 순수제조를 위한 시간보다 공급망상에서 소요되는 시간이 훨씬 길다. 따라서 공급망 최적화를 통해 기업의 부가가치를 향상시키고자 하는 노력이 필요하다.

둘째, 고객의 요구가 점차 다양해지고 있다. 표준화된 제품의 대량생산에서 고객의 다양한 요구에 부응하는 '맞춤식 대량생산(mass customization)'으로 생산 방식이 변화됨에 따라 공급망이 더욱 복잡해지고 불확실성도 증가하게 되었다.

셋째, 적기생산방식(Just In Tim: JIT) 개념이 널리 확산되었다. 일본 도요타자동차에서 처음 도입한 JIT는 제조업체가 필요한 때에 맞추어 제품을 생산 · 공급하되, 부품업체로부터는 필요부품을 필요한 때 필요한 수량만큼만 공급받음으로써 재고를 보유하지 않는 생산 방식을 말한다. 이러한 JIT의 개념은 출발부터가 효율적인 공급망관리를 전제로 한 것이다.

넷째, 기업활동의 글로벌화가 이루어졌다. 글로벌환경 하에서는 개별기업 차원에서 글로벌시장에 대응하는 데는 한계가 있다. 더욱이 공급망 자체가 글로벌화되어 해외로부터 원자재를 조달하고 완제품을 해외로 수출하는 것이 보편화된 상황에서 공급망의 효율적 관리는 기업의 글로벌 경쟁력을 확보하는 데 결정적인 영향을 미치게 되었다.

다섯째, 정보기술이 급속도로 발전하였다. 컴퓨터, 통신 등 정보기술의 발전으로 인해 과거보다 훨씬 쉽게 공급망을 통합관리하여 관련 조직 간의 정보공유 및 전달, 프로세스 통합, 협업 등이 가능해졌다. 그에 따라 SCM 시스템의 구축활용이 활발하게 이루어지고, 최근에는 인터넷을 기반으로 한 e-SCM 솔루션이 표준으로 자리잡아가고 있다.

3. SCM 시스템의 구성 및 기능

한 기업의 공급망은 '공급(조달)네트워크', '전환(생산)네트워크', '유통네트워크' 등 크게 3가지 네트워크로 구성된다. 먼저 공급네트워크는 생산(또는 서비스)업체와 그들의 공급업체를 포함하며, 이들의 관계는 여러 단계를 거쳐 자재(또는 서비스)의 최초 공급업체까지 계속 확장된다. 전환네트워크는 자재(또는 서비스)가 기업 내부로 들어올 때부터 제품(또는 서비스)이 기업 외부의 유통업체로 전달될 때까지 기업이 수행하는 모든 과정을 포함한다. 그리고 유통네트워크는 제품(또는 서비스)이 최종 고객에게 전달되기까지의 전 과정을 포함한다.

이와 같은 공급망에서 발생하는 흐름은 제품(또는 서비스)의 흐름, 자금의 흐름, 정보의 흐름으로 분리할 수 있다. SCM 시스템은 공급망의 최초의 원료나 자재로부터 시작해서 완제품이나 최종서비스로 전환되기까지 전 과정에 걸쳐 이들 제품 및 서비스, 자금, 정보의 흐름이 효율적 · 효과적으로 일어날 수 있도록 하는 데 필요한 제반 기능으로 구성된다.

한편, 구체적으로 SCM 시스템의 모듈과 기능을 구성하는 방식은 솔루션마다 다소 차이가 있지만 국내기업에서 많이 도입되고 있는 대표적인 SCM 솔루션의 기능구성은 다음 표 8-6과 같다.

그림 8-10 공급망의 구성 요소

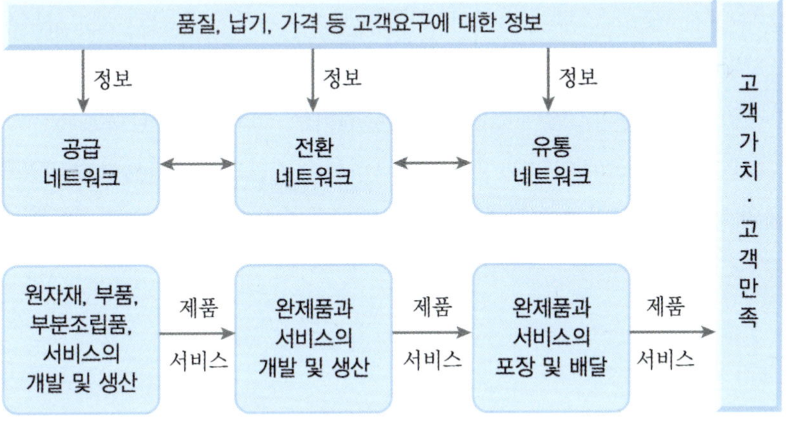

자료: 김은홍, 경영정보학개론, 다산출판사, 2017, 319쪽.

표 8-6 SCM 시스템의 모듈과 주요 기능 예시

모 듈	주요 기능
수요 및 공급계획	수요예측 및 계획, 안전재고계획, 공급네트워크계획, 유통계획, 공급네트워크와 협업
부품계획	부품수요계획, 부품재고계획, 부품조달계획, 부품유통계획, 부품모니터링
구매	공급업체선정, 구매주문처리, 청구서처리
생산	생산계획 및 세부일정계획, 조업
창고관리	입고처리 및 영수증 확인, 출고처리, 크로스 도킹, 입고 및 보관, 재고 현황
주문처리	매출 주문처리, 대금청구
운송	운소계획, 운송, 운임처리
공급망설계 및 분석	전략적 공급망설계, 공급망분석

4. SCM시스템의 주요 응용기술

1) 자동발주시스템

자동발주시스템(Computer Assisted Ordering: CAO)은 말 그대로 수작업이 아닌 자동으로 발주를 할 수 있게 하는 시스템을 말한다. 기존의 방식은 수작업을 근간으로 하는 발주 형태로서 담당직원이 모든 상품의 수량을 하나하나 파악하여 주문내역을 결정하고, 결정된 주문내역을 수작업으로 주문시스템에 입력하여 물류센터로 전달하는 방식이었다.

이는 POS(Point of Sale) 데이터와 상품보충 과정을 연계함으로써 가능하게 되었으며, 이것은 곧 비용의 절감과 판촉활동에 의해 발생하는 제품의 수요에 즉각적으로 대응할 수 있게 해준다.

2) 지속적 상품보충

지속적 상품보충(Continuous Replenishment Programs: CRP), 또는 '지속적 재고보충프로그램'이란, 상품을 소비자 수요에 기초하여 유통소매점에 공급하는 방식(pull 방식)을 말한다. 기존에 유통소매점에 재고가 있음에도 불구하고 상품을 공급하는 방식(push 방식)과는 질적으로 큰 차이가 있다. 지속적인 상품보충은 거래선 간에 상품이 공급되는 모든 지점에서 적용될 수 있는 개념이며, POS 데이터를 사용하여 상품보충 프로세스를 보다 효율적으로 개선시킬 수 있다.

CRP의 근간은 바로 EDI이다. EDI는 소매업체가 제조업체에게 상품출고요청을 전송할 수 있도록 한다. POS 데이터의 통합관리능력이 증대됨에 따라 점포에 실제 판매된 판매량에 근거한 EDI 전송이 가능해진다.

3) 크로스 도킹

크로스 도킹(Cross Docking)이란 창고나 물류센터로 입고되는 상품을 곧바로 소매점포에 배송하는 물류시스템을 말한다. 기존의 창고나 물류센터의 보관 및 피킹작업을 배제함으로써 상당부분의 물류비용 절감효과를 가져올 수 있다. 크로스 도킹은 다음과 같이 세 가지로 구현될 수 있다.

- **파렛트 크로스 도킹**: 한 종류의 상품으로 적재된 파렛트별로 입고되고 소매점포로 직

그림 8-11 CRP의 발전 과정

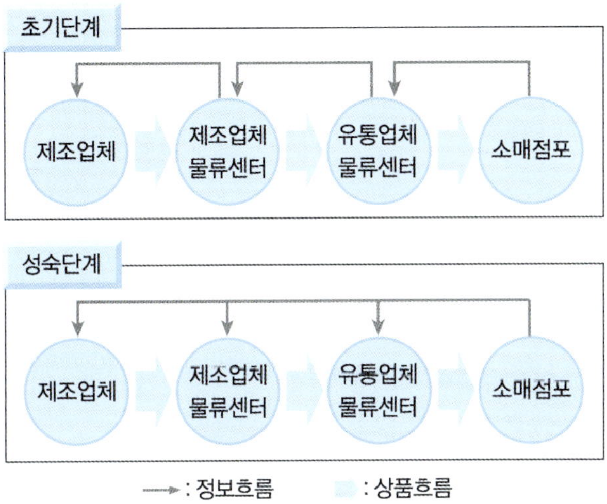

접 배송되는 형태로 가장 단순한 형태의 크로스 도킹으로 양이 아주 많은 상품에 적합하다.

- **케이스 크로스 도킹**: 보다 보편화된 크로스 도킹의 형태로 한 종류의 상품으로 적재된 파렛트 단위로 소매업체의 물류센터로 입고된다. 이렇게 파레트단위로 입고된 상품은 각각의 소매점포별로 주문수량에 따라 피킹되고, 남은 파레트상품은 다음날 납품을 위해 잠시 보관하게 된다.
- **사전 분류된 파렛트 크로스 도킹**: 사전에 제조업체가 상품을 피킹 및 분류하여 납품할 각각의 점포별로 파렛트에 적재하여 배송하는 방식이다. 가끔 추가비용이 발생되며 사용빈도는 많지 않다.

4) 카테고리관리

공급업체와 유통업체 간의 협조를 통하여 소비자의 구매패턴과 상품 및 시장동향 등을 파악하고 카테고리를 통하여 관리함으로써 업무를 개선시키고자 하는 방식을 말한다. 카테고리관리와 관련하여 업무에서 활용될 수 있는 부분은 다음의 세 영역으로 나누어 볼 수 있다.

- **정보수집**: POS 데이터와 활동원가시스템(activity-based costing systeme)으로부터 얻을 수 있는 데이터 수집

- **의사결정지원**: 수집된 소비자, 시장, 프로세스, 정보에 대한 분석을 통하여 가격결정, 판촉, 물류 등 지원
- **전자문서처리시스템의 통합**: 상품조달, 그리고 물류기능을 수행하는 전자문서처리시스템 통합

5) 성과측정

활동원가회계(Activity Based Costing)는 SCM 응용기술들을 적용할 경우 그 실행 정도, 즉 성과를 측정하는 중요한 수단이다. 활동원가회계분석은 관리회계방법론의 일종으로 SCM 응용기술을 적용하여 어느 부문에서 어떻게 이익을 발생시키고 있는지에 대한 명확한 분석을 할 수 있도록 지원한다.

이 외에도 비용이 발생한 중요한 활동들을 규명하여, 각각의 활동을 수행하는 데 소요된 비용을 계산하여 그 결과로 나온 소요비용에 대해 활동이 수행된 거래선들에게 부과된다. 활동원가회계분석은 기존의 관리회계 방법보다 SCM 응용기술의 적용으로부터 얻게 되는 이익 및 비용 등에 대해 보다 효과적인 분석을 가능하게 한다.

5. SCM 시스템 도입의 성공 요인

SCM 시스템이 성공적으로 구축 및 활용되기 위해서는 공급망 참여업체 전체가 공급망 통합을 위해 노력해야만 한다. 즉, 개별 공급업체가 품질향상 등의 노력을 통해 상당한 성과를 거두었다 해도 그것이 구매업체의 생산시스템과 통합되지 않으면 공급망 전체의 성과를 극대화 할 수 없다(김은홍, 2017). 따라서 SCM 시스템의 성공을 위해서는 반드시 공급망의 전체 프로세스를 상호 협력적으로 개선 또는 재구축하는 과정이 수반되어야 한다.

이런 관점에서 볼 때 SCM 시스템의 성공 요인은 다음 표 8-7에 제시한바와 같이 네 가지 범주로 요약될 수 있다. 그러나 이 같은 성공 요인이 모든 기업에 동일하게 적용되는 것은 아니며, 개별기업이 처한 상황이나 환경에 따라 차이가 있을 수 있다.

- 구매자와 공급자 간에는 신뢰와 파트너십을 기반으로 협력적 관계의 형성이 필요하다.
- 원활한 정보공유와 갈등해결 등을 위한 구매자와 공급자의 조직 간에 조정이 필요하다.
- 조직 간 조정뿐만 아니라 조직 간에 이루어지는 계획과 통제기능도 매우 중요하다.

- 조직 간 조정, 계획과 통제를 효과적으로 수행하기 위해서는 정보기술의 통합과 표준화가 중요하다.

표 8-7 SCM 시스템의 성공 요인

범주	성공 요인	
공급자/구매자관계	파트너십 관리프로그램	공급자능력에 대한 신뢰
	거래기간	최고경영자의 이해
	상호계약 준수	협력적 관계에 대한 경영지원과 참여
조직 간 조정	의사교환의 개방성	목표달성에 따른 인센티브 제공
	정기회의	보상의 공정성
	공급자의 생산계획 참여	성과측정의 기준
	공개하는 정보의 질	조직 간 회계시스템
계획과 통제	상호협약과 공통의 목표	수요/공급계획의 관리주기
	공동의 계획수립	수요관리
	수요/공급계획의 연결	재고관리
정보기술 활용	SCM에 대한 교육	조직 간 정보시스템
	SCM 전문부서 및 인력	정보전달 방식의 표준화
	SCM 패키지 도입	물류의 표준화
	내부 정보시스템 통합	

자료: 서아영 · 신경식(2001).

4절 ERP 시스템의 도입 및 구축전략

지식경영의 파장을 몰고 온 ERP가 기업의 경영혁신에 만병통치약인 것처럼 인식됨으로써 많은 기업들이 ERP 구축을 위해 막대한 인력과 비용을 투자한 뒤 혁신적인 경영환경의 변화와 업무의 효율화, 그리고 전사적인 자원의 최적화를 기대했지만 현실은 예상을 빗나가는 경우도 많았다. 물론 여러 가지 이유가 있을 수 있겠지만, 가장 중요한 요인은 체계적이고도 전략적인 계획의 수립과 추진이 병행되지 못했기 때문이다. 그렇다면 ERP 구축 시 체계적이고 전략적인 계획만 선행된다면 어떤 경우든 성공하는 프로젝트가 될 것인가?

이 절에서는 먼저 ERP 도입 시 고려할 사항을 살펴본 후 ERP의 핵심 성공 요인, ERP 구축을 위한 접근 방법, ERP 시스템의 도입 및 구축절차에 대하여 살펴보기로 한다.

1. ERP 시스템 도입 시 고려사항

1) 일반적 검토사항

ERP 시스템의 구축은 기업이 기존에 영위해 오던 전체적인 업무시스템을 혁신하는 것이므로 본격적인 도입 및 구축절차에 들어가기 전에 충분한 검토절차를 거쳐야 한다. 이는 구축과정에서 불거질 수 있는 혼선을 예방하고 완료 이후에 일어날 수 있는 각종 부작용들을 미리 제거하기 위해서 반드시 필요하다. 특히, 중소기업의 경우에는 인적 · 물적으로 대기업에 비해 자체적인 한계 요인이 있으므로 처음 시작단계에서 보다 신중한 접근이 필요하며 섣불리 진행을 한다면 ERP 구축은 오히려 아니한 것보다 못한 결과를 초래할 수 있다.

또한, ERP가 구축되면 무조건 기업의 이윤향상이나 경쟁력 강화에 도움이 된다는 생각은 금물이다. ERP는 어디까지나 수단일 뿐이며 기업을 실제로 바꾸어나가는 것은 기업 내의 임 · 직원들이기 때문이다. 아무리 좋은 시스템이 구축되었다 하더라도 자사의 실정에 적합하지 않거나 난해하여 사용자들이 제대로 활용할 수 없다면 무용지물이 될 수도 있다(김두경 외, 2002).

다음 그림 8-12는 ERP의 도입단계에서 기업들이 신중히 고려해 보아야 할 사항들을 보여주고 있다.

(1) ERP의 도입목적이 명확한가?

ERP 도입에서 가장 먼저 자문해보아야 할 것이 바로 '왜 ERP를 도입해야 하는가' 라는 점이다. 경쟁사가 도입했으니 우리도 도입해야 한다는 식은 곤란하다. 따라서 ERP 도입을 검토한다면 현재의 업무시스템에 대한 냉정한 평가와 분석을 통해 문제점을 도출해 내고 이를 바탕으로 ERP의 도입목적 및 목표를 분명히 할 수 있어야 한다. 이것이 전제될 때 최고경영자 및 프로젝트 추진 주체뿐만 아니라 실무부서로부터의 적극적인 참여를 유도할 수 있게 되며 바람직한 결과를 기대할 수 있기 때문이다.

그림 8-12 ERP 도입 시 사전 고려사항

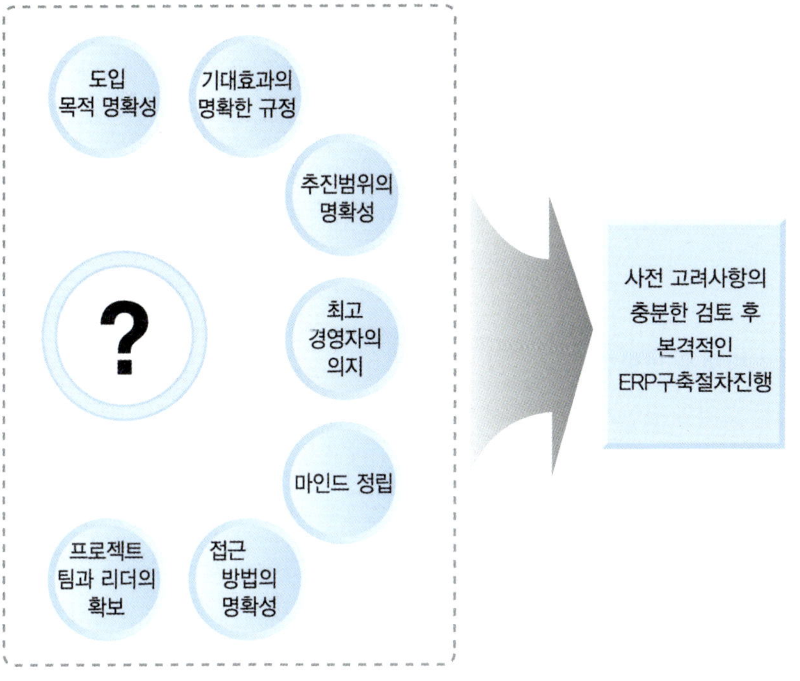

자료: 김두경 외, ERP 시스템의 활용과 CRM의 이해, 사이버출판사, 2002, 97쪽.

(2) 기대하는 효과를 명확히 규정할 수 있는가?

ERP 구축에는 분명히 대량의 인적 · 물적자원을 투입하여야 한다. 즉, 기업의 모든 의사결정은 효율성이 있는 상황에서만 의미가 있는 것이므로 기대되는 효과가 투입되는 비용에 비해 크지 않다면 도입의 의미를 상실하게 되는 것이다. 따라서 기대효과를 막연히 '생산성 향상 추구', '이윤의 극대화 추구'하는 식으로 설정하는 것은 곤란하며 구체적으로 설정할수록 설득력이 있다. 또 가능하다면 금전적 효과까지도 같이 분석해보는 것이 좋다.

(3) 추진범위는 명확한가?

모든 기업들이 시간과 비용 면에서 여유를 가진 기업은 별로 없다. 특히 중소기업은 두 가지 면에서 더욱 제약을 받을 수 있다. 따라서 어느 업무 영역까지 새로운 시스템을 적용시킬 것인가, 또 기업이 지리적으로 분산되어 있을 경우 어느 지역까지 시스템으로 연결할 것인지, 기간은 어느 정도로 잡을 것인가 등을 도입단계에서 명확히 규정할 수 있어야 한다.

(4) 구성원의 마인드는 되어 있는가?

ERP 구축은 사내의 모든 구성원들의 업무에 큰 영향을 미치게 되고 나아가 고객이나 관계사들에게까지 영향을 주는 사건이다. 그러나 인간의 기본속성은 변화를 싫어하며 그 타당성 여부를 떠나 다가오는 변화 앞에서 스트레스를 받는 것이 일반적인 현상이다. 따라서 경영자와 ERP 구축을 위한 TFT는 이러한 모든 점을 고려하여 관계자들을 동기부여 시킬 수 있어야 하며 전 사원을 대상으로 하는 의식개혁프로그램을 통하여 새로운 시스템의 구축에 대한 동의를 이끌어 내야 한다. 즉, ERP 도입은 전사적인 인식의 변화 없이는 성공하기 힘들다고 할 수 있다.

(5) 접근 방법은 명확한가?

패키지를 도입할 것인가, 아니면 자사의 형편에 맞게 개발하는 방식을 선택할 것인가의 문제이다. 이것이 결정된 후에 일괄도입 방식을 선택할 것인가, 아니면 점진적 도입 방식을 선택할 것인가이다. 이 문제 역시 장 · 단점이 있으므로 신중히 검토해야 한다. 각각의 방법이 장 · 단점은 분명히 있지만 대부분 기업들이 전자를 선택하고 있는 이유는 비용절감, 구축기간의 단축, 선진업무프로세스의 접목, 사후관리 등 개발 방식에서는 향유하기 어려운 장점이 있기 때문에다.

(6) 프로젝트팀 구성과 우수한 리더를 확보할 수 있는가?

유능하고 책임감 있는 리더는 자신의 능력을 발휘하여 프로젝트 인력을 구성하고 벤더를 섭외하며 프로젝트를 성공적으로 진행 및 마무리하는 일을 잘 수행할 수 있다. 유능한 프로젝트 리더를 선임하였다면 팀 구성을 비롯하여 프로젝트진행에 있어 전폭적인 권한을 주어야만 차후에 발생할 문제점들에 대해 책임을 지고 효율적이고 적극적인 대응을 할 수 있다.

2) 최고경영자의 의지

사실상 최고경영자의 ERP 도입 의지는 ERP 시스템구축 성공의 제1 요소인 동시에 도입 전에 반드시 고려해 보아야 할 사항이다. 따라서 도입 전 고려사항에서 같이 설명할 수도 있지만 별도로 설명하는 이유는 그 중요성 때문이다.

기업 전체의 업무 및 정보최적화를 통한 기업가치의 극대화를 지향하는 진정한 ERP 구축은 전사적인 프로젝트이며 모든 구성원들의 업무 및 근무환경에 미치는 영향이 크다. 따라서 ERP의 도입단계 뿐 아니라 구축 및 사후관리의 단계에서까지 최고경영자의 지속적인 관심과 중재가 없다면 그 구축 과정에서 의사결정이 지연되고 부서 간의 갈등을 증폭시킬 수 있으며, 경우에 따라서는 새로 구축된 시스템을 예전보다 더 비효율적이고 비능률적인 시스템으로 만들어 버릴 가능성도 충분하다. 즉, ERP 구축 프로젝트는 완전 실패로 끝나 버릴 수도 있다는 것이다. 만약 기업의 최고경영자가 ERP를 도입하려 함에 있어 전담 추진팀을 만들어 주고 예산도 충분히 배정했으니 할일 다 했다는 식의 마인드를 갖고 있거나 심지어는 ERP 도입에 대하여 별로 관심이 없다면 그 회사의 ERP 시스템 구축은 시도하지 않는 편이 바람직하다. 이것은 ERP 도입의 많은 실패 사례들이 말해 주고 있다(김두경 외, 2002).

3) ERP 시스템(패키지) 도입 시 고려사항

과거에는 기업이 자사의 업무나 관리를 위한 정보시스템을 자체적으로 개발하거나 전산개발 전문업체에 개발을 위탁(아웃소싱)하는 방법으로 정보시스템을 도입하는 방식이 일반적이었다. 그러나 최근에는 산업의 다양성으로 각 분야의 업무가 서로 상이한 특성을 갖게 되었고, 또한 각 분야의 업무에 대해서는 가장 바람직한 업무프로세스를 요구하는 상황이어서 외국의 SAP, Oracle 등과 같은 전문회사에서 개발한 패키지 형태의 ERP 시스템이 일반적으로 도입되는 상황이다. 이때 이러한 ERP 시스템 전문회사에서 개발한 패키지 형태의 ERP 시스템을 성공적으로 도입하기 위해서는 다음과 같은 사항을 반드시 고려하여야 한다.

- 자사환경에 맞는 패키지를 선정
- TFT(Task Force Team)는 최고 엘리트사원으로 구성
- 경영진의 확고한 의지
- 경험 있고 유능한 컨설턴트를 활용
- 현업중심의 프로젝트진행
- 구축방법론에 의해 체계적으로 프로젝트 진행
- 커스터마이징(Customizing) 최소화
- 전사적인 참여 유도
- 변화관리기법 도입
- 가시적 성과를 거둘 수 있는 부분에 집중
- 지속적인 교육 및 워크숍
- 자료의 정확성을 위한 철저한 관리

2. ERP 시스템의 핵심 성공 요인

성공적인 ERP 시스템 구축을 위한 요인들은 다양하게 정의될 수 있겠지만 기업의 규모나 지역적 특성을 고려하지 아니하고 획일적으로 정의하기는 곤란하다. 또, ERP의 성공 요인을 규정한 저서와 논문들은 많이 있다. 그러나 ERP가 대기업 혹은 중견기업 이상 기업들의 전유물로 생각해 왔던 것이 사실이므로 대부분의 사례연구들 또한 규모 있고 글로벌화 된 기업들 위주로 이루어져 왔다.

중소기업을 대상으로 한 ERP 구축 관련 연구는 거의 이루어지지 않았으나 최근 경영환경의 급변과 IT 기술의 눈부신 발전, 그리고 정부의 각종 중소기업 정보화지원정책은 소규모기업들에게도 ERP를 통한 경영혁신의 동기를 부여하고 있으므로 이에 부응하기 위해서는 향후 중소기업들의 특화된 ERP 구축 방법론, 성공 요인 등에 대한 심도 있는 연구가 시급하다고 할 것이다.

1) 도입기업의 측면

ERP 패키지의 도입과 성공적인 구축을 위해서는 무엇보다 도입하려는 기업의 자세가 중요하다는 것은 중소기업이라고 해서 다를 것이 없다. 중소기업의 경우 최고경영자가 곧 대주주인 경우가 대부분이므로 최고경영자는 기업의 중요한 의사결정 과정에서 절대적인 영향력을 행사한다. 따라서 중소기업의 경우 최고경영자의 ERP에 대한 이해와 도입의지는 ERP의 구축에 있어 가장 핵심이 되는 성공 요인이라고 할 수 있다.

일반적으로 도입 기업이 중소기업인 경우 특히 염두에 두어야 할 핵심 성공 요인으로 다음과 같은 것들을 들 수 있다.

- 최고경영자의 ERP에 대한 이해와 도입의지
- 우수하고 책임감 있는 ERP 구축 프로젝트관리자의 선정
- 주요 부서담당자들이 패키지선정에 참여
- 전 사원을 대상으로 한 의식개혁활동
- 지속적인 사용자 교육

2) ERP 벤더 및 패키지의 측면

ERP 벤더와 패키지의 선택은 성공적인 ERP 시스템 구축을 위해 상당히 중요하며, 특히 중

소기업이 ERP를 도입하려 하는 경우에는 신뢰할 수 있고 명망 있는 벤더의 선정과 검증된 우수한 패키지의 선택이 더욱 중요하다. 최근에 국내에서 발표된 논문들을 보면 중소기업의 성공적인 ERP 구축에 패키지 자체가 미치는 영향이 상당히 큰 것으로 나타나 향후 국내의 중견 혹은 중소기업을 대상으로 한 ERP 패키지 시장에서 제품의 성능이 절대적인 영향을 미칠 것으로 예상된다.

또한, 국내 ERP 시장은 사실상 대기업용과 중소·중견기업용으로 양분되어 있으며 그에 따라 적합한 패키지도 구분되어 있다. 따라서 다른 중소기업들이 많이 사용하고 있는 패키지라면 나름대로 시장에서의 검증 과정을 거친 것으로 볼 수 있으므로 구축실패에 따른 리스크를 줄일 수 있다. ERP 벤더와 패키지 측면에서 중소기업 ERP 구축의 핵심 성공 요인은 다음과 같다.

- 벤더의 신뢰성(기술적·재무적)이 있을 것.
- 중소기업 ERP 시장에서의 점유율이 높을 것
- 유사업종에 대한 구축경험이 많을 것
- 교육 및 지원체계가 확실할 것
- 지속적인 업그레이드와 A/S가 원활히 이루어질 것
- 패키지의 표준 업무모형이 자사에 적합할 것
- 업무흐름이 유기적이며 이해하기 쉬울 것

표 8-8 ERP 도입의 성공 요인

관련 구성원의 역할	도입단계의 활동	변화관리활동
• 최고경영자의 관심과 지원 • 적절한 프로젝트의 구성 • 프로젝트관리자의 능력과 역할 • 핵심사용자의 몰입과 역할 수행 • 컨설턴트 능력과 역할수행 • 구축업체의 능력과 역할수행 • 팀 구성원 간의 협력 정도	• 명확한 비전과 목표제시 • 전사적 공감대 형성 • 적절한 프로젝트 계획 • 적절한 패키지의 선정 • 적절한 커스터마이즈 수준 • 시스템의 통합수준 • 최종사용자의 교육 및 훈련	• 기대관리 • 업무프로세스 재설계 • 저항관리 • 업무표준화 • 프로세스의 전사적 통합 • 신속한 의사결정

자료: 장활식·최유정(2005).

3. ERP 시스템 구축을 위한 접근 방식

1) 패키지 도입

앞서 살펴본 바와 같이 ERP라는 용어는 패키지 제품에서 비롯되었으며 지금도 'ERP를 구축한다'고 하면 일반적으로 ERP 패키지의 도입을 의미하는 경우가 많다. 옷으로 비유하면 맞춤복으로 표현할 수 있는 신규 개발형 ERP의 도입도 이론적으로 충분히 가능한 얘기지만 많은 기업들이 구축기간이나 구축비용, 그리고 선진 업무프로세스의 도입 등 현실적인 이유로 검증된 기성복에 비유할 수 있는 패키지를 선택하고 있는 것이 현실이다. 국내의 경우 대부분 패키지 도입을 통해 ERP를 구축한 것으로 파악되고 있다.

ERP 패키지는 오랜 기간 동안 많은 기업들의 업무 유형을 연구하고 시행착오를 거치면서 정형화된 제품이므로 크고 작은 장점이 있는 것이 사실이지만 엄연히 그 한계도 있다. 여기서 한계란 백화점의 기성복 매장에 있는 많은 옷들이 모든 사람의 체격이나 체형을 다 만족시킬 수는 없다는 것과 같은 이치이다.

국내 · 외의 많은 ERP 벤더들이 공급하고 있는 기성복형의 패키지는 크게 두 가지 형태로 구분할 수 있다. 하나는 커스터마이징(customizing)이 비교적 많이 허용되는 형태이며, 또 하나는 그것이 제한되는 논커스터마이징(noncustomizing)형이다. 이것은 기성복도 고객의 체형에 맞게 어느 정도 수선을 해 주는 경우도 있지만 무조건 있는 그대로 구입해야 하는 경우도 있다는 것을 생각하면 이해가 쉬울 것 같다.

그림 8-13 ERP의 도입 형태

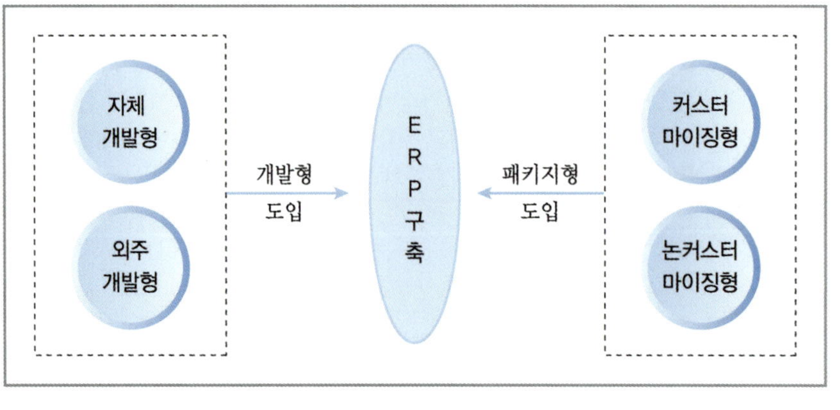

우리가 알고 있는 커스터마이징형의 대표적인 것은 대기업용의 미국계 ERP 패키지인 Oracle 애플리케이션이며, 국내에서는 KAT 시스템의 중소기업형 ERP 패키지인 카리스마웹과 중견기업용의 하이에나가 이에 속하는 제품이다. 또한 논커스터마이징형의 대표적인 경우는 독일계 ERP 패키지 SAP의 R/3를 들 수 있다.

물론 논커스터마이징형이라 하더라도 10~20% 정도의 수정은 용인하는 것이 추세이므로 이러한 분류 방법은 상대적이고 편의적인 개념으로 이해하여야 한다. 만약 기업에서 충분한 비용을 감당할 능력과 의사만 있다면 SAP의 R/3라 하더라도 얼마든지 커스터마이징이 가능할 것이기 때문이다.

2) 맞춤형 개발(외주개발 및 자체개발)

자체적으로 전산인력을 확보하고 있는 비교적 규모 있는 기업들은 과거 정보시스템의 도입단계에서 필요한 시스템을 독자적으로 개발하여 사용하는 경우가 적지 않았다. 한마디로 자급자족의 형태가 가능하였으나 ERP는 그 특성상 사정이 좀 다르다.

시대의 변화에 따라 업무자체의 복잡화 및 다양화 현상은 차치하고라도 전사적인 자원의 최적배분과 적시성 있는 활용, 그리고 기업의 업무흐름의 혁신이 수반되어야 한다는 점 등에서 자사현황에 맞게 처음부터 개발하는 방식의 ERP 구축은 그것이 자체개발이든 외주개발이든 고도로 숙련된 개발자와 컨설턴트가 다수 필요하므로 비용과 시간적 측면에서 무리가 있는 경우가 많다. 사내에서 일부 역할만 하고 외부의 개발회사나 컨설팅회사에게 용역을 준다고 하더라도 비용의 부담을 감당하기가 쉽지 않다.

그럼에도 불구하고 개발 방식의 ERP 구축은 기업에서 필요로 하는 부분을 분석하여 개발하는 것이므로 기업의 욕구를 충실히 만족시킬 수 있고 사내 보유인력을 최대한 활용함으로써 경우에 따라서는 비용부담을 줄일 수 있는 가능성(가령 100% 내부적으로 수행하였다면 외관상 추가발생비용은 없다는 것이다. 하지만 기회비용까지 고려한다면 얘기는 달라질 수 있다)도 있다. 또한, 상대적으로 현업부서와 경영자의 관심을 유도해 내기가 쉬우며 차후 자체적인 보수나 업그레이드가 가능하다는 장점도 있다.

하지만 개발 방식의 ERP 구축은 업무 영역별로 시스템 간의 통합이 미약한 것이 일반적인 경향이며 급변하는 정보기술의 흐름에 민첩하게 대응하기가 곤란하다. 따라서 소프트웨어의 수명도 비교적 짧아 효율성이 떨어지는 경우가 많다. 더군다나 별도의 합리적이고 미래지향적인 BPR(Business Process Reengineering: 업무프로세스 재설계) 과정이 선행되지 않는다면 업무의 개선 없이 그대로 전산화해 버리는 결과를 초래할 수 있으므로 주의를 요한다.

3) 커스터마이징

커스터마이징(customizing)이란 기업의 ERP 시스템을 구축할 때 기업의 경영환경에 맞게 프로세스를 변경, 추가, 확장하여 업무처리가 가능하도록 하는 것이다. 커스터마이징의 유형은 변경, 추가, 확장의 세 가지로 설명할 수 있다.

첫째, 변경(modify)은 ERP 패키지에서 제공하는 프로세스가 기업의 기존 업무프로세스와 상이할 때 ERP 패키지의 선진 프로세스 자체를 변경하여 업무프로세스에 적용하는 활동을 말한다. 커스터마이징의 변경은 자칫 커다란 위험을 불러일으킬 수 있다. ERP의 본래 목표인 선진 프로세스를 이용한 기업의 효율적인 업무프로세스 구축을 변질시킬 수도 있기 때문이다. 또한 커스터마이징의 유형 중 가장 구현이 어렵다.

둘째, 추가(add-on)는 ERP 패키지에서 제공되지 않는 기능을 별도로 개발하여 ERP 패키지와 연계하여 사용하는 것을 말한다. 예를 들어, 우리나라에만 있는 세금 관련이나 관세환급과 같은 업무는 ERP 패키지의 선진 프로세스로는 구현하기 어렵기 때문에 별도의 기능을 추가하는 것이다.

셋째, 확장(extension)은 앞에서 설명한 변경과 추가의 중간 형태이며, 기존의 ERP 패키지에 있는 기본적인 기능과 모듈에서 더 확장된 추가기능을 첨가하여 개발하는 것이다. 이런 방

표 8-9 ERP 패키지와 관련된 커스터마이징 유형

유 형	장 · 단점
1. 기존 업무처리 관행에 따라 ERP 패키지를 커스터마이징 하는 방안	장점: 도입에 따른 교육훈련의 최소화 단점: 커스터마이징이 많아지고 리엔지니어링의 효과가 거의 없다.
2. 리엔지니어링을 실시한 후에 이에 맞도록 ERP 패키지를 커스터마이징 하는 방안	장점: 도입효과 증대(기업의 요구사항이 명확) 단점: ERP 패키지가 리엔지니어링을 지원하지 못할 경우 추가적으로 모듈을 개발하여야 한다.
3. ERP 패키지에 맞추어 리엔지니어링을 실시하는 방안	장점: 단기적으로 가시적인 효과 단점: 패키지에 따라서 결과가 판이하게 달라진다는 위험부담과 조직의 성공 요인이나 경쟁 원천인 특성이 희석될 수 있음.
4. 리엔지니어링과 ERP 커스터마이징을 병행하여 추진하는 방안 (한국 기업에 적합한 것)	장점: 시너지효과 극대화 단점: 시스템 구축기간이 연장될 수 있어 비용이 추가됨

자료: e-비즈니스 전문과정 ERP(상), 한국전자거래진흥원.

법은 기본적으로 ERP 패키지의 기본적인 기능과 모듈을 따르면서 프로세스 설계자가 임의로 프로그램의 명칭이나, 내부프로세스, 데이터베이스 설계 등을 결정하는 것이다.

4. ERP 시스템의 도입 및 구축절차

ERP 시스템 구축에 있어 도입이란 엄밀히 말해 구축절차 중 사전검토단계로서 본격적인 시스템 구축절차에 들어가기 직전까지의 과정을 일컫는다. 도입단계에서는 ERP 도입을 위한 정보화기획팀(프로젝트팀)을 발족하여 ERP 시스템의 도입목적과 목표를 분명히 설정하고 현행업무의 흐름을 파악한 다음 바람직하고도 미래지향적인 업무흐름을 정의한다. 그리고 이를 바탕으로 하여 ERP 패키지를 선정(또는 개발)하고 마지막으로 프로젝트 추진을 위한 세부계획을 수립한다.

1) 프로젝트기획팀 편성

프로젝트기획팀은 ERP 구축 프로젝트 전체에 관련되는 각종 계획이나 체계적인 준비를 위해 필요하며 주로 지엽적인 부분보다는 기업의 전반적인 업무에 대한 이해와 판단력이 있고, 과거 유사한 프로젝트 수행경험이 있는 사람을 포함시켜야 한다. 만약 기업 내에 이러한 요원이 없다면 외부의 전문가 영입도 검토해 보아야 한다. 이들은 앞으로 진행할 프로젝트의 전반적인 방향을 결정하며 우수한 패키지를 선정하고 계약을 체결하며 차후 ERP 구축을 위한 TFT에 합류하여 구축 시에 필요한 세부계획까지 도출해내야 한다.

2) 정보화전략계획 수립

여기서는 먼저 도입기업의 일반 정보와 업종 관련 내 · 외부의 정보를 토대로 작성된 경영전략과 비전을 바탕으로 정보화전략계획을 수립하는 단계로서 내 · 외부의 환경 변화에 적절히 대응할 수 있는 미래지향적인 전략계획을 수립하고 도출된 전략계획에 대해 경영진과의 협의를 통해 이를 확인 검증하는 절차를 취한다.

그림 8-14 ERP 도입 및 구축절차

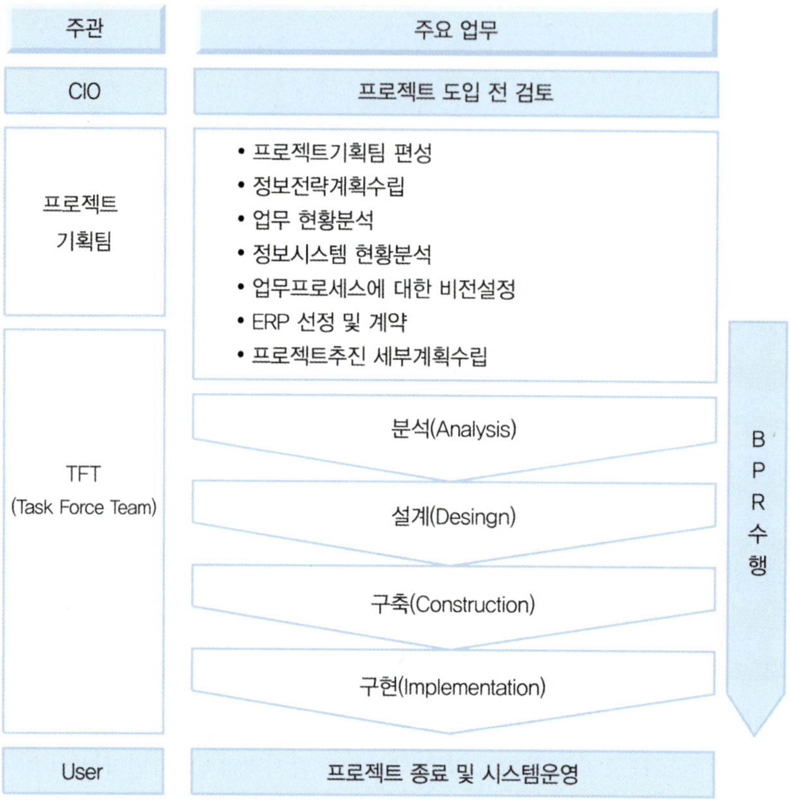

자료: 김두경 외, ERP 시스템의 활용과 CRM의 이해, 주)사이버출판사, 2002, 97쪽.

3) 업무현황분석

정보화전략계획이 수립되면 현행 업무 및 프로세스에 대한 파악과 분석(AS-IS분석)에 들어간다. 이 과정은 현재의 업무프로세스 분석결과를 바탕으로 앞에서 설정한 경영전략을 뒷받침할 수 있는 새로운 프로세스를 도출해 내기 위해 필요하다. 그 절차는 먼저 기업의 업무프로세스에 관한 기본정보를 수집하여 각 부문 간의 업무흐름에 대해 유기적으로 파악하여야 하며 그 결과물로 조직 간의 상관관계, 업무흐름, 자료 및 주요 문서의 이동경로 등이 나와야 한다. 이를 바탕으로 현재 업무의 문제점 및 개선 요구사항을 도출한다. 이것은 현업으로부터 경험적으로 도출되거나 경우에 따라서는 외부 컨설턴트 혹은 프로젝트 기획팀이 표준업무모형을 참조하여 파악하고 도출할 수도 있다.

4) 정보시스템 현황분석

업무현황에 대한 분석이 끝나면 이어서 현재의 업무프로세스를 지원하는 응용프로그램은 물론이고, DB, 네트워크, 기타 하드웨어 관련 현황, 그리고 현재 정보시스템 관리조직의 구조에 대해 파악하고 문제점 및 개선되어야 할 사항들을 도출하여 문서화하는 작업을 한다.

응용프로그램에 대해서는 활용범위, 운용목적, 버전, 담당자, 공급사 등을 파악해야 하며 프로그램 내에서는 데이터의 흐름과 형태까지 파악하여 문서화해야 한다. 만약 여러 개의 응용프로그램을 가동 중일 경우에는 이들 간의 연관관계에 대해서도 파악해야 한다. 정보시스템의 관리조직에 대해서는 현황을 파악한 후 ERP 시스템을 구축하는 데 있어서 역할과 참여정도를 설정해 둔다.

5) 업무프로세스에 대한 비전 설정

여기서는 앞에서 설정된 ERP의 도입목표와 현재의 업무 및 정보시스템 분석자료를 참고하고 각 부문별 전략적인 요구사항들과 기대효과 등을 반영하여 바람직한 업무프로세스 방향을 설정한다. 또한, ERP가 이미 성공적으로 구축된 비슷하거나 조금 더 큰 규모의 동종기업을 대상으로 한 벤치마킹을 통해 ERP 구축의 성공 요인을 파악하여 업무프로세스에 대한 비전의 설정 시 반영하여야 한다.

한편, 이 단계에서는 자사의 비용적 · 인적 · 시간적 제약조건도 고려해야 하는데 그 이유는 제약조건을 고려하지 않은 업무프로세스에 대한 비전은 공허하고 실현 불가능한 희망사항으로 그칠 수 있기 때문이다. 비전의 설정이 끝난 후에는 현재의 업무와 비교하여 차이를 분석하고 이를 토대로 새로운 비전에 따라 업무프로세스를 변경할 경우 조직이나 정보시스템에 미칠 수 있는 영향, 그리고 얻을 수 있는 이익과 그에 수반되는 위험을 평가해 본다.

6) ERP의 선정 및 계약

프로젝트기획팀에서는 앞 단계에서 파악된 정보와 자료를 바탕으로 적절한 구축 방법(맞춤형, 패키지형)을 결정하여야 한다. 여기서는 패키지형을 전제로 설명하기로 한다.

패키지형으로 ERP를 구축하기로 결정되었다면 어느 벤더의 어떤 패키지를 선택하는가 하는 것이 성공적인 ERP 구축에 있어 절대적으로 중요한 영향을 미친다. 따라서 패키지는 자체적으로 혹은 경우에 따라서는 외부전문가의 도움을 받아 자사의 현황에 맞게 미리 정한 평가

방법과 기준에 따라 엄격한 심사를 거쳐 선정하여야 한다.

일반적으로 ERP 벤더와 패키지의 설정에 반드시 포함되어야 할 평가 항목들에는 다음과 같은 것들이 있다.

첫째, 벤더 및 패키지에 대한 개괄적 평가 요소

- 벤더사의 규모와 재정적 안정성
- 벤더와 패키지에 대한 외부의 평가
- 연구개발에 대한 투자 정도 및 연구개발 인력과 조직
- 교육체계 및 A/S의 지원 정도
- 비슷한 규모/업종 회사에 대한 공급실적과 성공사례
- 패키지의 기능에 대한 세부적 평가

둘째, 벤더로부터의 제안서를 토대로 각 모듈별 기능이 기업에서 설정한 업무프로세스 비전과 얼마나 합치하는지 구체적으로 분석 · 검토한다. 이때는 현업 담당자들이 검토 과정에 반드시 동참하는 것이 바람직하다.

셋째, 비용 및 구축기간에 대한 평가이다. ERP 벤더들이 제출한 제안서를 바탕으로 구축해 소요되는 비용과 구축기간에 대해 평가한다. 패키지의 기능에서 큰 차이가 없다면 비용과 구축기간이 패키지선정의 절대적인 변수가 된다.

이상의 평가 항목들을 기준으로 평가한 자료를 종합하여 점수가 가장 높은 벤더 및 패키지 2~3개를 1차적으로 선정하여 개별협상에 들어가며, 이때 해당 벤더 혹은 패키지에 대한 의문이나 부족사항들에 대해 해결안을 요구하고 가장 적절한 해결안 혹은 대안을 제시한 벤더와 최종적인 협상 과정을 통하여 계약을 체결하게 된다. 이때 벤더 혹은 컨설팅회사와의 계약서에는 다음의 내용이 반드시 포함되어야 한다.

7) 프로젝트추진 세부계획 수립

패키지와 컨설팅업체 선정이 완료되면 프로젝트추진의 범위와 일정에 관한 세부계획을 수립하게 된다. 대부분의 패키지제품은 그 특성에 맞게 각각의 구축일정에 대한 기본적인 안을 갖고 있다. 따라서 제품선정이 끝나면 그 제품의 구축일정과 자사의 현황을 고려하여 최종 추진계획을 결정한다. 또 이를 토대로 구축 프로젝트팀을 구성하고 기존의 프로젝트 기획팀은 해산한다. 그러나 현실적으로는 대부분의 프로젝트기획팀이 구축을 위한 프로젝트팀에 합류하게 된다.

연구문제

설명형 문제

1. ERP의 개념과 도입목적에 관해 기술하시오.
2. ERP의 특성과 기대효과에 관해 기술하시오.
3. 확장형 ERP의 개념을 기술하고 포함 내용과 구성 요소를 열거하시오.
4. CRM 시스템의 유형을 열거하시오.
5. CRM의 구성과 기능에 관해 기술하시오.
6. SCM의 정의와 주요 응용기술을 열거하시오.
7. SCM의 구성 및 기능을 간략히 설명하시오.
8. ERP 도입 시 고려사항에 관해 기술하시오.
9. ERP의 핵심 성공 요인에 관해 기술하시오.
10. ERP 시스템의 도입 및 구축절차를 기술하시오.

약술/열거형 문제

1. ERP 시스템 도입단계를 열거하고 약술하시오.
2. ERP 시스템의 기본 모듈과 주요 기능을 간략히 설명하시오.
3. ERP의 기능적 특성을 열거하시오.
4. ERP의 기술적 특성을 열거하시오.
5. SCM 도입의 성공 요인 4가지를 열거하시오
6. SCM 도입의 기대효과를 열거하시오.
7. ERP 시스템의 도입절차를 열거하시오.
8. ERP 시스템의 구축절차를 열거하시오.
9. ERP 도입 시 일반적 검토사항을 열거하시오.
10. ERP의 발전 과정을 열거하시오.

용어/시사문제

1. 관계형 데이터베이스관리시스템(RDBMS)
2. 프론트오피스 CRM
3. e-CRM
4. 크로스도킹(Cross Docking)
5. 커스터마이징(Customizing)

9장
e비즈니스와 전자상거래

1절 e비즈니스

오늘날 인터넷 사용자의 급증으로 인하여 개인이나 기업, 사회, 정부에 커다란 변화를 불러일으키고 있다. 이러한 변화는 e비즈니스, e기업, e경영, e전략, e서비스, e금융, e교육, e문화, e출판, e커머스, e정부, e정치에까지 다양하다. 따라서 전 산업 분야의 기업들은 e비즈니스 체제에 돌입하여 인터넷을 중심으로 업무프로세스를 혁신하기 위해 노력하고 있다. 특히, 지난 몇 해 동안 e비즈니스란 용어는 우리 주변에서 언론 및 방송매체, 그리고 세미나 및 경영 신간서적을 통해 매우 흔히 들을 수 있는 버즈워드(buzz word)가 되어 버렸다.

디지털기업의 현상들을 논할 때 e비즈니스와 e커머스(전자상거래)는 거의 함께 따라 다니는 용어이다. 따라서 이 절에서 e비즈니스에 대한 개념정의와 e비즈니스와 e커머스와의 관계를 명확히 규정해보고, e비즈니스와 인트라넷 활용, e비즈니스의 미래 등에 대해 설명하고자 한다.

1. e비즈니스의 정의

e비즈니스는 1990년대 중반 IBM의 루거스트너 회장이 처음 사용하기 시작한 용어로서, '기업의 조직적 커뮤니케이션, 조정 및 관리를 위하여 인터넷과 기타 디지털기술을 활용하는 것'(Laudon and Laudon, 2004), 또는 '기업활동을 지원할 목적으로 정보 및 통신기술을 적용하는 것'(Wikipedia, 2011.2.7.) 등과 같이 정의되기도 한다. 즉, e비즈니스는 인터넷의 급속한 보급에 영향을 받아 형성된 개념이기는 하지만, 인터넷기술뿐만 아니라 그 밖에 여러 가지 디지털기술을 기업의 비즈니스 프로세스 전반에 활용함으로써 기업의 성과를 향상시키고자 하는 목적에서 출발한 개념이다. 따라서 정보통신기술을 활용하여 기업 간 거래의 일부를 전

자적(electronically)으로 처리하기 위한 목적으로 출발한 전자상거래와는 개념적으로 다소 차이가 있다.

이러한 관점에서 e비즈니스를 정리하면, "제품의 기획과 설계, 생산 및 제조, 판매 · 유통, 유지 · 보수까지 이어지는 모든 경영활동이 인터넷을 매개로 하여, 유기적으로 이루어짐으로써 기업의 성과를 획기적으로 개선하는 새로운 비즈니스 패러다임"이라고 정의할 수 있다. 따라서 인터넷을 전략적 도구로 활용하여 다양한 경영활동을 수행함으로써 인터넷으로부터 수익창출이나 원가절감을 달성하고자하는 비즈니스라고 할 수 있다.

한편, e비즈니스, 전자상거래, 인터넷비즈니스 등 세 가지 개념의 관계는 다음 그림과 같이 정리될 수 있다. 인터넷비즈니스와 전자상거래 개념이 인터넷 또는 정보통신기술의 활용에 초점을 맞추고 있는 데 비해서, e비즈니스 개념은 정보통신기술뿐만 아니라 모든 디지털기술의 활용을 전제로 한다는 면에서 가장 폭이 넓은 개념이다. 일례로 인터넷과 전혀 무관한 지능형 로봇을 이용하여 생산공정을 효율화하는 등의 활동은 e비즈니스 활동에는 포함될 수 있지만 인터넷비즈니스나 전자상거래활동으로 볼 수 없기 때문이다.

그림 9-1 e비즈니스의 개념

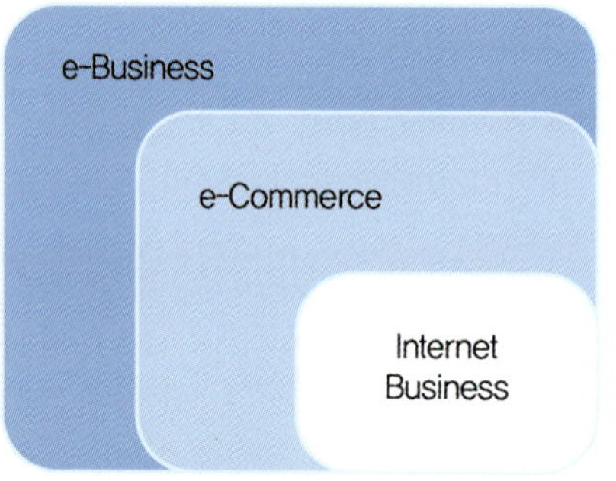

- 인터넷비즈니스 : 인터넷을 통해 상품과 서비스거래
- 전자상거래(e커머스): 인터넷비즈니스 + EDI + CALS
- e비즈니스 : 인터넷비즈니스 + 전자상거래 + 기업내부 업무 Process

자료: 류중경, ERP 시스템 개발방법, 정익사, 2011, 432쪽.

2. e비즈니스와 전자상거래와의 관계

이미 세계 각국에서는 인터넷을 이용한 비즈니스 환경으로서 전자상거래가 자리매김해 가고 있다. 최근에는 인터넷을 기업 경쟁력 향상을 위한 전략적 도구로 활용하고, 인터넷을 이용해 다양한 경영활동을 수행하며, 나아가 수익을 창출하거나 원가절감을 시도한다. 이런 점에서 데이터 네트워크의 형태로 단지 비즈니스 거래 측면만을 지원하는 데 중점을 두었던 종래의 전자상거래 개념에 변화가 감지되고 있다.

이런 상황에서 칼라코타와 로빈슨(Kalakota &Robinson, 2001)은 미래의 기술에 입각해 오늘날의 전자상거래를 재 정의할 필요가 있다고 말했다. 즉, 고객의 가치를 극대화하기 위해 전자상거래가 비즈니스 처리 과정인 프로세스로 확대되고 있음을 지적한 것이다. 이를 감안해 엄밀하게 구분해 볼 때, 전자상거래를 전자적 수단을 이용한 상거래라고 한다면, e비즈니스는 전자상거래를 포함해 비즈니스 프로세스 전 과정에 전자적 수단을 이용하는 광의의 개념인 것이다(Turban & King, 2003).

그림 9-2 e비즈니스와 e커머스 간의 관계

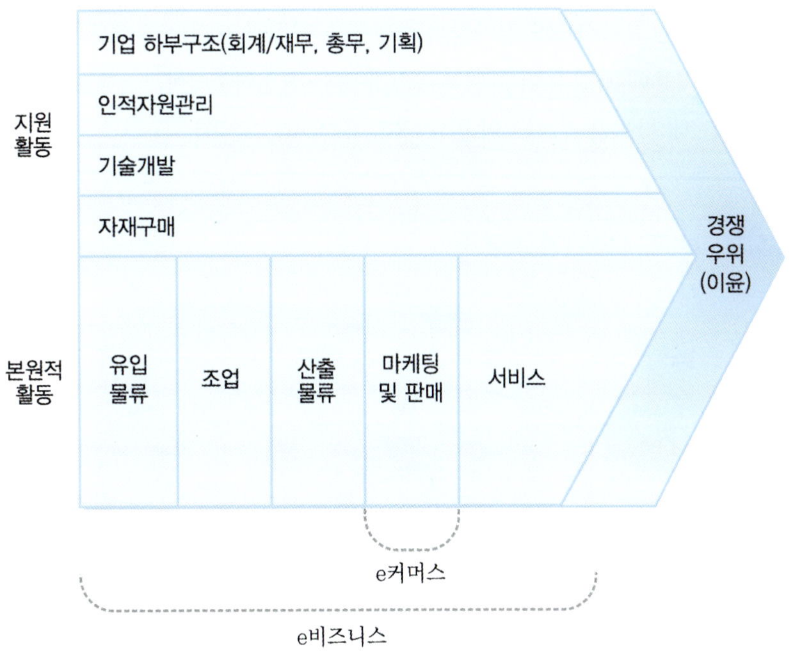

자료: 홍일유 외, 법문사, 2012, 282쪽.

디지털 기업의 현상들을 이야기할 때 e비즈니스와 전자상거래(e커머스)는 거의 함께 따라다니는 용어이다. 그러다 보니 그 개념들이 혼재되어 있어 두 용어가 서로 유사어로 사용되고 있는 실정이다. 전자상거래는 전자매체를 기반으로 한 상거래를 의미한다. 반면, e비즈니스는 인터넷 및 기타 네트워크 그리고 정보기술을 이용해 전자상거래, 기업 내부 커뮤니케이션 및 협업, 그리고 웹기반의 비즈니스 프로세스를 지원하는 것을 의미한다.

이 두 개념 간의 차이점을 보다 명확히 이해하기 위해서 마이클 포터의 '가치사슬분석' 모델과 연관시켜 두 용어의 개념을 살펴볼 필요가 있다. 다음 그림에서 볼 수 있듯이, e비즈니스는 기업의 모든 가치활동들을 지원하기 위해 인터넷 기술을 활용하는 것이다. 이에 비해 전자상거래는 인터넷기술의 활용범위가 마케팅 및 판매기능에 국한되는 개념이다. 따라서 e비즈니스는 전자상거래를 포괄하는 광범한 개념으로 이해할 필요가 있다.

이러한 개념상의 차이점은 존재하지만, e비즈니스와 전자상거래는 매우 밀접한 관계에 있다. 가령, 고객이 제품을 주문하도록 적극 유도하기 위해서는, 고객을 대상으로 한 CRM 애플리케이션을 통해 효과적인 마케팅활동이 필요하다. 그리고 일단 고객 주문이 접수된 다음 고객에게 만족스러운 서비스를 제공하기 위해서는, ERP 및 SCM 등 전사적 애플리케이션을 활용해 주문된 제품에 대한 대금청구서를 고객에게 전송하고, 재고를 확인해 주는 주문제품을 발송하며, 주문과 관련한 고객의 문의사항에 대해 효율적으로 대응할 수 있어야 한다.

또한, e비즈니스는 효과적으로 전자상거래 활동을 지원하는 것 이외에도, 인터넷 및 기타 정보통신기술을 이용해 기업의 기존 비즈니스 모델을 혁신하고 전통적 기업을 디지털 기업으로 변신시키는 데 기여할 수 있어야 한다(홍일유, 2012, 283쪽).

그림 9-3 e비즈니스의 가치사슬

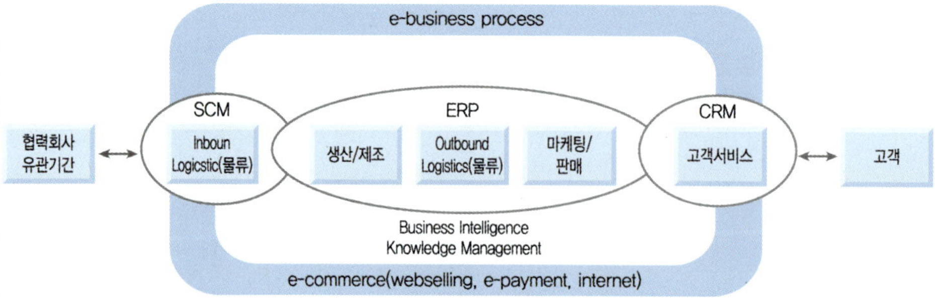

자료: 한국정보화진흥원.

3. e비즈니스와 인트라넷 활용

1) 인트라넷을 이용한 e비즈니스

기업의 전통적인 클라이언트/서버 컴퓨터환경에서는 서로 호환이 잘 안 되는 사내의 이 기종 컴퓨터들을 관리하는 데 적지 않은 노력이 요구되었던 것이 사실이다. 그러나 요즈음의 웹 클라이언트/서버 환경의 컴퓨터들은 모두 인터넷을 통해 상호 연동되어 있어 위치에 관계없이 사이트 주소 하나로 단일 네트워크에 접속이 쉽게 이루어진다. 웹 환경에서는 사용자 인터페이스도 동일하여 서로 상이한 시스템들을 함께 통합하기가 수월하다. 또 기업들은 회사 인트라넷을 회사 내부의 거래처리시스템에 연결해서 직원들은 친숙한 웹 인터페이스를 통해 회사의 일상적인 운영업무를 원만하게 처리해 나갈 수가 있다.

기업들은 인트라넷을 이용해서 보다 대응능력을 높일 수가 있다. 웹페이지 형태로 구축된 회사의 내부 애플리케이션은 문자, 음성, 동화상 등 다양한 매체를 활용해 상호 대화적인 시스템으로 발전시킬 수 있다. 인트라넷의 주된 용도는 얼마든지 자주 업데이트 할 수 있는 온라인 정보 창고를 구축하는 데 있다.

2) 조직기능 지원을 위한 인트라넷 시스템

인트라넷은 비단 조직의 정보자원을 효율적으로 공유하는 용도로만 사용되는 것이 아니다. 조직의 주요 비즈니스 기능들을 지원하기 위해 인트라넷 시스템을 구축하고 있는 추세이다. 다음 그림에서처럼 중앙의 기업 인트라넷이 판매/마케팅 시스템, 생산시스템, 재무/회계 시스템, 인적자원관리시스템 등 각 기능 분야의 인트라넷 시스템들을 상호 연동시켜 주기 때문에 통합적인 환경에서 보다 많은 비즈니스 프로세스들을 전사적으로 처리할 수가 있다.

그림 9-4 조직기능 지원을 위한 인트라넷 시스템

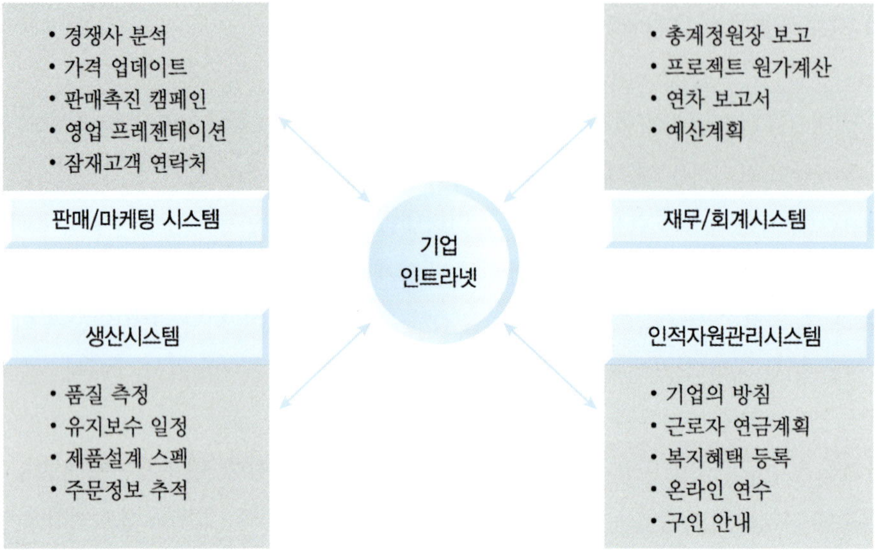

자료: 홍일유 · 차상훈, 경영정보시스템, 법문사, 2012, 284쪽.

2절 전자상거래(e커머스)

인터넷에 이어 스마트폰과 같은 정보통신기술의 발전으로 우리의 생활 방식에는 혁명적인 변화가 일어나고 있다. 기존에 오프라인에서만 이루어지던 상거래가 온라인 방식으로 급속히 이동한 것이 대표적인 사례다. 전자상거래의 등장으로 우리는 이제 시간과 장소에 구애를 받지 않고, 언제 어디서나 물건이나 서비스를 사고팔 수 있게 되었다. 비즈니스 입장에서 보면 이는 디지털 기업의 등장과 새로운 비즈니스 혁신 수단의 부상이다.

이러한 전자상거래의 트렌드를 이해하기 위해, 우선 전자상거래의 기초적인 개념을 살펴보고 나서 전자상거래의 비즈니스 모델(전자상거래의 유형), EDI, CALS, 전자상거래의 효과와 한계 등에 대해 살펴보기로 한다.

1. 전자상거래(e커머스)의 개념

1) 전자상거래의 정의

오늘날에는 인터넷을 통한 상거래, 전자홈쇼핑, 사이버 쇼핑몰 등의 서비스가 등장하면서 이들 서비스가 전자상거래의 중심으로 새롭게 자리잡아가고 있는 추세이다.

전자상거래가 물건을 사고파는 행위를 주 대상으로 한다는 협의의 관점을 바탕으로 할 때는 "기업의 정보통신망을 통하여 이루어지는 정보, 상품, 서비스 등의 판매 또는 구매 행위와 이러한 거래를 지원하는 행위를 모두 포괄하는 개념"(Kalakota and Whinston, 1996)으로 정의되는 반면에, UN 국제상거래법위원회에서는 전자상거래를 "문자, 소리, 영상 등 자료의 전자적 처리 및 전달에 기초한, 기관 또는 개인이 관련된 모든 형태의 상거래 행위"로 좀더 폭넓게 정의하고 있다. 여기서 '전자적'이란 EDI, CALS, 전자우편, 팩스 등과 같이 전자통신 또는 광통신 매체를 이용하는 것을 의미하며, '상거래 행위'란 물건을 사고파는 행위뿐만 아니라 계약, 건설, 은행업무, 엔지니어링, 운송 등과 관련된 일체의 거래행위를 포괄적으로 의미한다.

이 같은 정의를 종합정리하면, 전자상거래(Electronic Commerce: EC)는 "경제활동 주체들(개인, 기업, 정부 등)이 다양한 전자적 매체(인터넷, 컴퓨터 통신네트워크 등)를 통해 제품, 서비스, 정보 등을 거래하는 행위"로 정의할 수 있다. 다시 말해, 인터넷을 통해 회사의 제품을 소개하고, 주문과 대금을 받고, 제품을 적송하거나 소프트웨어나 정보를 온라인으로 전달하는 상거래를 의미한다.

전자상거래와 유사한 용어로는 '인터넷 상거래(Internet Commerce)', '웹 상거래(Web Commerce)', 'CALS(Commerce At Light Speed)' 등이 있다. 인터넷 상거래나 웹 상거래는 전자상거래 중에서 인터넷을 통해 일어나는 부분만을 지칭한다고 할 수 있으나 대부분의 경우는 전자상거래와 같은 의미로 사용되고 있다. 또, 전자상거래라 하면 인터넷 쇼핑몰을 떠올리는 사람들이 많을 것이나 인터넷 쇼핑몰은 전자상거래의 중요한 부분이기는 하나 그것이 전자상거래의 전부라고 볼 수는 없다.

또한, CALS 구축 등을 통한 전자상거래환경의 구현이 매우 폭넓은 개념이라 한다면, 온라인 쇼핑몰 등 사이버 공간에서 이루어지는 전자쇼핑몰은 인터넷상에서 가상점포나 가상백화점 등을 만들어 상품이나 서비스를 일반 소비자에게 판매하는 협의의 전자상거래라고 할 수 있다. 이 같은 전자상거래는 가상기업(virtual corporation), 확장기업(extended enterprise) 등과 같은 새로운 개념의 비즈니스 모델을 촉진시키고 있다.

그림 9-5 전자상거래의 구성과 흐름

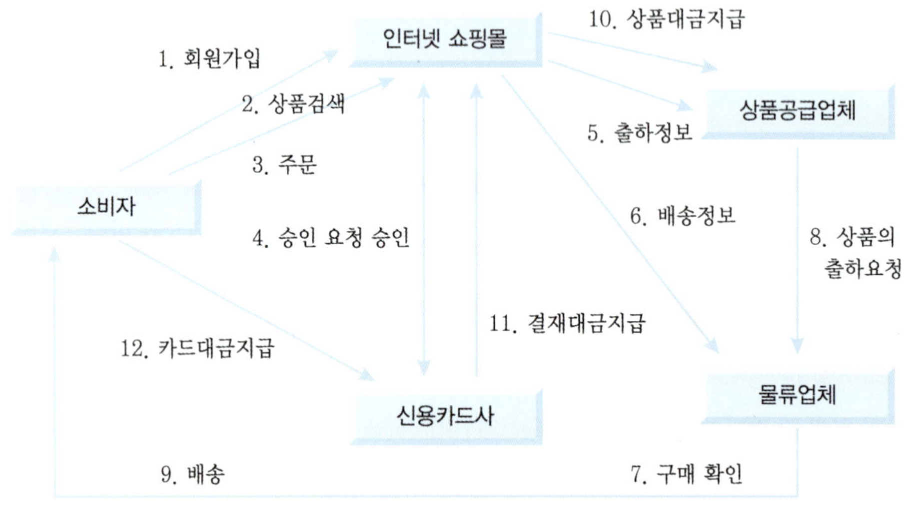

오늘날 전자상거래의 등장은 국제적으로 비즈니스의 모습을 근본적으로 바꿔놓고 있다. 즉, 시간과 공간의 제약 없이 전 세계를 대상으로 저렴한 비용으로 동시마케팅, 주문처리, 대금결제, 고객지원 등을 가능하게 한다는 점에서 전통적인 상거래와 크게 다르다. 전자상거래에서는 컴퓨터통신망인 인터넷이 구성하는 가상공간(cyber space) 자체가 시장이고 인터넷 이용자가 곧 고객이다.

다음 표 9-1에서 보는 바와 같이 전자상거래는 전통적인 상거래 방식과 달리 불특정다수의 일반 소비자를 대상으로 24시간 신속한 고객서비스를 제공하며 마케팅의 개념조차 바꾸는 획기적인 발전단계로 진입하였다. 먼저 거래처를 찾아내거나 광고, 마케팅 등을 하는 방법이 크게 변화하게 되며, 상담 및 계약체결을 위한 의사교환 방식도 기존과는 전혀 달라진다.

또한, 대금결제도 전자화폐 등 전혀 다른 수단이 이용되며, 상품의 운송이나 물류도 항공운송이나 국제특송 등이 활발하게 이용된다. 그리고 기존 상점과는 달리 물품을 진열하고 판매하는 점포의 유지비용이 전혀 들지 않을 뿐만 아니라 기업과 소비자를 직접 연결함으로써 유통경로 상에 존재하던 중간상인들의 유통마진을 배제함으로써 거래비용의 절감, 거래시간 및 공간적 제약의 극복, 쌍방향통신을 통한 고객서비스의 향상 등 여러 가지 장점을 지니고 있다. 이러한 점들이 인터넷을 이용한 전자상거래가 21C의 새로운 상거래 패러다임으로 정착되고 있는 결정적인 요인인 것이다.

표 9-1 전자상거래와 전통적 상거래의 비교

항 목	전자상거래	전통적인 상거래 방식
유통채널	• 기업 → 인터넷 → 소비자	• 기업 → 도매상 → 소매상 → 소비자
거래대상 지역 거래시간	• 전 세계가 판매대상 • 24시간 영업	• 일부 지역 판매에 한정 • 제약된 영업시간
판매거점 · 방법	• Marketspace(네트워크) 정보에 의한 판매	• Marketspace(시장, 상점) • 전시에 의한 판매
고객정보획득	• 온라인으로 수시 획득 • 재입력이 필요없는 디지털 데이터	• 시장조사 및 영업사원이 획득 • 정보 재입력이 필요
마케팅활동	• 쌍방향통신을 통한 1 대 1 • 상호 작용적 마케팅	• 구매자의 의사와 상관없는 일방적인 마케팅
고객대응	• 고객 불만에 즉시 대응 • 고객 요구를 신속히 포착	• 고객 요구 포착이 어렵고 느림 • 고객 불만에 대응지연
소요자본	• 인터넷 서버 구입, 홈페이지구축 등에 상대적으로 적은 비용 소요	• 토지, 건물 등의 구입에 거액의 자금 필요

2) 전자상거래의 발전

전자상거래는 인터넷이 상용화되기 훨씬 이전부터, 인터넷과는 무관하게 발전되어온 개념이다. 정보통신기술을 활용하여 기업 간 상거래를 보다 효율적으로 처리하기 위해서 1970년대에 은행 간의 EFT(Electronic Funds Transfer: 전자자금이체)를 시초로 등장하여 금융시장의 판도를 변화시켰으며, 1970년대 후반서 1980년대 초에 EDI(Electronic Data Interchange: 전자문서교환)와 전자우편(E-mail)과 같은 전자메시징기술이 등장하여 문서작업을 자동화함으로써 기업 간 업무처리 능률을 향상시켰다. 이와 같은 조직 간 시스템(Inter-Organizational Systems: IOS)을 구축한 것이 전자상거래의 시초라고 볼 수 있다. 그 후 전자상거래 개념은 1990년대 들어서는 CALS(Commerce At Light Speed), 즉 광속의 상거래라는 용어로 불리면서 기업의 프로세스 전반에 걸친 거래활동을 포괄하는 개념으로 확장되었다.

1980년대 후반에서 1990년 초에는 그룹웨어(Groupware)라는 통합컴퓨팅시스템이 등장하여 기업 내 커뮤니케이션을 향상시킴으로써 경영체의 생산성과 효율성을 증진시켰다. 또, 인터넷의 보급이 확산되기 시작한 1990년대에는 인터넷에 Web이 등장하여 정보게시와 제공을 편리하게 해줌으로써 전자상거래에 중요한 전환점을 제시하였다(안중호 외, 2005,

451쪽).

오늘날 전자상거래는 비즈니스 프로세스의 모든 영역에 영향을 미치고 있으며, 시간이 흐를수록 그 여파는 더욱 커지리라 예상되고 있다. 크게 볼 때 전자상거래는 현재 기업체들에서 도입하고 있는 BPR(업무프로세스 재설계)을 촉진시키는 요인으로 작용하게 될 것이다. 또, 전자우편(E-mail)은 기업들로 하여금 단순한 주문처리에서부터 복잡한 공급망관리(SCM)에 이르는 조직 경계 내·외의 서류에 기반을 둔 업무프로세스 효율화를 가능케 하고 있다. 전자상거래는 인터넷의 폭발적인 확산과 멀티미디어, 정보통신기술 등이 급속히 발전하고 음성, 화상 등의 멀티미디어 정보를 쌍방향, 실시간통신으로 이용이 가능해지면서 본격적으로 활용되기 시작하였다.

그림 9-6 인터넷 쇼핑몰 이용률(%)

(최근 1년 이내, 만 12세 이상)

자료: 한국인터넷진흥원(2016.12).

3) 전자상거래 관련 산업의 유형

인터넷 및 인터넷비즈니스의 발전은 필연적으로 그와 연관된 산업의 발전을 견인하게 된다. 이와 관련하여 미국 텍사스대학 전자상거래연구소와 시스코시스템즈(Cisco Systems and University of Texas, 1999, 10.)가 공동으로 발표한 인터넷비즈니스 산업분류체계에 관한 연구보고서는 인터넷비즈니스 산업을 이해하는 데 큰 도움을 주었다. 이 보고서에서는 인터넷비즈니스 산업을 '인터넷 상거래', '인터넷 중개업', '인터넷 애플리케이션', '인터넷 인프라스트럭처' 등 네 가지 계층으로 분류한바 있다. 그리고 미국의 투자자문회사 메릴린치(Merrill Lynch)에서는 앞의 텍사스대학과 시스코시스템즈의 연구를 약간 수정하여 '인터넷 접속', '콘

표 9-2 전자상거래 관련 산업유형 분류

대분류	중분류	소분류	관련 기업 예
인터넷 기반산업 (Enabler)	네트워크 장비 및 SW	인터넷 S/W	마이크로소프트
		단말 장비	삼성전자
		네트워크 장비	시스코
	인터넷 서비스	네트워크 서비스	KT
		가입자 접속	KT
		접속설비 대여	PC방
인터넷 지원산업 (Supporter)	기술지원	웹사이트 구축	나모인터렉티브
		보안 솔루션	안철수연구소
		상거래 솔루션	메이크샵
	사업지원	인터넷 컨설팅	코리안클릭
		마케팅 조사	리서치앤리서치
		전문 서비스	투이컨설팅
인터넷 활용산업 (Utilizer)	포털	검색 기반	네이버
		커뮤니티 기반	네이버 카페
	콘텐츠	인터넷 미디어	iMBC
		엔터테인먼트	한게임
		교육	메가스터디
		전문정보서비스	건강iN
	중개	경매형	옥션
		서비스 중개형	부동산 뱅크
		매칭형	벼룩시장
	전자상거래	상품거래	CJmall
		서비스 제공	온라인뱅킹

자료: 김은홍, 경영정보학개론, 다산출판사, 2017, 272~273쪽.

텐츠', '상거래', '소프트웨어', '서비스산업' 등 다섯 가지 범주로 나누고 있다.

한편 이상과 같은 선행 연구들을 기반으로 조지원 · 이호림(2000)은 보다 구체적인 인터넷 비즈니스 관련 산업의 분류체계를 제시하였다. 이 연구에서는 다양한 산업관계를 고려하여 인터넷비즈니스 관련 산업을 크게 '인터넷 기반산업', '인터넷 지원산업', '인터넷 활용산업'으로 나누고 이를 다시 세분화 하여 8개 중분류, 23개 소분류 체계를 제시하였다.

2. 전자상거래의 비즈니스 모델

비즈니스 모델이란 기본적으로 기업이 수익을 창출하는 방식을 말한다. 우리가 보통 비즈니스 모델을 정의하는 목적은 그 모델이 과연 기술적으로 실현 가능한 것인지와 사업으로서 성공가능성이 있는지를 평가하기 위한 것이다. 따라서 비즈니스 모델은 이와 같은 평가가 가능하도록 가급적 구체적이고 명확해야 한다.

전자상거래의 비즈니스 모델은 여러 가지 방식으로 구분되고 있다. 인터넷의 급속한 확산과 인터넷기술의 발전으로 인해 기존의 모델들이 변형 또는 결합되거나 새로운 비즈니스 모델들도 계속해서 등장하고 있다. 따라서 비즈니스 모델을 명확하게 구분하는 것은 쉬운 일이 아니지만, 여기서는 기존 문헌에 나타난 많은 비즈니스 모델 분류 중에서 대표적인 세 가지만 소개하기로 한다.

1) 거래주체에 따른 분류

전자상거래 또는 인터넷비즈니스는 전통적으로 거래주체에 따라 분류되어 왔다. 우리가 가장 흔하게 접하게 되는 기업－소비자 간 전자상거래(B2C), 기업 간 전자상거래(B2B), 소비자 간 전자상거래(C2C)가 대표적인 유형이다. 그 밖에도 기업－정부 간 전자상거래(B2G), 정부－소비자 간 전자상거래(G2C), 정부 간(G2G) 거래 유형도 있으며, 최근에는 기업과 종업원 간(B2E) 거래도 중요한 거래 유형으로 분류되고 있는 추세이다.

그림 9-7 거래주체에 따른 전자상거래 유형

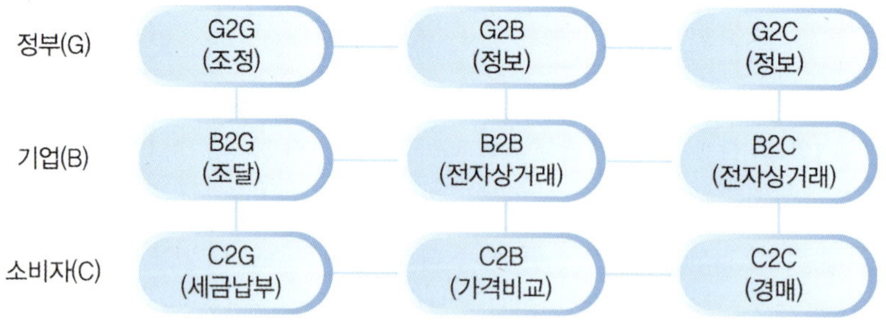

자료: 이재규 외, 경영정보시스템원론, 2011, 508쪽.

(1) 기업-소비자 간 전자상거래(B2C)

B2C(Business to Customer)는 대체로 인터넷 쇼핑몰과 같은 형태로 기업과 고객 간에 거래 관계가 형성되는 것을 말하며, 공급의 주체는 기업이다. 즉, 인터넷 등 다양한 방법을 통하여 고객에게 상품·서비스·정보 등을 제공하며, 전자화폐와 전자지불시스템을 사용하여 상품을 판매하고 배달함으로써 고객과의 거래가 완결된다. B2C는 인터넷이 소비자의 경제활동에 미치는 영향이 크기 때문에 인터넷 기반의 상거래가 시작된 후 시장규모가 빠른 속도로 성장을 계속했다.

이는 주로 인터넷 쇼핑몰의 형태로 이루어지는데 광고, 판매, 고객서비스 등이 주요 내용이 되고 거래 형태는 다음과 같다.

- 인터넷 쇼핑몰에서의 서적, 음반, 전자제품, 소프트웨어 등의 판매
- 홈뱅킹을 이용한 사이버대출, 대금 납부, 이체, 계좌관리
- 온라인 광고, 온라인 정보, 온라인 교육서비스
- 음악, 영화, 게임 등 오락이나 기타 주문형 서비스

기업-소비자 간 거래는 최근 역거래 시장 등 소비자 주도의 거래 형태가 등장하면서부터 소비자들의 조직화, 집단화하여 오히려 기업에 특정 거래를 요구하는 C2B와 소비자 간의 거래인 C2C의 영역으로까지 세분화되고 있다.

C2B는 인터넷의 등장과 함께 새롭게 형성된 전자상거래 유형으로 소비자가 개인적으로 혹은 단체를 구성하여 상품의 공급자나 생산자에게 가격이나 수량, 서비스 등에 관한 조건을 제시함으로써 거래가 이루어지는 전자상거래이다. 공동구매나 역경매가 이에 속한다.

한편 기업이 물건을 팔기 위해 웹사이트를 구축하는 가장 흔한 예는 사이버 쇼핑몰(cyber shopping mall)이다. 이것은 상점 임대료 및 인테리어비용 등의 부대비용과 인건비를 절감할 수 있어 가장 적은 비용으로 가장 광범위(전 세계에 무관세로)하게 판매 사업을 수행할 수 있다. 또 주문은 온라인을 통해 영업시간 제한 없이 접수하고 제품은 택배를 이용하거나 직접 배달하며, 전자화폐나 신용카드 등의 신속한 대금결제 방식을 활용한다. C2B가 원활하게 이루어지기 위해서는 제품에 대한 소비자나 기업의 인증절차, 카드회사와 은행의 결제가 시스템 상 중요하다.

(2) 기업 간 전자상거래(B2B)

B2B(Business to Business)는 원료 공급자와 수요자인 기업 간 거래와 기업과 금융기관 간 자금결제 등을 포함한 전자거래를 말한다. 즉, 사설망이나 부가가치통신망 등의 컴퓨터통신

을 이용하여 기업 대 기업 간이나 기타 조직 간에 신속하고 경제적이며 신뢰할 수 있는 방법으로 거래처리를 하는 것으로서, 상품의 주문, 구매, 서비스 등에 EDI, E-mail, CALS, SCM 등이 활용될 수 있다.

현재 많은 기업에서는 이러한 형태의 전자상거래를 원활한 업무프로세스와 연결, 비용절감 및 생산성 제고 등 당면한 과제를 현실적으로 해결할 수 있는 비즈니스 방법론으로 인식하고 있다.

- EDI를 통한 기업과 공급업자 간의 문서교환
- SCM을 통한 기업 간 정보, 판매, 유통 채널의 공유, 전자적인 자금이체 활용
- CALS를 통한 제품 및 설계 데이터 교환

1990년대 중반부터 웹이 확산이 되면서 B2C가 크게 양적 및 질적 성장을 해 온 것은 사실이지만, 기업 간에 이루어지는 B2B는 훨씬 이전부터 진행되어 왔다. 또, B2B는 거래금액이 상대적으로 더 크기 때문에, B2C보다 훨씬 더 큰 시장규모를 나타내고 있다.

전통적인 B2B의 고전적인 사례로 우리에게 잘 알려져 있는 AHSC(American Hospital Supply Corporation)사도 이미 1970년대 초반부터 공중전화망을 이용해 병원들과의 B2B 전자상거래를 시작했다.

또한 글로벌 B2B의 최강자 아리바바닷컴은 1999년 마윈(馬雲)이 '인터넷이 세상을 한방에 훅 바꿀 것'이라는 신념으로 중국의 제조업체와 국외의 구매자들을 연결하기 위한 B2B 사이트(Alibaba.com)를 개설하면서 설립되었고, 이제 세계 최대 기업 간 전자상거래업체로 자리잡았다. 알리바바는 중국 전자상거래 시장의 약 80%의 점유율을 차지하고 있으며 2013년 매

그림 9-8 B2B 모델분류

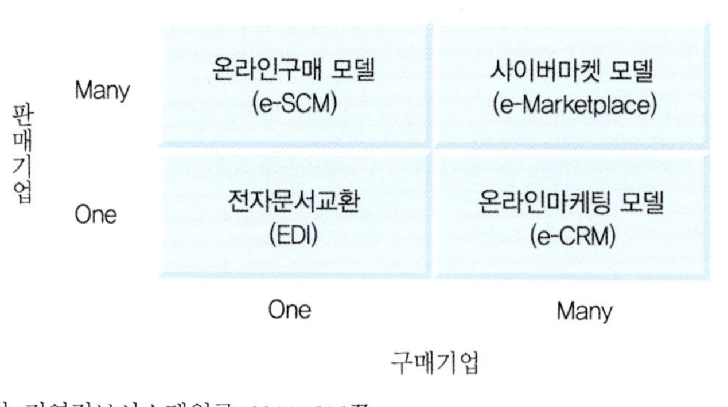

자료: 이재규 외, 경영정보시스템원론, 2011, 525쪽.

출 79억 5,000만 달러, 순이익은 35억 6,000만 달러에 이른다. 2013년 기준 알리바바 산하의 사이트에서 팔린 상품은 2,480억 달러어치로 이베이, 아마존의 거래 규모를 더한 것보다 더 많다.

한편, 최근 들어 웹사이트의 이용이 확산되면서 B2B의 주요 플랫폼으로 자리 잡기 시작한 것이 e마켓플레이스(전자시장)이다. 이는 e허브(e-hub) 혹은 네트거래소(Net exchange)라고 불리기도 하는데, 기업 판매자들과 기업 구매자들을 웹상에서 서로 연동하여 제품이나 서비스를 매매할 수 있도록 하는 중개자이다. 이에 대해서는 다음 절에서 다시 살펴보기로 한다.

(3) 소비자 간 전자상거래(C2C)

C2C(Consumer to Consumer)는 경매나 벼룩시장과 같이 개인과 개인 간에 일대일 거래가 이루어지는 것으로 서버를 통해 상품, 서비스, 정보 등을 가상공간에서 거래하는 유형을 말한다. 소비자가 공급의 주체이고 또한 수요의 주체가 된다. 소비자 간 전자상거래는 전통적인 시장에서는 거의 불가능했던 방식인데, 인터넷의 등장으로 그 가능성이 커지게 되었다.

대표적인 C2C 모델은 옥션, G마켓, e-bay 같은 오픈마켓 서비스이다.

(4) 기업-정부 간 전자상거래(B2G)

B2G(Business to Government)는 국가기관이나 지방자치단체 등의 공공 부문에서 공급자인 기업과 수요자인 정부 간에 이루어지는 전자적 거래를 의미한다. 또한 B2G는 전자정부의 등장으로 최고 수준의 대 국민서비스를 제공하는 것을 목표로 G4C(Government -fo-Citizen)로 일신하게 되었다. 예로 조달청에서는 조달물자의 입찰과 계약정보를 인터넷을 통해 공시하고 있으며, 공공조달의 전산입찰시스템(나라장터: www.g2b.go.kr)을 운영하고 있다.

B2G는 향후 B2B 못지않게 전자상거래시장의 새로운 거대시장으로 급부상하고 있는 추세이다. 우리나라도 조달 분야와 국방 분야 등에서 B2G가 활성화 되어 가고 있다. 이미 조달청은 전자입찰시스템을 통해 투명한 조달행정과 신속 · 저렴한 구매를 위해 노력하고 있으며, 기타의 공공기관들도 세금부과 등 각종 행정서비스를 제공하고 있다.

(5) 정부-소비자 간 전자상거래(G2C)

G2C(Government to Consumer)란 정부 행정기관과 개인 소비자 간, 또는 국민 간의 거래 혹은 이와 관련한 정부 간의 전자매체를 통한 거래를 지칭한다. G2C는 세금 등 공과금의 부과 및 징수, 면허발급, 사회복지 급여, 의료보험, 각종 민원서류 발급서비스 등의 대민 업무를

인터넷을 통해 수행할 때 발생하게 된다. 그러나 아직은 제도적으로나 시스템적으로 다른 분야보다는 그리 활성화되지는 않았지만, 향후 전자정부의 구현과 함께 활성화될 것으로 예측된다.

(6) 기업-종업원 간 전자상거래(B2E)

B2E(Business to Employee)는 기업과 기업 종업원과의 상거래를 말한다. 비즈니스의 초점이 소비자나 기업이 아닌 종업원에 맞추어져 있는 접근 방식이다. 대형기업의 경우 계열사들을 모두 포함하면 임직원들이 수십만을 헤아리기도 한다. 이 수십만의 임직원들을 대상으로 공동구매, 전략구매 등의 방법을 통하여 구매 원가를 저렴하게 낮추고자 형성된 e마켓이 B2E인 것이다.

넓은 의미에서의 B2E 란 경쟁적 인력시장에서 유능한 직원들의 마음을 사로잡고 그들을 계속 유지하는 데 필요한 모든 비즈니스를 말한다. 말하자면 우수한 인적자원의 확보 및 이직 방지를 위한 근무조건, 보너스, 사내 복지, 교육기회 등과 같은 것들을 포함한다. 그리고 좁은 의미에서의 B2E란 용어는 흔히 조직 내의 모든 구성원들을 위해 특화되어 있는 홈페이지 B2E 포털을 가리킨다. B2E 포털은 때로 인트라넷과 비슷한 말로 간주되기도 하지만 초점이 조직원들의 욕구나 희망사항에 맞추어져 있다는 점이 다르다.

2) 거래참여자의 활동패턴에 따른 분류

기존 문헌에서 가장 많이 인용되는 인터넷비즈니스 모델 분류 방식은 티머스(Timmers, P., 1998) 교수에 의해 제시된 분류체계이다. 그는 기업의 가치사슬에 나타난 활동 요소들을 확인하고, 거래참여자의 상호 활동패턴을 분석하는 등의 체계적인 접근 방법을 통하여, 전자상점(e-shop), 전자구매(e-procurement), 전자경매(e-auction), 전자쇼핑몰(e-mall), 제3자 시장(3rd party marketplace), 가상커뮤니티(virtual community), 가치사슬 통합자(value chain integrator), 가치사슬 서비스제공자(value chain service provider), 협업기반제공자(collaboration platforms), 정보중개자(information broker), 신용서비스제공자(trust service provider) 등 모두 11가지 인터넷비즈니스 모델을 도출하였다. 또한 이 표에는 이들 각 비즈니스 모델이 B2C 또는 B2B 유형 중 어디에 속하는지도 함께 나타나 있다.

표 9-3 거래참여자의 활동패턴에 따른 비즈니스 모델

비즈니스 모델	개 요
전자상점	처음에는 기업 및 제품 홍보를 위해 사용하다가 점차 판매, 대금결제 기능 등 추가 예 삼성전자스토어
전자구매	인터넷을 이용한 입찰공고, 협상 등을 통해 제품과 서비스를 구매하는 기능 수행 예 나라장터
전자경매	제품 및 서비스에 대한 정보 제공, 입찰, 계약, 대금결제, 배송 등 기능 수행 예 옥션
전자쇼핑몰	전자상점을 한 곳에 모아 동일한 인터페이스 아래 다양한 제품의 쇼핑 가능 예 CJmall
제3자 시장	기존 오프라인 기업들의 인터넷 마케팅을 대행하는 모델 예 G마켓
가상커뮤니티	회원 사이의 의사소통 향상을 통해 부가가치 창출 예 페이스북
가치사슬 서비스제공자	대금결제, 물류 등 기업의 가치사슬 활동에 대한 서비스 제공 예 이니시스
가치사슬 통합자	가치사슬상의 여러 단계를 통합하여 서비스 제공 예 삼성SDS
협업플랫폼	기업 간 협업이 가능하도록 도구나 소프트웨어 등 인프라 제공 예 ESPRIT 프로젝트
정보중개자	인터넷상의 정보를 검색, 수집, 가공해서 필요한 고객에게 제공 예 조인스 인물정보
신용서비스제공자	인터넷상의 인증 또는 공증 서비스 제공 예 한국정보인증

자료: 김은홍, 경영정보학개론, 다산출판사, 2017, 274쪽.

3) 사업 운영 방식에 따른 분류

미국 노스캐롤라이나주립대의 라파(Rappa, M., 1999) 교수는 중개형(brokerage), 광고형(advertising), 정보중개형(informediary), 상인형(merchant), 제조업체형(manufacturing), 제휴형(affiliate), 커뮤니티형(community), 가입/회원형(subscription), 유틸리티형(utility) 등 아홉 가지의 일반적인 인터넷비즈니스 모델을 제시하고 이를 다시 사업 운영 방식에 따라 세부 비즈니스 모델을 제시한 바 있다. 그런데 이들 일반적인 비즈니스 모델들은 단독으로 적용될 수도 있지만 몇 가지 모델을 조합하여 적용하는 경우가 더 많다.

표 9-4 사업 운영 방식에 따른 비즈니스 모델

비즈니스 모델	개 요
중개형	시장을 창출하여 구매자와 판매자 간 거래를 촉진하고, 주 수입원은 거래수수료 예 G마켓
광고형	전통적인 방송미디어와 같이 웹상에서 콘텐츠를 제공하고, 주 수입원은 배너광고 예 네이버
정보중개형	기업 등 사용자가 필요로 하는 정보를 수집 · 가공하여 제공하고, 주 수입원은 정보사용료 등 예 예스폼
상인형	전통적인 도 · 소매상을 웹상에 구현하여, 주 수입원은 상품 판매대금 예 CJmall
제조업체형	제조업체가 중간상을 거치지 않고 소비자와 직거래하는 비즈니스 모델 예 삼성전자스토어
제휴형	고객에게 다양한 웹사이트에서 제품 구매기회 제공, 판매 성사 시 파트너에게 수수료 지급 예 네이버쇼핑
커뮤니티형	이용자의 충성도에 기초한 비즈니스 모델로 주 수입원은 광고료나 이용료 등 예 페이스북
가입/회원형	신문구독의 경우와 같이 이용자가 접속에 대한 대가를 지불하게 하는 비즈니스 모델 예 Wall Street Journal
유틸리티형	수도요금이나 전지요금과 같이 이용량에 따라 이용료를 지불하게 하는 비즈니스 모델 예 네이버클라우드

자료: 김은홍, 경영정보학개론, 다산출판사, 2017, 275쪽.

3. EDI

1) EDI의 의의

EDI(Electronic Data Interchange: 전자문서교환)는 기업 간 거래문서를 정형화된 표준문서로 변형하고 이들을 컴퓨터와 컴퓨터 간 정보통신 수단을 사용하여 전자적으로 교환하는 것을 의미한다. 미국에서는 이미 1960년대 중반부터 이러한 형태의 전자적인 자료의 교환을 은행 간의 수표결제에 이용하기 시작하였으며, 1970년대 중반에는 운송 분야로 확대되었다. 국내에서는 1980년대 후반부터 민간 부문은 철강 분야에서, 공공 부문은 통관 업무에 이용하기 시작하였다.

초기의 EDI는 기업과 기업 간에 전화선을 활용한 모뎀이나 전용선을 B2B e비즈니스를 위한 네트워크로 활용하였으나 VAN(Value Added Network: 부가가치통신망) 사업자의 등장으로 다수 기업 간의 전자적 자료교환이 용이해지게 되었다. VAN은 가입자에게만 접근이 허용되는 제한된 네트워크이지만 VAN 간의 상호접속을 통해 서로 다른 기업 간의 자료 전송을 가능케 함으로써 B2B e비즈니스를 위한 중요한 기반 네트워크로 자리를 잡게 된다. VAN을 사용한 EDI의 도입은 기업 간의 거래 과정에서 종이문서의 사용을 줄였을 뿐만 아니라, 인력 그리고 시간을 단축시켜 효율성을 제고시키는 역할을 수행하였다.

표 9-5 FAX, E-Mail, EDI의 특성 비교

비교항목	E-mail	FAX	EDI
데이터전송	당사자 간 즉시 전송	VAN 경유 (store & forward)	VAN 경유 (store & forward)
데이터형태	human-readable	human-readable	machine-readable
데이터구조	모든 형태의 데이터 (문자, 그림, 서식)	자유양식(free format)	구조화된 표준양식 (structured standard format)
데이터입력	수신자의 데이터 추출 및 재입력	수신자의 데이터 추출 및 재입력	응용프로그램 간 데이터 자동입력
데이터처리	person-to-person	person-to-person	application-to-application

2) EDI 구성 요소

(1) EDI 표준

EDI의 표준이란 거래서식에 포함되는 여러 사항들을 나타내는 내용 및 규칙을 정의하고 거래서식을 가지고 통신할 때 필요한 전자문서표준 및 통신표준을 정의하는 것을 말한다. 국제적으로 EDI 표준은 UN에서 정한 EDIFACT를 따르고 있다. 우리나라 EDI 표준화 기구는 한국 EDIFACT위원회(KEC)가 있다.

(2) EDI의 변환 소프트웨어

EDI 변환 소프트웨어는 기업의 데이터베이스나 응용프로그램에서 작성된 고유양식의 거래정보데이터를 표준양식의 거래정보데이터로 변환 송신하고 거래 상대방이 송신한 거래정보데이터를 내부 양식으로 변환하는 역할을 한다. EDI 변환 소프트웨어가 가동 가능한 컴퓨터는 개인용 컴퓨터에서 메인프레임까지 다양하며 DOS나 UNIX 등의 운영체제에서도 가능하다. 또, 운영 방식도 PC나 메인프레임을 이용한 LAN이나 EDI LAN 등 이용이 가능하다.

(3) EDI 통신망

EDI 표준과 EDI 변환 소프트웨어를 이용하여 작성한 표준 양식의 거래정보를 거래 상대방에게 송·수신하기 위해서는 EDI 통신망이 필요하다. EDI 통신망에는 직결 통신망(상호 당사자 간의 일 대 일의 통신망)과 제3자 통신망(다자간의 상호 연결 통신망)이 있으며, 일반적으로 제3자 통신망은 부가가치통신망(VAN)이 그 역할을 담당한다.

3) EDI의 종류

(1) 실시간 EDI와 대화형 EDI

실시간 EDI와 대화형 EDI는 즉시 응답이 요구되는 업무의 증가로 기존의 일괄처리 EDI로는 해결할 수 없는 문제점을 해결하기 위하여 제안되었다. 실시간 EDI와 대화형 EDI에서는 EDI 사용자가 EDI 응답문서와의 접속을 유지한 상태에서 대기하게 되는데, 이러한 경우 응용 소프트웨어들 간의 상호 동작성, 요구와 응답의 관계성, 처리시간의 신속성 등이 요구된다.

(2) 개방형 EDI

거래 당사자 간에는 서로 다른 기종의 컴퓨터 시스템을 보유할 수도 있고, 또 독립적인 데이터베이스 시스템을 가지고 있는 경우도 있다. 따라서 상호 다른 데이터양식, 언어, 통신프로토콜을 가지는 거래당사자 간의 자동적인 정보교환을 지원해주는 방법이 필요하게 되었다. 이에 따라 제안된 방식이 개방형 EDI이다. 즉, 개방형 EDI란 공중표준을 사용하여 이질적인 시간, 거래 분야, 정보기술과 데이터양식을 가진 거래 당사자 사이의 상호 운용을 목표로 하는 EDI를 말한다.

(3) 인터넷 EDI

인터넷 EDI는 EDI문서를 전송하는 통신매체로 인터넷을 이용하는 EDI시스템을 말한다. 지금까지 VAN을 기반으로 사용되었던 전통적인 EDI는 높은 초기 구축비용과 비싼 통신요금, 접속 제한 등의 제약조건으로 인하여 특정 기업 외에는 접속이 자유롭지 못하였다.

이에 따라 제안된 것이 TCP/IP를 기반으로 하는 인터넷과 WWW를 바탕으로 하는 인터넷 EDI이다. 즉, 인터넷을 이용함으로써 지역이나 업종 및 시스템에 구애받지 않고 사용자들이 저렴한 비용으로 EDI 문서를 교환할 수 있다. 또, 자체 네트워크를 구축하지 못한 사용자들도 손쉽게 EDI 문서를 전송할 수 있으며 빠른 시간 내에 거래를 체결할 수 있다. 그러나 인터넷 EDI는 개방적인 통신프로토콜인 TCP/IP를 사용하기 때문에 보안, 메시지에 대한 신뢰성, 품질 면에서 기존의 EDI보다 떨어지는 단점이 있다.

4. CALS

1) CALS의 의의

정보기술을 이용하여 경영 방식을 개선할 수 있는 새로운 방안으로 최근에 국방 분야의 정보화에 이용되고 있는 CALS를 들 수 있다. CALS는 미 국방부의 무기체계를 지원하는 개념에서 출발하여 오늘날에는 상품의 생산계획으로부터 폐기에 이르는 모든 활동을 디지털정보기술의 통합으로 구현하는 산업화전략으로 발전한 것이다. 또한 다양한 의미로 표현되어 온 CALS는 현재 국가정보통신망의 초고속화 계획과 인터넷 사용의 확산과 더불어 세계를 연결하는 초고속통신망의 기반 환경이 실용화 단계에 도달함으로써 '광속의 상거래(Commerce At the Light Speed)' 개념으로 발전하고 있다.

미국의 순양함 빈센스호는 전투기와 병사 외에도 순양함관리에 필요한 각종 도면과 기술지침서 등 각종 서류를 약 23.5톤이나 적재하고 있어 함정이 약 3인치 정도 가라앉는다고 한다. 민간 기업들도 서류홍수에 시달리기는 마찬가지인데, 대표적인 예로 항공기 조립에 있어 보잉 747의 경우 매뉴얼의 무게가 비행기의 무게보다 더 무겁다고 한다. 이 기종을 사용하는 항공사들은 매뉴얼을 세계 각지에 나가 있는 자사 기술담당자와 외부 정비업체에 배포하여 관리하느라 곤욕을 치른다.

이처럼 많은 양의 정보가 종이문서의 형태로 처리되면 과다한 비용발생과 시간낭비를 초래하는 것은 물론 데이터의 부정확 및 중복의 문제를 일으키게 된다. 이러한 여러 문제들을 해결하기 위한 가장 시급한 문제는 기존의 서류에 의한 행정처리절차를 개선해야 한다는 인식에서 미국의 '무기체계 획득 및 군수지원 전산화(Computer-aided Acquisition and Logistics Support: CALS)프로젝트'가 출현하게 되었다.

CALS는 서류로 이루어지는 모든 군수지원체제를 컴퓨터를 통한 디지털 방식으로 처리할 수 있도록 체제를 개편하는 작업으로, 정보화를 통해 방위비를 대폭 절감하면서도 군 전력을 실질적으로 증가시키기 위한 것이다. 초기에는 단순한 군수지원의 개념으로 출발하였으나, 점차로 군과 방위산업체 간의 정보연계의 개념으로 발전하였고, 이제는 군과 방위산업체는 물론 일반 제조업체 간의 정보연계의 개념으로 그 적용범위가 확대되고 있다. 오늘날 CALS의 개념은 기업이 설계도에서 계약서와 유지관리 매뉴얼에 이르기까지 모든 정보를 국제표준에 맞춰 디지털화 한 다음 업종이나 국경에 관계없이 주고받자는 개념으로 발전하였으며, 최근에는 '광속의 상거래'라는 의미로도 불린다.

2) CALS의 도입효과

상당수의 미국 기업들은 CALS를 구축함으로써 정보를 공유하게 되고, 각종 도면의 중복제작이나 전달 과정의 왜곡 등에서 비롯되는 비효율을 대폭 줄일 수 있는 효과를 거두고 있다.

일례로, 지난 1990년 보잉사는 보잉 777기 개발에 CALS 개념을 도입하여, 제품설계에서부터 같은 표준에 의해 작성하도록 하였으며, 각 부품업체의 생산 관련 정보를 작성 즉시 다른 기업에도 공개한 결과 정보의 표준화와 공유화가 즉각 일어났다. 그 결과 보잉 777기의 개발에 소요된 기간은 4년 11개월로서, 직전에 개발된 보잉 767에 비해 1년 6개월이나 개발기간이 단축되는 효과를 거두었다.

CALS의 효과는 도입 기업들이 늘어날수록 더 커진다. 미국의 CALS 산업진흥회의 조사결과를 보면, CALS 시스템을 도입함으로써 제품의 설계도면은 200개에서 3개로, 조립공정은 6주에서 2시간으로, 생산공정은 7배로 감소하는 것으로 나타났다. 또한 자료가 이동하면서 발생하는 착오는 98%가 줄었으며, 출판비도 70%나 절감된 것으로 나타났다.

3) CALS의 비전과 핵심 요소

(1) CALS의 비전

CALS의 개념을 도입하여 활용하는 방안을 모색하고 있는 정보산업체와 방위산업체, 그리고 대규모의 제조업체들이 기대하고 있는 CALS의 비전은 다음과 같다.

첫째, 정보기술의 통합과 생산기술 데이터의 표준화, 그리고 생산공정의 개선을 통해 새로운 경쟁력을 갖춘 전자상거래(Electronic Commerce)를 장려하고, 기업 간의 통합구도를 실현한다.

둘째, 중소기업으로부터 대기업, 그리고 정부 간에 통합된 데이터베이스와 표준화된 전자거래문서를 통해 제품의 구매, 설계, 개발, 생산유통, 그리고 사후지원이 가능하도록 한다.

셋째, 공통의 데이터베이스 구축과 공정의 재구성, 동시공학기법의 도입, 개방시스템(open system)환경의 구축, 그리고 제품기술자료표준(product data standard) 등을 진흥한다.

넷째, 제품의 신속한 판매와 구매, 품질의 향상, 서비스의 강화, 그리고 저렴한 제품가격을 유지한다.

CALS의 비전은 무기체계 획득관리나 국방기술 정보관리 등 군수 관련 업무뿐만 아니라, 일반기업이 참여하여 그 효과를 거둘 수 있는 생산공정설계, 생산일정계획, 판매, 설계 등의 매우 포괄적인 영역을 효과적으로 지원하는 데 있다. 이러한 미래 비전을 달성하기 위한 CALS 전략의 단계적 구현 목표는 현재 이루어지는 정보의 교환 방식을 표준화해서 디지털 방식으로 발전시키며, 궁극적으로는 통합 데이터베이스를 구축함으로써 상호 간에 온라인 정보를 공유할 수 있도록 지원하여 전 업무의 자동화를 실현하는 것이다.

한편, CALS 체제가 추구하고자 하는 목표는 첫째, 종이 없는 업무수행체제로의 전환, 둘째 시스템개발 기간의 단축, 셋째 수명주기 비용의 절감, 넷째 기술자료 관리의 효율화 등이며 이를 통해 종합적인 품질보증을 향상시키는 것으로 볼 수 있다.

(2) CALS의 핵심 요소

CALS에 있어서의 핵심 요소는 정보교환표준, 전자문서교환, 통합무기체계 데이터베이스, 정보모델링, 동시공학(Concurrent Engineering: CE), 그리고 정보통신으로 구분할 수 있다. 즉, CALS의 이행을 위해서는 디지털화된 문서, 2차원 또는 3차원 CAD로 작성된 설계도면과 기술도면, 그리고 그래픽 등을 전산망을 통해 주고받을 수 있어야 하기 때문에 통신망의 구성과 함께 정보 및 문서교환에 관한 표준이 필요하게 된다.

아울러 무기체계 및 제반 군수업무에 관한 자료를 보관하는 통합무기체계 데이터베이스와 전 공정에 관한 정보를 정보시스템을 통해 부서 간에 실시간으로 상호 전달하면서 동시적으로 처리할 수 있도록 지원하는 기법 및 방법론이 필요하게 된다.

4) CALS의 활용

CALS는 정보사회에서 기업이 채택해야 할 경영전략과 정보시스템 구도를 종합적인 관점에서 체계화하고 정의하는 새로운 방법으로 볼 수 있다. 기업이 CALS를 어느 분야에, 어떠한 방법으로 활용할 것인가에 대해 모색할 경우, 기업의 경영전략 및 이의 활용에 필요한 정보기술도 함께 고려해야 한다.

앞으로의 정보사회에서 통합정보시스템에 의한 제품의 품질개선과 생산공정 및 사무업무 전반에 걸친 시간의 단축은 기업의 생존을 위한 기본 전략이 될 것이다. 그러므로 기업의 경영혁신은 정보사회에서의 생존을 보장할 수 있는 통합정보시스템의 구축에 입각하여 실현되어야 할 것이다. CALS는 이러한 통합정보시스템의 구축을 위한 한 가지 방법으로 활용될 수 있다.

기업이 보편적으로 CALS 전략을 적용할 수 있는 경영활동 부문과 필요한 정보기술, 그리고 경영전략 등을 제시하면 다음 표와 같다.

표 9-6 CALS 전략 활용 부문

기업의 전략	경쟁사보다 고객중심의 신제품을 보다 빨리, 보다 저렴하게 공급할 수 있는 능력의 확보		
경영전략	관련 기능 · 부서	핵심 업무	정보기술
판매와 제품설계 및 제조를 혼합한 일관된 경영전략체제의 구축	• 기술개발 및 제품설계부서	• 제품설계	• CAD • CAM
전 제조공정에 걸친 품질관리체제 구축	• 생산공정부서	• 품질관리	• CAM • CIM
복합공정을 통한 생산비 절감	• 생산라인	• 생산공정운영	• 로봇 • EDIF
소비자에 대한 신제품의 차별화 홍보 및 마케팅	• 판매 및 영업	• 대중홍보 • 제품사양서 • 고객상담	• MIS, OA, SGML
JIT를 지향하는 유통구조	• 재고관리 및 유통	• 포장 • 재고 • 보관 • 운송	• 전자교역 • EDI

5. 전자상거래의 효과와 영향

인류역사에서 e커머스 만큼 다양한 효과를 제공하는 발명도 찾아보기 어렵다. 전자상거래 기술의 글로벌 보편성, 낮은 비용, 수많은 사람들에의 접근성, 상호 대화적 속성, 시간과 공간의 장벽해소 등 장점이 매우 많다. 이제 이 효과들을 기업 관점과 개인 관점의 두 가지로 나누어 살펴보기로 한다.

1) 기업적 관점

일반적으로 B2B 전자상거래의 모체는 EDI라고 할 수 있으며, EDI 기반의 전자상거래는 주문 및 결재와 관련한 문서의 작성 및 전달 비용을 크게 절감시켜 주고 있다. 뿐만 아니라 제품 재고량도 줄어들고 창고에 저장비용도 감소하는 효과를 제공한다. 또한, 온라인 소매점의 경우에는 전통적 매장에서 요구되는 물리적 공간 및 판매 인력이 필요 없어 점포운영비가 크게 줄어들게 된다. 그리고 생산자가 소비자와 직거래를 하는 경우에는 중개자가 사라짐으로 인해 중간 유통비용이 줄어들어 이윤 증대에 도움이 된다.

고객주문의 접수에서부터 제품의 발송까지 전반적인 절차를 전자상거래 기술을 통해 자동화함으로써 업무처리시간(cycle time)을 단축시켜 주기 때문에 고객은 주문한 제품을 보다 빠르게 받아 볼 수가 있다. 그리고 고객의 문의나 불만사항 대응도 전화 외에 웹이나 이 메일을 이용해 수시로 소통함으로써 고객대응 속도의 향상을 기대할 수 있다.

오프라인 상점의 경우에는 상점에 손쉽게 방문할 수 있는 지역 상권 내에 거주하는 사람들이 주 고객이 되겠지만, 사이버 공간상에서는 잠재고객들의 범위가 현지에 국한되는 것이 아니라 글로벌 규모로 확대되기 때문에 온라인 상점으로서는 매출증대의 효과를 기대할 수 있다. 또, 오프라인 상점으로서 온라인 판매기능을 추가한 온－오프 병행 상점의 경우에는 판매채널이 추가됨에 따라 온라인 및 오프라인 고객에 의해 판매가 크게 늘어날 수 있다.

또한 인터넷 공간에서는 대기업이나 중소기업이나 대등한 관계에서 공정하게 경쟁할 수가 있다. 흔히 오프라인 쇼핑에서는 기업의 브랜드이미지뿐 아니라 매장의 위치, 규모, 인테리어 등 많은 물리적인 요소들이 고객의 방문을 크게 좌우하기 때문에 중 · 소규모의 재래매장은 고객들의 발길이 뜸한 실정이다. 그러나 사이버공간상에서 소비자들은 기업의 인지도 및 외형 규모보다는 웹사이트상에 수록된 상품 및 가격정보에 의해 더 민감하게 반응한다. 따라서 중소기업도 창의적인 e커머스 전략을 가지고 소비자의 니즈에 가깝게 다가간다면 대기업과 당당하게 경쟁할 수가 있을 것이다.

2) 개인적 관점

전자상거래를 통해 쇼핑을 하는 소비자들은 인터넷의 전자시장에 존재하는 수많은 공급자와 수많은 제품을 대상으로 원하는 제품을 선택할 수가 있어 소비자로서는 제품 선택의 폭이 크게 확대되는 효과를 기대할 수가 있다. 특히 재래 상점은 점포의 물리적 공간에 의해 판매 가능한 상품의 수가 제한되는 문제가 존재하지만, 웹기반 소매점에서는 수만 내지 수십만 가지의 상품에 대해서도 온라인 카탈로그를 구축해 판매할 수 있기 때문에 제품선택의 폭이 훨씬 광범위 하다.

앞서 전자시장의 개념을 소개하면서 언급하였듯이, 소비자들은 인터넷 공간에서 많은 제

그림 9-9 인터넷쇼핑 주요 품목

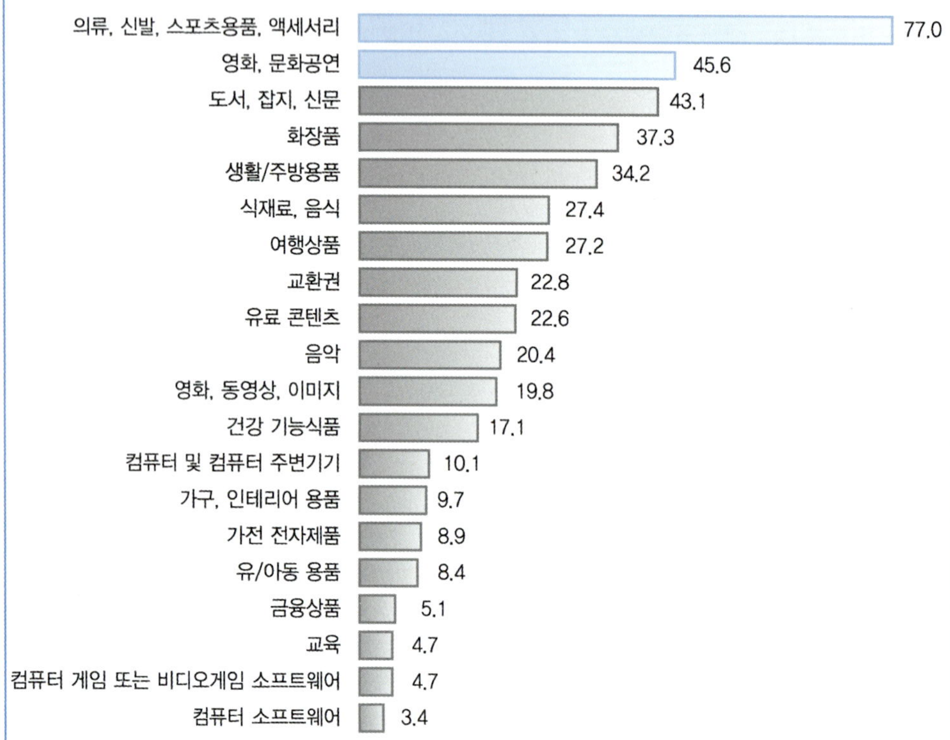

주: 1. 복수응답, %
2. 최근 1년 이내, 만 12세 이상
자료: 한국인터넷진흥원(2016.12).

품들을 비교해 가면서 쇼핑할 수가 있어 재래시장에 비해 더 저렴한 가격에 제품을 구매할 수가 있다. 뿐만 아니라 요즘에 와서는 www.nextag.com 이나 www.yahoo.com과 같은 검색 에이전트를 이용하면 특정 제품에 대한 쇼핑몰들의 가격을 실시간으로 조사해서 가격 순서로 나열해 주기 때문에 낮은 가격의 제품을 찾기가 보다 용이해졌다.

전통적인 매장에서는 하루 중 정해진 시간에만 제품을 판매하므로, 직장 근무로 인해 쇼핑할 시간을 찾기 어려운 고객에게는 전자상거래만큼 편리한 쇼핑 방법이 없다. 모든 온라인 쇼핑몰들이 1년 365일, 1일 24시간 운영되고 있어 시간과 장소에 구애 받지 않고 편리하게 쇼핑을 즐길 수가 있다.

3) 지식기반경제에 미치는 영향

전자상거래는 인터넷 및 전자적 네트워크를 통해, 전 세계시장을 대상으로 제품과 서비스의 구매 및 판매를 가능케 하는 것으로 보다 확대된 시장을 보다 낮은 비용으로 접근할 수 있는 기회를 사업자에게 제공한다. 즉, 정보통신기술을 기반으로 한 전자상거래의 발전은 가치사슬(value chain)상의 모든 구성원들 간의 상호작용을 용이하게 하고, 기존에 비해 고객의 권한을 강화함으로써 시장구조와 기업구조의 근본적인 변화를 초래하고 있다.

나아가 전자상거래에 의한 부가가치의 창출은 정보의 효과적인 활용에 기인하는 만큼 지식자본의 중요성이 더욱 제고될 것이다. 지적자본은 경제 · 정치 · 문화 각 분야에서 부가가치 창출에 활용 가능한 지식의 총체를 일컫는 것으로 국가경쟁력의 원천으로 작용한다. 그러므로 지속적인 성장을 보이는 국가와 기업은 지적자본을 가장 효과적으로 활용하고 있으며, 정보와 지식의 생성, 유포 및 이용이 부가가치를 창출하는 가장 핵심적인 요소로 작용하는 경제체제로의 전환을 주도하고 있다.

결국 전자상거래의 발전은, 경쟁기업에 비해 정보와 지식의 활용과 축적 면에서 우월한 기업이 성공하고, 지적자본을 효과적으로 활용하는 국가를 경쟁력 있게 하며 현 경쟁체제를 산업기반경제에서 지식기반경제로 이행하게 하는 촉매제 역할을 수행할 것이다. 즉, 현재 진행되는 경제적 변혁은 전 세계 기업 간 무한경쟁의 글로벌화(globalization)와 경제적 부가가치 창출력의 비중이 물적자본에서 지적자본으로 이동하는 지식기반경제(knowledge based economy)로의 이행이다. 전자상거래는 이러한 경제적 변혁의 중심에 위치하여 앞으로 우리 경제가 나아갈 방향에 지대한 영향을 미칠 것이다(홍일유 외 2012).

6. 전자지불시스템과 시스템 보안

1) 전자지불시스템

전자지불은 인터넷과 같은 개방형 네트워크상에서 고객이 물건 또는 정보를 구매한 대가로 금액을 지불하는 것을 말하는데 여기에는 신용카드형, 전사수표형, 전자현금형, 스마트카드형, 온라인입금형, 개인 간 결제형, 전자지갑 등이 있다.

(1) 신용카드형

전자상거래에서 가장 널리 이용되고 있는 신용카드형 지불 방식은 기존의 실세계에서 신용카드로 지불하는 것과 거의 같은 절차로 이루어진다. 그러나 기존의 신용카드에 보안기능을 추가하여 안전한 거래를 하도록 한 점이 다르다. 대표적인 예는 S.E.T.(secure electronic transaction) 카드로서 이는 VISA와 MasterCard 두 회사가 공동으로 개발한 차세대 신용카드 표준이다. S.E.T 카드는 모든 신용카드 거래 데이터를 디지털정보의 형태로 전송하며 거래데이터에 디지털 서명(digital signature)을 첨부한다.

(2) 전자수표형

전자수표형은 은행에 신용계좌를 갖고 있는 사용자로서 제한되며, 발행자와 인수자의 신원에 대한 인증이 반드시 이루어져야 하는 단점이 있다. 그러나 전자수표는 금액이 큰 액수의 거래나 기업 간 상거래의 지불수단으로 적합하다. 또, 전자수표가 아래 소개되는 전자현금과 한 가지 다른 점은 전자현금이 거래 시점에서 즉시 결제가 이루어지는 반면, 전자수표는 구매자가 지정하는 추후의 일자에 결제가 된다는 점이다.

(3) 전자현금형

전자현금형은 거래 당사자 간에 바로 전송될 수 있어 수취인이 지불인의 신원을 파악하거나 신용등급을 파악하는 절차가 필요 없을 뿐만 아니라 정산 과정을 거칠 필요가 없다. 따라서 거래의 익명성을 제공할 뿐만 아니라 복제나 이중사용의 방지를 가능하게 한다. 그러나 물품구입에 따른 전자현금 지불 과정에 전송이 끊어지거나 잘못된 지불파일이 전달될 경우 이미 지불되거나 손실된 전자현금을 다시 회수할 수 없다는 단점이 있다. 그리고 바이러스나 하드디스크의 오류로 전자현금이 유실되었을 경우에도 물론 다시 복구할 수 없다.

(4) 스마트카드형

스마트카드형은 전자적으로 자금가치를 보유할 뿐만 아니라 네트워크를 통하여 원격지송금을 할 수 있어 현금이 갖고 있는 결점을 보완하는 기능을 실현하고 있다. 또한 서로 다른 통화가 내장된 전자지갑을 통하여 다통화 사용이 가능하며 화폐정보를 IC카드에 보관함으로서 컴퓨터 하드디스크에 보관하는 것보다 안전성 측면에서 뛰어나다. 그리고 온라인상의 인터넷 상거래뿐만 아니라 오프라인 상태에도 이용 가능하며 취급이 간단할 뿐만 아니라 유통비용도 저렴하다. 신용보증이 필요 없기 때문에 어린이도 소액의 구매에 자유롭게 사용이 가능하고, 스마트카드를 받는 상점 측에서는 현금과 잔돈을 취급하지 않기 때문에 관리가 용이하고 시간이 절약되는 장점이 있다.

(5) 온라인입금

국내에서 신용카드 다음으로 가장 흔하게 이용되는 온라인입금형은 매우 편리한 대금결제 수단으로 인식되고 있다. 입금할 은행계좌번호와 금액만 알면, 인터넷뱅킹을 통해 쉽게 대금결제가 이루어질 수 있다. 온라인입금은 우리나라의 경우 금융결제원이 은행 간 자금이체를 통합관리하고 있어 널리 이용되지만, 미국이나 유럽 등 다른 나라에서는 금융기관들 간에 시스템 및 제도가 달라 온라인입금이 보편적인 지불수단으로 이용되지 않고 있다.

(6) 개인 간 결제형

가장 최근에 새로이 등장한 개인 간 결제형(peer-to-peer payment system)은 신용카드로 결제를 할 경우 이를 받는 개인 혹은 업체가 신용카드 결제를 처리할 시스템이 없더라도 자금이 이체될 수 있어 흔히 개인 간의 대금결제를 위해 널리 이용되기 시작한 지불시스템이다. 대표적인 사례가 페이팔(PayPal)인데, 우선 돈을 보내는 사람이 자신의 신용카드를 이용해 페이팔 웹사이트(www.paypal.com)상에서 해당 결제금액에 대해 계좌를 개설하여야 한다. 그 다음 이 결제거래의 상대자가 웹사이트를 방문해 은행계좌 입금 혹은 다른 방법을 지정해 지불대금을 수령하면 된다. 이 방법은 본래 이베이에서 개인들 간의 경매거래에서 많이 이용되다가 최근에는 다른 전자상거래 사이트로 이용이 확산되고 있는 추세이다.

(7) 전자지갑

전자지갑(electronic wallet)은 스마트폰에 모바일 신용카드, 멤버십카드, 쿠폰, 전자화폐 등을 담아두고 결제 · 관리하는 전자 지불시스템을 말한다. 전자지갑은 마치 지갑 속에 별도의 컴퓨터가 있어서 할인율, 포인트 적립, 사용 가능한 쿠폰 등을 고려하여 소비자의 입장에서 지불할 카드를 선택하여 결제를 가능하게 하는 역할을 한다. 전자지갑은 본인이 소유한 각종 신용카드나 결제수단, 즉 모바일 신용카드를 담고 있어서 지갑이 없어도 스마트폰만 있으면 언제 어디서든지 지불이 가능하다. 앞으로 현금 신용카드를 대신할 미래의 지불수단으로 예상되기 때문에 국내외의 금융회사, 통신회사 그리고 다국적기업들이 다양한 전자지갑을 출시하고 있다. SK와 LG의 스마트월렛, 하나은행과 신한카드의 스마트월렛, KT 모카, 삼성월렛, 뱅크월렛카카오, 구글월렛 등은 대표적 전자지갑 이다.

그림 9-10 인터넷쇼핑 결재수단

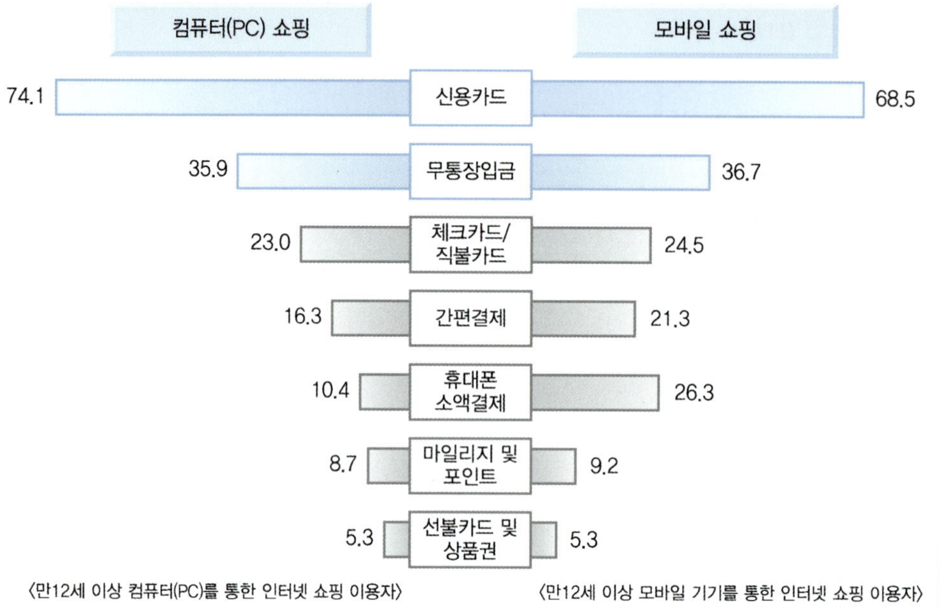

자료: 한국인터넷진흥원(2016.12).

2) 시스템 보안

전자상거래시스템을 구현하기 위해서는 기밀성(confidentiality), 무결성(integrity), 상호인증(authentication), 부인봉쇄(non-repudiation) 등의 보안 요소와 전자지불을 위한 특별한 기능인 익명성(anonymity), 복제방지 등의 요건이 만족되어야 한다. 기밀성은 거래의 내용이 제3자에게 노출되지 않도록 하는 기능이다. 무결성은 거래 내용의 변조나 승인되지 않은 거래의 생성을 방지하기 위한 기능이다. 부인봉쇄는 이미 성립된 거래에 대한 부당한 번복을 방지하기 위한 기능으로 송신부인봉쇄와 수신부인봉쇄로 구분된다.

또한, 암호화 방식으로 대칭키 또는 비밀키 암호화 방식(symmetric or secret key cryptography)과 공개키 암호화 방식(public key cryptography)이 있다.

비밀키 암호화 방식은 송·수신자 둘 다가 비밀키를 알고 있어서 송신자가 비밀키를 사용하여 메시지를 암호화하고, 수신자는 같은 비밀키를 사용하여 메시지를 복호화 한다. 공개키 암호화 방식은 공개키(public key)와 비밀키(private key)라는 한 쌍의 키가 사용된다. 즉, 공개키는 공개하여 많은 사람들이 알 수 있도록 하고 비밀키는 본인만이 알고 다른 사람은 알 수 없도록 비밀을 유지한다. 그러므로 모든 통신에서 공개키만이 사용되고 비밀키는 전송되거나 공유되지 않기 때문에 송·수신자는 비밀키가 통신 채널상에서 도청되거나 폭로될 위험을 느끼지 않게 된다. 인터넷 상거래 지불시스템에서는 이 둘의 장·단점을 결합한 복합 암호 방식이 많이 이용되고 있다.

3) 전자인증

전자인증은 전자거래나 전자신청에 있어서 거래 또는 신청의 상대방을 확인함과 동시에 관계된 전자정보의 작성자가 직접 관련된 회사 또는 본인인지, 회사인 경우 전자정보의 작성자가 그 회사의 대표권한을 가진 자인지 등에 대해서 증명권한을 가진 인증기관이 증명하는 것이나.

인증기관 CA(Certificate Authority)는 한 사람의 공개키를 자신의 개인키로 암호화함으로써 그 사람의 공개키를 인증한다. 인증기관의 개인키로 암호화한 공개키를 전자인증서(digital certificate)라 한다. 이 전자인증서를 받은 사람은 인증기관의 공개키로 전자인증서를 풀어서 나온 공개키를 상대방의 공개키라고 믿을 수 있다. 이 확인을 위한 전제조건은, 그 인증기관의 공개키는 미리 널리 유포되어 모두 알고 있어야 하며, 그 공개키는 누군가에 의해 조작되어 있지 않아야 한다. 인증기관은 웹을 통한 전자상거래에서 신뢰를 형성하는 중요한 역할을 수행한다.

3절 e마켓플레이스(전자시장)

전자상거래(e커머스)의 중요한 역할 중의 하나는 e마켓플레이스(전자시장)의 성장을 촉진시키는 것이다. 전자시장은 쇼핑의 대상이 지역적인 장벽에 의해 제한될 필요가 없으며 소비자들은 글로벌 규모로 구매할 제품을 탐색할 수 있다. 따라서 전통적인 시장과 비교할 때 전자시장은 몇 가지 큰 차이점을 나타낸다.

전자시장의 주된 특징 중의 하나는 수요와 공급의 요인들이 가격에 더 잘 반영된다는 점이다. 글로벌 규모로 쇼핑을 할 수 있으므로 구매자는 신속하게 서로 다른 상점들에 대해 제품가격 및 관련 정보를 비교함으로써 합리적인 구매의사결정을 할 수 있다. 이를 판매자 관점에서 보면, 경쟁사보다 가격이 더 높으면 매출이 부진할 수밖에 없다는 의미이므로, 이를 아는 판매자들은 서로 가격경쟁을 하게 되어 시장의 가격인하가 촉진될 것이다.

이 절에서는 e마켓플레이스의 개념과 유형, e마켓플레이스의 비즈니스모델 등에 대해 살펴보기로 한다.

1. e마켓플레이스의 개념

1) e마켓플레이스의 정의

일반적인 e-business나 e-commerce(전자상거래)가 기업과 소비자 사이의 비즈니스를 인터넷 등으로 전환시켜 놓은 것이라면 e-marketplace(e마켓플레이스)는 공급자와 소비자 사이를 연결해주는 중계자의 역할을 인터넷 등의 뉴미디어를 통해 이루어지는 것이다. e마켓플레이스는 공급자 기업에 속하지 않고 공급자와 소비자를 연결시켜주는 것이 가장 큰 핵심이다. 주로 B2B(기업 간 거래)에 많이 이용된다.

e마켓플레이스는 '전자시장', 'Web Marketplace', 'Market Maker', 'Electronic Intermediary', 'Net Exchange', 'E-hub' 등 다양하게 일컬어지고 있으며, 그 정의 또한 다음과 같이 다양하게 내려지고 있다

- e마켓플레이스는 다수의 구매자와 판매자가 비즈니스를 수행할 수 있도록 지원해주는 전자적 중개자(electronic intermediary) 이다.
- e마켓플레이스는 불특정다수의 구매자와 판매자가 인터넷 기반의 가상공간에 모여 필요한 물건을 사고팔며 정보도 교환하면서 커뮤니티를 형성할 수 있는 가상시장(syber market)이다.
- e마켓플레이스는 재화 및 서비스의 거래 관련 주체들을 연결하는 '인터넷 기반 솔루션'이다.

이와 같은 개념을 종합하면, e마켓플레이스(Electronic Marketplace)를 "다수의 거래주체들이 참여하여 거래 관련 활동을 수행하는 인터넷 기반의 가상시장"이라고 정의할 수 있다. e마켓플레이스는 정보제공, 판매자와 구매자의 직접 및 연결, 거래지원, 신뢰구축, 가상공동체 조성, 정보인프라 제공 등의 역할을 수행한다.

수익은 거래 성사에 대한 커미션이 가장 중요한 부분이고 일부 e마켓플레이스는 등록비

그림 9-11 e마켓플레이스(전자시장)

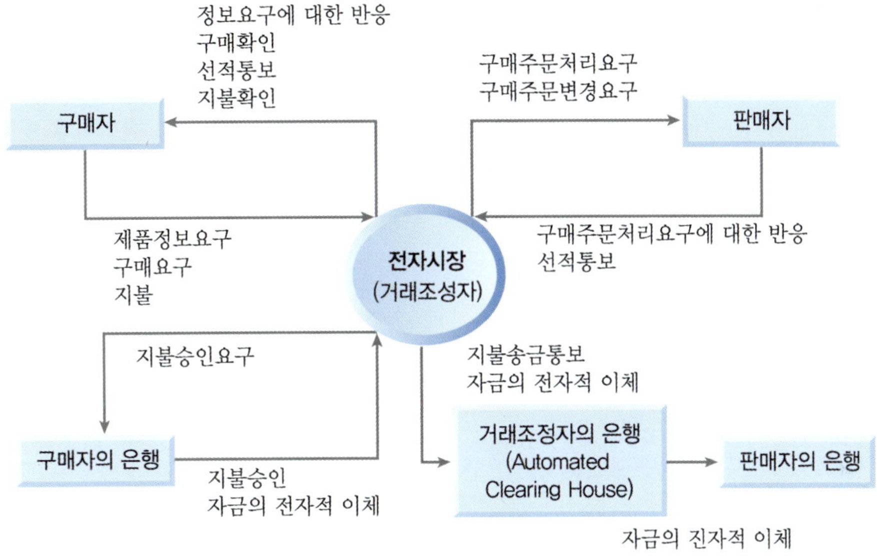

자료: 천면중 외, 경영정보시스템, 비앤엠북스, 2012, 289쪽.

등의 수익모델을 가지고 있는 경우도 있다. 기업은 e마켓플레이스의 신뢰성을 통해 한 번도 본적도 들은 적도 없는 기업과의 거래에 대한 위험을 줄일 수 있으며, 또한 e마켓플레이스와 기업들 간의 조달시스템(e-procurement system)을 통해 보다 쉽게 상품 구매가 가능해 많은 비용절감효과를 가져올 수 있다

e마켓플레이스는 구매자중심의 전자상거래로 발전하였으며, 최근 들어 다수의 구매자와 판매자가 참여하는 e마켓플레이스로 발전하고 있다. 향후에는 협력적 전자상거래로 발전할 것으로 전망되고 있다.

2) e마켓플레이스의 특징과 기능

e마켓플레이스는 기존의 단순한 상거래기능만 존재하던 B2B 쇼핑몰 사이트와는 완전히 다른 개념으로 구매기업과 공급기업 사이를 완전히 연결·통합하는 혁신적인 패러다임이라고 할 수 있다. 즉, e마켓플레이스는 단순히 오프라인상의 시장기능을 단순히 온라인상으로 옮겨놓은 것이 아니다. e마켓플레이스는 전자상거래의 발전된 개념이고 그 범위를 확장시킨 개념이기 때문에 전자상거의 특징을 모두 포함하게 된다. 따라서 인터넷상의 가상시장으로

써 제품, 서비스, 정보 등 기업의 구매 및 판매와 관련된 모든 서비스를 제공하는 공급자의 B2B 전자상거래 커뮤니티로 'e비즈니스의 결정판'으로 불린다.

e마켓플레이스는 전자상거래의 가장 뚜렷한 특징 중의 하나인 '시 · 공간의 제약 극복'에 따라 다양한 업종에 걸쳐 다양한 품목의 국제적 거래에 적합하다. 그리고 단순히 기존의 거래 형태를 변환시키는 데 국한되지 않고, 비즈니스 프로세스를 근본적으로 변화시킬 것이다. 즉, 오프라인 상에서 이루어지던 불필요하고 복잡한 거래 과정을 합리적이고 효율적으로 변화시키고 혁신적인 프로세스와 투명한 거래를 통해 거래소요시간 및 거래비용을 획기적으로 절감시킬 수 있다.

2. e마켓플레이스의 유형

1) 사업영역별 유형

(1) 수직형 e마켓플레이스(Vortal)

수직형 e마켓플레이스는 컴퓨터, 전자, 자동차, 화학, 철강과 같이 특정 산업이나 시장을 따라서 수직적으로 전문화하여 서비스를 제공하는 e마켓플레이스를 말한다. 흔히, Vortal (vertical portal)이라고도 하는데 여기서는 특정 품목이나 산업을 중심으로 원자재에서부터 완성품에 이르기까지 수직적인 관계를 갖는 품목을 취급한다. e-Steel(철강), Paper Exchange(종이), Plastics Net.com(플라스틱) 등을 예로 들 수 있다.

(2) 수평형 e마켓플레이스(Hortal)

수평형 e마켓플레이스는 여러 산업에 걸쳐 유사한 성격의 제품이나 기능을 제공하는 e마켓플레이스를 말한다. 흔히, Hortal(horizontal portal)이라고도 하는데 특정 제품이나 산업에 국한되지 않고 다양한 상품을 폭넓게 취급한다.

최근 수평형 e마켓플레이스들은 운영활동에는 사용되지만 최종제품에는 투입되지 않는 MRO 제품과 같은 간접자재를 거래하고 서비스 상품을 취급하기도 한다. 가령, TradeOut.com은 오프라인중개인이 하는 것보다 더 효과적으로 구매자와 공급자를 한 장소에 모아 기업들의 잉여재고 처분 업무를 도와준다. Vertical Net(56개 산업별 커뮤니티와 콘텐츠 제공), Tradeout.com(재고자산 및 잉여자산의 거래), MRO.com(유지, 보수, 운영품목) 등이 대표적이다.

2) 구매품목 및 방법에 따른 유형

e마켓플레이스에서 구매품목은 재판매를 위한 상품, 생산 투입용 부품 및 원자재, MRO 용품, 공장 및 설비, 설비 유지 서비스의 다섯 가지로 나누어 볼 수 있으며, 이러한 구매품목은 생산용 자재와 업무용 자재로 분류할 수 있다. 생산용 자재(manufacturing input)는 제품이나 생산공정에 투입되는 부품이나 원자재를 말한다. 생산용 자재는 보통 특정 산업의 수직적인(vertical) 공급업체 및 판매업체가 구매한다.

구매 방법에는 시스템구매와 현물구매가 있다. 시스템구매에서 구매자는 자격을 갖춘 공급업체와 협상한 다음 계약을 체결한다. 보통은 장기계약이고 구매자와 판매자는 긴밀한 관계를 형성한다. 현물구매에서 구매자는 현재 필요한 품목을 최저가로 구매하려 한다. 현물구매품목의 예로 석유, 철강, 에너지 들을 들 수 있다.

e마켓플레이스는 이러한 구매품목과 구매 방법을 기준으로 다음 그림 9-12와 같이 네 가지로 분류할 수 있다.

그림 9-12 구매품목 및 방법에 따른 유형

구매 방법 \ 구매품목	업무용 자재	생산용 자재
시스템 구매	**MRO e마켓플레이스** Ariba W.W.Grainger MRO.com BizBuyer.com	**카탈로그형 e마켓플레이스** Chemdex SciQuest.com PlasticsNet.com
현물 구매	**수익관리형 e마켓플레이스** Empbyease Adauction.com CapabilityWeb.com	**거래소형 e마켓플레이스** e-Steel PaperExchange.com Altra Energy IMX Exchange

(1) MRO e마켓플레이스

MRO(Maintenance, Repair, Operation)는 기업 '소모성 자재' 또는 '업무용 자재'라고도 하는데, 생산에 직접 소요되는 원자재를 제외한 비 전략적 간접자재를 의미한다. 즉, 생산에 직접 소요되는 물품은 아니지만 회사의 경영 및 생산활동에 꼭 필요한 물품으로 일반 사무용품, 청소용품, 공구, 기계부품 등의 소모성자재를 말하지만 최근에는 시설물을 유지 · 보수하는 데 사용되는 소액설비와 서비스 등을 포함하는 개념으로 그 범위가 넓어지고 있다.

MRO e마켓플레이스는 국내 B2B e마켓플레이스 가운데 가장 성공적인 분야로 아이마켓코리아(www.imarketkorea), LG-MRO(www.lgmro.co.kr), 엔투피(www.entob.com), MRO코리아(www.mro.co.kr) 등이 활동하고 있으며 많게는 연 수조원 이상의 거래가 발생한다. MRO e마켓플레이스 업체들은 대개 생산자로부터 직접 상품을 구매해 구매자에게 공급하는 구매대행 모델을 채택했다.

한편 MRO e마켓플레이스의 성장은 경기침체의 여파로 비용절감을 꾀하는 기업 사이에서 구매 아웃소싱서비스 이용이 크게 확대되었기 때문이다. 최근에는 중국을 비롯해 일본 · 미국 등 해외에서 아웃소싱을 확대하고 있으며, 아울러 국산 자재를 해외에 수출하는 역할도 맡고 있다.

(2) 카탈로그형 e마켓플레이스

카탈로그형 e마켓플레이스는 생산용 자재의 구매를 자동화하고 거래비용을 줄여 가치를 창출한다. 이는 다수의 공급업자들을 하나의 웹사이트에 모은다는 점에서 MRO e마켓플레이스와 유사하지만, 특정 산업에 특화되어 있다는 점에서 MRO e마켓플레이스와 차이가 있다. 또한, 카탈로그형은 공급업자나 구매자 어느 한 곳에 편향되어 있다. 가령, 어떤 카탈로그형은 공급업자에게 편향되어 있어 이들의 가상 판매업자 역할을 수행하는 반면, 어떤 경우는 구매자에게 편향되어 있어 판매자와 협상하는 역할을 수행한다. e마켓플레이스의 예로는 PlasticsNet.com(플라스틱산업), SciQuest.com(생명과학산업) 등이 있다.

(3) 수익관리형 e마켓플레이스

수익관리형(yield manager) e마켓플레이스는 생산설비, 인력, 광고 등의 공통적인 운영자원을 거래하는 현물시장을 창출하고 있다. 기업들은 이러한 운영자원을 이용해 자신의 생산능력을 확대하거나 줄일 수 있다. 이러한 유형의 e마켓플레이스는 가격 및 수요탄력성이 높은 경우나, 인력이나 생산설비처럼 단시간에 확보하거나 현금화하기 어려운 높은 고정비 성격의 자산인 경우에 적합하다. 수익관리업체에는 Youtilities(유틸리티), Employease(인적자원), eLance(인적자원), iMark.com(자본설비), Capability-Web.com(생산설비), Adauction.com(광고) 등이 있다.

(4) 거래소형 e마켓플레이스

전통적인 상품거래소와 유사한 거래소형 e마켓플레이스는 생산에 필요한 상품들을 신속하게 거래할 수 있게 해주기 때문에 구매 관리자들은 여기서 수요와 공급의 변동을 평활화할 수 있다. 거래소는 구매자 또는 판매자와 관계를 유지하고 있기 때문에 계약의 협상 과정을 생략한 채 곧바로 거래를 수행할 수 있게 해준다. 거래소가 없다면 구매자와 판매자들은 상호 간에 거래조건을 협상하기 위해 많은 시간과 비용을 소비해야 할 것이다. 거래소의 예로 e-Steel(철강산업), paperExchange.com(제지산업), IMX Exchange(주택대출산업), Altra Energy(에너지산업) 등을 들 수 있다

3) 기타의 유형 분류

이외에도 운영주체에 따른 분류 방법, 통합 방향에 따른 분류 방법, 상거래 기능에 따른 분류법 등으로 나뉘기도 한다.

(1) 운영주체에 따른 분류

- 판매자중심의 e마켓플레이스: 하나의 판매기업이 e마켓플레이스를 구축하고, 이 기업에서 물품을 구매하는 다수의 구매자들이 참여하는 형태
- 구매자중심의 e마켓플레이스: 구매력이 강한 하나의 판매기업이 e마켓플레이스를 구축하고, 이 회사에 납품하고자 하는 다수의 공급자들 참여하는 형태
- 중개자중심의 e마켓플레이스: 구매자나 판매자가 아닌 기업(주로 솔루션 공급업체들)이 e마켓플레이스를 구축하고, 다수의 공급자와 다수의 구매자가 참여하는 형태

(2) 통합 방향에 따른 분류

- 보털(Vortal: vertical portal): 특정 품목이나 산업을 중심으로 원자재부터 완성품에 이르기까지 수직적인 관계를 갖는 전 품목을 취급하는 e마켓플레이스
- 호털(Hortal: horizontal portal): 특정 품목이나 산업에 국한하지 않고 다양한 품목을 폭넓게 취급하는 e마켓플레이스
- 메가마켓(Mega-Market): 보털 및 호털 등을 결합시켜 놓은 e마켓플레이스

그림 9-13 e마켓플레이스 발전방향

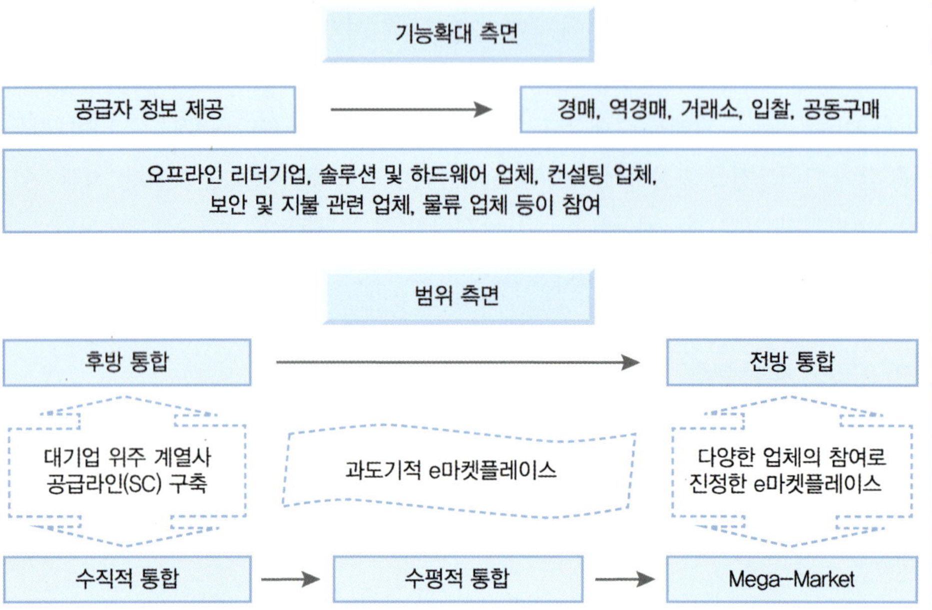

3. e마켓플레이스의 비즈니스 모델

현재 우리나라에서 활동하는 MRO e마켓플레이스로는 아이마켓코리아, 엔투비, MRO코리아, 코리아 e플랫폼 등이 있다. 이러한 e마켓플레이스의 비즈니스 모델은 크게 에이전트모델과 구매대행 모델로 나눌 수 있다.

1) 에이전트 모델

에이전트 모델은 가상시장을 열어 놓고 거래가 성사될 때마다 3~4%의 정해진 거래 수수료를 받는 방식이다. 이 모델은 e마켓플레이스가 중간에서 브로커 역할만 수행하기 때문에 e마켓플레이스 업체에게 위험이 적다는 장점이 있다. 구매, 배송 등에 문제가 생기더라도 최종 책임은 거래 당사자가 지기 때문이다. 구매자와 공급자에 대한 정보가 노출되어 거래 당사자가 처음에는 e마켓플레이스를 이용하겠지만 거래가 성사된 이후부터는 굳이 수수료를 주면서까지 이를 이용할 필요가 없기 때문에, 즉 당사자끼리 직접 거래하기 때문에 수익이 줄어들 수 있다는 단점이 있다.

그림 9-14 에이전트 모델의 구매 과정

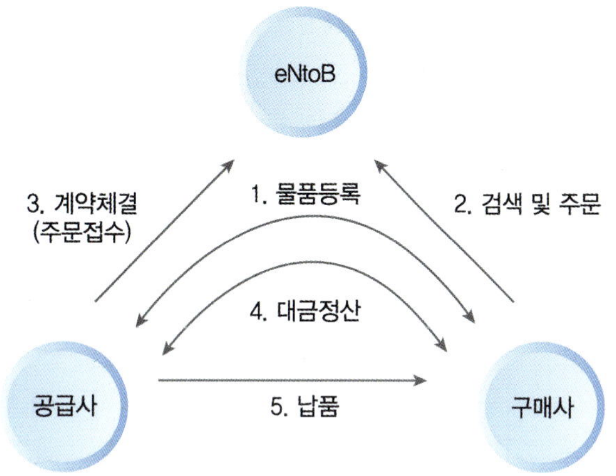

자료: 안중호 · 양지운, 경영정보론, 홍문사, 2005.

2) 구매대행 모델

구매대행 모델은 e마켓플레이스가 직접 구매 당사자가 되어 물품을 구매한 다음 이를 구매자에게 되파는 형식이다. 이는 바이 앤 셀(buy & sell) 모델, 리셀러(reseller) 모델 등으로 불리기도 한다. 여기서 구매자가 중간에 e마켓플레이스를 거쳐 제품을 구입하면서도 비용절감 효과를 거둘 수 있는 이유는 전문가들이 소싱을 맡는데다 회원사가 많아질수록 한꺼번에 제품을 구매하면서 구매협상력을 발휘할 수 있기 때문이다.

4절 m비즈니스

인터넷으로 대표되었던 e비즈니스에서는 PC를 통해 유선네트워크에 연결되었으나 현재는 많은 사람들이 스마트폰, 노트북, PDA 등의 모바일기기를 통해 인터넷에 접근이 가능하게 되었다.

m비즈니스는 이러한 무선기술의 발달로 e비즈니스 영역이 확장된 형태로 이해할 수 있다. 하지만, 왜 현재의 비즈니스 방식이 m비즈니스로 옮겨가고 있는가? 과거에는 기술적으로나, 사회·문화적으로도 m비즈니스를 구현한다는 것이 거의 불가능하였다. 그러나 1990년대 후반에 들어서 인프라스트럭처, 소프트웨어 및 고객의 수준이 급격히 향상되면서 m비즈니스의 핵심 개념이라 할 수 있는 이동성(mobile)이 현저하게 발전했기 때문이다.

이 절에서는 먼저 m비즈니스와 m커머스의 개념적 정의를 알아보고, m비즈니스의 특성과 유형, 그리고 m비즈니스의 활용에 대해 설명하고자 한다.

1. m비즈니스의 개념

m비즈니스(mobile business)의 저자인 라비 칼라코타와 마샤 로빈슨(Kalakota & Robinson, 2001)은 "모빌리티(mobility)란 최근까지 PC로만 접속이 가능했던 정보자원과 기기를 휴대형 기기를 통해 실시간으로 완벽하게 접속할 수 있는 기능을 말한다"라고 정의 하였다. 즉, m비즈니스는 m커머스보다 넓은 개념으로 이동형(mobile) 정보통신기기를 이용한 무선 인터넷을 통해 기존 사업을 효율화하거나 신규 사업 등 부가가치 창출활동"을 수행하는 것을 의미한다.

또한 m커머스(mobile commerce)는 "무선네트워크를 중심으로 이루어지는 모바일 환경에서의 상거래활동"을 의미한다. 즉, 기존의 e커머스(전자상거래)에 모바일 요소를 추가하였다는 측면에서 볼 때, e커머스와 큰 차이는 없다. 그러나 m커머스는 기존의 전자상거래와 유사하지만 모바일 환경에서 이동통신 단말기의 특성에 따라서 제공되는 콘텐츠 및 애플리케이션이 달라지며, 수익원을 비롯한 비즈니스 모델도 기존의 상거래와 다소 차이가 있다.

한편 이동형 단말기와 인터넷의 결합은 기존 유선 인터넷보다 사용이 편리하여 수요 확대의 가능성이 높고, 다양한 차별적인 서비스를 창출할 수 있는 장점이 있다. 따라서 기업들은 현재의 e비즈니스 추진 모델에 m비즈니스 영역을 추가할 경우, 대 고객서비스의 차별성 · 다양성을 더욱 강화할 수 있을 것으로 예상한다. 유형에는 지리정보 서비스, 위치확인 서비스, 개인특화 서비스, 콘텐츠제공 서비스, 음성기술을 이용한 정보제공 서비스, 커뮤니티 서비스 등이 있다.

m비즈니스의 추진 사례는 포드, GM 등 자동차 업체의 인터넷 자동차, 가전업체의 인터넷 냉장고 및 전자레인지, 현대 엘리베이터의 인터넷 엘리베이터 개발과 같은 기존 제품의 정보단말기화, UPS사의 무선 단말기를 이용한 물품의 예상 운송비용과 소요시간을 알려주는 운

송서비스와 같은 서비스 차별화, SK텔레콤의 기업용 그룹웨어 무선 인터넷 서비스와 같은 기업용 신규 서비스 창출 등이 있다.

기존 업체가 m비즈니스를 구현하는 방안으로는 기존의 e비즈니스 추진 전략에 m비즈니스 요소를 추가하여 비즈니스 모델을 강화하거나, m비즈니스의 서비스 유형을 적용하여 서비스의 폭과 범위를 다양화·차별화 하거나, 무선 포털을 구축하여 정보 이용을 편리하게 하면서 커뮤니티를 형성할 수 있는 기반을 구축하거나, 통신 및 인터넷 전문 업체와 전략적 제휴를 맺는 방법이 있다.

m비즈니스는 다음 그림과 같이 크게 5개 계층으로 나눌 수 있고, 이중 애플리케이션 계층은 B2C와 B2B 분야로 나눌 수 있다. B2C는 정보, 커뮤니케이션, 엔터테인먼트, 상거래 등으로 나눌 수 있고, B2B는 mSCM, mCRM, mERP 등으로 나눌 수 있다. 이와 같은 m비즈니스는 시스템통합, 비즈니스통합, 전자상거래, e비즈니스혁명에 이어 나타난 것으로 고객경험이나 고객관계에 영향을 주고, 기존 비즈니스 프로세스나 시장경쟁 구조에 상당한 변화를 일으키며, 새로운 비즈니스 모델을 창출하고 있다(안중호 외, 2005).

그림 9-15 m비즈니스 구성도

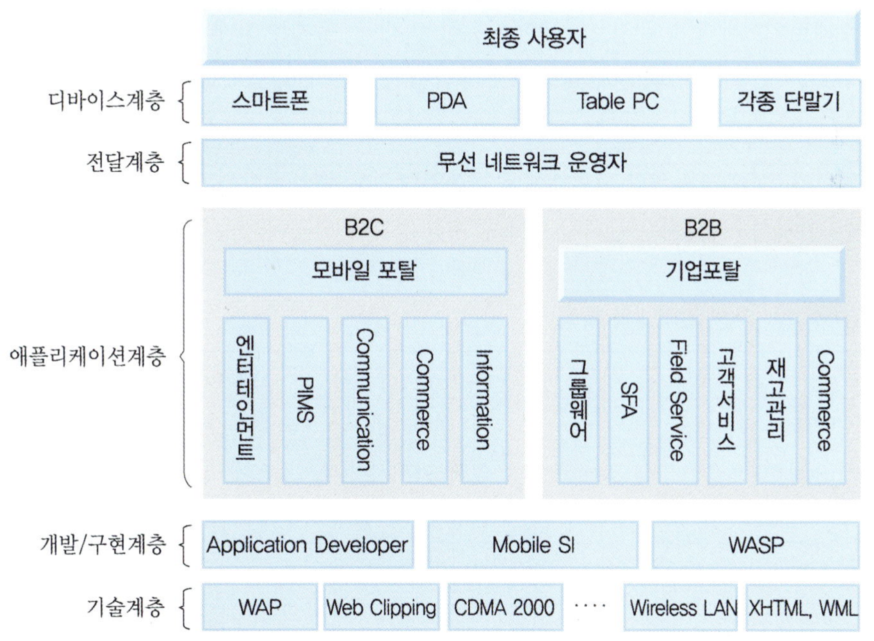

2. m비즈니스의 특성

Leavy는 "무선 인터넷이 제대로 보급되기 위해서는 소비자가 무선 인터넷을 사용하여 무엇인가 의미 있는 것을 하도록 하는 것이 가장 중요"하다고 하였다. 고객들에게 의미 있는 무선 인터넷 서비스를 제공하기 위해서는 크게 세 가지 요소에 대한 고려가 필요하다. 첫째 무선 인터넷 매체특성에 대한 이해, 둘째 스마트폰이라는 단말기의 한계에 대한 고려, 셋째 요금구조에 적합한 서비스의 개발이 그것이다.

스마트폰의 등장은 이러한 무선 인터넷 서비스 활성화의 전제조건을 모두 충족시켰다. 즉, 스마트폰의 보급으로 단말기에 대한 한계가 거의 없어졌고, 무선랜(WiFi)의 확장과 스마트폰 전용요금제(정액제)로 인해 무선통신요금에 대한 부담이 줄어들었다. 또한 많은 기업들이 무선 인터넷의 특성을 고려한 서비스를 확장하고 있으며, 이에 따라 모바일 비즈니스는 본격화 될 전망이다(이재규 외, 2011).

1) 무선 인터넷 매체 및 서비스 특성

무선 인터넷 매체와 서비스는 크게 7가지의 특성을 가지고 있다. 첫째는 어디에서나 실시간으로 네트워크에 접속해 정보검색이 가능한 '편재성', 둘째는 언제 어디서나 네트워크에 접속이 가능한 '접근성'이다. 셋째는 개인 전용단말기 이용에 따른 상대적으로 우수한 '보안성'이며, 넷째는 휴대폰, mp3 플레이어, 카메라 폰 등이 통합된 컨버전스 기기의 활용에 따른 '복합성'이다. 다섯째는 일정한 시점에서 휴대폰이나 개인 전용단말기 사용자의 위치를 파악할 수 있는 '위치성', 여섯째는 단시간 내에 필요한 정보에 접근이 가능한 '즉시 연결성', 그리고

표 9-7 무선 인터넷의 특징

특 성	내 용
편재성(Ubiquity)	어디서나 실시간 정보검색 가능
접근성(Reach)	언제, 어디서나 네트워크에 접속
보안성(Security)	개인 전용단말기 이용에 따른 보안기능
복합성(Convergence)	간단한 통신도구 이용
위치성(Localization)	특정 시점에 사용자의 위치를 명확히 제공
즉시 연결성(Instant Connectivity)	단시간 내에 필요한 정보를 검색기능
개인화(Personalization)	고객화 되어 사용자마다 차별화 된 고객 서비스 제공

마지막으로 상대적으로 보다 고객화 된 서비스를 제공할 수 있는 '개인화'라는 특성을 가지고 있다.

이러한 특성은 기존의 유선 인터넷에서의 전자상거래와 m비즈니스를 구분하는 근본적인 특성이면서 동시에 m비즈니스에서 제공되어야 할 서비스 개발에도 필수적으로 반영해야 할 요소들이다.

2) 스마트폰 단말기의 특성

스마트폰 단말기의 특성으로 m커머스에 제약이 따르지만 이동(mobile) 중에 인터넷을 사용할 수 있다는 것은 m커머스의 가장 큰 장점이다. 갑자기 발생한 비즈니스 약속 때문에 소비자가 이동 중에 비행기나 기차의 좌석 정보를 검색하고 온라인 예약을 수행하거나, 당장 자동차 주유가 필요한 운전자에게 현재 있는 위치에서 가장 근접한 주유소 정보를 제공하는 서비스 등의 편재성과 적시성은 m커머스 만이 제공할 수 있는 기능이다.

모바일 디바이스는 휴대가 가능하므로 적시성 측면에서는 e커머스에 비해 탁월하나, 입력이 불편하고 화면이 작아 표현하는데 한계가 있다는 점에서 인터페이스는 상대적으로 열약하다. 따라서 m커머스로만 가능한 영역이 있는가 하면 e커머스만 가능한 영역도 있게 되는 것이다. 즉, m커머스를 e커머스와 비교할 때 '선택의 폭이 작고 정보입력이 제한된' 온라인 구매의 경우가 m커머스의 대상이 되어야 한다는 것을 알 수 있다.

3) 무선 인터넷의 요금구조

무선 인터넷은 유선 인터넷에 비해 상대적으로 통신속도가 느리며, 요금이 비싼 편이다. m커머스를 위한 제품이나 서비스를 선정할 때 이러한 한계점 때문에 선택의 범위가 e커머스보다 줄어들 수 있다.

예를 들어, 동화상 콘텐츠를 휴대폰으로 제공할 경우 다운로드 시간(회선요금제 경우)이나 전송량(패킷요금제의 경우)이 많아 통신요금이 높아지므로 네트워크 비용이 m커머스의 장애 요인이 될 수 있다. 최근 멀티미디어 서비스를 위한 정액제 요금제가 도입되고 있다. 정액제 요금은 유선 인터넷에 비해 상대적으로 제한적인 네트워크 용량을 가지는 무선 인터넷상에 과도한 트래픽이라는 부담을 줄 수 있으나, 궁극적으로 무선 인터넷 사용 확대를 촉진할 것으로 보인다.

3. 스마트폰과 m커머스

1) 스마트폰 마켓플레이스

현재 세계 스마트폰 시장에서 큰 비중을 차지하고 있는 애플 아이폰의 성공에 큰 역할을 한 것은 '앱스토어(Application store)' 이다. 앱스토어는 각종 애플리케이션을 자유롭게 사고팔 수 있는 마켓플레이스(전자시장)를 의미한다. 애플은 아이폰을 출시한 이후 앱스토어라는 스마트폰 마켓플레이스를 만들어 외부개발자나 콘텐츠 제공자들이 아이폰용 애플리케이션을 만들어서 등록하고 사용자가 편하게 애플리케이션을 다운받아서 쓸 수 있는 '에코시스템'을 도입했다. 그것은 아이폰의 활용범위를 엄청나게 키워줬고 아이폰 성장의 동력이 되었다.

애플의 성공에 자극을 받은 삼성, 노키아, 마이크로소프트 등은 'Mobile World Congress' 등에서 자체적인 애플리케이션 스토어를 열심히 선보이고 있다. 삼성전자는 '삼성 애플리케이션 스토어(https://www.samsungapps.com)'를 2009년 영국, 프랑스, 이탈리아 등 3개국에서 공식 오픈하고, 세계적인 모바일 콘텐츠 제작사(EA Mobile, Gameloft, Handmark 등)들이 제공하는 다양한 애플리케이션을 서비스 중에 있다. 같은 시기에 마이크로소프트사도 윈도 모바일 스마트폰을 위한 '에코시스템'을 도입하고 '윈도 소프트웨어 마켓'을 출범시켜 서비스를 제공하고 있다.

이 같은 애풀의 성공을 계기로 기업들은 다양한 방법으로 앱스토어라는 마켓플레이스를 활용하여 새로운 비즈니스 모델을 창출하고 있다. 오늘날 수십만 개의 콘텐츠와 응용서비스가 앱스토어를 통해 유 · 무상으로 서비스가 제공되고, 향후 시장규모 또한 수천억 달러를 능가할 것으로 추정되고 있다.

앱스토어의 가장 일반적인 활용은 애플리케이션의 판매이다. e북, 게임, 음반, 영화 등 디지털콘텐츠의 전반이 앱스토어를 통해 거래되고 있다. 즉, e-Bay, 페이스북 등은 모바일 환경에 적합한 애플리케이션을 무료로 제공하여 이를 통해 활발한 모바일 거래를 하고 있으며, 이 외에도 샤넬, 구찌, 벤츠, 유니클로, 스타벅스를 비롯한 많은 기업들이 마케팅을 위한 채널로 앱스토어를 활용하고 있다.

2) 즉시 접속성과 편재성 서비스

모바일이 가진 즉시성 또는 실시간성을 이용한 서비스는 기존의 유선 인터넷에서의 전자상거래와 차별되는 점이다. 스마트폰 이용자는 항상 기기를 휴대하면서 3G나 무선랜을 통해 언제든지 인터넷에 연결할 수 있으며, 필요한 정보를 찾거나 기능을 이용하기 위해 즉시 애플리케이션을 실행하거나 웹에 접속할 수 있다. 바로 이러한 특징이 Commerce와 결합됨으로써 새로운 가치가 창출된다.

e-Bay의 경우, 스마트폰을 통해 이동 중에도 필요한 물품을 즉시 구매할 수 있으며, 물건을 사고팔기 위해 사이트에 접속할 필요 없이 Push 기능을 통해 스마트폰으로 즉시 통지를 받고 내용을 확인할 수 있다.

3) 위치기반서비스

위치정보와 서비스를 결합하면 새로운 비즈니스가 창출된다. 즉, 스마트폰의 위치기반서비스(Location Based Service: LBS) 기능을 통해 유선 인터넷 환경에 없었던 새로운 서비스가 생겨났다. 가장 대중화된 LBS 관련 애플리케이션은 구글, 네이버, 다음 등의 포털기업들이 만든 지도 애플리케이션이다.

스마트폰의 가장 기본적인 강점은 위치정보를 활용할 수 있다는 점이기 때문에, 많은 애플리케이션들이 위치정보에 기반 하여 찾고자 하는 주유소, 은행, 병원, 맛 집 관광지 등 각종 요구사항을 안내해 주기도 하며, 할인쿠폰 발행 등을 통해 적극적인 방문을 유도하기도 한다. 이렇게 LBS는 스마트폰을 통해 온 · 오프라인을 효과적으로 연계함으로써, 지역 업소에 새로운 상거래의 기회를 제공해주면서 수익을 창출한다.

또한 최근에는 LBS와 증강현실(Augmented Reality: AR)이 결합된 서비스도 생겨나고 있다. 증강현실은 사용자가 눈으로 보는 현실세계에 가상 물체를 겹쳐 보여주는 기술이다. 즉, 현실세계에 실시간으로 부가정보를 갖는 가상세계를 합쳐 하나의 영상으로 보여주므로 혼합현실(MixedReality: MR)이라고도 한다. 위치정보와 카메라를 동시에 활용한 증강현실 애플리케이션은 이용자가 위치한 실제 거리에 유용한 정보를 합성하여 보여줄 수 있어서 원격의료진단, 방송, 건축설계, 제조공정관리 등 다양한 분야에 활용될 수 있다. 스마트폰이 널리 보급되면서 본격적인 상업화 단계에 들어섰으며, 게임 및 모바일 솔루션 업계나 교육 분야 등에서 다양한 제품을 개발하고 있다.

이와 같은 서비스는 이용자로 하여금 다양한 상거래를 유도하는 데 이용된다. 특히 모바일 광고는 m커머스와 밀접한 관계를 갖고 있는데, 위치정보와 광고가 결합됨으로써 더 강력하게 상거래를 유도 할 수 있다. 이용자에게는 광고 이상의 유용한 정보를 제공해 주며, 상거래를 유도함으로써 광고주와 이용자 모두에게 혜택을 제공할 수 있다.

4) 소셜커머스의 부상

소셜미디어 서비스는 스마트폰의 킬러앱 중의 하나로 소셜미디어와 상거래를 결합한 소셜커머스가 큰 관심사로 부상하고 있다. 최근 등장한 온라인 쇼핑서비스들은 대부분 페이스북이나 트위터와의 연동을 기본적으로 지원한다. 고객들의 쇼핑활동 내역을 소셜미디어 서비스와 연계함으로써 입소문 마케팅을 일으키고 프로모션효과를 만들어 낸다.

국내에서도 페이스북과 트위터의 가입자가 증가함에 따라 이를 활용하는 다양한 마케팅 기법과 소셜커머스 사례들이 등장하고 있다. 즉, 소셜커뮤니티 안에서 일정 수 이상의 구매자가 모이면 저렴한 가격으로 물건을 구매하거나, 트위터를 통해 팔로워(follower)에게 할인 쿠폰을 제공하는 이벤트도 소셜커머스의 한 사례이다.

4. m비즈니스의 유형

무선 인터넷 환경에서는 첫째, 대역폭 확장 및 네트워크 통합에 의한 통신인프라의 혁신, 둘째 무선기기의 소형화 및 디바이스 간의 통합에 의한 무선기기의 혁신, 셋째 실시간서비스의 요구 및 단순함과 편리함의 추구에 의한 고객니즈의 변화 등이 심화되면서 새로운 m비즈니스가 창출되고 있다.

m비즈니스에서 제공되는 기본서비스로는 영화 티켓 예매, 은행 거래 처리, 주식정보, 게임과 같이 최종 이용자에게 무선 단말기를 통해 제공되는 상용서비스가 있고 광고, 마케팅, 또는 콘텐츠 제공 및 검색과 같은 기본적인 거래나 서비스를 지원해 주는 부가서비스가 있다. 또한, 결제 인증과 같이 연구개발, 구매, 생산, 마케팅 등 기업의 경영활동에 있어 부가가치창출을 위한 과정의 경영혁신을 위한 서비스로 구성된다.

이러한 새로운 m비즈니스를 개인과 기업 차원, 산업별 적용 사례를 살펴보면 다음 표 9-8, 표 9-9와 같다.

표 9-8 mb비즈니스 유형

차원	분 야	서비스 설명	세부 분야
개인	재 무	모바일 단말기를 이용해서 은행업무를 처리하고 청구서나 월급 등을 확인하고 받는 서비스	모바일 뱅킹 전자 청구서
	무선결재	시간과 장소에 관계없이 모바일 단말기를 이용하여 제품을 사고팔며 예약할 수 있는 서비스	모바일 쇼핑 모바일 티켓팅 모바일 경매
	Telemedicine	병원에 가지 않고도 단말기 액정화면을 통해서 환자의 상태와 수술 등 진료를 받을 수 있는 서비스	원격진단 Home Nursing
	LBS	위치기반기술을 이용하여 이동 중인 사용자의 위치정보를 타정보와 결합해 제공하는 서비스	위치추적 Telemetics
	엔터테인먼트	유선 인터넷에서 가능했던 게임, 비디오, 음악, 복권 등과 같은 서비스를 무선 인터넷을 통해 제공받는 것	게임, VOD, AOD
	정보서비스	모바일 단말기를 통한 전자신문, 출판물, 정보 등의 서비스	모바일 정보 콘텐츠 개인항법시스템
	교육	모바일 원격교육	m-Learning
	커뮤니케이션	모바일 단말기를 통한 메시지 전송, 채팅, 화상회의 등의 서비스	UMS, 채팅, 화상회의
기업	현장직원 사무 자동화(FFA)	모바일 단말기를 통해 거래처리, 고객관리, A/S, 교육서비스 등을 지원	영업사원업무자동화 PSM
	원격지원	모바일 단말기를 이용한 원격검침, 도난방지, 경비 등의 서비스	MIM, 원격검침/제어 통합수송관리시스템

표 9-9 m비즈니스의 산업별 적용 사례

산 업	적용 사례	산업	적용 사례
유통/분류	수발주처리, 재고조회 영수증/계산서발급 고객 및 상품정보관리 집하/배송관리	은 행	금융상품 정보조회 고객정보관리 모바일뱅킹
의료/제약	긴급재난구조, 전자차트 영업지원, 고객관리 수 · 발주처리, 재고조회	보 험	보험설계, 고객관리 상품 프레젠테이션, 견적 수금등록, 매출등록 보상업무처리
제조/건설	수 · 발주처리, 자재관리, 재고조회 고객관리, 납품관리 준공검사, 공사관리	서비스	일정관리, 서비스예약 고객정보관리 A/S 요원관리
공공부문	우체국 등기업무 자동화 경찰청 차량위치추적, 지도조회 한전 무선검침시스템 민원처리/행정업무	교육/출판	학사행정관리, 학원관리 방문교사관리 서점관리, 서적 수 · 발주처리

자료: 안중호 · 양지윤, 경영정보론, 홍문사, 2005.

연구문제

설명형 문제

1. e비즈니스에 관해 설명하시오.
2. e비즈니스와 인트라넷 활용에 대해 설명하시오.
3. e커머스(전자상거래)에 대해 설명하시오.
4. 전자상거래의 비즈니스 모델에 대해 설명하시오.
5. EDI의 의의와 구성 요소에 대해 설명하시오.
6. CALS의 개념과 도입효과에 대해 설명하시오.
7. 전자상거래의 효과와 영향에 대해 설명하시오.
8. e마켓플레이스의 의의와 유형에 대해 설명하시오
9. m비즈니스의 개념과 유형에 대해 설명하시오.
10. 스마트폰과 m커머스에 대해 설명하시오.

약술/열거형 문제

1. e비즈니스와 e커머스 와의 개념관계를 설명하시오.
2. 기업－소비자 간 전자상거래(B2C)에 대해 약술하시오.
3. 기업 간 전자상거래(B2B)에 대해 약술하시오.
4. 기업－종업원 간 전자상거래(B2E)에 대해 약술하시오
5. MRO e마켓플레이스에 대해 약술하시오.
6. EDI의 종류에 대해 약술하시오.
7. 소셜커머스의 부상에 대해 약술하시오.
8. 전자지불시스템의 유형을 열거하시오.
9. LBS와 AR(증강현실)이 결합된 서비스의 사례를 들어보시오.
10. m비즈니스의 활용 형태를 열거하시오.

용어/시사문제

1. MRO
2. LBS(Location Based Service)
3. AR(Augmented Reality)
4. 에이전트모델
5. 앱스토어(Application store)

10장

의사결정 향상과 지식기반시스템

1절 의사결정지원시스템

컴퓨터 시스템의 확산과 더불어 기업들은 업무처리를 보다 일관성 있고 효율적으로 수행하며, 관리활동에 필요한 보고서를 자동으로 만들어 내기 위해 대형의 정보처리시스템을 구축해 나갔다. 이러한 시스템들은 기업의 일상적인 거래업무를 자동화하고 관리통제하는 데에는 성공적이었으나, 경영관리자들의 의사결정을 지원하는 데는 큰 효과를 거두지 못하였다. 그 이유는 경영관리자들은 대체로 비구조적인 의사결정문제에 더 많이 접하므로 문제의 유형과 상황이 매우 다양하고 예측하기 어렵기 때문에 기업의 일상적 운영 및 관리통제를 목적으로 구축된 시스템으로는 다양한 의사결정자들의 요구를 충족시킬 수 없었기 때문이다.

이런 문제점을 극복하기 위하여 1970년대에 들어 의사결정을 수행하거나 지원할 수 있는 정보시스템에 대한 연구가 활발하게 진행되었다. 이 절에서는 먼저 의사결정지원시스템의 개념을 살펴본 후, 의사결정지원시스템의 구조와 구성 요소, 의사결정지원시스템의 유형, 중역정보시스템 등에 대하여 살펴보고자 한다.

1. 의사결정지원시스템의 개념

1) 의사결정지원시스템의 정의

1970년대 초에 경영자에 대한 정보지원은 경영자의 의사결정에 도움을 줄 수 있는 형태로 제공되어야 한다는 주장이 일부 학자들에 의해 제기되면서 '경영의사결정시스템(management decision system)'이라는 이름으로 탄생되었다. 이들은 의사결정지원시스템을 "컴퓨터를 이용해서 반구조적 또는 비구조적 의사결정을 지원하는 시스템"(Gorry & Scott Morton, 1971)으로 정의하였다. 또한, 스프레이그와 칼슨(R. Sprague & E. Carlson, 1982)은 의사결정 지원시스템을 "관리자로 하여금 데이터와 분석모형을 써서 반구조적 및 비구조적 문제를 대화식으로 해결할 수 있도록 지원해 주는 컴퓨터 기반의 시스템"이라고 정의한바 있다. 의사결정지원시스템이 제공하는 중요한 요소는 기업 내외의 데이터와 계량적 데이터의 가공을 위한 분석모형으로 이들은 의사결정에 중요한 역할을 한다.

의사결정지원시스템(Decision Support System: DSS)은 "컴퓨터를 사용하여 대체로 정형화되지 않은 문제(semi-structured & unstructured)에 관해 최고경영층을 포함한 모든 경영층의 의사결정자가 효과적인 의사결정을 할 수 있도록 지원하는 체계"로 정의할 수 있다. 즉, 기업조직에서 발생하는 단순한 업무의 자동화보다는 경영관리자들이 쉽고 편리한 사용환경을 통하여 비교적 복잡하고 풀기 어려운 문제들에 대한 합리적인 의사결정을 할 수 있도록 설계된 정보시스템으로서 체계적인 분석모형, 데이터베이스, 대화식 인터페이스를 통해 의사결정에 필요한 정보와 방법론 등을 지원하는 시스템이라고 할 수 있다.

그림 10-1 의사결정지원시스템의 구성

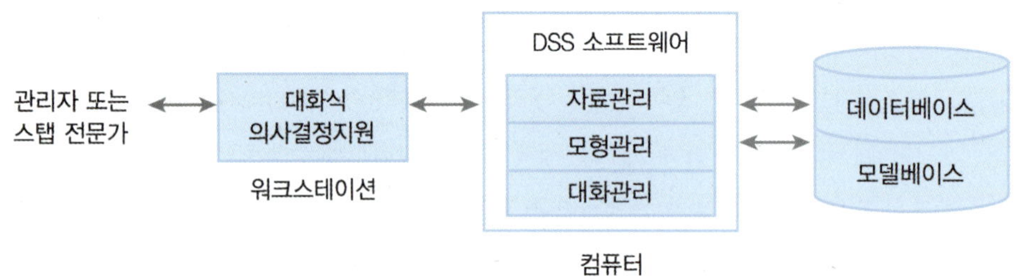

그림 10-2 경영계층과 의사결정문제

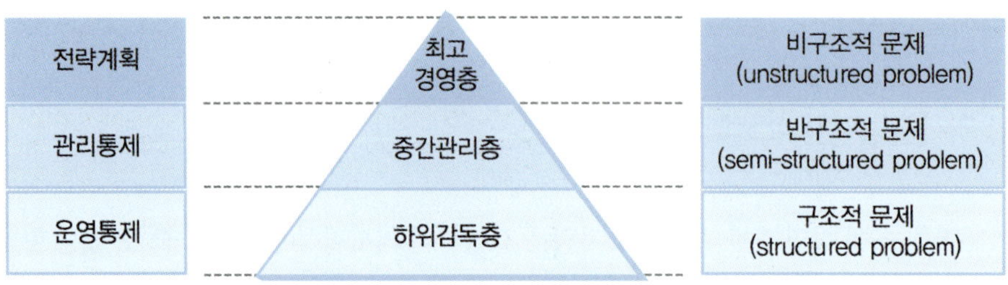

자료: 이재규 외, 경영정보시스템원론, 법영사, 2011. 438쪽.

기업경영에 있어서 외부환경의 급격한 변화와 소비자들의 다양한 기호(嗜好)는 기업의 생존을 단순한 기업 내부의 운영원리가 아니라 외부환경의 철저한 탐색에서 수집된 정보를 효과적으로 이용하여 적절한 시기에 소비자의 욕구에 부응하는 제품의 개발, 새로운 시장의 개척, 효율적인 장기 전략계획의 수립 등에 의존하게 하고 있다.

오늘날 의사결정지원시스템이 이러한 불확실한 기업환경 하에서 의사결정에 필요한 정보와 분석수단을 제공하는 정보시스템으로서 그 중요성이 부각되고 새로운 형태의 정보기술로 각광을 받게 된 것이다.

2) 의사결정 과정과 DSS의 특성

의사결정은 여러 단계를 거치는 과정이다. 허버트 사이먼(Herbert Simon, 1960)은 탐색, 설계, 선택, 구현(실행)의 4단계로 설명하였다.

탐색(intelligence)은 조직에서 발생하는 문제의 발견, 확인, 이해의 과정으로 구성되어 있다. 즉, 문제가 어디에서 왜 일어났고, 회사에 어떤 영향을 미치는가를 알아 가는 것이다. 설계(design)는 다양한 문제 해결 방법을 확인하고 탐색하는 것을 포함한다. 선택((choice)은 해결방안을 선택하는 것이다. 구현(implementation)은 선택된 대안이 작동하도록 만들고, 해결책이 잘 작동하고 있는지 지속적으로 감독하는 것을 포함한다.

DSS는 독립된 의사결정뿐만 아니라 상호 의존적인 의사결정도 지원하고 의사결정 과정의 모든 단계(문제탐색 → 대안설계 → 대안선택 → 실행단계)를 지원해야 하며, 사용자 편의 위주의 사용환경을 제공해야 한다. 또 DSS는 단순한 업무를 처리하는 기업의 정보시스템과는 달리 시스템의 지원업무와 기술적인 면에 있어서 다음과 같은 몇 가지 특징을 가지고 있다.

(1) 비구조적 의사결정지원

DSS는 일상적인 의사결정문제 뿐만 아니라 비구조적이거나 불시의 문제들도 지원할 수 있는 것이 특징이다. 따라서 DSS는 최고경영층은 물론 모든 경영층이 지원대상이 되며, 기업경영상 직면하게 되는 비구조적(unstructured)이거나 반구조적(semi-structured)인 문제와 불시에 발생할 수 있는 문제의 분석을 지원할 목적으로 설계된다. 즉, 문제의 성격이 쉽게 파악되지 않거나 문제해결을 위한 대안의 개발 및 선택이 용이하지 않는 상황에서 경영관리자에게 신축성 있고 원활하게 사용할 수 있도록 개발된 시스템이다. 이런 이유로 DSS는 범위(scope)가 좁고 한정적이며, 특히 전략 · 전술적 업무나 반구조적 문제에 이용될 때 가장 효과적이다.

그림 10-3 의사결정 프로세스

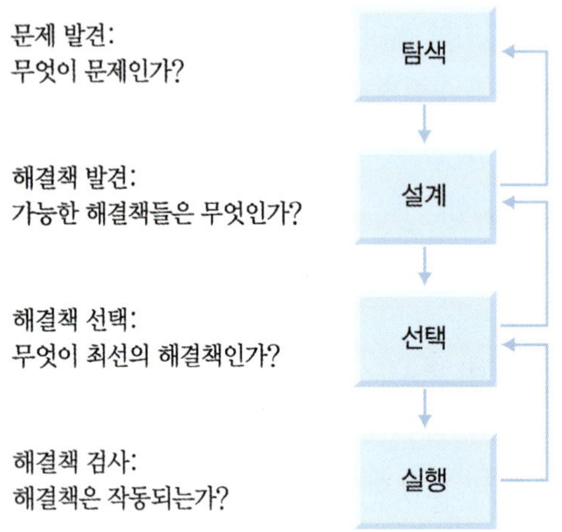

자료: 백동현 외, 경영정보시스템의 이해, 2017, 475쪽.

(2) 데이터베이스와 모델베이스 지원

비구조적인 문제의 분석을 위해 필요로 하는 데이터가 하나의 데이터베이스로부터가 아니라 여러 개의 데이터베이스로부터 도출된다. 더욱이 특정 문제와 관련된 데이터가 하나의 자료파일에 축적되어 있다고 하더라도 여러 종류의 파일에서 광범위한 내용의 데이터가 추출되어 DSS 안에서 종합되는 것이 바람직하다.

또한, 비구조적 의사결정문제는 고정적인 절차가 존재하지 않으므로 여러 가지 다양한 방법을 통한 분석이 시도된다. 이 과정에서 DSS는 다양한 모델을 보유하고 있다가 사용자의 요구에 적합한 분석결과를 제시해야 한다. 그리고 의사결정자에게 도움이 되는 다양한 범용모델, 시뮬레이션능력, 기타 분석도구를 갖추고 있으며, 조직 데이터베이스와 접속기능을 갖는다.

(3) 대화식 인터페이스 강조

DSS는 의사결정자가 필요로 하는 데이터를 자유로이 열람하고 문제와 관련한 모델을 데이터분석에 원만하게 적용할 수 있게 해줌으로써 최적의 문제해결 방안에 도달할 수 있도록 지원한다. 따라서 전문가의 큰 도움 없이도 사용자가 직접 쉽게 사용할 수 있도록 상호 대화식(interactive) 인터페이스를 채택하고 다양한 문제 유형에 적용될 수 있도록 융통성 있고 탄력성 있게 설계된다. 이를 위해 4세대언어, 그래픽, 온라인시스템 등이 기술적인 요소로 사용되고 있으며 그 외에도 사용자의 스타일에 적합한 터미널의 설계, 사용설명서 이해의 용이성 등이 강조되고 있다.

(4) 개선의 용이성과 그래픽기능의 강화

DSS는 다양한 경영층과 의사결정환경을 수용할 수 있도록 충분한 적응성과 탄력성을 가져야 한다. 또, 조직환경은 부단히 변화하므로 DSS가 효과적 기능을 발휘하기 위해서는 손쉬운 개선이 가능해야 한다. 즉, 환경 변화에 따라 그때그때 새로운 정보를 도출할 수 있어야 하므로 그에 따라 시스템을 변경하기가 용이하여야 한다.

또한, 다양한 그래픽기능을 활용하여 의사결정수준 사이의 의사소통을 촉진시키고 특정 문제에 대한 다각적인 검토를 가능하도록 한다. 특히 복잡한 문제의 해결 과정에서 사용자의 의사결정 과정을 중단시키지 않고 문제해결에 집중하도록 하기 위해 신속히 필요한 그래픽 기능을 지원하여 의사결정을 지원하도록 설계하는 것이 중요하다.

3) 의사결정지원과 OLAP

의사결정지원에 있어서 '지원'의 개념은 막연한 것이 아니라 구체적이어야 한다. 즉, 의사결정자로 하여금 의사결정 과정의 모든 단계(문제탐색 → 대안설계 → 대안선택 → 실행단계)별로 적정한 판단을 할 수 있도록 그때그때 실시간으로 지원되어야 한다. 또한 '지원'은 대개의 경우 기업이 축적하고 있는 방대한 자료분석에서 시작되는 경우가 일반적이며, 그 이유는 다음과 같다(이재규 외, 2011).

- 기업에서 이뤄지는 의사결정은 순간적인 감각에 의한 정성적인 판단보다는 일정기간 축적된 자료를 기초로 이뤄지는 경우가 더 일반적이다.
- 대개의 경우 축적된 자료의 양이 방대하므로 의사결정자는 눈으로 대충 보아서는 해당 자료 안에 내재되어 있는 의미를 파악할 수 없다.
- 축적된 자료는 항상 온라인으로 연결되어 있어서 실시간 · 즉각적으로 의사결정자에게 분석결과가 주어져야 한다.

위의 조건을 충족해주는 시스템으로, 대용량 자료를 온라인으로 항상 분석하여 의사결정자로 하여금 실시간으로 적정한 의사결정을 하도록 지원해주는 온라인 분석 처리(Online Analytical Processing: OLAP) 시스템이 있다. 1990년대 초부터 데이터 웨어하우스와 함께 많은 발전을 해온 OLAP 기술은 기업들에게 단순한 거래처리를 넘어선 정보의 의사결정문제에

의 활용가능성을 보여주었다. OLAP와 대비되는 OLTP(Online Transaction Processing)는 은행창구업무나 항공사의 예약처리업무 등이 전형적인 예이다. 따라서 OLAP는 OLTP에서 발생한 원시 데이터를 의사결정에 즉시 활용할 수 있도록 가공하고 분석하는 과정이라고 볼 수 있다.

OLAP의 특성을 정리하면 다음과 같다.

- **다차원 정보제공**: 사용자들에 의해 이해되는 기업의 실제 차원을 반영하는 다차원정보를 분석하여 제공한다.
- **대화식 분석**: OLAP 환경에서 사용자는 시스템과의 상호작용을 통해 정보를 분석하며 원하는 결과를 얻을 때까지 계속해서 대화식으로 분석을 수행하게 된다.
- **의사결정에 활용**: OLAP 시스템의 목적은 다차원분석을 통해 사용자가 조직의 전반적인 상황을 이해할 수 있게하고 의사결정을 지원하는 데 있다.

4) DSS 사용과 동향

DSS의 일반적인 사용처로는 원인-결과분석 또는 시나리오분석(what-if analysis), 위험분석(risk analysis), 민감도분석(sensitivity analysis), 목표탐색분석(goal seeking analysis), 최적화분석(optimization analysis), 목표분석 역추적(goal-seeking) 등에 이용되고 있으며, 활용추세는 제도적 DSS의 지속적 이용, 특별 DSS 이용의 증가, 컴퓨터 그래픽의 역할 증대, 스프레드시트 이용의 폭발적 증가로 요약할 수 있다.

한편, DSS의 최근 발전경향을 요약하면 다음과 같다.

- 개인 PC를 이용한 DSS 증가와 개인 의사결정지원용 DSS 발전
- 분산형 DSS 형태로 발전
- 최고경영자를 위한 특수목적의 중역정보시스템(EIS)으로 발전
- 집단의사결정을 지원하기 위한 GDSS의 발전
- 지능형 DSS 개발

한편, 최근 정보기술이 인터넷 및 기타 통신기술과의 융합에 힘입어 비즈니스 활동에 폭넓은 영향을 미치게 됨에 따라 새로운 방향으로 발전해 나가고 있는 추세이다. 특히, 복잡한 공급망관리를 위한 DSS가 등장하고, 또 인터넷 웹환경과 의사결정기술이 결합된 웹 기반의 고객 DSS가 점차 관심을 모으고 있다(홍일유 외, 2012).

DSS의 최근 트렌드는 첫째, 공급망 최적화를 위한 DSS 라고 할 수 있다. 공급망에 대한 의

사결정은 원재료나 부품의 구매 및 운송에서부터 제품의 생산, 그리고 생산된 제품의 유통 및 고객인도에 이르기까지 광범한 기업활동에 대해 이루어지게 된다. DSS가 공급망관리(SCM) 시스템의 데이터를 토대로 하여 관리자들이 복잡한 공급망을 점검하고 수많은 대안들 중에서 가장 효율적인 결과를 가져올 수 있는 방법을 찾아낼 수 있도록 지원한다.

둘째, 웹기반의 고객 DSS의 실현이다. 즉, 전자상거래가 빠른 속도로 성장하면서 여러 기업들이 인터넷상의 정보자원 및 웹기능을 이용해 상호 작용성 및 개인화를 실현하고 있다. 웹사이트의 편리한 인터페이스 및 멀티미디어 전송능력이 DSS의 복잡한 계량적 분석능력과 결합되어 고객들에게 다양한 데이터베이스 접근은 물론 전자상거래서비스의 이용에 필요한 합리적인 의사결정도 가능하게 하고 있다.

2. DSS의 구조와 구성 요소

DSS의 핵심은 자료시스템(data system), 모델시스템(model system), 지식시스템(knowledge system), 사용자 인터페이스(user interface unit)이다. 또, 전형적인 DSS는 사용자 접속장치(user interface), 외부 데이터베이스와의 연결, 다른 컴퓨터시스템에의 접속기능을 포함한다. 사용자 접속장치를 통해 관리자와 의사결정자는 쉽게 DSS에 접속하고 조작하며, 공통의 업무용어를 사용할 수 있다.

외부 데이터베이스접속은 DSS가 재고, 판매, 인력, 생산, 재무, 회계 등에 관한 정보를 검색할 수 있게 함으로써 데이터베이스에 담긴 방대한 정보를 이용할 수 있도록 해준다. 또, 다른 컴퓨터 접속기능으로 DSS는 거래처리시스템이나 특정 기능별 시스템과 같은 강력한 시스템에 접속할 수 있다.

1) 자료시스템

DSS는 효과적인 의사결정지원을 위한 자료시스템(data system)이 필요하다. 따라서 이러한 자료를 체계적으로 저장하고 관리하기 위한 데이터베이스와 데이터베이스관리시스템(DBMS)이 필수적이다. DSS에 있어서 데이터베이스시스템의 기능은 의사결정에 필요한 정보를 저장 · 검색하고 원하는 형태로 조작하는 기능을 제공한다. 따라서 데이터베이스관리시스템(DBMS)은 다음의 세 가지 기능을 포함하고 있어야 한다.

- DB/DBMS: 기업이 필요로 하는 각종 데이터의 집합과 데이터의 정의, 설명, 유형 등에

그림 10-4 DSS의 구성 요소

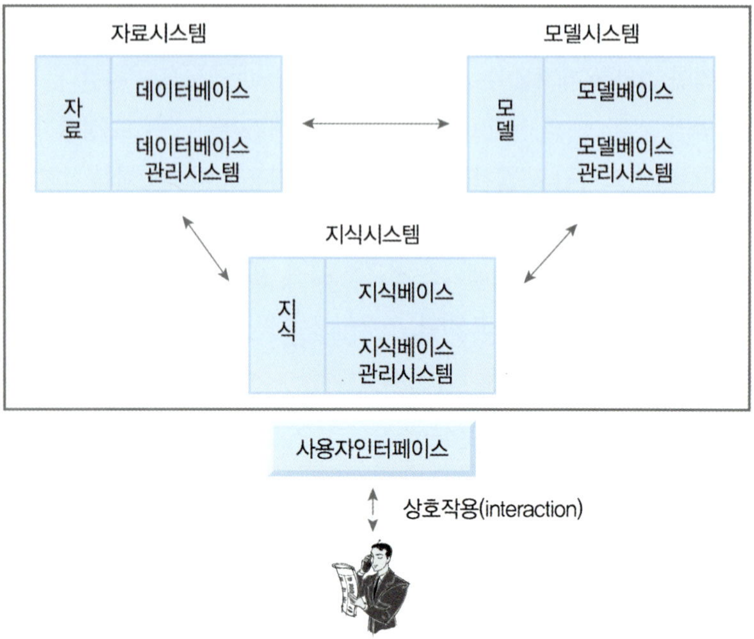

자료: 이재규 외, 경영정보시스템원론, 법영사, 2011. 441쪽.

관한 정보로서, 이는 데이터를 저장하고 접근하는 데 기본적인 도구를 제공한다.

- **질의 장치**: 사용자의 정보요구사항을 DBMS에 전달하고 그 결과를 다시 원래의 요구사항으로 되돌려 보내는 기능을 담당한다.
- **추출기능**: 시스템의 외부에 있는 데이터베이스에 접근해 필요한 데이터를 추출하는 기능을 의미한다.

2) 모델시스템

DSS의 가장 뛰어난 측면은 자료와 의사결정모델을 결합하여 의사결정을 할 수 있는 기능을 수행한다는 점이다. 모델시스템(model system)은 의사결정에 필요한 다양한 모델을 저장하고 있는 모델베이스와 이들을 관리하는 모델베이스관리시스템(MBMS)으로 구성된다.

일반적으로 많이 사용되고 있는 모델베이스로는 재무모델, 통계분석모델, 그래픽모델, 프로젝트관리모델 등이 있다. 이러한 모델 하위시스템은 다른 구성 요소에 비해 상대적으로 발전의 정도가 뒤져 있는데 다음의 기능들은 반드시 보유하고 있어야 한다.

- **모델베이스관리시스템(MBMS)**: 모델에 투입되는 여러 가지 모수들을 결정하고 검색하여 갱신하는 기능과 모델을 재구성하는 기능을 담당한다.
- **모델수행기능**: 모델을 실행시키며, 필요로 하는 몇 개의 모델들을 서로 연결시켜 주는 기능을 담당한다.
- **명령처리기능**: 사용자의 정보요구를 모델베이스관리시스템이나 모델수행기능에 전달하는 기능을 담당한다.
- **데이터베이스 접속기능**: 모델의 수행에 필요한 데이터를 데이터베이스로부터 검색하고 출력된 결과를 데이터베이스에 저장하는 기능을 담당한다.

3) 지식시스템

지식(knowledge)은 의사결정지원시스템으로 하여금 정상적인 정보를 제공하는 역할을 한다. 모델시스템이 계량적인 정보를 제공하는 것이라면, 지식시스템(knowledge system)은 계량화되기 어려운 정상적인 정보를 제공하는 역할을 한다. 지식시스템의 역할 중 가장 두드러지는 문제는 비구조적인 의사결정문제 중의 하나인 전략계획문제인데, 이는 경쟁환경의 향후동향, 경쟁자의 전략적 행위, 국내의 경제동향에 관한 분석 등 다양한 정성적인 지식을 요구하기 때문이다. 따라서 지식시스템은 다양한 의사결정문제에 대한 의사결정지원시스템의 지원능력을 향상시켜주는 역할을 한다.

4) 사용자 인터페이스

사용자 인터페이스(user interface) 또는 대화관리시스템(dialog management system)은 데이터의 입력과 출력, 그리고 다양한 분석 과정에서 일어나는 사용자와 시스템 간의 의사소통을 제공한다. 사용자와 시스템 간의 접속이 용이하도록 하기 위해서는 상호 대화식 인터페이스의 설계가 필요하고 이해가 쉽고 사용하기 편리한 대화기능을 제공해야 한다. 입 · 출력을 위한 인터페이스는 키보드, 터치패널, 조이스틱, 음성명령, 디스플레이 스크린, 음성출력 등이며, 사용자와 시스템과의 대화 방식에는 질의응답 방식, 명령어 방식, 메뉴 방식 등이 있다.

- **사용자 인터페이스 및 대화조정기능**: 사용자 인터페이스기능은 대화의 문법적인 측면을 조정하는 기능을 담당하며, 대화조정기능은 대화에서 사용되어지는 기본적인 문체와 언어를 통제하는 것으로 다양한 방법이 존재한다.

- **번역기능**: 사용자의 어휘를 컴퓨터가 알아들을 수 있는 언어로 전환하는 기능을 담당한다. 이를 통해 사용자의 요구사항은 모델관리시스템과 데이터관리시스템으로 연결된다.

3. 의사결정지원시스템의 유형

Alters(1978)는 미국의 56개 회사에서 실제로 운용되고 있는 DSS 사례를 분석한 결과 DSS의 출력 결과물이 기업의 의사결정에 영향을 주는 정도에 따라 크게 자료중심의 DSS와 모형중심의 DSS로 분류하였는데, 이는 DSS가 수행하는 작업의 내용과 깊은 관계가 있다.

1) 자료중심의 DSS

사용자에 대한 의사결정지원이 주로 자료의 제공을 지원하는 것으로 조직 내·외부의 파일이나 데이터베이스로부터 필요한 자료를 검색·요약하여 지원하며, 주로 DBMS를 이용한다.

- **자료열람시스템**(File Drawer System): 데이터베이스에 저장된 자료의 검색을 통해 의사결정 과정을 지원하는 시스템으로 파일시스템이라고도 함(재고현황파악시스템, 항공예약시스템 등)
- **자료분석시스템**(Data Analysis System): 데이터베이스로부터 검색된 자료들을 특정 업무에 적합한 분석기법을 이용하여 분석하는 시스템으로 주로 일선 관리자들이 과거 또는 현재의 자료들을 분석하여 업무에 이용하는 시스템(예산자료시스템이나 재무시스템 등)
- **분석정보시스템**(Analysis Information System): 소형의 계량적 모형을 이용하여 데이터베이스에서 정보를 추출해 내어 의사결정에 이용하는 시스템(판매분석시스템, 민감도분석 등)

2) 모형중심 DSS

재무제표의 작성, 각종 최적화모형 및 시뮬레이션 등을 통해 분석 및 실험결과를 제공하여 의사결정자의 계획업무를 지원하거나 구체적 대안제시를 목표로 한다.

- **회계모형**(Accounting Model): 스프레드시트나 회계모델을 이용해 계획된 활동의 결과

를 계산함으로써 의사결정을 지원하는 시스템(월별 예산산정 등)

- 모의실험형모형(Simulation Model): 시뮬레이션 혹은 위험분석모형 등을 이용해 현재의 행동에 대한 미래의 결과를 예측하는 데 도움을 주는 시스템(교통문제, 공장배치문제 등에 대한 시뮬레이션 소프트웨어 등)
- 최적화모형(Optimization Model): 경영과학에서 수리모형을 이용해 일련의 제약조건하에서 특정 문제의 최적대안을 산정하는 시스템으로 선형계획법, 경제적 주문량 결정모델, 목표계획법 등의 경영과학기법이 이러한 DSS에서 중심적인 역할을 한다.
- 제안모형(Suggestion Model): 내부적으로 사전에 결정된 복잡한 규칙에 의거 필요한 계산을 수행해 결과를 제시해 주는 DSS(보험 재계약료 산정시스템, 이자율 환산시스템 등)
- 통계모형 DSS: 통계분석과 예측목적에 사용되는 DSS로서 주로 사회과학 통계패키지인 'SPSS(Statistical Package for the Social Sciences)'나 'SAS(statistical analysis system)' 등의 패키지를 이용하고, 이들 패키지들은 그래프기능과 데이터처리기능을 함께 가지고 있어서 기업은 물론 대학이나 연구소의 사회과학연구의 통계처리와 분석에도 유용하게 활용되고 있다.

4. 중역정보시템

1) 중역정보시스템의 정의

경영자가 경영계획, 통제 등의 관리적 기능을 수행하는 데 있어서 정보는 대단히 중요하다. 정보에 대한 경영자의 요구사항은 시대에 관계없이 일정하였으나 어떤 정보를 어떻게 전달할 것인가 하는 전달 방법은 많은 변화를 가져왔다. 현대의 치열한 경쟁사회에서 최고경영자에게 정보를 수집 · 전달하고 활용하기 위한 시스템이 바로 중역정보시스템이다.

중역(경영자)정보시스템(Executive Information System: EIS) 또는 중역지원시스템(Executive Support System: ESS)이란 조직의 중역(고위층경영자)들이 그들의 경영기능을 수행하고 경영목적을 달성하는 데 필요한 주요 정보를 정확하고 신속하게 조회할 수 있도록 지원하는 전략적 수준의 정보시스템이다. 즉, 중역정보시스템은 최고경영층의 조직 성과 파악, 경쟁업자들의 활동분석, 경영문제 발견, 기회의 확인, 추세예측을 할 수 있도록 도와준다. 따라서 이 시스템은 컴퓨터전문가도 아니고 또 전문가가 되기를 원하지도 않으면서 조직의 내 ·

외부정보를 효과적으로 사용하고 필요에 따라 정보를 여과·조작하기를 원하는 중역들의 정보요구사항이 수용된 실질적인 도구인 셈이다.

중역정보시스템은 다음과 같은 사항을 목표로 두고 개발되어야 한다.

- 중역에게 쏟아지는 데이터의 양을 감소시킨다.
- 중역에게 입수되는 정보의 적합성, 적시성, 지속적 사용성을 증가시킨다.
- 중역에게 제시된 자료들에 대한 이해를 증진시킨다.
- 하위직급의 조직원을 포함한 다른 조직원과의 통신을 용이하게 한다.

이러한 중역정보시스템은 사용자가 그들 조직의 내부에서 진행되는 일뿐만 아니라 산업계와 시장 전반 그리고 더 넓게는 경제적 환경에 대한 정보를 획득하고 이해하는 데 도움을 준다. 즉, 중역정보시스템은 최신의 조직 내부 운영정보, 증권정보, 외부의 뉴스나 소식, 전자

그림 10-5 중역정보시스템의 모형

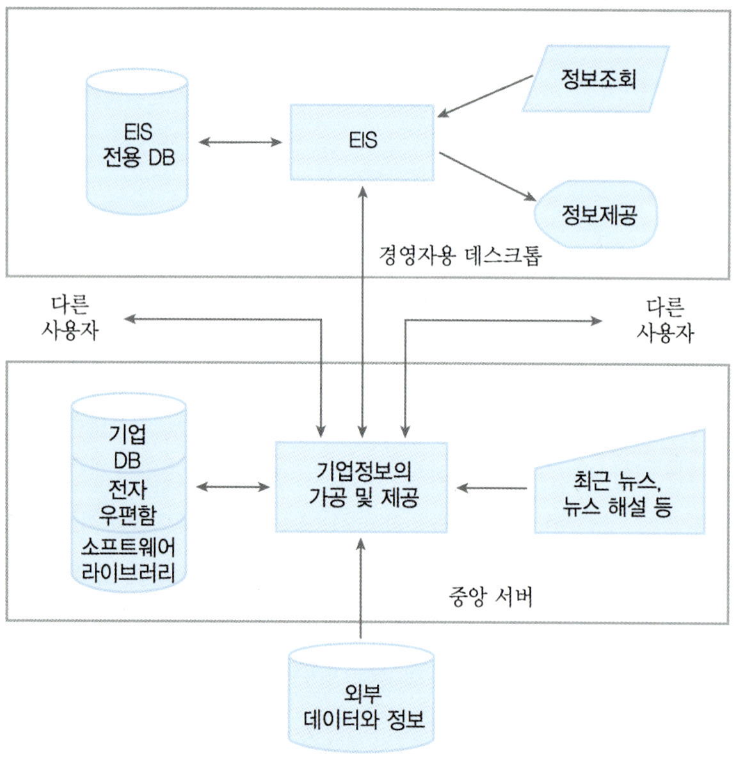

자료: 김은홍 외, 경영정보학개론, 2011, 85쪽.

우편 등의 여러 가지 기능을 중역에게 제공한다. 또, 각 부서장들의 성과정보를 제공하여 줌으로써 각 조직의 각 부분에 대한 통제를 용이하게 할 수 있다. 중역정보시스템이 제공하는 정보는 기업의 가장 핵심적인 정보에 초점을 맞춘 것으로 요약정보를 한눈에 쉽게 볼 수 있도록 해야 한다.

2) 중역의 정보요구사항

중역은 조직의 현재 상황에 대한 분석에서부터 조직의 전략적 의사결정을 한다는 측면에서 다른 조직원과는 질적으로 다른 정보를 요구하게 된다. 따라서 성공적인 중역정보시스템을 구축하기 위해서는 먼저 이러한 중역의 정보요구사항을 정확하게 파악할 수 있어야 한다.

중역의 정보요구사항을 파악하기 위해서 중역의 업무활동을 대체로 네 가지 영역으로 구분해 볼 수 있다. 첫째는 미리 예측하지 못한 상황의 발생에 대한 신속한 대응활동이며, 둘째는 관리효율의 향상 및 경영 성과를 증진시키는 활동이고, 셋째는 기업 내 자원의 효과적인 배분활동이며, 넷째는 조직의 내 · 외부문제를 해결하기 위한 여러 가지 활동들이다. 이러한 활동들을 성공적으로 수행하기 위해서 중역은 다음과 같은 정보들을 필요로 한다.

- 조직의 현재 상황 및 실적
- 현재 조직이 당면한 문제 · 위기상황 · 기회에 대한 데이터
- 조직의 내 · 외부상황의 변동에 대한 신호
- 주력제품 및 장래의 신제품개발계획
- 조직의 성과를 평가하기 위한 지표
- 외부환경에 대한 정보
- 조직의 외부에 공표하는 정보, 즉 재무제표, 기업공시 관련 정보 등

3) 중역정보시스템의 특성

EIS는 DSS와는 달리 경영자들이 당면하는 문제들에 초점을 맞추어 이를 해결하기 위한 필요한 정보의 제공을 위해 개발된다. 예를 들어, 현재 기업의 운영현황은 어떠한가? 어떤 사업에 주력해야만 하는가? 경쟁사들은 무엇을 어떻게 하고 있는가? 필요한 자금을 얻기 위해 어떤 방법이 가장 적절한가? 등과 같은 문제들에 대한 해답을 얻어낼 수 있도록 EIS가 활용된다. 그러므로 EIS는 다음과 같은 몇 가지 특성을 가지고 있다.

(1) 별도의 데이터베이스

중역에게 유용한 정보를 적시에 제공하기 위해서는 조직 내에 존재하는 각종의 데이터베이스들이 하나의 경영지원시스템으로 결합되어야 한다. 또, 기존 시스템의 데이터가 중역의 정보요구를 채우는 데 알맞은 형식으로 되어 있지 않은 경우가 대부분이기 때문에 중역의 활동을 지원하기 위한 별도의 데이터베이스가 존재하는 것이 바람직하다.

(2) 편리한 사용자 인터페이스

DSS에서와 마찬가지로 중역이 정보시스템을 편리하게 사용할 수 있는 사용자 편의의 인터페이스와 데이터 검색에 유연한 메뉴시스템을 갖추고 있어야 한다. 이러한 인터페이스는 세 가지 측면에서 접근해 볼 수 있다.

- **상호 작용의 측면**: 중역과 EIS 간의 상호 작용의 측면으로서 이러한 상호 작용에서는 터치스크린의 사용이 점점 증가하고 있는 추세이다.
- **Symbol의 사용**: 자료처리 과정에서 필요한 각종의 명령의 입력이 그래픽 형식으로 지원되어야 한다는 것이다. Symbol 혹은 Icon, 영상 그래픽 등이 있다.
- **다양한 형식의 출력기능**: EIS에서 출력되는 정보를 쉽게 이해하기 위해서는 그래픽이 기본적인 출력 형식이 되어야 할 뿐만 아니라 나아가 그래픽 출력의 형식도 다양하게 지원되어야 한다.

(3) 분석적 모델링 기능

중역이 What-If 시나리오를 분석해서 계획을 수립하거나 예측을 하는 데 도움을 준다. 예를 들어, 새로운 시장에 진입하고자 하는 경우에 새로운 공급자의 진입이 기존의 공급자의 시장분할에 어떠한 영향을 미칠 것인가에 대해서 분석할 수 있어야 한다. 따라서 EIS는 중역의 의사결정과 관련된 각 요소들이 변화할 때 나타나는 그 결과를 예측 · 분석할 수 있어야 한다.

(4) 외부 데이터베이스와 연결

중역들은 대체로 외부정보의 활용비중이 높다. 그러므로 여러 데이터베이스와 파일로부터 내부 및 외부자료를 조회하는 기능은 필수적이다. 따라서 EIS는 외부의 데이터베이스와 연결이 되어 있을 때 효과적으로 운용될 수 있다. 이러한 시스템을 통해서 중역들은 주가, 환율, 각종의 경제지표, 각종의 산업지표 등을 이용하게 된다.

4) 중역정보시스템의 효과

(1) 조직의 효과적 통제

EIS의 가장 중요한 기능 중의 하나는 경영자들이 복잡한 조직 내에서 주도권을 가질 수 있도록 도와주는 것이다. 효과적인 EIS는 최고경영자들이 그들의 목적과 조직 성과를 실제로 보아 가면서 확인할 수 있도록 도와줄 수 있다. 성공적인 경영자는 그들의 목표를 세우고 책임을 맡기며, 업무의 진전상태를 확인하고 적절한 자원을 제공하며 때로는 목표를 성취하기 위하여 압력을 가하기도 한다. 또, 목표가 성취되었을 때에는 목표를 이룬 사람들에게 보상을 제공한다. 이와 같이 EIS는 조직의 성과 측정을 쉽게 할 수 있도록 도와줌으로써 기업의 성과 향상을 도모할 수 있도록 해 준다.

(2) 시간의 절약

EIS는 중역들이 필요로 하는 정보를 귀중한 시간의 낭비 없이 빠르게 얻을 수 있도록 해 준다. 의사결정이나 행동을 취하는 데 필요한 정보를 얻기 위해 시간을 지체하면 그만큼 중역들의 시간을 낭비하게 되는 것이다. 또, 때로는 중역들이 요구하는 질문에 대한 답을 하기 위하여 부하직원들이 보다 더 중요한 다른 업무에 투여할 수 있는 소중한 시간을 낭비하게 되는 일도 발생한다. 특히, 다양한 종류의 수많은 사업을 벌이고 있는 거대한 조직의 경우 중역은 도대체 자신의 조직이 어떠한 일을 하고 있는지도 모르게 되는 경우도 빈번하다.

(3) 의사소통의 증대

조직에서 지위가 높을수록 외부정보에 대한 필요성이 증대하게 된다. 한 조사에 따르면 최고경영자가 얻는 중요한 정보의 90%는 인터넷, 신문, 방송 등의 미디어, 전화 통화, 그리고 동료들과의 토론이나 이야기를 통해서 얻는다고 한다. 이런 면에서 EIS는 조직 내에서 의사소통을 원활하게 해줄 뿐만 아니라 조직 내 · 외부와의 의사소통도 원활하게 이루어질 수 있도록 해 준다. 즉, EIS를 통하여 조직의 중역은 경쟁자와 주요 고객에 대한 다양한 정보를 쉽게 얻을 수 있는 것이다.

(4) 협조체계의 형성

중역들의 중요한 역할들 중의 하나는 부하들이 같은 목적 하에 서로 협조체계를 잘 유지하도록 하는 것이다. EIS는 다음과 같은 여러 측면에서 이러한 협조체계를 형성하는 데 도움을 준다.

- EIS에 포함된 데이터와 그 역할들을 정의해 줌으로써 중역들이 사업의 우선순위를 명확히 이해할 수 있도록 도와준다.
- EIS 데이터를 기업의 여러 조직원들이 이용할 수 있도록 함으로써 기업의 모든 사람들이 업무에 충실할 수 있도록 해준다.
- 조직의 모든 사람들에게 동일한 데이터를 제공함으로써 이들이 한 군데에서 통제 받도록 한다.

(5) 불확실성의 감소

EIS는 불확실한 요소를 감소시켜 줌으로써 최고경영자의 의사결정 신뢰도를 높여 준다. 즉, 효과적인 EIS는 경영자들이 꼭 알아야 하는 것이 무엇인지를 가르쳐 줄 수 있다. 경영자들은 어떠한 정보가 필요한 것인지 확실히 알 수 없을 때 이를 이용하여 보다 정확한 의사결정을 할 수 있다. 또한, 하급자들이 경영자가 필요한 정보에 대해 잘 알고 있다고 느끼면 부하들은 그의 지시에 더욱 더 확신을 가지고 따르게 된다. 즉, EIS가 공헌할 수 있는 것은 의사결정의 질 그 자체뿐만 아니라 경영자들이 의사결정을 행할 때 보다 확실성을 가지고 할 수 있도록 돕는 것이다.

5) 중역정보시스템의 구성

중역정보시스템의 구성 요소로는 워크스테이션, 데이터베이스 하위시스템, 모델베이스 하위시스템, 외부의 데이터 및 정보와 연결되어 있는 사내의 메인프레임, 다른 중역의 입·출력장치, 사용자(중역)를 들 수 있다. 중역의 워크스테이션은 조직 내의 메인프레임에 연결되어 있는 개인용 컴퓨터나 혹은 터미널을 의미하는 것으로 DSS의 하드웨어와 소프트웨어를 하나로 표현해 놓은 것이다. 그림으로 도식화해 보면 다음 그림 10-6과 같다.

이미 앞에서 설명한 바 있는 것처럼 중역을 위한 데이터베이스가 따로 존재해야 하며, 다른 중역의 워크스테이션과도 인터페이스되어 있어야 한다. 이는 다른 중역의 의사결정사항을 열람하고 그것을 자신의 의사결정 과정에 반영하며, 또한 다른 중역과 원활한 의사소통을 가능하게 하기 위함이다.

중역정보시스템의 인터페이스는 중역이 쉽게 정보를 접할 수 있도록 설계되어야 하며, 결과는 그래프나 그림, 도표 등의 형태로 제시되어야 한다. 물론 이러한 중역정보시스템의 구성 요소는 앞장의 DSS와도 긴밀하게 연결되어 있어야 함은 물론이다.

그림 10-6 중역정보시스템의 구성

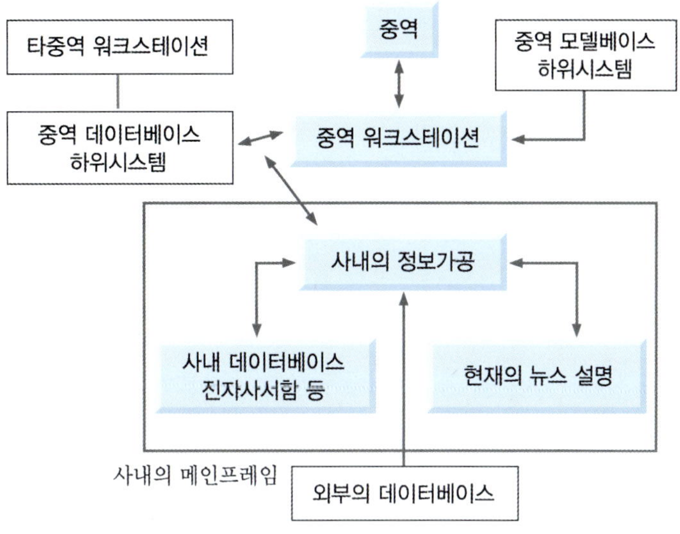

자료: 김세중, 경영정보시스템, 2007, 271쪽.

2절 그룹 DSS와 웹 DSS

경영관리자들은 흔히 단독으로보다는 그룹으로 회의를 통해 의사결정을 수행하게 된다. 단독으로 결정을 내리는 경우일지라도 때에 따라서는 문제와 관련 있는 다른 관리자들의 의견수렴을 거친 후에 결정을 내린다. 따라서 그룹 구성원 간에 이루어지는 의견의 교환이 의사결정에 미치는 영향은 중요하다. 그룹의사결정지원시스템은 경영환경이 보다 복잡해지는 상황 하에서 기업의 업무와 관련된 의사결정을 보다 효과적으로 지원할 필요성이 대두되면서 생겨난 의사결정지원시스템으로서 그룹 내 의사소통 및 집단 의사결정을 보다 효과적으로 지원하기 위해 구축되는 시스템을 말한다.

한편, 기업 내의 의사결정지원시스템은 지금까지 개인의 차원에서만 주로 활용되거나 또는 그룹의사결정의 환경에서 사용되어 왔다. 그러나 인터넷이 지역적인 한계를 뛰어넘어 관련 이해당사자들을 연결시켜 주는 역할을 하게 되자, 이 같은 개인 차원이나 그룹 차원의 의사결정의 범위를 벗어나 더 넓은 지역을 커버할 수 있는 새로운 형태의 의사결정지원시스템인 웹 의사결정지원시스템으로 발전하게 되었다.

이 절에서는 다수의 의사결정자가 의사결정 시 의사결정 과정을 지원하는 그룹의사결정지원시스템에 대하여 살펴보고, 웹 의사결정지원시스템에 대해 알아보기로 한다.

1. 그룹 DSS(GDSS)

1) GDSS의 정의

DSS는 원래 그 개념상 개인과 집단의 의사결정을 모두 지원할 수 있어야 하나 실제로 대부분의 DSS는 개인의 의사결정을 지원할 수 있도록 설계되어 있다. 그러나 경영환경의 복잡성으로 인해 기업의 많은 업무들은 전문성을 가진 집단에 의해 의사결정이 이루어지는 경우가 많으므로 이들을 어떻게 효과적으로 지원할 것인가가 중요한 문제로 대두되고 있다.

그룹의사결정지원시스템(Group Decision Support System: GDSS) 혹은 전자회의시스템(Electronic Meeting System: EMS)은 이러한 그룹 커뮤니케이션 및 집단의사결정을 효과적으로 지원하기 위해 구축되는 시스템으로서, "회의실에 하드웨어 및 소프트웨어를 설치해 회의 참여자들이 문자화된 의견을 네트워크상에서 교환함으로써 보다 생산적인 방식으로 회의를 진행하는 시스템"을 의미한다. 따라서 GDSS는 집단이 회의를 함에 있어서 의사소통 시 발생하는 일반적인 장애 요소들을 제거하고, 의사결정에 필요한 각종 분석기법들을 제공하며, 토론의 양상과 내용의 방향을 체계적으로 통제하기 위해서 통신, 컴퓨터, 그리고 의사결정기술이 통합된 시스템이라고 할 수 있다.

GDSS에서 활용되는 기술은 데이터베이스나 모델베이스 외에 전자게시판, 전자우편, 근거리 및 원거리통신망(LAN & VAN), 영상회의시스템, 저장 및 전송장치 등의 통신기술과 다중사용자를 위한 운영체제, 제4세대언어, 데이터베이스, DB 분석도구, 데이터 저장 및 갱신도구 등의 컴퓨터기술, 그리고 의사결정지원기술(회의안건설정, 명목집단기법, 델파이법, 기타 예측 및 위험분산모형) 등이다.

어떤 집단의 의사결정 과정은 새로운 의견의 제시와 취합, 설명을 위한 발표, 정보의 공동사용, 공동의 의사결정, 타협, 공감대형성 등의 과정을 거치게 된다. 그러므로 GDSS는 이러한 과정을 도와줄 수 있는 도구이어야 한다. 과거에는 이런 목적으로 주로 투광기(overhead projector), 화이트보드, 스피커부착 전화기 등이 사용되었으나 최근에는 이와 같은 전통적 도구에 컴퓨터 및 통신시설을 추가적으로 사용하고 있다.

GDSS들은 다음과 같은 특성을 가지고 있다.

- GDSS는 VAN, LAN과 같은 원격통신기술을 포함한다.
- 대형 스크린이 장치된 완벽한 회의실이 제공된다.
- 회의에 참여한 사람들이 내놓은 의견을 종합 · 요약하여 제공할 수 있는 장비를 갖추어야 한다.
- 효과적 의사결정을 위해 회의규약(protocol)이 있어야 하며, 이러한 규약은 조직의 DB의 일부로 보관되어야 한다.

한편, GDSS는 의사결정 전과정을 통해 지원을 시도하지만 몇 가지 효과 측면에서 고려해야 할 점이 있다.

첫째, GDSS의 특성 중의 하나는 익명(匿名)으로 의견을 개진할 수 있다는 점이다. 이 점은 다른 회의 참석자들의 영향을 받지 않고 많은 제안을 할 수 있게 해주는 반면 익명성으로 인해 자신의 의견을 고집하여 갈등을 부추길 위험성도 있다.

둘째, 그룹의 규모가 8명 이상일 때는 만족도를 높여주지만 4명 이하의 규모일 때는 비경제적 · 비효율적이라는 연구보고가 있다. 그러나 소수의 규모라도 원거리회의일 때는 컴퓨터회의가 도움이 될 것으로 본다.

셋째, GDSS는 미래의 ISDN, 멀티미디어와 연결되어 발전할 것이다.

2) GDSS의 유형

(1) 의사결정실

의사결정실(decision room)은 가장 보편적이고 전통적인 그룹의사결정지원시스템의 DB형이다. 같은 시간에 같은 장소에서 의사결정자가 회의에 참석하는 방식으로 대체적으로 같은 건물에 근무할 때 많이 사용하는 방법이다. 의사결정자들은 원탁으로 둘러싸인 회의실에 앉아서 얼굴을 맞대고 말을 사용하거나 각자의 앞에 놓여 있는 컴퓨터시스템을 사용하여 회의를 통하여 의사결정을 한다.

(2) 근거리 의사결정망

근거리 의사결정망(local decision network)은 의사결정실이 갖고 있는 시간적 · 공간적인 제약을 약간 극복한 그룹의사결정지원시스템의 형태이다. 이는 의사결정자가 동일지역 내에 분산되어 있을 때 사용하는 방법이다. 각 의사결정자들은 데이터베이스와 다양한 모델 및 프로시저를 저장하고 있는 중앙서버와 연결된 전자 메시지 등을 이용하여 의사결정을 한다.

(3) 원격회의

원격회의(Teleconferencing)는 여러 명의 의사결정자가 두 개 혹은 세 개 이상의 의사결정실을 연결하여 의사결정을 하는 방식으로 다수의 의사결정자가 한 장소에 모여서 의사결정을 하는 것보다 비용과 시간을 절약할 수 있다.

(4) 원거리 의사결정망

원거리 의사결정망(Remote Decision Making)은 의사결정자들이 동일지역이 아닌 공간적으로 널리 분산되어 있는 경우에 사용하는 그룹의사결정지원시스템이다. 이는 인터넷과 같은 원거리 통신망을 이용하여 정보를 분석하거나 공유한다. 이와 비슷한 유형으로서, 최근에는 분산된 의사결정지원시스템과 컴퓨터통신시스템을 결합한 분산의사결정지원시스템(Distributed Decision Support System : DDSS)이 등장하고 있다.

그림 10-7 GDSS의 유형

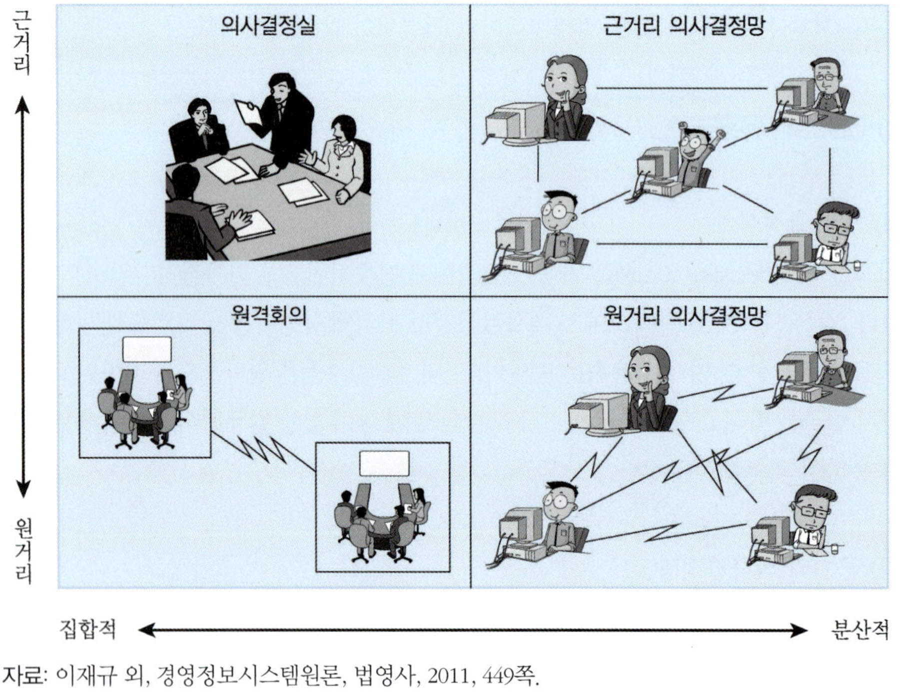

자료: 이재규 외, 경영정보시스템원론, 법영사, 2011, 449쪽.

3) GDSS의 구성 요소와 지원 소프트웨어

(1) GDSS의 구성 요소

일반적으로 GDSS는 데이터베이스(DBMS), 모델베이스(MBMS), GDSS 소프트웨어, 사용자 인터페이스로 구성된다. 여기서 DBMS와 모델베이스는 DSS에서와 같은 역할을 한다. 그리고 사용자 인터페이스는 개별적 터미널이 제공될 수 있는 미니컴퓨터나 또는 PC를 연결한 네트워크를 제공함으로써, 여러 사용자가 상호 정보를 공유하고 의사를 결정할 수 있는 등의 기능을 갖춰야만 한다. GDSS의 소프트웨어는 공동작업을 지원하는 소프트웨어로 CSCW나 그룹웨어(groupware)들을 말한다.

그림 10-8 GDSS의 구성 요소

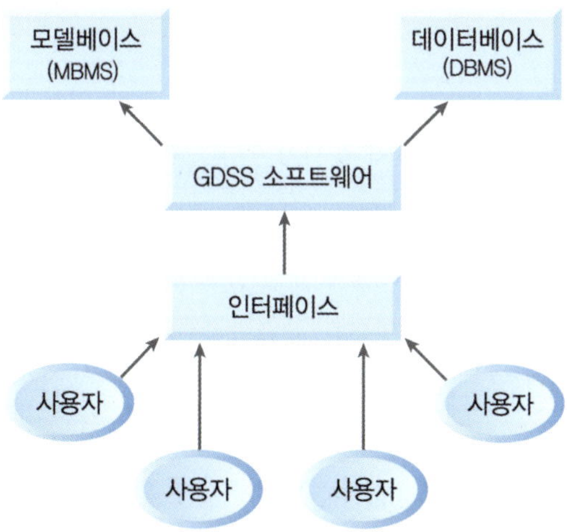

(2) GDSS 지원 소프트웨어

GDSS는 그룹의 문제를 해결하고 의사결정을 내리는 활동을 지원하는 과업지향적인 시스템이라고 할 수 있다. 조직 내 그룹의 의사결정 과정을 지원하는 소프트웨어를 CSCW 소프트웨어 혹은 그룹웨어라고 한다. CSCW 및 그룹웨어는 조직 내에서의 커뮤니케이션과 공동작업 그리고 작업 간의 조정을 지원한다.

CSCW(computer supported cooperative work)는 컴퓨터를 사용하여 과업을 수행하는 사람들에 대한 지원을 중심으로 다룬다. 즉, 집단작업에서 컴퓨터의 역할에 초점을 맞춘 연구분야로 협동작업의 특성을 이해하고자 하며, 사회적으로 조직화된 관습을 명시적으로 고려한다.

그룹웨어와 CSCW는 특별한 구별 없이 사용되고 있으나 그룹웨어가 공동작업을 지원할 수 있는 기술적 요소를 강조하고, 따라서 시스템의 개발 및 상품화를 위해 노력하는 경향이 있는 반면, CSCW는 공동작업의 사회성에 관심을 두기 때문에 보다 일반적이고 학제적 성격을 띤다고 할 수 있다.

CSCW 및 그룹웨어를 이용해서 할 수 있는 작업을 정리해 보면 다음과 같다.

- **공동문서의 작성**: 예를 들어, 자신이 작업하고 있는 모니터상에 새로운 창을 열고 상대방이 하는 문서작업을 열람하거나 또는 자신이 작업하고 있는 문서에 첨가할 수도 있다.
- **정보의 공유**: 조직원들이 데이터, 지식 등을 공유하여 사용하도록 지원해줌으로써 자료의 중복입력을 방지하고 효과적 이용을 가능하게 해준다.
- **커뮤니케이션**: 질문, 명령, 약속, 요구사항 등 각각의 상황에 적용할 수 있는 서식을 이용해서 의사를 전달할 수 있다. 서식 자체가 종이를 대신하는 결재서류의 역할도 할 수 있다.
- **컴퓨터회의**: 회의를 시작하기 전에 미리 컴퓨터를 통해 의사를 개진하여 이것을 직접 대면회의의 자료로 활용한다든지 참석자들이 지역적으로 분산되어 있을 경우 컴퓨터를 통해 의사를 개진할 수도 있다.
- **그룹 스케줄링**: 구성원들이 자신의 일정계획을 네트워크상에 입력하면 GDSS는 각 구성원들의 일정 시간 중에서 빈 시간을 확인하고 그 시간에 각종 조직의 공동 일정을 설정할 수 있도록 지원한다.

2. 웹 DSS(WDSS)

1) 웹 DSS의 정의

웹 의사결정지원시스템(Web Decision Support System: WDSS)은 "웹상에서 개인, 또는 복수의사결정자의 컴퓨터지원협동작업(Computer Supported Cooperative Work: CSCW)을 지원하는 보다 발전된 형태의 의사결정지원시스템"이라고 정의할 수 있다(이재규 외, 2011).

그렇다면, 이러한 웹 환경에서 기업에게 필요한 의사결정지원시스템은 과연 어떤 것일까?

첫째, 지역적인 한계를 쉽게 극복할 수가 있어야 한다. 현대 기업은 더 이상 어느 특정 지역에만 머물면서 경영을 하기가 어렵게 되어 가고 있다. 인건비가 저렴하고 원자재 수급이 원활한 지역으로 공장을 진출시키고, 상대적으로 잠재고객을 직접 접할 수 있는 대도시 지역으로 판매부서를 이전하는 추세에 있기 때문이다.

둘째, 부서 간 갈등을 쉽게 해결할 수 있는 시스템이어야 한다. 지리적으로 분산된 부서는 현실적으로 의견조정을 할 수 있는 기회가 별로 없기 때문에 여러 가지 갈등상황이 발생한다. 이러한 상황 속에서 공동의사결정을 내리려면 갈등해결기능이 수반된 의사결정지원시스템이 필요하다.

한편, 오늘날의 경영환경은 종래와는 달리 급격한 정보화, 국제화 추세에 있다. 이렇게 된 원인 중의 하나인 컴퓨터의 발달과 그 적용은 이제 경영의 모든 분야에 그 영향을 미치고 있으며 그에 따른 경영자의 업무처리능력과 상황판단분석도 컴퓨터에 의존하는 바가 크다.

최근에는 기업들이 인터넷상에서 '월드와이드웹(WWW)'이라는 단일화된 통신 프로토콜을 사용함으로써 오늘날과 같이 지역적으로 분산된 기업, 인터넷상에서 실체가 없는 가상의 기업이나 부서들이 정보를 마음대로 공유할 수 있게 되었다. 이제 바야흐로 지역과 국가를 초월한 초국가적 기업경쟁의 시대에 접어들게 된 것이다.

2) 웹 DSS의 구성 요소

웹 의사결정지원시스템(WDSS)은 기존의 의사결정지원시스템이 가진 자료시스템, 모델시스템, 지식시스템, 사용자 인터페이스에 '지능형 에이전트'와 '인터넷'이라는 구성 요소를 추가로 가지고 있다. 웹 의사결정지원시스템에서 지능형 에이전트와 같은 자율성 모듈을 사용하는 가장 큰 목적은, 인터넷이라는 정보통신도구의 특성에 맞춰서 의사결정지원시스템의 문제해결능력을 크게 향상시키는 것이다.

지능형 에이전트는 인공지능(Artificial Intelligence) 분야에서 이미 오래 전부터 중요한 연구대상으로 다루어져왔으나, 사실상 1980년대 중반까지만 하더라도 활용도가 크게 미흡하였다. 그러나 최근 정보통신환경이 급성장하면서부터 인공지능, 전자상거래 같은 분야에서 활용도가 크게 증가하고 있는 추세이다.

웹 의사결정지원시스템의 구성 요소를 기존의 의사결정지원시스템과 비교 · 정리하면 다음 표 10-1과 같다.

표 10-1 웹 의사결정지원시스템의 특성

개인 DSS	그룹 DSS	웹 DSS
데이터베이스	데이터베이스	데이터베이스(분산형)
모델베이스	모델베이스	모델베이스(분산형)
사용자 인터페이스	사용자 인터페이스	인터넷 지원 사용자 인터페이스
개인의사결정자	복수의사결정자	개인 혹은 복수의사결정자
	그룹 응용 소프트웨어	지능형 에이전트, 인터넷

3) 웹 DSS의 계층구조

웹 의사결정지원시스템은 지능형 에이전트와 인터넷에 기반하고 있기 때문에 실제로 시스템을 구축할 때는, 이 외에도 여러 가지 추가적인 구성 요소들이 필요하다. 이건창 등(1997)의 연구에서는 이를 위하여 웹 의사결정지원시스템의 구성 요소를 크게 3계층으로 나누어서 구성할 것을 제안하고 있다. 첫 번째 계층은 커뮤니케이션을 위한 '네트워크 통신층(network tele-communication layer)', 두 번째 계층은 주어진 문제를 해결하기 위한 '문제해결층(problem-solving layer)', 그리고 세 번째 계층은 사용자와의 정보교환을 위한 '사용자 인터페이스층(User Interface Layer)'이다. 이를 그림으로 도시하면 그림 10-9와 같다.

(1) 네트워크 통신층

네트워크 통신층은 인터넷, 또는 LAN 기반의 통신을 담당하는 계층으로서 통신에이전트를 주요 구성 요소로 갖고 있으며, 문제해결층과 연결되어 있다. 문제해결층에서 특정 정보를 요구하는 경우는 자체 서버나 다른 서버에서 정보를 찾아내어 제공해주기도하며, 다른 웹 의사결정지원시스템과 정보교환을 통해서 협동작업을 수행하는 데 중요한 역할을 한다.

(2) 문제해결층

문제해결층은 주어진 의사결정문제를 해결하기 위한 주요 모듈인 지식에이전트(knowledge agent), 데이터에이전트(data agent), 모델에이전트(model agent)와 같은 다양한 모듈로 구성되어 있다. 이는 문제해결을 위한 자료수집, 모델구축, 결과에 대한 해석 및 제시 등의 기능을 수행한다.

(3) 사용자 인터페이스층

사용자 인터페이스층은 의사결정자와 대화를 통하여 사용자의 기호나 제약조건, 목표 등을 받아들이고 이를 문제해결층에 전달하며, 아울러 문제해결층에서 제시되는 다양한 결과의 제시 및 해석 등을 사용자에게 전달하는 역할을 담당한다.

그림 10-9 웹 의사결정지원시스템의 계층별 구성 요소

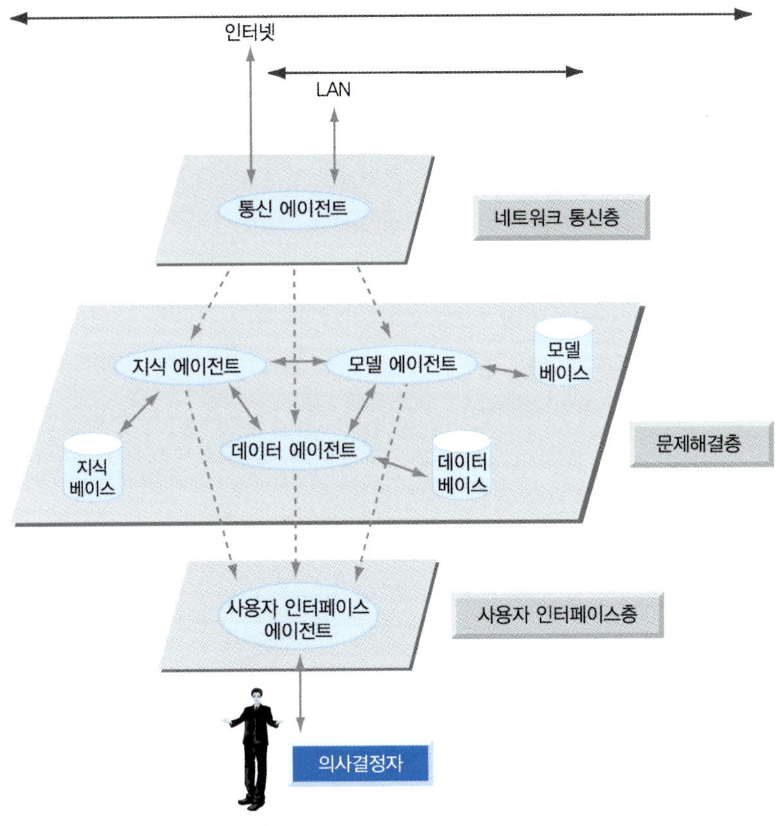

자료: 이재규 외, 경영정보시스템원론, 법영사, 2011, 454쪽.

3절 비즈니스 인텔리전스

물건만 잘 만들어서 파는 시대는 지났다. 치밀한 데이터분석 기반의 고급 정보가 뒷받침되어야 시장에 나갈 수 있는 시대가 된 것이다. 기업 마당에는 데이터가 쓰레기 더미처럼 쌓여가고 있는데, 많은 기업이 어떻게 정보를 찾아야 할지 감을 잡지 못했다. 이런 상황에서 기업이 보유하고 있는 수많은 데이터를 정교하게 분석해 의사결정에 활용하도록 하는 수단인 '비즈니스 인텔리전스(BI)'가 등장하였다.

오늘날 소셜네트워크와 모바일 환경의 확산 등으로 기업은 증폭하는 데이터를 수집하고 저장하는 것은 물론, 이를 효과적으로 활용해야 하는 과제에 직면하고 있다. 빅데이터라 블리는 이런 환경은 효과적인 비즈니스 인텔리전스를 통해 경영자의 의사결정에 활용할 경우, 기업들에게 새로운 기회와 경쟁력을 제공할 것으로 기대되고 있다.

이 절에서는 비즈니스 인텔리전스의 개념과 구성 요소에 대해 살펴보고, 비즈니스 인텔리전스의 기반 구조에 대해 살펴보기로 한다.

1. 비즈니스 인텔리전스

1) 비즈니스 인텔리전스의 정의

1865년 리처드 밀러 데븐스(Richard Millar Devens)에 의해 만들어진 용어로, 리처드는 '비즈니스 인텔리전스'라는 용어를 사용하여 은행 직원인 헨리 퍼니스(Henry Furnese)가 어떻게 정보를 받고 활용하여 이익을 창출하는지를 설명하였다. 이후 비즈니스 인텔리전스는 기업이 의사결정과 전략적 계획을 수립하는 과정에서 기업의 정보를 모아 저장하고 접근하여 분석하는 도구이자 시스템으로 인식되었다.

비즈니스 인텔리전스(Business Intelligence: BI)란 "기업이 보유하고 있는 수많은 데이터를 정리하고 분석해 기업의 의사결정에 활용하는 일련의 프로세스"를 말한다(양정식 외, 2013; Turban & Volonino, 2010). 즉 기업의 사용자가 더 좋은 의사결정을 하도록 데이터를 수집, 저장, 분석, 접근을 지원하는 응용시스템과 기술인 것이다. 고객의 수익성, 고객별 위험도, 고객의 행동패턴 정보 등이 BI의 산출물이다. 또 BI 시스템은 다양한 분석과 그 결과를 공유할 수 있는 기반시스템을 구축하고 고급정보를 이용해 신속하고 정확한 의사결정을 하도

그림 10-10 비즈니스 인텔리전스의 구현

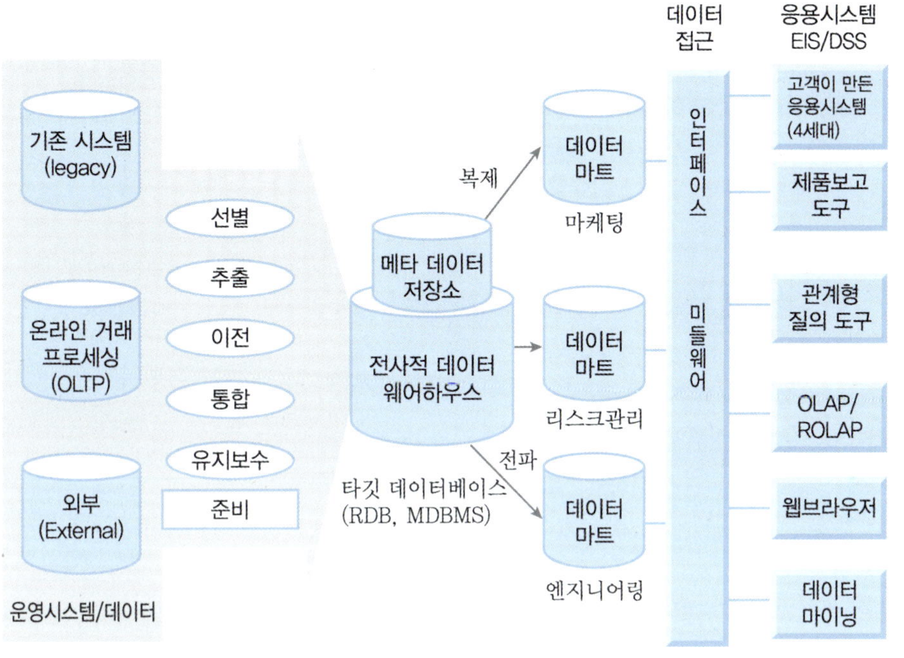

자료: 천면중 외, 경영정보시스템, 비앤북스, 2012, 178쪽.

록 유도함으로써 최대의 이윤을 창출할 수 있도록 지원해 주는 솔루션의 집합으로 정의하기도 하였다(노규성 · 조남재, 2010; Laudon &Laudon, 2006). 실무적으로 BI는 질의, 보고, 온라인 분석처리(OLAP), 통계분석, 예측분석, 데이터 마이닝, 복잡한 이벤트 프로세싱, 사업 성과 관리, 텍스트 마이닝, 예측분석 등의 수행을 일컫게 되었다.

2) 비즈니스 인텔리전스의 구성 요소

비즈니스 인텔리전스는 주로 데이터 웨어하우스(Data Warehouse)나 데이터 마트(Data Mart), 때로는 운영 데이터베이스로부터 수집된 데이터를 사용해 비즈니스 운용에 대한 유익한 고급 정보를 제공한다. 이러한 BI는 다음 그림 10-11과 같이 데이터 관리 부문, 업무 분석 기법 부문과 유저 인터페이스 부문으로 구성되어 있다.

그림 10-11 비즈니스 인텔리전스 구성

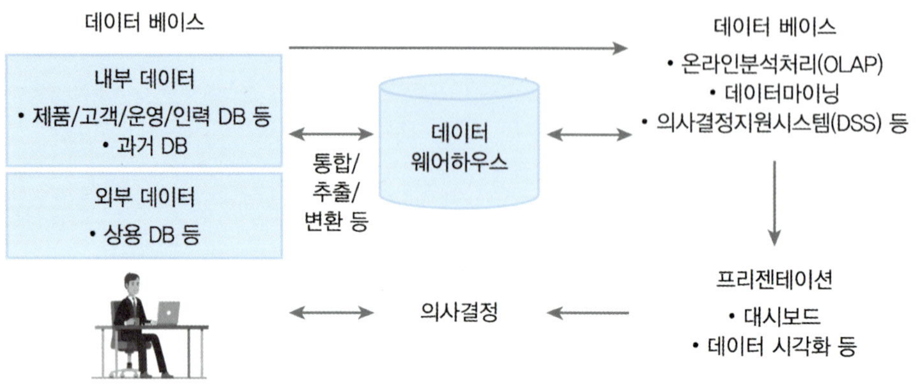

자료: 김은홍, 경영정보학개론, 2017, 337쪽.

(1) 데이터관리

BI의 대표적인 데이터관리 공간은 데이터 웨어하우스(DW)다. 데이터 웨어하우스는 운영시스템의 데이터베이스에 축적된 데이터를 활용 목적에 의해 공통적인 형식으로 변환해 일괄적으로 관리하는 데이터 저장창고를 말한다. 기업의 정보시스템운영을 위해서는 제품 DB, 고객 DB, 지역 DB 등과 같이 다양한 종류의 데이터베이스를 구축하게 되는데, 각각의 DB에 저장되어 있는 데이터는 그 값이 변경될 때마다, 또는 주기적으로 새로운 값을 DW에 보낸다. 이때 DW에 저장되어 있던 기존 값을 지우지 않고 그대로 둠으로써 새로운 값과 함께 시계열자료를 형성하게 된다. 이처럼 기업은 DW 구축을 통해 제품, 고객, 지역 등 기업 의사결정에 의미가 있는 주제별로 전사적 차원에서 통합된 데이터를 확보할 수 있게 된다(김은홍, 2017).

(2) 데이터분석(업무분석)

BI에서 활용되는 데이터분석은 데이터 웨어하우스 내에 보관된 데이터를 분석하여 의사결정에 필요한 지혜 또는 인텔리전스를 추출해 내는 프로세스다. BI 분석을 위한 도구로는 온라인분석처리(OLAP), 데이터 마이닝, 의사결정지원시스템(DSS) 등이 주로 사용 된다.

첫째, 온라인분석처리(Online Analytical Processing: OLAP) 또는 올랩은 최종 사용자가 다차원 정보에 직접 접근해 대화 방식으로 방대한 양의 통합데이터를 분석하고 의사결정에 활용하도록 해주는 분석도구이다. 일반적으로 OLAP은 DW 환경과 통합적으로 구축되는 것이

보통이고, '다양한 관점으로 표현되는 수많은 데이터 조각들 간의 복잡한 관계를 분석함으로써 패턴이나 추세, 예외사항을 발견해 내는 것을 목적으로 한다(홍일유 · 차상훈, 2015).

둘째, 데이터 마이닝(Data Mining)은 데이터에 숨겨진 중요한 새로운 정보와 지식을 찾아내는 도구다. 데이터 마이닝은 관련되는 데이터 분석을 통해 품질관리, 판매예측, 고객 이탈방지, 탈세나 사기, 부정한 카드 거래 등의 범행 탐지, 가까운 미래예측 등 다양한 영역에서 사용되는 유용한 도구로 각광받고 있다. 빅데이터(Big Data)도 데이터 마이닝을 핵심적인 분석도구로 활용하고 있다. 이러한 데이터 마이닝이 구조화한 데이터로부터 정보를 찾아내는 기법이라면, 텍스트 마이닝(text mining)은 비구조화 한 텍스트 문서에서 정보를 찾아내려는 기법이다. 그리고 웹 마이닝(web mining)이란 웹 데이터로부터 알려지지 않은 유용한 정보나 지식을 발견하기 위해서 데이터 마이닝 기법을 사용한 것이다.

셋째, DSS는 경영자의 비구조적 또는 반구조적 의사결정을 지원하기 위하여 의사결정모형과 자료에 보다 쉽게 접근할 수 있도록 해주는 대화식 시스템이다. 의사결정자는 DSS가 제공하는 각종 수학적 모델과 분석도구들을 활용해서 최선의 해답을 찾고, 민감도분석(sensitivity analysis)이나 시나리오 분석(scenario analysis)을 실시하기도 한다.

이 외에도 BI는 질의와 보고서 작성 기능을 가지고 있다. 사용자가 필요로 할 때면 언제나 신속하고 간단하게 질의하고 이에 대한 데이터 탐색을 가능하게 한다. 이러한 질의 과정에서 다차원적 접근과 조망도 가능하게 한다. 특히 상세 데이터로의 드릴다운(drill-down), 정적 · 동적 보고서 작성 등의 기능을 제공하는 것도 가능하다. 드릴다운이란 요약된 정보의 원래 내용을 상세하게 제공하는 것을 말한다. 예를 들어, 특정 지역의 판매 감소 이유를 찾기 위해 그 내용을 클릭하면, 그 지역의 상세한 거래 현황 정보가 제공된다. 또한 BI는 통계적 · 재무적 · 수학적 모델, 혹은 다른 모델을 사용해 데이터를 분석해 고급 정보를 제공할 수 있다(노규성 · 조남재, 2010).

(3) 사용자 인터페이스(프레젠테이션)

사용자 인터페이스(user interface) 또는 프레젠테이션은 BI의 분석 결과인 고급 정보를 사용자에게 제공하게 되는 시스템의 공간과 방식을 말한다. 이를 지원하는 도구는 크게 대시보드(dashboard)와 데이터 시각화(data visualization 또는 visualization tool) 두 종류로 나눌 수 있다.

대시보드(dashboard) 기능은 쉽게 읽을 수 있는 이미지 방식으로 정보를 구성하고 표현한다. 즉, 한 화면에서 다양한 정보를 중앙집중적으로 관리하고 찾을 수 있도록 한 사용자 인터페이스기능으로서 문서, 웹페이지, 메시지, 미디어파일 등 다양한 종류의 웹기반 콘텐츠를

그림 10-13 현대의 비즈니스 인텔리전스 기반구조

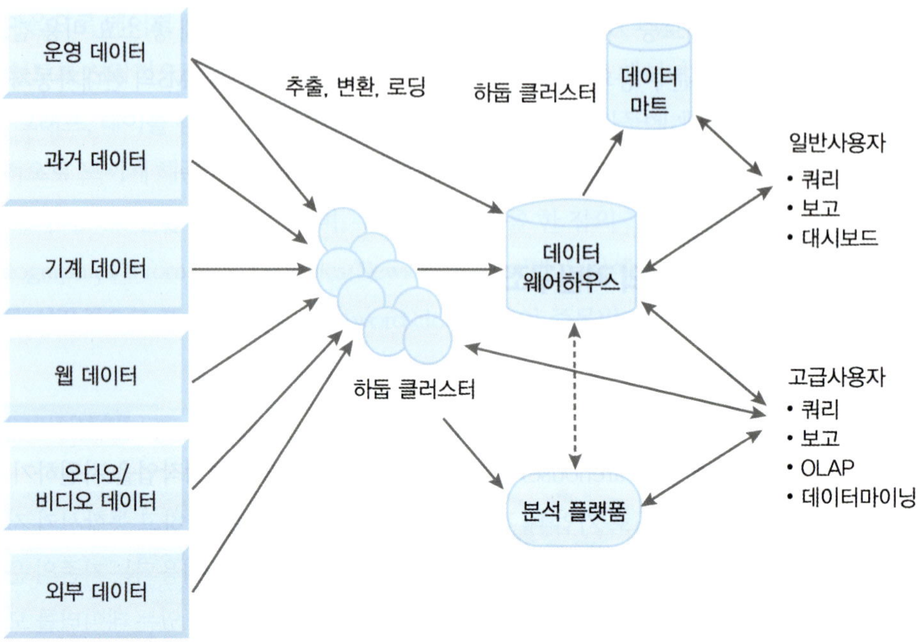

자료: 백동현 외, 경영정보시스템의 이해, 2017, 256쪽.

- **조직성**: 데이터는 세분화된 주제별로 정리되어 있고 의사결정지원에 적당한 정보만 포함하고 있다.
- **일관성**: 서로 다른 운영데이터베이스의 데이터는 서로 다르게 일관성 있게 표현될 수 있다.
- **시변성**: 데이터는 일정 기간 정확성을 유지하여 과거의 데이터와 현재의 데이터를 동시에 유지한다. 약 5~10년 동안 저장하므로 경향, 예측, 기간비교가 가능하다.
- **비 발휘성**: 한 번 데이터가 적재되면 주기적인 일괄처리 작업에 의한 갱신 외에는 변경되지 않는 장기 지속성을 말한다.
- **관계형**: 일반적으로 데이터 웨어하우스는 관계형구조를 사용하고 있다.
- **클라이언트/서버**: 데이터 웨어하우스는 최종사용자의 사용편리성을 위해 클라이언트/서버를 주요 도구로 사용한다.

둘째, 데이터 웨어하우스의 구축효과를 정리하면 다음과 같다.

- **정보시스템 전략을 재구성할 수 있는 기회를 제공:** 새로운 형태와 형식을 가진 애플리케이션 데이터를 개발하고 최종사용자로 하여금 보다 높은 수준의 분석활동을 할 수 있게 한다.
- **정보처리의 편리성:** 메인프레임으로부터 정보계업무를 훨씬 저가의 개방형 서버기종으로 분리 수용이 되고, 그래픽기능이 포함되어 비전문가들도 적절히 사용할 수 있다.
- **데이터분석/예측의 용이성:** 데이터에 대한 변화 추이를 예측하거나 여러 경우를 가정하여 분석할 수 있다.
- **기업 데이터 인프라:** 단순한 업무자료를 만들고 분석하는 시스템이 아니라 기업에서 다양한 정보의 통일화, 일체화를 이룩할 수 있는 '데이터인프라' 이다.

한편, 데이터 마트(Data Mart)란 데이터 웨어하우스와 사용자 사이에 존재하는 소단위 기능별 또는 주제별 단일 데이터 웨어하우스라 할 수 있다. 데이터 웨어하우스에는 전체 데이터가 통합 저장되므로 그 양이 상당히 방대하고 사용자가 많을 경우에 시스템에 부하가 걸릴 수 있다. 그러나 데이터 마트에서는 데이터 웨어하우스에 있는 데이터를 다시 세분하여 기능별·주제별로 분류·저장함으로써 보다 신속하고 효율적으로 데이터를 제공할 수 있다.

2) 데이터 마이닝

최근 정보산업 분야에서 데이터 마이닝이 주목받고 있는 가장 큰 이유는 데이터의 양적 팽창과 그러한 데이터를 유용한 정보와 지식으로 바꿔야 한다는 시급한 필요성에 있다. 이러한 상황에서 이미 알려져 있는 정보뿐만 아니라 전혀 예상하지 못했고 쉽게 드러나지 않는 정보를 데이터베이스나 데이터 웨어하우스로부터 찾아내기 위하여, 즉 정보추출 방법으로서 데이터 마이닝이 등장하게 되었다.

IT 전문 메타그룹(Meta Group)의 Aaron Zornes에 따르면 데이터 마이닝(Data Mining)이란 '대용량 데이터베이스에서 알려져 있지 않은 실행 가능한 정보를 추출하는 지식발견 과정'이라고 정의 하였으며, 가트너그룹(Gartner Group)은 '통계 및 수학적 기법뿐만 아니라 패턴 인식기술을 이용하여 많은 양의 데이터에서 의미 있는 상관관계, 연관성 또는 패턴 및 트렌드를 발견하는 과정'으로 정의한바 있다.

이를 종합하면, 데이터 마이닝(Data Mining)이란 데이터 웨어하우스에 저장되어 있는 정보를 탐색하여 데이터들의 상호 관계, 의미 또는 패턴들을 찾아냄으로써 보다 효과적으로 의사결정을 지원하기 위한 기법을 말한다. 그리고 데이터 웨어하우징은 이 같은 데이터 웨어하우스와 데이터 마트, 그리고 데이터 마이닝을 포괄하는 총체적 환경을 의미한다.

가장 대표적인 분석기법은 올랩(Online Analytical Processing: OLAP)이라고 불리는 온라인 분석처리기법이다. 올랩은 데이터를 다차원으로 바라보게 된다. 가령, 그림 10-14에서 보여주듯이, 어떤 제품이 어떤 지역에서 어떤 기간 동안 얼마의 매출액을 발생시켰는지에 대한 정보 등을 입체적으로 분석하게 된다.

그림 10-14 데이터 마이닝의 예

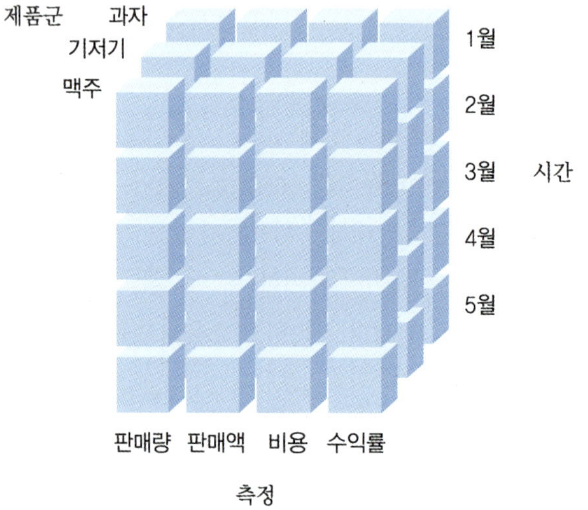

자료: 홍일유 · 차훈상, 경영정보시스템, 법문사, 2012, 187쪽.

오늘날 K-마트, 월마트, 아메리칸 익스프레스 등 여러 기업들이 대용량의 고속 컴퓨터를 이용하여 신속하게 소비자의 구매 패턴을 규명해내고 적절한 대응책을 마련하고자 노력을 경주하고 있다. 한 유통업체에서는 데이터 마이닝 분석조사 결과 미 중부의 한 소비자가 오후 5시에 1회용 기저귀 제품을 살 경우 그와 함께 가장 흔히 구입하는 제품은 6개들이 캔맥주라는 사실을 발견했다. 따라서 이 유통업체는 기저귀 제품코너 바로 옆에 맥주와 스낵제품을 진열하기로 결정했다.

한편, 조직에서 데이터 마이닝 기술의 활용도가 증가하고 있는 가운데, 데이터 마이닝을 유용하게 적용할 수 있는 분야는 다음과 같다.

- **소매와 판매**: 판매예측, 정확한 재고수준과 물류 스케줄 파악

- 은행업무: 대출 및 신용카드사용의 불량수준 예측
- 생산/제조: 기계고장 예측, 최상의 생산능력을 제어하는 주요 요소파악
- 중계 및 증권거래: 채권가격 변화예측 및 특정 이슈에 대한 주식과 전체 시장 변화 예측
- 보험업무: 청구 금액과 의료보상 범위예측 및 의료보상 범위에 가장 큰 영향을 미치는 요소구분, 새로운 상품 구매자 예측
- 컴퓨터: 디스크드라이버 고장률 예측 및 새로운 칩 생산기간 예측, 잠재적으로 보안 위반에 대한 예측
- 경찰업무: 범죄패턴, 위치, 범죄양상 분석, 사건해결 지원
- 정부와 방위: 군사장비 이동 비용 예측, 잠재적 군사행동에 대한 전략 시험, 자원소비량 예측
- 항공업무: 고객 목적지 데이터를 수집하고, 이를 이용 고객의 성향파악 및 새로운 항로 개설의 가능성 분석
- 의료업무: 심각한 증세가 있는 환자들에 대해 통계를 내고, 증세와 원인 그리고 처방을 보다 자세히 할 수 있음
- 방송업무: 주요 시간대의 방송 주제 예측 및 광고 수익의 최대화 방법 모색
- 마케팅업무: 고객데이터를 분석하여 특정 판촉이나 제품에 반응하는 고객

그림 10-15 데이터 마이닝의 작업흐름도

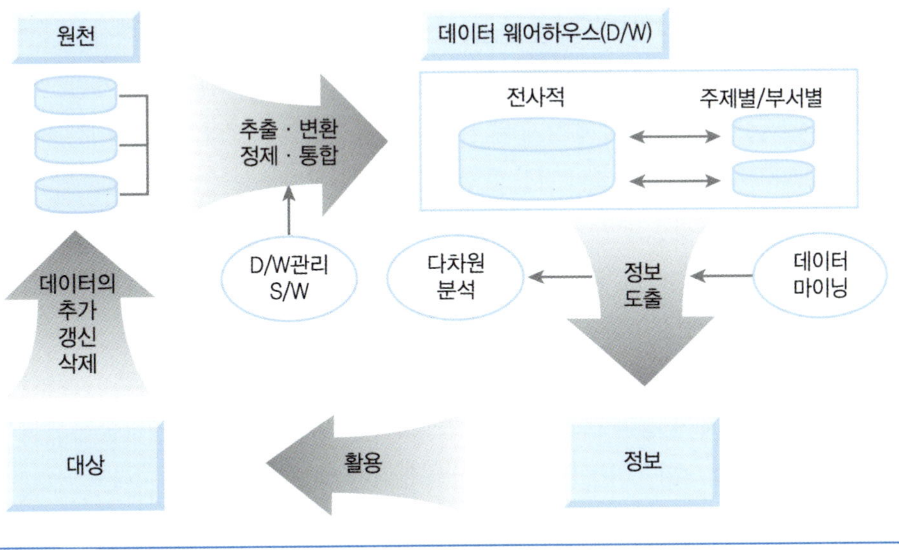

4절 지식기반시스템

오늘날은 기업환경이 예측 불가능하게 급속도로 변화함에 따라 기업 내 물리적 자산의 가치보다는 지적자산의 가치 활용이 기업의 생존을 위한 중요한 문제가 아닐 수 없다. 기업이 정보시스템을 개선하거나 신규로 도입하는 경우에는 이러한 지적자산의 활용을 충분히 고려해야 한다. 즉, 기업은 기업 내부에 불규칙적 및 비정형적으로 분산되어 있는 지식을 상호간에 활용해야 업무의 효율을 개선할 수 있다. 지식관리시스템은 궁극적으로 조직구성원들의 지적자산의 공유 및 활용을 통해 기업경쟁력을 강화시킬 수 있으며, 경쟁기업과의 차별화를 가능하게 할 수 있다.

이 절에서는 먼저 지식경영의 개념을 알아보고, 지식관리시스템의 정의, 지식관리시스템의 구성 요소와 역할, 지식관리시스템의 기술 요소 등에 대해 살펴본다.

1. 지식경영의 개념

1) 지식경영의 정의

글로벌경쟁의 가속화와 끊임없는 기술의 발전은 지식사회로의 패러다임을 창조했고, 이러한 변화는 조직의 경제활동 전반에 걸친 혁신과 경쟁력을 위한 지식경영을 필연적이게 하였다. 혁신과 지식경영은 조직의 경쟁우위를 증가시키고 관리하는 데 있어 핵심적인 역할을 수행하는 데, 최근 포스코가 지식기반의 핵심역량을 활용하여 '파이낸스공법' 개발이라는 새로운 비즈니스를 성공적으로 수행하게 된 점은 바로 지식경영의 전략적 역할이 컸음을 보여주는 사례이다. 또한, 세계 최고의 철강생산력 유지와 핵심지식을 기반으로 전후방 및 관련 부문으로의 기업가치 확장을 위해 지속적으로 혁신을 추진하였데, 이를 지원한 인프라 또한 지식경영이다. 이렇듯 지식경영은 조직의 지식자원을 효율적으로 개발하고 활용하여 기업의 창조적인 능력을 개선시키는 경영혁신이다.

지식경영(knowledge management) 또는 지식기반경영(knowledge based management)의 개념은 매우 다양하게 정의되고 있다. 칼 위그(Karl Wiig)는 "조직의 가치창출을 위해 지식을 생성 · 저장 · 공유 · 활용하는 일련의 지식과 관련된 활동"을 지식경영이라고 하였다. 또 "조직의 이질적이고 상호보완적인 자원을 기반으로 기존의 지식과 새로운 지식을 차별적인 전략을 통해 관리하여 조직경쟁력을 위한 혁신적인 가치를 창출하는 활동"이라고 하였다(천면중 외, 2012). 그리고 "조직과 그 구성원들 속에 내재해 있는 지식의 가치에 대한 인식을 바탕으로 지식을 기업 전체 차원의 자산으로 구체화시켜서 관리, 공유 및 활용하려는 의도에서 비롯된 폭넓은 의미의 경영 방식"이라고 정의하기도 하였다(김은홍 외, 2011).

지식경영은 지식이 생성되고 전이되어 가치를 창출하고 이를 통해 다시 새로운 지식을 창출하고 관리하는 광의의 개념이다. 따라서 지식경영에서는 조직 차원에서 보유하고 있는 지식자산뿐만 아니라 구성원 개개인의 지식이나 노하우를 체계적으로 발굴하여 조직 내부의 보편적인 지식으로 공유하고 이를 적절히 활용함으로써 조직 전체의 경쟁력을 향상시키고자 하는 경영 개념이라고 할 수 있다. 그리고 지식경영을 구현하기 위한 인프라로서 정보기술을 활용하여 구축된 것, 즉 지식자원을 관리하기 위한 시스템을 '지식(기반)경영시스템(Knowledge Based Management system: KBMS)' 또는 '지식(자원)관리시스템(Knowledge Resource Management: KRM)'이라고 이해해야 할 것이다.

특히 오늘날 기업의 경쟁패턴이 고객중심과 동시에 가치중심으로 옮겨가는 상황에서 조직이 경쟁우위를 획득하기 위해서는 가치를 창출하는 창의적인 아이디어와 지식이 무엇보다 중요하다. 다시 말해 지식경영을 통해 체계적으로 어떻게 지식을 관리하고 활용하는가에 따라 조직의 성공이 좌우된다.

그림 10-16 지식경영과 조직성장

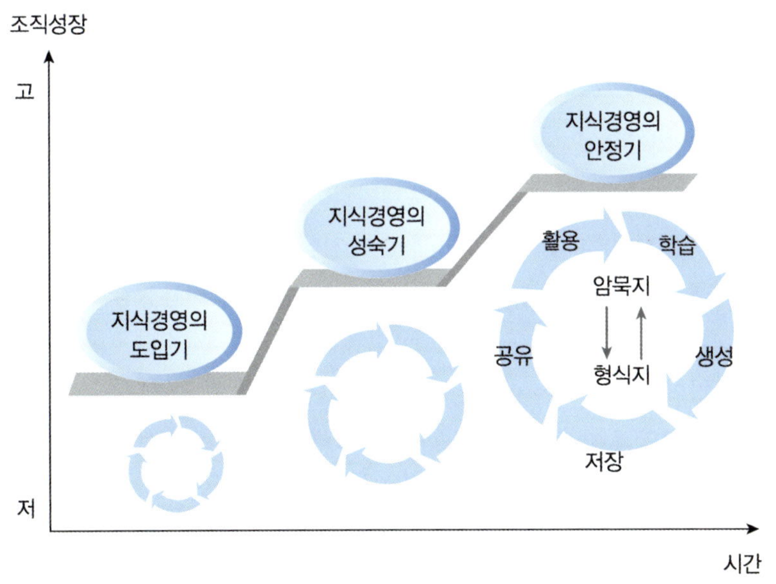

자료: 천면중 외, 경영정보시스템, 비앤엠북스, 2012, 261쪽.

다음 그림 10-16과 같이 조직은 시간이 지남에 따라 지식의 생성 → 저장 → 공유 → 활용을 통해 새로운 지식을 학습하고, 계속해서 반복 과정을 거치는 데 이 과정에서 순환되는 원의 크기는 시간이 지남에 따라 점점 커진다. 그 결과 조직 내 구성원들의 지속적인 지식관리와 활용으로 조직의 지식경영은 안정되고 조직은 계속 성장하게 된다.

2) 지식경영의 필요성

피터 드럭커(Peter Ferdinand Drucker)는 지식이 경제의 가장 중요한 자원이며 지배적인 경쟁우위의 요소라고 하였다. 지식경영은 시장의 변화와 기업 간 경쟁의 심화, 기술발전과 같은 외부환경의 변화에 대응하려고 노력하는 기업의 한계에서 비롯되었다. 그동안 리엔지니어링, 벤치마킹, 고객만족경영, 리스트럭처링, 다운사이징, 전략적 제휴, 아웃소싱 등 많은 경영기법들은 기업의 성과와 핵심역량을 높이고 경영전략을 달성하기 위한 도구로 이용되어 왔으며, 실제로 가시적인 성과를 이루기도 하였다.

그러나 이와 같은 경영기법들은 기업의 인적자원을 중요하게 여기지 않고 복잡한 인적시스템을 단순화하려는 경향이 강했으며, 그 결과 환경에 더 이상 기업의 목표를 충분히 충족시키지 못하는 현실에 직면하게 되었다. 그 가운데 최근 지식사회가 도래하면서 그동안 간과되어왔던 기업의 인적자원과 무형자산이 기업의 성과로 직결되는 현상이 나타났다. 즉, 과거 물질적인 유형자산을 중심으로 이루어지던 경제 및 산업구조가 지식화로 접어들면서 인간의 창의적인 아이디어와 지식으로 무게중심을 옮겨가고 있는 것이다.

예를 들어, Microsoft, Netscape, Yahoo 등의 성공 사례는 지식경영의 대표적인 예라고 할 수 있다. 특히 지적자산을 객관적이고 과학적으로 규명하고자 하는 노력이 많은 관심을 끌고 있다. 쉐브론 텍사코(Chevron Texaco), 다우케미컬(Dow Chemical), 선마이크로시스템(Sun Microsystem) , 스틸케이스(Steel Case) 등과 같이 지식경영을 실천하고 있는 기업들은 엄청난 생산성 증가를 보이고 있다. 생산성 증가는 지식경영을 통한 비용절감과 수익증가로 인한 것이다.

조직이 지식경영을 해야 하는 이유는 다음과 같다(천면중 외 2012).

- 정보기술의 발달과 지식의 중요성으로 인한 무형자산에 대한 인식의 제고이다.
- 치열한 글로벌 경쟁사회에서 조직구성원이 보유한 창조적 지식이 중요하다.
- 학습조직에 대한 반동으로 지식경영이 등장하였다.
- 기업의 자산가치를 재무적인 자산중심으로 산출하는 방식에 근본적인 문제가 있다.

3) 지식경영의 구성 요소

기술 인프라는 기존에 존재하거나 발전 과정상에 있는 것들로서 비교적 도입하기가 쉽다. 또 많은 시스템 제공업체들로부터 구입할 수도 있다. 문제는 이와 같은 기술적 요소보다 구성원들이 자신의 지식을 흔쾌히 내놓고 그것을 활용할 수 있도록 하는 협력문화와 조직적 인프라가 선행되어야 한다는 점이다. 기술은 많은 시스템 제공업자들이 앞다퉈 개발하고 있으며, 현재 이용 가능한 것으로도 충분하기 때문이다. 따라서 지식경영의 방향을 어떻게 설정하고, 사람으로부터 어떻게 지식을 얻어낼 것인가, 그리고 어떻게 지식을 활용하도록 촉진할 것인가가 중요하다(천면중 외, 2012).

지식경영의 핵심 구성 요소는 다음 그림 10-17과 같이 지식경영 인프라와 지식경영 프로세스가 핵심이다.

그림 10-17 지식경영의 구성 요소

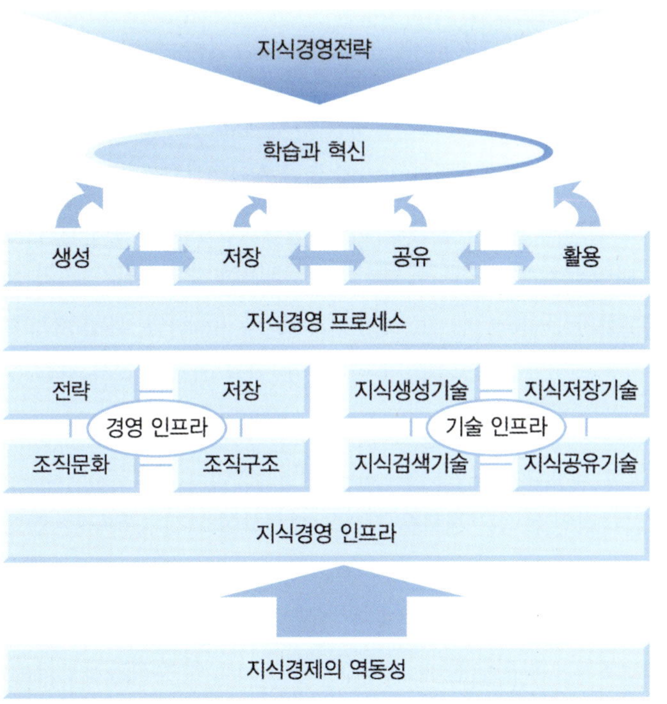

자료: 천면중 외, 경영정보시스템, 비앤엠북스, 2012, 264쪽.

(1) 전략

기업의 전략이란 그 기업이 어떤 기술과 제품으로 시장에서 경쟁우위를 가지고 어떻게 승부할 것인가를 결정하는 것이다. 그러므로 경쟁력강화를 통한 가치창출을 지향하는 지식경영은 경영전략과의 연동 하에 추진되어야 한다. 전략과 연동되지 못할 경우, 지식경영은 방향성과 일관성을 상실하여 그 효과를 기대하기 어렵고, 나아가 지식경영의 불용론마저 나타나 꽃도 피워보지 못하고 끝날 수 있다.

(2) 사람

구성원의 전사적 참여를 통한 원활한 지식축적 및 활용을 위해서는 무엇보다도 구성원들이 자신의 지식을 공유하고자 하는 마음과 자세를 갖도록 해야 한다. 따라서 사람들로부터 지식을 얻기 위해서는 확실한 동기부여가 필요하다. 지식을 많이 만들어 낸 사람, 다른 사람에게 지식을 많이 전달해 준 사람, 결국 조직의 가치창출에 크게 기여한 사람에게는 그에 상응하는 보상(incentive)을 해주어야 하는 것이 당연하다.

(3) 조직문화

가장 어려운 지식경영의 성공 요인은 바로 지식 친화적인 조직문화의 창조이다. 성공적인 지식경영 기업은 대부분 긍정적인 지식문화를 가지고 있으며, 프로젝트와 조직문화가 잘 조화를 이루고 있다. 긍정적인 지식문화란 지적 호기심, 지식에 관한 토론 향유, 상부조직의 기쁨과 같은 문화를 말하며 조직구성원들의 개인특성, 가치관, 규범이 잘 반영된 조직문화를 기반으로 한다. 만약 불신풍조, 회사에 대한 원망, 태만한 작업분위기, 조직 변화에 대한 저항 등의 부정적인 문화가 만연한다면 이는 반드시 개선되어야 한다. 특히 지식 프로젝트에서 조직문화를 선도적으로 이끌어주는 리더들의 추진의지는 매우 중요한 성공 요소가 된다.

(4) 조직구조/프로세스

지식경영의 궁극적인 목적은 새로운 지식을 생성하여 고객의 욕구를 충족시킬 새로운 제품과 서비스를 공급하는 것이다. 새로운 지식의 창출은 조직 내·외부의 지식창고로부터 지식을 습득하고 지속적으로 학습함으로써 이루어진다. 따라서 지식경영의 성공은 지속적으로 학습하는 학습조직을 필요로 한다. 조직구조를 고려할 때 지식관리조직을 신설하거나, 지식의 효율적인 관리 및 활용 등 지식 관련 업무를 책임지는 '최고지식경영자(Chief Knowledge Officer: CKO)' 제도를 도입하는 것도 한 방법이다.

(5) 지식생성기술

성공적인 기술 인프라 구축을 위한 지식생성기술로는 데이터 웨어하우스(Data Warehouse), 데이터 마이닝(Data Mining), 전자문서관리시스템(EDMS), 하이퍼링크관리시스템 등이 있다. 또, 전통적인 정보시스템으로서 임원진들을 위한 의사결정지원시스템(DSS)이나, 중역정보시스템(EIS), 그리고 중간 및 하위관리자들을 위한 경영지원시스템(MSS) 등이 지식의 효율적 이용과 창출에 이용되기도 한다.

(6) 지식저장기술

지식저장기술로는 기존의 정보시스템을 지원하는 데이터베이스와는 구분되는 데이터베이스관리시스템(DBMS)이 활용된다. DBMS는 데이터베이스를 관리하는 데 필요한 데이터의 추가, 변경, 삭제, 검색 등의 기능을 집대성한 소프트웨어 패키지로 데이터의 정의, 처리, 출력을 용이하게 하는 일종의 고급프로그래밍 언어를 제공한다. 대표적인 예로는 퍼스널컴퓨터의 마이크로소프트엑세스(MS Access)프로그램이나 워크스테이션, 메인프레임 환경에서의 오라클(Oracle) 등을 들 수 있다.

(7) 지식검색기술

지식검색기술로는 GUI(Graphic User Interface), 하이퍼링크시스템, 지능검색 에이전트(Agent) 등이 있다. 검색 에이전트란 사용자를 대신해서 검색을 대행해주는 소프트웨어라고 할 수 있으며, 지능형 에이전트는 데이터베이스에 축적된 수많은 지식 중에서 어떤 지식을 필요로 하는지 사용자의 욕구를 반영하여 원하는 지식을 검색해주는 역할을 한다. 오늘날 인터넷과 같은 정보와 지식의 바다에서 필요한 지식을 찾아내는 일이란 광활한 바다에서 원하는 고기를 낚는 것보다 어려운 일이기 때문에 지능형 에이전트 소프트웨어는 매우 유용한 검색 도구이다.

2. 지식관리시스템

1) 지식관리시스템의 정의

기업이 지식자원의 가치를 극대화하기 위하여 조직학습 및 비즈니스 노하우를 체계적으로 관리할 수 있게 해 주는 정보시스템을 가리켜 '지식관리시스템(Knowledge Management

3) 지식관리시스템의 기술 요소

지식관리시스템을 구축하는 데 고려할 수 있는 정보기술에는 본 장에서 주요 주제로 다루고 있는 문서관리시스템 및 그룹웨어가 중요한 비중을 차지한다. 지식관리시스템의 정보기술 요소는 지식창출/획득(knowledge capture) 측면과 지식공유/교환(knowledge sharing) 측면의 두 가지로 나누어 설명할 수 있다.

(1) 지식창출/획득 툴

기업이 필요 지식을 창출하거나 수집하는 데 이용할 수 있는 도구로는 워크플로우, 전자회의, 전자토의포럼이 대표적이라고 할 수 있다. 워크플로우(workflow) 시스템은 기업 업무의 흐름을 관리하는 기능에 초점을 두므로 조직업무 프로세스와 관련한 지식을 포착하는 데 사용할 수 있다. 전자회의(electronic meeting)시스템은 앞서 지적된 바와 같이 제품의 설계나 광고카피의 고안처럼 창의적인 발상을 통해 새로운 아이디어를 도출해 내는 데 중점을 두므로 조직의 지식창출을 위해 유용한 도구로 사용이 가능하다. 전자토의포럼(electronic discussion forums)은 비실시간 방식에 의한 조직원들 간의 주제 토의를 지원한다는 점에서 전자회의시스템처럼 암묵적 지식의 창출 도구로서 활용될 수 있다.

(2) 지식공유/교환 툴

조직원들 간에 지식을 공유하거나 교환하는데 있어서도 정보기술의 역할이 중요하다. 이러한 기술에는 전자문서관리시스템, 그룹웨어, 인트라넷이 있다. 전자문서관리시스템(EDMS)은 앞서 설명한 바와 같이 조직 내 여러 유형들의 문서들을 통합적으로 관리하는 시스템이다. 이 시스템을 통해 개인이 필요로 하는 지식의 키워드만 입력하면 곧 그와 관련된 문서들이 화면에 열거되며 희망하는 문서를 선택하고 내용을 확인할 수 있다. 조직의 명시적 지식 중 상당 부분이 문서의 형태로 존재한다는 사실을 생각할 때 EDMS는 지식의 효과적 공유를 위해 중요하다. 조직원들 간에 정보를 공유하고 교환하는 기능에 역점을 두는 그룹웨어 및 인트라넷도 지식공유를 위한 도구로 사용이 가능하다.

3. 전문가시스템

1) 전문가시스템의 정의

전문가시스템은 인공지능의 여러 활용 분야 중 기업경영에 가장 활용성이 높은 분야로서 컴퓨터에 전문가의 지식을 불어 넣으려는 연구 분야이다.

전문가시스템(Expert System: ES) 또는 지식기반시스템(Knowledge Based System)이란 "특정 전문 분야에서 전문가의 축적된 경험과 지식을 시스템화하여 의사결정을 지원하거나 자동화하는 정보시스템"을 말한다. 즉, 전문가의 지식과 경험을 컴퓨터라는 도구를 이용해 재구성하고 이를 토대로 추론(reasoning)하여 정보를 습득하는 시스템으로써 전문가가 아닌 많은 사람들이 전문가시스템을 통하여(전문가에게 자문을 구하듯) 전문가의 능력을 활용하여 의사결정을 할 수 있도록 구성된 소프트웨어이다. 그러나 이 시스템이 인간전문가가 하던 일을 완전히 대신하는 것은 아니다. 특정 분야에 대해서는 인간과 거의 같거나 더 나은 결과를 가져오기도 하지만 대개의 경우는 사람을 보조하는 역할을 하고 있다.

예를 들면, 세무자문을 하는 전문가시스템의 경우 컴퓨터에 세법과 시행령, 관련 규정, 판례 등을 입력시키고, 또 발생 가능한 사례들을 전문가로부터 추출하여 기억시켜놓고 자문을 원하는 사용자가 컴퓨터에 질문을 하면 축적한 지식을 토대로 응답을 하도록 만든 것이다.

그림 10-19 전문가시스템의 기본구조

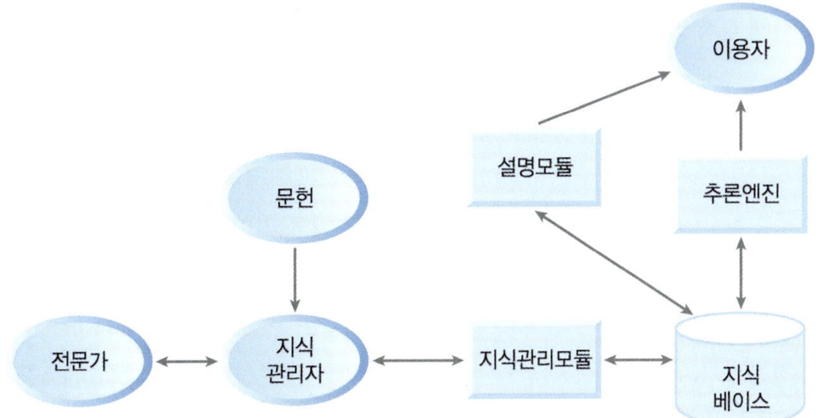

자료: 김은홍 외, 경영정보학개론, 다산출판사, 2011, 79.

전문가시스템도 의사결정을 지원하는 시스템이라는 면에서는 DSS와 유사한 개념으로 볼 수 있으나 몇 가지 DSS와는 다른 점이 있다. 즉, DSS가 모형과 데이터를 중심으로 구축되는 데 비해 전문가시스템은 지식을 기반으로 하고, DSS에 의한 의사결정이 의사결정자 개인의 능력이나 의사결정 방식 등에 의해 결정될 수밖에 없는 데 비해 전문가시스템은 의사결정자보다 훨씬 뛰어난 전문가의 능력을 활용할 수 있다는 점이다. 그리고 전문가시스템은 어떤 결론에 도달하게 된 근거, 즉 논리적 추론 과정에 대한 설명을 제공해 준다는 점이다.

한편, 전문가시스템의 실용화가 지닌 의미는 특정 업무에 정통한 전문가의 지식과 노하우를 구조화해서 관리 · 계승할 수 있을 뿐만 아니라 일반인들도 전문가와 같은 수준으로 문제를 해결하며, 인간전문가와는 달리 항상 객관적이고 정확한 판단을 내려 업무처리의 효율과 능률을 극대화시킬 수 있다는 장점이 있다.

2) 전문가시스템의 특성

전문가시스템이 다른 정보시스템과 구별되는 가장 큰 특징은 최종적인 의사결정을 제시하는 일종의 제안시스템이라는 점이다. 아직까지 인간의 추론기능에 접근하기에는 기술적인 제약이 많아 전문가시스템이 다루는 문제는 매우 정형적이고 반복적인 분야에 국한되고 있다. 인식할 수 있는 지식의 범위도 매우 좁고 특히 여러 가지 복잡한 사건이 동시다발적으로 일어나는 상황에선 활용이 불가능하다.

또한, 전문가시스템의 핵심은 시스템을 구축하는 동안 축적되는 강력한 지식기관이라고 할 수 있다. 이 지식들은 명확해야 하고 의사결정을 단순화할 수 있도록 조직화되어야 한다. 즉, 지식의 축적과 성문화(codification)는 가장 중요한 전문가시스템의 요소라고 할 수 있다.

전문가시스템이 제공해 주는 유용한 특성을 열거하면 다음과 같다.

첫째, 전문가시스템은 문제해결(problem solving)에 도움을 주는 높은 수준의 전문지식과 기술을 갖고 있다. 이 전문기술은 정확하고 효과적인 문제해결 방법을 도출하기 위한 어느 특정 분야에서 최상의 사고력을 가진 상급 전문가의 지식을 의미한다.

둘째, 전문가시스템은 예측모델링능력을 가지고 있다. 주어진 범위 내에서 문제해결을 위한 이론이나 모델을 수행하는 정보로서의 역할을 담당한다.

셋째, 전문가시스템은 상급 경영자와 참모들을 위한 훈련설비(training facility)를 제공해 준다. 즉, 전문가시스템은 필요한 지식과 추론 처리능력을 가지고 있기 때문에 이를 통해 훈련설비의 설계가 가능하다. 또, 소프트웨어는 훈련생과 전문가시스템 사이에 보다 유연하고 유용한 인터페이스를 추가할 수 있어야 하고 교육 방법에 관한 지식과 사용자 모델링을 포함

표 10-2 전문가시스템과 전통시스템의 차이점

전통적 시스템	전문가시스템
• 자료중심(데이터베이스)	• 전문지식중심(지식베이스)
• 단순한 문제해결에 중점	• 문제해결과 결과설명, 학습능력
• 수치처리중심	• 상징처리(상징, 기호, 삽화 등) 병행
• 알고리즘에 의한 문제해결	• 휴리스틱에 의한 문제해결
• 완전한 정보요구	• 불완전한 정보도 처리 가능
• 지식 변화에 신축적 · 능동적이지 못함	• 지식 변화에 신축적 · 능동적 대처
• 지식과 제어가 한 프로그램에 저장	• 지식과 제어의 분리저장
• 구조적이고 확실한 문제처리 용이	• 비구조적, 불확실한 문제처리 가능

시켜야 한다.

한편 전문가시스템은 기계시스템이므로 인간의 정보처리에 비해 몇 가지 장점을 가지고 있다.

첫째, 여러 전문가의 합의되고 공통된 우수한 지식을 추출하여 활용하므로 어느 한 사람의 판단능력보다 정확하고 탁월한 의사결정을 할 수 있다.

둘째, 인간의 생명은 유한하고 특정 장소에서 특정 전문가를 쉽게 접할 수 없으나 지식기반시스템은 특정 전문가의 지식과 경험을 지속적으로 활용할 수 있다.

셋째, 기억능력의 한계, 판단능력 변화에 의한 오판 및 오류 등에 따라 의사결정상의 리스크가 발생할 수 있으나 전문가시스템에서는 이런 문제를 해결할 수 있다.

3) 전문가시스템의 구성 요소

(1) 지식베이스

지식베이스는 전문가시스템의 핵심으로 지식과 지식베이스의 관계는 데이터와 데이터베이스의 관계와 유사하다. 지식베이스(knowledge base)는 전문가로부터 특정 문제해결과 관련된 전문지식이나 노하우를 정리 · 축적하여 모아놓은 것으로서, 지식을 사실(facts)과 규칙(rules)의 형태로 저장한다.

지식베이스는 지식공학자(知識工學者)에 의해 구축되는데 이들은 질문과 분석의 반복 과정을 통해 전문가가 갖고 있는 지식을 논리정연하게 추출하여 지식베이스에 저장한다. 지식베이스의 지식표현 방법으로는 생성규칙(production rules), 의미망(semantic network), 프레임(frame) 등이 사용되고 있다.

(2) 추론기관

추론기관(Inference engine)은 주어진 문제해결을 위해 저장된 지식과 데이터를 이용하여 얻고자 하는 결과를 추론(推論)해 내는 기관이다. 추론기관은 인간의 사고 과정을 모델링한 프로그램으로써, 새로운 지식을 추론하기 위해서 규칙들을 어떻게 적용할 것인가를 결정하는 인터프리터와 선택된 규칙들을 어떤 순서로 결정할 것인가를 결정하는 스케줄러로 구성된다.

전문가는 단순히 지식만 가지고 있는 것이 아니라 자신의 지식에 근거하여 추론 과정을 거침으로써 문제해결을 위한 결론에 도달하게 된다. 즉, 전문가시스템이 실제 전문가와 같은 기능을 수행할 수 있으려면 지식베이스를 이용, 주어진 문제의 해결을 위한 결론에 도달하는 추론기관(프로그램)이 있어야 한다.

추론기관이 결론을 도출하는 방법에는 전방추론과 후방추론 방식을 주로 사용한다. 전방추론(forward chaining)은 자료(입력된 사실)에서 시작해서 목표(결론)를 찾아가는 자료위주의 추론 방식이다. 그리고 후방추론(backward chaining)은 목표지향적 추론 방법으로써, 목표로부터 시작해서 이를 충족시켜 주는 전제(하위목표)를 찾아가는 방식이다.

(3) 설명기관

결론의 원인과 추론 과정을 설명하는 사용자 인터페이스 기관으로서 기존 소프트웨어와 다른 점이다. 전문가시스템 설명기능은 주어진 데이터와 지식베이스에 있는 사실을 이용하여 결과를 도출하는 과정에서 적용한 규칙들을 역으로 추정하는 과정을 말한다.

예를 들어, 의료진단 전문가시스템이 어떤 환자의 병명을 감기라고 진단하였다고 하자. 이 경우 환자가 전문가시스템에게 병명이 감기라고 결론짓게 된 이유를 물어볼 수 있다. 그러면 전문가시스템은 환자의 혈액검사, 소변검사, 체온, 기타 여러 증상 및 시스템이 보유하고 있는 지식에 입각하여 감기라는 결론을 내리게 된 과정을 역으로 추적하여 설명한다.

(4) 사용자 인터페이스

사용자 인터페이스란 사용자와 시스템 간의 의사소통을 매개하는 프로그램으로 지식기반 시스템을 용이하게 개발·이용할 수 있도록 하는 기관이다. 사용자는 인터페이스를 통하여 데이터를 입력하거나 추론결과를 제공받는다. 최근의 추세는 사용자가 이해하기 쉽고 사용하기 편리한 인터페이스 환경을 제공하기 위하여 가급적 단순하고 친밀한 형태의 그래픽기능을 많이 지원하고 있다.

(5) 인력

전문가시스템 구축에 있어 핵심적 인력은 지식공학자이다. 지식공학자(knowledge engineer)는 전문가의 지식이나 문헌으로부터 지식을 추출하고 체계화하여 컴퓨터에 입력관리하는 중요한 인력 중의 하나이다. 즉, 지식공학자는 현장전문가의 모호한 경험적 지식을 명확한 개념과 일관성 있는 논리로 추출하고 이를 개발하고자 하는 시스템의 컴퓨터언어로 표현한다. 경우에 따라서는 전문가나 사용자가 직접 지식공학자의 역할을 수행하기도 하며 지식공학자들이 수행하는 지식추출 과정이 전문가시스템 개발 전 과정 중 가장 난해하고 많은 시간과 비용이 소요된다.

4) 전문가시스템의 활용

(1) 응용 분야

전문가시스템이 응용될 수 있는 범위는 지식이 필요한 전 분야라고 볼 수 있으나 일반적으로 경제적 효과가 있으면서도 지식집약적인 혹은 탐색을 통한 추론집약적인 문제를 찾는 것이 타당하다. 그리고 응용문제의 성격상 데이터의 해석, 예측, 진단, 설계, 계획, 감사, 교정, 수리, 지도, 제어 등의 목적으로 활용될 수 있다.

표 10-3 전문가시스템의 응용 분야

부 문	응 용 분 야
경영 분야	재무계획 및 투자분석, 자문 및 의사결정지원, 마케팅, 보험, 법률상담, 세무자문/세무회계, 출판 편집, 건물관리, 통신 등
제조 분야	CAD/CAM과 제품설계, 기계고장진단 및 수리, 공정제어, 에너지관리, 제조 과정 모의실험, 용접, 발전시설관리, 석유 및 자원탐사, 품질관리 등
공학 분야	공학, 농공학, 자동차공학, 유전공학, 화공학, 토목, 전기, 환경, 산업, 제조, 금속, 석유, 교통, 건축, 식품공학, 핵공학, 제어, 통신, 용접공학 등

(2) 개발 사례

전문가시스템은 1960년대 중반부터 연구되기 시작하여 현재는 그 전성기를 맞고 있다. 초기에는 전문가시스템의 가능성과 유용성을 입증할 목적으로 주로 의학, 수학, 언어 등의 분야에서 개발되었으며, 그 사례로는 1965년 화합물의 분자구조를 추정하는 데 사용하기 위하여 스탠포드대학에서 개발한 'DENDRAL', 혈액질환의 진단 및 처방을 위한 'MYCIN', 폐 · 녹

내장 등의 질병진단 및 처방을 위한 'INTERNIST', 'CADUCEUS', 수학의 대수문제를 해결하기 위한 'MACSYMA', 자연언어 처리를 위한 카네기 멜론대학의 'HEARSAY 1' 등을 들 수 있다.

외국의 개발 사례를 보면 1980년대 이전에는 대학의 연구실에서 학술적인 목적으로 개발되었고 1980년대 이후에는 대학이나 기업체에서 상업화 목적으로 개발되었다. 한 조사에 따르면 1960~70년대에 한두 개에 불과하던 전문가시스템이 1980년대에는 연구 분야 68개, 개발 분야 38개, 생산 분야 14개 시스템으로 확산되었다. 1990년대의 경우는 IBM과 듀퐁이 각각 400~500개의 전문가시스템을 실무에 이용하는 등 최소한 3천여 개 이상의 시스템이 전 산업 분야에 걸쳐 설계지원, 공정제어, 운전지원, 고장진단, 생산계획 등의 목적으로 활용 중이며, 공장자동화 분야까지 적용범위가 확대되고 있다(안중호, 1998).

표 10-4 외국의 ES 개발 현황

시스템명	개발자 · 연도	개발목적	사용언어
DENDRAL	스탠포드대학(1965)	미지의 화학합성물, 분자구조 판별	LISP
HEARSAY II	카네기멜론대학(1975)	음성인식	SAIL
PROSPECTOR	스탠포드대학(SRI)(1970말)	광물질 탐구	DEC 10
MYCIN	스탠포드대학(1976)	혈액감염 진단 및 처방	inter LSIP
XCON	카네기멜론대학/DEC(1980)	Vax-11/780 및 기타 컴퓨터 하드웨어 구성 자문	OPS5
MOLGEN/GENESIS	Intelli Corp.(1981)	Design Molecular Genetics Experiments and Procedure	KEE
DELTA	GE(1984)	디젤 전기자동차의 결함 진단	LISP

(3) 국내 개발 사례

1987년 KAIST의 세무자문 전문가시스템을 시초로 연구소, 산업체, 대학에서 연구프로젝트를 수행하고 있으나 과학원에서 개발한 지식기반시스템 툴인 UNIK를 제외하고는 대부분 외국에서 개발된 툴을 이용 애플리케이션을 개발하는 정도이다.

표 10-5 국내의 전문가시스템 개발 현황

시스템명	개발자 · 연도	개발목적	사용언어
고로진단시스템	포항제철(1988)	고로의 고장진단 및 제어를 자동화한 자동운전시스템	S. 1
원자력발전소 고장진단시스템	한국전력공사, KAIST(1989)	원자로 제어봉제어, 냉각제펌프, 가압기의 고장진단	PROLOG. C
원유도입계획시스템	유공, KAIST(1989)	원유도입, 인도 및 공장 가동의 최적화	UNIK
투자자문시스템 (BRAIN)	럭키증권, KAIST(1989)	주식의 가치를 경제, 산업, 기업수준으로 평가	PASCAL, LISP
자동차보험사고 손해배상판정시스템	한국과학기술연구원(1987)	자동차사고의 손해배상판정	C
원전2차계통수 화학 이상진단 전문가시스템	한국전력기술(주)(1989)	원자력발전소의 각종 증기발생기의 수화학 데이터를 이용하여 이상유무 진단	Nexpert
생산스케쥴링 전문가시스템	삼성물산, 삼성데이터시스템(1991)	상품기획결과와 원단의 수급상황 등에 따른 생산계획	ART-IM
설비진단전문가 시스템	포항제철, 금성소프트웨어(1991)	진동신호를 이용한 회전기계 설비진단	Nexpert

연구문제

설명형 문제

1. 의사결정지원시스템의 개념과 특성에 대해 기술하시오.
2. DSS의 구조와 구성 요소에 대해 설명하시오.
3. GDSS의 개념과 유형에 대해 설명하시오.
4. GDSS의 구성 요소와 지원 소프트웨어에 대해 기술하시오.
5. 웹 의사결정지원시스템(WDSS)에 대해 설명하시오
6. 웹 의사결정지원시스템(WDSS)의 구성 요소에 대해 기술하시오.
7. 지식관리시스템(KMS)에 대해 설명하시오
8. 비즈니스인텔리전스(BI)의 기본 개념과 구성 요소에 대해 기술하시오.
9. 비즈니스인텔리전스(BI)의 기반구조에 대해 기술하시오.
10. 전문가시스템(ES) 기본 개념과 구성 요소에 대해 기술하시오.

약술/열거형 문제

1. 의사결정지원시스템의 유형을 열거하시오.
2. 데이터중심 DSS와 모형중심 DSS에 대해 설명하시오.
3. 통계모형 DSS의 예를 들으시오.
4. DSS 개발사례들에 관해 약술해 보시오.
5. 웹 의사결정시스템의 적용 사례에 관해 약술해 보시오.
6. 비즈니스 인텔리전스의 구축 사례를 들으시오.
7. 데이터 웨어하우스(Data Warehouse)에 대해 약술하시오.
8. 데이터 마이닝(Data Mining)에 대해 약술하시오.
9. 데이터 시각화(data visualization)에 대해 간략히 설명하시오,
10. 중역정보시스템(EIS)에 대해 간략히 기술하시오.

용어/시사문제

1. OLAP & OLTP
2. DBMS
3. MBMS
4. CSCW
5. 인포그래픽(Infographics)
6. 단어 구름(word cloud)

Management Information System

04 정보시스템 조직 · 개발 · 운영 개관

11장 정보시스템 자원의 조직 및 확보

1절 정보시스템 기능의 조직화

조직 내의 정보시스템 기능을 조직화하는 방법이나 과정은 당해 조직의 특성에 따라 달라질 수 있다. 모든 조직은 자체의 특성에 맞는 정보시스템을 지향하게 되고, 그에 따라 정보시스템 자원을 조직화 하는 형태도 달라진다. 실제로 각 기업의 정보시스템 부서의 명칭이나 조직 형태, 조직기능, 인력의 직무나 직책, 조직도상에서의 위치 등 여러 면에서 적지 않은 차이점을 발견할 수 있다.

이 절에서는 정보시스템의 조직기능을 이해하고, 정보시스템 기능의 조직화, 전형적 조직 형태와 변화추세 그리고 정보시스템 조직의 책임자 등에 대해 살펴본다.

1. 정보시스템 조직기능

1) 정보시스템 기능의 정의

오늘날의 정보시스템 기능은 생산, 마케팅, 인사, 재무 등과 마찬가지로 기업의 가치사슬 상에서 볼 수 있는 경영활동의 하나로 인식되고 있다. 특히, 오늘날 대부분의 조직에 있어 정보시스템 기능은 급변하는 경영환경에 신속히 대처하고 조직의 경쟁력을 확보하고 유지하는 데 있어 핵심적 역할을 수행하는 기능으로서의 위치를 점하고 있다.

이와 같은 정보시스템 기능의 일차적 목표는 '조직 전체에 최적의 정보서비스를 제공'하는 데 있다. 그러나 엄청난 규모의 정보기술이 도입 · 활용되기 시작하면서, 정보시스템은 단순한 정보서비스 제공수단의 차원을 넘어 조직의 전략적 비전을 지원하는 전략무기로서의 기능과 역할이 강조되고 있다.

이러한 관점에서 정보시스템 조직의 기능을 정리하면 다음과 같다.

(1) 주요 기능

- **시스템 개발:** 응용시스템의 개발 및 실행 등을 수행하는 기능으로서 여기에는 시스템 타당성조사, 분석 및 설계, 실행 등 시스템개발수명주기(SDLC)상의 모든 단계의 활동이 포함된다.
- **시스템 운영:** 사용자 부서가 필요로 하는 정보를 산출해 내는 기능으로 자료의 획득과 입력, 컴퓨터 시스템의 기계적 운영, 출력정보의 배분 등의 활동을 수행한다.
- **시스템 유지 · 보수:** 기존 시스템의 효율적 · 효과적 운영을 보장하기 위한 기능으로 각종 오류를 발견하고 제거하거나, 업무내용 및 환경 변화에 따르는 사용자요구의 변화에 부응하여 프로그램이나 제반 절차를 개선시키는 등의 활동을 말한다.

(2) 보조적 기능

- **기술적 지원:** 컴퓨터 하드웨어, 소프트웨어, 네트워크 등에 대한 기술 인프라구축과 표준 설정 및 관리활동을 포함한다. 그리고 새로운 정보기술에 대한 학습과 연구 그리고 조직 내 전문가와 사용자집단에 대한 정보시스템 관련 교육 및 훈련 등을 통해 특정 전문 분야에 대한 기술적 지원활동을 한다.
- **관리적 지원:** 주요 기능을 효율적으로 이행할 수 있도록 사무보조, 인사 및 급여관리, 예산계획 및 통제, 설비 및 비품관리, 교육훈련 등과 같은 제반 행정적 지원활동을 포함한다.

2) 정보시스템 조직의 특성

(1) 전문기술자집단

정보시스템 조직은 정보기술과 관련된 전문지식과 기술을 보유한 시스템전문가(시스템분석가, 프로그래머, DB 관리자 등)들로 구성되어 있으며 전통적인 기능중심의 조직이라기보다는 특정 전문 분야에 대한 서비스를 제공하는 스탭의 성격을 띤 집단이다.

(2) 이질적인 문화

정보시스템 구성원은 전문가로서의 독자적인 업무수행과 그리고 책임과 권한에 있어서의 자율성을 최대한 보장받기를 원한다. 이러한 조직구성원의 특성은 다른 부서와는 다른 문화(culture)를 형성하게 된다.

(3) 지원 부서이자 전략 부서

정보시스템 조직은 기업활동을 더욱 효과적으로 수행하는 데 필요한 시스템을 개발하는 지원 부서로 인식되어 왔다. 그러나 최근에는 기업정보화의 중요성이 강조되면서 정보시스템 조직의 전략적인 역할이 강조되고 있다.

이와 같이 정보시스템 조직은 기업 내의 다른 부서와는 상당히 다른 몇 가지 특성을 갖고 있음에도 불구하고 조직특성에 맞게 관리 · 운영되지 못하고 있는 것이 현실이다. 즉, 직무의 내용과 성격이 다르고 구성원에게 요구되는 기술과 자질이 다름에도 불구하고 직급체계, 인사고과, 조직구조 등이 다른 조직과 유사하게 관리되고 있는 것이다.

정보시스템 조직이 그 특성에 맞게 관리되지 못한다면 조직 내 이질적인 존재로 인식되어져 적절한 보상과 경력관리 등에서 동기유발(motivation)이 되지 못할 뿐만 아니라, 효과적인 능력발휘를 하지 못하게 된다. 이러한 문제를 해결하기 위해서는 정보시스템 조직에 맞는 조직구조, 임금체계, 승진체계 등이 개발 · 적용되어야 한다.

2. 정보시스템 기능의 조직화

1) 집중화와 분산화

경영정보시스템 관련 자원이나 기능을 조직화하는 방법은 그 조직의 특성에 따라 결정되기 때문에 매우 다양한 형태로 나타날 수 있다. 그러나 이러한 다양한 형태를 크게 분류해보면 결국 정보시스템 기능이 정보시스템 부서에 집중되어 있는 경우와 일반 사용부서(현업부서)에 분산되어 있는 경우로 나누어 볼 수 있다. 이러한 두 가지 형태의 조직화 유형을 '독점적 조직'과 '양자 공유적 조직'이라고 표현하고 있는데, 독점적 조직이란 정보시스템 부서에서 정보시스템과 관련된 모든 자원 및 기능을 점유하는 조직 형태(중앙집중식 통제)를 말하고, 양자 공유적 조직은 정보시스템과 관련된 책임을 정보시스템 부서와 일반 사용부서가 서로 나누어 가지는 조직 형태를 말한다.

이에 대한 역사적 흐름을 정리하여 보면 다음과 같다.

- **컴퓨터 도입 초창기:** 분산화 방식 선호(컴퓨터 성능의 한계)
- **대형 컴퓨터와 통신망 개발:** 집중화 방식 선호(투입비용 과다)
- **미니, 마이크로컴퓨터 등장과 통신기술 발전:** 분산화의 경향
- **최근**(정보자원의 통합적 관리 지향): 집중화 또는 양자 공유적 조직 등장

표 11-1 정보시스템기능의 집중화 및 분산화 요인

집중화 요인	분산화 요인
• 각 구성원의 전문성 확보 • 자료의 통합적 관리 • 기술적 능력의 집중적 배양 • 규모의 경제	• 값싸고 사용하기 편리한 하드웨어, 소프트웨어의 보급 확대 • 시스템 개발요구 적체현상의 심화 • 사용자가 시스템을 직접 통제하고자 하는 욕구의 증대 • 기타 심리적 · 조직행태적 요인

자료: 김은홍, 경영정보학개론, 2017, 390쪽.

정보시스템 집중화와 분산화는 기술상의 문제가 아니라 대체적으로 경영자의 이념이나 기업문화 등의 요인에 의해 결정되어지며, 조직은 자신의 여건이나 추구하는 목적에 따라 다양한 형태로 조직화시킬 수 있다.

예를 들면, 전체적으로 분산화구조를 택하되 그 중에서 집중화 방식을 수용할 수도 있고, 전국적 또는 세계적으로 대규모조직을 분산시키되 각 지역별로는 집중화구조를 선택할 수도 있으며, 이의 반대 형태인 집중화 속의 분산화도 가능하다.

또한, 경우에 따라서는 집중화와 분산화의 중간 형태를 취할 수도 있다. 예를 들면, 대형 컴퓨터를 데이터베이스 및 망 관리용으로, 중형 및 미니는 부서용으로, PC나 워크스테이션은 개인이나 집단사용자용으로 지정하는 '위계형 3단시스템'의 구조로 처리부하(load)를 하위 컴퓨터로 분산시킴으로써 분산시스템과도 흡사한 형태를 취할 수도 있다.

2) 집중 · 분산화의 대상 영역

정보시스템 기능 중 어떤 기능들을 정보시스템 부서에 집중시키고 어떤 기능들을 현업에 분산시키는 것이 이상적인가 하는 문제에 대해서는, 결국 전통적으로 정보시스템의 전문가의 영역으로 간주되었던 거의 대부분의 기능들은 현업 부서로 이관되고 정보시스템 부서는 스탭 및 지원기능만을 수행하는 형태로 변화될 것으로 보는 견해가 지배적이다. 즉, 정보시스템 부서 고유 영역으로 남는 기능은 각종 기술표준의 설정, 시스템감시 및 감사, 전문인력

그림 11-1 3단 시스템 구조

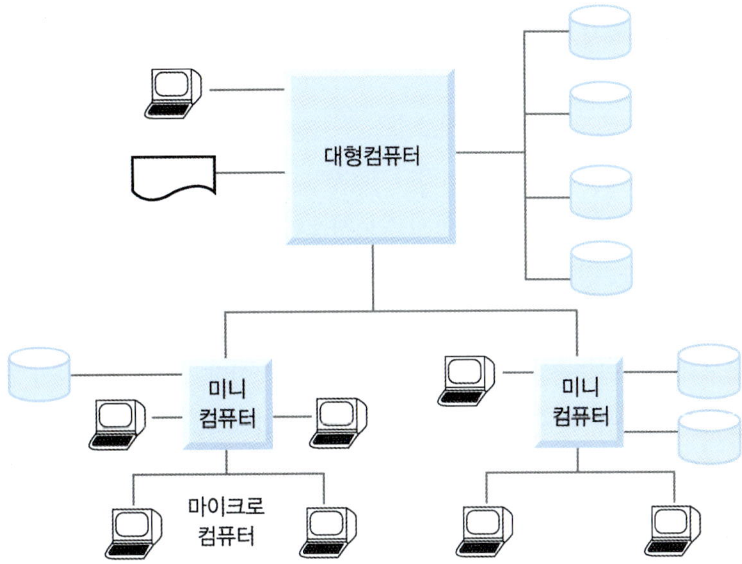

자료: Burch and Grudniski, 1989.

의 개발, 기술연구, 기술적 지원서비스, 공급자관리, 전체 기술체계의 설계 등이다.

한편, 어느 정도의 기능을 분산시킬 것인가에 대해서 그간 논란의 대상이 되었는데, 이에 대해서는 최근 대체적으로 해당 조직의 전략이나 구조에 맞도록 결정해야 한다는 데 견해를 같이하고 있다. 즉, 조직의 전략이나 구조를 강화시키는 방향으로 정보시스템을 구축 · 운영하는 것이 바람직하다는 것이다. 따라서 제품의 다양성이 높을수록, 권한위임과 자율성이 많이 부여되어 있을수록 그리고 부서 간 동질성이 낮을수록 기능분산화의 정도가 커져야 한다는 점이다.

표 11-2 현업부서에 분산 가능한 정보시스템 기능

기능별 분야	활 동
개발 분야	데이터베이스관리, 시스템분석, 시스템문서화, 사용자교육, 응용시스템개발 등
운영 분야	하드웨어운영, 통신망운영, 시스템프로그래밍, 응용시스템 유지 · 보수 등
통제 분야	보안관리, 표준화, 업무일정계획, 예산계획, 우선순위결정, 인력계획, 각종 제품의 평가 등

3. 정보시스템 부서의 조직화

1) 정보시스템 부서의 집중화와 분산화

정보시스템 부서의 조직화 문제는 정보시스템 기능의 분산화 정도에 따라 달라지기 때문에 어떤 일반적인 모형을 제시하기는 어렵다. 더욱이 여러 사업부로 이루어진 대규모 기업의 경우, 정보시스템 부서의 조직화 문제 역시 정보시스템 부서를 각 사업부별로 분산시킬 것인지, 또 분산시키면 어느 정도 분산시킬 것인지에 대한 의사결정을 필요로 한다.

오늘날 일정한 크기 이상의 규모를 가진 조직의 경우에는 어느 정도의 독립성을 가지고 운영되는 사업부제 형태의 조직구조를 가지는 것이 일반적이다. 특히, 우리나라 기업의 경우에는 기업집단 또는 그룹이라는 독특한 구조를 가지고 있어서, 한 그룹 내에 수십 개의 단위기업(계열사)이 있고 다시 각 기업에는 여러 개의 사업부가 존재하는 매우 복잡한 구조를 가진다.

이와 같은 대규모 조직에 있어 중앙에 하나의 거대한 정보시스템 부서를 두고 여기서 조직 전체를 지원하도록 할 것인가(집중화), 아니면 각 사업부별로 별도의 정보시스템 부서를 둘 것인가(분산화) 하는 것은 중요한 의사결정 문제가 된다. 이는 앞에서 논의한 정보시스템 기능의 집중화 및 분산화 문제와 어느 정도 연관성은 있지만, 근본적으로 별개의 문제로 검토하는 것이 바람직하다(김은홍, 2017).

표 11-3 정보시스템 부서의 집중화와 분산화 요인

집중화 요인	분산화 요인
• 엄격하고 지시적인 자원배분	• 자율적 및 현업 중심적 자원배분
• 기업 전체의 요구 중시	• 다양한 요구와 기호중시
• 비용의 최적화 우선	• 혁신과 적응력 제고
• 집중화된 조직구조	• 분산화 된 조직구조
• 기업 전체의 요구에 대한 신속한 대응	• 부문별 요구에 대한 신속한 대응
• 기업 전체의 정보시스템 구조 중시	• 현업 지향적 시스템개발
• 중앙의 전문가 확보	• 부문별 전문가 확보
• 공통의 시스템 및 자료 구축	• 시스템에 대한 접근성 제고
• 규모의 경제성 추구	• 통신비용 감소 및 다양성 추구
• 서비스의 전문화	• 사용자 통제 및 적응력 강화
• 공급자에 대한 협상력 강화	• 공급자에 대한 탄력적 대응
• 고위험, 대규모 프로젝트 수행 용이	• 프로젝트 수행의 신속성, 융통성 제고

우선 이와 같은 정보시스템 부서의 조직화 방법은 나름대로의 장 · 단점을 가지고 있는데, 조직 내에서 집중화 또는 분산화를 유도하는 유인들을 요약하면 표 11-3과 같다.

이와 같은 조직특성 요인에 적합한 정보시스템 부서의 조직화 방안을 모색하다 보면 결국 중앙집중형과 분산형, 그리고 이 둘을 결합한 혼합형(또는 연방제형)의 세 가지 유형 중 하나의 조직구조를 갖게 된다. 그러나 실제로 과거에 선진국의 대규모 기업에서 정보시스템 부서를 조직화하는 다양한 방법들을 조사한 결과, 표 11-4와 같이 크게 다섯 가지 유형으로 구분될 수 있음을 발견하였다(Edwards, 1984).

표 11-4 정보시스템 부서의 조직화 유형

유 형	개 요
중앙집중형	전사적으로 단일화 된 중앙의 정보시스템 부서만을 운영
분산형	각 사업부별로 별도의 정보시스템 부서를 운영
연방제형	중앙의 정보시스템 부서와 사업부별 정보시스템 부서를 함께 운영
사업부형	모기업을 고객으로 하는 별도의 사업부조직으로 운영
벤처기업형	기업 내부고객과 외부고객을 위한 사업을 병행하는 별도의 사업부조직으로 운영

자료: 김은홍, 경영정보학개론, 2017, 393쪽.

여기서 연방제형은 사업부형 또는 벤처기업형과 병행하여 채택될 수 있는 조직화 유형으로서, 다시 '순수한 연방제형' 과 '사업부형 + 연방제형', '벤처기업형 + 연방제형' 등 세 가지 유형으로 세분화될 수 있다.

이상과 같은 다섯 가지 유형 중 대부분의 조직이 연방제형을 기본으로 해서, 나머지 유형을 적절히 절충하는 형태로 운영되고 있으며, 또한 그것이 가장 적절한 진화방향인 것으로 조사되었다(Feeny *et al.*, 1987).

대규모 조직의 경우 처음에는 대개 중앙집중형 조직으로부터 출발하는 것이 보통인데, 그로 인한 현업부서의 불만이 누적되면서 각 사업부에 정보시스템 담당책임자와 팀을 두고 정보시스템 활용 및 현업 지원업무를 담당하게 하는 형태로 바뀐다. 그러다가 점차 시스템 개발 등의 주요 업무를 각 사업부에 이관하게 되고, 중앙의 정보시스템 부서는 주로 조직 전체 차원의 업무 및 관련 문제해결, 사업부별 정보시스템 부서를 지원하는 역할만을 수행하는 전형적인 연방제형으로 변화하게 된다.

이와 같은 정보시스템 부서의 조직화 유형을 현재 우리나라의 대표적인 기업집단(그룹)과 그룹 내 SI(System Integration) 기업의 상황에서 한번 살펴보는 것도 흥미롭다. 삼성SDS,

LGCNS, SKC&C 등 현재 국내 SI 업계에서 선두권을 형성하고 있는 업체들은 대부분 대형그룹의 정보시스템 부서를 모체로 하여 설립되었다. 원래 각 그룹에는 계열사별로 정보시스템 부서를 하나씩 설치하여 운영하고 있었는데, 그룹의 입장에서 볼 때는 이는 '분산형' 조직이라고 할 수 있다. 그러다가 그룹 내 정보시스템 자원의 시너지효과를 높이기 위해서 SI사업을 전문으로 하는 별도의 계열사를 설립하여 각 계열사를 지원하도록 하였다. 당시에는 물론 각 계열사에도 정보시스템 부서가 그대로 있었기 때문에, 그룹의 관점에서 볼 때는 '사업부형+연방제형' 조직을 운영한 것으로 볼 수 있다(김은홍, 2017).

이렇게 설립된 SI 업체가 그룹 내부고객에 대한 지원사업을 수행하면서 점차 외부고객을 대상으로 사업을 확장하게 되어 그룹의 정보시스템 기능은 '벤처기업형 + 연방제형' 조직으로 변모하게 되었다. 그와 함께 각 계열사의 정보시스템 부서 및 기능 전체를 그룹 내 SI 업체에 위탁 운영하는 소위 SM(System Management) 방식을 도입하기 시작하였는데, 이는 계열사 입장에서는 아웃소싱이지만 그룹 전체의 관점에서는 '중앙집중형' 조직으로 변화하는 과정이라고 볼 수도 있다. 그러나 아직 SI 업체를 가지고 있는 모든 그룹의 모든 계열사가 SM 방식을 도입한 것은 아니기 때문에, 현재 대부분의 그룹이 여전히 '벤처기업형+연방제형' 조직을 채택하고 있다고 할 수 있겠다(김은홍, 2017).

2) 정보시스템 부서의 전형적 조직구조

정보시스템 담당부서의 역할이나 조직 형태는 기능의 분산화 정도에 따라 달라지게 되므로 어떤 일반적인 모형을 제시하기는 어렵다. 그러나 여기서는 편의상 먼저 조직 내의 모든 정보시스템 관련 기능을 독점하고 있는 전형적 조직구조 형태와 그에 따른 정보시스템 관련 기능을 개괄하고 정보시스템 조직의 변화추세에 따른 유형에 관해 살펴보기로 한다.

(1) 응용분야별 구조

기업에 처음 컴퓨터가 도입되면 대부분 그 응용범위가 거래 또는 기본업무의 처리를 벗어나지 못하게 된다. 이때는 응용업무에 따라 별도로 시스템이 설계되고 운영되는 것이 보통이므로 정보시스템 담당부서의 조직 또한 이에 적합한 구조를 갖게 된다.

전통적인 조직의 정보시스템 부서는 정보시스템을 개발하고 유지하며, 운영하는 업무가 중심이 된다. 따라서 조직의 규모, 형태, 성숙도에 따라 차이가 있기는 하지만, 크게 시스템개발조직과 시스템운영조직으로 구성된다. 그 주요 기능 중 조직의 주요 업무 분야 또는 기능 부문에 따라 별도의 업무분석가, 시스템설계자, 프로그래머 등을 보유한 여러 집단으로 나누

그림 11-2 응용분야별 구조

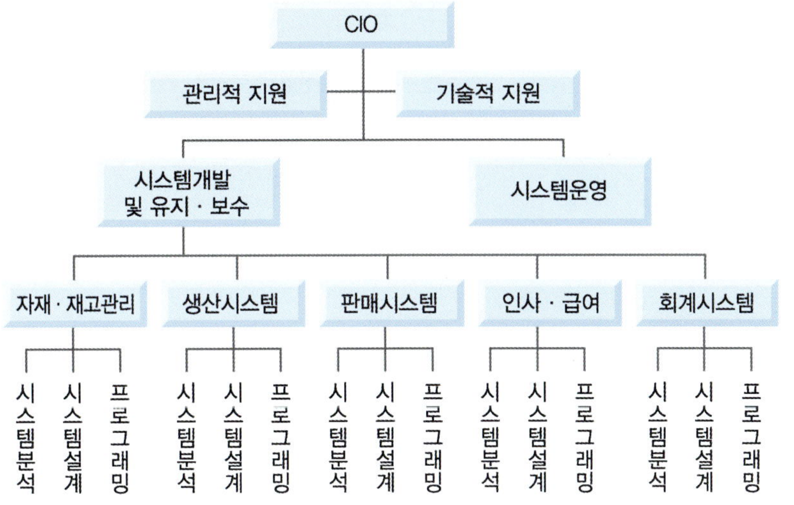

자료: 김은홍, 경영정보학개론, 다산출판사, 2017, 394쪽.

어서 구성하는 것이 특징이다.

응용분야별 구조의 장 · 단점은 다음과 같다.

- **장점**: 시스템요원들이 각 업무 분야에 전문성을 갖게 되고 사용자와의 친밀한 관계가 유지되어 보다 사용자지향적인 시스템을 구축할 수 있다.
- **단점**: 전략 및 전술적인 차원에서 통합하고자 할 때 어려우며, 분야에 따라 시스템 개발에 대한 요구의 균형이 맞지 않을 수 있다.

(2) 기능별 구조

컴퓨터도입 이후 어느 정도 경험이 축적되면 통합된 정보에 대한 요구가 높아지게 되고 이에 따라 조직 내 응용 분야 간에 상호 조정의 필요성이 높아지게 된다. 그 결과, 점차 시스템의 복잡성이 높아지면서 여러 응용 분야에 걸쳐 폭넓은 지식을 갖춘 전문가가에 대한 요구가 높아지기도 한다. 이 시점에 이르면 정보시스템 담당 부서는 대체로 기능별 구조를 채택하게 된다.

기능별 구조의 장 · 단점은 다음과 같다.

- **장점**: 정보시스템 요원들이 자신의 기능별 업무에 전문화될 수 있으며, 업무표준화가 가능하여 시스템통합 시 발생하는 문제를 사전에 방지할 수 있다. 또, 비슷한 일을 하는

그림 11-3 기능별 구조

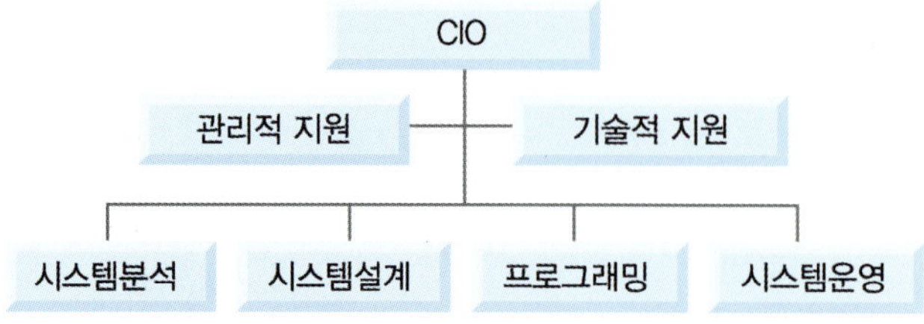

자료: 김은홍, 경영정보학개론, 다산출판사, 2017, 395쪽.

동료들과 집단화되어 있어 지식전파나 업무표준화가 용이하고 경쟁심의 유발로 능력 향상에 도움을 줄 수 있다.

- **단점**: 관료주의가 발생되어 각 기능부서 간 업무인계를 위한 많은 시간과 노력낭비, 프로젝트 수행기간 연장 등의 문제를 야기할 수 있으며, 사용자의 입장에서는 시스템개발수명주기 단계별로 다른 시스템요원과 의사소통하여야 하는 번거로움이 있다. 또, 사용자 요구사항이 제대로 반영되지 못하는 시스템개발이 될 수 있다.

(3) 매트릭스조직

조직 내에서 어느 정도 MIS가 점차 성숙되어 가면서 기능별 조직구조를 갖는 정보시스템 부서는 사용자의 요구에 민감하게 반응하지 못한다는 한계에 부딪치게 된다. 이러한 한계점을 효과적으로 극복하기 위하여 나타난 조직이 '매트릭스조직' 또는 '행렬조직'이다.

매트릭스조직(matrix organization)은 외부적으로는 기능별 조직구조를 그대로 유지한 채, 각 주요 응용 분야별로 전문화된 연결담당자(liaison officer)를 두어 그로 하여금 특정 사용자 부서와 정보시스템 부서의 연결기능을 하도록 하는 조직 형태를 말한다. 따라서 이 조직의 연결담당자는 보통 정보시스템 부서의 관리자급(○○시스템 담당관리자)에 해당하며, 이들은 시스템관리자의 직책을 가지고 특정 분야별 프로젝트를 총괄하게 된다.

매트릭스조직구조의 장 · 단점은 다음과 같다.

- **장점**: 사용자 부서와의 관계를 보다 긴밀하게 할 수 있어 기존 기능별 조직의 문제점을 대폭 해소시킬 수 있으면서 그 장점은 그대로 유지할 수 있다는 점에서 유용하다.
- **단점**: 관리상의 문제점으로 시스템 요원은 자신의 기능부서 관리자와 연결담당자로부터 지시 받고 보고해야 하므로 번거롭고, 두 관계자의 이해관계나 의견이 상충될 때 조정의 어려움이 있다.

그림 11-4 매트릭스조직

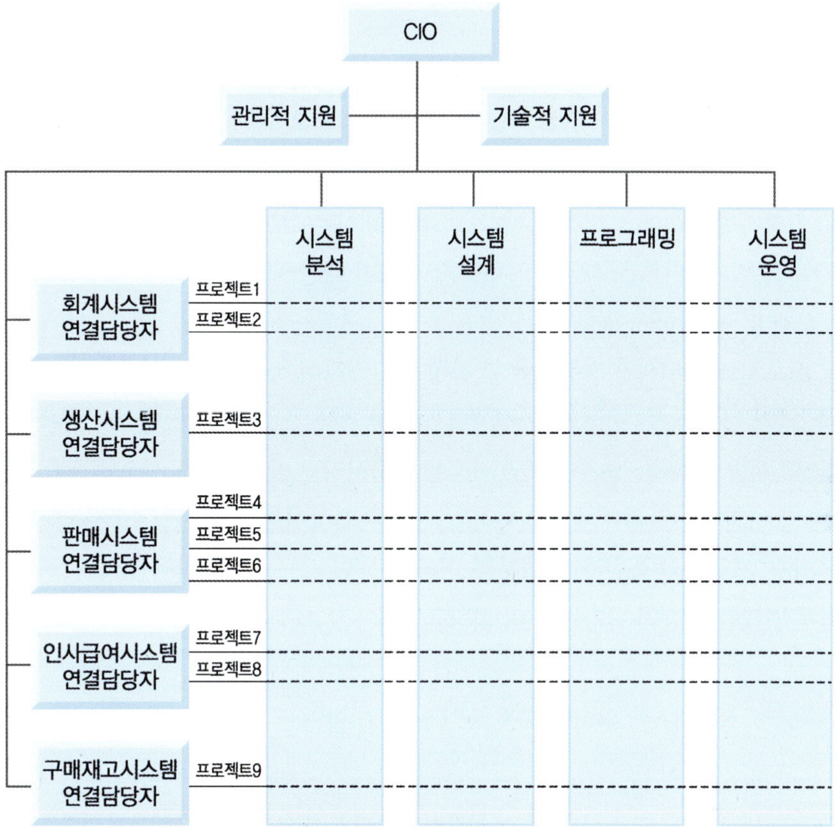

자료: 김은홍, 경영정보학개론, 다산출판사, 2017, 397쪽.

3) 조직구조의 변화 추세

대부분의 조직은 정보시스템 성장 과정과 조직특성에 따라 가장 적합한 조직 형태를 채택하는 경향이 있다고 한다. 그러나 1990년대 이후 과거와 달리 뚜렷한 경향이 나타나고 있는데, 이는 정보시스템 부서의 역할에 대한 인식이 DP 부서에서 IT 부서로 변화하면서 필연적으로 나타난 현상으로 보는 것이 일반적이다.

향후 정보시스템 부서의 조직 및 운영체계 구축의 지향 방향은 크게 3가지 방향을 고려하고 이에 따라 업무분장체계도 변화시키는 것이 바람직하다.

첫째, 부서운영의 효과성 및 효율성을 추구해야 한다. 즉, 정보시스템 부서의 조직구조와 운영체계는 조직 전체의 정보시스템, 정보기술 및 정보관리전략에 부합함은 물론, 정보시스템 부서의 기능, 활용기술, 타부서와의 관계 등을 고려하여 효율적 운영이 가능하도록 설계되어야 한다.

둘째, 지속적인 환경 변화에 대응할 수 있는 대처능력을 배양한다. 이 같은 환경으로부터의 도전 요인은 사용자서비스 강화, 신기술의 습득 및 적용, 시스템개발의 적체해소, 정보시스템관리자의 능력개발 등의 요인을 들 수 있다.

셋째, 인적자원 부족에 대비해야 한다. 이를 위해서는 정보기술은 물론, 경영활동 전반을 이해할 수 있는 전문인력을 적극 발굴하고 양성하기 위한 체계적인 교육훈련프로그램을 지속적으로 개발 · 운영하여야 한다.

또한, 정보시스템 부서가 지향해야 할 방향을 고려하여 향후 업무분장체계를 변화시켜야 한다. 즉, 과거 전통적 정보시스템 조직에서 중요한 기능으로 간주되었던 시스템운영관리나 응용시스템 개발 및 유지 · 보수기능의 비중을 축소시키는 반면에 정보시스템 계획과 최종사용자컴퓨팅 지원기능은 확대시켜야 하며, 기존에 존재하지 않았던 신정보기술의 도입, 보안관리 및 감사, 표준화와 품질관리, 업무혁신(BPR) 등의 기능을 추가하여 정보시스템 부서 조직의 업무 영역을 확장해 나가는 것이 이상적이다.

표 11-5 정보시스템 부서의 도전 요인 및 대처 방안

도전요인	대처방안
사용자서비스 강화	• 정보시스템 부서 내의 서비스 강화 • 사용자 요구에 최우선순위 부여 • 사용자부서와 공동작업 강화
신기술의 습득 및 적용	• 신기술 전담부서 설치(테스트 및 검증) • 신기술교육 강화
시스템개발의 적체해소	• 패키지도입 외주 개발 적극 활용 • 최종사용자 컴퓨팅 확산
정보시스템관리자의 능력개발	• 조합적인 조직관리 능력개발 • 신기술에 대한 이해 • 기업경영 전반에 대한 지식

4. 정보시스템 조직의 책임자

1) 책임자의 명칭 및 위상 변화

역사적으로 보면 정보시스템 부서의 책임자 명칭이 다양하게 지칭되어 왔으며, 그 위상도 상당한 변화를 겪어 왔다. 즉, 대부분의 조직에서 도입 초기에는 컴퓨터자원을 전사적 차원에서 관리하는 경우는 흔치 않으며, 어느 특정 기능부서의 수준에서 이루어지는 것이 보통이다. 이런 경우 컴퓨터 관련 부서 책임자의 조직 내 지위는 상대적으로 낮은 수준에 머물 수밖에 없으며, 이것이 정보시스템 개발 · 운영에 하나의 장애 요인으로 지적되어 왔다.

정보시스템 조직 및 정보자원을 전사적 차원에서 효율적으로 관리하기 위해서는 최고경영층의 적극적인 이해와 지원이 필수적이며, 아울러 상당히 높은 지위의 간부가 관리책임을 맡을 필요가 있다. 그럼으로써 어떤 특정 부서의 영향권에서 벗어나 조직 전체의 목표에 합당한 정보자원관리를 실현할 수 있게 된다.

최근 이와 같은 당위성에 따라 CIO의 필요성에 대한 인식이 크게 높아지고, CIO의 역할 및 책임에 관한 많은 논의가 이루어지고 있는 것도 바로 이런 이유 때문이다.

표 11-6 정보시스템 부서의 명칭 변화

연대	책임자의 명칭	운영 목표
1950~69년대	컴퓨터센터 소장	• 업무보다 기술적 효용성에 중점 • 컴퓨터 활용 분야의 탐색
1970	전산실장(DP실장)	• 업무자동화에 중점 • 컴퓨터 활용의 극대화 추구
1980	정보시스템 실장	• 중간관리자의 정보요구 충족에 중점
1990	CIO	• 정보기술을 경쟁전략의 도구로 인식 • 경영전략을 지원하기 위한 정보시스템 구축 및 활용의 활성화에 중점

2) CIO의 개념과 역할

1990년대 들어 CIO라는 용어가 처음 등장하면서 미국에서는 1997년 8월부터 모든 연방정부 및 산하기관에 CIO의 임명을 의무화 하는 '정보기술관리 개혁법'을 제정하였다. 이에 우리나라도 1998년 9월 대통령 훈령으로 '행정기관의 정보화책임관 지정 · 운영에 관한 지침'을 제정하고 모든 부처에 '정보화 책임관'의 임명을 의무화 하였으며, 현재는 국내 주요 대기업이나 중견기업들도 대부분 CIO 제도를 도입해서 시행하고 있다.

CIO(Chief Information Officer)란 조직의 정보기술과 정보시스템에 관한 모든 책임을 지고 있는 중역으로서 "기업의 경영전략 및 목표를 달성하기 위한 정보전략계획을 수립하고 정보자원을 관리하며 정보시스템을 개발 · 유지하는 총괄적 책임과 권한을 가진 관리담당 중역"을 말한다. 한마디로 조직의 정보화를 총괄하는 최고책임자로서 일반 기업에서는 '정보담당 중역' 또는 '최고정보책임자' 등으로 지칭되며, 우리 정부부처의 경우에는 CIO를 반드시 국장급 이상으로 임명하도록 법적으로 강제되어 있다.

표 11-7 CIO의 역할

범주	역할	내용
대인관계적	대표자	정보시스템 부서를 대표해서 각종 행사에 참석한다든가 외부 인사를 상대함
	지도자	정보시스템 인력을 선발하고 그들에 대한 지시, 조정, 동기부여 등의 기능을 수행함
	연결자	고객이나 공급자, 시장분석가, 대중매체 등 외부 조직 또는 외부인과 관계를 유지하고 정보를 교환함
정보담당자적	감시자	정보기술에 의한 조직혁신 주도자로서 기술의 변화추세를 파악하기 위하여 지속적으로 외부환경을 감시함
	정보제공자	정보시스템 부서 구성원들에게 정보기술의 최신 트렌드에 관한 가치 있는 정보를 제공해줌
	대변인	조직 내 다른 경영자들, 특히 최고경영층과의 지원을 유도하기 위해 정보시스템 기능의 중요성 등에 대한 정보를 제공하고 그들을 설득함
의사결정자적	창업자	급속히 발전하는 정보기술을 기반으로 새로운 사업기회를 포착하고 구체적인 사업계획을 수립하는 등 사업가로서의 역할을 수행함
	사건해결자	예상치 못한 사건으로 정보시스템 부서 내에 혼란이 발생하였을 때 이를 해결함
	자원분배자	인력, 예산, 정보기술 인프라 등 조직의 정보자원을 조직 내에 적절히 배분하기 위한 정책을 수립함
	협상자	정보시스템 내 · 외부에서 일어나는 각종 갈등을 해소하기 위해 관계 당사자들과 협상함

자료: 김은홍, 경영정보학개론, 2017, 402쪽.

조직의 정보시스템 부문의 최고책임자라고 해서 모두 CIO는 아니다. CIO라고 하면 임원급 이상의 직급을 가져야 하고 주요 전략을 수립하거나 결정하는 회의에 참석할 수 있는 자격이 주워져야 한다.

조직에서 CIO가 수행해야 하는 역할은 조직의 규모나 유형에 따라 다양할 수 있다. 또 조직의 상황이나 전략적 위상, 추구하는 혁신의 성격에 따라서도 CIO의 역할이 상이할 수 있다. 정부부처의 CIO 도입을 의무화한 '행정기관의 정보화책임관 지정 · 운영에 관한 지침'에서는 모든 부처에 '정보화 책임관'의 임무 또는 역할을 다음과 같이 규정하고 있다.

- 각종 정보자원의 획득, 배분, 이용 등의 종합조정 및 체계적 관리
- 각종 정보화 사업계획의 종합조정 및 추진실적 평가
- 각종 정책 · 계획 등의 수립 · 추진 시 정보화와의 연계 · 조정
- 각종 행정처리 과정의 정보화 촉진과 이를 통한 업무처리절차의 간소화 추진

CIO의 역할을 민츠버그(Mintzberg, 1971)가 제시한 '경영자의 역할' 모형을 기반으로 해서 정의하기도 한다. 이 모형을 적용하여 CIO의 역할을 간략히 요약하면 표 11-7과 같다.

2절 정보시스템 조직의 인적자원관리

정보시스템 개발과 운영에 있어 정보시스템 관리자들이 겪는 가장 큰 어려움 중의 하나는 유능한 전문인력을 확보(確保)하고 유지(維持)하는 일일 것이다.

최근 최종사용자컴퓨팅의 확산으로 종래 정보시스템 전문가가 담당하던 일부 업무가 사용자에게로 이전돼가고 있으나 아직도 우수한 인력의 부족, 높은 이직률과 급여상승률 등의 문제가 정보시스템 부문이 안고 있는 현안이다. 따라서 유능한 전문인력의 채용과 교육훈련을 통해 조직 내에 높은 기술적 능력을 유지시키는 일은 여전히 중요한 과제로 남아있다.

이 절에서는 정보시스템 관련 직무를 살펴보고, 정보시스템 요원의 동기부여 문제와 정보시스템 부문의 인력개발 및 경력관리 문제에 대해 살펴본다.

1. 정보시스템 관련 직무

컴퓨터 도입 초창기에는 한 사람의 컴퓨터전문가가 시스템을 분석 · 설계해서 프로그램을 작성하고 그 운영까지도 떠맡는 경우가 많았으나 오늘날의 정보시스템 기능은 고도로 분화되어 여러 분야의 전문가들이 공동노력에 의해 수행되는 것이 보통이다. 이와 같은 직무의 세분화 경향은 정보기술의 발전과 함께 점점 더 심화되고 있다.

정보시스템 부문기능과 관련된 직무의 유형을 분류해 본다면 정보시스템 부문 관련 직무는 운영지향적 직무, 기술지향적 직무, 그리고 시스템지향적 직무의 세 가지로 크게 나누어 볼 수 있다. 이들 사이의 구분은 컴퓨터 시스템과 사용자 중 어느 편에 더 관심을 기울이는가에 초점을 맞춘 것이다.

그림 11-5 정보시스템 관련 직무의 범주

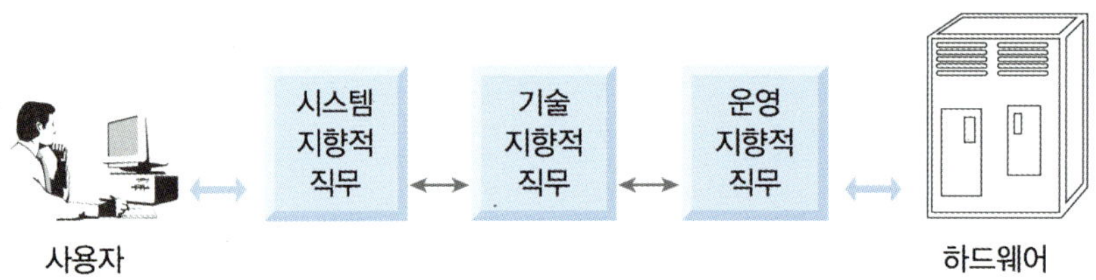

1) 운영지향적 직무(운영관계자)

운영지향적 직무는 현행 시스템이 정상적으로 기능을 수행하도록 해주는 역할을 담당하며, 원칙적으로 새로운 시스템의 개발과는 아무 관련이 없다. 이 직무를 담당하는 자들을 운영관계자라 하며, 이들은 구체적인 프로그래밍기법이나 원칙 등에 대한 전문지식을 가지고 있을 필요는 없다. 이 직무를 담당하는 운영관계자로는 서버시스템의 작동을 담당하는 '서버운영자', 시스템보안을 담당하는 '보안관리자', 그리고 각종 프로그램이나 자료를 허가된 사람들이 적절히 사용할 수 있도록 체계적으로 관리하는 '파일관리자' 등이 포함된다.

2) 기술지향적 직무(기술관계자)

기술지향적 직무는 주로 응용시스템의 개발 및 유지 · 보수 과정에서 발생하는 제반 기술적인 문제를 해결하는 것과 관련된 직무를 말한다. 이 범주에 속하는 직무를 담당하는 사람들(기술관계전문가)은 대체로 컴퓨터 하드웨어, 운영체제(operating system) 등의 시스템소프트웨어, 데이터베이스, 데이터통신, 그리고 프로그래밍 등의 정보기술에 대한 전문지식을 갖

표 11-8 정보시스템 인력의 직무

직무 유형	직무명	직무내용	요구사항
운영 지향적 직무	서버운영자	• 서버시스템의 반복적 운영	• 시스템 조작법 숙지 • 신속, 정확한 자료입력능력
	보안관리자	• 시스템의 보안을 위한 절차수립 • 시스템 보안상태의 점검 • 안전절차의 침해사항 조사	• 시스템보안을 위한 기법의 숙지
	파일담당자	• 각종 테이프나 디스크의 목록작성 및 보관, 검색	• 자료처리에 관한 일반적 지식의 숙지
기술 지향적 직무	응용프로그래머	• 시스템명세서를 기초로 응용프로그램 작성 및 테스트	• 프로그래밍 언어의 숙지 • 효율적 프로그램 작성능력
	시스템프로그래머	• OS, DBMS와 같은 시스템프로그램의 유지 · 보수 • 응용프로그래머에 대한 기술적 지원	• 특정 H/W, S/W에 대한 전문지식 숙지
	네트워크관리자(통신전문가)	• 네트워크의 최적화 및 조정 • 사용자나 여타 전문가에 대한 조언	• LAN, 컴퓨터네트워크 등에 대한 지식 및 OS 숙지
시스템 지향적 직무	시스템분석가	• 시스템개발의 타당성조사에 참여 • 사용자의 정보요구사항 정의 • 시스템의 논리적 설계	• 의사소통능력 • 경영, 조직에 대한 이해 • 정보시스템에 대한 전반적 이해
	시스템설계자	• 시스템분석가와 기술관계전문가의 연결 • 시스템분석가의 논리적 설계를 기초로 구체적인 시스템명세서 작성	• 정보기술에 대한 지식 • 프로그래밍 지식
	DBA	• 사용자의 요구에 맞는 DB의 계획 및 관리 • DB에 관한 조언 및 교육 • DB의 보완	• 경영, 조직에 대한 이해 • DB기술에 대한 전반적 이해

추고 시스템의 개발 및 유지 · 보수에 참여한다.

이 직무를 담당하는 기술관계자로는 새로운 응용프로그램을 작성하고 기존 응용프로그램을 수정 · 보완하는 업무를 담당하는 '응용프로그래머', 시스템 프로그램에 대한 유지 · 보수와 응용프로그래머에 대한 기술지원을 담당하는 '시스템프로그래머', 그리고 효과적인 네트워크 구축 및 관리를 담당하는 '네트워크관리자' 등이 이 범주에 속한다.

기술관계전문가들은 특히 프로그램을 효율적으로 작성할 수 있는 능력을 갖추고 시스템관계자들과 매우 긴밀한 관계를 유지해야만 한다.

3) 시스템지향적 직무(시스템관계전문가)

시스템지향적 직무를 담당하는 사람들은 주로 사용자들과 그들이 요구하는 정보에 관심을 가진다. 이들은 컴퓨터 하드웨어 관련 기술 및 프로그램 작성에 관한 전문적 지식을 갖추고 있을 필요는 없으며, 컴퓨터능력과 한계에 대한 포괄적 이해, 사용자의 요구사항을 파악 · 분석하는 과정에서 요구되는 의사소통능력과 요구분석결과를 구체적인 시스템으로 구현시키는 과정에서 필요한 논리적 설계능력이 중요시된다.

시스템지향적 직무로는 시스템개발의 타당성을 조사하고 사용자 요구사항을 분석하는 '시스템분석가', 시스템분석가의 논리적 설계를 토대로 시스템설계서 작성을 통해 시스템분석가와 프로그래머를 연결시키는 '시스템설계자', 각종 데이터베이스의 기획, 구축, 운영통제를 담당하는 '데이터베이스관리자(DBA)' 등의 직무가 포함된다. 그런데 최근 객체지향적 또는 컴포넌트 기반 방법론 등 새로운 개발방법론이 널리 활용되기 시작하면서, 전통적인 생명주기접근법 및 구조적 방법론에서 요구되던 시스템분석가와 시스템설계자의 구분이 점차 모호해지고 있다(김은홍, 2017)

2. 정보시스템 요원의 동기부여

정보시스템 인력은 일반 사용자들과는 여러 면에서 다른 특성을 가지고 있다는 사실은 컴퓨터 활용 초기부터 지속적으로 제기되어온 문제다. 한 연구에 의하면 정보시스템 인력은 일반적으로 타 직종에 비해 이직률이 높고, 조직에 대한 몰입도는 낮으나 자신들의 직업에 대한 몰입도(organizational commitment)는 높은 것으로 연구결과가 나와 있다. 또, 이들의 성장욕구는 타 직업인들보다 높지만 사회적 욕구가 낮은 점 등 타부서 인력에 비해 여러 가지 면에서 다른 특성을 가지고 있다. 따라서 이들에게 적합한 동기부여 요소가 무엇이고, 어떻게 하면 그들의 직무만족도를 높여서 이직욕구를 낮출 수 있는가 하는 점이 핵심과제이다.

정보시스템 요원들은 일반적으로 창의적이고 자기의 기술을 향상시킬 수 있는 업무를 원하는 반면, 실제로는 반복적이고 일상적인 기술만을 요구하는 직무들이 많기 때문에 그들에게 직무만족을 주고 잘 관리하는 일은 어려운 과제 중의 하나다. 그런데 오늘날의 기술적 환경은 점차 시스템 요원들의 도전욕구를 감소시키는 방향으로 변하고 있다. Couger & Cotler(1983)는 그 요인을 다음과 같이 들고 있다.

- 새로운 개발보다는 기존 시스템의 유지 · 보수에 많은 시간을 보낸다.
- 소프트웨어 패키지 구입과 외주개발이 늘어 새로운 개발기회가 감소되고 있다.
- 사용자 스스로의 응용시스템개발이 늘고 있다.
- 4세대의 고급언어와 시스템개발 도구들의 발달로 필요한 기술수준 자체가 낮아지고 있다.

한편, 이처럼 환경으로부터의 도전이 저하된 상황에서는 개인 간의 욕구수준에 따라 담당업무를 적절하게 배분함으로써 전체적인 동기(motive)를 유지시켜야 한다. 즉, 도전적인 업무에 대한 욕구가 큰 사람에게는 좀 더 새롭고 복잡한 업무를 부여하고, 상대적으로 그러한 욕구가 적은 사람에게는 그에 알맞는 업무수행을 하게 한다.

또한, 그들에 대한 적절한 보상시스템의 수립과 직무에 대한 욕구수준의 만족에 초점을 맞추되 직무 몰입도를 증대시킬 수 있는 방안을 강구한다. 그러나 이러한 전략은 실제 적용하는데 있어서는 각 개인의 요구수준을 객관적으로 측정하기가 어렵고, 또 여러 가지 제약조건으로 인해 그와 같은 인력의 분배가 불가능한 경우가 많다는 점 등 어려움이 많다.

3. 인력개발 및 경력관리

경력경로에 관한 계획을 수립하는 것은 조직차원의 인적자원관리를 위해서 뿐만 아니라 시스템요원들의 동기부여의 측면에서도 매우 중요하다. 정보시스템 부문 요원의 경력경로는 크게 나누어 볼 때 정보시스템 부문 부서 자체 내에서 계층적 경로를 거치는 경우와 다른 사용자 부서로 이어지는 경우가 있을 수 있다. 후자의 경우는 대개 응용시스템 개발기능이 사용자 부서에 분산되어 있거나, 정보시스템 부문 부서의 조직이 응용분야별 구조를 가지고 있을 때 발생할 수 있다.

1) 전문직제 도입

특정 분야의 전문가인 정보시스템 인력들에게 일반관리직의 경우와 같은 직책 및 직급제도를 적용하는 것은 많은 문제점을 안고 있다. 일반적으로 직급이 올라가면 그에 상응하는 관리적 부담이 증가하게 된다. 즉, 사원에서 대리, 과장, 차장, 부장 등으로 승진하게 되면 그 만큼 책임져야 할 조직단위의 규모가 커지는 것이다. 전문가들에게 이러한 관리적 부담은 그 동안 축적된 전문지식이나 경험이 사장되는 결과를 가져올 수 있다. 그렇다고 이러한 현상을 막기 위해 승진을 억제한다면 동기부여 측면에서 치명적인 문제를 야기할 수도 있다.

이러한 문제를 해결하기 위해서 제기된 방안이 '전문직제도' 및 '이중승진제도'의 도입이다. 이는 고도의 기술이 필요하거나 전문성이 강한 직무에 있어서는 조직상의 책임자가 아니면서도 높은 직급을 가질 수 있도록 제도를 마련해 주는 것이다. 즉, 연령, 근속연수 등에 상응하는 직급은 부여하되 관리적 부담은 맡기지 않음으로써 지속적으로 전문지식 및 경험을 축적시킬 수 있도록 하자는 제도이다. 또한, 경직된 조직구조에 전문가들을 편입시키지 않고, 필요한 경우 언제든 프로젝트팀을 조직하고 목적달성이 되면 해산할 수 있는 유연성을 확보할 수 있다는 장점도 가지고 있다.

이러한 전문직제와 유사한 목적으로 활용될 수 있는 또 한 가지의 방법으로 '이중 승진제도'를 들 수 있다. 이 제도는 정보시스템 인력의 승진에 있어 관리자와 전문가의 두 가지 차원을 분리하고자 하는 것으로서, 승진대상이 되는 인력 중 일부에게는 관리자로서 한 부서를 책임지게 하고 나머지는 전문가로서 승진시킴으로써 관리책임을 부여치 않는 제도를 의미한다.

구체적인 직책명 등에서 약간의 차이는 있으나 최근 우리나라에서는 이 제도가 점점 많은 기업으로 확산되고 있는 추세에 있다. 현재 국내의 몇몇 기업에서 채택하고 있는 전문직 및 이중 승진제도의 실례는 다음 그림 11-6과 같다.

2) 경력개발제도

일반적으로 경력개발제도(Career Development Programs: CDP)란 사전에 조직구성원의 경력경로를 설정한 다음, 그 계획에 따라 업무를 배치하며 교육 · 훈련계획을 수립하고 실행하는 제도를 말한다. 이러한 제도의 도입은 정보시스템 부문의 인력관리나 동기부여 차원에서 큰 의미를 가지고 있다.

경력개발제도 도입에 있어서 중요한 것은 경력경로를 설계하는 일이다. 정보시스템 인력

그림 11-6 전문직 및 이중 승진제도의 예

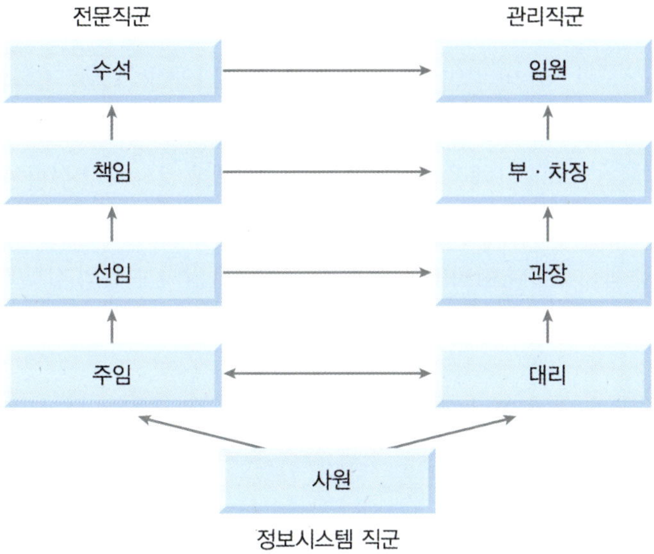

자료: 김은홍, 경영정보학개론, 다산출판사, 2017, 416쪽.

의 경력경로는 크게 나누어 정보시스템 부서 내에서 계층적 경로를 거치는 경우와 다른 현업 부서로 이어지는 경우를 고려해 볼 수 있다. 후자의 경우는 대개 응용시스템 개발기능이 현업 부서에 분사되어 있거나, 정보시스템 부서의 조직이 응용분야별 구조를 가지고 있을 때 보다 쉽게 발생할 수 있다.

또한, 정보시스템 부서 내의 경력경로는 직무의 범주에 따라 다소 다를 수 있다. 정보시스템 직무 중 운영지향적 직무범주에 속하는 것들은 대개 단일경로를 따르는 경우가 많으나 기술지향적 직무나 시스템지향적 직무의 경우는 다양한 경력경로가 존재할 수 있다. 그러나 이러한 경로는 하나의 예시일 뿐 실제는 조직의 특성이나 개인의 능력에 따라 달라질 수 있다.

3) 순환보직제도

또 다른 정보시스템 인력관리제도는 경력개발제도 및 전문직제도와 상호 밀접하게 연관되어 있는 순환보직제도를 들 수 있다. 순환보직제도는 정보시스템 인력의 능력개발, 현업의 수요대처를 위한 수단으로서 매우 유용하게 활용될 수 있는데 이 제도의 시행 방법으로 다음과 같은 세 가지를 들 수 있다.

첫째, 신입 정보시스템 인력을 일정 기간 현업에 배치하여 현업에 대한 지식을 습득하게 한 다음 정보시스템 부서에 배치하는 방법으로 이는 현업에 대한 이해를 높이는 데 매우 큰 도움을 준다.

둘째, 일반사무직의 경우와 같이 정보시스템 부서 내 다양한 업무를 경험할 수 있도록 장기적인 보직이동을 실시하는 방법이다.

셋째, 중요한 시스템의 신규개발이나 신규 사업을 시행할 경우 보다 원활한 현업 업무지원을 위해서 정보시스템 인력을 현업에 배치하는 방법이다. 해당 프로젝트가 완료되면 전원 정보시스템 부서로 복귀하거나 아니면 일부 인력이 현업에 남아 현업의 정보화 추진담당자로서의 역할을 수행할 수도 있다.

3절 하드웨어 및 소프트웨어 확보

전통적으로 정보시스템의 물적자원 확보는 주로 하드웨어와 소프트웨어의 확보로 구분해서 이루어져 왔다. 일반적으로 하드웨어는 정보처리의 잠재능력을 결정하고, 소프트웨어는 기업에서 실제로 어떤 정보처리활동을 하고 있는가 하는 정보처리의 구현(具現)을 나타낸다. 따라서 이들 양자는 상호 밀접한 관계를 가지고 있으므로 정보시스템 구축 시 향후 사용하게 될 소프트웨어들의 특성에 대한 고려가 먼저 이루어지고 그것을 전제로 하여 하드웨어를 선정해야 함은 하드웨어 선정에 있어서 간과(看過)하기 쉬운 매우 중요한 일이다.

하드웨어와 소프트웨어의 특성상 확보 방법에 근본적인 차이가 있으므로 이 절에서는 이들을 분리해서 각각 살펴보기로 한다.

1. 하드웨어의 확보

전통적으로 정보시스템 하드웨어를 확보하는 방법으로는 크게 조직 전용의 하드웨어를 도입하여 스스로 운영 · 관리하는 '직접도입' 방식과 조직 내 하드웨어를 직접 도입하지 않고 계약을 통해 외부 전문업체에 위탁하는 '아웃소싱' 방식이 있다. 여기서는 직접 도입 방식에 대해서만 검토하고 아웃소싱 방식에 대해서는 다음 절에서 별도로 다룬다. 또한, 정보시스템 하드웨어 직접 도입 방식에는 전용의 하드웨어를 구입(purchase)하는 방식, 제조업자로부터 일정 기간 동안 임차(rental)하는 방식, 전문 임대업자로부터 리스(lease)하는 방식이 있다.

그림 11-7 하드웨어 도입의 비용 패턴

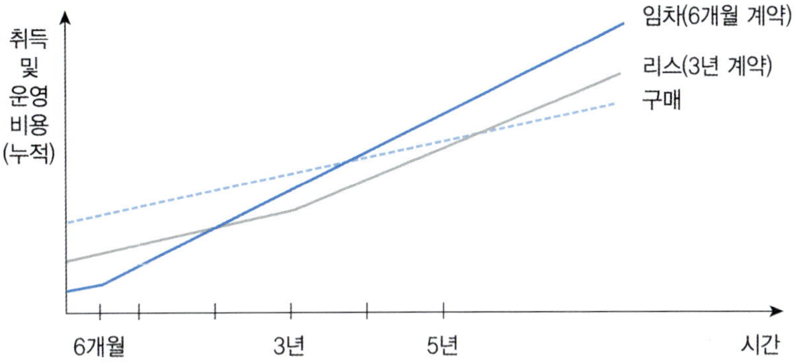

자료: 김은홍 · 최병구, 경영정보학개론, 다산출판사, 2011, 348쪽.

1) 하드웨어 확보 유형

(1) 구입(purchase)

구입(purchase)은 사용자가 시스템에 대한 소유권을 일시에 취득하고 하드웨어를 자사 전용으로 이용하는 방법으로 소형이나 중 · 대형 컴퓨터 도입 시 일반적으로 고려되는 대안이다. 이때 주변기기나 소프트웨어도 동시에 구입하는 경우가 많으며, 유지 · 보수 등의 서비스 계약은 하드웨어 구입과 별도로 이루어진다.

구입 방식은 무엇보다도 장기적으로 볼 때 비용 면에서 가장유리하다는 이점은 있으나, 새로운 기술의 하드웨어가 지속적으로 개발되는 상황에서 '기술진부화(technical obsoletion)'의 위험성이 따르는 단점도 있다. 따라서 구입 방식은 조직의 시스템개발 목적 범위가 명확하고 향후 최소 5년 이상 장기간 시스템을 보유하고자 하는 경우 가장 유리한 대안이 될 수 있다. 그러나 하드웨어 요구사항을 정확히 파악하지 못하였거나 업무의 확장 내지 변화가 급격히 이루어질 것으로 예견될 경우는 다른 방식을 고려해야 한다.

구매 시 유의사항으로는 조직의 요구 변화나 외부환경의 변화, 기술 변화를 충분히 고려하고 구매 전 타사의 실제 시스템운영 실태를 확인 하여야 하며, 특히 신기종 도입 시 의심스러울 경우 구매옵션계약에 의해 상당기간 사용해 본 후 구입하는 방식도 고려할 수 있다.

(2) 임차(rental)

일반적으로 메인프레임은 가격부담과 위험성 때문에 임차(rental) 방식으로 공급되는 경향이 많고 구입을 하더라도 초기에는 이러한 방식의 유예기간을 갖는 수가 많다. 임차계약은 제조업자와 직접 체결되며, 임차기간 중 사용권은 완전히 이양되나 일반적으로 월간 사용시간을 정해놓고 그 이상의 사용시간에 대해서는 추가비용을 부담하는 형태의 계약을 한다.

이 방식은 고가의 장비를 평가할 수 있는 기회를 제공해주고 기술진부화에 대한 염려와 자금조달의 부담이 없다는 장점이 있다. 따라서 기업의 성장이나 컴퓨터 사용 분야가 계속 확장될 경우에는 적절한 대안이 될 수 있으나 임차기간이 길수록 경제적으로는 가장 불리한 확보 대안이 된다.

(3) 리스(lease)

리스(lease) 방식은 전문 리스업자로부터 임대하는 방법으로 구입과 임차의 중간 형태이다. 일반적으로 사용자가 요구하는 설비를 리스업자가 대신 구입한 후 사용자에게 대여해 주고 사용자가 구입비용과 이자를 상환하는 방식이다. 계약기간은 3~5년 정도이나 경우에 따라 도중에 해지비용을 지불하고 계약을 파기할 수도 있으며, 계약기간이 끝난 제품에 대해서는 재(再)리스 하거나 잔존가액을 지불하고 이를 구매할 수 있다.

표 11-9 하드웨어 도입 방식의 장 · 단점

구분	장 점	단 점
구입	• 장기적으로 볼 때 비용 면에서 유리하다. • 잔존가격이 있다. • H/W 구성 시 선택의 폭이 넓다.	• 융통성 및 적응성이 작다. • 기술진부화에 따른 위험이 따른다. • 구입자금의 일시부담이 크다. • 정보처리 요구수준을 사전에 명확히 파악해야 하는 어려움이 있다.
임차	• 자본투자의 부담이 없다. • 융통성 및 적응성이 크다. • 기술적 진부화 위험을 피할 수 있다. • 관련 비용(A/S비용, 보험료 등)이 임대가격에 포함된다.	• 장기적으로 볼 때 비용부담이 가장 크다. • 업무처리의 지속성 및 안전성 측면에서 불리하다.
리스	• 자본투자의 부담이 없다. • 임차에 비해 비용 면에서 유리하다. • 기술진부화 위험이 비교적 적다. • 임차와 달리 사용시간 초과에 따른 추가 비용 부담이 없다.	• 구입에 비해 장기적 비용부담이 크다. • 일단 기종이 선정되면 H/W 성능의 적합 여부에 관계없이 사용해야 한다.

리스업자는 컴퓨터에 대한 법적 소유권을 가지며, 사용자는 사용권을 갖는다. 사용권에 제한이 없어 사용시간에 따른 추가비용은 발생하지 않으나 도중 해약 시 상당한 금전적 손실이 예상된다. 리스는 주로 하드웨어에 대해 적용되는 것이 일반적이나 때로는 소프트웨어에 대한 리스계약이 체결되는 경우도 있다.

장기적으로 볼 때 리스비용은 임차와 구입의 중간수준이며, 신제품출현으로 인한 기술적 진부화의 부담이라든가 시스템 활용상의 융통성에 있어도 역시 중간적인 성격을 갖는다.

이상에서 보듯이 각각의 대안은 나름대로의 장·단점을 가지고 있다. 따라서 사용자는 한 가지 방법에 집착하지 말고 조직의 상황에 따라 정보시스템의 사용목적을 가장 능률적으로 달성할 수 있으면서 위험은 최소화할 수 있는 취득 방법을 선택해야 할 것이다.

2) 하드웨어의 확보 과정

하드웨어를 확보하는 절차 및 방법은 다양하게 존재할 수 있다. 먼저 타당성분석을 통해 컴퓨터 시스템 도입이 결정되면 요구분석 과정을 통해서 파악된 정보처리 요구수준을 기초로 제안요청서를 작성하여 이를 각 공급업체에 제시하고, 그들로부터 제안서를 받은 다음 그 내용을 평가함으로써 공급업체 및 기종 등을 결정하는 과정을 거친다.

그림 11-8 하드웨어 확보를 위한 기본절차

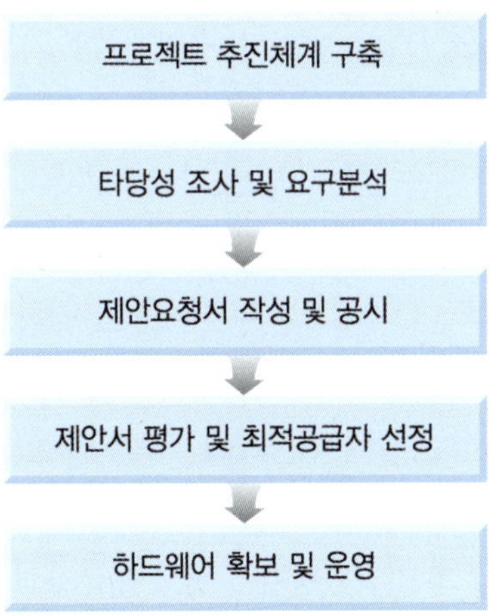

자료: 김은홍, 경영정보학개론, 다산출판사, 2017, 430쪽.

(1) 프로젝트 추진체계 구축

한 조직에서 정보시스템 하드웨어 확보를 위한 프로젝트는 적지 않은 예산투자를 수반할 뿐만 아니라 향후 상당기간 동안 조직의 운영 및 성과에도 큰 영향을 미칠 수가 있다. 따라서 프로젝트를 추진할 책임자, 추진절차, 의사결정프로세스 등을 포함하는 추진체계를 구축할 필요가 있다. 프로젝트를 추진할 팀과 책임자는 기존 조직을 활용할 수도 있고 별도의 태스크포스 또는 위원회를 구성할 수도 있다. 조직구성이 완료되면 프로젝트 수행절차와 의사결정 프로세스를 명확히 구체화 한다(김은홍 외, 2011).

(2) 타당성조사 및 요구분석

조직의 당면한 문제 및 향후 환경 변화에 대한 예측, 예산, 인력, 기술력 등을 면밀히 분석하여 시스템 도입이 타당한가를 검토한 후 타당성이 인정되면 곧바로 하드웨어 도입 프로젝트를 작성하는 단계로 들어가며, 프로젝트 작성단계는 다음과 같다.

- 하드웨어 도입목표를 명확히 한다.
- 현행 업무처리시스템에 대한 분석 및 정보처리 요구사항분석 등을 실시하여 새로운 하드웨어의 특성을 결정한다.
- 향후 프로젝트를 책임지고 수행할 프로젝트관리자를 결정한다.
- 프로젝트 수행과 관련된 제반 절차 및 의사결정 과정을 구체화한다.

(3) 제안요청서의 작성 및 공시

수요자의 요구에 중점을 두어 하드웨어를 구입하는 방법에는 여러 가지가 있겠지만, 무엇보다도 중요한 원칙은 공급자의 제안을 받기 전에 먼저 수요자의 요구사항 및 선택기준을 명확히 해야 하며, 수요자와 공급자 간의 의사소통이 공식적인 문서를 통해 이루어져야 한다. 이러한 두 가지 원칙을 만족시킬 수 있는 방법이 제안요청서(Request for Proposal: RFP, 구매자 → 공급업체)를 작성하여 공시하고, 이에 따라 공급자가 작성한 제안서(Proposal, 공급업체 → 구매자)를 제출받아 비교 · 평가함으로써 최적공급자를 선정하는 방법이 가장 널리 활용되고 있다.

그런데 제안요청서를 작성하는 방법에는 크게 두 가지가 있다. 첫째, 수요자가 필요로 하는 하드웨어 및 소프트웨어의 특성, 운영과 제반 서비스 조건 등을 구체적으로 명시하는 방법이다. 이 방법은 추후 제안서들의 비교 · 평가가 쉽고 공급자의 경쟁으로 수요자의 협상력을 높일 수 있으나 제안서 작성에 따른 전문지식과 노력이 필요한 점과 공급자로 하여금 새로운 기술적 · 효과적인 대안을 제시할 기회를 봉쇄할 수 있는 단점을 가지고 있다.

셋째, 수요자가 시스템의 성과목표를 중심으로 제안요청서를 작성하는 방법이다. 즉, 수요자는 시스템이 어떠한 일들을 해줄 수 있어야 한다는 점만 밝혀주고 이를 기술적으로 실현하는 방법에 대해서는 공급자들의 전문적인 지식에 맡기는 방법이다. 수요자는 시스템에 대한 전문지식이 크게 필요하지 않으며 조직 및 경영문제에 초점을 맞추면 된다. 그리고 공급자는 자신의 기술적 능력을 최대한 발휘하여 최적의 사양을 제시할 수 있다. 그러나 공급자들의 대안을 비교 · 평가하는 데 많은 시간과 노력이 소요되는 단점이 있다.

(4) 제안서의 평가 및 최적공급자의 선정

잠재적 공급자들로부터 제안서를 받게 되면 이들을 비교적 단순하고 간편한 기준을 이용해 평가하여 가장 적합한 공급자 및 기종을 선정하고 발주한다. 이때 고려할 사항은 다음과 같다.

- 소수의 우량공급자들의 제안서만을 중심으로 심도 있게 검토한다.
- 서면검토는 물론 관계자의 심층면담이나 시스템 현품을 보고 비교한다.
- 전시설명회를 개최할 경우는 되도록 많은 관련자(구매자 측)가 참여하여 제품평가를 통한 정보를 얻는 것이 좋다.

(5) 하드웨어 확보 및 운영

최적공급자의 선정과 하드웨어 확보 방식이 결정되고 나면 실제로 하드웨어를 확보(도입)하고 운영하는 단계에 들어간다. 이 단계는 공급자와 계약을 체결하고 즉시 발주하며, 계약일정에 따라 제품을 인도받아 검수 후 이상이 없으면 곧 사용자의 사용환경에 설치하여 운영하게 된다. 이 과정에서 구매자와 공급자의 할 일은 다음과 같다.

- 제품에 하자가 있을 경우는 클레임(claim)을 제기하는 등 적절한 조치를 취한다.
- 설치공간, 조직구성, 예산 등 제반 운영환경을 마련한다.
- 공급자는 구매자 측 관련자에 대한 교육훈련을 실시한다.

도입 과정에서 특히 유의해야 할 사항은 계약서의 작성문제다. 컴퓨터 시스템은 매우 복잡하고 설치 과정 또한 까다롭고 많은 시간과 노력이 요구된다. 따라서 계약서가 애매모호하게 작성될 경우 예기치 못한 분쟁이 야기될 소지가 있다. 이러한 과정에서 발생하는 제반 비용 및 책임의 한계 등이 계약서에 근거하므로 계약서 작성 시 전문적 지식과 노력이 필요하다. 일반적으로 계약서 작성에 포함되는 내용을 요약하면 다음과 같다.

- 공급받을 하드웨어 및 관련 서비스의 구체적 내용

- 가격조건 및 대금결제조건
- 제품인도 및 설치일정계획
- 제품인도 및 설치와 관련된 요청사항 및 책임소재
- 시스템 가동 및 운영에 필요한 제반 교육훈련 제공계획
- 상황에 따른 유 · 무상 유지 · 보수조건
- 각종 재난에 대한 백업 · 복구 등 대비책(기술적 방안, 보험가입 등)

2. 소프트웨어의 확보

소프트웨어를 확보하는 과정은 하드웨어 확보의 경우와 대체로 유사하다. 특히 소프트웨어를 외부로부터 구입하는 경우는 하드웨어 구입의 경우와 그 과정, 선정기준 및 방법, 기타 고려사항 등에 있어서 유사한 점이 매우 많다. 그러나 소프트웨어의 경우 하드웨어보다 훨씬 다양한 확보 방법들이 제안되고 있어서 어느 방법을 선택하느냐에 따라 구체적인 과정이 차이가 있을 수 있다(김은홍, 2017).

오늘날 소프트웨어 확보 대안은 크게 조직 내부에 소프트웨어를 설치하여 활용하는 방법과 외부 전문업체의 소프트웨어를 온라인으로 연결하여 활용하는 방법으로 구분할 수 있다. 이중 첫 번째의 조직 내부에 소프트웨어를 설치하여 활용하는 방법에는 자체개발, 외주개발, 패키지도입 등이 대안이 있을 수 있다. 두 번째 확보대안으로는 ASP(Application Service Provider) 방식과 SaaS(Software as a Service) 방식이 있다. 그런데 외부 전문업체의 소프트웨어를 온라인으로 활용하는 방법은 최근 이목이 집중되고 있는 클라우드 컴퓨팅(cloud computing)의 한 요소라고 볼 수 있다. 이에 대해서는 본장의 5절에서 살펴보기로 하고 여기서는 자체개발, 외주개발, 패키지도입에 대해서만 살펴보기로 한다.

1) 소프트웨어 확보 대안

(1) 자체개발

자체개발은 조직 내 필요로 하는 소프트웨어를 조직 내부 인력에 의해 자체적으로 개발하여 확보하는 방법으로서 전통적으로 가장 널리 사용되어온 방법이다. 자체개발 방법이 갖는 가장 큰 장점은 내부적으로 지식과 경험이 축적된다는 점과 회사의 기밀이 외부에 노출될 위험이 작다는 점이다. 또 자체개발할 경우 개발인력이 회사의 전반적인 상황이나 분위기 등을

잘 이해하고 있고 사용자와 개발자 간에 긴밀한 의사소통이 가능하며, 개발 과정에서 환경이나 전략 등이 변경될 경우에 이를 개발 과정에 신속히 반영할 수 있다는 장점 등이 있다. 그러나 이 방법은 다른 방법에 비해 상대적으로 인력, 시간 및 비용이 많이 소요된다는 단점을 갖고 있다. 특히 소프트웨어 패키지 도입 방법과 비교할 경우 이 문제는 매우 큰 차이가 나는 것이 현실이다. 그 밖에도 수준 높은 소프트웨어 개발인력을 확보하기가 매우 어렵다는 점과, 정보시스템부서가 회사 내에서 신뢰를 얻지 못할 경우 개발과 활용 과정에서 사용자부서의 큰 저항을 받게 될 가능성도 단점으로 지적되고 있다(김은홍, 2017).

자체개발은 다음과 같은 환경조건을 갖추고 있을 때 가능한 대안이 될 수 있다.

- 유능한 시스템개발 요원을 충분히 보유하고 있는 경우
- 해당 기업의 자료처리가 표준화되어 있지 못한 경우
- 기밀유지상 외부인에게 업무공개가 어려운 경우
- 해당 소프트웨어를 사용할 일정이 촉박하지 않을 경우
- 해당 소프트웨어를 시장에서 구입하기 어려운 경우
- 해당 소프트웨어 가격이 높은 경우
- 해당 소프트웨어 공급업체의 지명도가 낮은 경우

(2) 외주개발

외주개발은 소프트웨어를 전문적으로 개발하는 전문용역기관에 의뢰하여 개발하는 경우로서 성격상 소프트웨어패키지 구입과 자체개발의 중간적 형태로 볼 수 있으며, 개발주체가 외부 인력이라는 점 외에 자체개발과 거의 비슷한 과정을 거치게 된다. 또, 외주개발의 경우 용역업체를 선정해야 하는데, 이는 앞서 논의된 하드웨어 확보 과정과 유사하다(김은홍, 2017).

외주개발이 가지고 있는 가장 큰 장점은 자체인력부족 내지는 기술적 능력의 부족을 극복할 수 있다는 점이다. 그리고 전문용역기관이 보유하고 있는 소프트웨어개발에 대한 축적된 지식과 경험을 활용할 수 있다는 점과 자체개발에 비해 개발기간을 단축할 수 있는 경우도 많다는 점이다. 반면에, 외주개발은 용역기관과의 의사소통이 어려운 경우가 많다. 그리고 소프트웨어개발이 용역기관의 주도대로 유도될 위험성이 있고 기밀보장이 어렵다는 점도 고려해야 한다.

외주개발에 의해 소프트웨어를 확보하고자 하는 대안은 다음과 같은 환경조건을 갖추고 있을 때 가능하다.

- 자체개발능력(기술력, 전문요원 수)이 부족한 경우

- 개발일정을 단축해야 할 경우
- 개발원가의 절감을 꾀하고자 하는 경우
- 개발 부하(負荷)가 증대되어 있는 경우

(3) 소프트웨어 패키지 도입

필요로 하는 소프트웨어 패키지를 외부로부터 도입(구입, 임차, 리스)하는 방법은 여러 가지 소프트웨어 확보 방법 중 가장 주목할 만하다. 그것은 조직의 입장에서 저렴한 비용으로 짧은 시간 내에 필요한 소프트웨어를 확보할 수 있으며, 사회적으로도 동일내용의 소프트웨어에 대한 중복투자를 하지 않아도 되는 매우 경제적인 방법이기 때문이다.

표 11-10 소프트웨어 확보 방식의 장 · 단점 비교

도입방식	장 점	단 점
자체 개발	• 내부적으로 개발 관련 지식과 경험을 축적할 수 있다. • 회사의 기밀노출을 방지할 수 있다. • 개발자와 사용 부서 간의 의사소통이 원활하다. • 개발도중 환경이나 전략의 변경 시 신속한 대응이 가능하다.	• 인력, 시간, 비용이 많이 소요된다. • 유능한 소프트웨어 개발인력을 확보하기가 어렵고, 이직률도 매우 높다. • 정형화된 소프트웨어 개발 방법이 없다. • 체계적인 소프트웨어 개발계획이 미비한 경우가 많다. • 문서화 미비로 유지 · 보수에 과다한 노력이 요구되는 경우가 많다.
외주 개발	• 자체인력 · 능력부족의 문제를 극복할 수 있다. • 자체인력 확보에 따른 리스크를 방지할 수 있다. • 전문용역기관의 축적된 S/W개발 지식과 경험을 활용할 수 있다. • 개발기간 단축과 비용을 절감할 수 있다.	• 용역기관의 의사소통에 어려움(해당 조직의 성격, 문화 등)이 있다. • 개발이 용역기관의 주도대로 유도될 위험성이 있다. • 조직의 기밀보장이 어렵고 기술축적이 안 된다. • 적당한 용역기관 선정이 어렵다. • 기존 시스템과 인터페이스 문제가 발생할 수도 있다. • 소프트웨어의 품질저하 위험성이 있다.
패키지 도입	• 비용과 시간 면에서 효율성이 매우 높고 불확실성이 낮다 • 인력, 설비 등 추가투자 없이 소프트웨어의 확보가 가능하다. • 전문지식이 없어도 정보화추진이 가능하다.	• 적합한 패키지가 공급되지 않는 경우가 많다. • 상황 변화에 따라 신속한 프로그램변경, 확장 등이 어렵다. • 조직 내 기술축적이 안 된다. • 유지 · 보수 시 공급업체에 의존하게 된다. • 기존 시스템과의 호환성이 문제이고 상황 변화에 따른 변경 및 확장이 어렵다.

소프트웨어 패키지 도입 방법이 다른 방법들에 비해 가지는 장점 중 가장 중요한 것은 비용과 시간상의 이점이다. 그러나 이 방법은 근본적으로 조직의 요구에 적합한 패키지가 시장에 공급되지 않는 경우 전혀 사용할 수 없다는 문제점을 가지고 있다. 그 밖에 패키지 구입에 의한 소프트웨어 확보 방법은 조직 내 기술축적이 안된다거나, 유지 · 보수에 있어 공급업체에 의존해야한다거나, 기존 정보시스템과의 호환성 유지가 어렵다거나 하는 기술적 측면에서의 문제점도 가지고 있다(김은홍, 2017).

한편, 우리나라 기업들의 소프트웨어 확보추세는 종래의 전통적 자체개발 방식에서 전문 용역기관에 외주를 주거나 또는 상품화된 소프트웨어 패키지를 도입하여 이용하는 등 외부조달 비중이 점차 높아지고 있는 경향이다. 외부조달이 증가하고 있는 주요 요인은 소프트웨어 용역산업의 성장추세와 소프트웨어 관련 기술의 눈부신 성장 그리고 소프트웨어 전문인력의 부족현상 등을 들 수 있다. 특히, 최근에는 외부 전문기관을 활용하는 아웃소싱(outsourcing)이나 클라우드 컴퓨팅(cloud computing)이 또 다른 대안으로 급부상하고 있다는 점은 소프트웨어 확보 방법에 대한 인식이 변화하고 있음을 알 수 있다.

2) 대안 선택 시 주요 고려사항

(1) 개발능력을 보유하고 있는지의 여부

당해 조직이 시스템개발능력(인력, 기술 등)을 자체적으로 보유하고 있는지의 여부가 소프트웨어 확보 방법 선택에 있어서 매우 중요한 기준이 된다. 이러한 이유로 해서 일반적으로 대기업에 비해 중소기업의 소프트웨어 확보는 외부조달 비율이 높다. 그러나 아무리 대규모 조직과 개발능력을 보유하고 있다 하더라도 계획 중인 소프트웨어개발에 투입될 수 없다면 그 조직은 개발능력이 없는 것으로 보아야 할 것이다.

(2) 전략적으로 중요한 소프트웨어는 자체개발

전략적으로 매우 중요한 시스템은 기밀 보안의 필요성이 높고, 신속 · 적절한 유지 · 보수가 가능해야 한다. 또, 해당 시스템을 개발하는 과정에서 축적되는 지식 및 경험이 갖는 전략적 의미가 크기 때문에 자체개발에 의해 확보하는 경향이 높다.

(3) 개발비용과 시간상의 문제

일반적으로 자체개발보다 구입의 경우가 비용과 시간절약 면에서 경제적이므로 개발비용과 시간상의 문제가 소프트웨어 확보 대안선택에 영향을 미친다. 따라서 조직여건상 시간적 지연을 감수하지 못할 상황이라면 패키지도입 방안을 최우선적으로 검토하지 않을 수 없다.

(4) 업무의 성격에 따라 고려

특수하고 비정형화 된 소프트웨어의 경우는 개발의 대안을 선택하여야 할 것이고, 비교적 보편적이고 정형화된 업무와 관련된 소프트웨어는 다양한 패키지들이 판매되고 있기 때문에 새로 개발하는 것보다 구입하는 대안을 선택해야 할 것이다. 대체로 정형화 정도가 높은 업무 분야인 회계, 급여, 재고관리 등에서 주로 패키지 도입이 많이 이루어지고 있다.

4절 정보시스템 아웃소싱

지금까지 전통적인 관점에서 하드웨어와 소프트웨어의 확보 유형 및 과정에 관해 살펴보았다. 그런데 1990년대 들어 미국을 비롯한 선진국에서는 외부자원에 의한 정보시스템 확보 방법, 즉 아웃소싱을 단순히 하드웨어나 소프트웨어와 같은 개별자원의 확보 차원에서가 아니라 인력, 기술, 자원 등 조직 전체의 차원에서 과거보다 훨씬 광범위하게 고려하고 있다. 특히 최근에는 ICBM(IoT, Cloud, Big Data, Mobile)이라는 용어로 미래사회를 이끌어갈 유망기술을 지칭하는 경우가 많은데, 그중 하나인 클라우드 컴퓨팅을 아웃소싱의 한 형태로 고려하고 있는 조직도 점차 늘어나고 있다. 클라우드 컴퓨팅에 대해서는 별도로 제5절에서 상세히 살펴보기로 하고, 이 절에서는 아웃소싱(outsourcing)의 개념과, 아웃소싱의 목적, 아웃소싱의 방법 및 대상, 아웃소싱의 위험 요인과 대책 등에 대해 살펴본다.

1. 아웃소싱의 개념

아웃소싱(Outsourcing)이란 개념은 전통적으로 제조업을 중심으로 한 대부분의 기업들이 직면해 왔던 '자체조달 또는 외부조달(make or buy)' 이라는 의사결정의 일부로 이해하는 것이 바람직하다. 즉, 아웃소싱이란 기업경영에 필요한 업무의 일부를 일시적 또는 장기적으로 외부 전문업체에 위탁하는 방법으로서, 기업이 내부의 자원을 전략적으로 중요하고 가장 높은 성과를 창출할 수 있는 부문에 집중할 수 있도록 함으로써 기업의 경쟁력을 제고시키고자 하는 경영 방식이라고 할 수 있다.

정보시스템 분야에 있어서도 아웃소싱은 조직이 내부의 정보시스템 욕구를 만족시키기 위해 외부의 전문적인 공급자를 고용하는 개념으로 사용되는데, 여기서 내부의 욕구는 인력, 설비, 서비스에 대한 요구를 모두 포함한다. 좀 더 구체적으로 아웃소싱이란 "한 조직의 정보기술 기반구조를 형성하는 물리적 또는 인적자원의 전부 혹은 특정 부문에 외부공급업체가 기여하는 것"을 의미한다. 여기서 정보기술 기반구조란 조직 내에서 각종 전산화된 서비스를 제공하기 위해 필요한 인력, 장비, 소프트웨어 등 유형적 요소와 조직, 절차, 정책 등의 무형적 요소를 조직화한 것을 말한다(김은홍, 2017).

한편, 아웃소싱을 우리말로 표현한다면 상황에 따라서 '외주' 또는 '위탁' 등으로 번역하는 것이 적합할 것이다. 그리고 아웃소싱과 상대되는 용어로 인소싱(insourcing)이라는 용어가 있는데, 이는 우리말로 '내부조달' 또는 '자체조달' 등으로 번역하여 사용할 수 있을 것이다.

한국IBM, 삼성SDS, 포스코ICT 등과 같은 정보시스템을 전문적으로 다루는 외부 전문업체로부터 정보시스템 관련 서비스를 받고 일정 금액의 비용을 지불하는 방식으로 다음과 같은 업무들이 포함된다.

- **데이터처리**(data processing): 생산, 판매, 인사 등의 분야에 있어서 응용시스템에 의한 거래처리를 말한다.
- **설비관리**(facility management): 기업이 가지고 있는 컴퓨팅 시설을 외부 전문업체가 관리하고 통제하는 것을 말한다.
- **응용프로그램의 개발과 유지·보수**: 외부 전문업체가 시스템개발과 유지·보수를 위탁받아 수행하는 것을 말한다.
- **텔레커뮤니케이션 관리**: LAN, 인터넷 등의 개발과 운영에 관한 서비스를 말한다.
- **시스템 통합**(System Integration: SI): 컴퓨터와 주변기기, 각종 소프트웨어와 통신망, 시스템 개발요원 등을 자기책임 하에 조달·확보하여 제공하는 것이다.

한편, 아웃소싱은 정보시스템 분야에서 전혀 새로운 개념이 아니다. 이미 앞서 살펴본 하드웨어 및 소프트웨어 확보 방법의 유형으로 제시한 하드웨어 임차 방식이나 외주개발, 또는 패키지 도입 등도 아웃소싱의 한 형태로 볼 수 있기 때문이다. 이처럼 아웃소싱은 오래전부터 정보시스템 확보를 위한 기업전략의 하나로 인식되어 왔지만 오늘날에는 과거와는 달리 범위나 규모면에서 기존의 상식을 뛰어 넘을 뿐 아니라, 성공적인 아웃소싱으로 인한 경비절감 효과 또한 엄청난 경우가 적지 않다.

우리나라의 경우에는 전통적으로 조직의 내부 사정을 외부에 노출시키기를 꺼려하는 기업풍토로 인하여 아웃소싱에 대해 비교적 부정적인 입장을 취해왔다. 이런 분위기 때문에 1980년대까지만 해도 국내기업에서의 아웃소싱은 그 대상이 일부 긴급을 요하는 응용시스템 개발이라든가, 프로그램 코딩 등 극히 좁은 범위에 국한 되었던 것이 일반적이었다. 그리고 아웃소싱을 하는 기업의 대부분은 자체 인력확보가 어려운 중소기업이었고, 아웃소싱을 적극적인 대안으로 모색하는 대기업은 더욱더 찾아보기가 어려웠다.

그러다가 1990년대 초부터 재벌그룹 위주로 그룹 내 각 계열사에 흩어져 있던 전산실을 통합하여 정보처리 전문 자회사를 설립한 후 이 업체에 각 계열사의 정보시스템 기능의 일부 또는 전부를 위탁하는 형태의 아웃소싱이 유행하기 시작하였고, 이런 경향은 점차 중견그룹이나 금융권으로까지 확대되어 왔다. 이렇게 볼 때 우리나라에서는 아직까지 독립적인 전문업체를 대상으로 하는 진정한 의미의 아웃소싱 전략을 채택하는 것이 보편화 되었다고 보기는 어렵지만, 전체적인 규모 면으로 볼 때 최근 국내 정보시스템 아웃소싱 시장은 크게 확대되고 있는 추세다(한국IT서비스산업협회, 2006)

2. 아웃소싱의 목적

근본적으로 기업들이 아웃소싱을 하는 이유는 이를 통하여 비용 및 효과 측면에서의 비교우위를 얻을 수 있다고 판단하기 때문이다. 특히, 정보기술의 급속한 발전과 변화로 인하여 기업 내 정보시스템 부서의 운영비용이 매년 20~30% 정도씩 증가하고 있고 조직 내부에서 선진 정보기술을 적시에 받아들여 활용하는 데 많은 위험과 불확실성이 따르는 상황에서, 기업은 정보시스템 아웃소싱을 통해 그와 같은 부담을 어느 정도 감소시킬 수 있다.

최근 국내에서 실시된 조사결과를 보면 기업들이 정보시스템 아웃소싱을 추진하는 가장 큰 이유로 전문인력의 부족을 지적하였고, 그 다음 전문지식의 부족, 비용절감, 안정적인 지원 등의 순으로 나타났다.

기업이 아웃소싱을 수행하는 목적을 구체적으로 살펴보면 다음과 같이 전략적 · 경제적 · 기술적 측면으로 나누어 볼 수 있다(김은홍 외, 2011).

- **전략적 목적**: 일상적인 정보시스템 관련 업무를 아웃소싱 함으로써 중요한 정보시스템 인력과 자산을 전략적 차원에서 가치가 높은 조직의 핵심역량에 집중할 수 있다. 그리고 아웃소싱 대상 업무 영역과 관련된 인력을 함께 아웃소싱하게 되면 조직 내 인력수급의 유연성 확보라는 추가적인 목적을 달성할 수도 있다.

- **경제적 목적**: 아웃소싱 전문업체의 풍부한 인적 및 기술적 자원을 활용함으로써 규모의 경제에 따른 경제성을 확보할 수 있다. 그리고 대부분의 아웃소싱계약은 고정가격(fixed-price)을 기반으로 하는 경우가 많은데, 이를 통해서 기업은 정보기술도입과 관련된 불확실한 비용과 부담을 줄일 수 있다.
- **기술적 목적**: 아웃소싱을 통해 새로운 정보기술의 도입 및 급격한 기술적 변화에 따른 위험성을 줄일 수 있기 때문에, 최신의 정보기술을 보다 쉽게 확보하여 기술적 진부화의 위험성을 극복할 수 있다.

3. 아웃소싱의 방법 및 대상

1) 아웃소싱의 방법

한 조직이 정보시스템을 아웃소싱 하고자 할 때에는 그 목적이나, 범위, 대상 등을 고려하여 '타회사 방식', '자회사 방식', '공동 방식'의 세 가지 방법 중 한 가지를 선택해야 한다.

- **타회사 방식**: 앞에서 소프트웨어 확보 방법의 하나로 언급된 패키지 도입을 포함하는 것으로서, 정보시스템의 전부 또는 일부를 독립적인 제3자 전문업체에 아웃소싱 하는 방식을 말한다.
- **자회사 방식**: 기업의 자금력과 내부 기술력을 바탕으로 아웃소싱을 전담하는 자회사를 설립해서 정보시스템의 전부 또는 일부를 이 자회사에 위탁하는 방식인데, 주로 국내 대기업을 위주로 많이 확산되고 있다.
- **공동 방식**: 정보시스템의 일부는 내부 또는 자회사에서 해결하고 일부는 제3자에게 위탁하는 공동 방식이다. 이 방식은 정보시스템 아웃소싱의 형태가 점점 다양해짐에 따라 분야별로 전문성을 갖고 있는 업체를 적극 활용하기 위해서 사용된다.

2) 아웃소싱의 유형 및 대상

외부공급업체의 기여 정도에 따라 매우 다양한 방법으로 아웃소싱 유형을 구분할 수 있다. 먼저 아웃소싱을 단순히 SI(System Integration: 시스템통합), FM(Facility Management: 설비관리) 및 SM(System Management: 시스템관리)의 세 가지 유형으로 구분하는 견해가 있다.

- **SI(시스템통합)**: 고객의 요구사항에 따라 하드웨어, 소프트웨어, 네트워크 등 다양한 구

2. 클라우드 컴퓨팅의 서비스 모델

클라우드 환경에서 제공되는 서비스는, 수백 또는 수천 대의 컴퓨터를 연결한 강력한 연산 처리기능 서비스, 원격으로 소프트웨어를 이용하는 서비스, 데이터를 저장해 주는 스토리지 서비스, 심지어 소프트웨어 개발자가 애플리케이션을 만들 수 있는 장소를 제공하는 서비스 등 점차 다양해지고 있다. 이런 서비스들은 크게 소프트웨어 서비스(SaaS), 플랫폼 서비스(PaaS), 인프라 스트럭처 서비스(IaaS)의 3가지 형태로 제공된다(Mell and Grance, 2009).

그림 11-10 클라우드 컴퓨팅의 특징 · 서비스 · 배포모델

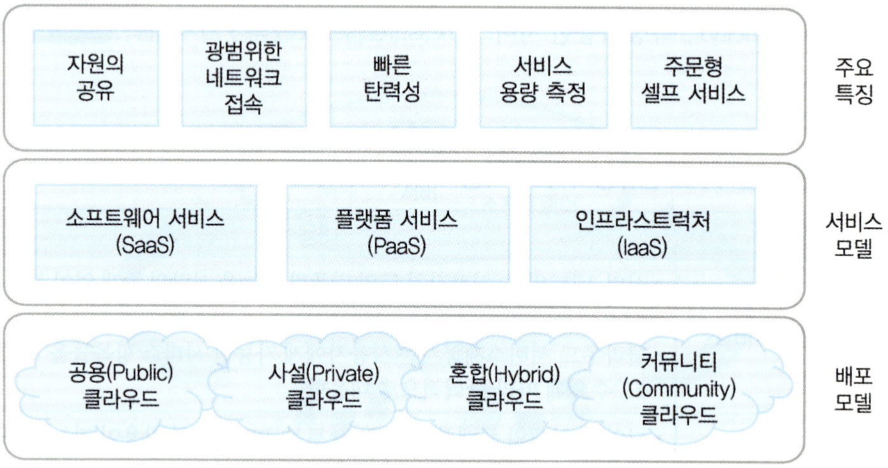

자료: 홍일유 · 차훈상, 경영정보시스템, 법문사, 2012, 435쪽.

1) 소프트웨어 서비스

소프트웨어 서비스(Software as a Service: SaaS)는 클라우드 컴퓨팅사업자가 인터넷을 통해 웹 오피스, ERP, CRM 등 각종 응용소프트웨어를 서비스하고 사용자가 원격으로 접속하여 사용하는 모델이다. 소프트웨어를 직접 서비스 받음으로써, 사용자는 복잡한 서버환경에 대한 전문지식 없이 손쉽게 원하는 애플리케이션을 웹 브라우저를 통해 사용하는 편리함이 주어지지만, 반대로 인프라 서비스나 플랫폼 서비스와 비교하면, 사용자의 서비스에 대한 유연성 및 제어권이 가장 약하다고 볼 수 있다.

가장 성공적인 소프트웨어 서비스 제공업체로는 세일즈포스닷컴(salesforce.com)이 있

다. 이 회사는 기업의 영업활동과 고객관계관리(CRM)에 필요한 다양한 소프트웨어를 제공한다. 구글 앱스(Apps)는 개인 대상의 서비스로 문서작성과 계산기능을 제공하는 광고 기반의 무료 서비스다.

2) 플랫폼 서비스

플랫폼 서비스(Platform as a Service: PaaS)는 소프트웨어를 개발할 수 있는 토대(운영체제)를 제공해주는 서비스이다. 중간 레벨의 서비스로, 주 사용자는 애플리케이션 개발자들이다. 이들은 애플리케이션을 개발, 실행할 수 있는 플랫폼을 제공받게 되며, IaaS와 같이 서버의 운영체세 자체를 제어하지는 않는다. 기존에는 소프트웨어를 개발하기 위해서는 개발프로그램이나 개발환경을 직접 구축하여야만 하였다. 하지만 플랫폼 서비스를 이용하면 개발환경을 위한 투자비용이 매우 저렴해 질뿐만 아니라, 표준을 따르는 개발언어로 쉽게 소프트웨어를 개발할 수 있게 된다. 그 뿐만 아니라, 많은 경우 이미 만들어져 있는 모듈화 된 프로그램들을 조합하여 보다 빠르게 새로운 소프트웨어를 만들 수 있게 된다.

구글의 앱엔진(AppEngine), 아마존의 EC2, 마이크로소프트의 윈도 어주어(Window Azure) 등이 대표적인 플랫폼 서비스 상품이다. 구글앱은 개발자들이 바로 사용할 수 있는 개발환경을 이미 잘 알려진 파이썬(Python)과 자바(Java) 두 개의 프로그래밍 언어를 기반으로 제공한다. 또한, 구글의 로그인 서비스, 이 메일 서비스, 지도 서비스 등 공유가 가능한 개발 모듈을 엡 엔진이 제공하는 플랫폼을 통해 손쉽게 자신의 애플리케이션에 통합할 수 있다. 이처럼, 이미 만들어진 비교적 작은 규모의 모듈 형태 프로그램들을 조합해서 새로운 애플리케이션을 만들어 내는 개발 방식을 '메쉬업(mash-up)'이라고 부른다.

3) 인프라스트럭처 서비스

인프라스트럭처 서비스(Infrastructure as a Service: IaaS)는 가장 하위 레벨의 서비스로, 서버나 스토리지, 데이터베이스, 네트워크를 필요에 따라 이용할 수 있게 서비스를 제공하는 형태다. 바꿔 말하면, 고객은 자신의 모든 IT 인프라를 클라우드 제공자에게 넘기고, 사용하는 클라우드 서비스에 대해서만 비용을 지불함으로써 상당한 비용을 절약할 수 있다.

예를 들어, 특정 회사에서 온라인 쇼핑몰을 운영하기 위한 서버가 필요하다면 이를 구매, 설치하는 대신 클라우드 제공업체에 가입을 하고 원하는 사양의 가상서버를 생성하면 된다. 여기서 CPU의 개수나 메모리의 용량, 하드디스크의 용량, 방화벽 설정 여부, 운영체제의 종류 등을 메뉴 형식으로 선택할 수 있다. 이런 면에서는 실제로 서버 하드웨어를 사는 것과 유사하다고 할 수 있다. 하지만, 이와 같은 사양이 결정되면 이를 바탕으로 운영체제의 설치, 설정, 최종 사용 준비에 들어가는 시간은 길어야 5분에 지나지 않는다.

인프라 서비스는 아마존의 S3가 대표적이고, 국내의 경우 삼성SDS가 서버와 스토리지, 백업 인프라를 사용한 만큼 비용을 청구하는 유즈플렉스(USEFLEX) 서비스를 제공하고 있다. 개인 대상의 서비스로는 KT의 유클라우드(ucloud), 네이버 N드라이브(N drive), 다음 클라우드가 있다.

위에서 살펴본 다양한 서비스 모델들의 특징과 대표적인 예를 요약하면 표 11-13과 같다.

표 11-13 클라우드 컴퓨팅 서비스의 종류

구분		주요 개념
서비스 유형	인프라스트럭처 서비스(IaaS)	하드웨어 인프라(서버, 운영시스템, 스토리지, 네트워크 등) 자원을 인터넷을 통해 제공 예 아마존의 Elastic Compute Cloud (EC2), 호스트웨이, Flex Cloud server, 네이버 클라우드, KT의 유클라우드 서버 등
	플랫폼 서비스 (PaaS)	웹기반의 소프트웨어를 개발, 운영하기 위한 플랫폼환경을 제공 예 구글의 App Engine, MS사의 Azure서비스플랫폼, SQL, Force.com
	소프트웨어 서비스 (SaaS)	이용자가 원하는 소프트웨어를 임대, 제공하는 서비스 예 세일즈포즈닷컴, 구글 문서도구 등
서비스 운용 형태	퍼블릭 클라우드	모든 인프라와 IT 기술을 클라우드에서 제공 받는 형태, 여러 불특정 서비스 이용자가 이용하는 형태
	프라이빗 클라우드	기업이 직접 클라우드 서비스를 구축한 후 이를 계열사와 고객에게만 제공하는 형태, 대규모 기업 집단이나 정부 등이 선호하는 방식
	하이브리드 클라우드	퍼블릭 클라우드와 프라이빗 클라우드가 결합한 형태, 공유를 원하지 않는 일부 데이터 및 서비스에 대해 프라이빗 정책을 설정하여 서비스를 제공

3. 클라우드 컴퓨팅의 배포 모델

표준기술 국제기구(NIST)는 클라우드 컴퓨팅을 기업에서 배포하기 위한 4가지 기본 모델을 제안하였으며, 이는 서로 다른 기업환경에서 클라우드 컴퓨팅의 효과적인 이용 방안을 위한 지침으로 활용되고 있다.

1) 공용 클라우드

클라우드 제공업체가 공유 가능한 컴퓨팅 자원을 다양한 불특정 사용자에게 원하는 만큼 제공하는 일반적인 클라우드 서비스 형태를 공용 클라우드(Public Cloud)라고 말한다. 일반적으로 서비스 제공업자는 대규모의 사용자를 거느리고 어마어마한 규모의 데이터 센터를 운영함으로써 가장 큰 규모의 경제를 얻을 수 있다.

대표적인 공공 클리우드 제공업체는 대외적으로는 아마존, 구글, 마이크로소프트사, 세일즈포즈 닷컴 등이 있다.

2) 사설 클라우드

기업들이 기존의 내부 IT 운영의 효율성과 관련 자원의 활용도를 높이기 위해 가상화와 자원의 공유 등 클라우드 컴퓨팅의 기술적 기반을 '내부적'으로 활용하는 것을 말한다. 따라서 아마존이나 구글과 같이 제3자를 위한 서비스를 제공하는 공용 클라우드와 다르게 외부 사용자들에 대한 접근은 철저히 제한된다. 따라서 사설 클라우드(Private Cloud)는 자신이 소유하고 있는 데이터센터가 존재하여야 하고 대부분 IT 자회사를 가진 대기업들이 이에 해당한다. 공용 클라우드 대신에 사설 클라우드를 선택하는 대표적인 이유로 세 가지를 들 수 있다.

첫째는, 기업이 자신들의 데이터센터를 운영한다는 것은 이미 수년간 대용량 서버와 네트워크 장비 등 IT 자원에 상당한 투자를 해 왔음을 의미한다. 이 경우, 당장에 고가의 장비를 포기하고 공용 클라우드로 이전하는 것은 현명한 선택이 아닐 수 있다.

둘째, 기업들 중에는 자신만의 특별한 환경 하에서 운영되는 래거시(legacy) 애플리케이션들을 이용해야 하는 경우가 있으며 이 경우에는 공용 클라우드로의 이전이 쉽지가 않다.

셋째, 보안이나 법적인 제한이 있을 수 있다. 정보보호법안들과 규정들은 특정 데이터에 대해서는 특정한 지역, 즉 회사 내부에 유지 되어야 함을 요구한다. 이와 같은 사설 클라우드를 이용하는 대표적인 예로 금융 관련 기업들을 들 수 있다. 은행이나 투자회사 등이 다루는 고객이나 기업의 정보는 대부분 외부로 노출되면 큰 파장을 가져 올 수 있는 민감한 정보들이 많다. 따라서 많은 경우 당장에 공용 클라우드를 이용하기보다는 사설 클라우드를 선호하는 경향이다.

3) 커뮤니티 클라우드

커뮤니티 클라우드(Community Cloud)는 개별기업은 아니지만, 동일하거나 유사한 관심 업무 공통의 법적 · 보안적 요구사항 등이 요구되는 기관들로 구성된 커뮤니티 기반의 클라우드를 지칭한다. 커뮤니티에 속한 사용자들 사이에 데이터의 상호 교환이 용이하고 공통된 애플리케이션의 활용 또한 용이하다. 최근 아마존은 정부기관 종사자들을 위한 '정부 클라우드(Government Cloud)' 서비스를 새로 시작하였고, 이미 미국 국토안보부는 기업용 콘텐츠 공급, 아이디 검증, 인증 등의 서비스에 클라우드를 도입한 상태다. 또 다른 예로, 금융기관들로 구성된 커뮤니티 클라우드가 있다. 국내의 경우 우리금융그룹은 그룹 계열사들이 퇴직연금신탁 등 몇 가지 업무는 가상화를 통해 전 그룹 계열사가 하나의 시스템을 공동으로 쓰고 있다.

4) 하이브리드 클라우드

하이브리드 클라우드(Hybrid Cloud)는 위에 제시한 공용 클라우드와 사설 클라우드의 혼합형이라 할 수 있다. 즉, 기업 내 중요한 정보와 처리는 사설 클라우드를 운영하고, 그 외 백오피스 업무 등 상대적으로 중요하지 않는 정보와 처리는 공공 클라우드에 위탁하는 방식을 말한다. 또는, 일반적으로 사용이 적은 비수기에는 사설 클라우드를 이용하고, 성수기(예를 들어, 추석이나 크리스마스 기간의 온라인 쇼핑몰과 같이 작업용량이 처리용량을 초과할 때)에만 간헐적으로 공공 클라우드를 사용하는 경우도 이에 해당된다. 이와 같이 한시적인 클라우드를 통한 확장기법을 '클라우드 버스팅(Cloud bursting)'이라고 부른다.

4. 클라우드 컴퓨팅의 경제적 효과

기업들은 오랜 기간 기업 내부의 하드웨어와 소프트웨어 등 IT 자원에 막대한 투자를 이어왔다. 이런 투자에 대한 성과에 대하여 생산성 분석 등을 위한 노력이 이어졌고, 초기 설비 투자비용에 비해 상대적으로 얻을 수 있는 경제적 이익은 미미하다는 우려가 이어져 왔다. 그렇다면, 이런 기존의 IT 자원에 대한 투자와 활용 방식의 관점에서, 클라우드 컴퓨팅이 가져다 줄 수 있는 경제적 이점은 무엇인지 살펴볼 필요가 있다.

1) 낭비되는 자원과 모자란 자원의 감소

기업들은 최근 수십 년에 걸쳐 대용량 서버를 비롯하여, 공급사슬관리시스템, 고객관리 시스템, 전사적자원관리시스템 등 복잡한 시스템을 회사 내부에 설치하고, 이에 대한 관리를 기업 자체에서 수행하였다. 이런 내부 IT에 대한 투자 패턴은, 다음 그림 11-11의 좌측 그래프에서 보여주듯이, IT 자원에 대한 수요를 미리 예측하고 증가할 수요에 대처할 수 있는 대규모의 선행투자를 주기적으로 해왔으며, 이에 따라서 큰 자본비용(Capital Expenses, CAPEX)이 필요하게 되었다.

그림 11-11 기존의 IT 자원 투자 및 활용모델

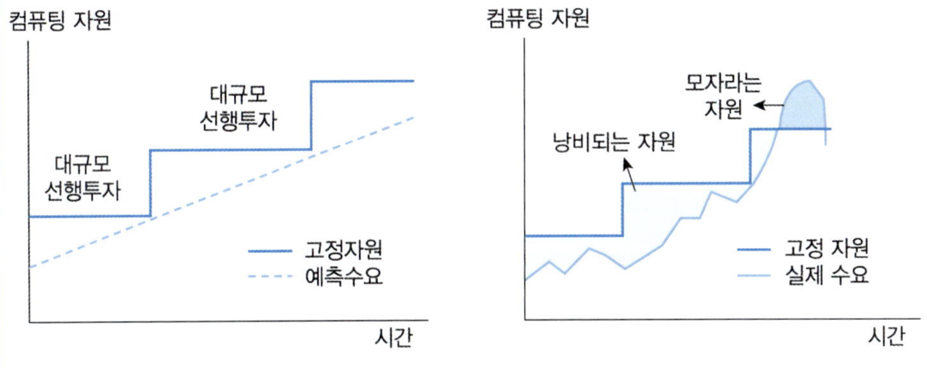

자료: 홍일유 · 차훈상, 경영정보시스템, 법문사, 2012, 444쪽.

그림 11-11의 우측 그래프에서 보여준 바와 같이 실제 수요가 예측한 수요에 못 미칠 경우, 많은 컴퓨팅자원이 낭비되는 결과를 초래하게 되었고, 반대로 예상치 못한 높은 수요가 발생 시에는 오히려 컴퓨팅자원이 고갈되는 이중고를 겪어야만 하였다. 이를 해결하기 위한 방안으로 IT를 외부 전문업체에 아웃소싱(outsourcing)을 주는 경우가 많아졌지만, 외주업체와 1년 이상의 장기계약 등을 통해 하드웨어와 소프트웨어를 임대하는 형식이 되고, 이에 따라 고정비용 절감과 유동적인 IT 자원관리 측면에서 한계가 지적되었다.

클라우드 컴퓨팅은 IT 아웃소싱의 한 단계 더 발전한 형태라 할 수 있다. 즉, 사용자는 자기가 필요한 만큼만 빌려 쓰고, 그에 대한 비용을 지불한다는 방식 하에 고정자본 비용(CAPEX)의 대부분을 운영비용(Operational Expenses: OPEX)으로 전환 시켜주는 효과를 가져오게 되었다. 이렇듯 클라우드 컴퓨팅을 통해서 기업은 기존의 낭비되는 자원과 모자란 자원을 획기적으로 줄이고 확보된 자원은 자신의 핵심제품과 서비스 분야에 투자하게 됨으로써, 다른 기업들에 비해 경쟁 우위를 확보할 수 있게 될 것이다.

2) IT 벤처기업의 활성화

새로운 IT 벤처기업들은 클라우드 컴퓨팅을 통해 낮아진 진입장벽의 이점을 누릴 수 있고, 이를 통해 새로운 혁신을 추구할 수 있게 된다. 예전에는 IT 관련 기업들은 하드웨어에 대한 투자가 선행되고 개발환경을 확보해야만 새로운 애플리케이션을 구축할 수 있었다. 클라우드 컴퓨팅은 이런 대기업중심의 구조적 한계점을 극복하고, 언제든지 새로운 구상만 있으면 손쉽게 애플리케이션을 클라우드상에서 개발하고 테스트까지 할 수 있는 개발환경을 값싸게 제공해 준다. 앞서서 이런 플랫폼 서비스(PaaS)에 대하여 언급하였다.

이뿐만 아니라, 보통 새로운 애플리케이션이 개발이 되면, 이를 테스트하기 위해서는 실제 상황과 유사한 시나리오를 재현하여야 하고 따라서 많은 수의 서버가 필요하게 된다. 클라우드 컴퓨팅의 가상화기술을 이런 테스트를 하는 경우에도 큰 효과를 발휘한다. 즉, 따로 서버를 구매하지 않고도 인프라스트럭처 서비스(IaaS)를 통하여 테스트 기간 동안만 필요한 수만큼의 가상 서버를 빌려 쓰면 된다.

개발된 애플리케이션의 실제운영 과정에서도 필요에 따라 가상 서버의 갯수를 늘리거나 줄일 수 있고, 만약 결과적으로 성공하지 못한 애플리케이션에 대한 부담도 짧은 기간 동안의 운영비로 국한되어 위험 요소가 현저히 줄게 되었다. 하지만 한편으로는, 클라우드 컴퓨팅으로 인하여 더 많은 벤처기업들이 시장에 참여하게 되고, 이로 인한 불필요한 내부 경쟁이 심화될 수도 있을 것이다.

3) 중소기업의 클라우드 컴퓨팅

벤처기업들과 유사하게 IT 관련 중소기업들은 충분하지 않은 투자비용을 가지고도 새로운 애플리케이션을 개발할 수 있게 되었다. 또한, 일반 중소기업의 경우, 예전에는 고가의 서버와 소프트웨어 패키지, 그리고 애플리케이션을 운용할 줄 아는 전문인력이 있어야만 가능했던 값비싼 애플리케이션을 도입하여 사용하는 것이 가능해졌다.

앞서 예로 들었던 소프트웨어 서비스(SaaS) 클라우드의 대표업체인 Salesforce.com의 경우 예전에는 소프트웨어를 직접 설치해주고 유지하다 보니 그 비용이 비싸서 중소기업의 경우 도입이 어려웠지만 지금은 매달 사용료를 지불하면 웹상에서 손쉽게 이용이 가능하다. 뿐만 아니라, 주로 대기업을 고객으로 소프트웨어 라이선스를 판매하고 이를 유지 · 보수하는 대규모 프로젝트를 통해 수익을 올리던 오라클 등 IT 컨설팅업체들도, 최근 자신들이 가지고 있는 다양한 소프트웨어를 웹 환경에서 중소기업들에게도 클라우드 서비스로 제공하기 시작했다.

4) 대기업들의 클라우드 컴퓨팅

대기업들은 벤처기업이나 중소기업들에 비해 자금의 여유가 있고, 따라서 상대적으로 클라우드 컴퓨팅으로의 전환에 소극적인 태도를 취하기 쉽다. 또, 이미 많은 자본을 자신의 데이터 센터에 투자를 한 경우, 이를 버리고 공공 클라우드를 이용한다는 것이 오히려 경제적으로 손실을 초래하는 경우가 생길 수 있다. 따라서 앞서 말한 바와 같이 대기업들은 먼저 내부적으로 클라우드 컴퓨팅기술에 기반한 사설 클라우드를 거쳐 점차적으로 범위를 공공 클라우드 컴퓨팅으로 확장해 나가는 경향을 보이게 된다.

결과적으로, 클라우드 컴퓨팅은 기업의 제한된 IT 자원을 보다 유동적이고 효과적으로 활용함으로써, 불필요한 기회비용을 절감하고 기업의 전략적인 업무에 집중할 수 있게 해주는 원동력을 제공하고 생산성을 높이게 될 것이다.

5. 도입 시 고려하여야 할 사항들

위에서 언급한 바와 같이 클라우드 컴퓨팅이 가져오는 경제적 효과는 많은 기업들에게 매력적으로 다가올 것이다. 하지만, 기업의 업무 성격에 따라 모든 경우 클라우드 컴퓨팅이 최선의 방안이라고 말하기는 힘들다. 여기서는 언제 클라우드 컴퓨팅이 가장 효과적이고, 그렇지 않은 경우는 언제인지 알아본다.

1) 클라우드 컴퓨팅이 효과적인 경우

클라우드의 장점은 여러 분야에서 두각을 나타내고 있지만 특히 아래와 같은 경우 더욱 적합하다고 볼 수 있다.

(1) 단기간 필요한 서비스

클라우드 컴퓨팅은 특히 한정된 짧은 기간 동안만 필요한 애플리케이션을 운영할 하드웨어 장비를 살 필요가 없어지며 단기간의 운영비만 필요하게 된다. 가령 신제품개발을 위한 6개월 가량의 사전 시장조사가 필요하다고 하자. 이를 위해서 고객들의 취향과 선호도 등을 설문하는데 필요한 설문조사를 위한 소프트웨어가 필요하다면 이는 클라우드를 이용할 경우 매우 효과적이라 할 수 있다.

(2) 규모 및 부하의 변화가 큰 서비스

사용되는 서버나 저장 공간의 규모나 부하가 시간에 따라 크게 변하는 IT 서비스에 적합할 것이다. 가령 주식거래 소프트웨어는 주식시장이 열리고 닫히는 시간대에 가장 많은 이용자가 몰리게 되고 이외의 시간대에는 그다지 부하가 심하지 않다. 일반적으로 클라우드 서비스를 이용하지 않을 경우, 최대 부하에 상응하는 컴퓨팅자원이 확보되어야 한다. 하지만 이보다 훨씬 작은 거래량을 처리하게 되는 대부분의 시간에 불필요한 컴퓨팅자원을 낭비하게 된다. 클라우드 컴퓨팅은 동적으로 필요한 자원을 늘이고 줄여줌으로써 이런 한계를 극복해 줄 수 있을 거라 기대된다.

(3) 비전략적, 범용 애플리케이션

클라우드는 기업의 핵심 분야보다는 비전략적이고 조직적 가치가 비교적 낮은 애플리케이션에 적합하다. 가령 백업 데이터베이스 저장장소가 대표적인 예가 될 수 있다. 아마존의 S3와 같은 서비스는 이 분야에 특화되어 있고, 따라서 개개의 기업보다 훨씬 효율적이며 경제적인 방식으로 백업 서비스를 제공한다. 이렇게 함으로써 기업은 자신의 핵심 전략 분야에 더 많은 자원을 배분할 수 있게 된다. 또한, 비슷한 이유로 기업의 전략적 기능이 아닌, 인적자원관리, 회계, 자료처리 등과 같은 백오피스(back office) 기능은 클라우드 컴퓨팅을 활용할 수 있는 좋은 후보라 할 수 있다.

2) 클라우드 컴퓨팅 도입을 신중히 해야 하는 경우

(1) 래거시 시스템

기업 내부에서 오랫동안 사용해온 래거시(legacy) 시스템의 경우 클라우드로의 전환 시 주의를 요한다. 클라우드 컴퓨팅은 우리가 가장 흔히 사용하는 Linux나 Windows 등 범용 서버들이 데이터 센터에 집적되어 있고, 기업 내에서 오랫동안 사용해 왔던 개개기업만의 특이한 서버환경과는 차이가 나기 마련이다. 이런 경우 기존 래거시 시스템을 아무런 준비 과정 없이 무턱대고 클라우드 환경으로 전환하는 데에는 무리가 따른다. 그러기보다는 우선 이런 래거시 시스템을 클라우드 환경에 맞는 웹 기반의 애플리케이션으로 디자인부터 새로 고려해야 할 것이다.

(2) 실시간 시스템

실시간이나 생사를 다투는 중요한 업무에 클라우드를 적용하는 데는 아직 기술적 한계가 있다. 클라우드 컴퓨팅은 말 그대로 멀리 떨어진 곳에서 제공되는 서비스이다. 물론, 중복 배치나, 부하 조정 등을 통하여 오류를 최소화 하고 안정된 서비스를 제공하기는 하지만, 인터넷이라는 네트워크를 통해서 서비스가 전달되기 때문에 100 퍼센트 완벽한 서비스를 한 치의 오차도 없이 실시간으로 제공하기에는 한계가 있다. 예를 들어, 병원에서 수술 중에 필요한 환자의 정보를 실시간으로 보여주는 시스템의 경우 클라우드 컴퓨팅을 쓰는 데는 아직 무리가 있을 수 있다.

(3) 보안 및 프라이버시

환자정보, 신용정보, 기업의 기밀 등 민감한 데이터가 포함될 경우 클라우드 컴퓨팅을 적용하기가 어려울 수 있다. 우리나라의 경우에도 개인정보보호법(2011.09.30. 시행)이 시행되며, 특히 의료정보 보호가 강화된다. 가령 클라우드 컴퓨팅에서 명령어로 지운 데이터들은 실제로 디스크상에 남아 있을 수 있고 이에 따른 문제가 야기될 수도 있다. 이외에도 회원정보들을 많이 보유한 한 기업이 이 정보를 분석하기 위해 막대한 내부 IT 투자를 하지 않고, 외부의 클라우드 컴퓨팅 인프라를 활용해도 되는 것인지 명확하지 않다. 결론적으로, 기업들은 개개의 업무 특성에 적합한 클라우드 컴퓨팅 도입 방안을 면밀히 검토하고 구체적인 계획을 체계적으로 수립할 필요가 있다.

연구문제

설명형 문제

1. 정보시스템 조직 형태 중 응용 분야별 구조를 설명하시오.
2. 정보시스템 조직 형태 중 기능별 구조에 대해 설명하시오.
3. 정보시스템 관련 직무 중 운영지향적 직무에 대해 설명하시오.
4. 하드웨어의 직접 확보 유형과 과정에 대해 설명하시오.
5. 소프트웨어 확보 대안에 대해 설명하시오.
6. 정보시스템 아웃소싱의 개념과 목적에 대해 기술하시오.
7. 클라우드 컴퓨팅의 의의와 특징에 관해 기술하시오.
8. 클라우드 컴퓨팅의 서비스 모델에 관해 설명하시오.
9. 공용 클라우드와 사설 클라우드를 비교 설명하시오.
10. 정보시스템 조직의 인적자원관리에 대해 기술하시오.,.

약술/열거형 문제

1. 인력개발 및 경력관리에 대해 설명하시오.
2. 정보시스템의 주요 기능과 보조 기능을 열거하시오.
3. 정보시스템 조직의 특성에 대해 설명하시오.
4. 정보시스템 조직의 책임자에 대해 기술하시오.
5. 시스템지향적 직무를 열거하시오.
6. 아웃소싱의 방법 및 대상에 대해 기술하시오.
7. CIO의 개념과 역할에 대해 기술하시오.
8. 패키지 도입에 대해 설명하시오.
9. 아웃소싱의 방법 및 대상에 대해 설명하시오.
10. 클라우드 컴퓨팅의 경제적 효과에 대해 간략히 기술하시오.

용어/시사문제

1. 경력개발제도(CDP)
2. Community Cloud
3. Hybrid Cloud
4. 인프라스트럭처 서비스(IaaS)
5. SLA & SLM

12장

정보시스템 개발 및 운영

1절 정보시스템 개발절차

새로운 정보시스템의 구축은 단순이 새로운 하드웨어와 소프트웨어를 도입하는 것으로 끝나지 않는다. 정보시스템의 도입으로 업무수행 방식이 변함은 물론 직무 및 조직구조 변화 등 조직전반에 큰 영향을 미칠 수 있으므로 시스템개발은 조직 변화의 관점에서 준비되어야 한다. 따라서 정보시스템 구축은 곧 조직의 재설계를 의미한다고 볼 수 있다.

또한, 정보시스템을 개발한다는 것은 정보처리에 대한 사용자들의 요구사항을 소프트웨어의 표현 방식으로 변환(變換)하는 과정을 의미한다. 그 동안 소프트웨어 개발기술은 각종 소프트웨어 공학적 도구의 출현과 개발인력의 수준향상 등을 통해 놀랄만한 진보를 거듭해 왔지만, 아직도 그 질과 생산성 면에서 급속히 발달되는 하드웨어의 개발기술에 미치지 못하고 있다. 또, 소프트웨어의 개발 및 유지에 소요되는 비용 측면에 있어서도 여전히 하드웨어비용보다 훨씬 높은 비중을 차지하고 있다.

이 절에서는 전통적인 시스템개발 절차인 시스템개발 수명주기(SDLC)접근법과 이에 대한 대안적 또는 보완적 방법으로 등장한 원형개발접근법(Prototyping)에 대해 살펴본다.

1. 시스템개발 수명주기접근법

1) 시스템개발 수명주기(SDLC) 정의

시스템개발 수명주기(System Development Life Cycle: SDLC)접근법은 정보시스템의 개발과정을 능률적 · 효과적으로 파악하고 관리하기 위해 시스템접근법을 응용한 전통적 개발기법이다. 즉, SDLC는 전반적인 시스템개발 과정을 일련의 단계로 나누고 매 단계마다 해야 할 일과 최종 산출물을 명시하고, 이에 따라 개발 과정을 진행시킴으로써 사용자 요구를 충족시키는 고품질의 시스템을 주어진 예산과 기일 내에 성공적으로 개발 완료하자는 전통적 개발 접근법이다.

SDLC는 본래 '폭포수모형'이란 이름으로 1970년대 초에 등장하였다. 시스템개발은 일종의 구조화된 문제해결 과정으로서 시스템조사, 분석, 설계, 실행 등의 여러 단계 활동으로 이루어지는데, 이러한 일련의 활동단계들이 마치 폭포수의 흐름처럼 프로젝트의 진행에 따라 순차적으로 이루어진다는 개념에서 붙여진 이름이다.

이때 각 단계별 활동들은 상호 밀접히 연관되어 있기는 하나 반드시 순차적으로 전(前)단

그림 12-1 시스템개발 수명주기

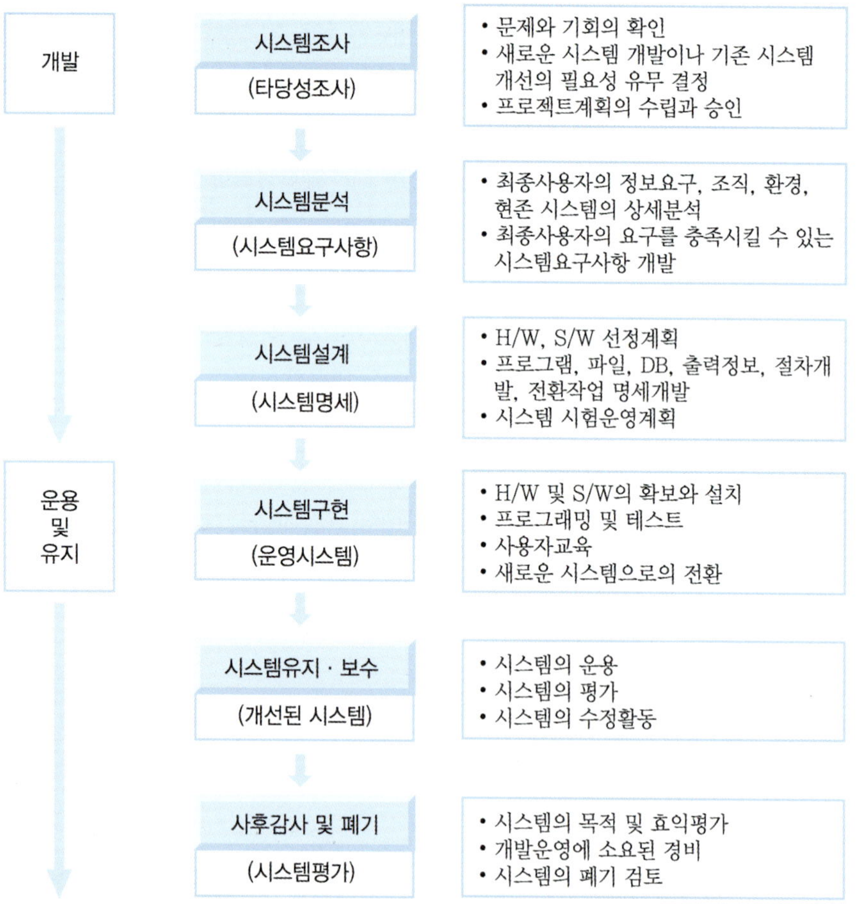

계의 활동이 끝난 뒤에 후속단계가 시작되는 것은 아니다. 이러한 활동들 중 어떤 부문은 순차적으로 이루어지기도하고 또 다른 부문은 동시에 수행될 수도 있으며, 각 단계별로 피드백(feedback)이 이루어질 수 있다

일반적으로 정보시스템 수명주기는 개발단계와 운용 및 유지단계의 두 단계로 크게 나눌 수 있다. 개발단계란 시스템에 대한 사용자의 요구사항을 파악하는 것으로부터 시작하여 이를 설계 및 구현하고, 그 결과에 대한 검사를 거친 후 사용자에게 완성된 정보시스템을 제공하는 일련의 과정을 말한다. 그리고 운용 및 유지단계는 개발된 정보시스템을 실제로 운용하는 과정을 의미하는데, 여기에서는 운용도중 발견된 결함을 수정하거나 새로운 기능을 추가하는 등의 작업을 포함한다.

이러한 전통적 시스템개발 방법은 시간과 비용이 많이 들고 수행 과정이 어렵지만 중·대형의 시스템개발 시 효과적인 프로젝트관리기법으로서 통제를 확실히 할 수 있는 수단을 제공한다는 점에서 아직까지도 일반적인 개발 방법으로 채택되고 있다.

2) SDLC의 단계별 활동

시스템개발 수명주기를 구성하는 각 단계별 활동에 대해서는 학자마다 약간의 견해차이는 있으나 접근 방법이 기초하고 있는 기본이념의 동일함에 비추어 근본적으로는 대동소이한 것으로 볼 수 있다. 다음 표에서 보면 결국 SDLC는 크게 보아 시스템의 분석단계와 시스템의 설계단계, 그리고 시스템의 실행 및 유지단계로 구분할 수 있다.

(1) 시스템조사(feasibility study)

시스템수명주기의 첫 단계는 시스템조사(타당성조사)에서 시작되며, 이는 새로운 시스템의 개발 또는 기존 시스템의 개선을 위한 각종 계획을 검토하고 여과하는 활동으로 구성된다.

시스템조사단계의 주요 목적은 기존의 시스템이 기업이 추구하고 있는 방향과 목표를 만족시키고 있는지를 조사하는 데 있다. 즉, 새로운 시스템을 개발해야 되는지 기존 시스템을 수정과 보완을 통해서 개선할 수 있는지와 개발과 개선에 필요한 비용을 충당할 수 있는지를 결정하게 된다.

보통 새로운 정보시스템을 개발하는 과정은 많은 비용을 수반하므로 기술적으로 개발 가능한 시스템이라고 하더라도 조직적·운영적·경제적으로 가능한가에 대한 충분한 사전조사가 반드시 선행되어야 한다. 이 조사는 사용자와 정보분석자에 의해 수행되며, 경영자에 의해 검토된다. 특히, 경영자의 관점에서는 타당성조사가 SDLC 전 과정에서 가장 중요한 활

표 12-1 수명주기의 단계 비교

데이비스 & 올슨 (1985)	루카스 (1990)	질로트 (1991)	스테어 (1992)
• 타당성평가	• 타당성조사	• 시스템타당성	• 시스템조사
• 정보분석	• 시스템분석	• 요구사항분석 • 프로젝트계획	• 시스템분석
• 시스템설계	• 개념설계 • 세부설계	• 시스템설계 • 세부설계	• 시스템설계
• 프로그램개발 • 업무절차개발 • 전환	• 프로그래밍 • 테스팅 • 교육훈련 • 전환/설치	• 코딩 • 테스트 및 통합 • 설치	• 시스템구현
• 운영/보수 • 사후평가	• 운영	• 운영 및 보수	• 시스템보수

동이다.

타당성조사까지는 실제 자원이 그리 많이 소요되지 않으므로 심리적으로 이를 포기하기가 쉽다. 그러나 이후 단계부터는 상당히 많은 자원이 소요되므로 일단 착수된 후에는 경영자 자신도 프로젝트의 정당성이 없다 하더라도 포기하기가 그리 쉽지 않다. 따라서 타당성조사의 결론은 긴 항해에서 '되돌아 갈 수 없는 점'이 된다는 것을 인지해야 할 것이다. 타당성조사 단계의 내용과 타당성검토 내용을 요약하면 다음과 같다.

① 타당성조사단계의 내용

• 제안된 시스템이 해결할 문제와 어떻게 문제를 해결할 것인가?
• 시스템에 요구되는 기술은 이용 가능한가?
• 다양한 사용자에게 시스템은 어떻게 수락될 것인가?
• 제안된 시스템은 조직적 · 경제적 · 기술적 · 운영적으로 타당성이 있는가?
• 시스템은 기본계획 및 경영자에 의해 수립된 우선순위와 일치하는가?
• 다음 단계에서는 무엇이 행해져야 하는가?

② 타당성검토 내용

• 조직적 타당성: 조직의 전략계획에 대한 지원능력
• 경제적 타당성: 비용절감, 수익증대, 투자절약, 이익증가

- 기술적 타당성: H/W, S/W 의 능력, 신뢰성, 이용가능성
- 운영적 타당성: 최종사용자의 수용 여부, 관리자의 지원 정도, 이해자집단의 요구 정도

(2) 시스템분석(system analysis)

이 단계에서는 기존의 업무를 면밀히 연구하고 사용자 요구사항을 파악하여 이를 기반으로 소요예산, 일정계획, 하드웨어 요구사항 및 기능명세를 작성하는 단계이다. 특히, 기존 시스템의 단점을 철저하게 분석하여 새로운 시스템에 반영하도록 한다. 이를 수행하기 위해 분석팀을 구성하는데, 시스템 분석가와 프로그래머는 물론, 개발조사팀과 기존 시스템과 밀접한 관련이 있는 사용자 및 각 기능 분야의 대표자로 구성된다. 시스템분석이 타당성조사와 다른 점은 타당성조사가 예비연구적인 성격을 띤 것이라면 시스템분석은 상세연구가 행해진다는 점이다. 시스템분석단계의 내용을 요약하면 다음과 같다.

- **조직의 분석**: 효율적인 정보시스템을 개발하기 위해 시스템을 개발하는 조직의 경영구조, 사용자, 영업활동, 환경과 같은 요소를 분석한다.
- **현행 시스템분석**: 현재 시스템이 사용하고 있는 하드웨어, 소프트웨어, 인력자원, 출력물 등을 분석한다.
- **시스템 요구사항분석**: 최종사용자의 입장에서 그들이 요구하는 구체적인 정보요구사항이 무엇인지를 결정하며 입력, 처리, 출력, 저장 및 통제활동에 소요되는 시스템의 정보처리능력 정도를 결정해야 한다.

한편, 기존 시스템에 관한 정보를 수집하는 방법은 다음과 같다.

- **문서검토**: 시스템의 목적, 업무수행절차, 보고서의 생성 등이 기록된 문서를 검토함.
- **관찰**: 기존 시스템의 운영 과정을 이해하기 위해 업무환경을 관찰함.
- **인터뷰**: 사용자들과 개별적으로 시스템 사용에 있어서의 자신의 역할에 관해 질문함.
- **설문지**: 시스템 사용에 있어서 각자의 역할에 관한 정보를 수집하기 위해 사용자들에게 인쇄된 질문항목들을 제시함.

(3) 시스템설계(system design)

시스템분석이 사용자의 정보요구를 충족시키기 위하여 시스템이 무엇을 해야 하는가를 제시하는 것이라면, 시스템설계는 시스템이 그러한 목적을 어떻게 달성할 것인가에 대한 세부 방법을 명시하는 과정으로 이해할 수 있다. 시스템설계는 논리적 설계(logical design)와 물리적 설계(physical design)로 구성되고, 그 결과는 시스템분석의 산물인 시스템명세의 형

태로 나타나게 된다. 그리고 이러한 자료들은 소프트웨어를 개발하고 하드웨어를 구축하며 시스템을 시험하는 시스템실행단계의 기초가 된다.

먼저 분석단계의 자료흐름도를 입력하여 개략적인 설계구조도를 추출하고 이를 개선하여 모듈명세서를 작성한다. 그리고 시스템이 구현될 하드웨어 제약조건을 고려하여 시스템설계를 완성한다. 시스템설계단계의 주요 내용을 요약하면 다음과 같다.

- **사용자 인터페이스**(입 · 출력설계): 최종사용자와 컴퓨터 시스템 간의 상호 작용에 초점을 두고 화면의 설계, 문서와 보고서의 설계, 컴퓨터와 사용자 간의 대화상자의 설계로 이루어진다.
- **자료설계**(DB구조/파일설계): 제안된 정보시스템에서 사용될 데이터베이스의 구조나 파일을 설계하는 활동이다.
- **처리설계**: 제안된 정보시스템에서 필요한 프로그램이나 절차와 같은 소프트웨어적인 자원을 디자인하는 데 초점을 맞춘다.
- **논리적 설계**: 정보시스템의 입력, 처리, 출력, 저장 및 제어 등의 기본적 행위가 어떻게 자료를 최종사용자에게 필요한 형태의 정보로 변환시키는가에 관한 일반적 진술이나 모형을 개발하는 것이다.
- **물리적 설계**: 사용자 인터페이스 방법, 데이터베이스구조, 처리 및 통제절차에 관한 구체적인 명세를 포함한다.

(4) 시스템 구현(system implementation)

제안된 정보시스템에 대한 분석 · 설계가 완성되면 각 단계에서 나온 자료를 기초로 이를 구현한다. 즉, 시스템구현이란 프로그래밍, 테스트, 시스템전환을 통해서 시스템을 실행하는 과정이다. 시스템구현단계의 내용을 정리하면 다음과 같다.

- **하드웨어 · 소프트웨어 확보**: 하드웨어, 소프트웨어 및 정보시스템에 대한 서비스를 평가하여 자사에 적합한 것을 확보한다.
- **시험**(testing): 시스템의 시험은 하드웨어적 요소뿐만 아니라 프로그램과 프로세스와 같은 소프트웨어에 대한 평가를 포함한다.
- **문서화**(documentation): 제안된 시스템의 사용을 위한 사용설명서 및 시스템설계에서 이용된 모든 요소에 대한 문서를 포함한다.
- **교육훈련**(training): 자료의 입력뿐만 아니라 올바른 시스템의 사용 방법을 위한 모든 내용이 포함된다.
- **절차개발**: 프로그램이 컴퓨터에 대한 명령을 준비하는 것이라면, 절차개발은 사람에 대

한 지시를 준비하는 것이다. 즉, 시스템의 다양한 사용자와 오퍼레이터를 위한 절차가 작성되고 시험된다.

- **전환**(conversion): 기존 시스템으로부터 신규 시스템으로 변환하는 과정으로서 신규 시스템 교육, 신규 파일작성, 병행처리, 조정, 수용 여부 시험 등이 포함된다.

(5) 시스템 유지 · 보수(system operation & maintenance)

이 단계의 목적은 시스템이 효과적이고 효율적으로, 그리고 오류 없이 운영되도록 유지하는 데 있다. 일반적으로 신규 시스템의 운영 과정에서 유지 · 보수의 필요성이 생기며, 설치된 시스템이 본래의 목적을 제대로 달성하는가에 대한 감시, 평가 및 수정활동을 하는 과정이나. 유지 · 보수단계의 내용을 요약하면 다음과 같다.

- 개발 · 사용 과정에서 발생한 오류수정
- 현 시스템에 대한 사용자의 오류수정
- H/W, S/W 구성의 변경
- 시스템 부서의 경험 증가에 따른 개선안 제시

(6) 사후감사 및 폐기

시스템이 설치 · 운영된 후 일정 기간이 지나면 사후감사를 통해서 시스템이 효율적으로 구축되었는지, 사용자의 요구를 제대로 반영하였는지 등을 평가하고 그 결과를 통해 시스템의 개선점이나 새로운 시스템의 도입 여부 등을 판가름한다. 일반적으로 시스템이 설치된 후 6개월이 경과했을 때 실행하는 것이 가장 좋고 늦어도 1년 이내에 실행하여야 한다.

한편, 어떤 시스템에 대한 수정요청이나 오류의 수가 일정 수준 이상을 초과하면 그 시스템의 유지 · 보수보다는 신규 시스템에로의 대체가 바람직하게 되는데, 이는 사용자, 정보분석자 등의 보고서를 기초로 경영층이 결정해야 할 사항이다. 신규 시스템의 개발에 장기간이 소요된다는 점을 고려하여 적절한 시점에서 폐기 결정을 해야 한다. 만약 경영층이 폐기 결정을 지연시켜 현 시스템이 붕괴에 이르도록 방치한다면 그 결과는 조직에 치명적일 수도 있음을 간과해서는 안 된다. 사후감사단계의 주된 내용은 다음과 같다.

- 신 시스템으로부터의 직 · 간접 효익평가
- 신 시스템의 개발에 소요된 직 · 간접 비용평가
- 신 시스템이 제공하는 정보나 보고서의 평가
- 시스템의 인력평가

표 12-2 SDLC의 담당자와 문서화

단 계	담 당 자	문 서 화	다음 활동 승인
시스템조사	시스템분석자와 사용자	타당성조사보고서	사용자, 관리자, EDP 감사인
시스템분석	시스템분석자와 사용자	시스템분석보고서, 프로젝트 계획 및 예산, 소요자원	사용자, EDP 감사인
시스템설계	시스템설계자	시스템 상세명세서(프로그램, 절차명세 등)	사용자, 관리자, 상위 경영층, EDP 감사인
시스템구현	• 프로그램: 프로그래머 • 절차개발: 사용자, 시스템분석 · 설계자 • 전환: 전원	• 프로그램 및 오퍼레이터, 입력요원 지침서 • 절차 매뉴얼 • 전환작업 기록	• 프로그램: 선임 프로그래머, 시스템설계자 • 절차개발: 사용자와 EDP 감사인 • 전환: 사용자와 EDP 감사인
유지 · 보수	관련자 전원	유지 · 보수 기록	
사후감사 및 폐기	시스템분석자, 사용자, EDP 감사인	사후감사보고서	

3) SDLC의 장 · 단점

SDLC는 가장 오래된 개발 방법이고 여러 가지 단점이 있음에도 불구하고 여전히 개발 프로젝트계획을 수립할 때 하나의 개념적 틀(frame work)로서 널리 애용되고 있는 이유는 다음과 같은 장점을 가지고 있기 때문이다.

첫째, SDLC는 복잡한 대규모 시스템개발에 매우 유용하다. 즉, 대규모 시스템개발은 많은 자원과 기술을 필요로 하는데 SDLC는 이러한 자원을 효율적으로 관리하며, 단계적으로 시스템을 개발할 수 있도록 도와준다.

둘째, SDLC는 매우 체계화되고 정형화된 방법론을 제시한다. 즉, 단계별로 필요한 정보와 각 단계가 끝났을 때 도출되어야 하는 출력물이 명확하므로 개발 과정을 혼선 없이 진행하도록 도와준다.

셋째, SDLC를 이용해서 개발한 시스템은 유지 · 보수가 용이하다. 일관성 있는 개발을 유도하며, 각 단계별로 상세한 문서화가 이루어지기 때문에 추후 시스템관리와 유지 · 보수를 용이하게 해준다.

반면에 다음과 같은 몇 가지 단점을 가지고 있다.

첫째, SDLC는 유연성이 부족하다. 즉, 시스템개발 도중 요구사항이 추가되거나 오류가 발생할 경우, 그 단계를 반복해서 수행할 수는 있으나 개발계획이 전체적으로 지연되고 추가 비용이 발생하며, 많은 양의 문서를 재작성해야 하는 등의 유연성 문제가 따른다.

둘째, 코딩단계에 이르기까지 사용자의 피드백을 거의 허용하지 않는다는 점이다. 그렇기 때문에 개발된 소프트웨어가 사용자의 기대에 미치지 못할 경우 사용자의 요구사항 명세내역을 다시 검토하고 재설계하여 코딩하는 데 많은 시간과 추가비용이 들게 된다.

셋째, SDLC는 각 단계별 이행결과를 문서로 남겨야 하기 때문에 이를 위한 시간과 노력이 많이 든다.

넷째, 기존 소프트웨어를 개선하는 것이 새로 개발하는 것보다 쉬운 것이 보통인데, 전통적 수명주기법은 이러한 소프트웨어의 재사용을 고려하지 않는다는 단점을 가지고 있다.

일반적으로 전통적 수명주기법은 개발에서 완성에 이르는 기간이 대략 수년이 소요되는 장기프로젝트가 대부분이며, SDLC의 마지막 과정까지는 상당한 기간에 걸쳐서 진행된다. 때문에 초기에 결정되었던 시스템 요구사항이 시스템이 완성되기도 전에 여러 가지 환경 변화에 의해서 변경이 불가피할 수도 있다. 이렇게 되면 수년에 걸친 많은 노력과 비용을 들인 시스템이 완성도 되기 전에 일부 또는 전면 수정을 해야 하거나 심하면 폐기물로 전락할 수도 있다. 따라서 오늘날과 같이 급변하는 환경에서는 이에 능동적으로 대처할 수 있는 대안적인 개발방법론이 필요하게 되었다.

2. 원형개발 접근법

1) 원형개발접근법의 의의

시스템개발에는 불확실성이 수반된다. 막대한 인력과 자금을 투입하여 개발한 시스템이 사용자의 요구를 충족시킨다는 보장이 없기 때문이다. 이러한 불확실성은 사용자의 요구를 정의하기가 어려운 의사결정 내지 전략지원시스템일수록 더욱 커진다. 이는 비구조적인 문제를 해결해야 하기 때문에 어떠한 정보가 필요한지를 정의하기가 힘들어서이다. 이러한 상황에서 시스템개발의 한 방법론으로 등장한 것이 원형개발 방식이다.

원형개발접근법 또는 프로토타이핑(Prototyping)은 시스템개발 초기에 사용자의 기본적인 요구사항을 충족시키는 소규모의 모형시스템(prototype system)을 신속히 개발하여 최종 사용자에게 제시하고, 사용자들이 이를 실제 사용해 봄으로써 사용상의 불편사항이나 추가적인 요구사항을 계속적으로 개선하고 보완해 가는 개발 방식이다.

이 방식은 적은 비용으로 단기간 내에 모형을 개발해 사용자에 의해 평가를 받고 계속적으로 사용자 의견을 반영하여 시스템을 개선함으로써 사용자의 요구사항을 보다 정확히 반영할 수 있다. 따라서 이 방법은 개인을 대상으로 하거나 제한된 업무 영역의 문제를 해결하기 위한 정보시스템개발에 주로 이용되고 있다. 즉, 사용자 요구의 도출이 어려운 의사결정지원시스템(DSS), 중역정보시스템(EIS), 전문가시스템(ES) 등의 개발에 적합하다. 이들 시스템의 경우, 사용자 요구가 애매모호하여 사전에 결정하는 것이 어려울 수 있고 혹은 시스템 구축 중에도 요구사항이 변할 수 있어 SDLC 방식으로는 어려움이 따를 수 있기 때문이다.

이와 같은 원형개발법의 특성은 첫째, 원형개발법은 단순한 경영관리목적의 시스템이나 DSS 개발에 사용되는 경향이 있으며, 둘째, SDLC 개발 방법에 대체하는 수단이 되기도 하지만 SDLC 과정에서 분석 및 설계의 한 보조도구로 사용할 수 있다. 셋째, 신속한 개발을 위해 그래픽작성 S/W, 보고서작성 S/W, 모델언어, 고급언어 등의 지원소프트웨어가 필요하다.

한편, 실제로 원형개발법이 위력을 발휘하기 시작한 것은 Graphic User Interface를 거의 완벽하게 갖춘 프로그래밍언어가 등장하면서부터였다. Visual Basic이나 Delphi, 그리고 Power Builder와 같은 언어들을 이용하면 빠른 속도로 사용자의 환경을 손쉽게 개발할 수 있다.

2) 원형개발접근법의 단계

원형은 일종의 모형이기 때문에 처음에는 상당히 조잡하고, 많은 부문에 있어 불완전할 수밖에 없다. 이 같은 원형을 사용하는 과정에서 점진적으로 부족한 부분을 보완하거나 개선하여 보다 정교하게 다듬어서 실제상황에서 사용할 수 있는 시스템으로 발전시켜 나간다.

원형은 시험원형과 발전원형으로 구분하기도 한다. 시험원형은 단순히 아이디어를 시험하고 난 후 폐기할 목적으로 설계되는 것으로 PC 등을 이용해서 간단히 만든다. 발전원형은 아이디어가 분명히 드러난 후에 실제 생산시스템에 사용할 목적으로 설계되는 것으로 최종 시스템에 사용될 프로그래밍 도구를 이용해서 구축된다.

(1) 사용자 요구사항분석(1단계)

사용자가 기본적으로 필요로 하는 출력정보가 무엇인가를 파악한다. 물론 출력정보 이외

그림 12-2 원형을 이용한 소프트웨어 개발 과정

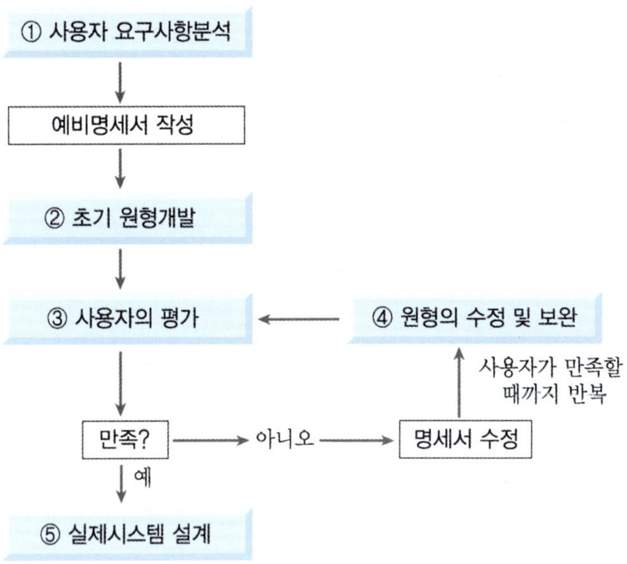

에 이의 산출물에 필요한 자료항목과 이의 획득 방법도 파악되어야 한다.

(2) 초기 원형개발(2단계)

사용자 요구사항을 기초로 초기 모형(초기 시제품)을 신속히 개발하여 사용자에게 제시한다. 작동의 신속성이나 기능의 완전성은 문제가 되지 않고 신속한 개발이 관건이다. 따라서 제4세대 언어 또는 CASE 등의 개발도구들을 이용하여 개발한다.

(3) 사용자의 평가(3단계)

사용자로 하여금 초기 원형을 직접 시험운용해 보도록 함으로써 이것이 얼마나 사용자의 요구사항을 반영하였고 사용에 적합한가를 평가한다. 만약 초기 원형이 최종사용자의 요구사항을 모두 반영하였다면 여기서 원형개발은 완료되고 이를 기본으로 실제시스템이 구축된다. 그러나 초기 원형이 개선의 여지가 있을 경우에는 원형의 수정단계로 피드백 된다.

(4) 원형수정 및 보완(4단계)

사용자평가 과정을 거쳐 그들이 요구하는 시스템 기능의 추가, 변경, 삭제 요청을 신속히 수용하여 원형을 수정한다. 수정된 원형은 다시 사용자의 평가를 받게 되며, 이러한 절차는 사용자가 만족할 때까지 수차례 반복한다. 원형의 수정이 완료되면 이를 기초로 생산시스템화 단계로 넘어가게 된다.

(5) 실제시스템 설계(5단계)

사용자를 만족시키는 시스템의 모형이 완성되면 오류검증기능을 추가, 생산시스템화하든가 아니면 원형과 동일한 기능을 제공하는 생산시스템을 절차형 언어로 개발한다.

3) 원형개발접근법의 장 · 단점

시스템수명주기에 비해 원형개발법은 여러 가지 장점을 제공하는 반면, 문제점도 존재하기 때문에 어떤 상황에서 원형개발 방법을 적용할 필요가 있는지를 대상 프로젝트별로 그때그때 판단해야 한다. 원형개발법의 장점은 첫째로 사용자가 원형의 가시적 결과를 확인해가며 개발되므로 사용자의 관심과 참여도가 높고, 둘째로 사용자의 관심과 참여도는 원형에 기초한 본 시스템의 수용가능성을 증대시키고 성공의 확률을 높일 수 있으며, 셋째로 원형은 사용자와 개발자 간에 좋은 의사소통수단이 되어 시스템의 요구사항에 대한 상호 이해를 증진시킨다. 넷째로 개발 및 이행기간이 단축되어 비용절감이 가능하며, 다섯째로 오류를 초기에 발견할 수 있으며, 변경이 용이하여 유동적인 상황에의 대처가 용이하다는 점이다.

한편, 원형개발의 단점으로는 첫째, 신속한 개발을 강조하므로 문서화가 생략되거나 통제가 미흡할 수 있고, 둘째 첫 번째 원형 이후에는 사용자의 관심과 참여의 유지가 곤란할 수 있으며, 셋째 지원용 S/W(예: 4세대언어)가 필요한 점, 넷째 가시적 결과를 배제하기 때문에 시스템분석 과정에서 간접적으로 얻어지는 효익(장표, 절차의 개선 등)이 배제된다. 끝으로 시스템 변경이 계속될수록 시간과 비용이 많이 들 수 있다.

3. 정보시스템 개발접근법의 선택

정보시스템 수명주기접근법과 원형개발접근법은 각기 장 · 단점을 가지고 있기 때문에 해당 정보시스템의 특성에 따라 적절한 방법을 선택하는 것이 중요하다. 만일 개발하고자 하는 정보시스템의 기능이 명확하고 이해하기 쉬운 것이라면 전통적인 수명주기접근법을 적용하는 것이 좋다. 이 경우 사용자와 개발자 간의 의사소통의 문제가 적고 사용자의 의견을 수시로 피드백을 받을 필요가 없기 때문이다. 반면에 개발하고자하는 정보시스템이 사용자와 시스템 간의 복잡한 상호작용을 요구하거나 업무처리절차, 출력, 통제기법 등이 불확실한 경우에는 원형개발접근법을 활용하는 것이 바람직하다.

그러나 원형개발접근법에 있어서 원형은 시스템개발 수명주기의 모든 단계에 적용되는 개념이 아니기 때문에, 현실적으로는 이 접근법을 전통적인 수명주기접근법의 보조수단으로 사용하는 것이 일반적이다. 즉, 먼저 사용자의 요구사항을 충분히 반영한 원형을 개발한 다음, 이에 대한 사용자의 의견을 반영하여 원형을 수정한다. 이러한 과정의 반복을 통하여 실제 정보시스템의 형상이 확정이 되면 전통적 수명주기접근법에 따라 정보시스템을 설계하고 개발 · 시험하는 단계를 거쳐 정보시스템을 구축하고 유지 · 보수하게 되는 것이다(김은홍, 2017). 이러한 과정을 도식화하면 그림 12-3과 같다.

그림 12-3 SDLC와 원형개발접근법의 결합

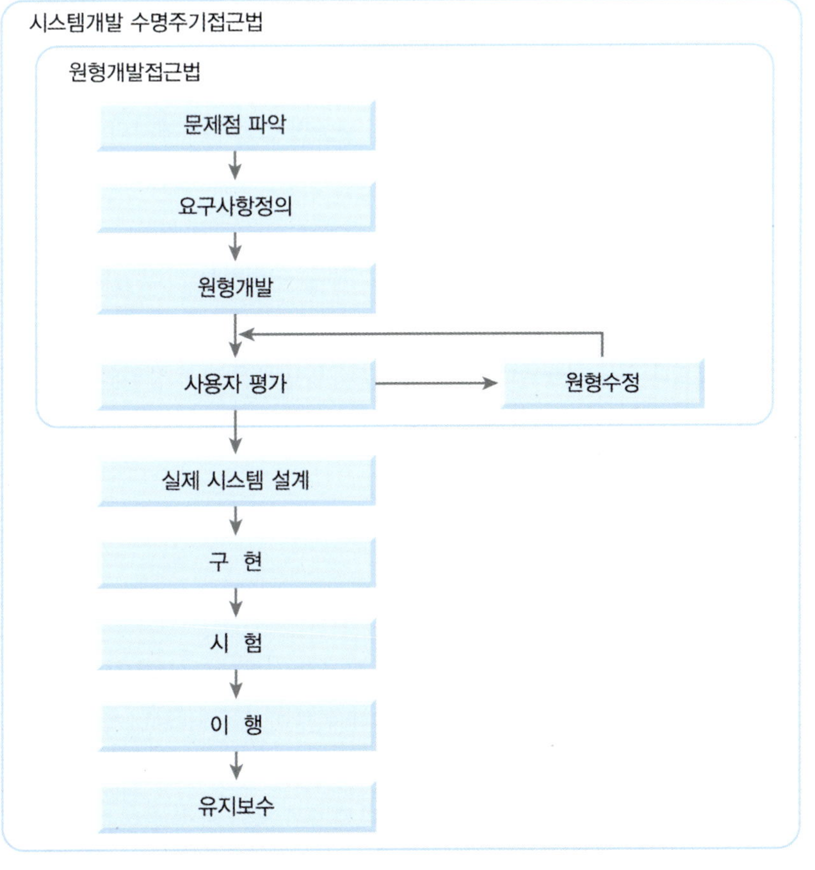

자료: 김은홍, 경영정보학개론, 2017, 446쪽.

2절 정보시스템 개발방법론

시스템개발에 있어서 분석 및 설계의 중요성은 이미 앞에서 강조한 바 있다. 구체적으로 사용자의 요구사항을 분석하여 물리적인 시스템의 구조를 설계하는 활동을 포함하는 이 단계의 성공적 수행 여부는 곧 이후 단계의 성패에 결정적 영향을 미친다. 이러한 점은 그 동안 개발되어온 대부분의 정보시스템 개발방법론들이 분석 및 설계 과정에 초점을 두고 있는 데서도 알 수 있다.

이 절에서는 시스템분석 및 설계기법을 중심으로 기존의 구조적 방법론, 정보공학 방법론, 그리고 객체지향 방법론, 사용자개발의 네 유형으로 분류하여 개괄적으로 살펴보고자 한다.

1. 구조적 방법론

1970년대 이후 기존의 전통적 시스템 개발방법론들이 시스템의 구조적 특성을 제대로 반영하지 못하는 데 따른 문제점을 해소하기 위하여 구조적 방법론이 제시되었다. 구조적 방법론은 크게 구조적 분석(structured analysis)과 구조적 설계(structured design), 구조적 프로그래밍(structured programming) 등 세 가지 방법론을 포괄하는 개념이다. 그러나 일반적으로 구조적 방법론이라고 하면, 구조적 분석 및 설계기법을 의미하는 것이 보통이다.

한편, 구조적(structured)이란 그 기법이 단계적(step by step)이라는 것을 의미하며, 각 단계는 이전 단계의 토대 위에 진행된다. 따라서 구조적 방법론은 가장 상위의 추상적인 수준에서 가장 상세한 수준으로, 그리고 일반적인 것에서 구체적인 것으로 진행하는 하향식(top-down) 방법이다.

1) 구조적 분석의 개요

시스템개발 과정에서 분석단계는 사용자의 요구사항을 파악하여 명세화 하는 단계로 시스템을 설명하는 문서와 사용자와의 면담을 통하여 이루어지게 된다. 따라서 사용자의 요구사항을 정확하고 논리적으로 작성할 수 있는 방법이 제공되어야 하는데, 이때 구조적 분석은 새로운 시스템 요건 설정을 위하여 체계적이고 단계적인 접근 방법을 이용하게 된다.

구조적 분석(structured analysis)은 시스템분석 시 효율적인 분석명세서를 작성하기 위하여 도형중심의 분석도구(자료흐름도, 자료사전, 미니명세서)와 그리고 체계적인 분석절차를 이용하여 사용자의 요구사항을 파악하고 문서화하는 자료흐름지향 분석기법이다.

이와 같은 구조적 분석기법은 1970년대 후반부터 1980년대 전반에 걸쳐 가장 널리 사용되었는데, 그 이유는 대부분의 시스템개발 방법론의 베이직으로서 정보시스템뿐만 아니라 일반적인 경영현상을 분석 · 평가하는 데 있어 유용한 도구로 활용될 수 있기 때문이다.

구조적 분석에 사용되는 대표적 도구는 다음과 같다.

- **자료흐름도**(DFD): 대상시스템의 자료흐름을 강조하여 몇 개의 기호를 사용해 표현한 것으로 시스템분석자와 사용자 간의 대화수단이 된다.
- **자료사전**(DD): 자료흐름도에 나타난 모든 자료항목이나 자료군을 정의해야 하는데, 이러한 시스템과 관련된 모든 자료의 명세와 자료속성을 파악할 수 있도록 조직화한 도구이다.
- **처리명세서**(PS): 처리절차나 논리적 활동을 기술하는 도구로 구조적 언어나 의사결정표의 형태로 구성된다.

한편, 구조적 설계(structured design)는 구조적 분석을 통해서 인식된 개념적 실체인 프로세스를 정보기술 실체인 하위시스템과 모듈로 실현하는 방안을 강구하는 과정으로서, 이 역시 하향식 기능분할에 의해 전체시스템을 설계한다.

구조적 분석이 개발자와 사용자 간의 의사소통을 통해 사용자 요구를 파악하는 방법론이라면, 구조적 설계는 개발자가 구조적 분석을 통해 파악한 사용자 요구를 기술적으로 실현할 수 있는 정보시스템을 설계하는 방법론이라고 할 수 있다.

표 12-3 구조적 분석 및 설계기법

목 적	주요 도구 및 기법
구조적 분석 (structured analysis)	• 자료흐름도(Data Flow Diagram) • 자료사전(data dictionary) • 처리명세서(process specification)
구조적 설계 (structured design)	• 구조도(structured chart) • HIPO(Hierarchy Plus Input/Process/Output) • 시스템흐름도(system flowchart)

2) 구조적 분석의 추구원리

구조적 시스템 분석기법에서 추구하는 기본적 원리는 크게 추상화, 정형화, 분할 · 정복,

계층화 원리의 네 가지로 정의할 수 있다.

첫째, 추상화 원리란 주어진 문제를 해결하기 위하여 먼저 그 문제를 구성하고 있는 객체, 구조, 속성, 기능에 따라 해당 클래스(class)로 분류하고, 공통된 성질을 추출하여 공통기능을 갖는 클래스를 선정하는 일이다. 이때 대상 시스템을 도표나 기호로 추상화시킨다.

둘째, 정형화의 원리란 시스템개발 과정을 단계화시켜 각 단계에서의 분석 및 설계 결과를 문서로 표준화시켜 이에 대한 논리적 타당성을 검증해 나가는 것을 말한다. 시스템개발단계는 정형화의 원리를 적용하는 한 예로 볼 수 있다.

셋째, 분할 · 정복 원리는 원래의 시스템을 몇 개의 서브시스템(sub-system)으로 분할하고 계층적 구조로 파악하여 문제를 해결해 나가는 과정을 말한다. 다시 말해 복잡한 시스템을 모듈 단위로 나누어 개발해가는 방법을 뜻한다.

넷째, 계층화 원리란 분할 · 정복의 원리와 밀접한 관계가 있으며, 분할된 단위들을 계층적 구조로 체계화시켜 관리를 쉽게 하는 의미이다. 즉, 대상시스템을 서브시스템으로 완성해 간다.

그리고 이상 4가지 원리에 바탕을 두고 있는 구조적 분석기법은 전통적인 시스템분석기법과 비교하여 다음과 같은 특징을 가지고 있다.

- 구조적 분석 방법은 전통적 방법에 비해 사용자 측면을 크게 강조하고 있다.
- 구조적 분석 방법에서는 커다란 시스템을 체계적으로 분할해 나가면서 구체화하게 되는데, 전통적인 도구는 이에 적합하지 않다.
- 구조적 시스템명세서에서는 글보다 간결하고 이해하기 쉬운 도표를 주로 사용한다.

그림 12-4 자료흐름도의 기본 요소

요소	외부실체	프로세스	자료흐름	자료저장소
의미	정보시스템과 자료를 주고받는 사람, 장소, 조직, 사물 등의 환경 요소	입력자료를 자료저장소에 저장하거나, 출력자료로 변환하여 다른 프로세스로 넘겨주는 활동 및 기능	서류, 보고서, 디스켓 등 다양한 형태의 처리 과정에 있는 자료 또는 정보	오랜 기간 동안 자료를 보관하는 파일이나 데이터베이스
기호				

- 구조적 접근 방식에서는 매 단계마다 이후 단계의 수행을 위한 기초가 되는 매우 유용한 보고서를 작성한다.

한편, 구조적 분석은 먼저 정보시스템의 요구사항을 외부실체, 프로세스, 자료흐름, 자료저장소의 관점에서 파악하고, 자료흐름도(DFD)를 이용하여 이를 가시적으로 표현하는 것으로부터 시작한다. DFD는 시스템을 계층구조를 갖는 프로세스의 집합으로 분할하고, 네 가지 기호를 이용하여 프로세스 사이의 입 · 출력자료를 정의한다(김은홍, 2017).

3) 구조적 방법론의 장 · 단점

이처럼 구조적 분석에서는 DFD로 가시적인 모형을 작성하고 자료사전과 단위기능명세서를 통해 모형의 구성 요소를 상세하게 문서화함으로써, 구축하고자 하는 정보시스템의 구조를 간결하고 정확하게 정의한다. 이와 같은 구조적 분석의 산출물들은 일반 사용자들도 쉽게 이해할 수 있는 간단한 기호와 일상적인 문장으로 작성되기 때문에, 사용자 요구사항을 정의하는 과정에서 개발자와 사용자 사이의 의사소통이 원활하게 이루어질 수 있다. 또한 그림으로 시스템을 기술함으로써 혹시 시스템분석단계에서 누락된 사항이나 불일치성, 불안전성 등이 없는지 검토하기가 비교적 쉽다는 장점이 있다.

그러나 구조적 방법론은 개발하고자 하는 정보시스템의 규모가 커지면 적용이 어려워진다는 근본적인 문제점을 가지고 있다. 많은 문서를 작성해야하는 부담이 주요 요인의 하나이지만, 보다 근본적인 이유는 하향식 기능분할 방식을 대규모 정보시스템에 적용하기 어렵다는 것이다. 시스템 전체를 하나의 기능으로 보고 분할하기 때문에 계층이 너무 많으면 프로세스 사이의 연관관계를 파악하기가 어렵고, 상위계층에서 변화가 발생하면 파급효과가 매우 클 뿐 아니라 변경해야 할 사항들을 추적하기도 쉽지 않다. 그 밖에도 재사용성이 낮고 유지 · 보수가 어렵다는 등의 단점도 있다(김은홍, 2017).

2. 정보공학 방법론

전통적인 SDLC와 구조적 방법론은 업무처리 과정(process)을 중심으로 시스템을 분해하여 재설계하고자 하는 개념이었다. 이 방법들은 업무의 변화가 없는 비교적 안정된 기업환경에서는 효율적일 수 있다. 그러나 이러한 전통적 방법의 최대 단점은 시스템을 프로세스중심으로 개발하기 때문에 다른 응용시스템을 개발할 경우, 기존 시스템에서 쓰이고 있는 데이터를 중복해서 관리해야 한다는 점이다.

이 같은 문제점 해결에 중점을 두고 기업 내 존재하는 데이터를 중심으로 하는 통합적 개발 방법론이 1980년대 핑겔스타인(Finkelstein)과 마틴(Martin)을 주축으로 정립되었는데 이를 '정보공학 방법론'이라 한다.

1) 정보공학의 개요

정보공학(Information Engineering) 방법론은 기업 내에 존재하는 데이터를 중심으로 기업이 추구하는 기업전략에 기초를 두어 정보시스템을 분석 · 설계 · 구현하는 통합적인 개발 방법론이다. 정보공학은 때로는 '전략정보계획법'이라는 말로 대체되기도 할 정도로 정보의 전략적 이용의 중요성을 강조한다. 즉, 정보전략계획은 연계분석계획(linkage analysis planning), 주요 성공요인분석(critical success factors analysis), 기술영향분석(technology impact analysis), 데이터 모델링(data modeling)의 4가지 방법을 통해서 완성되는데, 이 4가지 방법을 통합적으로 정보공학이라 한다(이상문, 1998).

마틴(Jimes Martin)을 주축으로 개발되어온 정보공학 방법론은 조직의 경영전략과 정보시스템개발의 연계성에 주안점을 두면서, 데이터 중심의 분석과 설계가 이루어지고, 그 과정에 자동화 도구를 지원한다는 면에서 구조적 방법론과 차이가 있다. 그러나 엄밀한 의미에서 이 방법은 구조적 방법론의 한 유형으로서, 단지 그 개념을 확장 적용한 것으로 볼 수도 있다. 1980년대 말 통합자동화도구(Integrated-CASE)들이 개발되면서 실무에 폭넓게 활용되기 시작하였다.

2) 정보공학 방법론의 추진단계

일반적으로 정보공학 방법론의 단계는 앞서 살펴본 시스템개발수명주기(SDLC)와 유사하게 정보전략계획, 업무영역분석, 업무시스템설계, 기술설계, 구축 및 운영의 5단계로 구현된다. 그리고 이들 각 단계가 완료될 때마다 정보전략계획이라든가 데이터 모델, 프로세스 모델 등의 가시적인 성과물들이 산출되어 최종적인 시스템 운영단계까지 이르게 된다. 또한, 정보공학 방법론의 전 과정은 대부분 자동화 하여 인간능력의 부정확성을 감소시키기 위해서 적절한 '컴퓨터지원 소프트웨어공학(Computer-Aided Software Engineering: CASE)' 도구를 활용하고자 하는 것이 정보공학 방법론의 중요한 특징이다.

CASE란 시스템분석, 설계, 프로그래밍, 프로그램 유지 · 보수, 문서화 등의 전 개발 과정을 자동화함으로써 시스템개발의 효율성을 높이기 위한 도구이다. 이 CASE는 CASE 툴이라고 하는 패키지를 포함하는 개념으로서, 차트와 다이어그램을 생성하는 자동화된 그래픽기능, 화면과 리포트 생성 프로그램, 데이터 사전, 분석과 검사도구, 코드 생성 프로그램, 문서 생성 프로그램 등을 제공한다.

그림 12-5 정보시스템 피라미드

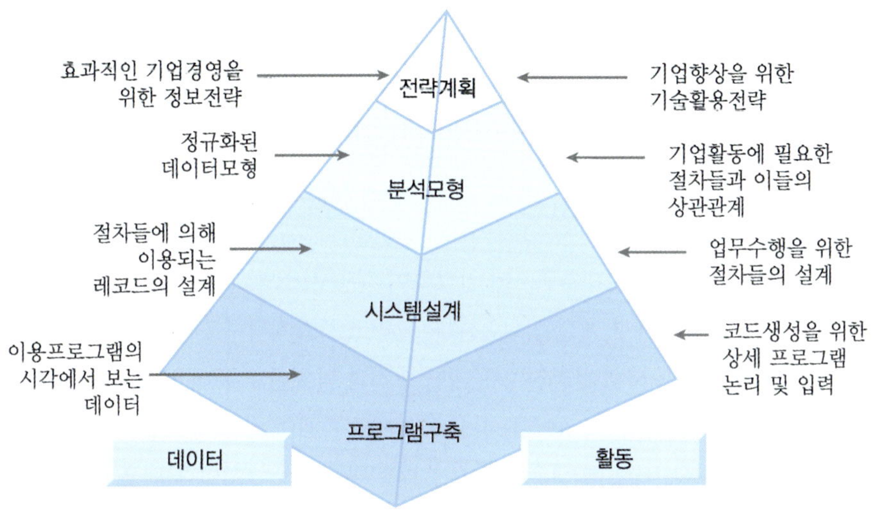

자료: Martin, 1991.

(1) 정보전략계획단계

전략정보 계획수립을 위한 프로젝트의 목적, 범위, 소요자원, 일정 등을 계획하는 프로젝트계획을 세우고 조직의 현재 환경을 분석하여 요구사항을 파악함으로써 정보관리구조의 정의를 내리고 이에 따라 추진전략 및 계획을 수립한다.

(2) 업무영역분석단계

업무영역개요분석의 범위, 목표, 자원, 일정에 대한 계획을 수립하고 인터뷰와 워크숍 등을 통해 업무영역모형을 정의한다. 그리고 이들 간의 관계정의와 각 위치별로 자료실체 및 기능의 분산 여부에 대한 분석을 수행한다. 최종적으로 자동화된 지원이 필요한 대상영역을 선정하고 이의 개발을 위한 계획을 설정한다. 또한, 개요분석에서 파악된 각 설계대상을 영역별로 상세모형을 정의한다. 먼저 업무영역 상세분석을 위한 범위, 조직, 자원, 일정 등에 관한 계획을 수립하고 자료실체와 기능 간의 상호 작용을 분석한다. 다음에 현 시스템을 분석한 후 업무모형을 검증하고 확인한다. 끝으로, 개요분석에서 수립된 설계계획과 전환계획을 수정 · 보완한다.

(3) 업무시스템설계

업무영역 상세분석단계에서 정의된 설계영역을 위한 정보시스템과 데이터베이스를 설계한다. 업무시스템설계의 목표, 범위, 조직, 자원, 일정을 계획하고, 다이어그램(entity relationship diagram)에 자료관리원칙을 적용하여 최초의 자료구조를 정의한다. 또, 업무기능을 업무절차 측면에서 모형화 하고 이들 간의 연계성을 파악한다. 이러한 일련의 단계를 종합하여 업무절차에 의한 자료사용을 분석하고 대화화면과 출력화면을 설계한다.

(4) 기술설계

전략정보계획에서 마련된 기술구조에 입각하여 해당 시스템에 대한 기술적 상황을 묘사하고 기술설계에 대한 상세한 계획을 수립한다. 그리고 자료저장구조에 대한 설계를 하고 소프트웨어를 설계한다. 동시에 전환절차에 대한 수정과 필요한 교육내용을 정의하고 시스템 운영에 요구되는 지원상황을 정의한다. 다음으로 기술설계의 내용이 요구된 성능에 부합하는지의 여부를 확인하고 테스트 내용과 수용조건을 정의하여 구축과 전환을 위한 최종계획을 완성한다.

(5) 구축 및 운영단계

이 단계는 기술설계에서 정의된 대로 시스템을 구현하는 단계이다. 여기에는 하드웨어 설치, 파일 및 업무절차의 구현, 프로그램의 코딩 및 테스트 등이 포함된다. 시스템과 관련된 제반 환경을 구현한 후 시스템명세대로 구현되었는지 검증하고 전환을 위한 최종계획을 수립한다.

3. 객체지향 방법론

객체지향(object oriented)의 개념은 이미 오래 전에 소개되었지만 1990년대에 들어와 시스템개발에 있어서 새로운 방향을 제시한 객체지향 프로그래밍의 개념에 근거를 두고 등장하였다. 객체지향이라는 새로운 패러다임은 주로 시스템분석설계에 적용되어 '객체지향분석'과 '객체지향설계'로 발전하였다(안중호, 1998).

1) 객체지향의 개요

지금까지 주로 사용되어온 구조적 방법론이나 정보공학 방법론들은 시스템이나 구성 요소들이 수행하는 '기능'을 중심으로 분석 · 설계 · 구현이 이루어지는 기능지향적 접근 방법을 취하고 있다는 점에서 공통점이 있다. 예를 들어, 기업의 재고관리시스템을 개발하는 경우, 개발의 초점이 주로 주문, 검수, 입고, 출고 등과 같은 기능에 맞춰져 있었다.

그런데 이러한 접근 방식은 사용자 요구사항이 변경되면 시스템의 상당부분을 재구축해야 할 뿐만 아니라, 그 과정이 매우 복잡하다는 등의 문제를 안고 있다. 이와 같은 문제점을 해결하기 위해 1990년대에 등장한 것이 바로 객체지향 방법론으로서, 시스템분석 · 설계 · 구현이 '기능'이 아니라 '객체(object)'를 중심으로 이루어진다는 점에서 전통적 방법론과는 근본적으로 다르다(김은홍, 2017).

객체지향개발(Object Oriented Development) 방법론은 "객체를 시스템분석 및 설계의 기본단위로 하여, 일련의 객체 및 객체들 사이의 관계를 토대로 시스템을 개발하는 접근 방법으로 정의될 수 있다(Laudon and Laudon).

이 개념은 여러 개의 부품으로 이루어진 스테레오시스템을 그 예로 들 수 있다. 스테레오시스템은 CD 및 카세트 플레이어, 앰프, 스피커, 이퀄라이저 등의 컴포넌트로 구성되어 있는데 여기서 각 컴포넌트를 객체라고 한다. 각각의 객체는 일정한 데이터와 함께 작동을 하게 되며 이를 위한 프로시저(procedure)를 가지고 있다.

여기에서 객체(object)란 하나의 '상태(state)'와 그 상태(속성) 하에서 수행되는 일련의 '작업(operation)에 의해 정의되는 독립적인 실체'로서, 유형적인 실체뿐만 아니라 개념이나 논리와 같은 무형적인 것도 객체로 간주한다. 그리고 하나 이상의 유사한 객체를 묶어서 하나의 공통된 특성으로 표현한 것을 클래스(class)라 하며, 클래스의 관점에서 객체는 클래스에서 만들어진 하나의 인헤리턴스(inheritance)라고 정의한다.

객체지향설계에서 모든 연산은 객체에 메시지를 보냄에 의해서 이루어지며, 그 결과로 하나의 객체를 만들어 낸다. 메시지는 객체에게 연산을 수행하게 할 수 있는 유일한 인터페이스 규약(protocol)으로 다른 언어에서의 함수와 유사하며 메소드(method)로 구현된다.

2) 객체지향 프로그래밍

객체지향 프로그래밍(Object Oriented Programming: OOP)은 데이터와 프로시저(procedure)를 하나의 객체에 저장하여 두고, 메시지를 통해 다른 객체와 접촉하는 방식이다. 객체지향 프로그래밍은 객체지향 소프트웨어 개발 접근법(Object Oriented Software Development)의 일부분이다.

객체지향 소프트웨어 개발은 전통적인 방법론과는 차이가 있는데, 이는 비즈니스 프로세스와 데이터를 개별적으로 모델링 하는 대신에, 데이터와 프로시저를 통합된 객체로 결합하는 방식이다. 시스템은 클래스와 객체의 집합과 이들 사이의 관계로 간주된다. 객체는 미래 애플리케이션의 빌딩 블럭(building block)으로서 정의 · 프로그램 · 문서화 · 저장된다(안중호, 2005).

객체는 재사용이 용이하다. 따라서 객체지향 소프트웨어 개발은 재사용의 장점을 활용하기 때문에 소프트웨어 작성에 따른 시간과 비용을 줄일 수 있다. 그러나 이 기법을 활용하는 조직은 끌어 쓸 객체들의 라이브러리(library)를 구축해 놓아야 재사용의 이점으로 인한 혜택을 극대화 할 수 있다.

구조적 개발방법론과 마찬가지로 객체지향 방법론도 전통적인 시스템개발수명주기 모형에 기반을 두고 객체지향 프로그래밍 언어 단계에서 출발하여 객체지향분석, 객체지향설계, 구현 등의 단계로 발전되어 왔다. 물론, 현재까지 소프트웨어 개발의 모든 단계를 완전하게 지원하는 방법론은 제시되지 않았다. 거의 대부분의 방법론이 분석과 설계단계만을 지원하고 있으며, 최근 들어 이러한 각 단계를 분석에서 구현단계까지 연결시키려는 움직임이 가시화되고 있다.

표 12-4 개발 방법 비교

구 분	구조적 개발 방법	객체지향 개발 방법
주 체	개발자중심	사용자중심
방 법	하향식 개발	상향식 개발
관 점	기능중심	객체중심
시스템구성	데이터+프로세서	객체의 합

3) 객체지향 개발의 장 · 단점

전통적 개발방법론에 비해 객체지향 소프트웨어 개발방법론은 다음과 같은 여러 가지 장점을 지니고 있다.

- **신속한 개발:** 개별 객체가 비교적 작고 관리하기 용이하므로 시스템개발의 복잡성을 줄일 수 있으며, 구축 및 유지 · 보수가 더 용이하고 신속하다.
- **기존 코드의 재사용:** 서로 관련이 있는 프로그램과 데이터를 하나의 객체로 담기 때문에 해당 객체를 다른 시스템에서 재사용할 수 있다.
- **품질의 제고:** 프로그램 재사용이 가능하므로 프로그램 품질제고 효과도 기대할 수 있다.
- **유지 · 보수 용이성:** 모듈단위 설계가 가능하기 때문에 프로그램 유지 · 보수 및 확장이 수월하다. 즉, 기존 객체를 수정하거나 새 객체를 추가함으로써 얼마든지 필요에 따라 애플리케이션을 유지 · 보수할 수 있기 때문에 개발된 시스템의 유연성이 높다.

반면에 객체지향 방법론은 전혀 새로운 차원의 방법론이므로 이를 적용하려면 기존의 개발자들에 대한 상당한 수준의 재교육이 필요하다. 그리고 일반적으로 객체지향 프로그래밍 언어로 작성된 시스템은 다른 프로그램 언어로 된 프로그램보다 실행속도가 느리다는 점은 단점으로 지적되고 있다.

4. 기타의 개발방법론

1) 사용자개발

사용자개발(Ender-User Development: EUD)이란 최종사용자가 필요로 하는 정보시스템을 시스템전문가의 도움 없이 직접 구축하는 시스템개발 방법이다. 이 방법은 시스템의 신속한 구축을 가능하게 할 뿐 아니라 별도의 기술력 투입을 요구하지 않으므로, 시스템구축과 관련한 비용을 크게 절감시킬 수 있다는 점에서 관심을 모으고 있다.

사용자개발은 소위 최종사용자 컴퓨팅(Ender-User Computing)이라고 하는 추세 속에서 사용자가 애플리케이션 소프트웨어를 스스로 구축하는 경향으로서 1980년대에 들어와서 급성장을 보였으며 1990년대에 이르러 일반화 되었다.

이 방법은 개인 생산성향상 도구의 사용과 사용자에 의한 정보시스템 직접 개발의 두 가지 영역으로 나뉘며, 이는 많은 정보시스템 부서가 안고 있는 업무의 과부하(過負荷)를 줄일 수 있는 부분적인 해결책이 될 수 있다.

한편, 최종사용자에 의한 개발이 적용될 수 있는 영역은 한정될 수밖에 없다. 처리시간, 장기적인 신뢰성, 유지 · 보수의 용이성 등의 측면에서 덜 엄격한 업무로서 일정 부서에 국한되고, 다른 업무와 연관이 없는 경우 그리고 이미 증명된 기술을 사용하는 경우 등이 주된 응용 영역이 될 수 있다.

- **개인 생산성 도구**: 최종사용자의 개인적 일에 사용되는 프로그램으로서 워드프로세서, 스프레드시트, 전자달력, 전자우편, 그래픽 등이 이에 속한다.
- **최종사용자 개발 도구**: 4세대 프로그래밍 언어(SQL, Visual Basic, Power builder 등), 스프레드시트, DBMS 등이 전형적이다.

2) 컴포넌트 기반 개발

컴포넌트 기반 개발(Component Based Development: CBD)은 기존의 시스템 또는 소프트웨어를 구성하고 있는 컴포넌트(부품)들을 조립하거나 합성해서 하나의 새로운 애플리케이션을 만드는 소프트웨어 개발방법론이다. 이는 자동차회사에서 신차를 개발할 때 수 만개의 부품을 모두 새로 개발하지 않고 그 중 상당수는 기존의 다른 차종에 적용된 부품을 재사용하는 것과 비슷한 개념이다. 만일 정보시스템 개발 시 조직 내 · 외부에서 해당 정보시스템에 필요한 부품(컴포넌트)을 검색하여 활용할 수만 있다면 시스템개발에 소요되는 시간과 비용을 크게 줄일 수 있는 것은 당연한 일이다.

컴포넌트 기반 개발방법론은 크게 '재사용을 이용한 설계(design by reuse)'와 '재사용 주도 설계(reuse-driven design)'의 두 가지가 있다. 재사용을 이용한 설계는 시스템구조를 먼저 설계한 후에 그에 적합한 컴포넌트를 찾아서 시스템을 구축하는 방식이고, 반면에 재사용 주도 설계는 활용 가능한 컴포넌트를 먼저 찾아서 그 컴포넌트에 맞추어 시스템을 설계하고 구축하는 방식이다

또한, 컴포넌트를 획득하는 방법은 컴포넌트를 외부로부터 구매하는 방법, 기존에 보유하고 있는 컴포넌트를 수정 또는 변경하는 방법, 그리고 새로 개발하는 방법 등 크게 세 가지 정도로 나눌 수 있다. 컴포넌트 기반 개발방법론을 도입하여 신속한 효과를 얻고자 한다면, 아무래도 많은 비용과 시간이 소요되는 컴포넌트의 신규개발보다는 구매나 수정을 통해 기존 컴포넌트를 재사용하는 것이 경제적인 방법이 될 것이다. 그리고 이 과정에서 적절한 후보 컴포넌트를 찾아내고 이들을 평가하여 요구사항을 만족시키는 컴포넌트를 획득하기 위한 체

계적인 절차나 방법을 마련하는 것이 중요하다(김은홍, 2017).

3) 웹서비스, 클라우드 기반 개발

웹서비스(web services)란 XML(Extensible Markup Language)과 개방형 프로토콜을 기반으로 하는 느슨하게 결합된 재사용 가능한 소프트웨어 컴포넌트이자, 맞춤형 프로그래밍이 없이도 애플리케이션들이 서로 통신할 수 있도록 지원하는 표준이다. 웹서비스는 내 · 외부 시스템의 통합을 지원하는 것 이외에도 새로운 정보시스템을 개발하거나 기존시스템을 개선하는 도구로 활용될 수 있다.

11장의 클라우드 컴퓨팅에서 소개한 플랫폼 서비스(Platform as a Service: PaaS)는 시스템 개발자들이 고객이나 종업원들이 사용할 웹 애플리케이션을 빠르게 만들고 검사하도록 지원한다. 이 온라인 개발환경은 오라클(Oracle), IBM, 세일즈포스닷컴(Force.com), 마이크로소프트(Azure) 등 여러 업체들이 제공한다. 이러한 플랫폼들은 새로 구성된 애플리케이션을 웹서비스로 설정하거나 다른 애플리케이션이나 서비스에 연결하는 작업들을 자동화 한다. 또한 일부 플랫폼들은 클라우드 인프라스트럭처 서비스 또는 아마존과 같은 클라우드 업체로의 연결을 제공하여 개발자들이 클라우드 인프라스트럭처에서 개발한 것들을 사용할 수 있도록 한다(백동현, 2017).

3절 정보시스템의 운영

많은 비용과 인력을 투입하여 아무리 훌륭하게 설계된 시스템일지라도 그것을 실제 설치하는데 주의를 기울이지 않을 경우에는 부적절한 작업환경에 놓이게 된다든지, 사용자들의 불신이나 저항을 받는 경우 등 여러 가지 예기치 못한 문제가 야기될 수 있다.

이처럼, 본래의 기대했던 정보시스템 기능 이외의 다른 문제를 야기시켜 효과적인 시스템의 활용을 저해하는 경우가 많다. 따라서 확보한 시스템을 충분히 활용하기 위해서는 개발 이후의 설치에 세심한 주의가 필요한데, 이 절에서는 정보시스템의 운영단계를 '이행'과 '유지·보수'의 두 단계로 나누어 살펴보기로 한다.

1. 정보시스템의 이행

정보시스템의 이행(transition)단계는 새로 개발된 정보시스템을 조직에 설치하여 실제 업무에 적용할 수 있도록 하기까지의 과정을 의미하며, 여기에는 시스템의 운영환경 조성, 시스템에 대한 교육훈련, 파일변환, 시스템전환 등의 활동이 포함된다.

1) 시스템 운영환경의 조성

일단 컴퓨터 설비의 선정이 이루어지면 그에 대한 설치 및 운영환경이 검토되어야 한다. PC를 기초로 한 LAN 시스템을 구성할 경우라면 주요 설비가 현업 부서에 설치되게 마련이므로 설치작업에 별다른 고려가 필요치 않다. 그러나 대형컴퓨터가 도입될 경우는 설치환경 및 장소선정에 있어 다음과 같은 여러 가지 주의가 요망된다.

첫째, 물리적 환경을 준비한다. 즉, 중요한 파일이나 프로그램을 보관하기 위한 방화저장소, 화재감지 및 예방설비, 보안 자물쇠, 고의적 파손에 대한 방비, 안정적인 작동을 위한 항온 · 항습, 방진설비, 보조전원, 전원 안전공급장치(AVR) 등이 갖춰져야 한다.

둘째, 기능적 환경을 준비한다. 우선 전체 시스템을 가장 잘 운영하고 감시할 수 있도록 설비의 적정배치가 이루어져야 한다. 사용자나 운영자가 최소의 노력으로 편리하게 컴퓨터를 사용할 수 있도록 하고 신체적 피로를 줄일 수 있도록 키보드와 모니터의 높이를 조절한다. 그리고 조명, 소음 등 인체공학적 측면에서 세심한 배려가 필요하다.

셋째, 소프트웨어 환경을 준비한다. 자체개발의 경우는 별문제가 없겠으나 외부조달 소프트웨어의 경우에는 조직이 보유하고 있는 하드웨어 사양에 맞추어 주는 과정이 필요하며, 기존 시스템들과의 호환성 여부 등을 검토해야 한다.

또한, 시스템 설치장소에 대한 준비가 끝나면 하드웨어와 필요한 프로그램들을 설치하고 이에 대한 점검활동도 수행한다. 하드웨어설치는 주로 공급자 측의 기술자들에 의해 이루어지며, 이의 정상적 기능수행 여부에 대한 점검도 공급자 측에서 담당하는 경우가 보통이다.

구입한 프로그램도 복잡한 것은 공급자가 직접 설치하거나 아니면 설치 방법에 대한 자세한 방법을 사용자 측에 제공하게 된다. 사용자에 의해 개발된 프로그램도 설치, 점검 과정을 거쳐 오류수정이 이루어지고, 정보처리절차에 대한 시험 검토도 행한다. 프로그램에 대한 검사는 일어날 수 있는 모든 조건을 감안한 점검자료를 만들어 처리해 봄으로써 가능하다.

시스템에 대한 검사는 수명주기상의 실행단계에서만 이루어지는 것은 아니며, 시스템개발 전 과정에 걸쳐 행해져야 함은 두말할 필요가 없다.

2) 시스템 교육훈련

새로운 시스템을 보다 효율적으로 운영하기 위해서는 관련 인력에 대한 교육훈련이 필수적이라 할 수 있다. 새로운 시스템을 운영할 오퍼레이터에 대한 교육, 시스템실행과 유지를 담당할 프로그래머에 대한 교육, 그리고 입력요원과 사용자에 대한 교육도 필요하다.

일반적으로 교육훈련에는 오랜 시간이 소요되므로 시스템운영단계와 맞추기 위해서는 새로운 시스템에 대한 일반적인 특징이 파악되는 대로 교육이 시작되어야 한다. 교육을 일찍 시작하자는 것은 인적 문제를 조기에 발견하고 사용자와 운영요원들이 새로운 시스템을 사용하는 데 도움을 주기 위함이다.

첫째, 교육훈련 대상은 조직 내의 구성원뿐만 아니라 나아가서는 외부의 관련 인력에게까지 확대시킬 필요성이 있다. 교육 그 자체도 시스템분석가 등 내부 전문가가 담당하는 것이 일반적이지만 때로는 외부의 전문가를 활용하기도 한다.

둘째, 교육훈련 내용은 주로 시스템운영 및 이용에 있어서 개인의 역할, 시스템 이용 방법, 시스템이 사용자들에게 부여하는 각종 혜택, 시스템이 제공하는 기능의 한계 등의 내용으로 구성되는 것이 보통이다.

셋째, 교육훈련의 수준에 있어서 실무자에 대해서는 운용 전반에 대한 상세교육을, 관리직에 대해서는 자료의 해석과 활용에 중점을 둔 개괄적인 교육을 하는 것이 일반적이다.

3) 파일변환

파일변환(File Conversion)이란 이미 사용하고 있던 파일을 새로운 시스템에 적합한 파일로 변환하는 것을 의미한다. 만일 처음으로 구축하는 시스템일 경우에는 문서로 된 자료들을 컴퓨터가 이용할 수 있는 파일로 전환하는 작업을 의미하기도 한다. 이 같은 파일변환 작업은 많은 인력과 시간이 소요되는 대규모작업이 될 수도 있다.

새로운 파일이 설계되면 기존의 파일에 들어있는 여러 자료들을 새로운 파일의 구조와 형식에 맞도록 전환시켜서 새로운 파일에 기억시켜야 한다. 만약 수작업으로 이러한 대규모작업을 진행한다면 기존의 자료들을 프린터로 인쇄해서 이를 기초로 새로운 파일의 표준에 맞도록 하나하나 수정하여 입력시키는 절차를 거친다.

컴퓨터 프로그램을 통해 기존 파일의 자료를 자동 전환하여 새로운 파일에 옮기는 작업을 수행할 수도 있다. 그러나 그러한 프로그램의 작성에는 상당한 시간이 소요되며 일단 파일전환이 끝나면 그 프로그램은 쓸모가 없어진다는 데에 문제가 있다.

4) 시스템전환

시스템전환(System Conversion)은 기존 시스템의 사용을 중단하고 새로운 시스템을 사용하는 것으로 시스템설치의 마지막 단계가 된다. 새로운 시스템이 실패할 가능성과 업무의 연속성 등을 고려할 때 시스템전환은 일순간에 간단히 처리될 성질의 것이 아니다. 특히 대상업무가 광범위하고 조직의 규모가 클수록 시스템전환은 복잡하므로 보다 신중하게 준비하고 장시간에 걸쳐 이루어지게 된다.

시스템전환은 다음 그림 12-6과 같이 일시전환, 병행전환, 단계적 전환, 파일럿전환의 4가지 유형으로 나뉘는데 특정 조직이나 대상 업무의 특성에 따라 가장 적절한 방법을 선택해야 한다.

(1) 일시전환(direct cutover)

일시에 기존 시스템의 사용을 완전히 중단하고 새로운 시스템으로 대체시키는 전환 방법으로 가장 간단하고 비용과 시간이 적게 드는 방법이지만 새로운 시스템에 문제가 있을 경우 업무가 마비되는 위험을 수반하고 있다. 전환이 신속히 이루어져야 하거나 새로운 시스템의 성공 확신이 있을 경우에만 사용할 수 있으나 엄밀한 의미에서의 일시전환은 현실적으로 거의 불가능하다.

그림 12-6 시스템전환의 유형

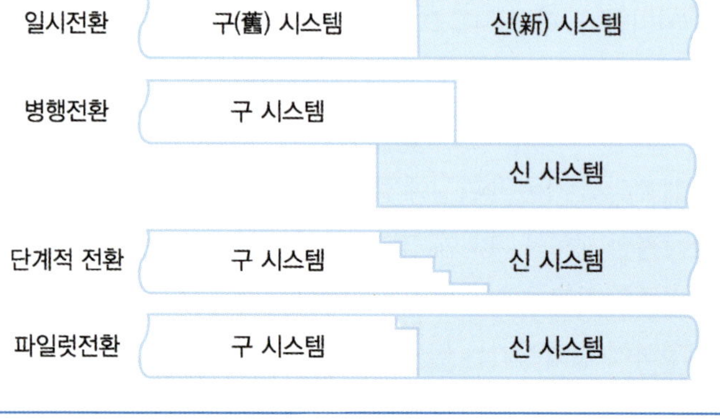

(2) 병행전환(parallel cutover)

새로운 시스템의 성능이 확인될 때까지 기존 시스템과 병행해서 사용하는 유형으로서 가장 위험이 적은 방법이지만 번거롭고 많은 비용이 소요된다. 이 방법은 새 컴퓨터나 소프트웨어가 도입되었을 때 흔히 사용된다.

(3) 단계적 전환(phased cutover)

새로운 시스템을 여러 개의 하위시스템 또는 모듈로 나누어 단계적으로 가동해서 성공적일 때 점진적으로 한 부분씩 추가해 가는 유형이다. 가장 합리적인 방법이지만 한편으로는 한 모듈이 다른 부분과 연관되어 있을 경우에는 여러 가지 문제점이 발생할 수도 있다.

(4) 파일럿전환(pilot cutover)

파일럿전환은 유사하거나 동일한 시스템이 여러 부서 또는 여러 지역에서 사용되는 상황에서 유용한 전환 방법이다. 이는 개발된 시스템을 일차적으로 어느 특정 부서에 시험적으로 설치 가동하여, 실행 성과를 검토한 다음 성공적으로 실행될 경우 전체 조직으로 확산해 나가는 방법이다.

2. 정보시스템의 유지 · 보수

1) 유지 · 보수의 의의

정보시스템 자원들이 확보되고 시스템이 구축되면 일련의 점검 과정을 거친 후 사용자 부서의 환경에 설치되어 운영되게 된다. 그런데 처음부터 완전무결한 시스템을 만들어 낼 수 없기 때문에, 시스템이 설치가 완료되어 폐기될 때까지 전 운영 과정을 통해서 시스템의 정상상태를 유지하고 환경 변화에 따른 사용자의 요구 변화를 수용하기 위한 지속적인 노력이 필요하다. 이러한 노력을 시스템 유지 · 보수(system maintenance)라 한다.

많은 학자들이나 기업체의 전문가들이 시스템개발 과정에는 큰 관심을 기울이지만 일단 개발이 완료되어 설치된 시스템에 대해서는 별다른 관심을 기울이지 않는 경우가 많다. 그러나 유지 · 보수는 시스템 또는 소프트웨어 수명주기 중에서 시간이나 비용 측면에서 가장 비중이 큰 단계이며, 유지 · 보수를 통해서 시스템이 환경 변화에 적응하면서 그 생명력을 유지할 수 있다는 점에서 매우 중요한 의미를 갖는다.

유지 · 보수 활동은 하드웨어 및 소프트웨어에 대해 이루어지는데 하드웨어보다 소프트웨어의 유지 · 보수가 훨씬 어려운 것이 보통인데, 그 이유를 열거하면 다음과 같다.

첫째, 하드웨어효용은 환경이나 업무처리 과정 등의 변화에 따른 영향이 별로 크지 않은데 비해 소프트웨어의 효용은 이러한 변화에 따라 민감하게 영향을 받는다.

둘째, 하드웨어는 도입 이전에 요구분석 과정을 통해 필요한 특성을 어느 정도 명확히 규정할 수 있고, 공급된 제품이 사용자 요구사항을 만족시키는지의 여부를 초기에 파악할 수 있다. 그러나 소프트웨어의 경우는 설치 시점까지도 사용자의 요구사항을 제대로 만족시키는지를 잘 알 수 없을뿐더러 설치 이후에도 요구사항이 수시로 변할 수 있어 매우 어렵다.

셋째, 하드웨어의 경우 설계자가 누구든 간에 설계사양만 보면 그 특성을 쉽게 파악할 수 있지만, 소프트웨어의 경우는 설계 및 개발에 직접 참여했던 사람이 아니면 해당 소프트웨어의 특성을 파악하기가 매우 어렵다.

2) 하드웨어의 유지 · 보수

(1) 유지 · 보수의 유형

하드웨어의 유지 · 보수문제는 소프트웨어 유지 · 보수문제보다는 다루기가 쉬운 것이 보통이며, 하드웨어의 유지 · 보수는 크게 고장수리와 기능변경 및 확장의 두 가지 유형으로 나누어진다.

첫째, 고장수리형 유지 · 보수는 기계부품이 손상을 입었거나 노후화함으로써 제 기능을 다 발휘하지 못할 때 다시 정상 가동상태로 회복시켜 주는 것이다. 이 경우 일정 기간 이내에 발생한 고장에 대해서는 대체적으로 공급자 측에서 책임을 지고, 그 기간이 지난 후에 발생하는 고장에 대해서는 수요자 측에서 비용을 부담하는 것이 대부분이다.

둘째, 기능변경 및 확장형 유지 · 보수란 하드웨어에 요구되는 특성이 변화하였을 경우 이에 맞추어 하드웨어의 특성을 변화시켜 주는 것을 말한다. 이 경우는 대부분 수요자 측에서 비용을 부담한다.

(2) 유지 · 보수의 주체

유지 · 보수를 담당할 주체로서는 공급자, 사용자, 그리고 유지 · 보수 전문업체가 있으며, 유지 · 보수 담당주체를 선정할 때에는 각 주체의 기술적 능력, 가동성, 부품확보 정도, 안정성 등을 고려하여야 한다. 어느 정도 컴퓨터 운영 경험이 축적되면 사소한 고장은 조직 내부의 전문인력이 신속하게 처리하는 것이 보통이다. 그러나 컴퓨터 시스템에 대한 경험이 전혀 없거나 조직 내에 하드웨어 전문가가 없는 경우, 또는 심각한 고장의 경우에는 공급업체나 유지 · 보수 전문업체에 의존해야 한다. 특히 금융업체 등과 같이 시스템 중단이 업무에 심각한 영향을 미치는 업종에서는 자체적으로 유지 · 보수 전문인력을 확보하거나, 아니면 비용을 부담하더라도 공급업체나 유지 · 보수 전문업체의 전문인력을 회사 내에 상주시키는 경우가 많다.

또한, 대형시스템의 경우는 하드웨어의 설치위치를 변경시키는 것이 매우 어렵거나 아예 불가능하기 때문에 언제나 출장수리의 형식을 취하게 된다. 그러나 크기가 작은 초소형 컴퓨터나 주변기기 등은 유지 · 보수를 행하는 장소에 대해서도 고려해야 한다. 일반적으로 이동성이 높은 이러한 시스템의 경우 유지 · 보수 장소로 다음과 같은 네 가지 중 하나를 선택할 수 있다.

첫째, 문제가 있는 하드웨어를 유지 · 보수 담당 주체의 업무처리 장소에 옮겨놓고 유지 · 보수를 수행하는 방법이 있다. 이 방법은 가장 비용이 적게 들지만 반면에 시스템을 설치환경에서 이탈시키고, 또 보수 후 다시 설치하는 작업이 번거롭고, 민감한 시스템의 경우는 해체 및 재설치 과정에서 시스템에 손상을 입힐 우려가 있다.

둘째, 유지 · 보수 담당주체의 전문가가 하드웨어 설치장소로 출장을 나가서 유지 · 보수를 수행하는 방법이 있다. 이 방법은 사용자의 입장에서는 가장 간편하고 빠른 방법이다. 그러나 비용이 많이 들고, 전문적인 장비의 도움을 받아야 하는 경우는 시스템을 옮겨서 유지 · 보수 해야 한다는 단점이 있다.

셋째, 위의 두 가지 방법을 경우에 따라 혼용하는 방법이 있다. 이 경우 사용자는 필요한 유지 · 보수의 성격에 따라 융통성 있게 적절한 방법을 선택할 수 있다. 일반적으로 이 방법이 가장 선호된다.

넷째, 사용자가 시스템에 대한 전문지식을 습득하여 자체적으로 유지 · 보수를 하는 방법이 있다. 이 방법은 가장 적절한 시간에 신속하게 유지 · 보수를 할 수 있다는 장점을 가지지만 반면에 유지 · 보수와 관련된 전문지식을 습득하는 데 많은 비용과 시간이 소요되고, 전문가를 보유하는 데 따르는 제반문제들이 수반된다.

3) 소프트웨어의 유지 · 보수

응용소프트웨어의 유지 · 보수는 크게 소프트웨어에 문제가 생겨 본래 기대하던 기능을 충분히 수행하지 못할 경우 이를 수정하는 '수정형 유지 · 보수'와 소프트웨어의 기능 자체를 변경 또는 개선시키는 '적응형 유지 · 보수', 그리고 '완전형 유지 · 보수' 의 세 가지 유형으로 나눌 수 있다(김은홍, 1998).

(1) 수정형 유지 · 보수

수정형 유지 · 보수(corrective maintenance)는 소프트웨어의 오류를 수정하여 정상적으로 작동하도록 만드는 과정을 말한다. 이러한 수정작업은 소프트웨어의 정상 기능을 회복하는 절차이기 때문에 오류가 발견되면 가능한 한 즉시 이루어져야 한다. 이때 발생될 수 있는 오류의 주 내용은 설계상의 오류, 논리적 오류, 코딩상의 오류 등이 될 수 있다.

(2) 적응형 유지 · 보수

적응형 유지 · 보수(adaptive maintenance)는 환경 변화에 적응할 수 있도록 소프트웨어 특성을 조정하는 모든 과정을 말한다. 이러한 소프트웨어 환경의 변화는 유지 · 보수활동과는 별개로 외부적 요인에 의해 발생하는데 소프트웨어는 그러한 변화에 적응해야 하는 것이다. 소프트웨어 운영에 영향을 미치는 환경의 변화 요소로는 주로 다음과 같은 것들을 들 수 있다.

- 시스템에 영향을 미치는 규칙, 규정, 법령의 개정
- 하드웨어 구성상의 변화(예 단말장치의 교체)
- 데이터 형태나 파일구조의 변경
- 시스템 소프트웨어(OS, 컴파일러 등) 대체

(3) 완전형 유지 · 보수

사용자의 요구에 맞도록 소프트웨어를 개선시켜 나가는 모든 변화 과정을 완전형 유지 · 보수(perfective maintenance)라고 한다. 이는 소프트웨어의 성과나 이해가능성을 향상시키는 모든 과정을 망라하는 과정으로서 전반적인 시스템의 조정, 확장 및 개선 등의 활동이 이루어지게 된다. 완전형 유지 · 보수의 예를 들면 다음과 같다.

- 코드체계를 보다 이해하기 쉽도록 개선하는 것.
- 코드체계를 최적화 하여 처리속도를 보다 빠르게 하는 것.
- 기억장소를 좀더 효율적으로 사용하게 하는 것.
- 관련 매뉴얼을 개선하는 것.

4) 유지 · 보수의 문제점

(1) 자체개발 소프트웨어의 경우

첫째, 유지 · 보수에 대한 명확하고 일관성 있는 정의나 지침을 제시하기가 어렵다. 때문에 체계적인 유지 · 보수활동이 이루어지기 어렵고, 또한 그로 인해 해당 소프트웨어가 점차 누더기처럼 됨으로써 추후의 유지 · 보수작업을 더욱 더 어렵게 만들고 있다.

둘째, 소프트웨어 유지 · 보수비용의 산정이 힘들다. 어떤 형태의 유지 · 보수작업에 얼마의 비용이 소요되었는지를 판단하기가 어려울 뿐 아니라, 근본적으로 유지 · 보수작업을 효과적으로 수행하기 위해 얼마만큼의 비용이 필요한가에 관한 기준을 마련하기가 어렵다.

셋째, 소프트웨어 유지 · 보수의 목표 및 기준이 설정되어 있지 않다. 따라서 관리자의 입장에서는 소프트웨어 유지 · 보수작업의 효율성과 효과성을 평가할 아무런 근거가 없다.

넷째, 사용자들의 요구에 의한 소프트웨어 유지 · 보수작업들이 실질적인 사용자들의 요구를 반영하지 못하는 경우가 많다. 보통 소프트웨어 유지 · 보수에 대한 사용자들의 요구를 검토하여 그 필요성이 높은 요구부터 수용하기보다는 단지 요구가 발생했을 때 그를 감당할 여유가 있는지에 의해 작업개시 여부를 결정하는 수가 많다.

다섯째, 소프트웨어 개발단계에서 사용자 요구를 제대로 반영하지 못한 결과를 소프트웨어 유지 · 보수단계에서 처리하는 부담이 따른다. 일반적으로 소프트웨어가 사용되는 동안 유지 · 보수작업은 계속되는데, 소프트웨어 개발완료 이후 사용자 요구의 변화에 따른 유지 · 보수작업보다는 개발 과정에서 사용자 요구를 제대로 평가하지 못한 결과로 인한 개선작업이 더 많다.

여섯째, 소프트웨어에 대한 문서화가 제대로 되어있지 않다. 유지 · 보수가 해당 소프트웨어를 개발한 인력과는 별도로 이루어지는 수가 많다. 이 경우 소프트웨어 개발에 대한 관련 문서가 필수적이다. 자체개발한 경우 이와 같은 문서화가 불충분한 경우가 많아서 소프트웨어 유지 · 보수에 큰 지장을 준다. 또, 처음 개발 당시에는 문서화가 잘되어 있었으나 유지 · 보수 과정에서의 문서화에 소홀함으로써 그 이후의 유지 · 보수에 더욱 큰 어려움을 주는 예가 많다.

일곱째, 소프트웨어 전문가들이 소프트웨어 유지 · 보수작업을 부정적으로 생각한다. 대부분의 전문가들은 새로운 소프트웨어를 개발하는 것이 보다 의욕적이고 진취적이라고 생각하며, 상대적으로 기존 소프트웨어를 수정하는 작업은 창조적이지 못하며, 수준 낮은 업무로 여기는 경향이 높다. 그 결과 소프트웨어 유지 · 보수업무를 담당하는 인력들은 동기부여가 부족하여 생산성이 낮을 뿐 아니라 이직률도 높다.

(2) 구입 소프트웨어의 경우

자체개발 소프트웨어의 경우에 나타나는 문제점들은 구입 소프트웨어의 경우에도 대체로 적용되는데, 그 외에도 다음과 같은 문제점들이 구입 소프트웨어 고유의 유지 · 보수문제로 나타난다.

첫째, 구입 소프트웨어는 적절히 관리되지 못하는 경향이 높다. 일반적으로 구입 소프트웨어의 경우 자체개발한 소프트웨어보다 더 많은 소프트웨어 유지 · 보수작업이 필요한 것이 보통이다. 그것은 공급업체가 소프트웨어 개발단계에서 효과적인 품질보증계획을 마련하지 못하는 경우가 많을 뿐만 아니라, 사후 유지 · 보수를 담당할 인력이 해당 소프트웨어의 개발과정에 참여하지 못해 소프트웨어에 대한 정보가 부족하기 때문이다. 따라서 보다 철저한 유지 · 보수작업을 필요로 하는 데도 불구하고 실제로는 그에 대한 관리가 체계적으로 이루어지지 않는 경우가 대부분이다.

둘째, 소프트웨어 공급업체의 유지 · 보수정책이 사용자의 소프트웨어 유지 · 보수에 도움이 되지 않는다. 공급업체는 일단 소프트웨어를 공급하고 나면 유지 · 보수의 책임을 지려 하지 않고 오히려 하드웨어 인터페이스를 변경하거나 별도의 프로그램을 추가하도록 권장하는 경향이 높다. 따라서 일반적으로 소프트웨어 공급업체로부터 소프트웨어 유지 · 보수에 관한 도움을 얻는 것이 쉽지 않다.

5) 유지 · 보수비용의 처리

(1) 유지 · 보수비용 처리

시스템 유지 · 보수비용과 관련하여 가장 큰 쟁점이 되는 문제는 유지 · 보수 필요성의 발생 원인에 대한 책임이 공급자와 사용자 중 어느 편에 있는지의 문제로, 그 책임의 소재 여하에 따라 관련 비용의 부담자가 결정되기 때문이다.

이는 결국 하드웨어나 조직 외부로부터 조달된 소프트웨어의 경우에는 공급업체와 수요업체 간의 문제가 될 것이고, 자체개발 소프트웨어에 있어서는 시스템개발 부서와 사용자 부서 간의 문제가 될 것이다. 그 중 여기서는 주로 조직 대 조직의 문제가 되는, 하드웨어와 외부조달 소프트웨어의 유지 · 보수에 있어서의 책임소재 및 그에 따른 비용 처리문제를 다루어 보기로 한다.

첫째, 사전에 일정한 보증수리기간을 정해 놓는 방법이다. 이는 일정 기간의 보증수리기간을 정해 놓고 이 기간 내에 발생한 모든 유지 · 보수 요구에 대해서는 모든 책임을 공급자가 부담하고, 그 이후 발생하는 책임은 사용자 측에서 부담하는 방법이다.

둘째, 주로 외주에 의한 시스템개발 시 사용될 수 있는 방법으로서, 미리 전체 개발비의 일정 비율에 해당하는 금액을 유지 · 보수비로 상정해 놓는 방법이 있다. 즉, 정해진 금액 한도 내에서 필요할 때마다 수시로 유지 · 보수를 실시하고, 그 한도를 초과할 경우에는 초과 원인을 밝혀 비용을 분담하게 된다.

셋째, 유지 · 보수의 필요성이 발생할 때마다 그때그때 책임소재를 규명하여 비용을 분담하는 방식이 있다. 이 방법은 가장 합리적이지만 책임소재의 규명에 있어서 사용자와 공급자 간에 심각한 갈등을 유발할 수 있고, 지나치게 많은 시간을 소모함으로써 전체적인 기간이 연장될 가능성이 있다는 단점이 있다.

(2) 비용 산정기준

유지 · 보수비용 산정기준에는 유지 · 보수 건당 비용 산정기준과 기간당 비용 산정기준의 두 가지가 있다.

첫째, 건당 비용기준은 유지 · 보수에 대한 요구가 발생할 때마다 실제로 유지 · 보수작업에 투입된 인력, 시간 등을 기초로 비용을 지급하는 건당 유지 · 보수비용을 산정하는 방법이다.

둘째, 기간당 비용기준은 실제 유지 · 보수에 투입된 인력이나 시간 수와 무관하게 일정 기간당 일정액을 유지 · 보수비로 지급하고, 유지 · 보수 주체는 실제 투입비용과는 무관하게 해당 기간 동안의 유지 · 보수를 책임지는 방법이다.

연구문제

설명형 문제

1. 시스템개발수명주기(SDLC)법을 설명하시오.
2. SDLC의 단계별 활동을 설명하시오.
3. 원형개발(Prototyping) 접근법을 설명하시오.
4. 원형개발 접근법의 단계별 활동을 설명하시오.
5. 정보공학(Information Engineering) 방법론에 대해 설명하시오.
6. 객체지향 방법론에 대해 설명하시오.
7. 구조적 분석의 의의와 원리를 설명하시오.
8. 시스템전환(system conversion)에 대해 설명하시오.
9. 정보시스템의 유지 · 보수에 대해 기술하시오.
10. 정보시스템의 이행(transition)단계에 대해 설명하시오.

약술/열거형 문제

1. SDLC의 단계를 열거하시오.
2. SDLC의 장 · 단점을 열거하시오.
3. 원형개발 접근법의 단계를 열거하시오.
4. 자료흐름도(DFD)를 설명하시오.
5. 구조적 분석 및 설계기법의 주요 도구를 각각 열거하시오.
6. 하드웨어 유지 · 보수에 대해 약술하시오.
7. 소프트웨어 유지 · 보수에 대해 약술하시오.
8. 컴포넌트 기반 개발(CBD)에 대해 약술하시오.
9. 정보시스템 개발접근법의 선택에 대해 약술하시오.
10. 사용자개발(Ender-User Development)에 대해 약술하시오.

용어/시사문제

1. CASE
2. System Conversion
3. 파일럿전환(pilot cutover)
4. 자료사전(data dictionary)
5. 컴포넌트 기반 개발(Component Based Development)

참고문헌

- 강동식, 「10년 뒤 유망직업 1순위는 데이터전문가」, 테크M, 2015.
- 강석호 · 배준수 · 김훈태 · 이우기, 「경영정보시스템」, 박영사, 2006.
- 강원영, "최근 클라우드 컴퓨팅 서비스 동향," Net Term, 한국인터넷진흥원, 2013.
- 곽수일 · 이경환 · 정상철, 「경영정보시스템」, 무역경영사, 1997.
- 권민역, 「웹 2.0 이노베이션」, (Ogawa, H. and Goto, Y. 원저, Web 2.0 Book), 브라이언&컴퍼니, 2006.
- 권순범 · 김민용 · 곽기영 · 조윤호 역, 「정보시스템의 전략적 활용과 관리」, 생능출판사, 2009.
- 권순범 · 조윤호, 「유비쿼터스 개론」, 국민대학교출판부, 2005.
- 권혁진, "소셜미디어가 기업마케팅에 미치는 영향에 대한 연구," 중앙대학교 신문방송대학원 석사학위 논문, 2011.
- 고창배 · 정관희 · 윤종수, "CRM 주요성공요인과 성과간의 관련성에 대한 실증적 연구," 한국정보전략회지, 7(1), 2004.
- 김두경 · 권순식 · 손보민, 「ERP시스템의 활용과 CRM의 이해」, (주)사이버출판사, 2002.
- 김대수, "신경망이론과 응용(1)," 하이테크정보, 1992.
- 김대현, "RFID 적용에 따른 공급망관리 변화," 경영과 컴퓨터, 2006년 3월호.
- 김범석, "국내 스마트폰 대중화 시대의 모바일 커머스 동향 및 전망," KT 경제경영연구소, 2010.
- 김병곤 · 오재인, "ERP 패키지의 성공적인 커스터마이징 전략," 경영정보학연구, 제10권 제3호, 2000.03.
- 김병운, "인공지능 동향분석과 국가차원 정책제언," 정보화정책, 23(1), 2016.
- 김성식, 「인공지능기법」, 홍릉과학출판사, 1997.
- 김성호 · 김홍도, "웹 2.0 전망 및 서비스 동향에 관한 연구," 디지털정책연구, 2007.
- 김세중, 「경영학이해」, 무역경영사, 2012.
- 김수경 · 안기홍, "시멘틱 웹기반의 비교구매 에이젼트를 위한 동적 웹온톨로지에 대한 연구," 한국지능정보시스템학회 논문집, 11(2), 2005.
- 김영렬 · 이명섭, 「ERP중심 경영프로세스 통합」, 도서출판 대경, 2005.
- 김윤정 · 유병은, "인공지능기술발전이 가져올 미래사회 변화," KISTEP, InI, 12호, 2016. 2.
- 김은홍, 「경영정보학개론」, 다산출판사, 2011.
- 김재윤 · 민병석, "유비쿼터스컴퓨팅 비즈니스모델과 전망," 삼성경제연구소, 2003. 12.
- 김제홍 · 박종순 · 윤관호 · 이임정 · 정태석, 「e비즈니스개론」, 범한, 2004.
- 김철환, "소셜컴머스의 해외추진사례와 전망," KT경제연구소, 2010b
- 김현수, 「정보시스템 진단과 감리」, 법영사, 2002.
- 김효석 · 홍일유, 「디지털경제시대의 경영정보시스템」, 법문사, 2000.
- 남기찬, "아웃소싱의 4 단계 관리전략," Imformation Systems Review, 1999.
- 더존디지털웨어 경영지원센터, 「ERP실무서」, 2002.

- 류한석, "모바일커머스가 가져올 새로운 변화," KT경제연구소, 2010.
- 미래창조과학부, "2016년 12월 무선통신서비스 가입자 현황," 2017. 1. 2.
- 문광영, "RFID의 대중화와 모바일 RFID," 경영과 컴퓨터, 2006년, 6월호.
- 문용은 · 박유진, "IS아웃소싱의 위험과 아웃소싱 정도에 관한 연구," 정보시스템 연구, 2002.
- 민승기, "CRM의 기술동향," 전자통신 동향분석, 16(5), 2001.
- 민옥기 · 김학영 · 남궁한, "클라우드컴퓨팅 기술동향," 전자통신동향분석, 2009.
- 박영종 역, 「벤치마킹」, 21세기북스, 1993.
- 박영태 · 김영미 · 김현지, "SCM 도입의 활성화 방안과 발전전략에 관한 연구," 물류학회지, 13(2), 2003.
- 박진영, "Web 2.0 시대의 인터넷 사용자 행태의 변화," 통신시장, 2, 2006,
- 박천교, "m-Commerce 기술 및 시장동향," ETRI, 2003.
- 배상태 · 김진경, "사물인터넷 발전과 보안의 패러다임 변화," KISTEP, InI, 14호, 2016. 6.
- 삼성경제연구소, "확산되는 소셜미디어와 기업의 신 소통전략," 2010.07.
- 서아영 · 신경식, "공급자-구매자 관계유형에 따른 공급사슬관리 성공요인에 대한 실증연구," Information Systems Review, 3(1), 2001.
- 서인석, 「전자상거래 운용관리」, 도서출판 대경, 2004.
- 안선숙 · 전재표, 「ERP실무」, 세학사, 2006.
- 안전행정부, "정보기술 아키텍처 도입 · 운영지침," 2008.06.
- __________, "정보시스템 감리기준," 행정안전부고시 제2010-85호, 2010.12.
- 안전행정부 · 한국정보화진흥원, 「알기 쉬운 EA : 선진정보화 첫걸음」, 2010.
- 안중호 · 박찬구 역, 「리엔지니어링 기업혁명」, 김영사, 1993.
- 안중호 · 양지운, 「경영정보론」, 홍문사, 2005.
- 에트리(ETRI), "클라우드컴퓨팅 기술동향," 전자통신동향분석, 24(4), 2009.08.
- 엘지(LG)경제연구원, "웹 2.0시대, 사업패러다임이 바뀐다," 2006. 05.
- __________________, "Social Media 시대에 걸 맞는 기업브랜드 관리," 2009. 09.
- 오제인 · 안상형 · 유석천, 「경영과 정보시스템」, 박영사, 1997.
- 유동희 · 김건우 · 서용무, "Ontology 관련 연구의 현주소 및 향후 연구방향," 한국경영정보학회지 춘계 발표논문집, 2005.
- 이건창, 「전자상거래의 이해와 적용」, 무역경영사, 2005.
- 이남용 · 송운호, 「CALS/EC」, 법영사, 1997.
- 이상문, 「경영정보시스템」, 형설출판사, 2001.
- 이신규, "공급사슬관리(SCM)를 활용한 기업의 물류혁신," 창업정보학회지, 9(1), 2006.
- 이영환 · 박종순, 「시스템분석과 설계」, 1998.
- 이영희 · 이정우, "지식관리시스템의 성공요인(공기업사례들의 분석)," 한국경영정보학회 춘계학술대회 논문집, 2004.
- 이윤배, 「전문가시스템」, 홍릉과학출판사, 1993.

- 이윤수 · 최봉희 · 권오탁, 「시스템 분석과 설계」, 도서출판 정일, 1997.
- 이재규 · 권순범 · 임규건, 「경영정보시스템원론」, 법영사, 2011.
- 이재규 · 이경전, 「전자상거래 원론」, 2011.
- 이재규 · 최형림 · 김현수 편저, 「인터넷 환경의 지식시스템」, 법영사, 서울, 2006.
- 장정주 · 권순동 · 고석하, "정보시스템 개발 방법론 발달사에 관한 탐색적 연구," Information Systems Review, 2008.
- 장형욱 · 이상식 · 박병권, "공급사슬구조에 따른 SCM활동과 경영성과에 관한 연구," 정보시스템연구, 2006.
- 장활식 · 최유정, "ERP성공요인에 대한 시스템관리자와 컨설턴트간의 시각차이," 정보시스템연구, 14(2), 2005.
- 전갑뤼, 「BPM개요」, LG CNS R&D Center, 2003.
- 전현주 · 윤호창 · 최광웅, "시멘틱 웹 기반에서 지식검색을 위한 웹 서비스 설계," 한국콘텐츠학회 춘계 종합학술대회논문집, 3(1), 2005.
- 정보통신부 · 국무조정실, 「정보시스템 장애관리지침」, 2005.
- ____________________, 「정보시스템 재해복구지침」, 2005.
- 정인근 · 정윤, 「의사결정지원시스템」, 홍릉과학출판사, 1992.
- 정재호, "클라우드컴퓨팅의 현재와 미래, 그리고 시장전략," 한국소프트웨어진흥원, 2008.10.
- _____, "스마트폰 마켓플레이스 도전과 기회," 산업정책연구, 2009,10.
- 조지원 · 이호림, "인터넷 비즈니스산업의 분류 및 현황," 정보통신정책, 12(6), 2000.
- 조연상 외 3인 공저, 「전자상거래의 이해」, 청목출판사, 2002.
- 조은영 · 박진원 · 김희웅, "소셜미디어 마케팅 실패사례분석을 통한 소셜마케팅 전략연구," 지식경영연구, 16(2), 2015
- 조충호, 「인공지능개론」, 홍릉과학출판사, 1997.
- 지경숙, 「ERP정보관리사」, 경영과회계, 2012.
- 차대운, 「경영정보시스템」, 형설출판사, 1998.
- 천면중 · 이민화 · 허명숙, 「경영정보시스템」, 비앤엠북스, 2012.
- 천면중 · 허명숙, 「지식경영시스템」, 한경사, 2005.
- 케이티(KT)경제경영연구소, "페이스북의 오픈그래프 전략을 통해 살펴본 웹의 진화방향," 2010.
- 한국고용정보원, "기술변화에 따른 일자리 영향 연구," 2016. 1.
- 한국인터넷진흥원, "국가 정보보호수준 평가지수 모델개발 및 활용에 관한 연구," 2005, 12.
- ______________, "2016년 인터넷이용실태조사," 2016. 12.
- 한국전자거래진흥원, "국내기업의 e비즈니스 현황조사," 2008. 12.
- 한국정보산업연합회(조사연구팀), "소셜미디어란 무엇인가?," 정보산업, 2006.
- 한국정보통신진흥협회, "2015 ICT 실태조사," 2016. 4.
- 한국정보통신진흥센터, "인공지능 업계동향 및 인식조사결과," ICT Spot Issue, 2016. 3.

- 한국정보통신진흥원, "2015 사물인터넷 산업 실태조사," 2016. 2.
- 한국정보화진흥원, "소셜미디어 부작용 유형분석 및 대응방향," IT정책연구시리즈 16호, 2011.
- ______________, "2015년 빅데이터 시장현황조사," 2016. 2.
- 한재민, 「경영정보시스템」, 학현사, 1998.
- 현대경제연구원, "AI시대, 한국의 현주소는?," VIP리포트, 14-33호, 2014. 9.
- 황하진, 「경영정보시스템」, 학문사, 2003.
- 홍승표, 「디지털경영과 ERP」, 도서출판 대경, 2011.
- 홍일유 · 차상훈, 「디지털기업을 위한 경영정보시스템」, 법문사, 2012.

- Ahituv, N. and Neumann, S., *Principles of Information Systems for Management* (2nd ed.), Wm. C. Brown, Dubuque, 1986.
- Allen, B., "An Unmanaged Computer System Can Stop You Dead," *Harvard Business Review*, Nov./Dec. 1982.
- Alter, S., "Development Patterns for Decision Support Systems," *MIS Quarterly*, 2(3), 1998.
- Anthony, R.N., *Planning and Control System : A Framework for Analysis*, Cambridge, Harvard University Press, 1965.
- Bartol, K., and Martin, D., "Managing Information Systems Personnel : A Review of the Literature and Managerial Implications," *MIS Quarterly*, 1982.
- Colter, M.A., "A Comparative Examination of Systems Analysis Technique," *MIS Quarterly*, 8(1), 1984.
- Couger, J.D., and Colter, M.A., *Motivation of Maintenance Programmer*, Colorado Springs, CYSCS, 1983.
- CSCMP, "Definition of supply Chain Management," http://www.cscmp.org/AboutCSCMP/Definitions/Definitions.asp, 2006.
- Culnan, M.J. and Swanson, E.B., "Research in Management Information Systems, 1980-1984: Point of Work and Reference," *MIS Quarterly*, 10(3), 1986, 289-301.
- Davis, G.B., *Management Information Systems: Conceptual Foundation, Structure, and Development*, New York, McGraw-Hill, 1974.
- Davis, G.B. and Olson, M.H., *Management Information System : Conceptual Foundations, Structure and Development* (2nd ed.), New York, McGraw-Hill, 1985.
- Edwards, B.R., "IS Policy, Strategy and Organization," Unpublished IBM Discussion paper, 1984.
- Feeny, D.F., Edwards, B.R. and Earl, M.J., "Complex Organizations, and the Information Systems Function: A Research Study," *RDP* 87/7, Oxford Institute of Information Management, 1987.
- Fredericks, W.A., "A Manager's Perspective of Management Information System," *MSU Business Topics*, 1971.
- Gibson, B.J., Mentzer, J.T. and Cook, R.I., "Supply Chain Management : The Pursuit of a Consensus

Definition," *Journal of Business Logistics*, 26(2), 2005.

- Gorry, G.A. and Scott Morton, M.S., "A Framework for Management Information Systems," *Sloan Management Review*, Fall 1971.
- Hicks, J.O., Jr., *Management Information Systems : A User Perspective*, New York, West, 1984.
- Hamm, M. and Champy, J., *Reengineering the Corporation*, New York, Harper Business, 1993.
- Johnson, A.M., and Lerderer, A.L., "CEO/CIO Mutual Understanding, Strategic Alignment, and the Contribution of IS to the Organization," *Information Management*, 47, 2010.
- Koontz, H. and C. O'Donnel, *Essentials of Management* (2nd ed.), New York, McGraw-Hill, 1978.
- Kroeber, D.W. and Watson, H.J., *Computer-Based Information Systems: A Management Approach*, New York, Macmillan, 1984.
- Lacity M.C. and Willcocks L.P., "An Empirical Investment of Information Technology Sourcing Practices : Lesson from Experience," *MIS Quarterly*, 22(3), 1998.
- Laudon, K.C. and Laudon, J.P., *Management Information Systems : Managing the Digital Firm* (8th ed.), Upper Saddle River, NJ, Prentice-Hall, 2004.
- Laudon, K.C. and Laudon, J.P., *Management Information Systems: Managing the Digital Firm*, 14th ed., Boston, Pearson, 2016.
- Laudon, K.C. and Carol G.T., *Management Information Systems : Managing the Digital Firm* (12th ed.), Upper Saddle River, NJ, Prentice-Hall, 2011.
- Lucas, H.C. *Information Technology of Management*, 6th ed., New York, McGraw-Hill, 1997.
- McCann, D., "An Action Plan for IT," *CFO*, May 2010, 47-50
- McLoed, Jr, Raymond, Management Information Systems(10th ed), Upper Saddle River, NJ, Prentice-Hall, 2006
- Newell, A. and Simon H.A., *Human Problem Solving*, Englewood Cliffs, NJ, Prentice-Hall, 1972.
- Newman, W.M., *Designed Integrated System for the Office Environment*, New York, McGraw-Hill, 1987.
- Nolan, R.L., "Managing the Computer Resources. A Stage Hypothesis," *Communications of the ACM*, 16(7), 1983.
- O' Brien, James and George Marakas, *Management Information Systems* (10th ed.), New York, McGraw-Hill, 2010.
- O'Connell, J., Pyke, J. and Whitehead, R., Mastering Your Organization's Processes: APlain Guide to BPM, Cambridge, 2006.
- O'donnel, C.H. and Weihrich, H., *Essentials of Management*, 3rd ed., New York, McGraw-Hill, 1992.
- Porter, Michael E. and Victor E. Millar, "How Information Gives You Competitive Advantage," *Harvard Business Review*, July~August, 1985.
- Ralph, M.S. and Reynolds, G.W., *Fundamentals of Information Systems*, Tomson Learning, Inc., 2003.

- Rappa, M., "Business Models on the Web," http://ecommerce, ncsu. edu/business models. htm, 1999.
- Scot, G.M., *Principles of Information Systems*, New York, McGraw-Hill, 1986.
- Tapscott, D. and Williams, A.D., *Wikinomics: How Mass Collaboration Changes Everything, Portfolio*, New York, 2006.
- Timmers, P., "Business Models for Electronic Markets," *Electronic Markets*, 8(2), 1988.
- Toffler, Alvin and Toffler, Heidi, *War and Anti-War ; Survival at the Dawn of the 21st Century*, New York, Borwn & Co, 1993.
- Wilcox, D., "Rebuilding the IT Organization for Convergence," *Business Communications Review*, July 2007.
- Womackm, J. and Jones, D., "Lean Consumption," *Harvard Business Review*, March, 2005.
- Yourdon, Ed. and L. Constantine, *Structured Design*, Englewood Cliffs, New Jersey, Prentice-Hall, Inc., 1979.
- Zmud, R.W., *Information Systems in Organizations*, Scott, Foresman and Co., Glenview, 1983.

참고사이트

- 과학기술정보통신부 http://www.msit.go.kr
- 네이버지식백과 http://terms.naver.com
- 다음백과사전 http://100.daum.net
- 더존ICT그룹 http://www.duzon.com
- 두산백과사전 http://www.doopedia.co.kr/
- 산업통상자원부(구 지식경제부) http://www.motie.go.kr
- 삼성경제연구소 http://www.seri.org
- 삼성 SDS(UniERP) http://www.sds.samsung.co.kr
- 엘지경제연구원 http://www.lgeri.com
- 영림원소프트랩(K시스템) http://www.ksystem.co.kr
- 위키백과 http://ko.wikipedia.org
- 조달청 http://www.pps.go.kr
- 정보통신산업진흥원 http://www.nipa.kr
- 정보통신정책연구원 http://www.kisdi.re.kr
- 통계청 http://www.kostat.go.kr
- 한국브리태니카 http://www.britannica.co.kr
- 한국인터넷진흥원 http://www.kisa.or.kr
- 한국전자거래진흥원 http://www.kiec.or.k
- 한국정보통신정책연구원 http://www.kisdi.re.kr
- 한국정보화진흥원 http://www.nia.or.kr
- 현대경제연구원 http://www.hri.co.kr
- Amazon http://www.Amazon.com
- Apple http://www.apple.com
- BPM Institute.org http://www.bpminstitute.or
- CIO Magazine http://www.cio.com
- Dell Computers http://www.dell.com
- eBay http://www.ebuy.com
- eMarketer http://www.emarketer.com
- Facebook http://www.facebook.com
- FedEx http://www.FedEx.com
- Inews24 http://www.Inews24.com
- J.D.Edwards http://www.jdedwards.com
- Oracle http://www.oracle.com/kr

- Peoplesoft http://www.peoplesoft.com
- Reengineering Resource Center http://www.reengineering.com
- SAP(R/3) http://www.sap.com/korea
- Socity of Informations Management http://www.simnet.org
- Wikipedia http://www.wikipedia.org
- YouTube http://www.youtube.com

찾아보기

국문색인

영문색인